宝应年鉴

BAOYING YEARBOOK 2022

宝应县地方志编纂委员会　编

宝应是全国著名的荷藕种植、加工、销售大县。早在唐朝，宝应就已开始荷藕种植。《〔万历〕宝应县志》所列“宝应十景”中有“西荡荷香”，《〔康熙〕宝应县志》所列“宝应十二景”中有“莲叶接天”。改革开放以来，宝应县荷藕种植面积、产量、出口量均居全国之冠。1998 年，宝应县荣获“中国荷藕之乡”称号；2004 年，宝应荷藕获批“国家地理标志农产品”商标。1999 年起，宝应县以荷藕为媒，每年举办“中国·宝应荷藕节”，宣传推介宝应，荷藕已经成为宝应重要的“名片”。图为国家 AAA 级风景区、全国农业旅游示范点——“宝应荷园”。

广陵书社

图书在版编目（CIP）数据

宝应年鉴. 2022 / 宝应县地方志编纂委员会编. --
扬州 : 广陵书社, 2022.11
ISBN 978-7-5554-1933-4

Ⅰ. ①宝… Ⅱ. ①宝… Ⅲ. ①宝应县－2022－年鉴
Ⅳ. ①Z525.34

中国版本图书馆CIP数据核字(2022)第218069号

书　　名	宝应年鉴（2022）
编　　者	宝应县地方志编纂委员会
责任编辑	王浩宇
出版发行	广陵书社
	扬州市四望亭路 2-4 号　　邮编　225001
	（0514）85228081（总编办）　　85228088（发行部）
	http://www.yzglpub.com　　E-mail:yzglss@163.com
印　　刷	南京凯德印刷有限公司
开　　本	889 毫米 ×1194 毫米　1/16
印　　张	26.75
字　　数	1100 千字
版　　次	2022 年 11 月第 1 版
印　　次	2022 年 11 月第 1 次印刷
标准书号	ISBN 978-7-5554-1933-4
定　　价	300.00 元

城市荣誉

中国荷藕之乡

中国慈姑之乡

中国水鲜美食之乡

中国乱针绣之乡

中国创新百强县

中国教玩具生产基地

中国汽车零部件制造基地

国家光伏发电应用“领跑者”示范基地

国家生态县

国家卫生县城

国家园林县城

全国文明城市提名城市

全国绿化模范县

全国科技进步先进县

全国商品粮生产基地县

全国首家有机食品基地县

全国无公害农产品生产示范基地县

全国渔业健康养殖示范县

江苏省食品安全城市

江苏省社会治安安全县

江苏省输变电装备产业示范基地

江苏省泵阀管件产业制造基地

江苏省玻璃水晶工艺品出口基地

江苏省基础地理信息中心 宝应县自然资源和规划局 联合编制 扬州市自然资源和规划局 监制

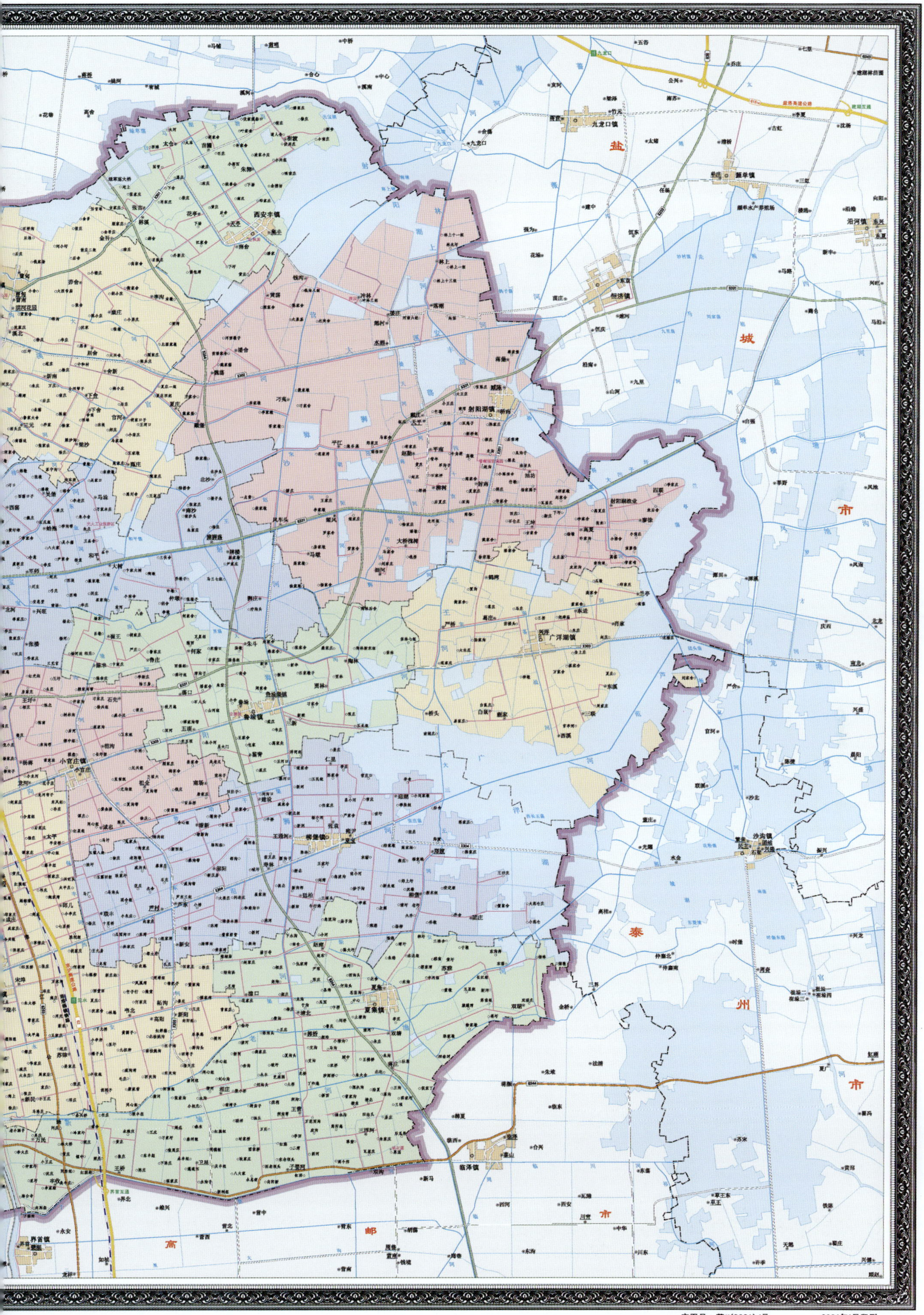

审图号：苏K(2021)4号
2021年6月印刷

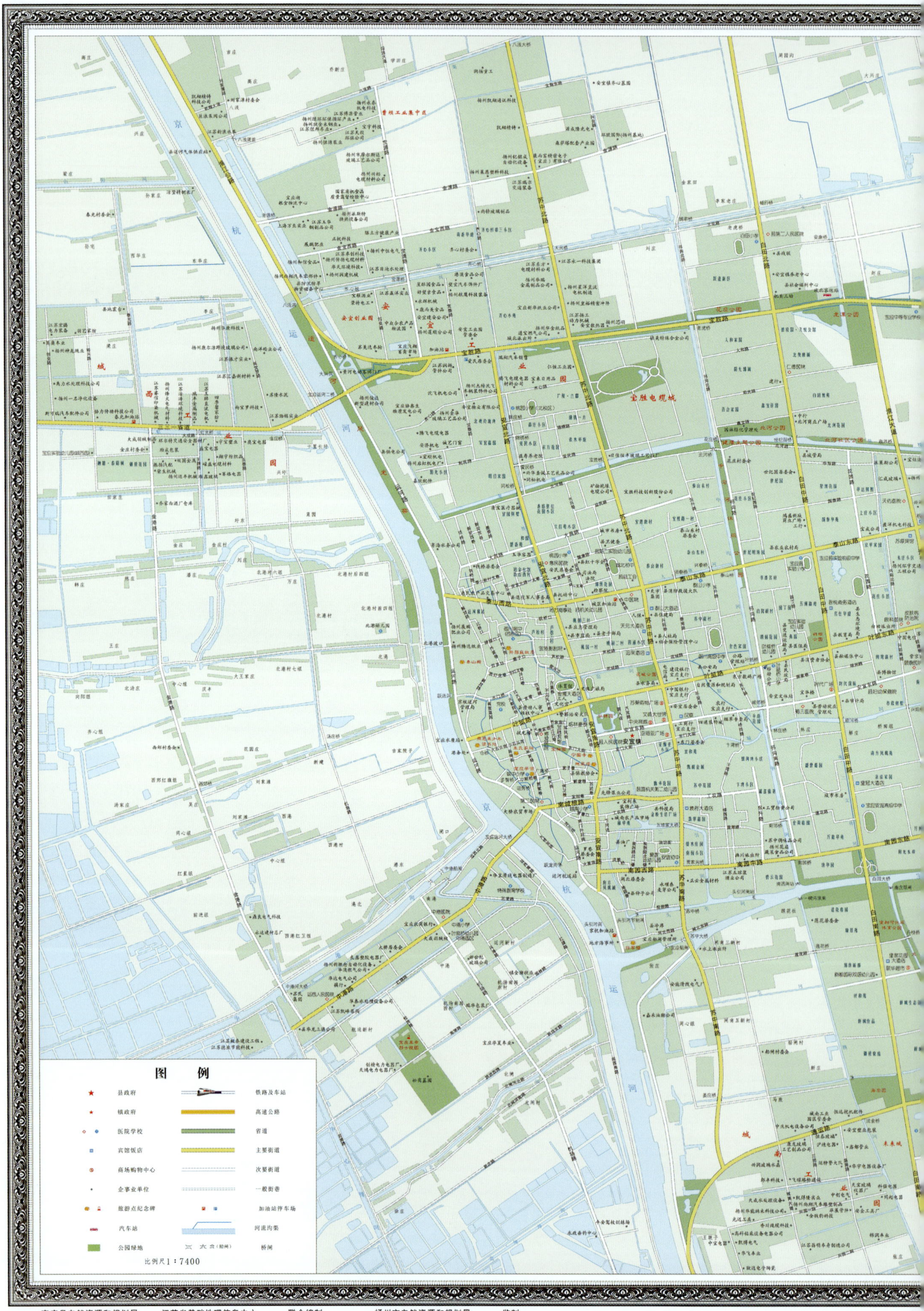

宝应县自然资源和规划局　江苏省基础地理信息中心　联合编制　扬州市自然资源和规划局　监制

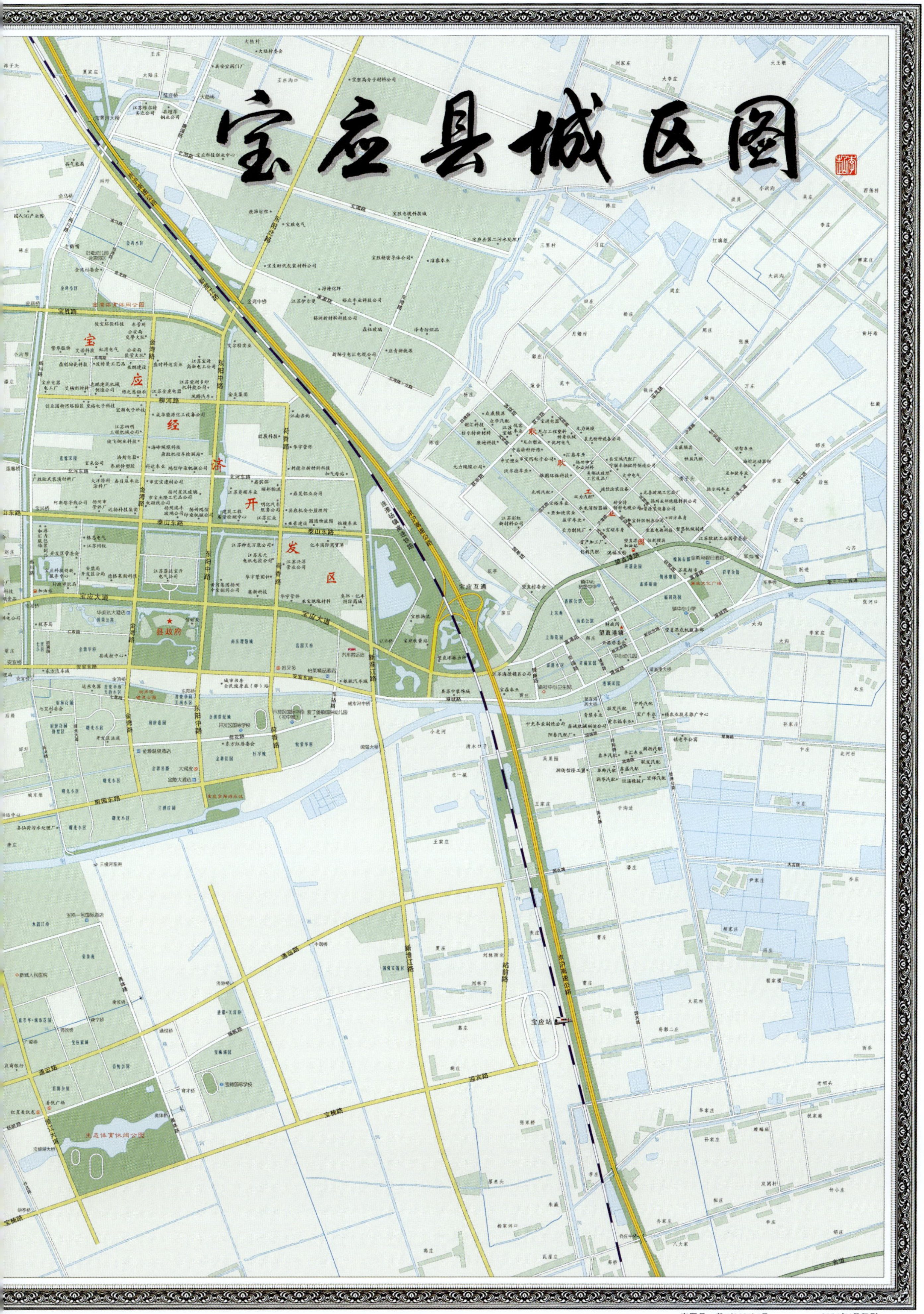

审图号：苏K(2021)5号　　2021年6月印刷

编 辑 说 明

一、《宝应年鉴》是由中共宝应县委员会、宝应县人民政府主办，宝应县地方志编纂委员会编纂的系统记述宝应县自然、政治、经济、文化、社会、生态建设等方面情况的年度资料性文献。2001年出版首卷，2002—2005年出版综合卷，之后每年连续出版，本卷为第19卷。

二、《宝应年鉴（2022）》以马克思列宁主义、毛泽东思想、邓小平理论、“三个代表”重要思想、科学发展观、习近平新时代中国特色社会主义思想和党的二十大精神为指导，实事求是、全面翔实地记述宝应县2021年各行各业基本情况及发生的大事、要事、新事、特事，反映全县人民在改革开放、经济建设以及社会发展中取得的新发展、新成就。

三、本版年鉴采用分类编辑法，全书设类目、分目、条目 3个层次，部分分目下设副分目。类目标题标于各类目起始和书眉；分目、条目标题彩色字随文标出，条目为记述实体，标题前标注彩色方块。《宝应年鉴（2022）》卷首设专题彩页，卷末设附录、索引，主体部分为32个类目、280个分目和子分目、1149个条目、93幅表格及163幅随文图片。

四、本版年鉴卷首专题彩页共68页，其中“城市荣誉”1页、“年度聚焦”24页、“建党百年”20页、“中国羽绒名镇山阳镇”23页，并附地图2幅。主体部分设专记、大事纪要、荷乡宝应、政治、法治、军事、经济管理、荷藕经济、农业、工业、建筑业、商贸服务业、旅游业、房地产业、金融业、经贸合作、交通、水利、城市建设与管理、乡村振兴、生态环境、科学技术、教育、文化、体育、卫生健康、社会保障、社会事务、收入消费、公共安全、各镇建设、人物等类目。其中，对“乡村振兴”类目下各分目名进行调整，新设“综述”“产业融合发展”“镇村设施建设”“农村公共服务”“乡村生态文明”“老区帮扶开发”分目；将原“应急管理”类目改为“公共安全”类目，“综述”分目改为“应急管理”分目。

五、本版年鉴中的统计数据，凡县统计局有统计的，均以其公布的数据为准；县统计局不做统计的，以各专业部门提供的为准；对难以统一认定但不可或缺的重要数据，采用多说并存方法，并注明数据来源。

六、本版年鉴稿件资料由全县各镇（区）、各部门单位提供，单位负责人审定，由《宝应年鉴》编辑部人员分工对所有稿件进行反复修改与编辑加工，并经县地方志编纂委员会、县统计局审定，条目后注明撰稿人姓名或供稿单位。

七、本版年鉴检索系统：卷首设详细目录、卷末附条目索引和表格索引、书眉处设类目标题。本版年鉴所有信息资料皆可由目录、索引、书眉系统检索，以供读者查阅。

八、本版年鉴所有记数与计量均使用阿拉伯数字，如有小数，一般保留小数点后两位。组织机构名称除第一次使用全称外，一般使用简称。

中国共产党宝应县第十三次代表大会

中国人民政治协商会议宝应县第十四届委员会第五次会议

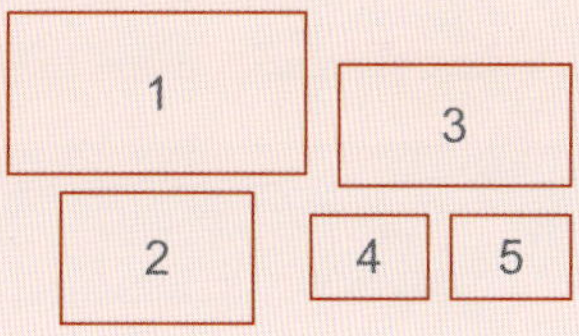

1. 7月29日，中国共产党宝应县第十三次代表大会开幕　　小　品／摄

2. 1月12日，中国人民政治协商会议宝应县第十四届委员会第五次会议开幕　　小　品／摄

3. 1月14日，宝应县第十六届人民代表大会第五次会议开幕　　小　品／摄

4. 1月15日，宝应县第十六届人民代表大会第五次会议投票选举现场　　小　品／摄

5. 1月15日，新任命人员向《中华人民共和国宪法》宣誓　　小　品／摄

全县工业发展暨优化营商环境大会

2021江苏·宝应先进制造业投资项目云签约仪式

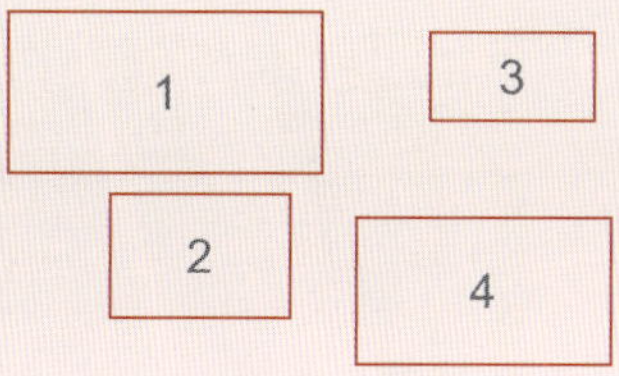

1. 3月8日，召开全县工业发展暨优化营商环境大会　　小　品/摄

2. 12月20日，举行2021江苏·宝应先进制造业投资项目云签约仪式　　小　品/摄

3. 4月8日，召开宝应县创建全国文明城市动员大会　　小　品/摄

4. 4月9日，召开全县2020年度高质量发展总结表彰大会　　小　品/摄

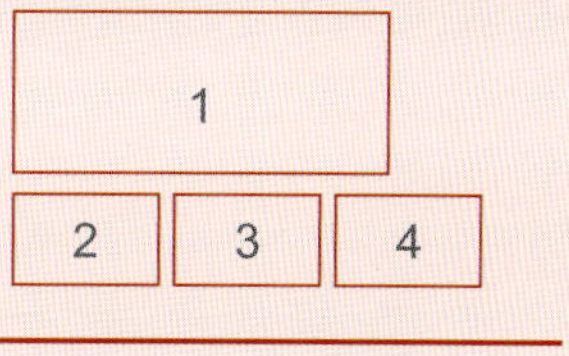

1. 2021年，京沪高速公路宝应段扩容工程加快实施　　小　品/摄

2. 2021年，宝应县实施完成S331鲁垛段连接线工程　　小　品/摄

3. 2021年，宝应县实施完成S331广洋湖段连接线工程　　小　品/摄

4. 2021年，宝应县实施完成沙氾线（沙沟至氾水）公路升级改造工程　　小　品/摄

1. 2021年，宝应县实施完成白田路南延工程　小　品／摄

2. 2021年，宝应县实施完成泰山路提档升级工程　小　品／摄

3. 2021年，宝应县实施完成淮江大道南延工程　小　品／摄

2021年，全县粮食种植面积11.29万公顷，粮食总产量87.18万吨，粮食单产位列江苏省第二名、扬州市第一名

小　品/摄

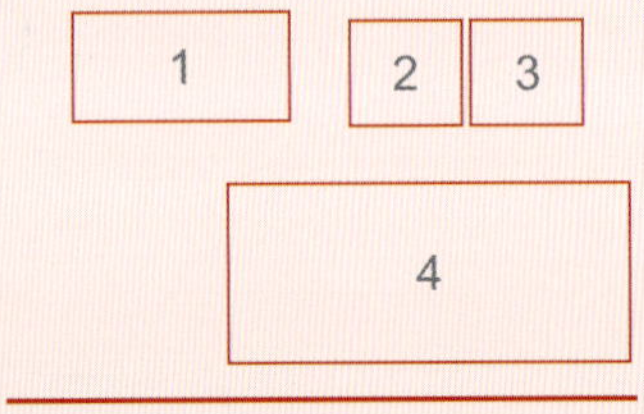

1. 2021年，宝应县现代农业产业园入选农业农村部第四批国家现代产业园认定名单　　射阳湖镇 / 供稿

2—3. 2021年，宝应县新创“二品一标”农产品21个　　县农业农村局 / 供稿

4. 2021年，宝应县香榭丽玫瑰园等5家休闲农业主体入选“江苏省乡村休闲旅游农业推介名单”　　县农业农村局 / 供稿

绿色食品
GreenFood
鹅毛雪片
非物质文化遗产
制作技艺产品
鹅毛雪片
鹅毛雪片 绿色食品 非物质文化遗产

绿色食品
LIAN
OU
ZHI
莲藕汁
精品
源自中国"荷藕之乡"——扬州宝应
莲藕汁
莲藕汁

2021年，上海韵达集团在京沪高速公路泾河道口总投资30亿元的韵达物流园（江苏）总部基地第一期项目建成投入运营

小 品/摄

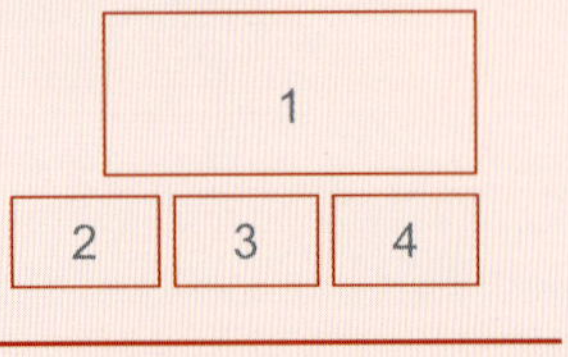

1. 2021“烟花三月”节宝应县项目集中开工（奠基）仪式　　　　小　品 / 摄

2. 2021年，位于安宜工业园由粤海永顺泰（宝应）股份有限公司总投资10亿元、年产25万吨中高档啤酒麦芽项目建设进展顺利　　　　小　品 / 摄

3. 2021年，江苏德格莱斯科技有限公司投资1.5亿元兴建的年产30万台烧烤炉、颗粒炉及配件项目建成投产　　　　小　品 / 摄

4. 2021年，宝胜系统集成科技股份有限公司投资兴建的重大项目竣工投产　　　　县融媒体中心 / 供稿

2021“烟花三月”节
目集中开工（奠基）仪式
吨5G电子通信专用绝缘材料项目开工现场
奠基

宝胜系统集成

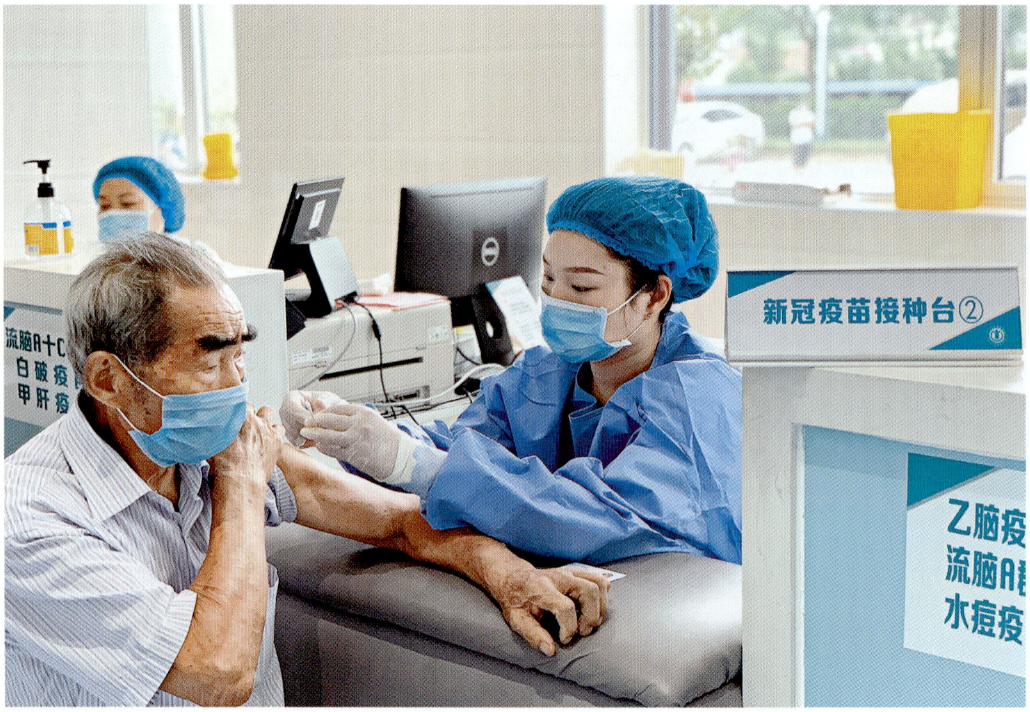
新冠疫苗接种台②
流脑A+C
白破疫
甲肝疫
乙脑疫
流脑A
水痘疫

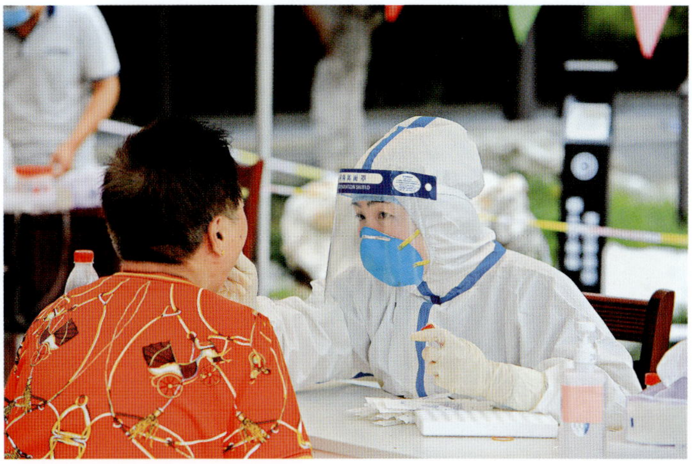

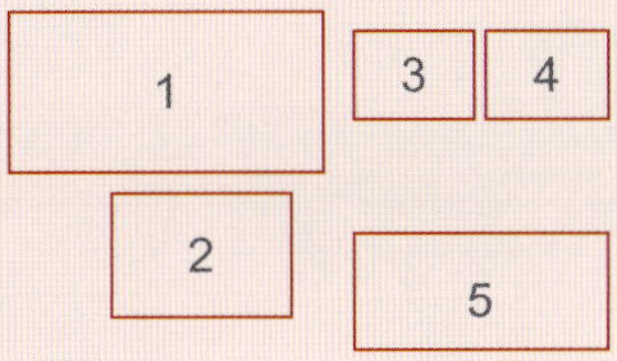

1. 组织开展全民核酸检测　小　品／摄
2. 新冠疫苗接种　小　品／摄
3. 广大志愿者开展疫情防控排查　小　品／摄
4. 核酸采样　小　品／摄
5. 居民自觉排队，有序参加核酸检测　小　品／摄

2021年，宝应县大型原创现代淮剧《浪起宝应湖》获“2021紫金文化艺术节优秀剧目奖”等多个奖项

小　品/摄

农家书屋

2021中国·宝应文化旅游节暨
泾河镇第八届西瓜旅游节

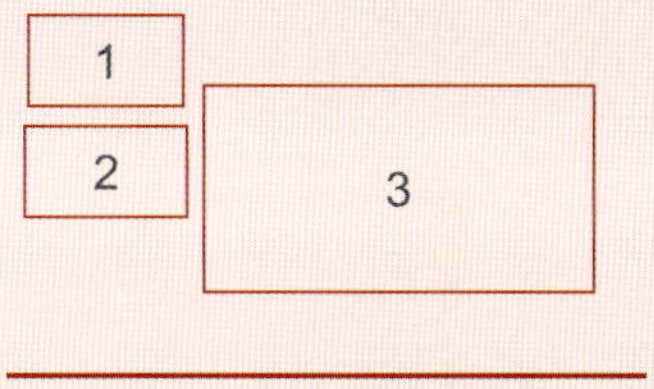

1. 3月21日，县残联组织开展白内障眼科疾病筛查及免费义诊活动　县融媒体中心 / 供稿

2. 5月20日，举办泾河镇第八届西瓜旅游节　小　品 / 摄

3. 4月3日，举办2021年中国 · 宝应自行车邀请赛暨环宝应湖自行车挑战赛　县文体广旅局 / 供稿

宝应县人民医院
门诊
宝应县人民医院

热烈祝贺

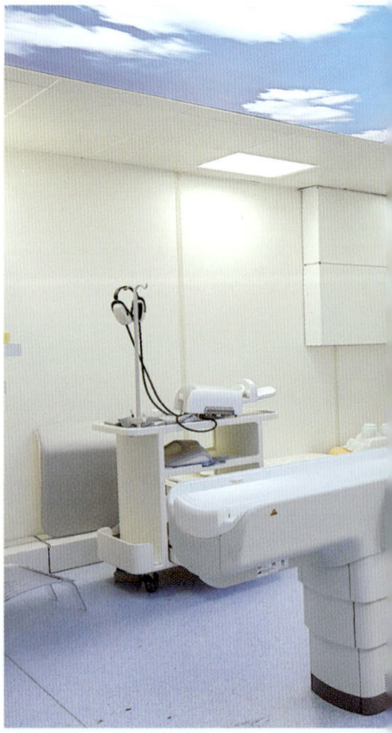

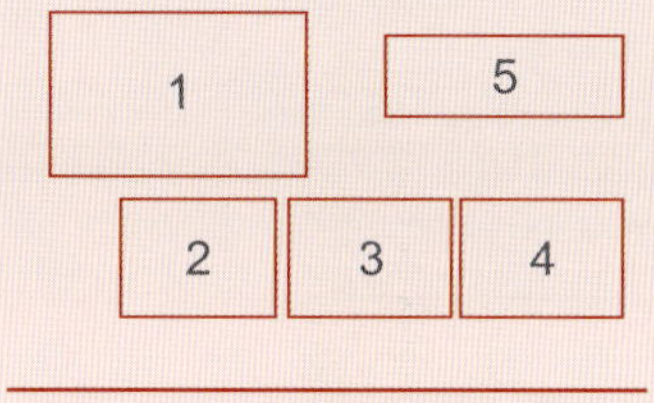

1—5. 12月31日，宝应县人民医院新院区正式投入使用　　　　县卫健委 / 供稿

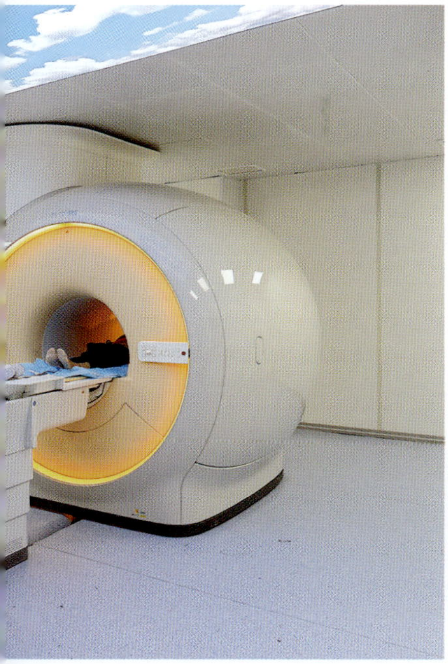

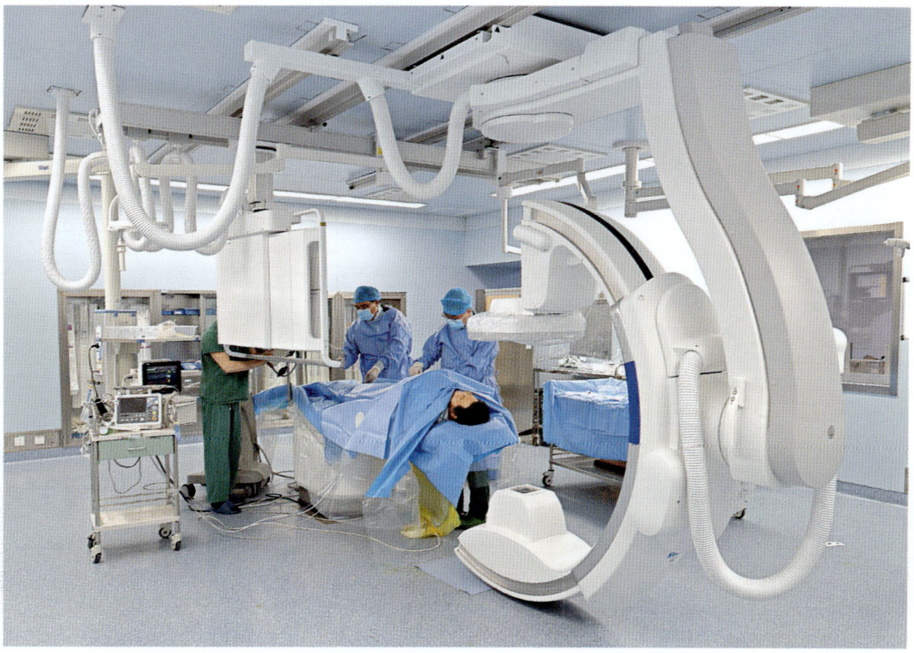

6月23日，宝应县举办庆祝建党100周年主题党日活动暨“两优一先”表彰大会文艺演出

2021年是中国共产党成立100周年，宝应县按照党中央和省、市委统一部署，组织举办庆祝中国共产党成立100周年系列活动，唱响爱党爱国爱社会主义主旋律。3月8日，中共宝应县委召开全县党史学习教育动员大会，掀起党史学习教育新的热潮。6月23日，宝应县召开“芳华百年 初心相印”庆祝建党100周年主题党日活动暨“两优一先”表彰大会。7月1日，全县党员、干部和社会各界人士集中收看中共中央庆祝中国共产党成立100周年大会电视直播；全县各级党组织举行重温入党誓词、参观红色场馆活动，回顾党的历史，坚定永远跟党走的信念。3—11月，全县上下举办全民阅读、红歌演唱、淮剧展演、摄影展览、广场舞大赛、文艺新作调演等形式多样文艺宣传活动，歌颂党的恩情和百年辉煌成就，形成庆祝建党百年华诞浓烈氛围。

县融媒体中心 / 供稿

芳华百年 初心相印
宝应县庆祝建党100周年主题党日活动
暨"两优一先"表彰大会
主办单位：中共宝应县委员会
承办单位：中共宝应县委组织部 中共宝应县委宣传部 宝应县文体广电和旅游局

光荣榜
[优秀共产党员]
匡红霞(女) 房福余 吉 花(女) 吕开萍(女) 马锦明 李婷婷(女) 宁玉峰 张建中 陈 杨(女) 乐其亮
薛彭辉 陈启刚 邵 欣(女) 姜元来 房 剑 陈 祥 蔡如顺 卞兆根 颜景爱(女) 洪 玲(女)
梁传龙 陈志鹏 罗洪谋 唐素芳(女) 花文桂 吴 垚(女) 谢 朗 陆爱东 樊 晨 陈 刚
陈 洁(女) 王秉元 生学余 谢荣雷 刘金洪 高 俊 王晓宇(女) 季刚银 杨 军 何 柳
刘 凯 昌文建 杨启俊 陈运彪 衡 萍(女) 钱文峰 杨友林 庄李成 王 林 姚俊松
刘学龙 徐 宾 胡安恒 朱寿华 王珮琴(女) 陈 燕(女) 宗 亮 张经纬 贺向进 徐丽丽(女)
刁品松 董门锦 刘 瑾(女) 黄建松 高 茜(女) 鲁洲东 周 璞 潘永华 赵文明 陈南燕(女)
高 原 刘 悦 张端美 梁铁军 高 峰 苏 进(女) 刘清书 周 东 邹文祥 顾云琪
凌 冰 侯月贤 衡德华 张 童 袁 甜(女) 周国泉 周廷相 王治龙 吕高兰(女) 张文龙
仲伟扣 何 军 徐志国 仲怀虎 朱 伟 郑飞月

1. 6月23日，宝应县举办庆祝建党100周年主题党日活动暨“两优一先”表彰大会 小　品/摄

2. 6月23日，全县表彰100名“优秀共产党员” 小　品/摄

3. 6月23日，全县表彰70个“先进基层党组织” 小　品/摄

4. 6月23日，全县表彰30名“优秀党务工作者” 小　品/摄

6月23日，宝应县向党龄达到50周年的老党员代表现场颁发“光荣在党50年”纪念章

小 品/摄

王松平
周新华

央视新闻
正在播

1—5. 7月1日上午，宝应县组织社会各界人士收看庆祝中国共产党成立100周年大会实况直播　　县融媒体中心 / 供稿

入党誓词
叶红亮

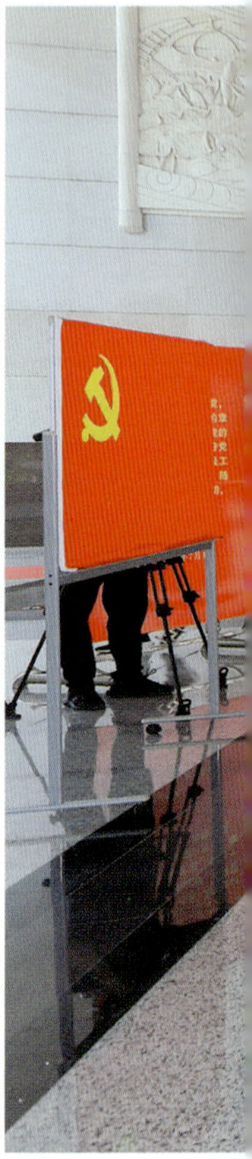

仁爱
探索
入党誓词
我志愿加入中国共产党，拥护党的纲领，遵守党
章程，履行党员义务，执行党的决定，严守党的纪
保守党的秘密，对党忠诚，积极工作，为共产主义
终身，随时准备为党和人民牺牲一切，永不叛党。
宣誓人

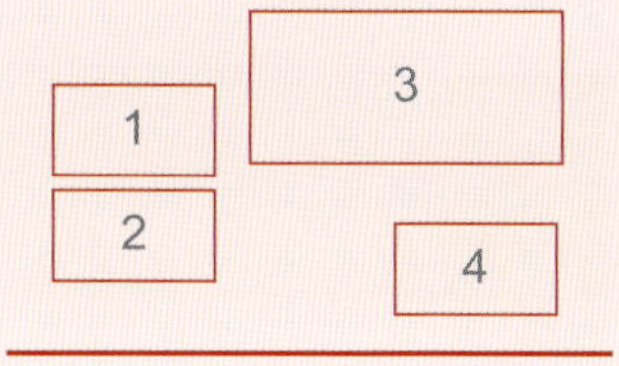

1. 7月1日，公安干警党员重温入党誓词　小　品/摄

2. 7月1日，医护人员党员在党旗下重温入党誓词　小　品/摄

3. 7月1日，县“四套班子”党员领导重温入党誓词　小　品/摄

4. 7月1日，青年党员在周恩来少年读书处重温入党誓词　小　品/摄

全县党史学习教育动员大会

县委理论学习中心组
党史教育学习会

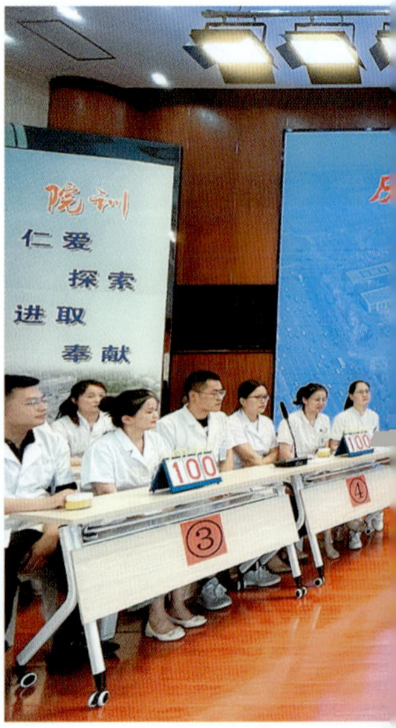
院训
仁爱
探索
进取
奉献

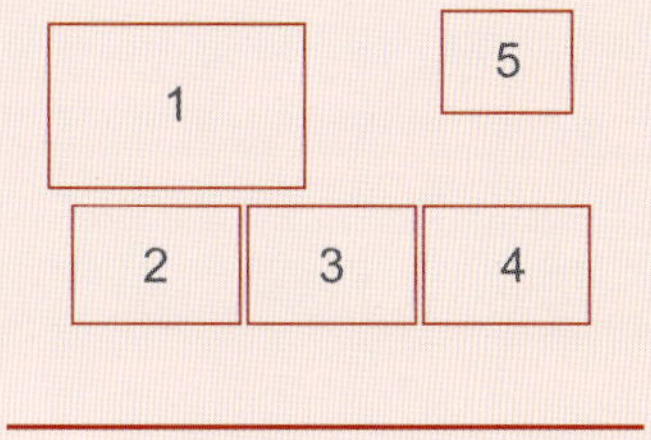

1. 3月8日，宝应县召开全县党史学习教育动员大会　　县融媒体中心 / 供稿

2. 4月2日，宝应县委理论学习中心组召开党史教育学习会　　县融媒体中心 / 供稿

3. 6月22日，县人民医院组织庆祝建党100周年党史知识竞赛　　县委宣传部 / 供稿

4. 夏集镇蒋庄村组织村民学习党史　　沈冬兵 / 摄

5. 组织开展“送学党史到田头”活动　　县委宣传部 / 供稿

6月23日，宝应县举办庆祝建党100周年主题党日活动暨“两优一先”表彰大会文艺演出

县融媒体中心 / 供稿

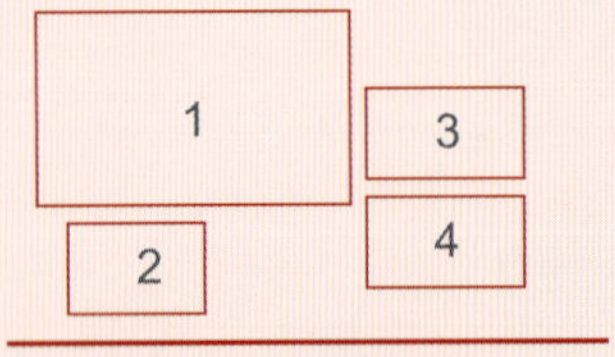

1. 6月26日，宝应县太极拳协会举行“庆百年华诞 展太极风采”活动　　小　品／摄

2. 3月30日，宝应县教育团工委举办“童心向党·百年党史励我心”主题学党史朗读大赛　县教育局／供稿

3. 6月30日，宝应县人民医院举行“百年华诞庆辉煌 嘹亮颂歌献给党”文艺汇演　　小　品／摄

4. 4月23日，宝应县举办“百年党史励我心”书香宝应朗读大赛（决赛）　　县文体广旅局／供稿

百年华诞庆辉煌
嘹亮颂歌献给党

百年党史励我心
庆祝中国共产党成立100周年
“宝应农商行杯”书香宝应朗读大赛（决赛）

开启全面建设社会主义现代

宝应
水韵荷乡
生态画廊
1921
2021
庆祝中国共产党成立100周年

1

2 3 4

1—4. 全县城乡彩旗飘扬、鲜花绽放，到处洋溢着庆祝中国共产党成立100周年喜庆氛围　　县园林绿化处/供稿

N BAO YIN SHUA CHE JIAN

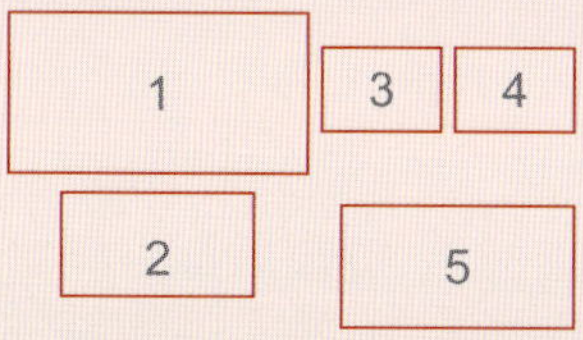

1—5. 全县各级党组织开展党员干部、团员青年、中小学生参观红枫园、夏凤山纪念馆、“柳堡二妹子”活动中心等红色场馆活动　　县委宣传部 / 供稿

古镇新貌——秀美山阳鸟瞰图

山阳镇位于京杭大运河西畔，与淮安市金湖县、洪泽县、淮安区接壤，总面积1.23万公顷，其中耕地面积4401.5公顷，水资源尤其丰富，滩涂水面面积4667公顷，包含白马湖、宝应湖部分区域。山阳镇党委、政府利用当地特色资源，形成粮食种植、龟鳖蟹特水养殖、草莓种植以及生态旅游等现代农业全面发展新格局。工业经济依托当地资源发展形成羽绒家纺制品特色产业集群，以及机电装备制造、水泥建材生产等产业。山阳镇先后荣获命名“中国龟鳖生态养殖第一镇”“中国羽绒名镇”“中国知名羽绒家纺产地”“江苏省稻味小镇”等荣誉称号。

山阳镇 / 供稿

1. 山阳镇绿色有机种养基地风景如画　　朱明俊 / 摄

2. 山阳镇生态养殖基地波光粼粼　　朱明俊 / 摄

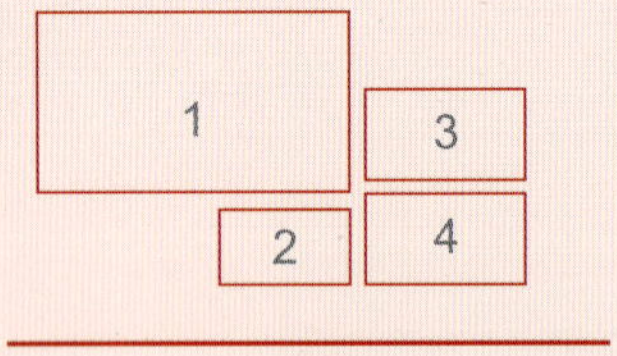

1. 山阳镇利用区域特色生态优势，加强生态文明建设，先后创成“江苏省生态文明建设示范镇”“国家生态镇”。图为宝应湖湿地

山阳镇 / 供稿

2. 沿湖荷塘　山阳镇 / 供稿

3. 宝应湖风光旖旎　朱明俊 / 摄

4. 山阳镇春光银杏林　山阳镇 / 供稿

1 |
2 | 3

1. 山阳如一颗明珠镶嵌在古老而美丽的京杭大运河西畔　　朱明俊 / 摄

2. 宝应运河二桥是山阳镇沟通京杭大运河两岸的重要通道　　山阳镇 / 供稿

3. 山阳镇东临京沪高速公路、连淮扬镇高铁，与长三角和东部沿海空港、海港、铁路快速对接　　小　品 / 摄

60

40

1. S331宝应城西工业园区段　　朱明俊 / 摄

2. 山阳大道　　山阳镇 / 供稿

3. 秀丽的乡村道路——山阳镇创业路　　山阳镇 / 供稿

4. 山阳客运站　　朱明俊 / 摄

沃得
沃得

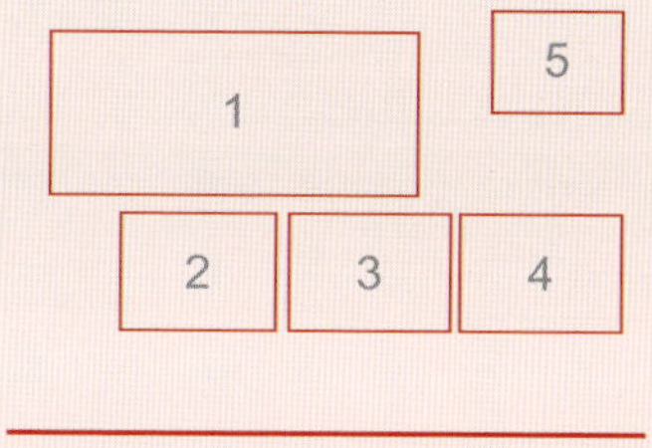

1. 2021年，山阳镇完成粮食产量7.47万吨，实现连续十八年丰收　　山阳镇 / 供稿

2. 山阳镇蔬菜生产大棚　　山阳镇 / 供稿

3. 山阳镇芡实生产基地　　小　品 / 摄

4. 江苏一莓阳光草莓园获评全省乡村休闲旅游精品主题园　　山阳镇 / 供稿

5. 山阳镇龚陈村设施农业生产基地　　山阳镇 / 供稿

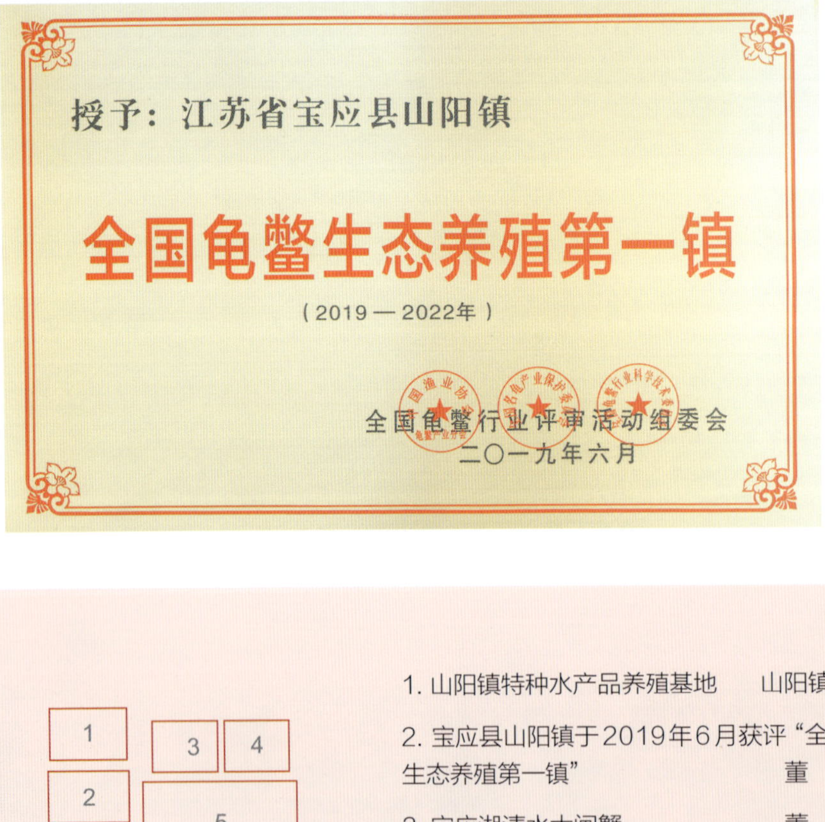
授予：江苏省宝应县山阳镇

全国龟鳖生态养殖第一镇

（2019—2022年）

全国龟鳖行业评审活动组委会
二〇一九年六月

1. 山阳镇特种水产品养殖基地　　山阳镇／供稿
2. 宝应县山阳镇于2019年6月获评“全国龟鳖生态养殖第一镇”　　董　杰／摄
3. 宝应湖清水大闸蟹　　董　杰／摄
4. 宝应湖生态鳖　　董　杰／摄
5. 山阳镇生态养殖基地鸟瞰　　山阳镇／供稿

应湖清水
宝应湖清水
宝/应/湖/精/品

西荡湖生态
龟鳖
西荡湖生态
龟鳖

山阳
中国羽绒名镇

中国山阳羽绒加工集中区产品销售展示综合服务中心
中国山阳羽绒加工集中区产品销售展示中心
水韵城西 生态山阳 中国羽绒名镇

FUANNA 富安娜

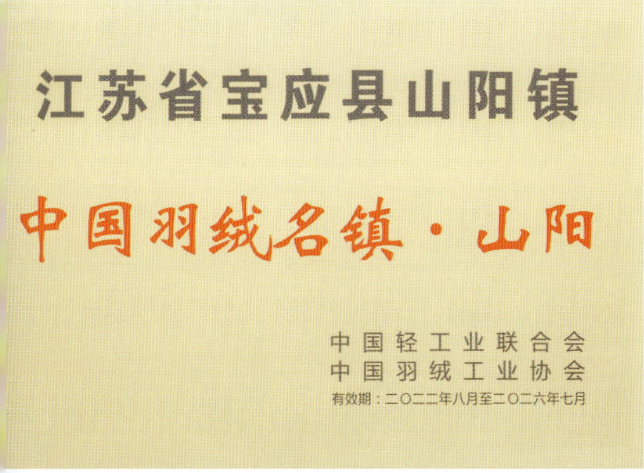

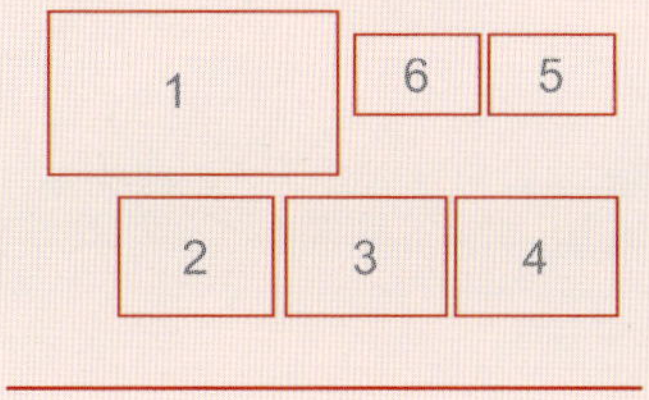

1. 山阳镇先后获命名“全国优秀羽绒产业集群”“改革开放40周年中国领航创新产业集群”“中国知名羽绒家纺产地” 山阳镇 / 供稿

2. 中国山阳羽绒加工集中区产品销售展示综合服务中心 山阳镇 / 供稿

3. 山阳镇羽绒家纺重点企业——江苏富安娜家居用品有限公司 小 品 / 摄

4. 山阳镇羽绒家纺重点企业——江苏翔宇纺织品有限公司产品展示馆 山阳镇 / 供稿

5. 山阳镇羽绒家纺重点企业——江苏大成羽绒科技有限公司缝纫车间 小 品 / 摄

6. 2022年8月，宝应县山阳镇蝉联“中国羽绒名镇”称号 董 杰 / 摄

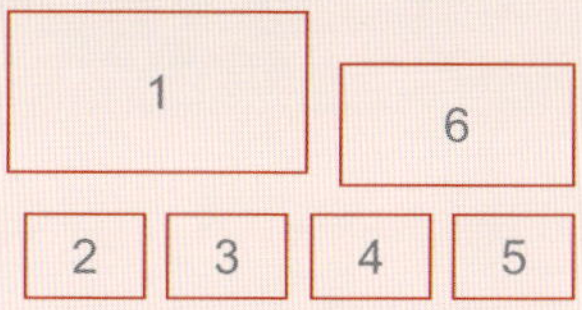

1. 宝应城西工业园鸟瞰图　　小　品 / 摄

2. 山阳镇重点企业——扬州裕兴纸品包装有限公司自动化生产线　　小　品 / 摄

3. 山阳镇机电产业重点企业——江苏沃峰新材料有限公司高性能纤维生产线　　山阳镇 / 供稿

4. 山阳镇重点企业——江苏苏隆水泥有限公司　　小　品 / 摄

5. 山阳镇机电产业重点企业——江苏宏腾电力装备有限公司　　山阳镇 / 供稿

6. 山阳镇重点企业——扬州大宇体育用品有限公司生产车间　　山阳镇 / 供稿

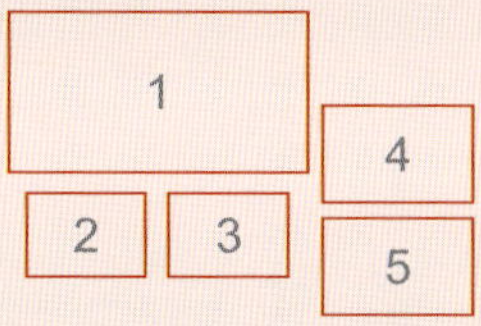

1. 位于山阳镇的宝应县第五人民医院　　山阳镇 / 供稿

2. 山阳镇沿湖村民居风景秀丽　　山阳镇 / 供稿

3. 生态宜居现代化居民住宅区——山阳镇春阳城小区　　山阳镇 / 供稿

4—5. 宝应县城西实验幼儿园　　山阳镇 / 供稿

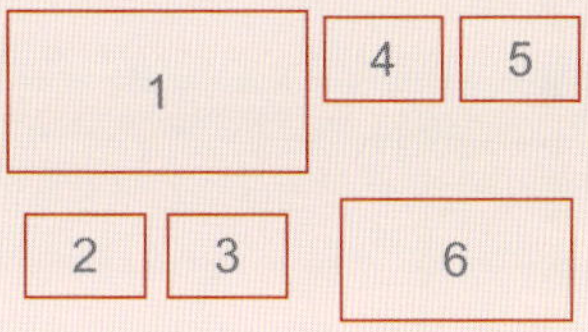

1. 集镇休闲公园 山阳镇 / 供稿
2. 村民健康步道 山阳镇 / 供稿
3. 村民休闲小游园 朱明俊 / 摄
4. 村级便民服务中心 山阳镇 / 供稿
5. 乡村文化表演活动 朱明俊 / 摄
6. 村民阅读活动室 山阳镇 / 供稿

山阳集镇鸟瞰　　山阳镇 / 供稿

目　录
Mu　Lu

城市荣誉 …… 1
宝应县政区图 …… 2
宝应县城区图 …… 4
宝应县地方志编纂委员会 …… 6
《宝应年鉴》编辑部 …… 6
编辑说明 …… 7
专题图片 …… 8
年度聚焦 …… 8
建党百年 …… 32
中国羽绒名镇——山阳镇 …… 52

专　记

宝应县庆祝中国共产党成立100周年活动纪实 …… 1
庆祝建党百年表彰大会 …… 1
收听收看庆祝大会直播 …… 1
颁发“光荣在党50年”纪念章 …… 1
在党旗下重温入党誓词 …… 2
掀起党史学习新的热潮 …… 2
建党百年文艺宣传活动 …… 2
宝应县奏响新能源绿色发展美好乐章 …… 3
宝应县聚焦江苏“绿心”,主打生态产业人才“三张牌” …… 4
生态立县,筑牢生态基底 …… 4
产业强县,厚植产业基础 …… 5
人才兴县,夯实人才基石 …… 5

大事纪要

1月 …… 6
2月 …… 7
3月 …… 8
4月 …… 9
5月 …… 10
6月 …… 11
7月 …… 13
8月 …… 14
9月 …… 15
10月 …… 16
11月 …… 17
12月 …… 18

荷乡宝应

自然地理 …… 20
位置 …… 20
地貌 …… 20
水系 …… 20
气候 …… 21
物候 …… 21
资源 …… 21
历史文化 …… 22
建置沿革 …… 22
行政区划 …… 22
表1　2021年宝应县行政区划一览表 …… 23
文化遗存 …… 23
荷乡方言 …… 24
风俗民情 …… 24
人口　民族　宗教 …… 25
人口 …… 25
民族 …… 25
宗教 …… 25
表2　2021年宝应县户籍人口分布情况一览表 …… 25

风景名胜 …… 26
概况 …… 26
宝应学宫 …… 26
纵棹园 …… 26
蒲松龄游幕宝应纪念馆 …… 27
周恩来少年读书处 …… 27
宁国寺 …… 27
朱方伯公家祠 …… 27
宝应湖国家湿地公园(白鹿岛生态旅游区) …… 28
宝应荷园 …… 28
柳堡(团庄)九九艳阳天景区 …… 28
荷乡物产 …… 28
宝应荷藕 …… 28
宝应慈姑 …… 28
宝应芡实 …… 28
宝应核桃乌 …… 29
泾河(金禾)西瓜 …… 29
宝应大米 …… 29
宝应湖大闸蟹 …… 30
宝应湖中华鳖 …… 30
广洋湖青虾 …… 30
宝应特种鱼类 …… 30
安丰卜页 …… 31
西安丰水晶工艺品 …… 31
小官庄玻璃工艺品 …… 31
鲁垛乱针绣 …… 31
山阳羽绒 …… 32
经济社会发展 …… 32
概况 …… 32
农林牧渔业 …… 32
工业和建筑业 …… 32
固定资产投资 …… 32
国内贸易 …… 33
对外经济 …… 33
交通运输和邮电通信业 …… 33
财政、金融和保险业 …… 33
科学技术和教育 …… 33
文化、卫生、体育 …… 34
旅游业 …… 34
城乡建设和生态环境保护 …… 34
人民生活和社会保障 …… 34
就业与人才 …… 34

政　治

中共宝应县委员会 …… 35
综述 …… 35
概况 …… 35
政治建设 …… 35
经济发展 …… 35
城乡建设 …… 35
民生实事 …… 36
重要会议 …… 36
全县农村工作会议 …… 36
全县工业发展暨优化营商环境大会 …… 36
全县党史学习教育动员大会 …… 36
全县高质量发展总结表彰大会 …… 36
庆祝建党100周年主题党日活动暨“两优一先”表彰大会 …… 37
中国共产党宝应县第十三次代表大会 …… 37
全县强化税源培植促进高质量发展大会 …… 37
中共宝应县委第十三届第二次全体(扩大)会议 …… 37
重要决策 …… 38
乡村振兴战略实施 …… 38
全国文明城市创建 …… 38
招商引资奖励 …… 38
1+e服务联盟代帮办服务 …… 38
巡察工作 …… 38
概况 …… 38
配合涉粮保障问题专项巡察 …… 39
惠企政策落实情况专项巡察 …… 39
巡察问题整改落实 …… 39
组织工作 …… 40
概况 …… 40
基层党组织建设 …… 40
县镇两级党委换届选举 …… 42
干部选拔任用 …… 42
干部监督管理 …… 42
年轻干部培养 …… 43
干部教育培训 …… 43
公务员日常管理 …… 44
疫情防控工作 …… 44
宣传思想工作 …… 44

概况 …… 44
党史学习教育 …… 45
理论学习宣讲 …… 46
理论学习中心组 …… 46
基层党员干部冬训 …… 46
“学习强国”学习平台学用 …… 46
新闻宣传 …… 47
网络安全 …… 47
网络舆情管理与引导 …… 47
庆祝建党100周年专题活动 …… 47
文艺宣传工作 …… 48
“宝应好人”工程 …… 48
文明城市创建 …… 48
未成年人思想道德建设 …… 49
移风易俗 …… 49
新时代文明实践中心建设 …… 49
社会志愿服务 …… 50
统一战线工作 …… 50
概况 …… 50
党外干部队伍建设 …… 50
民主党派工作 …… 51
无党派人士、党外知识分子和新的社会阶层人士统战工作 …… 51
经济领域统战工作 …… 52
机构编制工作 …… 52
概况 …… 52
事业单位机构改革 …… 52
综合行政执法体制改革 …… 52
机构编制动态化管理 …… 52
机构编制法治化建设 …… 53
事业单位登记管理 …… 53
机关党建 …… 53
概况 …… 53
党员教育 …… 53
党组织建设 …… 53
作风建设 …… 54
廉政建设 …… 54
对台事务 …… 54
概况 …… 54
服务台资企业新机制 …… 54
台资企业招才引智 …… 55
两岸交流互动 …… 55
台资企业营商环境优化 …… 55
党校工作 …… 55
概况 …… 55
党员干部培训 …… 56
基层宣讲活动 …… 56
理论研究 …… 56
老干部工作 …… 56
概况 …… 56
离退休干部政治生活 …… 57
老干部生活待遇落实 …… 57
离退休干部党建活动 …… 57
离退休干部作用发挥 …… 57
宝应县人民代表大会 …… 58
综述 …… 58
概况 …… 58
人事任免 …… 58
换届选举 …… 58
重要会议 …… 58
县第十六届人民代表大会第五次会议 …… 58
县第十六届人大常务委员会会议 …… 59
县人大常委会主任会议 …… 60
人大监督 …… 60
经济发展监督 …… 60
营商环境监督 …… 60
环境保护监督 …… 60
民生实事监督 …… 60
法治建设监督 …… 61
建议督办 …… 61
概况 …… 61
“关于进一步完善宝应高铁站往返城区接驳交通”建议督办 …… 61
“关于推动宝应乡村振兴,促进城乡融合发展”建议督办 …… 61
“关于进一步健全事实孤儿保障体系”建议督办 …… 61
表3 宝应县人民代表大会第十六届第五次会议重点代表建议一览表 …… 61
宝应县人民政府 …… 63
综述 …… 63
概况 …… 63
县政府常务会议 …… 64
招商引资项目集中签约仪式 …… 64
宝应大讲坛“运河文化带建设”专题讲座 …… 64

宝应县获全国表彰荣誉 …… 65
综合政务 …… 65
政府重点工作 …… 65
提案和建议办理 …… 65
“12345”政府公共服务平台 …… 65
政务督查 …… 65
政务信息 …… 65
信访工作 …… 65
概况 …… 65
长效机制优化 …… 66
“人民满意窗口”创建 …… 66
矛盾化解 …… 66
人事人才管理 …… 66
概况 …… 66
定向招录 …… 66
工资审批 …… 66
基础人才引进 …… 67
技能人才工作 …… 67
企业新型学徒制培训 …… 67
职业资格等级认定 …… 67
外事侨务 …… 67
外事管理 …… 67
外事宣传 …… 67
侨情调查 …… 67
县侨联第三次代表大会 …… 68
“侨心向党”系列活动 …… 68
侨联基层组织建设 …… 68
为侨服务 …… 68
归侨侨眷权益保护 …… 69
行政审批 …… 69
概况 …… 69
基层行政审批服务事项整合 …… 69
“3550”改革深化 …… 69
不动产登记 …… 69
“放管服”改革 …… 70
概况 …… 70
“一件事一次办”改革 …… 70
“不见面”改革 …… 70
“代帮办”改革 …… 70
税收服务改革 …… 70
政协宝应县委员会 …… 70
综述 …… 70
概况 …… 70
委员活动 …… 71
文史宣传工作 …… 71
重要会议 …… 71
县政协第十四届第五次全会 …… 71
县政协主席会议 …… 71
县政协常委会议 …… 72
县政协专题协商会 …… 72
建言献策 …… 72
民主监督 …… 72
视察调研 …… 72
基层民主协商 …… 72
重点提案督办 …… 72
表4 政协宝应县委员会第十四届第五次会议重点提案一览表 …… 73
中共宝应县纪律检查委员会 宝应县监察委员会 …… 73
县纪委第十二届第六次全会 …… 73
县纪委第十三届第一次全会 …… 74
全县纪检监察工作会议 …… 74
政治监督 …… 74
反腐败工作 …… 75
作风建设 …… 75
纪检监察机关自身建设 …… 75
廉政教育 …… 75
群众团体 …… 76
宝应县工商业联合会 …… 76
概况 …… 76
县工商联第十四届第五次执委会 …… 76
民营企业思想政治引领 …… 76
社会服务 …… 76
宝应县总工会 …… 77
概况 …… 77
疫情防控 …… 77
职工思想引领 …… 77
基层工会组织建设 …… 78
职工建功立业 …… 78
劳模先进评选 …… 78
职工实事项目 …… 78
困难职工帮扶 …… 78
职工安全保护 …… 78
共青团宝应县委员会 …… 79

概况 …… 79
团县委全会召开 …… 79
青年创业创新 …… 79
疫情防控 …… 79
青少年服务 …… 79
青年志愿者服务 …… 80
基层团组织建设 …… 80
宝应县妇女联合会 …… 80
概况 …… 80
妇联组织建设 …… 81
妇女儿童合法权益维护 …… 81
妇女儿童民生项目 …… 81
妇女创业创新扶持 …… 82
家庭文明建设 …… 82
宝应县科学技术协会 …… 82
概况 …… 82
科协基层组织建设 …… 82
创新驱动发展服务 …… 83
服务科技工作者 …… 83
宝应县文学艺术界联合会 …… 84
概况 …… 84
江苏油画名家(宝应)创作采风作品展 …… 84
扬州市"醉美夏集"摄影大赛 …… 84
"让学习成为习惯"周文彰学习分享会 …… 84
"运河水润蒲公情"《聊斋》诗意画展 …… 85
"湖光潋滟"宝应、建湖、金湖三县美术作品联展 …… 85
庆祝建党100周年党史学习教育主题书法作品展 …… 85
"党史悟思想、翰墨忆恩来"全国书法名家作品邀请展 …… 85
"丹青绘盛世、翰墨颂党恩"庆祝建党100周年书画作品展 …… 85
"小荷竞放、光影逐梦"宝应县首届青少年摄影作品展 …… 85
"忠心向党,舞悦荷乡"宝应县庆祝建党100周年广场舞大赛 …… 86
"风荷正举"宝应青年十人书法作品展 …… 86
宝应县哲学社会科学界联合会 …… 86
概况 …… 86
社科应用课题研究 …… 86
社科类社团组织建设 …… 86
社科成果参评获奖 …… 86
宝应县残疾人联合会 …… 87
概况 …… 87
残疾人服务机构改革 …… 87
残疾人康复工作 …… 87
残疾人培训就业 …… 87
残疾人托养服务 …… 87
残疾人证核发 …… 88
残疾人文化体育活动 …… 88
残疾人维权服务 …… 88
公益助残 …… 88
残联事业宣传 …… 88
宝应县红十字会 …… 88
概况 …… 88
公益救护培训 …… 89
志愿无偿捐献工作 …… 89
校园红十字活动 …… 89
宝应县关心下一代工作委员会 …… 89
概况 …… 89
青少年主题教育 …… 90
校外阵地建设 …… 90
青少年犯罪预防 …… 90
助学扶贫 …… 90

法 治

政法委及综治工作 …… 91
概况 …… 91
"平安宝应"建设 …… 91
经济社会发展护航 …… 92
反电信网络诈骗集中宣传 …… 92
涉法涉诉工作 …… 92
司法救助 …… 92
政法队伍教育整顿 …… 92
法治建设 …… 94
概况 …… 94
行政执法备案审查 …… 94
行政复议 …… 94
法治宝应实事项目 …… 94

社会矛盾纠纷化解 …… 95
公安 …… 95
概况 …… 95
案件侦办 …… 95
智慧公安建设 …… 96
疫情防控 …… 96
社会秩序保障 …… 96
执法监管 …… 97
警风建设 …… 97
检察 …… 97
概况 …… 97
检察监督 …… 97
社会秩序保障 …… 98
经济社会发展护航 …… 98
疫情防控 …… 98
未成年人保护 …… 98
法院 …… 99
概况 …… 99
案件审理 …… 99
案件执行 …… 99
法院干警队伍教育整顿 …… 100
司法行政 …… 100
概况 …… 100
公共法律服务 …… 100
法治宣传教育 …… 101
法治阵地建设 …… 101
社区矫正 …… 101

军　　事

人民武装 …… 102
概况 …… 102
思想政治建设 …… 102
军事训练 …… 102
征兵工作 …… 103
民兵整组 …… 103
国防动员 …… 103
拥政爱民 …… 104
“柳堡二妹子”民兵连建设 …… 104
疫情防控 …… 104
武警宝应中队 …… 105
概况 …… 105
执勤战备 …… 105
军事工作 …… 105
政治工作 …… 106
后勤保障 …… 106
人民防空 …… 106
人防知识宣传 …… 106
人防专业队伍训练 …… 107
人防工程建设管理 …… 107
防空袭疏散演练 …… 107

经济管理

宏观经济管理 …… 108
概况 …… 108
县“十四五”规划纲要获批准实施 …… 108
项目投资 …… 108
专项债券申报 …… 108
财政管理 …… 108
概况 …… 108
表 5　宝应县 2021 年度财政收支情况一览表 …… 109
积极财政政策实施 …… 110
基本民生保障 …… 110
债务风险管控 …… 110
财政运行效能提升 …… 110
国有资产监督管理 …… 110
概况 …… 110
国有制企业改革 …… 110
国有资产处置 …… 110
公共资源交易管理 …… 111
政府工程招投标 …… 111
政府采购 …… 111
国有土地使用权出让 …… 111
农村产权交易 …… 111
税务管理 …… 111
概况 …… 111
减税降费政策 …… 111

税收征管改革创新 …… 112
依法行政 …… 112
表 6 2021 年宝应县税务登记总体情况表…… 112
审计 …… 113
概况 …… 113
财政预算审计 …… 113
经济责任审计 …… 113
固定资产投资审计 …… 113
重大政策落实情况审计 …… 113
统计 …… 113
概况 …… 113
统计调查 …… 114
统计改革 …… 114
人口普查公报发布 …… 114
统计法治宣传 …… 114
价格管理 …… 114
概况 …… 114
价格改革 …… 115
价格监测 …… 115
价格认证 …… 115
市场监督管理 …… 115
概况 …… 115
市场监管综合执法 …… 115
特种设备安全监管 …… 116
食品安全监管 …… 116
药品药械安全监管 …… 117
消费维权 …… 117
品牌创建 …… 117
表 7 宝应县获“江苏省质量信用 AAA 级企业”一览表 …… 117
表 8 宝应县获“江苏省质量信用 AA 级企业”一览表 …… 118
知识产权管理 …… 118
概况 …… 118
知识产权培育 …… 118
专利申请 …… 118
知识产权宣传 …… 119
信用体系建设 …… 119
概况 …… 119
信用信息管理 …… 119
信用示范企业认证 …… 119
农村信用体系建设 …… 119

荷藕经济

荷藕种植 …… 120
荷藕种植历史 …… 120
荷藕种植面积 …… 120
荷藕主要品种 …… 120
荷藕生长周期 …… 120
荷藕种植技术 …… 120
荷藕加工销售 …… 121
概况 …… 121
鲜藕销售 …… 121
藕制品加工企业 …… 121
藕制品销售 …… 121
荷藕美食 …… 121
荷藕传统美食 …… 121
全藕宴 …… 122
宝应捶藕 …… 122
现代荷藕美食 …… 122
荷乡观光旅游 …… 122
概况 …… 122
2021 中国 · 宝应荷藕节 …… 123
2021“荷美射阳湖,湖畔嘉年华”生态文化旅游节 …… 123
射南村获评江苏省乡村旅游重点村 …… 123

农　业

综述 …… 124
概况 …… 124
表 9 2021 年宝应县农林牧渔业情况统计表…… 124
新型农业经营主体培育 …… 125
表 10 2021 年宝应县获新命名省、市“示范家庭农场”一览表 …… 125
观光农业 …… 126
生态农业 …… 126

表 11　2021 年宝应县有效期内绿色食品一览表 …… 126
表 12　2021 年宝应县有效期内有机产品一览表 …… 128
农业资源开发 …… 129
种植业 …… 129
概况 …… 129
水稻种植 …… 129
小麦种植 …… 130
油菜籽种植 …… 130
蔬菜种植 …… 130
水果种植 …… 130
设施农业 …… 130
农业种植业补贴 …… 130
农业种植业保险 …… 130
稻麦病虫害防治 …… 131
渔业 …… 131
概况 …… 131
表 13　2021 年宝应县主要淡水和特种水产品养殖面积、产量一览表 …… 131
渔业科技 …… 131
渔业人才培养 …… 132
水生动物病害防治 …… 132
水生动物疫病实验室建设 …… 132
智慧渔业建设 …… 133
苗种基地建设 …… 133
渔业行政执法 …… 133
表 14　2021 年宝应县渔船总数一览表 …… 133
畜牧业 …… 134
概况 …… 134
畜禽生产 …… 134
畜禽生态健康养殖技术推广 …… 134
畜禽养殖污染治理 …… 134
农业产业化 …… 135
概况 …… 135
龙头企业培育 …… 135
表 15　2021 年宝应县获批市级以上农业产业化龙头企业一览表 …… 135
农产品宣传推介 …… 137
农业机械化 …… 137
概况 …… 137
农机购置补贴 …… 138
农机合作组织建设 …… 138
农业机械化作业 …… 138
农机技术培训 …… 138
农机安全监理 …… 138
农业科技普及 …… 138
概况 …… 138
农业技术推广 …… 139
表 16　2021 年宝应县基层农技推广体系主导品种、主推技术一览表 …… 139
信息进村入户 …… 139
农业安全监管 …… 139
农产品检测 …… 139
农产品质量安全整治 …… 140
动物疫病防控 …… 140
植物病虫害绿色防控 …… 140
水产品质量安全监管 …… 140
渔业生产安全检查 …… 140

工　业

综述 …… 141
概况 …… 141
工业创新 …… 141
工业节能 …… 141
企业“两化”融合 …… 141
软件信息化服务 …… 142
新能源制造与应用 …… 142
中小企业发展 …… 142
表 17　2021 年宝应县“三十强”工业企业主要经济指标实绩一览表 …… 143
电力装备产业 …… 143
概况 …… 143
电力装备产业重点企业 …… 143
智能制造应用 …… 143
电力装备产业链构建 …… 143
电子信息产业 …… 144
概况 …… 144

电子信息产业重点企业 …… 144
电子信息产业发展规划编制 …… 144
国人通信智能装备5G产业园 …… 144
高端装备产业 …… 144
概况 …… 144
高端装备产业重点企业 …… 145
江苏润扬管件有限责任公司 …… 145
江苏菲达宝开电气股份有限公司 …… 145
汽车零部件产业 …… 145
概况 …… 145
汽车零部件产业重点企业 …… 145
产业转型升级 …… 145
扬州凯翔精铸科技有限公司 …… 146
生物医药产业 …… 146
概况 …… 146
生物医药产业重点企业 …… 146
扬州中宝药业股份有限公司 …… 146
江苏康宝医疗器械有限公司 …… 146
有机食品产业 …… 146
概况 …… 146
有机食品产业重点企业 …… 147
高端苏打水制造项目 …… 147
羽绒家纺产业 …… 147
概况 …… 147
羽绒家纺产业重点企业 …… 147
羽绒产业集群 …… 147
江苏康源纺织有限公司 …… 147
文体用品产业 …… 148
概况 …… 148
文体用品产业重点企业 …… 148
江苏果米文化发展有限公司 …… 148
文体用品产业集群 …… 148

建筑业

综述 …… 149
概况 …… 149
建筑业人才培养 …… 149
建筑业科技创新 …… 149
表18　2021年宝应县获“江苏省工程建设施工工法”一览表 …… 149
建筑质量创优 …… 149
表19　2021年宝应县获“扬州市优质工程奖”项目一览表 …… 150
建筑业企业 …… 150
概况 …… 150
表20　2021年宝应县建筑业重点企业一览表 …… 150
江苏天宇建设集团有限公司 …… 151
安宜建设集团有限公司 …… 151
江苏丰祥建设工程有限公司 …… 152
建筑业市场 …… 152
概况 …… 152
省内建筑市场 …… 152
省外建筑市场 …… 152
境外建筑市场 …… 152
建筑业管理 …… 152
质量监管 …… 152
安全监管 …… 152
表21　2021年宝应县获“扬州市建筑施工安全文明工地”项目一览表 …… 152
建筑市场监管 …… 153

商贸服务业

综述 …… 154
概况 …… 154
表22　2021年宝应县商贸服务业主要经济指标一览表 …… 154
市场监测 …… 155
重点场所安全生产管理 …… 155
服务业项目建设 …… 155
批发零售 …… 155
概况 …… 155
表23　2021年宝应县重点商场、超市概况表 …… 155
重点批发市场 …… 155
农产品销售一体化 …… 155
“宝应湖”大闸蟹入驻叮咚买菜生鲜销售平台 …… 156
住宿餐饮 …… 156

概况 …… 156
扬州“世界美食之都示范店”创建活动 …… 156
宝应慈姑宴制作技艺地方标准公布 …… 156
餐饮业和超市消费券发放 …… 156
供销合作 …… 156
概况 …… 156
供销社综合改革 …… 157
基层供销社建设 …… 157
农业社会化服务 …… 157
农药废弃包装物回收处理 …… 157
农资配送市场 …… 157
粮食购销 …… 157
概况 …… 157
粮食收购 …… 157
粮食市场管理 …… 158
粮食安全保障 …… 158
粮食仓储能力提升 …… 158
烟草专卖 …… 158
概况 …… 158
疫情防控 …… 159
市场营销 …… 159
专卖管理 …… 159
盐业 …… 159
概况 …… 159
渠道体系建设 …… 159
盐业市场协查监管 …… 159
行业用盐市场拓展 …… 159
邮政 …… 160
概况 …… 160
表 24 2021 年宝应县邮政通信服务能力一览表 …… 160
服务效能提升 …… 160
乡村振兴服务 …… 161
邮政作业疫情防控 …… 161
通信服务 …… 161
中国电信股份有限公司宝应分公司 …… 161
概况 …… 161
网络建设维护 …… 161
疫情防控通信保障 …… 161
营业网点建设 …… 162
中国移动通信集团江苏有限公司宝应分公司 …… 162
概况 …… 162
网络工程建设 …… 162
信息技术服务 …… 162
业务咨询活动 …… 162
中国联合网络通信有限公司宝应县分公司 …… 162
概况 …… 162
业务拓展 …… 162
网络建设 …… 162
通信保障 …… 163
物流业 …… 163
概况 …… 163
韵达江苏总部基地第一期工程竣工 …… 163
寄递业安全监管 …… 163
电子商务 …… 163
概况 …… 163
电商发展资金争取 …… 163
农村电商运营 …… 164
中介服务 …… 164
会计事务 …… 164
司法公证 …… 164
律师事务 …… 164
职业中介 …… 164
房地产中介 …… 164
居民服务 …… 165
家政服务 …… 165
美容美发 …… 165
洗浴保健 …… 165
汽车维修 …… 165
家电日用品修理 …… 165
健康服务 …… 165
养老服务 …… 165

旅游业

综述 …… 166
概况 …… 166
旅游基础设施建设 …… 166
旅游公交专线 …… 166
特色旅游线路 …… 166
旅游资源 …… 167
红色旅游资源 …… 167
湿地旅游资源 …… 168

乡村旅游资源 …… 168
旅游营销 …… 169
概况 …… 169
夏集镇第四届乡村桃花旅游节活动 …… 169
宝应经济开发区端正果蔬园第二届旅游文化节 …… 169
旅游广告宣传 …… 170
旅游管理 …… 170
旅游安全管理 …… 170
旅游市场监管 …… 170
旅游品牌创建 …… 170
旅游业法治宣传 …… 170

房地产业

房地产开发 …… 171
房地产开发企业 …… 171
房地产开发投资 …… 171
房地产开发重点项目 …… 171
云樾春晓项目 …… 171
房地产交易 …… 172
商品房销售 …… 172
二手房市场交易 …… 172
房屋拆迁 …… 172
房地产管理 …… 172
房地产市场监管 …… 172
公房安全管理 …… 172
白蚁防治 …… 172
物业管理 …… 173
概况 …… 173
表25 2021年宝应县物业企业一览表 …… 173
房屋维修基金使用 …… 174
物业精细化管理 …… 174
省级示范物业管理项目创建 …… 174

金融业

综述 …… 175
概况 …… 175
信贷投放 …… 175
资本市场 …… 175
金融监管 …… 175
金融稳定宣传 …… 176
银行业 …… 176
银行业管理 …… 176
概况 …… 176
信贷业务创新拓展 …… 176
农村信用体系建设 …… 177
绿色金融 …… 177
农村普惠金融服务点 …… 177
营商环境优化 …… 177
金融知识普及 …… 177
银行业"户外劳动者港湾"建设 …… 177
外汇管理 …… 177
表26 宝应县外汇指定银行外汇业务统计简表 …… 178
中国农业发展银行宝应县支行 …… 178
概况 …… 178
粮食信贷业务 …… 178
疫情防控贷款 …… 178
扶贫生产贷款 …… 178
重点项目贷款 …… 178
中国工商银行股份有限公司宝应支行 …… 179
概况 …… 179
信贷投放扩大 …… 179
普惠金融业务 …… 179
个人住房贷款 …… 179
国际结算业务 …… 179
中国农业银行股份有限公司宝应县支行 …… 179
概况 …… 179
存款业务 …… 180
信贷业务 …… 180
风险管控 …… 180
中国银行股份有限公司宝应支行 …… 180
概况 …… 180
制造业项目信贷 …… 180
市政重大项目信贷 …… 180
普惠金融政策落实 …… 180
中国建设银行股份有限公司宝应支行 …… 181

概况 …… 181
信贷业务拓展 …… 181
“存房+”业务项目 …… 181
“智慧校园”项目签约 …… 181
中国邮政储蓄银行宝应县支行 …… 181
概况 …… 181
信贷业务 …… 182
金融服务 …… 182
江苏宝应农村商业银行股份有限公司 …… 182
概况 …… 182
存款业务 …… 182
信贷投放 …… 183
电子银行业务 …… 183
江苏银行股份有限公司宝应支行 …… 183
概况 …… 183
存款业务 …… 183
信贷业务 …… 183
中国光大银行股份有限公司宝应支行 …… 183
概况 …… 183
信贷结构优化 …… 184
存款结构调整 …… 184
南京银行股份有限公司宝应支行 …… 184
概况 …… 184
存款业务拓展 …… 184
信贷规模扩大 …… 184
江苏射阳农村商业银行股份有限公司宝应支行 …… 185
概况 …… 185
存款资金组织 …… 185
贷款结构优化 …… 185
信贷风险控制 …… 185
江苏宝应锦程村镇银行股份有限公司 …… 185
概况 …… 185
金融服务 …… 185
保险 …… 186
中国人民财产保险股份有限公司宝应支公司 …… 186
概况 …… 186
业务拓展 …… 186
保险责任赔偿 …… 186
中国人民保险集团股份有限公司宝应支公司 …… 186
概况 …… 186
民生服务 …… 187
风险防控 …… 187
中国太平洋人寿保险股份有限公司宝应支公司 …… 187
概况 …… 187
业务拓展 …… 187
理赔业务 …… 187
证券·投资担保 …… 187
证券业 …… 187
投资担保 …… 187

经贸合作

招商引资 …… 188
概况 …… 188
农业招商引资 …… 188
工业招商引资 …… 189
外资及港澳台资利用 …… 189
对外及对港澳台贸易 …… 189
概况 …… 189
外资及港澳台资企业 …… 189
中小企业免费投保 …… 190
组织外贸企业参展 …… 190
对外经济技术合作 …… 190
概况 …… 190
境外投资企业 …… 190
扬州市华源管件有限公司 …… 190
开发园区 …… 190
江苏宝应经济开发区 …… 190
概况 …… 190
项目建设 …… 191
表27 2021年江苏宝应经济开发区投资5000万元以上在建项目一览表 …… 191
基础设施建设 …… 192
科技创新 …… 192
宝胜电缆城 …… 192
概况 …… 192
宝胜参展“中国品牌日” …… 193

宝胜集团与中铁建设集团举行战略合作框架协议签约仪式 …… 193
大长度光电复合海缆连续交付 …… 193
宝胜股份连续 12 年入围财富中国 500 强 …… 193
宝胜集团再次入选亚洲品牌 500 强 …… 194
江苏宝应湖有机农业开发区 …… 194
概况 …… 194
园区建设 …… 194
品牌塑造宣传 …… 194
度假区招商引资 …… 194
安宜工业园 …… 194
概况 …… 194
园区主导产业 …… 195
创业孵化平台建设 …… 195
中国教玩具生产基地 …… 195
概况 …… 195
产业规模 …… 195
创新创业 …… 195
中国汽车零部件制造基地 …… 196
概况 …… 196
重点企业及产品 …… 196
产业科技创新 …… 196

交　通

综述 …… 197
概况 …… 197
交通重点项目建设 …… 197
农村道路品牌创建 …… 197
公路 …… 197
公路里程 …… 197
公路客运 …… 198
公路货运 …… 198
农村公路建设 …… 198
铁路 …… 198
铁路里程 …… 198
铁路宝应站综合客运枢纽 …… 198
铁路客运 …… 198
水路 …… 198
航道里程 …… 198
通航船闸 …… 199
水路货运 …… 199
公共交通 …… 199
概况 …… 199
镇村公交 …… 199
公交优待政策 …… 199
交通运输管理 …… 199
路政管理 …… 199
海事管理 …… 199
航政管理 …… 200
运政管理 …… 200
安全监管 …… 200

水　利

综述 …… 201
概况 …… 201
水利建设规划编制 …… 201
水法规宣传 …… 201
农业水价综合改革 …… 201
水行政执法 …… 201
重点水利工程 …… 202
里下河洼地治理第二期工程 …… 202
宝应大河建设工程 …… 202
京杭运河宝应段现代绿色航运建设工程 …… 202
城乡水利建设 …… 203
城区水环境治理工程 …… 203
农村河道疏浚工程 …… 203
泾河灌区续建配套与节水改造项目 …… 203
运西中心排河—中港河整治工程 …… 203

城市建设与管理

城市规划 …… 204
城市规划管控 …… 204
城市规划编制 …… 204
城市规划审批 …… 204

城建重点工程 …… 204
城市道路建设 …… 204
城市亮化工程 …… 204
城区节点游园美化 …… 204
市政公用事业 …… 205
供用电 …… 205
燃气供应与管理 …… 206
城市供水 …… 206
城市桥梁管护 …… 207
城市管理 …… 207
概况 …… 207
文明城市创建行动 …… 207
新冠疫情防控 …… 207
市容秩序管理 …… 207
违建监察管理 …… 207
城管行政执法 …… 208
城区环卫保洁 …… 208
生活垃圾清理清运 …… 208
餐厨废弃物处理 …… 208
建筑垃圾运输管理 …… 208
生活垃圾分类治理 …… 208
空气污染攻坚 …… 208

乡村振兴

综述 …… 209
概况 …… 209
县乡村振兴局成立 …… 209
村集体经济增收 …… 209
产业融合发展 …… 209
概况 …… 209
农业产业园区 …… 209
宝应县“国家农村产业融合发展示范园” …… 210
“荷乡振兴”金色工程 …… 210
镇村设施建设 …… 210
镇村规划 …… 210
基础项目建设 …… 210
美丽乡村创建 …… 211
表 28 2021 年宝应县获命名“扬州市美丽宜居村庄”一览表 …… 211
农村公共服务 …… 211
乡镇机构优化 …… 211
便民服务中心建设 …… 211
高素质农民培育 …… 211
镇村文化服务 …… 212
乡村生态文明 …… 212
概况 …… 212
农村生活垃圾处理 …… 213
农村环境长效管护 …… 213
农业面源污染治理 …… 213
老区帮扶开发 …… 213
概况 …… 213
老区产业帮扶 …… 213
老区助学帮扶 …… 214
老区挂钩帮扶 …… 214
农村危房改造 …… 214

生态环境

综述 …… 215
概况 …… 215
生态环境保护宣传 …… 215
环境行政执法 …… 215
河长制工作 …… 215
生态环境质量 …… 216
概况 …… 216
空气环境质量 …… 216
表 29 2021 年城区环境空气主要污染物年平均值一览表 …… 216
水环境质量 …… 217
声环境质量 …… 217
土壤环境质量 …… 217
生态环境质量 …… 217
水资源管理 …… 217
用水管理 …… 217
河湖常态化管理 …… 217
潼河水厂里运河取水工程 …… 217
饮用水源地保护 …… 217
省管湖泊退圩还湖工程 …… 217
地热水资源管理 …… 218

养殖池塘生态化改造 …… 218
污水处理设施建设 …… 218
土地资源管理 …… 218
概况 …… 218
土地征收利用 …… 218
黏土资源开发管理 …… 219
耕地保护 …… 219
湿地保护修复 …… 219
土地执法监察 …… 219
耕地质量提升 …… 219
森林资源管理 …… 219
概况 …… 219
森林资源安全管理 …… 220
野生动物保护 …… 220
城市绿化 …… 220
环境整治 …… 220
概况 …… 220
水环境整治 …… 221
大气污染防治 …… 221
土壤污染防治 …… 221
固体危险废物污染防治 …… 221
核与辐射污染防治 …… 221
地质灾害防治 …… 222
环境监测 …… 222
概况 …… 222
监测能力建设 …… 222
大气自动监测站点建设 …… 222
环境应急管理 …… 222
环境信访 …… 222

科学技术

综述 …… 223
概况 …… 223
科技创新优惠 …… 223
科技服务 …… 223
科技创新 …… 223
概况 …… 223
“国家高新技术企业”创建 …… 223
表30　宝应县2021年获批“国家高新技术企业”一览表 …… 223
科技创新平台建设 …… 224
科技项目 …… 225
表31　2021年宝应县获批国家、省、市科技计划项目一览表 …… 225
产学研合作 …… 225
概况 …… 225
产学研合作项目 …… 225
科技成果转化项目 …… 226
科技人才 …… 226
概况 …… 226
人才招引 …… 226
县域人才培育 …… 226
科技镇长团服务管理 …… 227
人才生态环境营造 …… 227
气象服务 …… 227
概况 …… 227
重要气候事件评估 …… 227
气象预报服务 …… 228
防雷安全监管 …… 228
气象规划编制 …… 228
气象灾害综合风险普查 …… 228
科学知识普及 …… 228
概况 …… 228
科普基地建设 …… 229
社科知识普及活动 …… 229

教　育

综述 …… 230
概况 …… 230
教育基础设施建设 …… 230
教育信息化建设 …… 230
中小学生素质教育 …… 231
教育创建活动 …… 231
招生考试 …… 231
教育科研 …… 231
教师队伍建设 …… 232
教育督导 …… 232
学前教育 …… 232
概况 …… 232
课程游戏化项目创新 …… 233

学前教育优质资源提升 …… 233
表 32 2021 年宝应县幼儿教育情况表 …… 233
义务教育 …… 235
概况 …… 235
“五育”线上课堂 …… 235
劳动教育创新 …… 235
身心健康发展工程 …… 236
表 33 2021 年宝应县小学教育情况表 …… 236
表 34 2021 年宝应县初中教育情况表 …… 238
普通高中教育 …… 238
概况 …… 238
班主任队伍建设 …… 238
“真恒”品格提升工程 …… 239
表 35 2021 年宝应县普通高中教育情况表 …… 239
特殊教育 …… 239
概况 …… 239
融合教育资源中心建设 …… 240
特殊教育研究项目 …… 240
职业教育 …… 240
概况 …… 240
对口高考 …… 240
办学专业群建设 …… 240
教学管理 …… 240
师资能力提升 …… 241
五年制高职教育 …… 241
社区教育 …… 241
概况 …… 241
社区教育富民工程 …… 241
校外培训机构压减 …… 241

文 化

公共文化服务 …… 242
公共文化设施 …… 242
概况 …… 242
图书馆 …… 242
博物馆 …… 243
文化馆 …… 243
烈士纪念馆 …… 243
公共文化活动 …… 243
概况 …… 243
第九届广场舞比赛 …… 243
扬州市民日(宝应)广场演出活动 …… 244
祭孔大典 …… 244
省“百年百场”巡演走进宝应 …… 244
文艺创作 …… 244
概况 …… 244
作品创作 …… 245
民歌收集整理 …… 245
戏剧 …… 245
概况 …… 245
淮剧特色学校 …… 245
《浪起宝应湖》展演获奖 …… 245
红色文化 …… 245
概况 …… 245
“回望百年”专题电视片 …… 245
《荷乡溯初心》出版发行 …… 245
“红色有声专线”音频节目 …… 246
《宝应日报》党史学习教育专栏 …… 246
红色文博活动 …… 246
红领巾读书征文演讲比赛 …… 246
“庆百年、颂党恩”文艺新作调演 …… 247
大众传媒 …… 247
融媒体中心 …… 247
概况 …… 247
媒体融合 …… 247
产业经营 …… 248
报纸 …… 248
概况 …… 248
重大活动宣传 …… 248
抗疫新闻报道 …… 248
新闻作品参评 …… 248
广播电视 …… 248
概况 …… 248
广播电视作品参评 …… 249
电视设施建设 …… 249
有线网络 …… 249
概况 …… 249
网络设施建设 …… 249
政企有线网络业务 …… 249
“智慧广电”项目建设 …… 249

数字电视安全传输 …… 249
史志档案 …… 250
党史编修宣教 …… 250
概况 …… 250
党史队伍建设 …… 250
党史宣传教育 …… 250
党史重点项目 …… 251
党史编研成果 …… 251
党史征集布展 …… 251
档案工作 …… 251
概况 …… 251
档案资源征集 …… 252
档案编研利用 …… 252
基层档案规范化 …… 252
档案信息化建设 …… 252
档案安全管理 …… 253
档案行政执法 …… 253
地方志编纂 …… 253
概况 …… 253
镇志编修 …… 253
名镇志编修 …… 254
村志编修 …… 254
年鉴编纂 …… 254
文化遗产保护 …… 254
物质文化遗产 …… 254
文物保护 …… 255
表 36 宝应县文物保护单位一览表 …… 255
非物质文化遗产 …… 259
表 37 宝应县市级以上非物质文化遗产代表性项目一览表 …… 261
非物质文化遗产保护 …… 261
表 38 宝应县非物质文化遗产代表性传承人一览表 …… 262
文化创意产业 …… 263
概况 …… 263
文化创意产业重点企业 …… 263
中国乱针绣文化产业园 …… 264
文旅产业招商活动 …… 264
文化市场管理 …… 264
文化市场执法检查 …… 264
出版物发行管理 …… 264
电影放映行业监管 …… 264

体　育

综述 …… 265
概况 …… 265
体育队伍 …… 265
体育文化宣传 …… 265
国民体质测定与健身指导 …… 266
宝应县入选“全国县域足球典型” …… 266
体育设施 …… 266
概况 …… 266
健身设施管护 …… 266
群众体育 …… 266
概况 …… 266
社会体育组织 …… 266
全民健身活动 …… 266
竞技体育 …… 267
承办省级赛事 …… 267
参加省级赛事 …… 267
参加市级赛事 …… 267
学校体育 …… 267
概况 …… 267
县内校园体育赛事 …… 268
校园业余运动队 …… 268
体育产业 …… 268
概况 …… 268
体育产业基地建设 …… 268
体育彩票销售 …… 268

卫生健康

综述 …… 269
概况 …… 269
新冠肺炎疫情防控 …… 269
卫生科研培训 …… 269
健康宝应建设 …… 270
表 39 2021 年“健康宝应”建设主要指标一览表 …… 270

医疗卫生机构 …… 271
概况 …… 271
医护人才建设 …… 271
县人民医院新院区投入使用 …… 272
表 40 2021 年宝应县主要医疗卫生机构一览表 …… 272
医疗服务 …… 273
概况 …… 273
医药卫生体制改革 …… 274
医联体建设 …… 274
家庭医生签约服务 …… 274
卫生健康信息系统建设 …… 274
疾病预防控制 …… 274
基本公共卫生服务 …… 274
预防接种 …… 275
新冠病毒疫苗接种 …… 275
传染病防控 …… 276
病媒生物监测 …… 276
爱国卫生 …… 276
概况 …… 276
健康知识宣传 …… 276
卫生健康镇村建设 …… 276
妇幼保健 …… 276
概况 …… 276
补服叶酸 …… 277
农村妇女“两癌”检查 …… 277
艾滋病、梅毒和乙肝母婴传播预防 …… 277
中医中药 …… 277
概况 …… 277
中医药人才培养 …… 277
中医药参与新冠疫情防控 …… 278
中医药宣传 …… 278
计划生育 …… 278
概况 …… 278
计生服务优化 …… 278
计生惠民政策 …… 278
公共卫生监管 …… 278
概况 …… 278
卫生健康行政许可 …… 279
放射卫生监督 …… 279
职业健康监管 …… 279
公共场所卫生监督 …… 279
医疗卫生监督 …… 279
学校卫生监督 …… 279
卫生监督协管 …… 279
卫生应急体系建设 …… 280
医政药政管理 …… 280
概况 …… 280
医疗机构质量管理 …… 280
药政管理 …… 280
药品耗材采购管理 …… 280

社会保障

社会保险 …… 281
概况 …… 281
工伤保险 …… 281
失业保险 …… 281
被征地农民社会保障 …… 281
“省人社一体化平台”成功上线 …… 281
医疗保险 …… 281
医保基金监管 …… 282
异地医保结算 …… 282
社会救助 …… 282
民政救助 …… 282
医疗救助 …… 283
慈善救助 …… 284
红十字救助 …… 285
社会福利 …… 285
困境儿童保障福利 …… 285
残疾人两项补贴 …… 285
福利彩票销售 …… 285
住房保障 …… 285
概况 …… 285
住房保障政策 …… 286
保障性住房分配 …… 286
人才公寓建设 …… 286
住房公积金管理 …… 286
概况 …… 286
住房公积金归集使用 …… 286
住房公积金贷款政策 …… 286

社会事务

基层自治组织 …… 287
概况 …… 287
基层民主管理 …… 287
基层换届选举 …… 287
社会组织管理 …… 287
概况 …… 287
社会组织党建 …… 288
公益创投活动 …… 288
表 41　2021 年宝应县新登记社会团体一览表 …… 288
表 42　2021 年宝应县新登记民办非企业单位一览表 …… 289
地名婚姻殡葬管理 …… 289
地名管理 …… 289
婚姻登记 …… 289
收养登记 …… 289
殡葬管理 …… 289
劳动就业 …… 290
概况 …… 290
创业扶持 …… 290
灵活就业社保补贴政策 …… 290
公益性岗位兜底安置 …… 290
欠薪整治 …… 290
劳动仲裁“云庭审” …… 290
基层调解组织建设 …… 291
工资集体协商 …… 291
工会法律维权 …… 291
退役军人事务 …… 291
概况 …… 291
优抚政策 …… 291
接收安置 …… 292
双拥工作 …… 292
烈士褒扬 …… 292
老龄事务 …… 293
概况 …… 293
养老机构管理 …… 293
特困老人供养 …… 293
老龄健康 …… 293
民族宗教事务 …… 293
概况 …… 293
民族事务管理 …… 294
宗教事务管理 …… 294

收入消费

居民收入 …… 295
概况 …… 295
城镇居民收入 …… 295
农村居民收入 …… 295
居民收入结构 …… 295
居民消费 …… 295
概况 …… 295
表 43　2021 年宝应县全体居民家庭人均消费支出情况表 …… 295
城镇居民消费 …… 295
农村居民消费 …… 296
消费价格 …… 296
粮油市场消费价格 …… 296
生猪及水产品消费价格 …… 296
家禽市场消费价格 …… 296
蔬菜水果市场消费价格 …… 296
表 44　2021 年度宝应县城区主要蔬菜、副食品、水产家禽品种市场价格行情一览表 …… 296
表 45　2021 年度宝应县城区水、电、气价格行情一览表 …… 297

公共安全

应急管理 …… 298
概况 …… 298
应急救援体系建设 …… 298
应急救援设施建设 …… 298
安全 VR 体验馆建成开馆 …… 298
生产安全管理 …… 299
概况 …… 299
安全生产专项整治 …… 299
安全生产巡查督导 …… 300

安全生产教育培训 …… 300
消防安全管理 …… 300
概况 …… 300
高速公路消防安全演练 …… 301
疫苗接种点消防安全指导 …… 301
“五一”节前消防安全检查 …… 301
疫情集中隔离点安全检查 …… 301
企业人员消防跟班轮训 …… 302
全县“119”消防宣传月活动启动仪式 …… 302
全县专职消防队伍统一管理协调会召开 …… 302
消防工作评议活动 …… 302
水域救援专项训练 …… 302
防灾减灾 …… 302
防汛抗旱 …… 302
防震减灾 …… 303
气象减灾 …… 303

各镇建设

安宜镇 …… 304
概况 …… 304
经济发展 …… 304
精神文明建设 …… 305
镇村建设 …… 305
表 46 2021 年安宜镇主要经济社会指标实绩表 …… 305
表 47 2021 年安宜镇重点企业一览表 …… 306
表 48 2021 年安宜镇村、村和社区(场)合一单位基本情况表 …… 307
表 49 2021 年安宜镇社区概况一览表 …… 308
氾水镇 …… 308
概况 …… 308
经济发展 …… 308
精神文明建设 …… 309
镇村建设 …… 309
表 50 2021 年氾水镇主要经济社会指标实绩表 …… 310
表 51 2021 年氾水镇重点企业一览表 …… 310
表 52 2021 年氾水镇村、社区基本情况表 …… 312
夏集镇 …… 313
概况 …… 313
经济建设 …… 313
精神文明建设 …… 313
镇村建设 …… 314
表 53 2021 年夏集镇主要经济社会指标实绩表 …… 314
表 54 2021 年夏集镇重点企业一览表 …… 314
表 55 2021 年夏集镇村、社区基本情况表 …… 315
柳堡镇 …… 316
概况 …… 316
经济发展 …… 316
精神文明建设 …… 317
镇村建设 …… 317
夏凤山纪念馆入选市红色教育基地 …… 318
表 56 2021 年柳堡镇主要经济社会指标实绩表 …… 318
表 57 2021 年柳堡镇重点企业一览表 …… 318
表 58 2021 年柳堡镇村、社区基本情况表 …… 319
鲁垛镇 …… 320
概况 …… 320
经济发展 …… 320
精神文明建设 …… 321
镇村建设 …… 321
鲁垛刺绣产业园 …… 321
表 59 2021 年鲁垛镇主要经济社会指标实绩表 …… 322
表 60 2021 年鲁垛镇重点企业一览表 …… 322
表 61 2021 年鲁垛镇村、社区基本情况表 …… 323
广洋湖镇 …… 323
概况 …… 323
经济发展 …… 324
精神文明建设 …… 324
镇村建设 …… 324
表 62 2021 年广洋湖镇主要经济社会指标实绩表 …… 325
表 63 2021 年广洋湖镇重点企业一览表 …… 325
表 64 2021 年广洋湖镇村、社区基本情况表 …… 325
小官庄镇 …… 326
概况 …… 326

经济发展 …… 326
精神文明建设 …… 327
镇村建设 …… 327
表 65　2021 年小官庄镇主要经济社会指标实绩表 …… 327
表 66　2021 年小官庄镇重点企业一览表 …… 328
表 67　2021 年小官庄镇村、社区基本情况表 …… 329
望直港镇 …… 329
概况 …… 329
经济发展 …… 329
精神文明建设 …… 330
镇村建设 …… 330
表 68　2021 年望直港镇主要经济社会指标实绩表 …… 331
表 69　2021 年望直港镇重点企业一览表 …… 331
表 70　2021 年望直港镇村、社区基本情况表 …… 332
射阳湖镇 …… 333
概况 …… 333
经济发展 …… 333
精神文明建设 …… 334
镇村建设 …… 334
荷园创建 AAAA 级景区 …… 334
表 71　2021 年射阳湖镇主要经济社会指标实绩表 …… 335
表 72　2021 年射阳湖镇重点企业一览表 …… 335
表 73　2021 年射阳湖镇村、社区基本情况表 …… 336
西安丰镇 …… 337
概况 …… 337
经济发展 …… 337
精神文明建设 …… 338
镇村建设 …… 338
红枫园第三期工程竣工交付使用 …… 339
表 74　2021 年西安丰镇主要经济社会指标实绩表 …… 339
表 75　2021 年西安丰镇重点企业一览表 …… 339
表 76　2021 年西安丰镇村、社区基本情况表 …… 340
曹甸镇 …… 341
概况 …… 341
经济建设 …… 341
精神文明建设 …… 341
镇村建设 …… 342
“宝应慈姑”获批国家地理标志商标 …… 342
表 77　2021 年曹甸镇主要经济社会指标实绩表 …… 342
表 78　2021 年曹甸镇重点企业一览表 …… 343
表 79　2021 年曹甸镇村、社区基本情况表 …… 344
泾河镇 …… 345
概况 …… 345
经济发展 …… 345
精神文明建设 …… 345
村镇建设 …… 346
韵达江苏总部基地第一期工程竣工 …… 346
表 80　2021 年泾河镇主要经济社会指标实绩表 …… 346
表 81　2021 年泾河镇重点企业一览表 …… 347
表 82　2021 年泾河镇村、社区基本情况表 …… 348
山阳镇 …… 348
概况 …… 348
经济发展 …… 348
精神文明建设 …… 349
镇村建设 …… 349
表 83　2021 年山阳镇主要经济社会指标实绩表 …… 350
表 84　2021 年山阳镇重点企业一览表 …… 350
表 85　2021 年山阳镇村、社区基本情况表 …… 351
黄塍镇 …… 352
概况 …… 352
农业农村工作 …… 352
精神文明建设 …… 352
表 86　2021 年黄塍镇村、社区基本情况表 …… 353

人　物

先进模范 …… 354
江苏省劳动模范 …… 354
于笔钧 …… 354
刘艳成 …… 354
王　哲 …… 355
刘吉荣 …… 355

江苏省先进工作者 …… 355
朱 宇 …… 355
扬州市“五一劳动奖章”获得者 …… 356
表87 2021年宝应县获扬州市“五一劳动奖章”者一览表 …… 356
宝应县受上级表彰先进个人 …… 356
表88 2021年宝应县受上级表彰的先进个人一览表 …… 356
道德典范 …… 357
“中国好人”荣誉获得者 …… 357
许天成 …… 357
朱旦丹 …… 357
江苏年度人物 …… 357
刁人贵 …… 357
“江苏好人”荣誉获得者 …… 357
陈学英 …… 357
季寿山 …… 358
刁人贵 …… 358
朱旦丹 …… 358
金朝琴 …… 358
韩 兵 …… 358
刁人珍 …… 358
“十大扬州好人”荣誉获得者 …… 358
蔡洪发 …… 358
“十佳宝应好人”荣誉获得者 …… 358
李 陵 …… 358
宋顺元 …… 358
张怀军 …… 358
周长珍 …… 358
刘 俊 …… 359
谷家平 …… 359
徐鸿鸽 …… 359
蔡兴无 …… 359
朱旦丹 …… 359
蔡洪发 …… 359
百岁寿星 …… 359
表89 2021年宝应县百岁寿星一览表 …… 359

附 录

党政社团组织机构及其负责人名录 …… 361
中共宝应县委员会 …… 361
宝应县人大常委会 …… 363
宝应县人民政府 …… 364
政协宝应县委员会 …… 369
法院 检察院 …… 369
垂直管理部门 …… 370
群众团体 …… 370
各镇 …… 371
重要文献 …… 376
县委工作报告 …… 376
政府工作报告 …… 382
重要文件目录 …… 389
表90 2021年中共宝应县委重要文件一览表 …… 389
表91 2021年宝应县人民政府重要文件一览表 …… 389
媒体聚集 …… 390
表92 2021年度市级以上媒体关于宝应县重点报道一览表 …… 390
先进集体名录 …… 390
表93 2021年宝应县受上级表彰的先进集体一览表 …… 390

索 引

条目索引 …… 392
表格索引 …… 405

专 记

Zhuan Ji

■编辑:王天彬

宝应县庆祝中国共产党成立100周年活动纪实

路漫漫其修远兮,吾将上下而求索。近代,旧中国苦难深重、风雨飘摇、民族危亡、山河破碎。俄国"十月革命"一声炮响给中国送来马克思主义。1921年,中国共产党诞生,为中华民族这艘巨轮照亮前进的方向。无数共产党人抛头颅、洒热血,用鲜血和生命建立新中国。中华民族从此实现站起来、富起来到强起来,迈上伟大复兴的人间正道。

百年沧桑,百年奋斗,百年巨变,百年辉煌。100年来,宝应人民正是在党的领导下,风雨兼程、砥砺图强,描绘出一幅沧桑巨变、波澜壮阔的历史画卷。如今,全县经济实力极大增强、人民生活根本改善、社会文明大幅提升、中国特色社会主义制度优势充分体现。2021年,为铭记历史、缅怀先烈、开创未来,宝应县按照中央和省、市委统一部署,营造"共庆百年华诞、共担历史使命"浓厚氛围,举办庆祝中国共产党成立100周年系列活动,全县党员、干部和社会各界群众爱党、爱国、爱社会主义热情更加高涨。

庆祝建党百年表彰大会

6月23日,"芳华百年·初心相印"宝应县庆祝建党100周年主题党日活动暨"两优一先"(即优秀党员、优秀党务工作者、先进基层党组织)表彰大会在县行政会议中心报告厅举行。县委、县人大、县政府、县政协"四套班子"领导,县法院院长、县检察院检察长;各镇(区)党委、政府主要负责人,分管党务负责人、纪委书记、组织委员、宣传委员、党政办主任;县各部委办局党政主要负责人、分管负责人、组织人事科长,机关部门党员代表;全县各村(社区)党组织书记、"两新"组织负责人代表等共400多人参加会议。

扬州市副市长、宝应县委书记王道霄在致辞中说,2021年是中国共产党百年华诞。100年前,伟大的中国共产党从南湖红船起航,一代又一代共产党人团结带领中国人民,用鲜血和生命挺起中华民族的脊梁。宝应革命老区人民在党的领导下,前仆后继投身民族独立、人民解放和社会主义建设,换来历史性的今天。全县综合实力显著增强,城乡面貌焕然一新,人民生活逐年攀升,高水平全面建成小康社会取得决定性成就。他希望,全县各级党组织、全体党员、干部要深入贯彻落实习近平重要讲话精神,以更加奋发有为的姿态、攻坚克难的勇气、求真务实的作风,为实现中华民族伟大复兴作出应有的贡献和担当。活动现场,县委命名表彰全县优秀共产党员100人、优秀党务工作者30人,先进基层党组织70个,并向入党50年以上老党员部分代表颁发"光荣在党50年"纪念章。

收听收看庆祝大会直播

7月1日上午8时,中国共产党百年华诞盛大欢庆仪式在首都北京天安门广场隆重举行。在同一个时刻,全县党员、干部和社会各界利用电视、手机、网络等集中收听收看在天安门广场举行的中国共产党成立100周年庆祝大会电视直播;全神贯注聆听中共中央总书记、国家主席、中央军委主席习近平发表的重要讲话;一同回望中国共产党走过的百年光辉历程和取得的辉煌成就;为党团结带领人民跨过一道又一道沟坎,取得一个又一个胜利而欢欣鼓舞,感到无比骄傲,进一步激发全县党员、干部和群众热爱党、热爱祖国的热情,更加坚定走中国特色社会主义发展道路的决心。庆祝大会电视直播结束后,全县许多党员干部表示,要以史为鉴,开创未来,把习近平重要讲话精神转化为做好新时代各项工作强大动力,忠实履行好党和人民赋予的新时代使命任务,为实现中华民族伟大复兴的中国梦贡献力量。

颁发"光荣在党50年"纪念章

党的百年历史取得的伟大成就,与每一位共产党人团结奋斗密不可分。许多老党员牢固树立为人民服务思想,坚守一朝入党、终身不渝信念,为党和人民的事业、为中国特色社会主义建设,在各自的工作岗位上兢兢业业、默默奉献、率先垂范,用实际行动诠释对共产主义的坚定信念,诠释对党和人民的绝对忠诚。向健在的截至2021年7月1日党龄达到50周年、一贯表现良好的老党员颁发“光荣在党50年”纪念章,是中国共产党成立100周年庆祝活动的重要组成部分,也是对老党员的最高礼赞,让老党员深切感受党的关怀和温暖,进一步增强荣誉感、归属感、使命感。

县委组织部贯彻中共中央办公厅印发的《关于做好“光荣在党50年”纪念章颁发工作的通知》和中央组织部印发的《“光荣在党50年”纪念章颁发管理办法》文件精神,强化领导,统筹安排,切实做好“光荣在党50年”纪念章首次颁发工作。全县各级党组织高度重视,结合具体实际,认真做好统计、组织颁发等工作,确保每一位符合条件的老党员在7月1日前获颁纪念章。至年底,全县向符合规定条件的老党员颁发“光荣在党50年”纪念章共3767枚。此外,县委组织部为2021年党龄达到60周年的老党员订制陶瓷纪念盘218只。

6月23日,宝应县召开庆祝建党100周年主题党日活动暨“两优一先”表彰大会　小　品/摄

在党旗下重温入党誓词

中国共产党人都有一个共同的特征,那就是无私奉献的精神。入党誓词是中国共产党组织对每一名党员的基本要求和行为准则,同时也是一名党员对党、对人民做出的庄严承诺和保证。重温入党誓词,就是回望入党时的决心和信念,对比今天的认识和行动,鞭策自己、激励自己投身实践、自觉奉献、奋斗不息。

7月1日,在中央电视总台建党庆祝大会电视直播结束后,王逍霄和县“四套班子”领导集体参观县档案馆“红色印记”中国共产党在宝应革命历史展,并带领县“四套班子”党员领导干部在党旗下宣誓,重温入党誓词。“七一”期间,全县各镇(区)、县级机关部门、企事业单位先后举办庆祝中国共产党成立100周年主题党日活动,组织党员回顾党的历史,在党旗下重温入党誓词,坚定“永远跟党走”信念。县交运局举办“百年奋斗路,启航新征程”庆祝中国共产党成立100周年主题活动,重温入党誓词,进一步激励全系统党员干部铭记党的历史,继承光荣传统,传承红色基因,用实际行动推动全县交通运输事业高质量发展。县老年公寓举办庆祝中国共产党成立100周年联欢会,组织老党员唱红歌、颂党恩,面对党旗重温入党誓词。

掀起党史学习新的热潮

2021年,为迎接党的百年华诞,宝应县有序推进党史学习教育活动。3月8日,全县党史学习教育动员大会在县行政会议中心召开。王逍霄出席会议并讲话。他强调,全县各级党组织和广大党员干部要按照“学史明理、学史增信、学史崇德、学史力行”要求,准确把握好党史学习教育的核心要义、目标任务和基本要求,把学党史、悟思想、办实事、开新局贯穿全过程。

全县各级党组织认真落实党中央和省委、市委决策部署,制订党史学习教育实施方案,推进内容、形式、方法创新,迅速掀起党史学习教育新的热潮。丰富党史学习教育形式载体,采用门户网站、微信公众号、手机短信、制作短视频,举办读书竞赛、朗读大赛、演讲比赛、知识竞赛等活动,确保党史学习教育深入基层、深入群众、深入人心。发挥红色资源优势,组织广大党员、干部、群众和中小学生到周恩来少年读书处、苏中革命历史纪念馆(红枫园)、曹甸忆思园、夏凤山烈士纪念馆、柳堡“二妹子”民兵连活动中心、柳堡九九艳阳天景区(柳堡团庄)、苏中报社旧址等党史学习教育实践课堂(基地)参观学习,缅怀革命先烈,追寻红色足迹,切实增强党史学习教育的感染力和渗透力,推动全县党史学习教育走深走实。

建党百年文艺宣传活动

100年来,中国共产党人始终坚持以人民为中心、全心全意为人民谋利益,赢得了民心、赢得了拥护。党的百年华诞盛典,就是人民的节日。宝应县各级党组织,广大党员、干部和群众通过开展形式多样文艺宣传活动庆祝党的百年华诞。

3—4月,县委宣传部、县全民阅读活动领导小组、县文明办、县教育局、县文体广旅局、县新闻出版局共同举办庆祝中国共产党成立100周年“书香宝应”朗读大赛。全县14个镇(区)、40多个机关企事业单位和61所中小学校组织党员、干部、群众和中小学生阅读党史、阅读红色经典名篇名著,传承红色革命精神,收到良好社会效果。4月24日,宝应县举办“学党史、庆华诞、跟党走”淮剧精品工程——淮剧《浪起宝应湖》展演活动。该剧以解放战争时期,党领导宝应湖地区人民投身中国人民解放事业真实历史故事为基础,经艺术加工成为新时代红色文化教育生动教材。淮剧《浪起宝应湖》成功入选“江苏省庆祝中国共产党成立100周年舞台艺术精品创作工程”。4月28日,县委宣传部、县文明办、县文体广旅局联合举办的“红心向党·舞动荷乡”宝应县第九届广场舞大赛决赛在县体育馆举行。7月1—31日,“丹青绘盛世·翰墨颂党恩”——宝应县庆祝中国共产党成立100周年书画作品展在县文化馆一楼报告厅开幕。11月21日,县委宣传部、县文体广旅局、夏集镇主办的“庆百年·颂党恩”宝应县2021年度群众文艺新作调演活动在夏集镇文体中心举行。全县广大党员、干部和群众通过唱红歌,颂党恩,讴歌党的百年辉煌和伟大成就,表达对党、对祖国、对中国特色社会主义的热爱,坚定“永远跟党走”的信念。 (鉴 文)

宝应县奏响新能源绿色发展美好乐章

21世纪初,太阳能光伏发电作为一种民用清洁新能源在中国起步发展。

宝应县境内河湖密布、地形平坦,水域滩地面积4.67万公顷,占全县总面积1/3左右,其中可实施渔光互补发电项目水面面积1.07万公顷。2012年,县委、县政府决定,坚持“生态立县”宗旨,围绕发展绿色低碳产业,争当里下河地区新能源绿色发展排头兵,要求在西安丰镇、射阳湖镇、广洋湖镇、柳堡镇、泾河镇、鲁垛镇、夏集镇进行光伏发电基地建设。宝应县光伏电站建设采用“渔光互补”开发方式,将光伏组件立体布置于水面,下层用于水产养殖、上层用于光伏发电,打造水下养鱼、水上发电“一地两用”模式,规划打造集光伏电站建设、光伏发电先进技术示范、特色水产品养殖、特色渔业休闲旅游于一体的综合开发新业态。

2013年初,宝应县招商引资的第一个渔光互补光伏电站项目在射阳湖镇开工建设。该项目由苏州保利协鑫新能源控股有限公司、江苏振发新能源科技有限公司、广东易事特电源股份有限公司共同投资建设。项目计划总投资80亿元,光伏电站总规模800兆瓦,占地面积1600公顷,分3期建设,建设总周期5年。经过6个多月紧张施工,第一期项目30兆瓦光伏电站建成。是年11月1日,经江苏省发展和改革委员会批准,该电站与国家电网并网发电。此后,渔光互补光伏电站项目相继在西安丰镇、广洋湖镇、柳堡镇加快建设。

2014年12月,国家发展和改革委员会等八部门联合发布《能效“领跑者”制度实施方案》,计划通过建设先进技术光伏发电示范基地、新技术应用示范工程等方式对光伏发电产业发展实施扶持。其时,全县光伏发电装机总容量已经达到220兆瓦。宝应县积极组织申报国家

12月31日,射阳湖镇累计完成渔光互补光伏发电项目装机规模200兆瓦 薛水利/摄

生态渔光互补光伏发电“领跑者”示范基地，希望通过申报获批国家渔光互补光伏发电“领跑者”示范基地，获得更多国家产业政策扶持，对全县扩大渔光互补光伏发电总装机容量，促进工业经济创新转型、产业结构调整起到推动作用。县相关职能部门先后编制《宝应县国家级生态渔光互补光伏发电“领跑者”示范基地规划》《宝应县光伏电站、风电场空间布局规划》《宝应县退圩还湖规划》等相关规划。宝应县采用渔光互补光伏发电模式在全国首创，具有明显典型示范作用，得到上级相关部门和专家好评。2017 年 11 月，国家能源局公布全国光伏发电“领跑者”基地名单，宝应渔光互补光伏发电“领跑者”示范基地项目成功入选，规划基地总装机容量 2080 兆瓦，工程总投资 169.16 亿元，建设光伏电站 27 个。

宝应县获批国家渔光互补光伏发电“领跑者”示范基地，吸引全国 10 多家知名光伏发电企业到该县洽谈投资。全县先后实施苏州保利协鑫新能源控股有限公司等企业投资兴建的渔光互补光伏发电项目（射阳湖镇）、扬州光硕新能源有限公司投资兴建的渔光互补光伏发电项目（射阳湖镇）、扬州艳阳天新能源有限公司投资兴建的渔光互补光伏发电项目（柳堡镇）、宝应县宝丰达新能源发电有限公司投资兴建的渔光互补光伏发电项目（西安丰镇）、华电福新宝应新能源有限公司投资兴建的渔光互补光伏发电项目（广洋湖镇）、江苏宝利鑫科技有限公司投资兴建的渔光互补光伏发电项目等。截至 2021 年底，全县光伏发电项目总装机容量 788.6 兆瓦，实现全容量与国家电网并网发电。

加快企业绿色能源替代应用，县委、县政府引导支持耗能大户建设光伏发电系统，打造绿色工厂。2015—2016 年，宝胜集团有限公司利用厂房屋顶建成 20 兆瓦分布式光伏发电项目，依靠“绿电”自发自用，每年节省电费 1000 万元。

从 2016 年开始，国有大型风力发电企业投资项目在宝应运河两岸快速聚集，仅 2020 年就有 9 个风电项目落户宝应县。截至 2021 年底，全县各类风电项目总装机容量 581.9 兆伏安。全县光伏发电、风力发电、生物质发电等新能源发电总装机容量 1415 兆瓦。2021 年，全县新能源项目年发电量 21.1 亿千瓦时，占全县全年用电量的 84%，绿色能源成为推动宝应在里下河地区率先“绿色崛起”的强劲动力。

与此同时，全县加快引进实施新能源发电配套产业的硅料铸锭及切片、太阳能电池及组件、光热储能系统、智能变电站等项目。2018 年 5 月，江苏宝应经济开发区开工建设规划总面积 300 公顷的光伏制造产业园，加快构建光伏发电装备制造与应用完整的产业链。在江苏宝应经济开发区，招商引资总投资 10 亿元的智能制造高效太阳能组件封装项目，总投资 10 亿元的高效组件、跟踪支架、组串式逆变器项目相继落户。截至 2021 年底，全县累计引进实施新能源发电配套产业投资 1 亿元以上项目 10 多个，其中投资 10 亿元以上重大项目 4 个，应用各类机械手、自动化设备 600 台（套），实现产业链条不断延伸，企业竞争能力不断增强。2021 年，宝应县新能源规模以上企业 29 家，实现开票销售总额 16.8 亿元。

（鉴　文）

宝应县聚焦江苏“绿心”，主打生态产业人才“三张牌”

党的十九大以来，宝应县委着力打造江苏发展“绿心”，坚定在苏中地区率先绿色崛起的决心，加快打造里下河地区绿色转型发展的示范。过去五年，宝应县综合实力稳步提升、城乡建设扎实推进、社会民生协调发展。地区生产总值连跨三个 100 亿量级，工业总量接近 1000 亿大关；获批国家新型城镇化建设示范县，入围全国文明城市提名城市；城乡居民人均可支配收入年均分别增长 7.9%、9%，基本养老、城乡低保、医疗保险等各类保障标准稳步提高，人民群众的幸福感和获得感进一步增强。成就来自和衷共济，发展源于协力同心。宝应县加快绿色发展，主打生态、产业、人才“三张牌”。

宝应县生态园水杉林　县文体广旅局/供稿

生态立县，筑牢生态基底

良好的生态环境是宝应县必须守护的家底，也是宝应县赖以发展的基础。宝应县高标准推动水韵荷乡的美丽颜值转化为绿色崛起的竞争优势。加快绿色崛起，必须确立更高的生态自觉。宝应县严守城市开发边界、耕地保护、生态保护3条红线，持之以恒打好蓝天、碧水、净土保卫战，系统推进环境治理、生态修复、功能完善。

发展生态经济，聚焦绿色低碳产业发展方向，加强节能减排、清洁生产等绿色环保技术推广，加快淘汰退出落后产能，同时积极探索“旅游+”“康养+”等新模式新业态，做大做强生态经济“蛋糕”。

力争宝应“河湖荡”等特色资源更多进入国家和全省生态产品价值实现机制试点，提高生态产品“溢价”能力；科学推进国土绿化行动，提升生态碳汇能力，实现生态资源的价值增值和效益变现。

产业强县，厚植产业基础

实体经济是宝应县高质量发展的“定盘星”“压舱石”，该县坚定不移地走稳走好走实“产业强县”之路。聚焦产业培强，进一步强化先进制造业主导地位，立足“3+5”现代产业体系，夯实全县产业发展的基础；聚焦企业培育，大力招引和培育科技型、创新性、税源型产业项目，构建“乔灌草”结合和优势互补的企业体系；聚焦税源培植，以更加主动优质的纳税办税服务，不断增强管税治税稳税精准性。

宝应县明确一个产业由一名牵头领导负责，建立一支招商分队、结对一所科研机构或研发基地、全面落实“1+N”专业园区机制，引导和推动主导产业和特色产业明确主攻方向，向产品链、创新链、价值链高端迈进。宝应县通过“一企一策”支持10亿级企业做强做优、裂变发展，深入实施销售1亿元以上企业培育计划，支持企业进行产品升级、技术改造、设备更新，提升对小微企业、初创企业的承载能力和服务水平。

人才兴县，夯实人才基石

实现高质量可持续发展目标，关键是要统筹做好人才、人力、人口这篇大文章。宝应县优化“宝地英才”计划支持对象和力度，壮大人才队伍，采取直接引进、柔性引进、项目引进等方式，延伸招揽一批科技领军人才、技术技能人才和创新创业团队。

集聚人力资源。围绕宝应县产业发展需求，办好具有宝应特色的职业教育，推动园区、企业和职业技术院校开展产教融合、校企合作、人才定制，促进“产业吸附人力、人力支撑产业”的良性互动。引导人口回流。吸引在外宝应人“凤还巢”、外地毕业生“来宝地”，不断推动人才落地、人力集聚、人口回流。全县党员干部风雨同舟、和衷共济，奋力开创“强富美高”新宝应现代化建设新局面。

（鉴 文）

荷乡宝应新城鸟瞰图　　何赠天/摄

大事纪要

Da Shi Ji Yao

■编辑:唐善刚

1月

4日 全县卫生健康工作会议在县城召开。会议对全县冬春季新冠肺炎疫情防控暨安全生产进行再部署,要求提高思想认识,坚决守住不发生“院感”事件底线;实行分级分层管理,开展业务培训和应急演练,从严落实各项防控措施;强化组织体系建设,严格执行安全生产“一把手”负责制,确保安全生产和疫情防控责任追究“不落空”。

5日 扬州市农机安全生产网格化管理推进会暨农机安全乡镇建设观摩会在夏集镇召开。与会人员到夏集镇蒋庄村、镇社会治理网格化指挥中心、县聚力农机服务农民专业合作社联合社观摩农机安全村级网格化监管、县镇村三级农机安全网格化事件联动处置流程、农机服务专业合作社机库安全管理等现场和演示。扬州市各县(市、区)农业农村局分管负责人、农机监管(执法)机构负责人,“江苏省‘平安农机’示范乡镇”农业农村局负责人等70余人参加会议。

6日 全国优秀农民工和农民工工作先进集体表彰大会在北京召开。宝应经济开发区小垛村农民张友军被国务院农民工工作领导小组表彰为“全国优秀农民工”。

7日 2020年江苏省优良食味稻米产业化强镇推介结果对外公布,夏集镇成功获评江苏省“味稻小镇”称号。

△ 江苏省人民政府印发《关于2020年度江苏省科学技术奖励的决定》(苏政发〔2021〕3号)文件,公布获奖科技项目名单。宝应县2个项目获奖,分别是江苏奥新科技有限公司牵头申报的科技成果“高效环保智能化双层就地热再生装备的关键技术研发与工程应用”项目,获二等奖;江苏永一泵业科技集团有限公司牵头申报的科技成果“大型余热回收机组高性能双壳体高温高压泵研发及产业化”项目,获三等奖。

8日 扬州市委常委、市委秘书长韩骅到宝应开展“共迎新年、共谋发展”企业大走访活动,面对面帮助企业解难题、促发展。宝应县委书记王道霄,县委副书记、宝应经济开发区党工委书记顾长荣,副县长张倩桦等参加活动。

△ 全县各镇(区)283个村(社区)党组织换届选举工作全部完成。

11日 宝应县县域社会治理现代化工作会议在县城召开。会议要求,各镇(区)和各专项工作组全面总结成功做法和经验,进一步延伸、拓展和提升改革成果,形成相对固定的模式和机制,全面整合各类资源,确保县域社会治理现代化改革工作在机构运转中发挥功能、在社会治理中发挥效益、在乡村振兴中发挥作用。

12—14日 县政协第十四届委员会第五次会议在县行政会议中心召开。

13—15日 宝应县第十六届人大第五次会议在县城召开。

18日 “孤困必帮,同享阳光”希望工程·宏志行动——扬州市青年志愿者与孤困青少年儿童结对帮扶启动仪式在宝应举行。扬州市关心下一代工作委员会、市慈善总会、共青团扬州市委员会负责人,县委、团县委和各镇(区)关工委负责人、青年志愿者代表、中小学校代表等60多人参加活动。

20日 国务院应对新型冠状病毒感染的肺炎疫情联防联控工作机制召开新冠肺炎疫情防控工作电视电话会议。张小辉、沈伯宏、陆安亚、闫伟等县领导在宝应县分会场参加会议。

22日 扬州市第八届人大第五次会议第三次大会选举王道霄为扬州市副市长。

△ 江苏荷仙食品集团有限公司在第十八届中国国际农产品交易会上获评“2020中国优秀农业企业品牌”。

△ 夏集镇蒋庄村、广洋湖镇白鼠村(五组)获第三批“江苏省传统村落”认定,全县累计获“江苏省传统村落”认定共7家,分别是射阳湖镇冲林村、落潮村、油坊村、臧陈社区,柳堡镇团庄村,夏集镇蒋庄村,广洋湖镇白鼠村(五组)。

25日 宝应县青年工作联席会议第二次全体会议在县行政会议中心召开。会议回顾总结2020年度全县青年工作情况,部署全县青年发展规划编制、2021年青年工作重点任务。县青年工作联席会议部分成员单位分管负责人在会上作交流发言。

27日 宝应县举行S331宝应段改扩建工程通车仪式。

29 日 中共中央精神文明建设指导委员会办公室印发《关于确定2021—2023年创建周期"全国文明城市"提名城市名单的通报》，宝应县成功入选。

30 日 江苏省人力资源和社会保障厅发布公告，扬州市管件厂有限公司成功获批"江苏省博士后创新实践基地"，全县累计获批"江苏省博士后创新实践基地"9家。

△ 全县通过江苏省乡土人才系列职称资格评审人数49人，其中正高级乡村振兴技艺师2人、副高级乡村振兴技艺师1人、乡村振兴技艺师45人、助理乡村振兴技艺师1人。宝应县参加本次评审共计64人，参评人数及通过人数均列全市第1名。

2月

2 日 宝应县召开县级领导班子和领导干部年度考核暨干部选拔任用工作"一报告两评议"会议。王道霄代表县委领导班子述职述廉，并进行个人述职述廉；代表县委常委会报告2020年度干部选拔任用工作情况。张小辉代表县政府领导班子进行述职述廉。

4 日 全县春节前安全生产工作推进会在县城召开。会上，通报2021年以来全县安全生产形势，要求各镇（区）、各部门、各单位把安全生产工作作为当前首要任务切实抓紧抓实。

5 日 中国绿色食品发展中心印发《关于公布2020年度绿色食品检查员、监管员考核结果的通知》（中绿审〔2021〕15号），县农业农村局谢中芬获评"全国绿色食品优秀检查员"。

7 日 江苏省水利厅公布"2020年度全省生态河道建设示范样板名单"，大溪河宝应段河道榜上有名，这是扬州市唯一入榜河道。

9 日 县纪委第十二届第六次全会在县城召开。

18 日 扬州市优化提升营商环境大会（电视电话会议）召开。会议提出要全面贯彻习近平视察江苏、视察扬州重要讲话精神，坚持问题导向、聚焦企业需求，全面打响优化提升营商环境攻坚战、主动仗，推动现代化建设迈出坚实步伐。王道霄、张小辉、陈金荣、顾长荣、沈伯宏、吴建志、周正威、陆安亚、闫伟、魏建、于祝君、郝骥等市县领导在宝应分会场参加会议。

19 日 江苏省人民政府召开全省打好污染防治攻坚战指挥部视频会议。王道霄、张小辉、沈伯宏、王辉森、张倩桦等市县领导在宝应分会场参加会议。

20 日 宝应县安全生产工作会议在县城召开。会上，王道霄强调，要抓近谋远、标本兼治，为"十四五"计划开好局、起好步，营造全县安全稳定社会环境。

△ 全县政法信访工作会议在县行政中心会议厅召开。王道霄出席会议并讲话，县委常委、县委政法委书记周正威作工作报告。会上，县有关部门和各镇（区）签订《宝应县平安建设和社会治理工作责任状》《宝应县法治建设工作责任状》，表彰2020年度全县政法信访工作先进集体和先进个人。

△ 全县农村工作会议在县农业农村局召开。王道霄在会上讲话，要求全县上下切实按照中央和省市要求，聚焦工作重点，落实关键举措，全面推进乡村振兴，奋力开创"三农"工作新征程、新局面。

23 日 宝胜科技创新股份有限公司用3天时间紧急生产的一批电缆，全部发往吉林省通化市用于新冠肺炎疫情防控隔离仓项目建设。

26 日 扬州市召开全市重大产业项目集中开工暨项目建设推进会。此次活动在宝应设立分会场，王道霄宣布项目开工，张小辉致辞，陈金荣、顾长荣、沈伯宏、陆安亚、金陵、王辉森、张倩桦等县领导参加活动。全县集中开工项目共计36个，协议投资额39.04亿元，其中制造业产业项目30个、协议投资额28.54亿元。

28 日 宝应县举行2021年上半年"乡村振兴"青年人才招聘考试（笔试），设县实验初级中学、县城北初级中学考点2个，参加考试（笔试）人数700余人。

△ 宝应县总工会第十七届第五次全委（扩大）会议在县城召开。会议要求，在新的一年里要以高质

2月7日，大溪河宝应段获命名"江苏省生态建设示范河道"

射阳湖镇/供稿

量发展为主题，团结动员全县广大职工建功新时代、贡献新智慧，以优异成绩迎接建党100周年盛典。

3月

2日 全县工业企业安全生产风险报告工作动员部署会议在县城召开。会上通报2020年度扬州市履行安全生产工作责任考核情况，宝应县获评扬州市县（市、区）、功能区一等奖。

△ 江苏省社会信用体系建设领导小组公布2020年度省级部门、设区市社会信用体系建设工作评价结果和县（市、区）政务诚信评价结果，宝应县获全省县（市、区）政务诚信评价第一等次。

3日 县委宣传部、县文明办、县全民阅读活动领导小组办公室、县新闻出版局共同举办的2021宝应县“三下乡”惠民演出暨全民阅读“春风行动”启动仪式在宝应经济开发区七里村举行。

4日 宝应县交通运输工作会议在县城召开。会议明确，要把县内交通运输重大项目尽快落地和建成达效作为2021年全县交通运输工作重中之重，为全县城市能级提升提供有力支撑。

5日 纪念宝应县人民代表大会设立常务委员会40周年座谈会在县人大常委会会议室召开。座谈会回顾总结宝应县人民代表大会常务委员会设立40年来发展历程和工作成就，与会人员结合自身实际，畅谈履职情况和工作感受。县人大常委会主任陈金荣，副主任翟士高、吴建志、谢存道，党组成员衡连宝，县委常委、县政府常务副县长陆安亚等参加座谈。

△ 宝应县纪念“三八”国际劳动妇女节111周年暨“三八红旗手”（集体）事迹宣讲会在县城召开。

8日 县委、县政府召开2021年全县工业发展暨优化营商环境大会。王逍霄出席并讲话，张小辉主持会议，县领导陈金荣、顾长荣、沈伯宏、王梅峰、吴建志、陆安亚、闫伟、魏建、于祝君、郝骥等出席。会议回顾总结2020年度全县工业经济工作，部署2021年全县工业经济发展工作安排；表彰2020年度全县功臣企业和优秀企业，奖励2020年度全县加快推进制造业高质量发展项目、全县科技创新项目、全县开放型经济高质量发展项目；对2020年度30强重点企业及20家成长型企业、2020年度外贸出口十佳企业、科技创新示范企业等进行授牌。

△ 全县党史学习教育动员大会在县行政会议中心召开。王逍霄出席会议并讲话。

9日 中华全国工商业联合会办公厅副主任、一级巡视员姜建静，国家乡村振兴局社会扶贫司副司长马英率联合调研组到氾水镇调研村企联建工作。政协江苏省委员会副秘书长、省工商业联合会副主席周洁，扬州市委统战部副部长、市工商业联合会党组书记陈荣进，县政协副主席、县工商联主席姜海峰等参加调研。

11日 国家统计局江苏调查总队党组书记、总队长仲柯率队到宝应县调研指导统计调查工作。县委常委、县政府常务副县长陆安亚参加调研活动。

15日 县文明办、县放心消费创建活动领导小组办公室、县融媒体中心、县消费者协会共同主办的2020—2021年度宝应县十佳诚信单位颁奖庆典暨“3·15”消费者权益日晚会在县文化馆举行。

16日 扬州市委常委、市委宣传部长张长金等一行到宝应，调研指导党史教育基地和大运河文化带建设等工作。县委常委、县委宣传部长吴建志等参加活动。

18日 宝应县宣传思想文化工作会议在县城召开。会议回顾总结2020年度全县宣传思想文化工作，分析当前形势，研究部署2021年全县宣传思想文化工作安排。县委常委、县委宣传部部长、县人大常委会副主任吴建志，副县长杨洪国等出席会议。

△ 全县组织工作会议在县城召开。会议回顾总结2020年度全县组织工作情况，研究部署2021年全县组织工作目标和重点任务。县委常委、县委组织部部长魏建出席会议并讲话。

21日 宝应县山阳镇一村民在山阳东西大沟清理河道时捕捉到一条奇特的鱼。在县公安局山阳派出所民警帮助下，经县渔政部门专业人员验证，这条奇特的鱼为国家二级保护动物，学名“中国大鲵”，俗称“娃娃鱼”。根据县渔政部门意见，这条重1.5千克的中国大鲵被放归山阳镇境内白马湖。

22日 县水务局、夏集镇河长制办公室在夏集镇农贸市场共同举办第29届“世界水日”和第34届“中国水周”线下宣传活动。向广大干部群众宣传水资源管理与节约用水知识，进一步提高全社会关心水、爱惜水、保护水和水忧患意识。

24日 江苏省体育局局长陈少军、扬州市体育局局长李桂山等到宝应县调研体育工作。王逍霄、张小辉、杨洪国等市、县领导参加调研活动。

25日 南京市第一医院、宝应县人民政府“院府”合作签约仪式暨南京市第一医院医疗集团宝应县第二人民医院医联体签约揭牌仪式在县第二人民医院举行。

26日 县委宣传部主办的“宝应大讲坛”在县城举办，全国政协委员、南京大学历史学院教授、博士生导师贺云翱应邀作《大运河文化带及国家文化公园建设与宝应县文化发展策略》专题报告。

27日 扬州市“醉美夏集”摄影大赛开幕式在宝应县夏集镇桃花源景区举行。大赛旨在通过摄影家独特的艺术视角，捕捉唯美场景，定格美妙瞬间，展现夏集风貌，向中国共产党百年华诞献礼。

30 日 共青团宝应县委员会第十八届第六次全体(扩大)会议暨“学党史、强信念、跟党走”学习教育专题培训会在县城召开。

△ 宝应县安宜镇罗巷社区被全国老龄工作委员会授予“全国敬老文明号”称号。

4 月

1 日 扬州市副市长、县委书记、县政法队伍教育整顿领导小组组长王道霄为全县政法干警上党史学习教育专题党课。县委常委、县委政法委书记、县政法队伍教育整顿领导小组副组长周正威主持。

△ 宝应县召开新冠病毒疫苗全员接种工作推进会。县委副书记、县长、县疫情防控指挥部总指挥张小辉,县委常委、县委政法委书记、县疫情防控指挥部副总指挥周正威,副县长、县疫情防控指挥部副总指挥杨洪国出席会议。

2 日 2021 中国・宝应文化旅游节暨夏集镇第四届乡村桃花旅游节开幕式在宝应县夏集镇桃花源景区举行。

6 日 南京医科大学康达学院附属宝应县人民医院签约揭牌仪式在县人民医院举行。南京医科大学党委书记王长青,王道霄、杨洪国等市县领导参加活动。

7 日 扬州市公共资源交易领域优化提升营商环境督导检查工作推进会在宝应县召开。会议强调,各地要深刻认识优化提升营商环境的必要性和重要性,切实解决优化提升营商环境工作中的难点、堵点,提升优化营商环境工作水平。

8 日 江苏省人力资源和社会保障厅印发《关于公布第五批江苏省示范博士后科研工作站名单的通知》,宝胜集团有限公司博士后科研工作站获此殊荣。

△ 宝应县首家江苏省“红石榴家园”在泾河镇陈东村揭牌。陈东村推进“红石榴公园”“红石榴广场”“红石榴活动室”“红石榴议事室”阵地建设,结合民族、宗教等工作,开展理论宣讲、就业培训、民主议事、关爱帮扶、文化展示等服务,促进县内外各民族交流交往交融。

9 日 2020 年度全县高质量发展总结表彰大会在县城召开。王道霄强调,要全面对标“五个迈上新台阶”全年目标任务,集中精力把自己的事情办好,心无旁骛推动高质量发展再出发,以优异的成绩向党的百年华诞献礼。张小辉主持会议,县领导陈金荣、顾长荣、沈伯宏、王梅峰、吴建志、周正威、陆安亚、闫伟等出席会议。

4 月 2 日,2021 中国・宝应文化旅游节暨夏集镇第四届乡村桃花旅游节开幕　　夏集镇/供稿

10 日 扬州市粮食安全责任制考核领导小组办公室主任朱晓进率检查组到宝应,对全县 2020 年度粮食安全责任制落实情况进行现场检查评审;对宝应县粮食生产、粮食流通、粮食产业及节粮减损工作给予高度评价。

14 日 江苏省职业农民培育指导站农民中职教育田间学校调研组到宝应县调研。调研组分别到氾水镇、夏集镇、柳堡镇 3 个镇的省、市、县级田间学校,实地查看田间学校农民教育培训软硬件设施和生产经营状况,对宝应县打造为农服务新平台的做法表示充分肯定。

△ 宝应县政法队伍教育整顿领导小组会议在县城召开。会上,组织收听收看全省政法队伍教育整顿领导小组第三次(扩大)会议和全市政法队伍教育整顿领导小组会议暨查纠整改环节动员部署会;对全县政法队伍教育整顿查纠整改环节工作进行动员部署。王道霄强调,要以高度的政治自觉、良好的精神状态和扎实的工作作风,再接再厉、狠抓落实,统筹兼顾、强力推进,把全县政法队伍教育整顿持续引向深入。县领导张小辉、吴建志、周正威、闫伟等参加会议。

16 日 扬州市安全培训考核工作推进会在宝应县城召开。扬州市应急管理局、各县(市、区)应急管理局相关负责人,扬州市及各县(市、区)安全培训机构、考试点负责人等参加会议。会议要求,2021 年全市安全生产培训考核工作要围绕应急管理中心工作,开展重点人员安全教育培训,推进安全培训考试机构标准化建设,提高人员整体素质,为全市安全生产形势持续稳定好转提供人力支持和智力保障。

17 日 第六届全国象棋业余棋王赛“乐在棋中”江苏赛区宝应预选赛暨江苏省“宜成杯”象棋特色学校邀请赛开幕式在县安宜实验学校举行。江苏省体育局棋牌运动管理中心主任、江苏棋院院长杨伊明,副县长杨洪国等参加开幕式。

△ 宝应县举行2021“烟花三月”国际经贸旅游节项目集中签约仪式。王逍霄出席并致辞，张小辉主持签约仪式，县领导陈金荣、顾长荣、沈伯宏、王梅峰、吴建志、魏建、于祝君、郝骥、金陵、张倩桦等参加活动。此次共签约各类项目35个，协议总投资额57.85亿元，其中先进制造业项目24个、现代服务业项目1个、农业产业化项目5个、外资项目3个。此外，各镇（区）自行招引的签约项目22个。

19日 国家发展和改革委员会公布“国家新型城镇化示范县”名单，宝应县榜上有名。

20日 江苏省人力资源和社会保障厅公布第二批“江苏省乡土人才技能大师工作室”名单，宝应县乡土人才技能大师汤祝萍工作室、李永政工作室、周必胜工作室名列其中。全县累计有江苏省乡土人才技能大师工作室5家、省乡土人才技能大师示范工作室1家。

△ 叮咚买菜 & 福岁乐“江海21”大闸蟹（中华绒螯蟹）订单农业项目签约启动仪式在氾水镇现代农业产业园举行。此次活动由县农业农村局、氾水镇主办，借助上海福岁乐生物科技有限公司与上海壹佰米网络科技有限公司建立战略合作关系，扩大订单农业发展规模，加快“宝应湖”大闸蟹全产业链绿色发展生态圈建设。

21日 江苏省委宣传部、省精神文明建设指导委员会办公室、省教育厅、省农业农村厅、省新闻出版局联合主办的第十一届江苏农民读书节暨农家书屋万场主题阅读活动和扬州市主办的第七届朱自清读书节活动在宝应县柳堡镇举办启动仪式。中央宣传部印刷发行局副局长董伊薇，江苏省委宣传部副部长葛莱，扬州市人大常委会副主任沙志芳等省市县领导参加活动。

△ 在2020年度江苏省优化营商环境评价结果中，宝应县优化营商环境工作位列扬州市各县（市、区）第1名。这是宝应县在营商环境评价中连续第2年蝉联扬州市各县（市、区）第1名。

22日 中国·宝应红色货币体验布展暨红色货币机构成立八十周年座谈会在宝应县举办。中国印钞造币集团有限公司、上海印钞有限公司、南京造币有限公司、昆山钞票纸业有限公司等单位负责人应邀参加座谈会。县委常委、县委宣传部部长吴建志、县政府副县长杨洪国参加座谈。西安丰镇新建的红枫园新四军文化园红色货币展示体验中心展示的华中印钞厂、江淮印钞厂（上海印钞厂、上海造币厂前身）相关内容获与会者充分肯定。

25日 扬州市老龄工作委员会办公室、市体育局、市老年人体育协会主办的扬州市老年人体育节开幕式在宝应县城生态体育休闲公园举行。

26日 宝应县党史学习教育汇报会在县城召开。扬州市委党史学习教育第一巡回指导组组长高云出席会议并讲话。王逍霄主持会议，汇报全县党史学习教育工作开展情况。县领导张小辉、吴建志、魏建等参加会议。

28日 江苏省农机安全生产工作会议暨农机安全网格化监管现场推进会在宝应县召开。江苏省农业农村厅副厅长沈毅，扬州市政府副秘书长雍有瑜，县委副书记、县长张小辉，县委常委、县委组织部部长魏建，以及各设区市、县（市、区）相关负责人出席会议。会上，组织与会人员对宝应县柳堡镇把农机安全监管内容融入网格化平台“柳堡模式”“363”工作法过程进行现场观摩。

30日 宝应湖备用水源地工程建设顺利完成，进入通水试运行。该项目位于氾水镇氾西村，敷设管线全长7.7千米，管径1.4米，工程总投资2.2亿元，设计日取水量21万立方米。

5月

4日 宝胜系统集成科技股份有限公司承建的宝应宝港经济发展有限公司标准化厂房（施工总承包）、宝应县生态体育休闲公园建设工程综合馆（钢结构专业承包）2个项目，获得2020年度江苏省“扬子杯”优质工程奖。

5日 宝应县完成2020年度全县60周岁及以上城乡居民基本养老保险财政补助资金结算相关材料收集整理及数据填报工作。至2020年底，全县享受60周岁及以上城乡居民基本养老保险待遇人数17.71万人，全年发放基础养老金共计2.04亿元。

8日 农业农村部、财政部联合发布全国第四批国家现代农业产业园认定名单，宝应县现代农业产业园名列其中。

11日 宝胜集团有限公司低压电缆和配网导地线通过国家电网电工装备智慧物联平台（EIP）验收。这是继该公司中高压电缆通过验收之后又一批通过国家电网EIP平台验收的产品。该公司成为全电压等级接入国家电网电工装备智慧物联平台供应商。

13日 王逍霄率县公安局、县住建局、县市场监管局、县城管局、安宜镇、宝应经济开发区等部门和镇（区）负责人，对宝应县创建“全国文明城市”工作进行现场点调。王逍霄在城区实地查看世纪园路、邗沟路、安宜东路等重点路段，以及农贸市场、老旧小区创建工作情况后，对检查中发现的问题提出意见，要求限期整改。

△ 扬州市基层侨联组织建设深化年推进会在安宜镇莲花社区召开。扬州市归国华侨联合会主席杨为民，县委常委、县委宣传部部长吴建志出席会议。

14日 “扬州市苏中公学党性

5月14日，“扬州市苏中公学党性研修学院”揭牌仪式在县委党校举行
县委党校/供稿

研修学院”揭牌仪式在宝应县委党校举行。国家行政学院原副院长周文彰，扬州市委组织部副部长、市委机构编制委员会办公室主任徐志刚，王逍霄、沈伯宏、魏建等市县领导参加揭牌仪式。

15日 江苏省农业技术推广总站印发《关于发布首批江苏省绿色蔬菜产业特色县（镇）评审结果的通知》，全省获认定“江苏省绿色蔬菜产业特色县”10个、“江苏省绿色蔬菜产业特色镇”30个。宝应县以荷藕种植、加工、流通、观光、科技、文化“六位一体”产业链优势获认定“江苏省绿色蔬菜产业特色县”。

19日 夏凤山烈士纪念馆新馆开馆暨10集大型电视专题片《回望百年》开机仪式在柳堡镇团庄村举行。

22日 县委宣传部、县文体广旅局、县农业农村局、泾河镇共同主办的2021中国·宝应文化旅游节暨第八届西瓜旅游节在泾河镇开幕。这届西瓜旅游节主题为“‘泾’津有味，‘河’你分享”。

24日 宝应县创建江苏省安全发展示范城市动员部署会在县城召开。张小辉在会上强调，要细化目标、补齐短板，推动江苏省安全发展示范城市创建工作落细落实。县领导周正威、杨洪国、张倩桦、梅灯昌、丁子建等出席会议。

△ 宝应县成功创建“国家农村产业融合发展示范园”。宝应县国家农村产业融合发展示范园位于射阳湖镇，规划总面积6666.67公顷，按照“一心四区”（“一心”即园区公共服务中心，“四区”即农渔生态循环示范区、荷藕加工集中区、荷藕文化小镇风情区、农业创意体验区）功能布局实施4大类共计21个项目。

△ 宝应县“全国科技周”暨“江苏省第33届科普宣传周”启动仪式在县城举行。

27日 王逍霄主持召开全县重大项目推进会。他强调，各镇（区）、各部门要主动作为，全力推进项目投产达效，以项目建设实际成效助推全县经济社会高质量发展。县委副书记沈伯宏，县委常委、安宜镇党委书记于祝君，副县长丁子建等参加会议。

29日 2021年全国职业教育活动周扬州地区启动仪式在宝应中专举行。扬州市委教育工作委员会副书记王朝勃，副县长杨洪国，各县（市、区）教育局、职业技术学校相关负责人，县内相关企业代表、宝应中专部分学生及家长等参加启动仪式。

6月

1日 2021年江苏省城市假日联赛“中国体育彩票杯”游泳俱乐部冠军赛在宝应城南生态体育休闲公园举行。该项赛事是一项全省群众性赛事，全省10个城市、13个地级市、21支俱乐部代表队、500多名选手参加比赛。

△ 宝应县“安全生产月”启动仪式暨新闻发布会在县城召开。会上，通报2021年以来全县应急管理工作情况、2021年度全县“安全生产月”活动安排和《全县“安全生产宣传教育突破年”活动方案》实施情况，并现场回答记者提问。

△ 宝应县新冠肺炎疫苗接种工作推进会在县城召开。会上，通报全县新冠肺炎疫苗接种工作情况，部署下一步新冠肺炎疫苗接种工作安排和措施。截至5月底，全县正常开展新冠肺炎疫苗接种点共17个，完成新冠肺炎疫苗第一剂接种人数21.07万人，累计接种29.59万剂（次）；全县常住人口首针接种率30.88%。

3日 宝应县“柳堡”“苏中革命纪念馆”成功入选江苏省首批100个“红色地名”名单。

△ 扬州市人大常委会副主任李忠盛、朱妍率执法检查组到宝应，对全县贯彻落实《中华人民共和国固体废物污染环境防治法》情况开展执法检查。

4日 江苏省人力资源和社会保障厅、省高级人民法院、省发展和改革委员会等部门联合组成督察组到宝应县，对全县建筑业企业3个在建项目工地农民工工资支付情况进行实地督察。

△ 江苏省教育厅公布全省首批幼儿园、小学衔接实验区、结对试点园（校）名单，全省共有125对，宝应县实验幼儿园与县实验小学成为首批结对试点园（校）。

5日 第三届江苏“好西(甜)瓜”品鉴推介活动在扬州世界园艺博览会主会场举行。宝应县泾河镇西瓜协会选送的“农友小兰”牌西瓜获小果型西瓜好品牌特等奖;宝应县田宝(曹甸)设施蔬菜产销专业合作社选送的“绿草荡”牌早佳84-24西瓜、泾河镇西瓜协会选送的“泾河”牌甘美4K西瓜获中大果型好品牌金奖。宝应县获奖级别及数量位列扬州市第1名。

9日 宝应县召开全国文明城市创建双月点评会。县委副书记、县长张小辉强调,要坚持精准施策,注重统筹联动,全力以赴打好文明城市创建这场硬仗。县领导沈伯宏、吴建志、于祝君、陈坚、杨洪国、金陵、张倩桦等出席会议。

△ 宝应县乡村振兴局正式挂牌成立,办公地点设在县城泰山东路52号县农业农村局院内。

△ 2021年“国际档案日”主题宣传暨社会档案资料集中捐赠、《风雨同舟“疫”路前行》——宝应县全民抗疫图册首发仪式在县档案馆举行。县委副书记沈伯宏、副县长杨洪国参加活动。此次“国际档案日”主题宣传活动包括6项内容,分别是档案主题征文竞赛、档案法律知识网上竞赛、社会档案资料集中捐赠、“全民抗疫画册”首发仪式、广场系列宣传活动和“档案开放日”活动。

11日 宝应县“荷美家”社区全域、父母全程、家庭全类型“三全”家庭教育支持行动启动仪式暨“童”享快乐“家”成长主题活动在碧桂园体育公园广场举行。这项活动是由县妇联、县教育局主办的,县委组织部、县文体广旅局、县档案馆等10余家部门单位被列为“三全”家庭教育示范社区建设指导服务联盟成员单位;部分“最美家庭”代表、心理学教师和优秀学生家长等具有丰富家庭教育经验的志愿者被聘为“三全”家庭教育示范社区建设家庭教育指导员。

16日 2021年第二届运河城市(中国宝应)电竞足球嘉年华活动在宝应荷园拉开帷幕。江苏省体育总会副会长范金华,县领导杨洪国参加开幕式活动。

△ 宝应县开展“安全生产月”集中咨询活动,县应急管理局、县公安局、县消防救援大队、县住建局等多家部门单位在县城北河公园散发宣传资料,接受市民有关应急救援、燃气使用、交通安全、卫生健康等方面的咨询。

17日 宝应县安全生产委员会(扩大)会议在县城召开。张小辉强调,要深刻吸取教训,坚持问题导向,全力排查化解各类安全风险隐患。各镇(区)、各相关部门要对照方案要求,按照“全覆盖、零容忍、严执法、重实效”原则,采取明察暗访、突击夜查、回头检查、交叉检查等方式,查清查实查细各类安全风险隐患。要以“安全生产月”活动为抓手,深入开展重点行业领域隐患集中排查整治攻坚。要迅速开展整改问题大督查,抓好上级督导交办事项的整改“回头看”,推动责任落实和问题整改到位。

19日 “礼赞百年华诞,再创盛世辉煌”宝应县庆祝中国共产党成立100周年朗诵会在宝应经济开发区国际学校举办。

22日 国家体育总局办公厅公布首批101个全国县域足球典型名单,宝应县榜上有名。

23日 宝应县庆祝建党100周年主题党日活动暨“两优一先”表彰大会在县行政会议中心举行。副市长、县委书记王逍霄出席活动并致辞,县领导张小辉、陈金荣、顾长荣、沈伯宏等参加活动。大会命名表彰优秀共产党员100人、优秀党务工作者30人、先进基层党组织70个,并为入党50年以上老党员代表颁发“光荣在党50年”纪念章。

25日 宝应县委网络安全和信息化委员会第三次会议在县城召开。王逍霄强调,要坚定不移贯彻“网络强国”战略部署,确保党中央和省委、市委关于网信工作决策部署在宝应落地落实。要坚决有力提升网络领域引领力,坚持党管宣传、党管媒体,持续强化网上理论传播,用高质量的“思想产品”吸引人、感染人、鼓舞人。县领导张小辉、王梅峰、吴建志、周正威、杨洪国、梅灯昌等参加会议。

29日 宝应县烹饪(餐饮)协会编制的“宝应慈姑宴制作技艺”获批扬州市服务业地方标准;县红十字会“应急救护培训基地”、宝应中众合农产品物流园“农产品物流”获

6月9日,2021年“国际档案日”系列宣传活动启动仪式在县城举行

县档案馆/供稿

批扬州市服务业标准化试点项目。

△ 县政协城乡医疗资源整合优化专题协商会议在县城召开。县政协主席顾长荣,副主席王松年、傅春景、周新华、姜海峰,副县长杨洪国等县领导参加会议。

30日 江苏省自然资源厅发布2020年度全省自然资源节约集约利用模范市、县(市、区)表扬激励名单。宝应县获评“2020年度江苏省自然资源节约集约模范县”,这是宝应县连续第4次获此荣誉。

△ 县委、县政府委托县融媒体中心重点打造的“宝应e发布”APP正式上线。“宝应e发布”APP是县融媒体中心旗下新闻资讯客户端“宝应发布”迭代升级版,是一款综合性手机应用平台,集新闻资讯、对外宣传、政务服务为一体,拥有新闻热点、直播、短视频、生活服务、纪录片等多圈层内容矩阵,全县最权威的融媒体“云”平台。

7月

1日 上午8时,庆祝中国共产党成立100周年大会在北京天安门广场隆重举行。中共中央总书记、国家主席、中央军委主席习近平发表重要讲话。宝应县社会各界积极组织、集中收看庆祝大会直播盛况。

△ 副市长、县委书记王道胥,县委副书记、县长张小辉,县人大常委会主任陈金荣,县政协主席顾长荣,县委副书记沈伯宏等县“四套班子”领导集体参观县档案馆“红色印记”中国共产党在宝应历史展览。活动现场,王道胥带领党员领导同志重温入党誓词。

2日 宝应县召开疫情防控工作例会,县委常委、县政府常务副县长、县委政法委书记周正威,副县长杨洪国出席会议。周正威指出,县疫情防控指挥部成立以来,各工作组指挥得当、措施得力,疫苗接种比例持续提升,全县防疫形势日趋向好。周正威要求,各工作组要做好下一阶段疫情防控工作,组织好一线工作人员进行调休、轮岗,持续保持良好工作状态。

5日 张小辉参加县生态环境局空气环境质量监测站(点)“点位长工作日”活动,县政府副县长丁子建、县相关部门负责人参加活动。张小辉到县生态环境局空气质量监测点检查监测点监测能力和设备运行情况;到宝应顺峰大酒店、宝应县世纪房地产开发有限公司、江苏昌明车身制造有限公司等企业,实地检查餐余垃圾处理、建筑工地扬尘治理、车身VOCs治理等情况,详细了解全县整体空气环境质量状况和整治措施落实情况。

9日 宝应县氾水镇牌坊村党总支部获评“江苏省先进基层党组织”,这是全县第一个获得此项荣誉的基层党组织。

13日 宝胜集团有限公司与中铁建设集团有限公司战略合作协议签约仪式在扬州市瘦西湖畔举行。扬州市委副书记、市长张宝娟,市政府秘书长尤在晶,王道胥、张小辉、沈伯宏等市县领导参加签约仪式。

△ 扬州市对台交流基地揭牌仪式在宝应荷园生态旅游度假区举行。中共扬州市委台湾工作办公室主任黄俊华,县委常委、县委宣传部部长吴建志共同为基地揭牌,县政府副县长丁子建主持揭牌仪式。

14日 “宝应农商银行杯”宝应县第十四届运动会暨第五届残疾人运动会新闻发布会和总冠名签约仪式在县生态体育休闲公园新闻发布厅举行。县政府副县长杨洪国参加发布会活动。会上,县文体广旅局负责人介绍这届运动会竞赛项目、筹备工作、市场开发等赛事基本信息;并接受相关媒体记者提问。宝应农商银行与南京极致体育发展有限公司就赛事总冠名合作进行签约。此次运动会从4月初起到10月底结束,为期7个月,开幕式将于10月16日举行。

△ 县行政审批局向位于山阳镇的宝应瑞鸿大药房有限公司颁发“行业综合许可证”,这是2021年扬州市实施“一业一证”改革以来在各县(市)颁发的第一张“行业综合许可证”。

16日 扬州市卫生镇、健康镇现场推进会在射阳湖镇召开。江苏省卫生健康委员会健康促进处副处长单玲英,扬州市卫生健康委员会四级调研员盛富山,市爱国卫生运动委员会办公室副主任、市卫生健康委员会健康促进处处长吉华祥,副县长杨洪国等参加活动。与会人员实地查看射阳湖镇凤凰河健康公园、镇中心卫生院、益民农贸市场、古邗沟遗址公园等环境整治情况,对宝应县卫生镇、健康镇创建工作中取得的成绩给予肯定,并提出指导性意见和建议。

20日 宝应县“产业·人才·科技·金融”合作对接暨科技成果转化推介会在县城召开。成都电子科技大学、南京东南大学、南京理工大学、南京邮电大学等高等院校专家教授应邀参加推介活动。会上,专家教授结合自身研究方向与县内10余家企业负责人进行深入交流,现场解答机械装备、电子信息等方面技术难题,并到相关企业考察调研,为企业传经送宝。

23日 扬州市委常委、市政府常务副市长陈锴竑到宝应,检查宝应县新冠肺炎疫情防控和疫苗接种工作,实地查看相关医疗机构核酸检测点恢复建设等情况。县委常委、县政府常务副县长周正威参加检查活动。

26日 宝应县领导干部大会在县行政会议中心召开。扬州市委书记张宝娟到会并讲话。市委常委、市委组织部部长焦庆标宣读省市委关于宝应县委、县政府主要负责人调整决定,张小辉任宝应县委书记,王道胥不再担任宝应县委常委、委员、书记职务;胡晓峰任宝应县委委员、常委、副书记;提名胡晓峰为宝应县县长候选人,张小辉不再担任宝应县县长职务。

29 日　中国共产党宝应县第十三次代表大会在县行政会议中心报告厅开幕。张小辉代表中共宝应县第十二届委员会向大会作题为《担当新使命,建设新宝应,为争当里下河地区高质量发展排头兵而努力奋斗》的工作报告。胡晓峰主持会议。大会主要任务是,以习近平新时代中国特色社会主义思想为指导,深入贯彻习近平系列重要讲话特别是视察江苏、视察扬州重要讲话指示精神,认真总结宝应县第十二次党代会以来的工作,研究确定今后五年经济社会发展和党的建设目标任务;选举产生中共宝应县第十三届委员会和中共宝应县纪律检查委员会;动员全县各级党组织和广大党员干部群众砥砺奋进、主动作为,担当新使命,建设新宝应,为争当里下河地区高质量发展排头兵而努力奋斗。

30 日　中共宝应县委第十三届第一次全体会议在县行政会议中心召开。张小辉受中共宝应县第十三次代表大会主席团委托主持会议。会议选举产生中共宝应县委第十三届常委和书记、副书记。张小辉、胡晓峰、沈伯宏、周正威、顾锡芳、魏建、于祝君、陈坚、王元顶、赵宇、姚绍瑜当选为中共宝应县委第十三届常委,张小辉当选为书记,胡晓峰、沈伯宏当选为副书记。会议通过《中共宝应县第十三届纪律检查委员会第一次全体会议选举结果的报告》,陈坚、刘健、王国运、郭洪亮、赵小平、汤杨、叶名振当选为中共宝应县纪委常委,陈坚当选为中共宝应县纪委书记,刘健、王国运当选为中共宝应县纪委副书记。

△　中共宝应县委第十三届第二次全体会议在县行政中心召开。大会选举通过中共宝应县第十三届委员会委员、中共宝应县第十三届纪律检查委员会委员;通过《中共宝应县第十三次代表大会选举办法》《宝应县出席中共扬州市第八次代表大会代表选举办法》和选举工作人员名单。

7 月 29 日,中共宝应县委第十三次代表大会开幕　　小　品/摄

8 月

1 日　宝应县新冠肺炎疫情防控视频点调会在县城召开。会上,胡晓峰传达省市疫情防控视频点调会议精神,通报全县疫情防控形势,部署疫情防控工作安排。他强调,疫情防控是当前头等大事、重中之重,全县上下一定要行动起来,强化工作责任,坚决打赢这场疫情防控阻击战;全县各地各部门要进一步提高政治站位,全面提升社会面管控标准,确保中高风险地区到(返)宝应人员尽快排查见底,切断传播链条,确保管控到位;要坚决把车辆管住管到位,各镇(区)必须严把各个卡口,认真查验相关人员“两码一报告”,确保全县重点人员管控实现闭环管理。

4 日　全县疫情防控工作会议在县城召开。会上,张小辉传达扬州市疫情防控指挥部印发的《关于全体机关干部积极投身疫情防控工作的通知》精神,对全县全员核酸检测工作及下一阶段疫情防控进行全面部署。扬州市人大常委会副主任沙志芳,县领导张小辉、胡晓峰、沈伯宏、周正威、顾锡芳等出席会议。

6 日　宝应县完成全县范围内首次全员核酸检测工作。此次,县新冠肺炎疫情防控指挥部共安排医务人员 1550 多人(其中盐城市援助宝应县核酸检测医务人员 400 人),全县党员志愿者、大学生志愿者、退役军人志愿者及社会各界志愿者共计 1 万人,设立核酸检测采样点 169 个,实现全县范围常住人口 68 万人应检尽检。

9 日　全县疫情防控工作会议在县城召开。张小辉主持会议并讲话。他指出,此轮新冠肺炎疫情暴发以来,全县上下迅速行动、积极作为,工作富有成效。但从督查情况看,还存在一些薄弱环节。面对复杂严峻形势和多点暴发态势,全县上下要认清形势,时刻紧绷疫情防控这根弦,坚决打赢这场疫情防控阻击战。扬州市人大常委会副主任沙志芳,县领导胡晓峰、陈金荣、顾长荣、沈伯宏、周正威等出席会议。

12 日　张小辉率检查组到位于宝应经济开发区的江苏菲达宝开电气股份有限公司、扬州中宝药业股份有限公司、江苏利德尔塑化科技股份有限公司、江苏康源纺织有限公司、江苏宝源高新电工有限公司、江苏爱尔特实业有限公司等企业,检查指导疫情防控等工作。

8月6日，宝应县完成全县范围内首次全员核酸检测　　小　品/摄

13日　张小辉率检查组到宝应华美达大酒店、宝应格林联盟酒店等集中隔离点，查看集中隔离点“三区两通道”（即生活区、医学观察区、物资保障供应区，工作人员通道、集中隔离人员通道）设置，以及清洁消毒、健康检测、视频监控设置、封闭管理等新冠肺炎疫情防控措施落实情况。县委常委、县政府常务副县长周正威，县委常委、县纪委书记、县监委代主任陈坚等领导参加检查活动。

14日　宝应县“无疫村（社区）”建设工作动员会在县城召开。张小辉在会上强调，要精准落实开展“无疫村（社区）”建设各项措施，推动“无疫村（社区）”建设工作制度化、常态化、长效化，早日夺取新冠肺炎疫情防控斗争全面胜利。胡晓峰主持会议。扬州市人大常委会副主任沙志芳，县领导陈金荣、顾长荣、沈伯宏、周正威、顾锡芳等出席会议。县委常委、广洋湖镇党委书记姚绍瑜在分会场参加会议。

18日　江苏省安全生产电视电话会议在南京召开。会议学习贯彻习近平关于安全生产和防灾减灾救灾重要论述，落实全国安全防范工作紧急视频会议精神，对做好疫情防控背景下安全生产工作进行部署。县委常委、县政府常务副县长周正威在宝应县分会场参加会议，要求全县各地各部门清醒认识安全生产严峻形势，切实抓好疫情防控背景下安全生产和防汛防灾等工作。

24日　国家疫情防控工作专家组到宝应县开展疫情防控工作调研活动。专家组一行到氾水人民医院实地查看预检分诊、发热哨点设置、病区人员管理、医疗垃圾处置、环境消杀流程等重点疫情风险点状况，详细了解院感管理、陪护管理以及疫情防控制度落实等情况，对该院疫情防控薄弱点和风险点进行现场指导，希望该院坚决克服麻痹松懈思想，切实保持高度警惕警觉，严格落实好内防、外防、人防、物防要求，夺取新冠肺炎疫情防控斗争全面胜利。县领导张小辉、周正威、顾锡芳、于祝君、陈坚、杨洪国、丁子建等参加调研活动。

30日　江苏省地方志编纂委员会办公室通报2021年全省年鉴质量评审结果，《宝应年鉴（2020）》获全省年鉴质量评比一等奖，这是《宝应年鉴》连续第2年在全省获得一等奖。

9月

3日　江苏省卫生健康委员会组成院感预防工作专家组，到宝应县检查指导疫情防控工作。专家组要求严格落实医院感染防控工作，认真细致改进存在的问题，落实落细各项疫情防控措施，坚决杜绝院感事件发生。

5日　江苏省农业农村厅公布2021年全省乡村休闲旅游农业“一园两基地”（即主题创意农园、农耕实践基地、康美基地）推介名单，宝应县江苏一莓阳光现代农业有限公司精品草莓主题园、宝应湖国家湿地公园、夏集镇桃花源景区（宝应县子婴河果园场）、白鹿岛生态旅游区、射阳湖镇香榭丽玫瑰风情园等5家休闲农业主体入选。

6日　宝应县贯彻落实国务院办公厅印发的《关于开展第一次全国自然灾害综合风险普查的通知》和省市有关会议精神，正式启动全县第一次全国自然灾害综合风险普查工作。

8日　宝应县启动新一轮江苏省“双拥”模范县创建工作。县委书记张小辉在动员部署会上要求，全县上下要进一步完善全县“双拥”工作和军民共建机制，全力做好新时代“双拥”工作。

9日　宝应县人大常委会工作评议组视察全县义务教育发展情况。

14日　县政协召开“四位一体”协商议事室建设现场推进会。县政协主席顾长荣，副主席傅春景、周新华、姜海峰，秘书长居殿功出席会议。会上，组织与会人员现场参观宝应经济开发区、和合书院、县图书馆、安宜镇郭庄村、柳堡镇等单位“四位一体”协商议事室建设情况，听取有关方面的情况介绍。

△　县工信局牵头协调江苏立中新材料科技有限公司与江苏扬农化工集团有限公司完成节能量购买协议签约，并当日在江苏省节能中心完成节能量指标交割。这是宝应县节能量交易首笔业务。

16日　县人大常委会视察全县城乡养老服务体系建设工作。县人大常委会主任陈金荣，副主任翟士高、吴建志、谢存道，党组成员衡连宝参加视察。县政府副县长金陵应邀参加视察活动。

18日 县政协大运河文化与宝应专题研究组、高朗亭专题研究组2个文史工作队伍正式成立。成立仪式上，县政协向首批特邀文史委员25人颁发聘书。

22日 根据扬州市低收入人口认定和动态监测动员部署电视电话会议要求，宝应县组织实施低收入人口认定和动态监测工作，着力构建分层分类社会救助制度体系，有序推动全县社会救助体系向多层次、梯度化发展。

26日 宝应县举行工业重点项目集中观摩活动。张小辉率队集中观摩14个镇（区）、22个竣工项目和14个在建项目建设现场。

27日 县委、县政府召开全县强化税源培植促进高质量发展大会。张小辉在会上强调，各镇（区）、各部门和各单位要把强化税源培植放在更加突出的位置，找准切入点、聚焦发力点，进一步做大增量、优化存量、遏制减量、做活变量，全面夯实经济社会高质量发展的基础支撑。胡晓峰主持会议。县领导陈金荣、顾长荣、沈伯宏、周正威、顾锡芳、魏建、于祝君等出席会议。

29日 宝应县第四届“中国农民丰收节”启动仪式在泾河镇文化广场举行。2021年“中国农民丰收节”以“庆丰收、感党恩”为主题，突出宝应地域特色，展现多样农耕文化，进一步营造全社会关注农业、关心农村、关爱农民浓厚氛围。县委、县政府现场表彰全县十佳农业创业创新典型、十佳农技服务工作者、十佳农业龙头企业、十佳农产品销售能手等单位和个人。

10月

1日 胡晓峰率检查组先后到高铁宝应客运站、宝应汽车客运站、大润发超市等场所检查督导常态化疫情防控工作，要求切实加强人员密集场所查验、疏导，做到人过留痕，确保节日期间疫情防控工作不放松。

6日 宝应县召开疫情防控工作例会。县委常委、县政府常务副县长周正威，县委常委、县委政法委书记顾锡芳，副县长杨洪国等出席会议。会议听取各镇（区）、各工作组和部门单位相关工作情况汇报，部署国庆节后常态化防控工作安排，要求继续围绕“严防”“快种”重点，做到严而又严、细而又细，把疫情防控措施真正落实到位。

9日 扬州市委书记张宝娟到宝应县开展检查和调研活动。张宝娟强调，要坚持以习近平新时代中国特色社会主义思想为指导，崇尚实干、鼓励担当，抢抓国家和全省重大战略机遇，发挥生态优势，聚焦特色发展，加快产业振兴，不断做大做强做优实体经济，在高质量发展中奋勇争先进位。县领导张小辉、胡晓峰、陈金荣、顾长荣等参加调研。

△ 县委、县政府召开全国文明城市创建工作推进会。张小辉在会上强调，要做实民生“里子”、做美城乡“面子”、做优得分“着子”，奋力夺取创建工作“开门红”。胡晓峰主持会议。县领导周正威、顾锡芳、魏建、于祝君、陈坚、赵宇、姚绍瑜、杨洪国、金陵、丁子建等出席会议。

11日 宝应县召开县镇两级人大换届选举工作会议，研究部署县镇两级换届选举相关工作。张小辉出席会议并讲话，要求突出“严”字当头，扎实做好人大换届选举各项工作。县领导陈金荣、魏建、于祝君、赵宇、姚绍瑜、吴建志、杨洪国等出席会议。

14日 国家卫生健康委员会疾病预防控制局副局长周宇辉一行到宝应县，走访慰问麻风病休养员，并开展联学共建活动。

15日 扬州大学医学院宝应临床学院揭牌仪式在县人民医院举行。扬州大学医学院院长史宏灿，宝应县委常委、县委宣传部部长赵宇，县政府副县长杨洪国共同为宝应临床学院揭牌。

△ “医”路有你，全县助力疫情防控捐赠慰问仪式在县疾病预防控制中心举行。县人大常委会主任、县慈善总会会长陈金荣，县委常委、县政府常务副县长周正威，副县长杨洪国等参加活动。截至9月底，全县先后有医护人员172人响应组织召唤，白衣执甲，星夜驰援南京、扬

9月29日，宝应县第四届“中国农民丰收节”启动仪式在泾河镇文化广场举行 泾河镇/供稿

10月15日，扬州大学医学院宝应临床学院签约揭牌仪式在县人民医院举行

县卫健委/供稿

州市区疫情防控。捐赠仪式上，县慈善总会向县卫健委赠送PCR检验设备价值170万元、发放慰问金45万元。

18日 “江苏省农产品质量安全县”创建工作验收专家组到宝应，采取听取汇报、现场检查、材料评价等多种形式，对宝应县创建“江苏省农产品质量安全县”工作进行全面检查验收。

19日 张小辉主持召开全县经济工作督察调度暨秋季招商动员会议，要求全县上下凝心聚力抓冲刺，齐心协力抓攻坚，圆满完成全年各项目标任务。县领导胡晓峰、陈金荣、周正威、顾锡芳、魏建、于祝君、陈坚等出席会议。

25日 宝应县选举委员会召开第二次会议。会议通报县人大常委会主任会议成员联系督导县镇两级人大代表换届选举工作安排情况，讨论通过全县选区划分和各选区代表名额分配情况，宣布各选举工作小组成员名单。

△ 宝应县召开落实惠企政策专项巡察工作动员部署会。会上，县委授权成立专项巡察组，决定对落实惠企政策涉及的县发改委、县工信局、县财政局（县国资办）、县人社局、县住建局、县商务局、县文体广旅局、县行政审批局、县市场监管局、县医保局、县金融监管局等11个主要责任单位、14个镇（区）开展落实惠企政策专项巡察；对县税务局、县人民银行、宝应住房公积金分中心、县科技局、县农业农村局、县应急管理局等其他责任单位落实惠企政策情况进行延伸巡察。周正威出席会议并讲话。县委常委、县纪委书记、县监委代主任陈坚作动员讲话。

26日 县政协视察全县农贸市场升级改造工作。视察组先后赴宝应经济开发区荷香路疏导点农贸市场、大桥农贸市场、苏中农贸市场、安宜北路窑河农贸市场及邗沟路农贸市场进行实地查看，听取相关情况介绍。县政协主席顾长荣，副主席王松年、傅春景、周新华、姜海峰，秘书长居殿功参加活动。

28日 江苏省委党史学习教育第三巡回指导组先后到宝应县全国人大代表莫元花带领农民妇女刺绣致富项目现场、宝应县历史文化暨中国共产党在宝应展览馆、宝应县荷藕产业融合发展示范园暨射阳湖镇风车头村农民专业合作社、射南村《苏中报》纪念馆、宝应县“柳堡二妹子”民兵连军民融合项目现场，夏集镇相庄村党建引领“1+N”服务进乡村项目现场，巡查指导全县党史学习教育工作。

11月

2日 扬州市委常委、市委组织部部长焦庆标到宝应调研基层党建重点工作，先后实地查看氾水镇、夏集镇、柳堡镇3个镇农民专业合作社、村级党群服务中心，详细了解“四常两聚”机制、村干部待遇保障等落实情况。张小辉，县委常委、县委组织部部长、县委统战部部长魏建等参加调研活动。

3日 江苏省庆祝建党100周年“百年百场”优秀群众文艺作品巡演活动在氾水镇文体中心举办。

4日 张小辉调研全县秋粮抢收及收购等工作。县委常委、县纪委书记、县监委代主任陈坚，副县长张倩桦等参加调研活动。

9日 市委副书记、市委统战部部长韩骅到宝应调研新冠肺炎疫情防控工作。县领导张小辉、周正威、杨洪国等参加调研活动。

10日 陕西省定边县委书记胡统金率定边县党政代表团到宝应，实地参观调研宝应县生态旅游、教育卫生等方面工作情况，并给予充分肯定。定边县委常委、县政府常务副县长刘浩成，定边县委常委、副县长郝骥，县领导张小辉、顾锡芳、姜海峰等参加调研活动。

12日 宝应县召开国家现代农业产业园建设发展调研座谈会，讨论研究农业产业园建设运行思路和措施，推动产业园实质化、市场化运作和高质量发展。县领导魏建、张倩桦出席座谈会。

15日 扬州市人大常委会副主任李忠盛，市人大常委会党组成员、秘书长刘晓明到宝应，调研《扬州市生活垃圾分类管理条例（草案）》立法工作情况。

△ 中国银联股份有限公司江苏分公司、县人民银行、县商务局在宝应吾悦广场举行“约惠荷乡惠民助

商”移动支付活动启动仪式。县政府副县长丁子建，县内银行机构分管负责人及县级相关部门负责人参加启动仪式。

19日　宝应县镇（区）、部门“一把手”示范培训班暨全县正科职干部轮训班在县委党校开学。张小辉以“坚守初心使命、扛起责任担当，努力打造具有宝应特色的乡村振兴之路”为题进行专题授课。魏建主持开学典礼。

△　宝应县举行全县慈善大病救助金发放仪式。县人大常委会主任、县慈善总会会长陈金荣出席活动。至9月底，全县新增白血病患者31人，发放救助金24.8万元；全县尿毒症透析患者834人，发放救助金357.5万元，共计发放大病患者慈善救助金382.3万元。

23日　扬州市首家“企业开办政银合作工作站”在宝应农商银行挂牌成立。标志宝应县推进政银合作、深化利企便民服务迈出新的一步。

30日　扬州市“绿扬金凤”计划考察评审专家组到宝应，对全县入围2021年扬州市“绿扬金凤”计划考察（答辩）项目进行考察评审。全县申报扬州市“绿扬金凤”计划创新创业项目24个，最终通过实地考察（答辩）评审项目14个。

12月

1日　苏陕协作宝（应）定（边）联席会议在陕西省定边县召开。县委书记张小辉，县委常委、县委组织部部长、县委统战部部长魏建，县委常委、县委宣传部部长赵宇；定边县委书记胡统金，定边县委副书记、代县长姬世平，县委副书记吕瑞卿，县委常委刘云霞、党玉飞、王彦强、郝骥等出席会议。会上，宝应县与定边县签订新一轮宝（应）定（边）协作框架协议和县委党校合作办学框架协议。

3日　全县自然资源和规划重点工作部署推进会在县城召开。会上，县政府就当前全县存量土地资源盘活、不动产登记历史遗留问题解决和“林长制”推进等工作进行再部署。县委常委、县政府常务副县长周正威出席会议。

8日　宝应县举办干部教育培训首批研学线路新闻发布会，《新华日报》、江苏广播电视总台、《江苏经济报》、《扬州日报》、扬州广播电视总台、宝应县融媒体中心等媒体记者应邀参加活动。中华诗词学会会长、国家行政学院原副院长周文彰，县领导魏建出席发布会，县委组织部、县委党校、县融媒体中心等单位相关负责人回答记者提问。

11月19日，全县慈善大病救助金发放仪式在县城举行

县慈善总会/供稿

△　宝应县举行县委党校“红色书房”揭牌仪式。中华诗词学会会长、国家行政学院原副院长周文彰，江苏凤凰出版传媒股份有限公司党委书记、总经理佘江涛，县领导魏建、赵宇参加活动。

△　江苏凤凰新华书店集团有限公司宝应分公司“吾悦广场阅读空间”揭牌仪式在县城举办。江苏凤凰新华书店集团有限公司党委书记、董事长金国华，县领导赵宇等参加揭牌仪式。

10日　中共宝应县第十三届委员会第一轮巡察工作动员部署会在县行政会议中心召开。会议深入学习贯彻习近平关于巡视工作重要论述和十九届中央纪委五次全会精神，传达学习全国巡视工作会议精神，贯彻省市县委最新巡察工作部署，部署第十三届县委第一轮巡察工作。张小辉作动员讲话，魏建宣布巡察组组长授权任职及任务分工。

13日　宝应县组织县党政领导过“军事日”活动。县领导张小辉、陈金荣、魏建、于祝君、陈坚、王元顶、姚绍瑜等参加活动。

14日　农业农村部办公厅公布2021年全国农村创业园区（基地）目录，宝应县山阳镇羽绒加工集中区成功入选。

△　扬州市委常委、扬州经济技术开发区党工委书记潘学元率领市商务局、市工业和信息化局、市科学技术局等部门负责人到宝应，实地调研宝应经济开发园区发展和“二次创业”等情况。县领导张小辉、胡晓峰、丁子建等参加活动。

16日　全县基层党建“书记项目”成果展示交流会在县城召开。会上，各镇（区）以“结项报告＋成果”PPT形式分别交流展示2021年度基层党建“书记项目”成果。

20日　宝应县举办“产业·人才·科技·金融”合作对接暨湖南农业大学现代农业科技成果推介

会。县政府副县长张绍文参加活动并致辞。

22日 江苏省第八批“全省特色田园乡村”名单公布，全省获命名共计39个，宝应县柳堡镇仁里村姜庄榜上有名。

28日 县委、县政府召开全县新型城镇化高质量发展大会。张小辉在会上强调，要高点谋划，系统推进，把新型城镇化各项工作抓牢抓实抓出成效，推动全县经济社会高质量发展迈出更加坚实的步伐。胡晓峰主持会议并讲话。县领导陈金荣、周正威、顾锡芳、魏建、于祝君、陈坚、王元顶、赵宇、姚绍瑜等出席会议。

31日 中共宝应县委第十三届第二次全体（扩大）会议在县行政会议中心召开。这次全会主要任务是，以习近平新时代中国特色社会主义思想为指导，深入贯彻落实党的十九届六中全会、中央经济工作会议精神，按照江苏省委经济工作会议、扬州市委第八届第二次全会部署，回顾总结全年工作，研究确定明年任务，动员全县上下进一步统一思想、开拓创新，奋力开创“强富美高”新宝应现代化建设新局面，以优异成绩迎接党的二十大胜利召开。张小辉主持会议并在会上作《坚持稳中求进、加快绿色发展，奋力开创“强富美高”新宝应现代化建设新局面》的工作报告。县“四套班子”领导胡晓峰、陈金荣、顾长荣、周正威、顾锡芳、魏建、于祝君、郝骥、陈坚、王元顶、赵宇、姚绍瑜等出席会议。

宝应县城东新城 薛水利/摄

荷乡宝应

He Xiang Bao Ying

■编辑:邱　群

自然地理

■**位置**　宝应县地处江苏省中部,淮河下游,里下河地区西北部,扬州市北缘;位于北纬 33°2′46″~33°24′55″,东经 119°7′43″~119°42′51″。东与建湖县、兴化市、盐城市盐都区交界;南与高邮市接壤;西与金湖县、洪泽县相连;北与淮安市淮安区毗邻。县域略呈梨形,射阳湖、广洋湖环其东,宝应湖、白马湖绕其西,京杭大运河纵贯南北。最北端自西安丰镇崔渡村至最南端夏集镇三洋河村,直线距离长约 47.4 千米,东端自广洋湖镇团头荡至西界山阳镇顺河村西白马湖中,直线距离长约 55.7 千米。县域总面积 14.67 万公顷。其中,陆地面积 9.79 万公顷、占县域总面积 66.7%,水域面积 4.88 万公顷、占县域总面积 33.3%。

（鉴　文）

■**地貌**　宝应县属里下河浅洼平原区,古地貌原为大型湖盆洼地。第四纪时,洼地经由江、河、海合力堆积,经历海湾、潟湖、湖沼、水网平原演化过程,形成多湖荡、沼泽地貌特征。全县地势低平,受地质构造运动和黄泛影响,地形呈西高东低。以京杭大运河为界分为运东、运西两部分,地面高程分别为 0.5 米~5.6米和 4.8 米~8.8 米。土壤肥沃,以水稻土、沼泽土和潮土为主。农田植被占陆地总面积 53%;县域林木覆盖率 21.21%。

（鉴　文）

■**水系**　宝应县位于苏中与苏北之间交汇点,淮河下游,里下河地区西北部,县境内以里运河(京杭大运河淮安至江都段)为界,分为运东、运西两部分,运东属里下河腹部地区射阳湖水系,运西属高(邮)宝(应)湖区水系。里运河、新潼河为主要过境河流,对全县东、西两大水系引水、排水和通航具有沟通、调节作用。全县面积较大湖荡 7 个,分别是白马湖、宝应湖、氾光湖、射阳湖、广洋湖、和平荡、绿草荡。主要河流 16 条,分别是里运河宝应段、新潼河、大溪河、宝射河、宝应大河、朱马河、芦氾河、老潼河、宝曹河、涧沟河、

京杭大运河宝应县城段风光带　　小　品/摄

大官河、芦东河、营沙河、大三王河、山阳东西大沟、运西中心排河；主要支排河27条。县内水系河网构成稠密，平均每公顷河渠面积占0.09%。

（鉴　文）

■气候　宝应县地处北亚热带湿润季风性气候区，主要特点四季分明，日照充足，雨量丰沛；春季多为东南风，夏季多为东南风或南风，秋季多为东北风，冬季干冷，盛行偏北风。常年平均气温14.4°C、平均降水量1000毫米。

气温。全年县城平均气温16.4℃，比常年偏高1.1℃，其中4月平均气温偏低，其它各月气温均偏高；年极端最高气温36.8℃，出现在6月6日，年极端最低气温为－12.1℃，出现在2022年1月8日。

降水。全年降水量为1055.3毫米，比常年偏多57.4毫米，其中3月、7月、9月、10月平均降水量偏多，其他各月平均降水量偏低。县域6月13日入梅（常年在6月19日），7月11日出梅（常年在7月10日）。梅雨期29天，梅雨量总体偏多，为301.6毫米，比常年（225.2毫米）偏多3成左右。降水呈过程性、间歇性特征。梅雨期出现3段降水天气，为6月13—18日、6月25—27日、7月2—9日。尤其在6月14—15日和7月4—8日间全县出现暴雨天气。

日照。全年日照时数为1863.7小时，比常年偏少308小时。初雪日为2020年12月29日，终雪日为2021年1月23日。

异常气候现象。2月最高气温与有记录以来历史同期最高值持平。7月下旬降水量和月降水量均为有记录以来同期最高值。10月上旬平均气温为有记录以来历史同期最高值。

气象灾害。2021年4月30日18时30分到19时30分，受阵风锋天气系统影响，全县大部分地区出现偏北大风天气，风力达8～9级，瞬时最大风速达每秒22.4米（9级），并出现直径2厘米左右冰雹。这次灾害性天气，造成部分树木倾倒，未出现人员伤亡。受2021年第6号台风“烟花”影响，7月23—29日全县普降大到暴雨，局部大暴雨和特大暴雨，并伴有7级～8级大风。县域多条河流水位超过警戒线，城区出现河水倒灌及内涝现象，居民生活和农业生产受到一定的影响。

（王春晖）

■物候　植物候。小麦（扬辐麦4号）。10月下旬播种，11月初出苗，11月下旬分蘖，12月中旬越冬，次年2月下旬返青，3月下旬拔节，4月下旬抽穗，4月底开花，5月初灌浆，5月乳熟，6月初成熟。

水稻（淮稻5号）。5月15日播种，5月18日出苗，6月20日移栽，6月24日活棵，7月初分蘖，7月底拔节，8月底抽穗，9月上旬开花、灌浆，10月中旬乳熟，10月下旬成熟。

油菜（秦优7号）。9月下旬播种、出苗，12月中旬越冬，次年2月中旬返青，2月下旬抽薹，3月下旬始花，3月底开花，4月中旬灌浆，5月底乳熟，6月初成熟。

慈姑。4月上、中旬下种育苗，5月上旬放叶，7月中旬至8月初移栽，9月下旬至10月上旬结球，10月中旬至次年2月为采收期。

莲藕。4月下旬至5月上旬下藕秧，6月至7月为花莲期，7月下旬开始结藕，7月底至次年4月上旬为采莲期。7月底至8月采收为花香藕，中秋节前后采收为中秋藕，霜降节气采收为红锈藕，立冬后采收为白锈藕。

杨树。3月上、中旬萌芽，3月中旬开花，3月下旬至4月上旬展叶，4月下旬至5月上旬种子成熟，11月中、下旬落叶。

柳树。2月下旬萌芽，3月上、中旬展叶，4月上旬开花，5月中、下旬种子成熟，12月上、中旬落叶。

梨树（日本三水梨）。3月中旬萌芽，4月中旬开花，7月下旬至8月中旬采收果实，11月下旬落叶。

桃树（早花露桃）。3月中旬萌芽，4月上旬开花，5月下旬至6月下旬采收果实，11月中旬落叶。

葡萄（巨峰葡萄）。4月上旬萌芽，5月上旬开花，7月下旬至8月初采收果实，11月下旬落叶。

动物候。燕子，4月归来营巢屋檐下，10月南迁。布谷鸟（大杜鹃），5月始鸣。大雁，10月由北方迁至宝应湖国家湿地公园保护区越冬，次年4月北迁。丹顶鹤、白鹤，11月由北方迁至宝应湖国家湿地公园保护区越冬，次年春分后北迁。青蛙，3月始鸣，11月绝鸣。蝉，6月始鸣，10月绝鸣。蛇，3月出洞，11月冬眠。蜜蜂，3月中旬春繁，3月下旬至4月上旬采蜜，7月至8月中旬越夏防暑，8月下旬秋繁，10月下旬越冬保养。

（鉴　文）

■资源　全县自然资源丰富，农作物种植面积5.28万公顷；水域面积4.88万公顷，滩地面积1.76万公顷；全县水产养殖面积常年保持在3万公顷以上，年实现水产品总产量15万吨。

土地资源。全县土地总面积14.62万公顷，其中耕地面积7.7万公顷、城镇和乡村及工矿用地面积1.6万公顷、水域及水利设施用地面积4.5万公顷、交通运输用地面积5686公顷。

矿产资源。宝应县地下矿产资源主要为泥炭、黏土、铁锰结核和石油天然气，县域大部分地区钻孔内部钻遇比较完整的第三系地层，是富含油气远景层位。全县温泉资源丰富，水温高、水质好，富含多种微量元素和天然矿物质。经国家、省有关专家评估论证，为硅酸医疗热矿水，对皮肤、关节、心血管等疾病有医疗保健作用，有较高的开发利用价值。

水资源。全县年均水资源总量4.71亿立方米。河道、湖泊水总容量1.5亿立方米，年平均引水量

9.54亿立方米。运东地区水资源总量人均1650立方米,可用水资源总量人均870立方米;运西地区水资源总量人均6300立方米,可用水资源总量人均720立方米。

动植物资源。宝应县动植物资源比较丰富,据2013年宝应湖地区动植物资源调查结果显示,野生藻类植物74种(属)、维管植物256种(含亚种、变种和变形)、浮游桡足类和枝角类动物35种、底栖无脊椎动物28种、鱼类42种、鸟类70余种,县域栖息鸟类野生动物以野鸡、野鸭、大雁为多。宝应县是全国淡水水产重点县,盛产鱼虾、螃蟹、龟鳖等水产品,水产养殖除常规鱼种外,龟、鳖、河蟹、青虾等特种水产养殖面积占水产养殖总面积80%,年产量6万吨左右。宝应县是全国优质粮棉生产基地县,粮食作物以水稻、小麦为主,经济作物以油菜为主;旱地蔬菜种植面积2.1万公顷,主要种植青菜、韭菜、菠菜、花菜、豇豆、四季豆、辣椒、甘蓝、莴苣等蔬菜;水生蔬菜以荷藕、慈姑、水芹菜等为主。野生药用植物305种,总蕴含量3560吨,白术、红花、生地、丹参、玄胡、泽泻、薏仁等名贵药材远销省内外。(鉴 文)

历史文化

■**建置沿革** 新石器时代,宝应地域已经有人类活动。春秋时,宝应地域属吴。战国时,该地域因吴亡属越,后越亡属楚,再楚亡属秦。

秦始皇二十六年(前221年)统一中国,实行郡县制,境内建立东阳县,隶属东海郡。

西汉时,东阳县先后隶属东阳郡、临淮郡。高祖六年(前201年),刘邦将东阳县以东地方赐予项缠为封地,设射阳侯国。惠帝三年(前192年),射阳侯国除,改为射阳县,后在东阳县、射阳县之间设平安县(始建时间无考)。王莽称帝时,改射阳县为监淮亭,改平安县为杜乡县,东阳县如故。东汉初期,恢复射阳县、平安县原名。东阳县、射阳县、平安县均属广陵郡。东汉后期,因兵燹及自然灾害,东阳县、射阳县、平安县俱废。

三国时,宝应地域先属魏,后属吴。

西晋太康元年(280年),复置东阳县、射阳县。东阳县隶属临淮郡,射阳县隶属广陵郡。东晋义熙七年(411年),原东阳县、射阳县境地划入山阳县,隶属山阳郡。

南齐永明二年(484年)后,原东阳县、射阳县之地设太清县、永阳县、安宜县、丰国县4个县,隶属阳平郡。安宜县因县治临安宜溪而得县名。

北周大象元年(579年),江北淮南皆归北周,析安宜县西北境置石鳖县。安宜县、石鳖县分别隶属东莞郡、阳平郡。

隋开皇三年(583年),废东莞、阳平郡,撤石鳖县,地入安宜县。至此,境域内始统为一县。安宜县先后隶属吴州、江都郡。

唐代宗宝应元年(762年),境内获八宝上献朝廷。嗣后,“安史之乱”平息,年谷丰登,唐王朝视为得宝之应,遂将上元三年改为宝应元年,赐安宜县改称宝应县,沿用至今。唐、五代十国、北宋期间,宝应县隶属楚州。

南宋宝庆三年(1227年),升宝应县为宝应州,领宝应县、盐城县、山阳县、淮阴县。南宋末年,升宝应州为宝应军。

元至元十六年(1279年),改宝应军为安宜府,宝应县隶属安宜府。元至元二十年(1283年),废安宜府,宝应县改隶属高邮府。

清乾隆年间,宝应县改隶属扬州府。

民国年间,宝应县先后隶属江苏省淮扬道、江苏省第五行政督察区、江苏省第七行政督察区、江苏省第六行政督察区。

抗日战争和解放战争期间,中国共产党先后在宝应湖西、临(泽)北地区、运河以东地区建立宝应县民主政府,先后隶属苏中第一行政区、苏皖边区第二行政区。

中华人民共和国成立后仍设宝应县,隶属苏北扬州行政区。1960年初,析宝应湖以西地区设置金湖县。1983年3月,实行“市管县”体制,宝应县隶属江苏省扬州市。

(鉴 文)

■**行政区划** 2021年,宝应县辖安宜镇、氾水镇、夏集镇、柳堡镇、鲁垛镇、广洋湖镇、小官庄镇、望直港镇、射阳湖镇、西安丰镇、曹甸镇、泾河镇、山阳镇、黄塍镇14个镇,江苏省

蕴涵“宝应”县名美丽传说的著名景点——八宝亭　王红霞/摄

省级经济开发区1个、省级有机农业开发区(宝应县宝应湖旅游度假区)1个。2017年3月17日,县委、县政府决定对黄塍镇与江苏省宝应经济开发区实行“镇区合一”管理体制。全县设社区44个、村222个,村和社区合一单位17个。安宜镇七里村、金湾村为村和社区合一单位,由江苏省宝应经济开发区代管。2019年11月23日,县政府批准安宜镇设立东方红社区,仍由江苏省宝应经济开发区代管。(县民政局)

表1 2021年宝应县行政区划一览表

镇(区)	村	社区	村和社区合一单位
安宜镇	北港、西刘堡、西郊、西港、北闸、南闸、金湖渔业、郑河、刘堡、潘桥、贾桥、陈家、刘庄、官沟、三团、船闸、白田	罗巷、刘沟、东门、学墩、安宜、画川、牌楼、桃园、苏中、安民、泰山东村、白田、世纪园、南窑、南园、北河、爱民、莲花、东方红	铁桥、东升、三里、齐心、大桥、七里、金湾、花庄、郭庄
氾水镇	迎丰、苏律、新民、宋埠、成庄、郎儿、长沙、戈店、石桥、龙河、太平、新阳、高阳、韦北、京杭、瓦甸、金宝渔业村、牌坊、氾西、新荡	东风、红旗、胜利、东园、西园	柘沟、江宝
夏集镇	蒋庄、苏雅、双塘、双琚、三洋河、王营、卫星、王桥、丰收、万民、潼口、塘北、相庄、赵雍	子婴河	郭桥、夏集
柳堡镇	迎湖、团庄、雍尹、张元、廷柏、寿林、王通河、建设、仁里、新安、联丰、清元、芦东、郛阳、塘新、柳堡	亚宝、芦村	郑渡
鲁垛镇	五顷、陶林、何家、鉴青、三新、贾林、鲁垛、鲁庄、朱斗、荡口、崔王、陈幸	鲁垛集镇	—
广洋湖镇	鹤湾、葛庄、严桥、桥头、白鼠、肖家、东进、兰亭、蒯家、东溪、西溪、三联、万新	兴洋	—
小官庄镇	小官庄、诚忠、祖全、南场、范沟、石先、王圩、双闸、杨蒋	小官庄集镇	—
望直港镇	月蟾、兴旺、大树、北河、国强、火花、张楼、军师、和平、马垛、蛤拖、吴堡、西荡、望直、仲墩、狮庄、牌楼、南沙、北沙	兴港、獐狮荡	—
射阳湖镇	桥南、油坊、王坤、高夏、廖徐、射阳湖渔业、四联、戴庄、平江、射南、风车头、姬风、马墩、泗河、大槐、柳树、赵勤、平南、潘舍、钱沟、姜庄、鹅村、蒋堡、林上、落潮、黄荡、冲林、魏荡、戴堡、刁夷	臧陈、天平、水泗	—
西安丰镇	南舍、花亭、林溪、太仓、苗圃、朱郭、崔渡、张吉	西安丰集镇	集丰、天亭
曹甸镇	曹甸、茆舍、李沟、康庄、金吾、古塔、黄家、陆庄、崔堡、曹南、周管、新南、溪北、屈舍、下舍、三元、梁沙、甄庄、郝舍、舍新、官河、夏庄	曹甸、下舍、滨河花园	—
泾河镇	泾河、张北、钱庄、泾农、松竹、陈桥、灶户、蔡桥、大同、左堡、黄浦、刘上、台许、虹桥、曹坝、刘家潭、东红、陈东	泾河、黄浦集镇	张桥
山阳镇	合心、顺河、吴坝、大东、徐扬、中南、光辉、颂阳、公民、春光、兴同、龚陈、沿湖、金庄、杨河、徐庄	山阳、万缘	—
开发区(黄塍镇)	徐甸、小垛、新丰、联合、江跳、大陆、大李庄、鱼桥	黄塍	—

(县民政局)

文化遗存 宝应县历史文化深厚,文化遗产资源丰富,县域内考古发掘证明,新石器时代这里就有远古先民活动。印证宝应历史文化发展物质文化遗产主要为宝应双琚商周文化遗址、汉代射阳县治所遗址、九里一千墩汉墓群、古邗沟东道码头遗址、臧陈旧址、八宝亭、孔庙大成殿、泰山殿遗址、刘氏五之堂、朱氏家祠、蒲松龄游幕宝应纪念馆、周恩来少年读书处、纵棹园等，以及相继出土的柄石刀、青铜宝剑、孔子见老子汉石门画像石、松烟铭文墨锭、陶器、漆器等文物数万件。2014 年，第 38 届世界遗产委员会将中国京杭大运河项目列入世界文化遗产名录，宝应县境内淮扬运河段、刘堡减水闸、古邗沟东道码头等项目被列为世界遗产点。至年底，全县被列为文物保护单位 114 处，其中江苏省文物保护单位 7 处。

2006 年 4 月至 2009 年 6 月，宝应县全面开展非物质文化遗产普查工作，共收集非物质文化遗产线索 554 条，经加工整理形成资源项目 209 项。宝应捶藕与“鹅毛雪片”藕粉制作技艺、宝应淮剧、黄塍跑马阵等项目先后申报入选“江苏省非物质文化遗产名录”。全县入选“扬州市非物质文化遗产名录”项目 34 项。

（鉴　文）

蒲松龄游幕宝应纪念馆　　薛水利/摄

■荷乡方言　宝应境内方言除方言岛外，都在官话大区、江淮方言区洪巢片范围内。现代汉语拼音中有 23 个声母，宝应话中包括零声母在内只有 17 个声母。宝应话中 n、l 相混，不起辨义作用，属音位自由变体，在实际口语中以 l 为主。

宝应方言在语音上主要特点是没有翘舌音。“资、知”同音，都读为 zī；“祖、主”同音，都读为 zǔ；“雌、痴”同音，都读为 cī；“才、柴”同音，都读为 cái；“山、三”同音，都读为 sān；“丝、师”同音，都读为 sī；“人”读为 lén；“水”读为 suǐ；普通话中前鼻音韵尾 n 和后鼻音韵尾 ng 在宝应话中存在相混现象，以前鼻音居多，如“根、庚”同音，“陈、程”同音，“今、经”同音，“心、星”同音等；以及边音 l 和鼻音 n 不分，以边音居多。

宝应县境内除方言岛外，方言在语音上有很强的一致性，但同时也存在一些明显差异。县境北部西安丰镇、曹甸镇、泾河镇与淮安市淮安区接壤，大部分居民说话夹杂有淮安话部分特征，被称为“淮腔”；县境东部广洋湖镇、射阳湖镇与盐城市毗邻，大部分居民说话伴有盐城话部分特征，被称为“盐城腔”或“水腔”；县境南部夏集镇、柳堡镇与高邮市相连，大部分居民说话夹有高邮话部分特征，被称为“高邮腔”。居住在运河西畔的安宜镇金湖渔业村、氾水镇金宝渔业村等祖籍为苏、鲁交界处微山湖一带渔民后裔 3000 余人，使用中原官话（蔡鲁片），被称为“侉话”，为宝应县内方言岛。

宝应方言中存在有音无字现象，词汇与普通话词汇含义差异很大，如“刁巴”意为撒娇；“犯嫌”意为讨厌；“捣鬼”意为耳语等。还有许多独特俗语，言简意赅，生动有趣，如“俏嘴薄唇”意为能说会道；“傻里骨咚叽”意为傻里傻气；“胡大咧嚼”意为瞎说八道；“老实尴难”意为老实但易得罪人；“神气六谷”意为神气活现；等等。

随着社会不断进步，以及受普通话影响，不同年龄层次的人群，宝应话也出现一些差异，年轻人在实际口语中以文读为主，伴以部分字音白读；老年人则多为白读，白读音较多保留古音特点，文读音则在宝应方言语音系统制约下向普通话靠拢，反映宝应话发展趋势。

（县教育局）

■风俗民情　宝应地处江苏腹部，扬州北缘，夹于江淮之间，民风民俗向以敦厚、朴实载于史籍，民众崇尚礼节，讲究信义，勤勉耕织。县内民俗风情，既有衣食住行和婚嫁、生育、丧葬方面，也有节庆、礼仪、祭祀等方面。很多风俗已经延续千百年，一部分成为可传承的良风善俗，另一部分带有封建迷信色彩风俗习惯逐渐被淡化遗弃。

生产习俗。宝应气候温和，四季分明，雨水丰沛，日照充足，土壤肥沃，是全国著名鱼米之乡。历史上，县内大部分地区农业生产以种植水稻、小麦、棉花为主，兼产油菜、豆类、甘薯等旱作植物。宝应运西从南到北大小湖泊连绵不断，以渔业捕捞为主；运东东荡地区地势低洼，滩涂资源丰富，以荷藕种植为主，兼以渔业生产。传统农业、渔业生产力低下，靠天时吃饭，故旧时农业生产活动中有开犁、落谷、开秧门、开刀门等习俗，如开刀门即收割前举行祭拜土地仪式，祈求丰收。渔业生产禁忌较多，习俗繁杂。随着社会发展、科技进步和生产方式改变，农业、渔业生产中习俗逐渐淡薄。

饮食习俗。县内传统主食以大

米为主,辅以面食及其他谷物。副食品主要是猪、鸡、鸭、鹅肉,禽蛋,鱼虾,豆制品,荷藕、慈姑,水芹,青菜,菠菜,茄子,豇豆,冬瓜,芋头等。

新中国建立前,人民生活艰难,中等水平以上家庭一日三餐,两粥一饭;贫苦人家三餐不周,多吃慈姑烂菜饭、荷藕粥、胡萝卜粥、大麦片粥等粗粮,食不果腹。新中国成立后,特别是进入20世纪80年代后,人民群众生活日益改善,从温饱走向小康,餐桌上逐渐呈现出前所未有的丰盛。其中,早餐主食变化最大,更多讲究营养,不再每天总是粥、泡饭就咸菜,而是豆浆、牛奶、鸡蛋、面包、蛋糕,以及馄饨、包子、长鱼(黄鳝)面、肉丝面等。

岁时习俗。农历传统节日春节习俗,包括腊月二十四送灶,除夕守岁,过年接财神;元宵节习俗,吃汤圆、点花灯、猜灯谜;二月二习俗,舞龙、"带活猴"(带女儿女婿回娘家吃饭);清明节习俗,上坟、祭祖、踏青;端午节习俗,吃"五红和五黄菜"("五红菜"指苋菜、茄子、红萝卜、西红柿和虾子,"五黄菜"指黄瓜、黄鳝、黄鱼、鸭蛋黄和雄黄酒),吃粽子、划龙船,家中挂放艾草、菖蒲,孩童颈项挂五色彩线蛋网,手腕戴五彩线手环;七月七习俗,傍晚看巧云、夜晚看牛郎星与织女星"鹊桥会";中秋节习俗,赏月、吃月饼、祭拜月亮婆婆;九月初九习俗,赏菊花、吃重阳糕;冬至习俗,吃"驴打滚"(鸭蛋形菜馅汤圆);腊月初八习俗,吃八宝粥;等等。

礼仪习俗。婚嫁,旧时讲究门当户对,皆由父母之命、媒妁之言,多循封建礼教,主要有托媒、提亲、访亲、相亲、定亲、送日子、办嫁妆、暖房、正日、回门、做朝(会亲)、双带等十数种习俗。新中国成立后,男女自由婚姻成为新风,自由恋爱逐渐增多,礼仪习俗中繁文缛节逐渐被淡化。生育,民间有催生、报喜、亲友送月子礼、满月送红蛋和晾尿斑(产妇带满月婴儿回娘家)、婴儿百露剃胎毛、一周岁时"抓周"等传统习俗。安宜镇民间有新生儿满月过多智桥、状元桥、玉带桥"三桥"习俗,寓意婴儿聪明伶俐,将来中状元、做高官。过生日,邑人多按农历计算,且以虚岁整数举办庆生仪式,置办宴席、请吃"寿面",六七十岁以上老年人寿宴还请吃"寿桃"(桃状白面馒头)。民间有"男不做三(虚30岁)、女不做四(虚40岁)"和交生日(娘家向出嫁女婆家交接生日)习俗。丧葬,有报丧、守灵、收殓、安葬、守七、放焰口等习俗。砌房盖屋,动土开槽、架梁必择吉日良辰,张贴"福禄寿喜财"字样剪纸和对联、鸣放鞭炮;搬入新居时,仍沿袭亲友祝贺乔迁等习俗。

县内时令节日、衣食住行、婚丧喜庆等风俗习惯,既受传统文化影响,也囿于地域局限,与其他地区相比,存有共同性和独异性,诸多传统习俗不少带有封建迷信色彩。新中国成立后,除旧革新,良风善俗、传统美德得到发扬,新的社会习俗、道德风尚逐渐形成。 (鉴　文)

人口　民族　宗教

■**人口**　2021年末,全县户籍人口85.9万人,按性别分,男性43.5万人、女性42.4万人。全年出生人口3462人,出生率4.03‰,死亡人口8440人,死亡率9.83‰,自然增长率-5.8‰。全县常住人口68.24万人,常住人口城镇化率57.62%。

(杨宁静)

■**民族**　截至年底,全县户籍人口中民族33个。其中,汉族人口85.71万人、与上年相比减少1.1万人,占全县总人口99.8%;少数民族32个,人口2120人,与上年相比减少19人、占全县总人口0.2%。少数民族人口中,以回族、苗族、壮族、土家族、彝族等5个少数民族为主,占全县少数民族总人口68.5%。

(范方琴)

■**宗教**　2021年,全县宗教团体包括佛教、基督教、伊斯兰教等3个;县内各类宗教团体教职人员共32人、比上年减少12人,其中佛教团体25人、基督教团体6人、伊斯兰教团体1人;全县经登记设立的宗教场所共54所,与上年相比持平,其中佛教场所35所、基督教场所18所、伊斯兰教场所1所。全县各类信教群众1.45万人,与上年相比持平,其中信仰佛教群众1.35万人、信仰基督教群众865人、信仰伊斯兰教群众90人。 (范方琴)

表2　2021年宝应县户籍人口分布情况一览表

镇(区)	总户数(户)	总人口(人)	按性别分	
			男(人)	女(人)
合计	263965	858987	435190	423797
安宜镇	70438	202245	101106	101139
氾水镇	23682	75998	37822	38176

续表

镇(区)	总户数(户)	总人口(人)	按性别分	
			男(人)	女(人)
夏集镇	17180	50151	24990	25161
柳堡镇	15496	48145	24140	24005
鲁垛镇	9285	32388	16440	15948
广洋湖镇	9860	33824	17355	16469
小官庄镇	8242	27895	13962	13933
望直港镇	15371	58763	30053	28710
射阳湖镇	25168	84348	44235	40113
西安丰镇	9335	32563	16919	15644
曹甸镇	18397	64022	33019	31003
泾河镇	15548	53733	27118	26615
山阳镇	14500	53391	27197	26194
开发区(黄塍镇)	11463	41521	20834	20687

(杨宁静)

风景名胜

■概况 宝应县历史悠久、风景优美,境内园林、古迹、遗址、名刹、自然风光等风景名胜繁多,诸如历史园林名胜纵棹园、古建筑名胜宝应学宫、重要红色纪念地周恩来少年读书处、著名寺庙宁国寺、自然风光重点景区宝应湖国家湿地公园和宝应荷园等。 (县文体广旅局)

■宝应学宫 江苏省文物保护单位,苏中地区著名文物景点之一,位于宝应县城小新桥25号,主要建筑有戟门、棂星门、鼎甲坊、大成殿、明伦堂等,占地面积0.22公顷。宝应学宫始建于南宋嘉定年间,曾两度毁于战乱,经明洪武年间重建和以后不断增建,至清代中叶形成一组规模完整、气势恢宏的建筑群。其范围东抵朱家巷,西至县南街,南临迎秀门,北至学墩巷,原占地面积3.33公顷,周围城河环绕,石桥临空,南濒秀水,北倚“高峰”。清代《〔道光〕重修宝应县志》学宫图所示,当时有迎秀门、状元桥、泮池、棂星门、鼎甲坊、戟门、大成殿、明伦堂、磊英堂、文昌祠、尊经阁、天魁亭等建筑,依次排列在中轴线上,东为副学署,西为射圃厅,布局对称。副学署大门为一高两低三楹古牌楼,中楼门楣上有“鹏搏九万”4个金色大字;其下三楹上楣分别为“状元”“榜眼”“探花”匾额,巍峨壮观、气势雄伟,俗称“三鼎甲坊”。宝应学宫后面,堆土为山,建方亭在其上,名曰“状元峰”,通常称之为“学墩”。除大成殿、明伦堂保存较好外,宝应学宫大部分建筑在战乱中圮毁。1992年,江苏省文化厅和县政府拨出专款对宝应学宫中主要建筑大成殿进行大规模修缮。2006年,宝应县政府实施完成迎秀门、状元桥、泮池等建筑恢复工程。大成殿单檐歇山,面阔5间,进深9檩,殿前两株古银杏历400年沧桑,依然枝叶苍翠。

宝应学宫总体建筑格局保留中国古代学宫基本特征,单体建筑独具特色,富有地方特征,沿革清晰,历史文化内涵丰富,是研究明清建筑史和江淮地区儒家文化发展史的重要依据。宝应学宫具有丰富的历史信息和深厚的文化内涵,明清两朝从宝应学宫考中进士54人,举人202人,贡生502人,尤其是状元王式丹、榜眼季愈、探花朱士彦,使一县之内三鼎甲俱全,历史罕见。为纪念此盛事,邑人特在宝应学宫建鼎甲坊。从宝应学宫走出去数百名在外为官者,如仲本、朱应登、乔可聘、朱士彦、刘台拱、王懋竑、成肇麟等,无一不是政绩非凡、清正廉明,为宝应学宫争得无上荣耀。康熙南巡、乾隆下江南,都曾到宝应学宫巡查。少年周恩来在宝应期间,曾到学宫学习、游玩。 (县文体广旅局)

■纵棹园 国家AAA级景区,县级文物保护单位,位于宝应县城安宜东路1号。纵棹园系清朝乔莱(侍读)故园,始建于清朝康熙年间,占地面积4.53公顷。纵棹园集北方名胜的典雅和南方园林的清秀于一身,翠竹隐阁,林亭倒映,杨柳婆娑,青荷飘香。园中古戏台、鱼化龙石门柱及廊栏亭榭,其石、砖、木、铜雕极其精致,号称苏北雕花园。园内有乾隆皇帝六下江南,五次途经宝应入园观戏的古戏台及蓢淞阁、竹深荷净堂、画川书院、八宝亭、背山临流馆等著名景点。其中,正六边形的蓢淞阁位于纵棹园北大门,融福建土楼与北京四合院风格,体现天地六合、天人合一传统哲学理念,砖雕门楼具苏、徽两派风韵。北大门两侧雄踞一对洁白、威严的石狮。园内重要景点有赵朴初、尉天池等名人楹联、诗词、书法等作品。（县文体广旅局）

■蒲松龄游幕宝应纪念馆 坐落于宝应县老城区叶挺西路73号(原县政府宿舍区内),西邻明清县署,东接察院巷。该宅建于清初,双层砖木结构三合院,建筑面积210平方米,被《江苏省第三次全国文物普查新发现》一书收录;于2008年被县政府公布为重点文物保护单位,列为《宝应县古城保护规划》重点保护利用古建筑。2014年,宝应县文物部门对其进行修缮、营造景观、征集书画作品和进行主题布展并对外开放。该纪念馆展览主题包括“鹤轩留仙——蒲松龄游幕宝应觅踪”和“宝应书画家纪念蒲松龄作品”两部分。其中,一楼有蒲松龄半身铜像,形象生动、栩栩如生,布置“鹤轩留仙”展览,包括“家世生平”“卓著成就”“宝地情缘”3个展厅;二楼为“宝应书画家纪念蒲松龄作品”展览,表达宝应人民对蒲松龄的崇敬和怀念之情。二楼东西厢设茶室、书房,再现当年会友、读书写作场景。该建筑外环建造“鹤苑”,引用康熙年间宝应县署与蒲松龄游幕宝应相关的鹤轩、鹤亭、鹤泉、放生池碑记等,以及蒲松龄故居藤廊等人文元素,别开生面,独具情趣。

（县文体广旅局）

■周恩来少年读书处 国家AA级旅游景点、江苏省文物保护单位、扬州市首批爱国主义教育基地,是扬州地区唯一一处周恩来纪念地。位于县城县南街水巷口3号,原为周恩来外祖父陈沅宅第,占地面积700多平方米,建筑面积500平方米,整个建筑为清代风格,分东西两个院落。东宅院为当年生活起居区,照原样陈设;西宅院是原附属用房,辟为展览区,展出主题是“水港深深——周恩来宝地乡情”,分为“运水系缘、书香姻亲”“母教濡染、浸润童年”“水巷书缘、知交终生”“伟人乡情、大爱无垠”4个单元,全面生动展现周恩来与宝应千丝万缕故乡情。1996年,县政府对周恩来少年读书处全面修缮、恢复原貌;于1998年3月5日——周恩来诞辰100周年纪念日正式对外开放。2010年11月至2011年5月,宝应县实施“周恩来少年读书处”维修展示提升工程,现有珍贵藏品10多件,其中包含周恩来旅欧期间与其表哥陈式周往来书信和他在《新申报》发表的进步文章等影印件。

（县文体广旅局）

■宁国寺 国家AAA级景区,始建于唐贞观十一年(637年),迄今1380多年,原址在宝应县城叶挺路东首,名为宁国教寺,后易名宁国禅寺,历代寺僧、官府对该寺庙多加修建。宁国寺是宝应县规模最大、香火最旺盛的一座佛教寺院,每年接待游客数十万人。殿阁上盖金色琉璃瓦,重檐飞角,气势雄伟,殿内梵音悠扬,幽香萦绕,沁人心脾。寺内有千佛楼、蝴蝶厅,直径1.2米红木雕镯金蟠龙柱8根、汉白玉浮雕释迦佛八相成道图、佛教无价之宝佛祖真身舍利、紫檀木雕500尊罗汉、紫檀木巨型如意、上亿年前玛瑙硅化石、刻有释迦佛说法图田黄石、南北朝时期石刻佛像、著名艺术家来楚生雕刻的罗汉图章等珍贵文物,世所罕见,其文化价值、可鉴赏性极高。寺内藏有明万历年间铸造的大铜钟两口,每年除夕夜,许多市民到此撞钟祈福。（县文体广旅局）

■朱方伯公家祠 江苏省文物保护单位、江苏省社科普及示范基地、扬州市首批传统家规家训建设示范点。朱方伯公家祠位于宝应县古城区小石头街8号,宝应朱氏家族唯一遗存。宝应朱氏以才学登科者逾百人,且以忠勤朝政、推诚务实为世人所知,素有“一门兄弟三进士(朱士彦、朱士达、朱士廉),两代世家五车书”美誉。朱方伯公家祠始建于清末光绪年间,系宝应朱氏十八世祖朱寿镛兄弟6人,为祀奉先祖方伯公朱士达、先父荣禄公朱百祥所建。朱方伯公家祠坐北向南,占地面积700平方米,建筑面积500平方米,由三进、两厅、一殿、两庑、两院及两门廊构成,计房屋19间。整体建筑呈清代宗祠格局和浙派建筑风

国家AAA级景区——宁国寺　　小　品/摄

韵。朱氏列宝应“四大文献世家”之首，为明清时期江淮区域名门望族。朱方伯公家祠中厅展示宝应朱氏人文史略，介绍家族人文史迹、朱氏历代著作目录及著作200余部、朱方伯公支系图表。正殿两庑陈布朱氏列代世祖简介，正殿供奉祖先神主牌位。正殿家祠梁枋彩绘，历经百年风雨沧桑，至今基本保存完好，主殿梁枋彩绘以天然红、蓝、墨、绿、黄五色颜料绘制而成，画鸟、花卉、如意、水波纹等图案精美，绚丽多彩，具有较高文化艺术和历史研究价值。（县文体广旅局）

■宝应湖国家湿地公园（白鹿岛生态旅游区） 国家AAA级景区，于2011年10月获批“国家湿地公园”，先后获得“全国农业旅游示范点”“江苏省四星级乡村旅游点”“江苏省首批乡村旅游精品单位”“江苏省优秀自驾游基地”“江苏省旅游行业文明单位”“江苏省乡村旅游二十强”等称号。公园西依宝应湖，东临京杭大运河，依林傍湖，环境优美，融湿地保护、生态旅游、休闲度假、科普教育、观光农业为一体，水陆面积833公顷，其中水面面积300公顷。水杉成片林34公顷，可供种植铁皮石斛的水杉树3万余株，有“苏中一绝”之美誉。林中常年栖息鸟类数十余种，其中国家一、二类保护鸟类9种。园区生态旅游突出“水”“绿”“野”“趣”四大主题，既可以湖上泛舟、水上垂钓、果园赏花、农作物采摘，又可以观鸟遛马、野外拓展、品农家饭、游森林氧吧。公园内分有机农业区、生态别墅住宅园、综合服务区、内堤休闲风情带、沿湖风光带、水上庆典园、青少年素质教育基地7大功能区，是集旅游观光、商务会议、休闲度假于一体的生态旅游度假区。（县文体广旅局）

■宝应荷园 国家AAA级旅游景区、江苏省四星级乡村旅游区，先后获得“全国农业旅游示范点”“江苏省湿地公园”“扬州市乡村旅游示范点”等称号。宝应荷园位于风光秀丽的射阳湖畔、古邗沟水泗段南侧，规划面积666.67公顷，已开发旅游面积133.33公顷。该园自然环境优美，空气清新，原始河湖纵横，水质清澈。湖荡里鱼虾相戏，莲叶田田，荷花飘香，遍长莲藕、睡莲、芦苇、蒲草、芡实、菱角等水生植物，多种花卉竞相开放。主要景点有荷花大观园、睡莲园、芦荡迷宫、农趣岛、农家菜园、神牛汪、烟柳长堤、“二妹子”大舞台、咏荷馆、观荷台等；主要游乐设施有电动龙船、碰碰船、风车水车等，是远近闻名乡村旅游景区。2015年，依托荷园风景区，射阳湖镇被评为“第三批江苏省特色景观旅游示范镇”。（县文体广旅局）

■柳堡（团庄）九九艳阳天景区 红色革命老区，电影《柳堡的故事》发生地、拍摄地，先后获得“全国乡村旅游模范村”“江苏省四星级乡村旅游区”等称号。该村位于宝应县东南部，距离县城30千米，东临兴化，南接高邮，水陆面积890公顷，其中耕地面积278.5公顷、水面面积433.33公顷。村庄四面环水，空气清新，生态自然，风景优美，水韵十足，主要景点凤山园、农博馆、古戏台、大风车、九曲桥、水上观音、观音神禅林寺、养生园木屋等。“凤山园”是以中共党组织宝应县早期领导人之一、革命烈士夏凤山名字命名。2014年，团庄村围绕乡村旅游发展，挖掘红色资源，完善旅游接待功能，建成集红色乡村旅游与农业休闲观光旅游为一体的特色景区。（县文体广旅局）

荷乡物产

■宝应荷藕 又名宝应莲藕，产品色泽鲜艳，表皮光滑，体白个大，产量高，品质优良。宝应荷藕用于加工多种藕菜品历史悠久，明、清两代被列为朝廷贡品，新中国成立后入选《中华名菜谱》。1998年，宝应以其优美的自然环境，完整的荷藕产业链和独特的荷藕文化被命名为“中国荷藕之乡”。2004年，“宝应荷藕”获批“国家地理标志农产品”。（鉴　文）

■宝应慈姑 宝应慈姑种植历史悠久。县志记载，宝应慈姑在唐代列为朝廷御用贡品，清代列为重要土产。民国县志特别记载：“宝应慈姑组织紧密、实坚如栗、味甚鲜，既可佐餐，又可制味。”宝应慈姑，又称茨菰、燕尾草等，属天南星科本草植物。《本草纲目》记载：“慈姑一株多产十二子，如慈姑之乳诸子，故以名之。燕尾，其叶之像燕尾分叉，故有此名也。”宝应慈姑种植面积910公顷，年出口加工产量1.2万吨，创汇1200多万美元。宝应慈姑种植基地集中在宝应县东荡地区曹甸镇、西安丰镇、射阳湖镇、望直港镇、广洋湖镇、鲁垛镇等地；宝应慈姑主要品种俗称“侉老乌”，是青紫类慈姑的代表，一般株高80厘米~100厘米，叶片宽、箭头形、深绿色、较粗壮；球茎近圆球形，表皮青色带紫，球茎具有两道环节，鳞衣深褐色，顶芽粗壮，单球重量25克~40克。宝应慈姑肉白色，肉质紧密，熟食甜中带苦，味道鲜美，风味独特，营养丰富，富含碳水化合物、蛋白质、脂肪、膳食纤维、维生素、钙、磷、钾、钠、镁、铁、锌、硒、铜、锰等微量元素。宝应慈姑种植一般4月下旬至5月上旬下种育苗，6月中旬至8月初定植大田，10月下旬开始采收，平均每公顷产量15吨左右。2006年，“紫圆”牌宝应慈姑通过无公害农产品认证。2009年，宝应县获得“中国慈姑之乡”称号。2011年，宝应慈姑获批“国家地理标志农产品”。（鉴　文）

■宝应芡实 俗称鸡头，又称鸡头米、鸡头苞、鸡头莲等。芡实属睡莲科一年生水生草本植物,多生于封闭性池塘和浅河沟、湖荡之中。芡实茎粗壮,表面有刺,根须白色,生于淤泥;叶呈圆形,初生沉水,后浮于水面;花萼披针形,色泽深紫,浆果大过拳头,形似鸡头;内分多室,果实百粒左右。芡实3月初生茎,5—6月份开花,7—8月份成熟,8—9月份结果。芡实的营养价值丰富,果实、根茎、花茎均可食用,亦可入药,可谓食药同源。宝应芡实具有“益肾固精、补脾去湿、聪耳明目”功效,能使肾精亏损、腰酸背痛、小便不禁、白浊带下、肠胃功能下降等病情得到改善。宝应芡实品种系刺芡,又称北芡,为该县传统水生蔬菜品种之一,人工种植较少,多为野生。明、清《宝应县志》均有种植芡实文字记载。民国二十三年(1934)《宝应县政概况》记载,宝应芡实年产量150吨,全系野生。2000年,宝应县部分乡镇开始芡实种植,主要分布在安宜镇、氾水镇、夏集镇、广洋湖镇、曹甸镇、望直港镇、射阳湖镇、山阳镇等8个镇。宝应县通过“公司+合作社+农户”模式,形成芡实种植、加工、销售规模化、产业化发展态势。2021年,全县芡实种植面积2400公顷,总产量2700吨。宝应芡实主要销往上海市,广东省广州市、深圳市等大中城市。

(鉴　文)

■宝应核桃乌　又称乌菜、乌塌菜,因颜色深绿近黑色、叶面皱褶似核桃而得名,属宝应地域性特色农产品。宝应“核桃乌”青菜为十字花科芸薹属芸薹种白菜亚种的一个变种,属地域性耐寒小白菜,秋冬季节栽培,叶丛塌地生长,叶面皱褶、有突起肉球,叶色墨绿、有光泽,叶缘缺刻,叶柄短,叶丛呈开盘匍匐状。宝应“核桃乌”青菜种植历史悠久,清康熙、道光《宝应县志》均有记载。“核桃乌”青菜种植9月中下旬播种育苗,10月移栽,12月至次年2月采收,平均每公顷产量22.5吨,常年种植面积3333公顷。宝应“核桃乌”青菜营养丰富,含大量叶绿素、维生素、胡萝卜素、钙、铁等微量元素,食用能清热利尿、养胃解毒,具有降血脂、降血压等保健功能。宝应“核桃乌”青菜入冬经霜后食用口味更佳,清炒、煮汤只需加入适量食盐,就鲜美无比,当地有“冬天的核桃乌赛羊肉”说法,也可做各种配菜,如乌菜烧牛肉、乌菜烧卜页、乌菜烧咸肉、乌菜包子等美味佳肴。

(鉴　文)

6月5日,泾河镇“农友小兰”牌西瓜获第三届江苏“好西(甜)瓜”品鉴会特等奖　　小　品/摄

■泾河(金禾)西瓜　20世纪90年代初,泾河镇大同村部分农民自发种植西瓜,发展特色农业经济。1997年开始,泾河镇加大推动力度,西瓜种植面积迅速扩大,2002年种植面积达到233.33公顷。2003年,泾河(金禾)西瓜获批“金禾”注册商标。泾河(金禾)西瓜有“特小兰”“特小凤”“黑美人”“抗病苏蜜”等多个优质品种。2009年,泾河(金禾)西瓜以皮薄、味美、甘甜、爽口优良品质被命名为“江苏省知名农业品牌”。泾河镇西瓜种植面积450公顷,其中集中连片优良品种种植面积240公顷。从2013年开始,宝应县每年举办“泾河西瓜旅游节”,以此打造农业区域特色旅游品牌。2015年,泾河(金禾)西瓜申报获批“国家地理标志证明商标”。

(鉴　文)

■宝应大米　宝应境内河湖密布,气候湿润,四季分明,适宜水稻等农作物生长,是全国水稻主产区,年均水稻种植面积6万公顷、总产量56.7万吨。全县农业产业化龙头企业对水稻种植带动作用显著,江苏宝粮控股集团股份有限公司、扬州宝应湖西岛有机农场有限公司、扬州宝泰米业有限公司实现农户订单优质水稻种植面积2.43万公顷。全县有各类大米注册商标24个,其中江苏宝粮控股集团股份有限公司“宝粮”牌大米分荷香米、生态米、原生态米、香米等系列品种,参展第十六届中国绿色食品博览会获得全国大米评比金奖;扬州宝应湖西岛有机农场有限公司“湖西岛”牌有机大米、有机糙米分别获得中国、美国、欧盟、日本有机产品认证;扬州宝泰米业有限公司“安宜”牌籼米、粳米系列品种参展第十一届中国优质稻米博览会获金奖。宝应大米国内销往北京市、上海市、广东省、浙江省等地,国际销往美国、欧盟等国家和地区,深受消费者喜爱。至年底,全县大米实现销售规模持续扩大,年销售总量 19 万吨。

（县粮食储备局）

■宝应湖大闸蟹 宝应地处里下河水网地区，东荡西湖水面生态资源得天独厚，自古盛产大闸蟹。宝应县从 20 世纪 80 年代开始发展河蟹养殖业，宝应湖大闸蟹逐渐成为全县水产业重要支柱。2011 年 6 月，“宝应湖”商标被原国家工商行政管理总局认定为“中国驰名商标”，宝应湖大闸蟹在全国历次河蟹评比大赛中蝉联“金奖”“最佳口感奖”“最佳生态奖”“中国十大名蟹”等荣誉。宝应湖大闸蟹由“中华绒螯蟹”蟹苗养殖而成，成蟹肉质细嫩，蟹黄蟹膏肥厚味鲜。成蟹上市每只重量 200 克～300 克，胸甲宽度为 7 厘米～8 厘米。2014 年，宝应县获得“中国河蟹产业先进县”称号。2017 年，宝应湖大闸蟹获评“丝路美食名品汇之美食嘉年华”第 1 名。2018 年，宝应湖大闸蟹获批“中国地理标志证明商标”。

（鉴 文）

■宝应湖中华鳖 宝应是中华鳖（甲鱼）重要原产地，品质优良、基因稳定，蛋白质含量极高，富含人体必需的氨基酸和鲜味氨基酸，脂肪中 70% 以上为不饱和脂肪酸。由于宝应水乡特殊地理环境，宝应湖中华鳖富含锌、铁和硒等多种微量元素，具有补血养颜功能，可以有效提高人体免疫力。宝应县子婴河特种水产养殖场从 20 世纪 70 年代开始龟、鳖等特种水产品养殖和研究，多项技术获得突破。20 世纪 90 年代，江苏宝应湖有机农业开发区建成“万亩”特种水产生态养殖基地，实现宝应湖中华鳖规模化养殖。宝应湖中华鳖在全国历次中华鳖（甲鱼）大赛上，多次蝉联“金奖”“最佳口感奖”。中央电视台第七频道从 20 世纪 80 年代开始，将宝应作为中华鳖（甲鱼）养殖拍摄基地，多次拍摄播放宝应湖中华鳖（甲鱼）生态养殖专题片。2015 年，宝应县获命名“全国甲鱼生态养殖第一县”。2018 年，宝应湖中华鳖获批“中国地理标志证明商标”。2021 年底，全县实现宝应湖中华鳖养殖面积 3067 公顷。

（鉴 文）

■广洋湖青虾 广洋湖镇主要特色水产品。广洋湖流域包括广洋湖镇西溪村、东溪村、蒯家村、三联村、白鼠村、万新村以及桥头村等 7 个村（社区），位于东经 119°34′～119°41′、北纬 33°9′～31°14′。广洋湖水温常年在 8℃～30℃之间，水中植物丰富、水质洁净，没有污染源，溶氧丰富，偏碱性，水环境和温度适宜青虾生长繁育。广洋湖青虾生长周期长、个头大、产量高，肉味鲜美，营养极为丰富；含蛋白质是鱼、蛋、奶的几倍到几十倍，并含丰富的钙、铁、锂、碘、镁、磷等微量元素及维生素 A、氨茶碱等成分；可食用部分每 100 克含水分 81 克、蛋白质 16.4 克、脂肪 1.3 克、钙 99 毫克、磷 205 毫克；磷含量与鱿鱼干、全脂奶粉相等；虾皮和虾的连壳制品含钙量高。

（鉴 文）

■宝应特种鱼类 宝应是淡水鱼类水产养殖大县，从 20 世纪 50 年代开始，先后成立县水产养殖场、县第二水产养殖场等青鱼、草鱼、鲢鱼、鳙鱼“四大家鱼”繁养基地。20 世纪 90 年代，全县开始推广深受消费者喜爱的生态、优质、高效特种鱼类黄颡鱼、乌鳢、塘鳢、泥鳅、黄鳝、鳜鱼等六小品种养殖，对提高水产养殖比较效益，增加农（渔）民收入发挥重要作用。

宝应黄颡鱼。又称昂刺鱼，全县养殖规模较大。据化验测定，每 100 克黄颡鱼肉含蛋白质 20 克、脂肪 1.3 克、碳水化合物 1.8 克、钙 65 毫克、铁 0.6 毫克等，营养丰富，肉质细嫩，味道鲜美醇厚，每尾重量 50 克～120 克，最大 280 克，一般用于红烧，味道鲜美。

宝应乌鳢。又称宝应黑鱼，是当地重要特种水产品，养殖范围广泛，养殖历史悠久。宝应乌鳢营养丰富，富含丰富的蛋白质、8 种人体必需氨基酸，其中风味氨基酸含量较高，做酸菜鱼、烧汤或与咸菜红烧均口感鲜美。

宝应塘鳢。又称虎头鲨，分布于宝应县安宜镇、氾水镇、夏集镇、柳堡镇、鲁垛镇、广洋湖镇、小官庄镇、望直港镇、射阳湖镇、曹甸镇等多个水域，养殖历史久远。宝应塘鳢主要摄食虾类、昆虫、小鱼和底栖生物，有春季产卵前筑巢和产后护

宝应特种鱼类六小品种之一——乌鳢，又称黑鱼　射阳湖镇/供稿

卵习性。其烹饪制作方法和口味与宝应乌鳢接近。

宝应泥鳅。分布于全县各镇，总养殖规模面积446.67公顷。宝应泥鳅富含蛋白质而脂肪较低，是能降脂降压的美味佳肴，有利于延缓人体血管衰老。宝应泥鳅和豆腐同烹，具有良好的进补和食疗功用，对于防治心血管疾病、糖尿病具有辅助作用。

宝应黄鳝。当地又称长鱼，富含蛋白质，脂肪含量低，营养丰富，味道鲜美，经常食用可以增强人体免疫力，抑制体内血糖升高，缓解肌力衰退。全县养殖面积1000公顷左右，市场供不应求。

宝应鳜鱼。含丰富的蛋白质、脂肪、少量维生素、钙、钾、镁、磷、硒等营养元素，肉质细嫩，极易消化，儿童、老人及体弱、脾胃消化功能不佳者食用鳜鱼既能增加营养，又有利于肠胃消化。宝应鳜鱼年产量2100吨，常见个体重量0.7千克～1千克，最大个体2千克左右。

（华伯仙　高明冬）

■安丰卜页　西安丰地区卜页生产历史悠久，相传源自汉朝，至明朝中叶，安丰庞氏建成当地最大的卜页加工坊。当时，卜页制作技艺作为家传秘技，只在庞氏嫡系子女间传承。清光绪年间，庞氏之女将卜页制作技艺带到婆家，由此安丰卜页制作工艺逐渐流传开来。安丰卜页工艺流程复杂，主要分为黄豆浸泡、磨浆、晃浆、烧浆、点卤、浇卜页、榨卜页、剥卜页等。安丰卜页薄如纸，柔似绢，韧性极强。高手制成的卜页几近透明，轻风一吹，卜页金黄，细看有豆油渗出。安丰卜页制作菜肴拌、烩、炒、烧、煮皆可，风味独特，食用具有增强体质、延缓衰老效用。1898年，安丰武举人梁巨魁获钦点武传胪，他将安丰卜页进献给慈禧太后，太后尝后大喜，遂列为贡品。2008年，安丰卜页制作技艺入选扬州第一批非物质文化遗产。安丰卜页历来是当地群众迎来送往伴手礼，成为各大宾馆、酒店及百姓家庭必不可少菜肴，在淮扬菜系中占有一席之地，是宝应对外交往的一张绿色名片。近年来，西安丰镇推进卜页产业化开发，卜页产量不断增加，同时“安丰卜页”通过“淘宝”电商平台销往全国各地。2018年，宝应县西安丰镇豆制品行业协会成立，在当地市场监管部门指导下，成功注册“安丰卜页”商标。2021年3月，西安丰镇豆制品行业协会收到国家知识产权局通知，“安丰卜页”核准注册国家地理标志证明商标。4月，西安丰镇在豆制品生产相对集中的苗圃村打造豆花体验中心，通过墙绘和实地体验，了解“安丰卜页”制作悠久历史和丰富文化内涵。

（俞杨晓）

■西安丰水晶工艺品　西安丰镇拥有大小水晶生产加工企业110家，从事水晶工艺品制作工人6000多人。2014年，西安丰镇申报获批“扬州市水晶文化产业集聚区”。西安丰镇水晶工艺品有平面类、刻面类、动物生肖类等几十个套系，上千个品种。产品制作实现现代科技与传统手工技艺相融合，广泛采用电脑设计、激光内雕、彩色镀膜等先进科技手段，产品晶莹剔透、造型新颖、栩栩如生，在国内外市场享有较高知名度，远销欧美、东南亚30多个国家和地区。该镇被誉为“中国水晶第一镇”。

（鉴　文）

■小官庄玻璃工艺品　小官庄镇玻璃工艺品生产源于清朝末年，民间艺人设计一种俗称“皮老虎”的鼓风装置给煤油灯头鼓风，熔化玻璃料制作玻璃球、玻璃棒及小鸭、小鹅、小马等简单的动物造型。20世纪90年代，小官庄玻璃工艺品制作融入西方圣诞工艺礼品制作技艺，工艺更加完善，形成规模化产业。小官庄玻璃吹制工艺品主要有两类，为人工制作空心件和人工制作拉丝件。产品形式多样，特色鲜明，以模仿人物、动物、瓜果、花卉为主，经过吹制、镀银、烤金、上漆、着色等多道工序，其产品形象逼真、惟妙惟肖。小官庄镇玻璃工艺品以其艳丽的外表、逼真的造型深受国内外客户青睐，畅销国际市场。2008年，小官庄玻璃吹制技艺被列入“扬州市首批非物质文化遗产名录”，该镇有“东方圣诞小镇”之美誉。

（鉴　文）

■鲁垛乱针绣　又名鲁垛正则绣、鲁垛锦纹绣。始创于20世纪30年代，其针法活泼、以线代笔，线条流畅、色彩丰富、层次感强、风格独特，

小官庄玻璃工艺品　　小官庄镇/供稿

采用长短交叉线条，分层加色手法表现画面。20世纪80年代末，鲁垛人莫学春等吸收“苏绣”“常绣”相关技法，将乱针绣发展成为具有独特体系的刺绣种类。其制作过程为选稿、扫描、喷绘、缝边、装绷、配线、刺绣、装裱等多道工序。所用面料真丝织成，经久耐用、质地上乘、无弹性、无瑕疵、无凹凸面、吸湿性好，具有一定的光洁度。刺绣丝线主要用蚕丝线。鲁垛乱针绣主要分人物、风景、动物三大部分，所绣作品栩栩如生、鲜灵逼真、跃然图上、呼之欲出，不褪色，不霉变，极具收藏和装饰价值。2007年，鲁垛乱针绣被列为扬州市首批非物质文化遗产，成为扬州继漆器、玉器之后第三大民间特色工艺品。2011年，位于鲁垛镇的扬州乱针绣文化产业园开园，并相继被命名为江苏省文化产业示范基地、江苏省工业旅游示范区、扬州市现代服务业集聚区、扬州市现代服务业示范区。（鉴 文）

■山阳羽绒 宝应县山阳镇养殖白鹅经历上百年历史，所产鹅肉和鹅绒闻名遐迩。鹅绒颜色有灰绒和白绒两种，轻柔保暖、吸湿发散性良好。现代科研机构公布的研究结果认为，鹅绒为星朵状结构。通过显微镜发现羽绒绒丝呈鱼鳞状，数不清的微小孔隙中含有大量静止空气。由于空气传导系数最低，从而形成良好的保暖性，并充满弹性，是世界上性能最好的保暖材料之一。经过对含绒率为50%的羽绒进行测试发现，羽绒的蓬松度相当于棉花的2.5倍、羊毛的2.2倍。众多消费者感觉，使用羽绒被不但轻柔保暖，而且皮肤接触非常舒适。山阳羽绒是宝应县主要特产之一。20世纪90年代初，山阳镇羽绒家纺产业开始起步。经过多年努力，山阳镇羽绒家纺产业稳步发展，产业竞争力不断提升。2015年11月，山阳镇被中国羽绒工业协会命名为“中国羽绒名镇”。山阳羽绒家纺产品远销全国许多省市，以及日本、东南亚和欧美国际市场。（赵广彬）

经济社会发展

■概况 2021年，宝应县实现地区生产总值841.41亿元，比上年增长7.5%。其中，第一产业增加值89.96亿元，比上年增长4.1%；第二产业增加值403.91亿元，比上年增长8.7%；第三产业增加值347.54亿元，比上年增长7.0%。三次产业增加值比例为10.7∶48∶41.3。人均地区生产总值12.33万元（按常住人口计算），比上年增加1.29万元。

全年新登记市场主体8125户，其中新登记企业（含分支机构）3610户，新登记个体工商户4502户。年末市场主体6.84万户，比上年增长5.2%。其中，各类企业2.01万户，比上年增长12.1%；个体工商户4.79万户，比上年增长3.2%；农民专业合作社404户，下降43.3%。

（杨宁静）

■农林牧渔业 2021年，全县粮食播种面积11.29万公顷，比上年增长0.2%。其中，夏粮播种面积5.42万公顷，比上年增长0.1%；秋粮播种面积5.87万公顷，比上年增长0.3%。全年粮食平均每公顷产量7725千克，与上年相比基本持平。其中，夏粮平均每公顷产量6075千克，比上年下降0.5%；秋粮平均每公顷产量9240千克，比上年增长0.2%。全年粮食总产量87.18万吨，其中夏粮总产量32.96万吨、比上年下降0.5%，秋粮总产量54.22万吨、比上年增长0.4%。年末全县生猪存栏量22.61万头，其中能繁母猪2.84万头；全年生猪出栏量37.64万头。全县水产养殖面积2.46万公顷，比上年下降5.5%；水产品总产量14.91万吨，比上年增长0.1%。

全县新建高标准农田面积1933公顷；新增有机农业面积381.47公顷，绿色有机农产品13个；完成生态化改造池塘面积1000公顷；实施农业规模项目20个。培育“国家农业产业化龙头企业”1家、“江苏省农业产业化龙头企业”3家。年末全县有效灌溉面积7.23万公顷，旱涝保收面积6.77万公顷，节水灌溉面积4.97万公顷、其中高效节水灌溉面积2600公顷。（杨宁静）

■工业和建筑业 至年末，全县规模以上工业企业（年主营业务收入2000万元及以上）总数500家。实现主营业务收入696.57亿元，利润总额24.68亿元，利税总额39.86亿元。规模以上工业增加值比上年增长13%。实现工业开票销售额968.87亿元，比上年增长18.4%。工业用电量16.32亿千瓦时，比上年增长3.2%。全县规模以上工业企业完成产值730.81亿元，比上年增长19.2%。其中，电气机械和器材制造业产值265.01亿元，比上年增长11.8%；金属制品业产值71.36亿元，比上年下降14.9%；非金属矿物制品业产值43.56亿元，比上年增长30.9%；有色金属冶炼和压延加工业产值42.23亿元，比上年增长180.3%；汽车制造业产值34.45亿元，比上年增长27.7%；计算机、通信和其他电子设备制造业产值34.33亿元，比上年增长11.3%。

全县实现建筑业总产值645亿元，比上年增长7.2%；完成房屋施工面积7302.59万平方米，比上年增长13%，其中新开工面积3172.3万平方米，比上年下降13.2%。实现建筑业竣工产值556.18亿元，比上年增长14.2%，竣工面积2610.09万平方米、比上年增长7.6%。全县拥有各级各类资质建筑业企业236家，其中特级资质企业1家、一级资质企业7家、二级资质企业96家。

（杨宁静）

■固定资产投资 2021年，全县固定资产投资比上年增长4.6%。从产业分布看，第一产业投资下降24.7%；第二产业投资增长23.4%；第三产业投资下降17.1%。全年新增5000万元及以上项目249个。维之恩轴承（江苏）有限公司、扬州虹途电子材料有限公司等投资兴建的11个重大项目开工建设，江苏锡洲新材料科技有限公司、深圳国人射频通信有限公司等投资兴建的15个重大项目竣工，宝胜系统集成科技股份有限公司、鼎钰玻璃（扬州）有限公司等投资兴建的14个重大项目竣工投产。新开工投资1亿元以上工业项目21个、新竣工项目24个。全年实施房地产开发投资项目47个，完成投资额40.23亿元，比上年下降30%。从投资工程用途来看，住宅投资额29.65亿元，比上年下降38%；非住宅投资额10.57亿元，比上年增长10.1%。从商品房合同成交面积登记备案情况来看，商品房销售面积39.57万平方米，比上年减少10.55万平方米。

（杨宁静）

■国内贸易　2021年，全县实现社会消费品零售总额170.46亿元，比上年增长6.9%。按经营单位所在地分，城镇地区实现社会消费品零售额153.41亿元，比上年增长6.4%；农村地区实现社会消费品零售额17.05亿元，比上年增长11.7%。按行业分，批发和零售业全年实现社会消费品零售额156.82亿元，比上年增长8.2%；住宿和餐饮业全年实现社会消费品零售额13.64亿元，比上年下降5.1%。（杨宁静）

■对外经济　2021年，宝应县优化经济发展环境，引导外资进入现代服务业、高端制造业、高新技术行业，全年新建投资额3000万美元以上外资项目3个。举办大型招商推介活动11场、小型招商（联谊）会36场、“云签约”活动12场；新签约重大投资项目27个，投资额1亿元以上项目52个。

全年实现对外投资总额3666万美元，比上年下降17.9%。全县实际到账外资1.5亿美元，比上年增长49.3%。全县实现进出口总额9.59亿美元、比上年增长25.3%，其中出口总额7.76亿美元。

（杨宁静）

■交通运输和邮电通信业　2021年，全县完成公路客运量312万人、比上年下降7.1%，旅客周转量2.31亿人千米，比上年增长4.5%；完成公路货运量672万吨，比上年增长2.4%，公路货运周转量12.25亿吨公里，比上年分别增长2.4%、0.1%；完成水路货运量719万吨、水路货运周转量31.61亿吨千米、比上年增长9.6%。

全年完成邮政业务收入1.67亿元，比上年增长8.4%。电信、移动和联通三大运营公司完成通信业务收入5.75亿元，比上年增长5.8%。年末全县移动电话用户量68.65万户，比上年增长4.3%；固定电话用户量8.78万户。互联网宽带接入用户量27.79万户，比上年增长16%。

（杨宁静）

■财政、金融和保险业　2021年，全县实现财政总收入81.33亿元，比上年增长29.9%。一般公共预算收入25.14亿元，比上年增长1.1%。其中，税收收入19.48亿元，占一般公共预算收入比重77.5%；非税收入5.65亿元。全年财政支出137.67亿元，比上年增长14.7%，其中一般公共预算支出86.29亿元，比上年增长1.4%。

年末金融机构人民币存款余额699.32亿元，比上年增长6.7%，其中城乡居民储蓄存款余额459.07亿元，比上年增长11%。年末金融机构人民币贷款余额550.95亿元，比上年增长9.3%。

全县保险业分支机构18家，全年实现保费收入16.12亿元，比上年增长9.5%。（杨宁静）

■科学技术和教育　2021年，全县获专利授权2368件，其中发明专利授权158件；发明专利保有数738件，每万人发明专利拥有量10.8件；全年新增注册商标2757件，国际注册商标7件。全年获批“国家高新技术企业”54家、“江苏省科技企业上市培育计划”入库企业1家、“江苏省农业科技型企业”3家，新增江苏省“星创天地”1家，获认定“国家科技型中小企业”211家。获批“江苏省工程技术研究中心”1家。

全县新（改）建普惠制幼儿园3

12月31日，宝应县全年实现邮政业务收入1.67亿元　董晓雅/摄

所、义务教育段中小学校2所、普通高级中学3所。全县拥有各类学校（含幼儿园）123所，在校学生8.23万人。其中，普通高级中学5所，在校学生1.28万人；特殊教育学校1所，在校学生222人；职业教育学校1所，在校学生5168人；初级中学24所，在校学生1.71万人；定点小学37所，在校学生3.26万人；定点幼儿园55所，在园幼儿1.44万人。全县义务教育入学率100%、巩固率100%，初级中学毕业生升学率99.75%，幼儿园入园率99.75%。

（杨宁静）

■**文化、卫生、体育** 2021年，全县新增农村文化大舞台13个、数字化影院1家。新建体医融合服务中心1家、全民健身驿站1座。组织送文化进乡村活动128场、进景区活动188场。全县人均接受文化场馆服务次数10次。原创大型现代淮剧《浪起宝应湖》获江苏省"紫金文化艺术节"优秀剧目奖。

至年末，全县各类卫生机构34家。其中，医院14家；社区卫生服务中心、乡镇卫生院14家，妇幼保健院1家，专科疾病防治院2家，疾病预防控制中心1家，卫生监督所1个，卫生培训中心1家。各类卫生机构拥有病床数3707张，其中医院拥有病床数2153张。全县共有卫生技术人员3681人，其中执业医师、执业助理医师1453人，注册护士1506人。宝应县创建"国家卫生县城"通过江苏省检查组复审。全县疫情防控应急处置能力显著提升，建成PCR（基因扩增）实验室5个，单日最大检测能力为4.5万管；启动建设标准化发热门诊8个。

全年组织参加江苏省青少年田径锦标赛，获金牌3枚、银牌1枚、铜牌3枚；参加江苏省少儿体适能暨快乐体操锦标赛，获金牌、银牌、铜牌各1枚。（杨宁静）

■**旅游业** 至年末，全县拥有国家AAA级旅游景区6家、国家AA级旅游景区4家，江苏省四星级乡村旅游区7家、江苏省三星级乡村旅游区2家；江苏省研学旅游示范基地1家，江苏省工业旅游示范区2个。全县有江苏省三星级旅行社4家、江苏省三星级旅游饭店2家。全年实现旅游收入30.1亿元，比上年增长14.4%；接待国内外入住游客51万人次，增长4.5%。

（杨宁静）

■**城乡建设和生态环境保护** 2021年，全县实施乡镇体育休闲"三个一"［即镇全民健身中心、全民健身广场、多功能球类运动场、村（社区）文体活动广场］"五个一"（即1片300平方米水泥或橡胶地面、1个篮球架、1盏高杆灯、1张10米长度休闲长凳、1个10棵以上大树绿化配套项目）工程52个，创成江苏省特色田园乡村2个、扬州市美丽宜居村庄10个。整治疏浚农村河道20条。完成县级公路大中修长度32千米，新建农村公路长度51千米，改造危桥10座。实施绿化造林面积206.67公顷，修复湿地面积53.33公顷，建成江苏省绿美村庄8个。改造城市老旧小区面积23.2万平方米、棚户区及危旧房1324套。新（改）建各类公园11个。

全年新建乡镇空气自动监测站12个，全县空气环境质量优良天数比例为81.1%，与上年相比基本持平；细颗粒物$PM_{2.5}$平均浓度每立方米32.1微克，比上年下降9.6%。新建幸福河湖2条，列入国家及全省地表水断面质量考核点检测达到或好于优Ⅲ级水体比例100%，2个饮用水源地水质达标率100%。全县林木覆盖率21.21%。（杨宁静）

■**人民生活和社会保障** 2021年，全县城乡居民人均可支配收入32327元，比上年增长9.3%；城乡居民人均消费支出20326元，比上年增长19.3%。其中，城镇居民人均可支配收入38698元，比上年增长8.1%，城镇居民人均生活消费支出22866元，比上年增长17.1%；农村居民人均可支配收入25788元，比上年增长10.7%，农村居民人均生活消费支出17720元，比上年增长21.8%。城镇居民人均住房建筑面积为49平方米，农村居民人均住房建筑面积为55平方米。

年末全县基本养老保险、基本医疗保险、失业保险和工伤保险参保人数分别为58.15万人、72.58万人、6.86万人和9.37万人。全年征缴各机关事业单位养老保险基金2.55亿元；征缴城乡居民社会养老保险基金1.71亿元。城乡居民基础养老金由每人每月175元提高到每人每月205元。（杨宁静）

■**就业与人才** 2021年，城镇新增就业人数7472人，举办网络就业招聘会52场，采集各类就业岗位1.8万个，转移农村劳动力1400人。举办创业培训班23期、参加创业培训人数745人；全年扶持城镇自主创业人数3619人、农村劳动者自主创业人数1587人，支持引导大学生创业人数431人，带动就业人数1.27万人。城镇登记失业率3.5%。全年新引进高层次领军人才43人，新增各类专业技术人员2523人，培养高技能人才625人。

注：地区生产总值、各产业增加值绝对数按当年价格计算，增长速度按可比价格计算。部分指标数据因统计口径调整，与上年相比不具可比性。（杨宁静）

政　治
Zheng　Zhi

■编辑:王天彬

中共宝应县委员会

综　述

■概况　2021 年,中共宝应县委员会(以下简称“县委”)以习近平新时代中国特色社会主义思想为统领,学习贯彻党的十九届六中全会和省市党代会精神,高质量开展党史学习教育和建党 100 周年系列庆祝活动,引领全县上下勇担新使命、奋力开新局。坚持攻坚克难、砥砺前行,发挥总揽全局、协调各方作用,群策群力应对扬州突发疫情,实现人员无感染、县内无疫情目标。支持实体经济发展,加大招商引资力度,加快项目建设进程。尽力满足人民美好生活需要,实现人民群众获得感更多、幸福感更强、安全感更高。坚持稳中求进工作总基调,团结带领全县各级党组织和广大党员干部真抓实干,全面贯彻新发展理念,推动全县高质量发展,实现“十四五”规划良好开局,推进“五个宝应”建设和党的建设取得新进展。全年实现地区生产总值 841.41 亿元,比上年增长 7.5%,其中第一产业增加值 89.96 亿元、第二产业增加值 403.91 亿元、第三产业增加值 347.54 亿元;完成一般公共预算收入 25.14 亿元,比上年增长 1.1%,实现税收收入 19.48 亿元;城乡居民人均可支配收入 32327 元,比上年增长 9.3%。

(陈　鹏)

■政治建设　2021 年,县委学习贯彻习近平新时代中国特色社会主义思想,把握意识形态工作领导权,加强理论武装,开展舆论宣传,完成县镇村三级党组织换届工作。宝应县村级党群服务中心“四常两聚”机制在全市推广;推进爱国主义教育基地、廉政教育基地建设,新建成苏中公学党性研修中心。开展政法队伍教育整顿,锻造过硬政法队伍。推进党风廉政建设和反腐败工作,系统构建“不敢腐、不能腐、不想腐”体制机制,全县风清气正政治生态持续巩固。坚持和加强党的领导,支持县人大及其常委会依法履行职权、加强法律监督和工作监督。发挥县政协政治协商、民主监督、参政议政作用,加强新时期统战工作。全县民族宗教、群团组织、军民融合、机构编制、离退休老干部、关心下一代等工作取得新进步。

(陈　鹏)

■经济发展　2021 年,全县经济运行稳中有进,实现全社会固定资产投资额 374.8 亿元,比上年增长 6.5%;全县社会消费品零售总额 170 亿元,比上年增长 6%。完成工业开票销售额 945 亿元,比上年增长 16.8%,新增工业开票销售额 10 亿元以上企业 1 家、开票销售额 5 亿元以上企业 3 家、开票销售额 1 亿元以上企业 37 家,全县规模以上企业 89 家。实现建筑业施工产值 700 亿元,比上年增长 7.5%。实际利用外资额 1.5 亿美元,比上年增长 48.8%,实现外贸进出口总额 9.2 亿美元,比上年增长 20.1%。全年新签约极兔速递江苏(宝应)智慧供应链产业园、无锡巨丰复合线有限公司巨丰复合线等产业项目 142 个,其中工业重大项目 27 个;扬州星瑞生物科技有限公司、广东粤海永顺泰麦芽有限公司、扬州虹途电子材料有限公司等一批项目开工建设,江苏锡洲新材料科技有限公司、江苏伟恒玻璃科技有限公司等在建项目顺利竣工,韵达快递江苏区域总部基地第一期项目、宝胜系统集成科技股份有限公司等一批省市重大项目相继竣工投产。

(陈　鹏)

■城乡建设　2021 年,县委、县政府加快推进全县城乡发展协调并进步伐,实施城乡道路提档升级工程,完成泰山路、北河路、宝胜路等城市主干道路升级改造。整治城市老旧小区面积 23.2 万平方米,改造棚户区及危旧房 1324 套,新增城市绿地面积 30 万平方米。深入实施“全国文明城市”创建三年行动计划,有力推进专项整治行动 34 项,高标准完成江苏省检查测评相关工作任务。实施镇村体育文化建设项目 52 个,全年建成特色田园乡村 4 个、美丽宜居村庄 10 个。推进京沪高速公路宝应段扩容工程建设,东阳路跨宝射河大桥主体合龙,完成 S331 射阳湖镇、鲁垛镇连接线工程建设,改造提升农村公路长度 51 千米、危桥 10 座。持续开展蓝天、碧水、净土保卫战,全年空气优良天数比例 80.8%,国、省考断面水质优Ⅲ比例 100%。盘活存量土地面积 188.8 公顷,获评“江苏省自然资源节约集约利用模范县”“江苏省耕地保护激励县”。
（陈　鹏）

■**民生实事**　2021年，全县城乡居民人均可支配收入分别增长9.8%、12%。新增城镇就业人数7100人。推进区域性养老服务工作，全县基本养老、城乡低保、医疗保险等各类保障标准稳步提高。有序实施宝应运河文化旅游演艺中心（宝应县文化旅游教育综合体）项目、新城九年一贯制学校基建项目建设。全县义务教育和普通高中教育质量持续向好。完成县人民医院新院区项目建设并正式启用、县第四人民医院工程主体封顶。全面实施农村危房安全隐患排查整治和不动产权确权登记工作。大型现代淮剧《浪起宝应湖》获江苏省“紫金文化艺术节”优秀剧目奖。宝应县获评全国首批县域足球典型县。持续开展风险隐患排查化解攻坚行动，完成庆祝建党100周年、党的十九届六中全会等重大活动安保维稳工作。全县安全生产专项整治三年行动进入全面攻坚阶段，持续实现“双降”目标。（陈　鹏）

重要会议

■**全县农村工作会议**　2月20日，宝应县农村工作会议在县城召开。副市长、县委书记王道霄出席会议。他强调，要切实按照中央和省市要求，聚焦工作重点，落实关键举措，全面推进乡村振兴，奋力开创“三农”工作新征程新局面。县委副书记、县长张小辉主持会议，县领导王梅峰、吴建志、周正威、陆安亚、闫伟、魏建、于祝君、郝骥、翟士高、王辉森、姜海峰等出席会议。
（陈　鹏）

■**全县工业发展暨优化营商环境大会**　3月8日，2021年全县工业发展暨优化营商环境大会在县行政会议中心召开。县各部委办局、各镇（区）、受表彰企业负责人等450余人参加会议。张小辉主持会议，王道霄出席并讲话。他在讲话中指出，工业是国民经济的主导，是实体经济的主体，也是加快地方发展的关键支撑。2021年是“十四五”开局之年，开局决定全局。要把发展实体经济作为重中之重，持续推进大招商、狠抓大项目、培育大企业、做强大载体，以工业版图的全面崛起，为宝应当前和今后一段时期高质量发展积蓄强劲动能。要深刻认识，准确把握工业转型发展面临的新形势。要围绕转型升级抓项目，要围绕转型升级抓产业，要围绕转型升级抓企业，要围绕转型升级抓园区。
（陈　鹏）

■**全县党史学习教育动员大会**　3月8日，全县党史学习教育动员大会在县行政会议中心召开。王道霄出席会议并讲话。他强调，全县各级党组织和广大党员干部要按照“学史明理、学史增信、学史崇德、学史力行”要求，准确把握好党史学习教育核心要义、目标任务和基本要求，把学党史、悟思想、办实事、开新局贯穿全过程。要学出绝对忠诚，落实进一步增强党的团结和集中统一的要求，更加坚定自觉做到“两个维护”（即坚决维护党中央的核心和全党的核心地位，坚决维护党中央权威和集中统一领导）。要学出坚定信仰，坚持用习近平新时代中国特色社会主义思想武装头脑、指导实践。要学出辩证思维，不断增强把握历史规律、顺应发展大势的能力。要学出为民情怀，始终践行以人民为中心的发展思想。要学出昂扬斗志，提振迈进新征程奋进新时代的精气神。（陈　鹏）

■**全县高质量发展总结表彰大会**　4月9日，2020年度全县高质量发展总结表彰大会在县行政会议中心召开。县各部委办局、各镇（区）负责人，受表彰部分先进集体和先进个人代表等400人参加会议。王道霄在会上强调，面对新征程、新使命、新要求，要始终坚持以习近平新时代中国特色社会主义思想定向领航，紧紧围绕“争当表率、争做示范、走在前列”重大使命，全面对标“五个迈上新台阶”全年目标任务，集中精力把自己的事情办好，心无旁骛推动高质量发展再出发，以优异成绩向党的百年华诞献礼。2021年是“十四五”规划开局之年，也是开启宝应现代化建设新征程起步之年。要用重大项目打造产业新高地，继续突破一批重大产业项目，坚定不移做大总量、提升质量，推动“3＋5”产业体系不断向更好冲刺、向更高

4月9日，全县高质量发展总结表彰大会在县城召开　　小　品/摄

处攀登。要用营商环境点燃开放新引擎，持续深化“放管服”改革，以项目服务的“加速度”跑出县域发展新速度。要用绿色发展擦亮生态新名片，一体化推进生态宜居城市和美丽田园乡村建设，协同推进运河文化带和江淮生态大走廊建设，全面展现美丽宝应时代新面貌。要用民生实事开启幸福新生活。更加自觉地践行以人民为中心发展思想，让高质量发展成果更加均衡地惠及所有人民群众。要精细精准抓落实，聚焦全县高质量发展中存在的薄弱环节和短板弱项，尽快补齐短板弱项，全力解决现实问题。要善作善成抓落实，大力弘扬动真碰硬“敢作为”，大力弘扬雷厉风行“快作为”，大力弘扬一抓到底“真作为”，盯住目标强推进，扭住问题抓落实，善始善终地抓出实效。要严督严考抓落实，坚持目标导向，做到全面工作全面考，考出基本分数、考出综合水准；坚持实绩导向，以考核定实绩、以实绩论英雄。 （陈 鹏）

■庆祝建党100周年主题党日活动暨“两优一先”表彰大会 6月23日，宝应县举行庆祝建党100周年主题党日活动暨“两优一先”表彰大会。王逍霄出席活动并致辞，2021年是中国共产党百年华诞。100年来，伟大的中国共产党从南湖红船起航，一代又一代共产党人团结带领广大人民群众，用鲜血和汗水挺起中华民族的脊梁，取得举世瞩目的成就，谱写出气壮山河的篇章。作为革命传统老区的宝应，在中国共产党的领导下，前仆后继地投身到民族独立、人民解放和社会主义现代化建设中，换来历史的今天——综合实力显著增强，城乡面貌焕然一新，人民生活逐年攀升，高水平全面小康社会取得决定性成就。他希望，全县各级党组织和广大党员干部，要深入贯彻落实习近平总书记重要讲话精神，以更加奋发有为的状态、攻坚克难的勇气、求真务实的作风，为实现中华民族的伟大复兴，作出宝应地区的贡献和担当。活动现场，县领导为老党员代表颁发“光荣在党50年”纪念章，并为获得优秀共产党员、优秀党务工作者和先进基层党组织代表颁奖。 （陈 鹏）

■中国共产党宝应县第十三次代表大会 7月29—30日，中国共产党宝应县第十三次代表大会在县行政会议中心报告厅召开。大会应到代表359人，因事因病请假33人，实到与会代表326人。县委副书记、代县长胡晓峰主持会议，张小辉代表中共宝应县第十二届委员会向大会作工作报告。他在报告中指出，中国共产党宝应县第十三次代表大会是在全县开启“十四五”发展新征程、阔步迈向现代化的重要历史时刻召开的。过去5年，县委团结带领全县人民高举习近平新时代中国特色社会主义思想伟大旗帜，坚持以习近平总书记系列重要讲话特别是视察江苏、视察扬州重要讲话指示精神为指导，始终坚持稳中求进总基调，扎实抓好稳增长、调结构、惠民生、防风险、抗疫情等各项工作，顺利完成县第十二次党代会确定的各项目标任务。大会明确今后5年指导思想，要求统筹推进“五位一体”总体布局，协调推进“四个全面”战略布局，坚持稳中求进总基调，突出高质量发展主题，自觉践行新发展理念，以深化供给侧结构性改革为主线，以改革创新为根本动力，以满足人民日益增长的美好生活需要为根本目的，全面推进经济建设、政治建设、文化建设、社会建设、生态文明建设和党的建设，在社会主义现代化新征程上谱写“强富美高”宝应建设新篇章，奋力争当里下河地区高质量发展排头兵。今后5年工作重点是，突出产业转型、提质提效，奋力增创“实力宝应”新优势；突出改革创新、开放开发，奋力培育“开放宝应”新动能；突出城乡融合、宜居宜业，奋力构筑“美丽宝应”新格局；突出以人为本、共建共享，奋力绘就“幸福宝应”新画卷；突出文明养成、善治善为，奋力开创“和谐宝应”新局面。 （陈 鹏）

■全县强化税源培植促进高质量发展大会 9月27日，全县强化税源培植促进高质量发展大会在县行政会议中心召开。县各部委办局、各镇（区）、企业负责人等400余人参加会议。张小辉出席会议并讲话，他强调，各镇（区）、各部门单位要把强化税源培植放在更加突出的位置，找准切入点、聚焦发力点，进一步做大增量、优化存量、遏制减量、做活变量，全面夯实经济社会高质量发展的基础支撑。会上，县委副书记沈伯宏就会前重点项目观摩情况进行点评。县委常委、常务副县长周正威解读《宝应县制造业及生产性服务业招商引资项目引进奖励暂行办法》和《制造业及生产性服务业招商新建项目专项考核办法》文件精神。县工信局通报2016—2020年“烟花三月”国际经贸旅游节、荷藕节、秋季招商百日会战制造业签约项目建设情况，县税务局通报全县近年来税收收入情况。宝应经济开发区、安宜镇、曹甸镇和县发改委等镇（区）、部门主要负责人作交流发言。 （陈 鹏）

■中共宝应县委第十三届第二次全体（扩大）会议 12月31日，中共宝应县委第十三届第二次全体（扩大）会议在县行政会议中心召开。县委第十三届委员会全体委员、候补委员，各部委办局、各镇（区）主要负责人等150人参加会议。张小辉主持会议并在会上作工作报告。他指出，要把握大势谋全局，奋力开创“五个宝应”建设新局面。始终坚持“生态立县、产业强县、人才兴县”，努力在现代化建设新征程中开辟新境界、构筑新优势、展现新气象。重点做好“一突破”“两提升”“三强化”各项工作。着力突破招商引资和项目建设,着力提升新型城镇化和城乡建设水平,着力提升社会治理水平和社会文明程度,着力强化民生保障和共同富裕工作,着力强化重点领域改革和营商环境建设,着力强化风险防范化解和处置能力建设。（陈 鹏）

重要决策

■乡村振兴战略实施 3月8日,县委、县政府印发《关于全面推进乡村振兴战略,加快农业农村现代化建设的实施方案的通知》(宝委发〔2021〕2号)。要求全县上下坚持以习近平新时代中国特色社会主义思想为指导,深入贯彻党的十九大和十九届二中、三中、四中、五中全会以及中央农村工作会议精神,按照“农业高质高效、乡村宜居宜业、农民富裕富足”要求,着眼“争当表率、争做示范、走在前列”,围绕把“好地方”扬州建设好、发展好,根据江苏省委第十三届第九次全会、扬州市委第七届第十一次全会、县委第十二届第十次全会部署,坚定不移贯彻新发展理念,着眼加快构建新发展格局,坚持农业农村优先发展,坚持共同富裕方向,坚持农业现代化与农村现代化一体设计、一并推进,全面推进乡村“五大振兴”,扎实做好粮食等重要农产品稳产保供工作,大力提高农业质量效益和竞争力,大力提升农村美丽宜居水平,大力提升农村社会治理体系和治理能力现代化水平,加快构建新型工农城乡关系,不断促进农业全面升级、农村全面进步、农民全面发展,全面开启农业农村现代化新征程,为实力宝应、开放宝应、幸福宝应、美丽宝应、和谐宝应建设奠定坚实基础。主要目标任务为到2025年全县农业农村现代化取得重大进展,基本形成现代农业蓬勃发展、优质高效、利益共享产业融合新格局;基本形成特色凸显、农民乐居、市民乐享乡村新风貌;基本形成家风良好、民风淳朴、乡村传统文化和城市现代文明交融共生乡风文明新气象;基本形成党建引领、“三治”结合、充满活力、和谐有序乡村治理新局面;基本形成农民收入持续增长、生活质量显著提升、美好愿望基本满足生活富裕新态势,农业农村现代化建设走在全省前列。（陈 鹏）

■全国文明城市创建 3月30日,县委、县政府印发《宝应县创建全国文明城市三年行动计划(2021—2023)》(宝委发〔2021〕24号)文件,要求坚持以习近平新时代中国特色社会主义思想为指导,深入学习贯彻党的十九大和十九届二中、三中、四中、五中全会精神,增强“四个意识”、坚定“四个自信”、做到“两个维护”,立足新发展阶段,贯彻新发展理念,构建新发展格局,聚焦奋斗“十四五”、奋进新征程,践行人民至上宗旨,突出思想道德内涵,加强城市精细管理,创新内容形式方法,健全完善工作机制,保持创建常态长效,持之以恒推进文明城市创建工作,努力建设崇德向善、文化厚重、和谐宜居、人民满意的文明城市,为深化“扬州好地方”和“强富美高”新宝应建设、开启全面建设社会主义现代化新征程提供强大精神力量和丰润道德滋养。县委、县政府研究确定,按照“第一年补短板、第二年攻难点、第三年促提升”总体要求,着力提升基础设施建设水平,开展突出问题专项整治,强化市民文明习惯养成,建设“功能配套齐、管理秩序优、综合环境美、市民素质高、社会风尚好”的文明城市,确保2023年创成全国文明城市创建目标实现。县委、县政府将主要任务分解为5大版块、33项内容和5项工作要求,并列出《宝应县全国文明城市创建三年行动计划任务分解表(2021—2023)》。（陈 鹏）

■招商引资奖励 9月22日,县委、县政府印发《宝应县制造业及生产性服务业招商引资项目引进奖励暂行办法》(宝委发〔2021〕64号)。为进一步扩大对外开放,充分调动社会各界参与招商引资积极性,县委、县政府研究决定,制订出台《宝应县制造业及生产性服务业招商引资项目引进奖励暂行办法》,明确奖励对象、奖励条件、奖励时限、奖励方式、奖励标准,以及6项奖励工作具体管理办法。（陈 鹏）

■1+e服务联盟代帮办服务 7月6日,县委办公室、县政府办公室关于印发《组建宝应县“店小二”代帮办1+e服务联盟实施方案》(宝委办〔2021〕15号),要求全县进一步深化行政审批制度改革,激发市场活力,切实转变政府职能,优化便捷审批服务,为各镇(区)企业提供贴心代办帮办服务,并结合该县实际,组建成立“宝应县“店小二”代帮办1+e服务联盟”(简称“县代帮办服务联盟”)。以实现“流程最简、时限最短、服务最优”为目标,实行一站式办公,形成“只进一扇门,办成一揽子事”工作格局,培育“专业、高效、贴心”代帮办服务队伍,为企业提供“一条龙”代办帮办服务,推进投资项目建设、竣工、落地和投产。（陈 鹏）

巡察工作

■概况 2021年,中共宝应县委巡察工作办公室(以下简称“县委巡察办”)围绕职能职责和“三个聚焦”(聚焦贯彻落实党的路线方针政策和党中央决策部署,聚焦群众身边腐败问题和不正之风,聚焦基层党组织领导班子和干部队伍建设)要求,贯彻落实中央和省市委关于巡视巡察工作的决策部署,强化组织协调、指导督导和服务保障,充分发挥巡察“利剑”作用,统筹组织实施十二届县委第十四轮巡察、十三届县委第一轮巡察。县委巡察办全年巡察机关部门、企事业单位、镇(区)

和村(社区)共计68家,其中县级机关部门4家、县属国有企业3家、群众团体2家、镇(区)1家、村(社区)58家。至年底,县委巡察办累计完成十二届县委明确的机关部门、企事业单位和镇(区)常规巡察76家,实现常规巡察对象全覆盖;累计完成村(社区)常规巡察272家,覆盖率96.5%。全年向县纪委监委移交问题(问责)线索34条,涉及党员干部60人,其中副科级以上党员干部14人。

（方　玮）

■配合涉粮保障问题专项巡察　10月12日—11月19日,扬州市委第一联动巡察组对宝应县开展涉粮问题专项巡察。县委巡察办主动全力配合,制订工作方案,建立组织机构,督促县财政局、县发改委等10家相关重点部门和涉粮企业开展自查,撰写自查情况报告;先后从相关部门和涉粮企业调阅资料、账册等30多批次;配合开展走访调查、个别谈话、信访接待农民反映涉粮问题等相关工作,协助督导座谈、调研和问题收集梳理,为市委第一联动巡察组巡察摸底、掌握情况提供支持。县委巡察办利用县委、县政府、县纪委监委门户网站、微信公众号等多媒体平台及时转发涉粮问题专项巡视巡察信息,在县级机关部门、镇(区)、村(社区)等公示栏张贴巡视巡察情况公告402张;采取微信朋友圈、手机短信群发形式向粮站、库点负责人或经营者,种粮村干部、种粮大户等发布涉粮保障问题专项巡察信息,实现重点区域、重点人群全覆盖。发动干部、群众参与巡察监督,开展涉粮保障问题专项巡察政策宣传,制作悬挂宣传横幅标语353幅、租用18个户外LED屏投放宣传滚动字幕,走村入户发放巡视巡察告知单6000份。协助督促县相关部门按照查办时限要求,完成省、市委巡察办交办的涉粮保障问题信访件27件,其中省委巡察办呈批的重要信访件6件。　（方　玮）

10月25日,宝应县落实惠企政策专项巡察工作动员部署会在县城召开
县委巡察办/供稿

■惠企政策落实情况专项巡察　10月25日,宝应县落实惠企政策专项巡察工作动员部署会在县行政中心会议室召开。县委常委、县政府常务副县长周正威就加快推动惠企政策落实、配合开展巡察工作提出相关要求,县委常委、县纪委书记、县监委代主任陈坚作动员讲话。会上,明确抽调15人组成县委落实惠企政策专项巡察组,并宣布专项巡察组组长授权任职以及分工任务。此次专项巡察对象为履行落实国家和省市县惠企政策职能相关责任主体,涉及县发改委、县工信局、县财政局(县国资办)、县人社局、县住建局、县商务局、县文体广旅局、县行政审批局、县市场监管局、县医保局、县金融监管局等11个部门和14个镇(区);专项巡察内容为国家和省市县惠企政策落实、营商环境优化举措施行、企业复工复产"痛点"和责任主体职责履行等情况。巡察期间,巡察组还对县农业农村局、县科技局、县应急管理局、县税务局、县人民银行、宝应住房公积金分中心等6个部门和单位相关情况实行延伸调查。12月10日,县委书记张小辉主持召开县委巡察工作专题汇报会,专门听取县委落实惠企政策专项巡察组工作情况汇报。此次巡察组共召开座谈会10场次、开展个别谈话61人次、走访企业和个体工商户47家、发放调查问卷143份;巡察发现重点问题35个,向县纪委监委移交问题线索4条。

（方　玮）

■巡察问题整改落实　2021年,根据县委巡察日常监督主体责任分工,县纪委监委、县委组织部推进被巡察对象把巡察问题整改主体责任落实到行动上,制订科学有效的整改措施。对被巡察对象能够立即解决的问题,要求做到立行立改、即知即改;对被巡察对象需要在一段时间内完成整改的,要求明确整改期限、限期整改到位;对被巡察对象问题整改情况要求在县内新闻媒体上公开,接受社会和群众监督。为切实提高巡察问题整改针对性、精准度和实效性,县委巡察办、各巡察组与县纪委监委相关监督检查室和派驻纪检监察组加强对巡察问题整改方案审核,逐项逐条会审,并提出修改意见。全年6个被巡察对象问题整改方案会审均在规定的1个月时间内完成,20个被巡察对象问题整改情况完成公示,巡察问题反馈满1年整改到位率95.2%。　（方　玮）

组织工作

■概况 截至2021年底，全县基层党组织1999个，其中党委建制80个(含二级党委39个)、党总支部建制122个、党支部建制1797个。全县村级基层党组织238个，其中党委建制11个、党总支部建制31个、党支部建制196个；社区基层党组织45个，其中党委建制18个、党总支部建制3个、党支部建制24个。全县党员总数4.9万人，比上年增加973人，其中正式党员4.79万人，占党员总数97.8%；农村(社区)党员3.62万人，占党员总数73.9%；女党员9765人，占党员总数19.9%；高中以上学历党员3.35万人，占党员总数68.4%；35岁以下党员8160人，占党员总数16.7%。全年新发展党员1395人，其中女党员520人，占新发展党员37.3%，高中以上党员1395人，占新发展党员100%，35岁以下党员1013人，占新发展党员72.6%。中共宝应县委组织部(以下简称"县委组织部")贯彻《中国共产党组织工作条例》，坚定落实新时代党的建设总要求和党的组织路线，统筹推进基层党组织和党员队伍、干部队伍、公务员队伍、人才队伍建设。围绕庆祝建党百年，持续加强党的政治建设，深入学习贯彻习近平"七一"重要讲话和党的十九届五中、六中全会精神，协同抓好全县党史学习教育，扎实开展"我为群众办实事"实践活动和"两在两同"(即同人民想在一起、干在一起，风雨同舟、同甘共苦，在现代化新征程上建新功)建新功行动；深化"四常两聚"(即让村级党群服务中心大门常开、场所常用、活动常办、群众常来，既聚人气又聚民心)机制，实施乡村振兴青年人才扎根计划，强化党建引领居家养老服务，着力提升基层党组织凝聚力、战斗力；构建疫情防控"四长一部"(即全县参与疫情防控挂钩包干单位与社区建立的组织体系，挂钩包干单位主要负责人担任区位长或副区位长、党员领导干部担任义务网格长、党员干部担任楼栋长、部分科级干部担任核酸检测集中采样点点位长，成立疫情防控行动党支部，引领广大党员投身疫情防控)工作机制，筑牢疫情防控坚固防线。稳妥高效完成县、镇班子集中换届选举工作。实施"宝地菁英"年轻干部培养工程，完善"选育管用"全链条；紧扣人才兴县战略，制订"宝地英才"集聚和乡村振兴人才计划，推进高层次人才招引和县域人才培育。

(章　婷　马昌科)

■基层党组织建设 2021年，县委组织部围绕江苏省委"五聚焦五落实"(即聚焦基本组织、基本队伍、基本活动、基本制度、基本保障，把党的全面领导、党的坚强力量、党的号召要求、党的纪律规矩、党的关心服务落实到基层)三年行动计划，坚持以提升基层党组织凝聚力为重点，充分发挥其政治功能和服务功能，推动基层党组织建设全面进步、全面过硬。

*基层党组织书记队伍建设。*县委组织部聚焦基层党组织书记这一"关键少数"，提升综合素质，强化激励保障，加强基层党组织带头人队伍建设。1月18—25日，组织对全县283个村(社区)党组织书记个人档案进行专项审核检查，及时通报、纠正审核中发现的相关问题。2月，完成对扬州市第四批、第五批派驻经济薄弱村"第一书记"任期及年度考核工作。4月15—17日，宝应县新一届村党组织书记培训班暨"宝应湖畔头雁论坛"在县委党校举办，全县各村党组织书记238人参加培训。5月17—19日，全县非公有制企业党组织书记专题培训班在南京市举办。此次培训为期3天，主要采取现场教学授课方式，县内非公有制企业党建示范点党组织负责人、各镇(区)非公有制企业党建指导员等代表40人参加培训。全年选聘"两新"(即新经济组织、新社会组织)组织专职党务工作者15人；全县获"两新"组织专职化资格认证党务工作者77人，其中初级58人、中级16人、高级3人。7月9日，全县村级集体经济发展调研座谈会暨派驻经济薄弱村"第一书记"工作成果交流会在县城召开。县委常委、县委组织部部长魏建出席会议并讲话。县农业农村局、望直港镇、西安丰镇和市、县派驻经济薄弱村"第一书记"代表在会上作交流发言，为全县巩固脱贫攻坚成果、壮大村级集体经济、全面推进乡村振兴提供宝贵经验。11月1日，宝应县召开江苏省派驻重点村"第一书记"欢迎会。县委组织部副部长、县委县级机关工委书记朱士礼出席会议并讲话，他希望江苏省派驻宝应县重点村"第一书记"尽快进入角色，发挥自身优势，加强实践锻炼，提升综合素质，帮助所在村理清发展思路、壮大集体经济，全面推进乡村振兴。12月3日，县委组织部召开宝应县派驻重点村"第一书记"工作座谈会，并选派县级机关部门年轻干部12人担任重点村党组织"第一书记"。

*村级党组织"星级化"评定。*县委组织部加强基层党组织规范化建设，持续开展村(社区)基层党组织和党组织书记"星级化"评定活动。9月3日—10月26日，县委组织部对2020年度全县村(社区)党组织和党组织书记实施"星级化"评定，并对已获评星级村(社区)党组织书记进行复审。11月15日，县委组织部印发《关于命名2020年度"四星级""五星级"村(社区)党组织及党组织书记的决定》(宝组发〔2021〕48号)，安宜镇刘庄村党委、大桥村党委，氾水镇长沙村党支部、金宝渔业村党支部，夏集镇相庄村党支部、郭桥村党支部，柳堡镇王通河村党支部、张袁村党支部，广洋湖镇肖家村党支部，射阳湖镇油坊村党支部、戴

泗水镇石桥村党群服务中心　　　　泗水镇/供稿

庄村党支部，望直港镇马垛村党支部，曹甸镇黄家村党支部，泾河镇陈东村党总支部、东红村党支部，山阳镇大东村党支部、徐杨村党支部，宝应经济开发区金湾村党总支部获命名“四星级”村党组织；安宜镇西港村党委、小官庄镇双闸村党支部、射阳湖镇刁夷村党总支部、泾河镇灶户村党支部、山阳镇春光村党总支部、宝应经济开发区小垛村党总支部获命名“五星级”村党组织；安宜镇莲花社区党委、罗巷社区党委，射阳湖镇臧陈社区党支部，望直港镇獐狮社区党支部获命名“四星级”社区党组织；安宜镇白田社区党委、南园社区党委、铁桥社区党委获命名“五星级”社区党组织。全县获命名“四星级”村党组织书记13人、获命名“五星级”村党组织书记3人、获命名“四星级”社区党组织书记5人。县委组织部注重加强基层党建引导，重视基层党组织规范化建设宣传工作，开展星级村（社区）党组织和党组织书记风采展示活动。至年底，全县先后有星级村党组织书记2人应邀参加全省“百名示范”村（社区）书记座谈会。

村级党群服务中心建设。全年实施升级改造村级党群服务中心17家。3月11日，宝应县申报的“我和我的村庄——宝应县村级党群服务中心‘四常两聚’工作札记”项目获评2020年度全市组织工作“优秀创新创优成果”。3月29日，组织召开村级党群服务中心“四常两聚”工作现场推进会暨“1＋N”服务进村居行动部署会，印发《关于开展党建引领“1＋N”服务进村居行动的通知》（宝组发〔2021〕20号），全年开展“卫生健康进村居”“消费维权进村居”等活动1500多场次，实现全县283个村（社区）全覆盖。5月24日，海南省委组织部党员教育中心调研组到宝应县泗水镇开展基层党建工作专题调研，先后到庆丰收割机跨区作业专业合作社、牌坊村党群服务中心、李树干警务室进行实地察看，对宝应县加强村级党群服务中心建设做法予以高度评价。6月3日，全县村级互联网服务站推进会暨标准化篮球场建设交流会在夏集镇召开。县委组织部副部长、县委县级机关工委书记朱士礼出席会议并讲话。夏集镇党委主要负责人，县有关部门分管负责人，各镇（区）党委组织委员、村（社区）党组织书记代表等70人参加会议。与会人员实地观摩夏集镇相庄村互联网服务站运行情况，以及特色功能室、篮球场等建设情况。会上，夏集镇、曹甸镇、安宜镇世纪园社区、宝应经济开发区大李庄村等代表作交流发言。7月9日，全县村级党群服务中心功能提升暨互联网服务站建设推进会在县城召开。县委常委、县委组织部部长魏建出席会议并讲话，他要求各镇（区）全面提升村级党群服务中心功能。会上，14个镇（区）党委党务工作分管负责人就村级党群服务中心建设提质增效、村级集体经济发展等方面情况进行逐一汇报。会议明确在夏集镇开展“为爱守护，多看一眼”村级“云”守护系统试点工作，深入探索“四常两聚”机制新举措。至年底，全县村级党群服务中心拓宽利民惠民渠道，进一步提升其服务功能，实现村（社区）党群服务中心标准化篮球场全覆盖。宝应县推行村级党群服务中心“四常两聚”机制做法获江苏省委组织部推广。

基层党建活动。2021年，县委组织部指导推动各领域基层党组织广泛开展党建活动，喜迎中国共产党百年华诞。2月5日，县委组织部印发《关于开展新一届村（社区）“两委”干部履新·赋能“五个一”（即开展一次集中承诺、举办一次分层轮训、做好一次上门问需、领办一件民生实事、制订一个发展蓝图）活动的通知》（宝组发〔2021〕6号），要求全面提升新一届村（社区）“两委”干部履新履职能力和责任担当意识，全县新一届村（社区）“两委”干部为群众办实事652件、解决实际困难263件。2月22日，印发《关于党建引领乡村振兴的实施意见》（宝组发〔2021〕8号），要求全县上下以习近平新时代中国特色社会主义思想为指导，围绕党建引领乡村振兴总目标，充分发挥党建引领作用，突出组织振兴、人才振兴、经济振兴、产业振兴等重点，为建设“强富美高”新宝应提供强有力组织保障。4月25日，印发《关于在全县机关部门党组织和党员干部中开展“三创三争”活动的通知》（宝组发〔2021〕28号），提升全县机关部门党组织的凝聚力战斗力。6月23日，举办“芳华百年·初心相印”宝应县庆祝建党100周年主题党日活

动暨“两优一先”表彰大会，表彰优秀共产党员100人、优秀党务工作者30人，先进基层党组织70个。组织实施“双百双千”行动，依托全县100个基层党建工作指导站、100个党员教育实境课堂，指导基层党组织开展“我和我的支部”分享交流会1000场、“支部书记讲党课”活动1000场。开展老党员“七一”走访慰问活动，向老党员颁发“光荣在党50年”纪念章3767枚、“入党60周年”纪念定制陶瓷摆盘218只。贯彻落实江苏省委“两在两同”建新功行动部署要求，组织全县党员干部开展“三访三问”（即访重点企业、问运营情况，访基层干部、问工作思路，访广大群众、问民情需求）调研活动，推动党员干部听民声、察民情、问民意。创新党员学习教育载体，开通“红色旅游”公交专线3条，在县广播电台推出“红色有声专线”节目29期，在机关书屋举办“红色阅读”活动12场。组织全县基层党组织书记和党务干部参加“一进三学”（即进一个支部，学活动主题、学活动流程、学活动方法）主题党日活动9期、参加活动人数累计600多人次。

“我为群众办实事”实践活动。县委组织部按照中央和省市县委要求，协同抓好党史学习教育，开展“我为群众办实事”实践活动。5月29日，宝应县委党史学习教育领导小组办公室出台《关于印发我为群众办实事实践活动实施方案的通知》（宝学办发〔2021〕15号），明确指导思想、摸排实事项目和落实工作措施。全县汇总整理基层实事项目200多项，确定县级层面重点实事项目83项，年底全部办结。6月22日，县委举办“学党史、强信念、跟党走”庆祝中国共产党成立100周年暨党史知识竞赛活动，组织全县党员干部315人次参加书面闭卷答题竞赛和团体预、决赛。10月9日，县委党史学习教育领导小组办公室印发《关于融合推进“两在两同”建新功行动与“我为群众办实事”实践活动的通知》（宝学组发〔2021〕42号），引导广大党员干部把开展“两在两同”建新功行动与深化“我为群众办实事”实践活动有机融合，实行“一体化”推进。12月17日，县委举行宝应县深入推进“两在两同”建新功行动与“我为群众办实事”实践活动新闻发布会，通报全县“我为群众办实事”实践活动进展成效以及下一步工作打算。全年共组建“党员志愿服务队”23支，动员机关党员干部1000多人进企业、进乡村、进社区，开展惠企、兴农、扶困等志愿服务活动；开展认领“微心愿”活动，参与“微志愿”“两微”行动，县级机关党员干部200人认领“微心愿”行动项目100多项。

（董　雷　章　婷　马昌科）

■县镇两级党委换届选举　3月23日，县委根据中央和省、市委统一部署，召开全县乡镇党委换届选举工作动员会。同时，印发《关于认真做好乡镇党委换届工作的意见》（宝委发〔2021〕18号），明确乡镇党委换届选举工作时间表、流程图、任务清单。4月，全面启动乡镇党委换届选举考察工作，组建7个换届选举考察组分赴14个镇开展换届选举工作考察。5月，全县14个镇圆满完成镇党委换届选举工作和县党代会代表候选人预备人选产生、考察和选举等工作。5月24—28日、6月28日—7月2日，扬州市委组织部换届考察组分2个阶段到宝应县开展县委换届选举考察工作。6月，县委开展在城党（工）委县党代会代表推荐、考察、公示和选举等工作。7月30日，中国共产党宝应县第十三次代表大会在县城召开，大会选举产生中共宝应县第十三届委员会委员33人、候补委员6人；选举产生中共宝应县第十三届纪律检查委员会委员15人；选举产生宝应县出席中国共产党扬州市第八次代表大会代表50人。12月23日，扬州市委换届选举工作督查组到宝应县开展换届选举工作监督检查。在县镇两级党委换届选举工作中，县委结合对候选人考察、选举工作督查，组织全县4000多名党员干部观看严肃换届纪律动漫宣传片，发放宣传手册4300余份、提醒卡500余张。

（杨　健　黄　林　马昌科）

■干部选拔任用　2021年，县委组织部贯彻执行中共中央印发的《党政领导干部选拔任用工作条例》（简称《条例》）精神，严格按《条例》规定选人用人，提高选人用人质量。根据《条例》规定，从分析研判和动议、民主推荐、考察、讨论决定、任职、干部材料整理归档及信息维护等6个阶段34个环节，对《宝应县领导干部选任工作规程》进行完善。优化县级机关部门中层干部选拔任用监督机制，前置选任审核关口，完成42家县级机关部门中层干部任职审核人数179人次。建立健全干部鼓励、激励机制，研究制订奖励建议方案，对在疫情防控一线表现突出的干部19人给予晋级升职奖励。全年完成人事调整工作14批次、人数449人次。（杨　健　马昌科）

■干部监督管理　2021年，县委组织部坚持“管在日常、严在经常”原则，切实加强县镇各级干部监督管理。1月15日，县委组织部印发《关于对镇（区）、县级机关部门领导班子和领导干部年度考核的通知》（宝组发〔2021〕4号），组织对镇（区）、县级机关部门领导班子共计71个、在职科级干部665人进行年度考核。同时，开展“一报告两评议”（即专题报告年度干部选拔任用情况，评议干部选拔任用工作、评议选拔任用的干部）工作，对镇（区）、县级机关部门选人用人工作情况、新提拔任用中层干部154人进行民主评议和测评。2月8日，召开全县领导干部个人有关事项报告填报工作培训会，有效利用干部监督管理机制，推进领导干部个人有关事项报告填报工作有序开展。4月13日，召开全县镇村干部人事档案管理工作推进会，推进镇村干部人事档案管理制度化、规范化建设。6月1日，印发《关于镇（区）、县级机关部门中层干部管理的意见》（宝组发〔2021〕32号）文件，推进全县镇（区）、县级机关部门中层干部管理工作规范化、科学化。严格执行新的“三定”方案规定，完成中层干部职数预审事项70批次。全年，县委组织部、县纪委监委等部门联合开展干部提醒谈话3人次。（黄　林　马昌科）

9月14日，县委组织部召开年轻干部座谈会　小　品/摄

■年轻干部培养　2021年，县委组织部深化优秀年轻干部队伍建设，持续推进年轻干部选拔、培养、使用工作。4月14日、10月19—21日，分别举办年轻干部培训班各1期，邀请省内外高等院校专家、教授和县内县级机关部门主要负责人共计10人就党性教育、政治理论、乡村振兴、年轻干部成长、基层社会治理等主题进行授课，调训表现突出年轻干部69人。全年先后召开年轻干部座谈会2场，围绕增强党性教育、提升发展本领，激发干事热情等内容开展经验交流。做好优秀青年人才选聘工作，设置全额拨款事业编制岗位20个，面向全国“双一流”（即世界一流大学、一流学科）建设高等院校应届毕业生进行公开选聘。11月3日—12月3日，县委组织部、县人社局组织人员先后赴南开大学、苏州大学、合肥工业大学、安徽大学等4所高等院校开展宣传推介活动，全年在“线上线下”举办公开选聘宣传推介活动共9场。拓宽年轻干部成长平台，全县抽调年轻干部7人投身疫情防控指挥第一线工作、选派年轻干部8人参加安全生产专项整治、选调年轻干部8人参与县委巡察工作。全年结合岗位空缺提拔90后年轻干部14人进入镇（区）领导班子。

村级年轻干部队伍建设。县委组织部推进“乡村振兴青年人才扎根计划”实施，采取“县招镇聘村用”方式，引导年轻干部扎根农村，为建立一支“人员充足、结构合理、素质较高”村级年轻干部队伍提供支撑。1月25日，县委组织部在“线上线下”同时发布宝应县2021年“乡村振兴青年人才”招聘公告，上半年统一招聘工作正式启动，阅读量超过1万人。2月28日，宝应县2021年上半年“乡村振兴青年人才”招聘笔试在县实验初级中学举行，报名参加考试考生700多人。3月13日，宝应县2021年上半年“乡村振兴青年人才”招聘考试面试工作结束，招聘录用人数69人。5月7—9日，县委组织部、县人社局举办2021年上半年“乡村振兴青年人才”初任岗位培训班1期，新招聘人员全部参加培训。9月18日，县委组织部发布2021年下半年“乡村振兴青年人才”招聘公告。10月16日，全县2021年下半年“乡村振兴青年人才”招聘笔试在县实验初级中学举行，报名参加考试考生900多人。10月，2021年下半年“乡村振兴青年人才”招聘结束，招聘录用人数81人。全年公开招聘录用“乡村振兴青年人才”共计150人。（章　婷　张　旭　马昌科）

■干部教育培训　2021年，县委组织部全面贯彻落实中央和省、市、县委新一轮干部教育培训规划，着力建设高素质专业化干部队伍。3月5日，中共扬州市委机构编制委员会办公室印发《关于明确扬州市苏中公学党性研修学院机构规格的批复》（扬编办复〔2021〕24号），同意明确“扬州市苏中公学党性研修学院”为副科级机构。4月1日，全县干部教育培训领导小组会议暨苏中公学党性研修学院运转推进会在县委党校召开。会议研究部署全县2021年干部教育培训工作任务，加快推进现场教学基地“扬州市苏中公学党性研修学院”建设。4月2日，县委组织部、县委党校印发《2021年全县干部教育培训工作要点》（宝干教〔2021〕3号），明确全年干部教育培训相关要求，确定干部教育培训班次。5月14日，扬州市苏中公学党性研修学院揭牌仪式在县委党校举行，国家行政学院原副院长周文彰应邀担任扬州市苏中公学党性研修学院名誉院长。6月16日，全省基层干部教育培训工作现场推进会在镇江市召开，县委常委、县委组织部部长魏建作题为《培训最基层干部，助推高质量发展》的交流发言。6月17日，县委组织部、县委党校印发《宝应县干部专业化能力提升培训班管理办法》（宝干教〔2021〕4号），增强干部专业化能力提升培训工作统筹性、规范性和针对性。10 月 11 日，县委组织部印发《宝应县新时代基层干部主题培训行动计划》（宝组发〔2021〕43 号），明确用 1 年时间实现县镇村三级干部全员轮训。11 月 19—21 日，宝应县镇（区）、部门"一把手"示范培训班暨全县正科职干部轮训班在县委党校举办。各镇（区）党政主要负责人、县级各部门、企事业单位正科职干部 108 人参加培训。12 月 8 日，宝应县干部教育培训首批研学线路新闻发布会在县委党校举行。发布会上，县委常委、县委组织部部长魏建向《新华日报》、《江苏经济报》、江苏广播电视总台、《扬州日报》、扬州广播电视总台、县融媒体中心等媒体记者公布全县干部教育培训首批 4 条人文研学线路，分别是红色传承研学之旅、乡村振兴研学之旅、产业发展研学之旅、基层治理研学之旅，共有现场教学点 39 个。推进全县干部教育培训优秀师资库、精品课程库、咨政智库等资源建设，打造"思想引领、干部教育、学习交流、识人察人"干部教育培训平台，聘请和储备客座教授 100 人、县内党政干部和先进模范 18 人，收录精品课程 58 个。县委组织部、县委党校全年联合举办春、秋季主体班 2 期，培训各级各类干部 280 人次。

（纪　鹏　马昌科）

■公务员日常管理　2021 年，县委组织部有序开展公务员平时考核、年度考核等日常管理，全年完成 61 个机关部门、244 批次公务员平时考核结果审核备案；完成 2020 年度公务员考核审核备案人数 2845 人，其中科（含）级以上公务员 980 人、科级以下公务员 1865 人；全县获批确认 2020 年度优秀等次公务员 752 人，其中获记三等功 92 人。推进《公务员职务与职级并行规定》实施，全年办理综合管理类、行政执法类公务员三级主任科员及以上职级晋升 189 人次，累计办理职级晋升 455 人次。开展公务员法律法规实施情况和公务员工资津贴补贴规范清理自查工作，举办公务员工资管理系统操作实务、公务员职务与职级并行制度、公务员考察、公务员信息采集等专题业务培训班 4 期。全年办理公务员转正定级、登记、调配、调任、退休、辞职等事项共计 546 人次，审批公务员各类工资、津贴补贴调整 4037 人次。

公务员招录与培养。县委组织部有序开展公务员招录工作，严格执行笔试、资格审查、面试、体检、考察政审等规定，新招录公务员 110 人。8 月 24 日，县委组织部印发《关于报送 2022 年度考试录用公务员和参照管理单位工作人员职位计划的通知》（宝组发〔2021〕40 号），组织各镇（区）、各机关部门和参照管理单位编制公务员（含参公管理人员）招录计划。经用人单位申报、县委编办研究审核，确定 2022 年全县面向社会计划招录公务员职位 94 个、人数 110 人。10 月 14—27 日，举办 2021 年新录用公务员初任培训班，采用"线上＋线下""课堂＋现场""点名＋自荐"等形式，重点学习习近平新时代中国特色社会主义思想、《中华人民共和国公务员法》，以及公务礼仪、廉政教育、诚信教育等方面内容，举行向《中华人民共和国宪法》宣誓仪式，开展疫情防控成长感悟分享、党史学习教育演讲比赛等活动，并采取积分考核办法评选出优秀学员 20 人。11 月 2—8 日，组织开展 2022 年度公务员网上报名审核工作，全年累计完成公务员报考人员资格审核 5000 余人次，通过审核报考人员 3199 人，完成缴费报考人员 3004 人。

（张　旭　马昌科）

■疫情防控工作　2021 年，县委组织部发挥基层党组织战斗堡垒和党员先锋模范作用，为打赢疫情防控阻击战提供坚强组织保障。8 月 2 日，县委组织部印发《坚决打疫情防控阻击战动员令》，号召全县广大党员、各级干部、青年人才等 3 支队伍投身疫情防控；专门成立疫情防控工作组 14 个分赴第一线，协调处置疫情防控中相关事项，跟踪考察各镇（区）领导班子和领导干部在疫情防控工作中的现实表现。8 月 8 日，县疫情防控指挥部、县委组织部制订《关于强化党建引领、构建主城社区疫情防控组织体系的实施意见》（宝控发〔2021〕29 号），构建"四长一部"工作机制；织密疫情防控组织体系，全年组织机关部门干部 3211 人下派担任区位长、网格长、楼栋长和点位长；先后成立疫情防控行动党支部 509 个，带动全县党员干部 1.2 万人投身疫情防控第一线。8 月 12—14 日，开展全县机关部门、企事业党员干部疫情防控专项宣传培训，累计参与答题竞赛人数 4 万人。8 月，县委组织部划拨党费 150 万元用于支持全县疫情防控工作。9 月 6—7 日，明确全县机关部门、事业单位和国有企业办公场所常态化疫情防控要求，并组织对 53 家机关部门、企事业单位进行检查指导。坚持在疫情防控第一线"亮旗帜、亮标识、亮身份"原则，利用县委组织部"宝应先锋"微信公众号、视频号等抗疫宣传，发布信息 150 余条。

（章　婷　马昌科）

宣传思想工作

■概况　2021 年，全县宣传思想文化战线紧扣学习宣传贯彻习近平新时代中国特色社会主义思想这一首要政治任务和庆祝中国共产党成立 100 周年这一工作主线，坚持围绕中心、服务大局，以守正之心高举思想之旗，以创新之举汇聚奋进之力，各项工作稳中有进。县委宣传部获评"全市宣传思想文化工作创新奖"。突出学习宣传贯彻习近平"七一"重要讲话和党的十九届六中全会精神，推动全县各级党委（党组）中心组深入学习研讨，全县上下深刻领会"两个确立"（即确立习近平党中央的核心、全党的核心地位，确立习近平新时代中国特色社会主义思想的指导地位）决定性意义、主动践行“两个确立”实践要求，对习近平核心地位的拥护拥戴更加坚定，对学习贯彻习近平新时代中国特色社会主义思想更加自觉。集中力量开展庆祝中国共产党成立100周年主题宣传教育，营造“共庆百年华诞、共担历史使命”浓厚氛围，全县上下爱党爱国爱社会主义热情更加高涨。高标准推进党史学习教育“六专题一实践”（即开展专题学习、专题培训、专题党课、专题宣讲、专题研究宣传阐释、专题民主生活会和组织生活会，“我为群众办实事”实践活动）。在解决群众“急难愁盼”问题中展现初心、赢得人心、守住民心，全年完成市级为群众办实事项目5个、县级项目77个。围绕“十四五”规划开好局、起好步开展重大主题宣传，精心做好党的十九届六中全会和省、市、县党代会精神宣传报道；大力宣传经济长期向好态势，切实做好疫情防控舆论引导，稳妥处置突发敏感舆情，有效强信心、聚民心、暖人心、筑同心。以文明创建引领文明实践、文明培育，常态长效推进文明城市创建各项工作。依托城乡全覆盖的新时代文明实践体系，开展文明实践活动1000多场。道德典型选树取得突破，新增中国好人2人、江苏好人7人、“感动江苏”年度人物1人、江苏省道德模范候选人1人。激发文化创新活力，原创大型现代淮剧《浪起宝应湖》获江苏省紫金文化艺术节“优秀剧目奖”；歌曲《小康的日子唱着过》、小淮剧《果树王》等8件作品在扬州市第四届“绿杨风”群众文艺新作评选中获奖。文化供给服务进一步提质，承办江苏农民读书节暨扬州市第七届“朱自清读书节”启动活动，举办“宝应好人”进万家文艺汇演等文化惠民活动。实施镇文体中心提档升级2家，新建成村（社区）文化大舞台13个、四星级示范农家书屋2个、乡镇影院1个。文旅融合加速发展，西安丰镇红枫园、夏集镇桃花源景区、射阳湖镇古邗沟文化传承保护利用工程等项目有序推进。率先探索旁听镇（区）、县级机关部门意识形态联席会议新模式，构建意识形态工作“四梁八柱”，意识形态领域总体平稳有序、向上向好。

（张　伟）

■党史学习教育　2021年，宝应县围绕“六专题一实践”认真做好党史学习教育各项工作，学好用好习近平《论中国共产党历史》等党史学习教育指定学习材料；组织学习《中华人民共和国简史》《中共江苏地方简史（1921—2021）》等书籍，实现乡科级干部人手一册、各基层党支部全覆盖。制作地方党史教育音视频教材《回望百年》系列专题片10集、《有声档案》20期（音频），编印《荷乡溯初心》《宝应县中小学生党史学习教育手册》。动员党员干部群众7.7万人参加全省庆祝建党百年党史知识网络竞赛，参赛人数位列全省第2名、扬州市第1名。举办“宝应大讲坛”、宣讲报告会、春季秋季主体班、年轻干部培训班、相“阅”星期五党史专题读书班、“学党史、强信念、跟党走”党史知识竞赛等。各镇（区）、各部门、各企事业单位利用微信公众号开办“在家学党史”“党史课堂”“党史百年天天读”等专栏，采用多种形式深入学习贯彻习近平“七一”重要讲话精神和党的十九届六中全会精神。举办庆祝建党100周年主题党日活动、朗诵会、歌咏会、红色京剧演唱会、主题书画展、航拍摄影展、征文比赛、红色档案资料和红色地名故事征集、广场舞展演等活动，进一步丰富学习形式和教育内容。成立7个巡回指导组对84家基层单位进行巡回指导。召开新闻发布会，发布首批4条干部教育培训研学线路，邀请国家行政学院原副院长周文彰进行推介。全县47处革命遗址遗迹、纪念场馆接待研学人数2800批次、25万人次，其中县外研学人数10万人次。制订出台《“我为群众办实事”实践活动实施方案》，建立领导干部领办制度，党员县领导领办重点实施项目，并通过“宝应先锋”等网站公示，6个市级办实事项目、83个县级办实事项目全部完成。创新开展“认领‘微心愿’、参与‘微志愿’”行动，全年200名机关党员领导干部参与到100多项“微心愿”行动中。建立疫情防控“四长一部”责任挂包制度，1万余名党员干部志愿者奋战在疫情防控第一线。打造以村级党群服务中心为载体、“N”个职能部门共同参与、合力为广大党员群众服务的“1＋N”活动

3月8日，召开全县党史学习教育动员大会　　县委宣传部/供稿

品牌项目，组织开展各类实践活动2000多场，实现对全县283个村（社区）全覆盖。全年编发工作简报51期，在市级以上主流媒体、“学习强国”平台刊发党史学习教育专题稿件900多篇。夏集镇《“云”守护：构筑独居老人“安全防护网”》在江苏党史学习教育简报上刊发；《造福乡里，十年带出一个“明星村”》《率先推出企业开办“全链通”服务，宝应县颁出首张“一业一证”》报道被《新华日报》头版登载。（郭韬 朱岳沁）

■理论学习宣讲 2021年，县委组织党员县领导带头在所在党支部、分管领域，基层各党委（党组）主要负责人在本单位本系统内开展讲党课和理论宣讲活动。成立党史学习教育县委宣讲团，基层党委（党组）成立宣讲团（队）共计50余支，相关职能单位成立青年宣讲团、巾帼宣讲团、“五老”志愿者宣讲团、新四军研究会红色教育宣讲团、特级教师宣讲团、“党史少年说”少年宣讲团等，开展分层分众宣讲活动3000余场，有力推动党的创新理论入脑入心；“荷乡好运”宣讲团积极打造“学习巴士”，为广大市民、游客介绍宝应革命老区红色地标、红色资源、红色文化。各基层宣讲团（队）充分利用当地资源，打造公园课堂、车间课堂、藕田课堂、店铺课堂、电影课堂、义工课堂、“理论+文艺”课堂，推动“党史学习空中课堂”、现场直播“云课堂”等线上宣讲活动开展，涌现出“水韵里”“桃花源”等一批基层宣讲团（队）品牌；广大宣讲员利用当地革命故事戗牌展、“革命题材刺绣作品进万家”等活动讲好理论知识、党史故事；举办全县“我是党课主讲人”宣讲选拔赛，推荐优秀选手参加扬州市比赛，1人获三等奖，2人获优秀奖，8人获评“优秀党课主讲人”。扬州市委宣讲团成员、县委宣传部部长赵宇及市委宣讲团成员吴玲、蒋伏虎、杨丽娟、曹峻、唐月慧等先后到联系挂钩镇（区）开展党的十九届六中全会精神宣讲。（郭韬 朱岳沁）

■理论学习中心组 2021年，县委理论学习中心组加强理论学习规范化、制度化建设，制订学习计划，全年开展集中学习交流、举办理论学习报告会等学习活动24次，其中学习交流研讨9次。县领导联系实际开展学习研讨活动，开展“争当表率、争做示范、走在前列，谱写‘强富美高’新扬州建设新篇章”专题学习调研活动。中心组成员撰写党史学习教育、十九届六中全会学习体会文章近120篇，全年在“学习强国”等平台以及《扬州日报》等主流媒体发表学习心得30余篇。至年底，县委理论学习中心组成员结合分管工作开展调查研究，形成重点工作调研文章16篇，并召开会议专题进行交流。县委宣传部加强对基层党委（党组）理论学习中心组学习指导，结合党史学习教育，开展基层党委（党组）理论学习中心组巡学旁听活动，编印《党委（党组）中心组学习参考资料》15期，在县委门户网站开设“学习教育”“学习强国”专栏，及时刊载学习资料、报道学习动态；在“宝应e发布”APP开设“学习强国”专栏，及时上传理论学习中心组相关稿件，形成“一次组稿，多次宣传”模式。开展集中评比，全年通报表扬基层党委（党组）理论学习中心组26家。（郭韬 朱岳沁）

■基层党员干部冬训 1月11日，全县基层党员冬训工作部署会在县委宣传部会议室召开。会上，对2020—2021年度基层党员冬训工作进行全面部署，组织对基层理论宣讲工作人员进行业务培训，表彰奖励2020年度优秀宣讲员30人。各镇（区）组织冬训专题宣讲1000多场次，参加听课党员4万余人。县委宣传部加强基层党员冬训工作指导，先后组织开展党课主讲人暨“荷乡播种者”志愿宣讲进冬训、“理论+文艺”进冬训，以及“冬训微课”视频征集等活动，编印基层党员冬训工作简报3期，印发《2020—2021年度全县基层党员冬训宣讲参考资料》。安宜镇、宝应经济开发区被表彰为“全省党员冬训工作示范镇”，1人被表彰为全省党员冬训工作先进个人，宝应经济开发区“打造冬训‘三大工程’，助力园区‘二次创业’”项目被表彰为江苏省基层党员冬训创新项目。全县党员冬训工作获扬州市委宣传部、组织部表彰先进集体2个、先进个人2人、创新项目3个。（郭韬 朱岳沁）

■“学习强国”学习平台学用 2021年，县委宣传部贯彻落实《宝应县“学习强国”学习平台管理员和通讯员队伍建设管理办法》，建立健全“一次提醒、二次约谈、三次致函”督察机制，每月发布学习提示，组建全县约稿平台，定期开展实地调查，全年印发学习情况通报47期。截至12月底，全县“学习强国”党员覆盖率83%，学习活跃度85%。组织“我为群众办实事”“我心中的英雄”“战疫一线”“学习心得”等系列文稿征集活动。开展“人员导学”，指导各镇（区）组织青年志愿者、“学习达人”、企业优秀职工等发挥示范引领作用；开展“阵地导学”，县融媒体中心、镇（区）文体中心、县文化馆等在人流较为密集的地方，“发单子”“摆摊子”“树牌子”，吸引广大干部群众下载、注册、学习；开展“活动导学”，举办知识竞赛、征文比赛、学习实践、志愿服务等活动，力求内容丰富、形式多样。相关经验做法信息报道在“学习强国”省市平台发表10多篇。全年向“学习强国”市级以上学习平台累计供稿787篇，其中全国平台用稿28篇、省级平台用稿163篇。全年日活率均值（1月1日至12月31日）位列扬州市各县（市、区）第3名。（郭韬 朱岳沁）

■**新闻宣传** 2021年，宝应县新闻宣传工作紧扣庆祝建党百年主线，聚焦党史学习教育，广泛提炼展示教育成果，在全县营造浓厚学习氛围。围绕疫情防控宣传和舆论引导，内宣外宣统筹、网上网下联动，权威信息发布，讲好抗疫故事、以艺战“疫”，深入全县城乡开展志愿服务活动，为坚决打赢疫情防控阻击战提供强大精神力量。围绕重大主题、重要活动举办专题新闻发布会10余场，主动回应民生关切，积极引导社会舆论。创新开展对外宣传工作，协助新华网、江苏省广播电视总台等开展“百年辉煌 E心向党”主题采访，配合中央电视台和江苏省广播电视总台举办“唱支山歌给党听·一首歌一座城”全媒体活动，做好中央电视台“我的美丽乡村”专题节目拍摄后勤服务，全力配合中央电视台《行走的风物》节目组拍摄宝应民风民俗，举办“稻花香里说丰年，直播带货助力乡村振兴”活动等，持续擦亮宝应名片，有力提升宝应知名度、美誉度。完成《走进扬州》（宝应卷）编纂工作，宣传展示宝应地方文化。推进完成“纪录小康工程”工作，制订任务清单，建立县、镇（区）、村（社区）三级工作体系，共上报大事记表格298份、大事记1.35万条，完成率100%。

（唐晓丽　范淑婷）

■**网络安全** 2021年，县委宣传部深入学习贯彻习近平关于网络强国的重要思想，省市网络安全推进会精神，扎实做好庆祝建党100周年全县网络安全保障工作。3月—5月，开展2021年度全县网络安全隐患排查整治、互联网基础资产普查专项行动。4月，建立网络安全保障工作方案和网上应急保障工作方案，提高安全防护水平。10月，全县组织开展2021年网络安全周系列宣传教育活动，举办“校园日”“电信日”“法治日”“金融日”“青少年日”“社区日”等主题日活动，共同营造“网络安全为人民，网络安全靠人民”的浓郁氛围。妥善处置在“网安2021”扬州行动渗透检测中发现的县内部分企事业单位网络安全隐患8处，以及少数企业或个人网站涉嫌的违规问题，并组织责任单位及时修复并做好“回头看”，避免事态升级演变为严重的网络安全事件。

（唐建成　吴振峰）

■**网络舆情管理与引导** 2021年，宝应县严格落实重大活动、敏感节点“加强级”互联网应急响应和24小时值班制度，做好网上宣传引导与调控管控工作。4月—12月，深化“清朗2021”专项行动，分阶段开展“护企”“助政”“爱苗”等系列整治，排查1797个属地网站和55个政务新媒体，关闭封堵问题网站453个，关停政务新媒体20多个；整治一批影响党政机关、企事业单位、青少年健康上网的突出问题，切实营造清朗安全的网络环境。从8月份开始，建立网络舆情动态、网络舆情通报反馈等制度。全年妥善处置某校1名学生意外溺水死亡、王某凤疫苗接种意外身亡、离婚纠纷案件等重大舆情事件。围绕庆祝建党100周年主题主线，创新开展“我的宝应·我的年”“爱党就要说出来，今天我向党表白”“三月桃花开，夏集等你来”等网络微视频、摄影作品有奖征集活动，组织县融媒体中心、宝应新媒体联盟等积极参与“网络贺新春”“百年辉煌 E心向党”“向往好地方”等网络主题宣传活动，不断唱响主旋律，传递正能量。7月，安宜镇、宝应经济开发区完成“好网角”试点工程建设，完善硬件设施、做好软件配套、人员配备，推进网情网格“双网融合”试点在基层落地。发挥网评员、网情网格员队伍作用，全年参与市县网评70余次，及时引导网络舆论。至年底，全县网评员、核心网评员、网情网格员分别新增至420人、52人、96人。12月28日，召开宝应县互联网行业党委成立大会暨第一次会议，建立健全相关工作规范，充分发挥互联网党建引领作用。

（唐建成　吴振峰）

■**庆祝建党100周年专题活动** 2021年，县委宣传部集中精力做好庆祝中国共产党成立100周年专题活动筹划、组织、安排、协调等工作。4月24日，举办“学党史、庆华诞、跟党走”淮剧精品工程——《浪起宝应湖》展演，该剧展现解放战争时期，党领导宝应湖地区人民投身中国人民解放事业真实历史故事，是新时

4月24日，宝应县举办原创大型现代淮剧《浪起宝应湖》展演活动

县文体广旅局/供稿

期红色文化教育生动教材。4月28日，县委宣传部、县文明办、县文体广旅局共同主办的“红心向党·舞动荷乡”广场舞大赛在县体育馆举行。6月23日，“芳华百年、初心相印”宝应县庆祝建党100周年主题党日活动暨“两优一先”表彰大会在县行政会议中心报告厅举行。副市长、县委书记王道胥希望全县各级党组织、全体党员、干部深入贯彻落实习近平重要讲话精神，以更加奋发有为的姿态、攻坚克难的勇气、求真务实的作风，为实现中华民族伟大复兴作出应有的贡献和担当。7月1—31日，县委宣传部、县文体广旅局、县文联等部门单位共同主办的“丹青绘盛世·翰墨颂党恩”主题书画作品展在县文化馆一楼报告厅展出。11月21日，“庆百年·颂党恩”宝应县2021年度群众文艺新作调演活动在夏集镇文体中心举行。全县广大党员干部群众通过歌舞、书画、演讲等多种形式庆祝建党百年华诞，表达对党的光辉历程、伟大成就充满豪情和无比赞叹，爱党、爱国、爱社会主义热情高涨，更加坚定“永远跟党走”的理想信念。

（周秀丽）

“宝应好人”主题公园——北河公园　　县融媒体中心/供稿

■文艺宣传工作　2021年，县委宣传部有序组织开展文艺宣传各项活动，推进全县群众文化活动品牌化建设。全年先后牵头举办宝应县文化科技卫生“三下乡”集中服务暨新时代文明实践主题活动，第二届“弘陶杯”红色故事宣讲暨讲解员风采大赛，“学党史、庆华诞、跟党走”淮剧精品工程——《浪起宝应湖》展演，“荷乡文艺大篷车乡镇行”贺新春城乡文艺团队联动展演，“荷乡淮剧大舞台”文化惠民基层巡演，“宝应好人”进万家文艺汇演等群众宣传教育文化活动。淮剧《浪起宝应湖》荣获2021年紫金文化艺术节优秀剧目奖，主演获“优秀表演奖”；歌伴舞《〈茉莉花〉的故乡》被推荐参加2021年长三角文旅融合优秀原创群众文艺作品展演活动家；歌曲《小康的日子唱着过》、小淮剧《果树王》等8件作品在全市第四届“绿杨风”群众文艺新作评选中获奖。

（周秀丽）

■“宝应好人”工程　2021年，宝应县精神文明建设指导委员会办公室（以下简称“县文明办”）围绕培育和践行社会主义核心价值观，开展各类文明创建活动，提升市民文明素质和社会文明程度。制订《宝应县新时代公民道德建设实施纲要》三年行动方案，持续加大道德典型培育选树力度，常态化组织2020年度“十佳宝应好人”“十星文明户”“文明家庭”等评选表彰活动。加大重点好人典型挖掘推荐，成功选树“中国好人”2人、“江苏好人”7人、“感动江苏年度十大人物”1人、“江苏省道德模范”候选人1人、“十大扬州好人”1人、“十大扬州好人”提名奖2人。进一步深挖好人事迹亮点，组织新一届“十佳宝应好人”先进事迹宣传创作，推动各阵地及时更新“善行义举好人榜”。大力弘扬“好人精神”，教育广大干部群众学做时代新人。组织全县省、市文明单位结对帮扶“宝应好人”困难家庭70户，为历届“十佳宝应好人”换发新版礼遇卡，引导全社会树立崇德向善价值导向。

（王　莹）

■文明城市创建　2021年，县文明办按照县委、县政府“首创必成”目标，全力推动全县2021—2023年“全国文明城市”创建工作开好局、起好步。制订全县“全国文明城市”创建三年行动计划；多层次召开部门、镇（区）、社区座谈会，广泛征集各级各领域意见建议。组织重点部门、镇（区）赴溧阳市等省内外5个县（市、区）学习调研创建“全国文明城市”先进经验和成熟做法；精准谋划“全国文明城市”创建路线图，明确创建责任和任务，确保“全国文明城市”各项创建工作扎实有序推进。4月7日，全县创建“全国文明城市”动员大会在县城召开。会上，宣布成立宝应县文明城市建设长效管理办公室（简称“县长效办”），设专项创建工作组5个；调整充实县“全国文明城市”创建指挥部力量，明确县“四套班子”领导分工牵头负责。县长效办与64个相关部门单位和镇（区）签订“全国文明城市”创建工作责任状；表彰在“全国文明城市”提名城市创建工作表现突出的先进集体35家、先进个人60人。副市长、县委书记王道胥在会上强调，全县上下要重整行装再启程，同舟共济再出征，确保夺得“全国文明城市”这块金字招牌。创建过程中，县长效办定期牵头召开“全国文明城市”创建双月点评会，现场颁发红、黄旗，曝光问题视频，通报相关部门单位和镇（区）、社区排名，对获黄旗的进行约谈提醒，督促各部门单位、镇（区）、社区限期对标整改。县长效办按照“前重后轻”原则，深入调查全县硬件基础改造需求情况，汇总形成重点项目建设清单，提升主次干道、背街小巷、老旧小区、农贸市场、公厕、河道、交通安全设施、垃圾分类等城市基础设施面貌，真正夯实创建根基。持续深入推进34项“全国文明城市”创建专项整治行动，结合实际新增文明楼道、文明庭院专项整治；协助相关部门、镇（区）召开现场协调会，着力破解突出难点问题，定期督查各责任主体整改进度，部署落实长效创建措施，切实加强城区综合环境和公共秩序管控。围绕“全国文明城市”创建和庆祝建党100周年，新建一批高质量公益广告、景观小品和宣传牌，有效提升公益宣传阵地类型分布合理性、覆盖面和质量层次。做好“全国县级文明城市测评体系”学习研究和细化分解，明确实地考察、网上申报、问卷调查等指标任务责任主体；制订印发最新“实地考察蓝皮书”，谋划网上申报材料季度申报制度，先后组织测评体系培训会2次，针对性做好分类指导。高频次组织举办县领导现场点调和挂包社区督查指导活动。常态化开展重点点位和包路包段、社区结对、交通护岗等创建月度测评，邀请第三方机构开展专业测评；新增每日一次专项暗访通报，围绕突出问题发布“全国文明城市”创建红黑榜；坚持跟踪督办、闭环处置，细化分解省暗访组通报的问题，查验整改情况，印发交办单、督办单300多张。联合县融媒体中心开辟“全国文明城市”创建存在问题曝光台和“荷乡啄木鸟”市民随手拍平台，每周2～3次高频率曝光暗访发现的各类突出问题。创新开展公益诉求检察建议工作，联合县检察院针对城区范围内无障碍设施建设、秸秆焚烧、遛狗不牵绳、再生资源回收站点不文明经营等问题提出检察建议，推动相关责任主体进一步加快整改进度，提升创建成效。　（王　莹）

■未成年人思想道德建设　2021年，县文明办制订全县未成年人思想道德建设工作年度实施方案，全面细化分解江苏省测评体系，确保各项任务落实到位；联合县教育局启动全县优秀乡村少年宫和校外辅导员评选表彰工作，常态化做好“新时代文明好少年”挖掘选树和推荐，黄塍镇中心小学吉宇轩获评“新时代扬州好少年”；围绕庆祝建党100周年活动，以“童心向党，逐梦成长”为主题，在全县中小学开展“童真里的色彩”儿童画和“童声里的中国”少儿歌谣创作大赛，征集歌谣、儿童画作品500多篇；组织“缤纷的冬日”和“七彩的夏日”未成年人系列社会实践活动，有效丰富未成年人假期生活；开展2021年度未成年人“童心向党”“文明实践、美德同行”等教育实践系列活动和第三届“悦”读文化系列活动，实施“小书法家送春联”“我是光盘小达人”“情暖冬日，与爱同行”“学党史、感党恩，祭英烈颂英雄”“党史学习进校园、红色精神永传承”等项目；联合教育局开展“童心向党，共同抗疫”系列宣传教育活动，组织发动青少年以征文、绘画、科普等多种形式助力疫情防控工作。　（王　莹）

■移风易俗　2021年，县文明办制订全县文明乡风建设实施方案，明确任务、厘清责任、抓实工作；常态化开展形式多样的移风易俗宣传倡导活动，广泛征集优秀移风易俗案例。弘扬优秀传统文化，倡导文明健康生活方式，县文明办牵头举办“我们的节日”清明节、端午节、中秋节、国庆节、重阳节等主题教育实践活动；组织参加全市“永远跟党走，幸福舞起来”广场舞展演活动，获二等奖项目1项。　（王　莹）

■新时代文明实践中心建设　2021年，县文明办制订印发《关于深化拓展新时代文明实践中心建设试点工作的通知》（宝文明〔2021〕3号），建立全县新时代文明实践中心建设工作联席会议制度，明确25个部门单位和14个镇（区）实践中心（所、站）等联席会议成员单位职能分工，切实加强部门、镇（区）上下联动；全面落实三级书记重点任务清单，推动

广洋湖镇新时代文明实践中心　　广洋湖镇/供稿

新时代文明实践中心(所、站)及志愿服务队伍负责人开展年度工作述职;加强全县新时代文明实践中心阵地建设,将文明实践纳入"全国文明城市"创建、意识形态工作巡查和群众性精神文明创建,进一步深化拓展全县新时代文明实践工作成效。4月20日,中央宣传部印刷发行局副局长董伊薇率调研组到宝应,实地查看安宜镇莲花社区新时代文明实践站建设情况,中央、省、市相关领导给予高度评价。为更好满足群众生产生活需要,县文明办定期组织开展线上线下需求调查,征集形成2021年全县新时代文明实践活动8大类50多项项目清单,每月定期以微信、戗牌、宣传栏、电子屏等形式面向社会发布。各镇(区)新时代文明实践中心充分发挥纽带作用,将服务项目合理配送至各新时代文明实践站(所),推动全县文明实践活动资源精准到基层,实现"月月有计划、周周有活动"。(王　莹)

■社会志愿服务　2021年,县文明办建立宝应县志愿服务工作协调小组,加强部门联动协作,增强统筹协调能力,进一步规范全县志愿服务工作。县文明办、县民政局联合开展第二届"文明实践在荷乡"优秀志愿者、优秀公益社会组织和优秀公益服务项目评选表彰活动;发布疫情防控志愿倡议书和招募令,发动全县近20个社会公益组织、2500多名志愿者参与各镇(区)、村(社区)疫情防控服务工作;制作《有你、有爱、有力量》志愿服务宣传短视频,吸引线上观众近8万人观看、点赞和转发;组织群众性志愿救援队伍2支赴河南省参加防汛救援行动,宝应蓝天救援队获评河南省防汛救灾优秀志愿服务组织。县文明办制订全县新时代文明实践中心中共党史、新中国史、改革开放史和社会主义发展史"四史"宣传教育方案,做好集中学习、基层宣讲、社会宣讲、致敬先烈、志愿服务等活动安排。县文明办开展"文明实践暖新春"、"3·5"学雷锋日、清明文明祭扫等多项集中志愿服务活动;承办扬州市"新时代文明实践乡村行"安宜镇铁桥社区专场活动和第十六届"扬州市民日"——宝应县新时代文明实践志愿服务广场活动,联合相关部门和镇(区)举办文明实践主题广场活动5场。(王　莹)

统一战线工作

■概况　2021年,中共宝应县委统一战线工作部(以下简称"县委统战部")认真贯彻落实全国和省市统战部长会议精神,围绕"担当新使命、建设新宝应,争当里下河地区高质量发展排头兵"中心大局,充分发挥统一战线法宝作用,凝聚共识、汇聚力量,各领域统战工作取得新成效。以开展党史学习教育和庆祝建党100周年为契机,召开各类学习会议12次,专题传达学习党的十九届六中全会精神、中央民族工作会议精神、全国宗教工作会议精神和省市县党代会精神,专题宣讲《中国共产党统一战线工作条例》和党的民族宗教工作方针政策,举办文艺汇演、演讲比赛、专题讲座、主题团建、网络答题等系列活动50余场次,指导台胞青少年参加扬(州)台(湾)青少年美文朗读大赛获得少儿组一、二等奖。鲁垛镇乱针绣文化产业园"文创空间"获批江苏省新阶层实践创新基地。推进统战元素融入党群服务中心,精心打造"同心服务室""两岸同心驿站""同心会客室""红石榴家园",打通统战服务"最后一千米"。结合"两在两同""我为群众办实事"等活动,组织县青年企业家联合会和县餐饮协会会员协调解决少数民族农户瓜果蔬菜滞销难题;按政策规定为少数民族考生、华侨考生办理中考加分事项,协助台胞子女办理入学手续;组建9支同心抗疫志愿者服务队,参加志愿服务800余人次,捐赠防疫物资及资金价值400多万元。在全市统一战线工作年度考核中,宝应县获综合考核、宣传工作考核、信息工作考核3个一等奖;县委统战部工作创新项目"创品牌、彰特色,高标准建设省级统战教育基地和社会主义学校"获全市统一战线工作实践创新成果二等奖。(肖慧智)

■党外干部队伍建设　2021年,县委统战部加强党外干部队伍建设,重视培养选拔党外干部,贯彻实施《民主党派代表人士队伍建设规划

4月30日,县委统战部举办庆祝中国共产党成立100周年文艺汇演活动　县委统战部/供稿

宝应实施方案（2018—2027年）》，做好党外干部的推荐培养，全年新提拔党外干部3人、其中正科职2人；安排轮岗交流党外干部4人，派驻基层实践锻炼党外干部1人。协助县政协做好换届选举和界别委员调整，配合做好党外人士当选市、县人大代表酝酿、推荐、提名工作。截至2021年底，全县党外人士担任县政协委员人数164人，担任县政协常委会委员人数31人，担任扬州市政协委员会委员人数8人。加强统一战线工作常态化、制度化建设，全年组织民主党派、工商联、无党派人士深入基层一线开展调研活动30余次，召开情况通报会、座谈会、研讨会4次，参加人员500余人次，撰写对全县统一战线事业发展具有重要参考价值调研文章25篇。

（肖慧智）

■民主党派工作　2021年，宝应县民主党派基层组织2家，分别是中国民主建国会扬州市委员会宝应县总支部委员会（简称“民建宝应县总支部”）、九三学社扬州市宝应县基层委员会（简称“九三学社县委”）。

民建宝应县总支部。设支部委员会2个、会员31人，其中有扬州市人大代表1人、市政协委员2人、县人大代表2人，县政协委员12人。2021年，民建宝应县总支部组织会员学习贯彻习近平在庆祝中国共产党成立100周年大会上的重要讲话精神和中共十九届六中全会精神，举办庆祝中国共产党成立100周年读书征文竞赛，开展“学党史、办实事，普法宣传进社区”活动。积极投身社会志愿服务，成立民建宝应县志愿者服务队，参与安宜镇莲花社区疫情防控志愿服务活动。会员沈洪、徐爱民向安宜镇东门社区各捐款5000元，会员企业向10多个镇（区）和单位捐赠爱心食品2000余份，折合人民币价值7万元。10月14日，民建宝应县总支部第二届第一次会员大会在县行政会议中心召开。县委常委、县委组织部部长、县委统战部部长魏建，中国民主建国会扬州市委员会组织宣传处处长孙杰，县委统战部常务副部长姜文明，九三学社县委主委曹惊雷等出席会议。会上，听取并审议民建宝应县总支部第一届委员会工作报告，选举孙芸霞为民建宝应县总支部主任委员、潘春为副主任委员、王萌为总支部委员；并选举孙芸霞、潘春、陆伟国作为将在12月召开的中国民主建国会扬州市委员会第十次代表大会代表。

九三学社县委。至年底，九三学社县委社员32人，平均年龄44.2岁，其中中、高级以上职称社员23人，占社员总数71.9%。社员中扬州市人大代表1人、市政协委员2人（含担任市政协常务委员会委员1人），县人大代表1人、县政协委员21人（含担任县政协常务委员会委员7人）。2021年，九三学社县委组织全体社员学习贯彻中共十九大和十九届二中、三中、四中、五中、六中全会以及全国“两会”精神，先后组织召开全国“两会”精神分享交流会、庆祝建社76周年座谈会等，激发全体社员历史责任感和使命感，进一步增强九三学社县委凝聚力和战斗力。加强九三学社县委、支社班子和后备干部队伍建设，增选副主委1人，发展新社员4人。加强“社员之家”阵地建设，选派社员骨干参加省、市、县各级各类培训，提高自身综合素质。组建疫情防控志愿者队伍，参与社区疫情防控一线入户排查、核酸检测、疫苗接种等志愿服务；彰显企业家社员社会责任担当，及时向村（社区）捐赠疫情防控急需物品和慰问金。履行参政议政职能，引导社员结合自身实际，围绕全县经济发展、城市建设、社会稳定等方面问题，深入基层开展调研，及时召开专题会议进行交流，全年形成内容翔实、操作性强、有前瞻性的提案和议案共20多份。

（陆伟国　周　佳）

■无党派人士、党外知识分子和新的社会阶层人士统战工作　2021年，县委统战部组织对全县新的社会阶层人士、无党派人士、留学人员信息进行调查摸底，及时更新人才数据库，将条件成熟人员优先推荐吸收为宝应县新的社会阶层人士联合会（简称“县新联会”）会员；优化调整组织架构，根据实际需要，将县新联会4个分会调整为4个专业委员会；根据《宝应县无党派知识分子联谊会（简称“县知联会”）章程》规定，圆满完成新一届县知联会选举工作。至年底，全县新的社会阶层代表人士130人，其中全国人大代表1人、江苏省人大代表1人、县人大代表3人、县政协委员29人。县委统战部切实做好新的社会阶层团体统一战线工作，适时传达中央、省市关于统一战线相关会议精神和工作要求，全年召开县知联会、县新联会、县欧美同学会（县留学人员联谊会）座谈会各2次；开展党史学习教育，举办县新联会会员“拼红船模型、悟红船精神”竞赛活动；利用微信群等平台在县新联会、县知联会、县欧美同学会三大团体会员中常态化开展党史学习教育网络培训，遴选优秀会员4人参加扬州市党外高层次人才“爱国、奋斗、奉献”精神专题培训班学习。发挥新的社会阶层代表人士在维护社会和谐稳定中积极作用，引导无党派人士、党外知识分子、新的社会阶层人士、留学归国人员参政议政、建言献策。县委统战部组织2021年度全县党外代表人士“导师制”学员开展建言献策活动；支持县新联会“同心律师服务团”举办“法律咨询进社区”活动，开展法律宣传、法律咨询和纠纷调处23场次；组织党外人士开展调查研究，全年组织县新联会、县知联会、县欧美同学会等新的社会阶层代表人士撰写全县地方经济社会建设与事业发展调查报告5篇、疫情防控措施建议和信息20条。

（肖慧智）

■**经济领域统战工作** 2021年，县委统战部以“两个健康”为目标，切实做好民营企业党建引领、异地商会协调联络和组织企业家履行社会责任、帮扶弱势群体等相关工作，在全县经济社会发展中发挥积极作用。结合“我为群众办实事”实践活动，县委统战部、县委政法委、县公安局、县检察院、县法院、县司法局等部门联合开展“为小微企业保驾护航”活动，调查走访企业100余家(次)，帮助解决诉求或难题8类56条；开展“百企联百村、共走振兴路”活动，县委统战部配合中华全国工商业联合会、国家乡村振兴局调研组做好全县民营企业情况调查，推进民营企业调查工作网络建设，全县建成民营企业调查点67个，为“网上工商联”服务平台建设打下基础；推进扬州奇力新能源科技有限公司与山阳镇开展合作，成功签约铝材支架生产项目；选派民营企业家参加全市首期民营企业家产业工人队伍建设改革培训班培训，组织县青年企业家赴扬州参加全省民营经济人士理想信念(扬州)视频报告会、赴苏州大学参加数字经济经营管理能力研修班学习，走进江苏钧骋车业有限公司、扬州华烨金属制品有限公司参观学习等，激励青年企业家坚定理想信念，为地方经济建设贡献力量。按照“四好”商会标准，推进异地商会建设，协助上海宝应商会正式注册挂牌，配合做好北京宝应商会成立筹备工作；举办“烟花三月”国际经贸旅游节异地宝应商会家乡行活动，邀请北京市、上海市、陕西省、广东省，以及南京市、镇江市、扬州市等异地宝应商会企业家和乡贤20人参加座谈，交流工作计划，分享相关信息。（肖慧智）

机构编制工作

■**概况** 2021年，全县设置党政机构37个，其中县委设置纪检监察机关1个、县委工作机关8个，县政府设置工作部门28个，设置镇(区)14个。全县各镇(区)下属事业单位37个，县级部门下属事业单位259个。至年底，全县实有行政编制在编人员占行政编制核定总数106.8%；实有事业编制在编人员占事业编制核定总数87.6%。（周　静）

3月4日，宝应县召开“三整合”改革整改提升动员会议　县委编办/供稿

■**事业单位机构改革** 2021年，宝应县落实事业单位“机构精简”“编制精简”改革任务，调整优化县级部门事业单位布局结构。最大化压缩支持保障类事业单位和“小散弱”型事业单位机构数量，除学校、医院外，县属事业单位机构数量比改革前减少135家、精简比例为51.5%；收回职能弱化、“僵尸”类、利用率低下事业单位编制570名，事业编制精简比例为22%。（周　静）

■**综合行政执法体制改革** 2021年，根据江苏省委机构编制委员会办公室印发的《关于明确无锡市等6个设区市及南京市秦淮区等27个县(市、区)作为综合执法改革暨指挥中心建设试点的通知》(苏编办通〔2021〕17号)和扬州市委办公室、市政府办公室《关于印发〈关于深化全市生态环境保护综合行政执法体制改革的实施方案〉等7个实施方案的通知》(扬办发〔2021〕25号)精神，宝应县深化综合行政执法体制改革，除中央明确的7个领域以及江苏省委机构编制委员会办公室明确暂时保留的行政执法队伍外，全县范围内其他领域不再保留行政执法队伍，撤销节能监察、财政稽查、宗教执法、商务执法、粮食流通监督等5家作为事业单位设置的行政执法机构，其行政执法职能划入相关部门科室。推进文化市场、农业农村、市场监管、交通运输、城市管理、应急管理等6个领域内行政执法职能整合和行政执法队伍建设，实现1个领域1支综合行政执法队伍。坚持行政执法体制改革创新，在全县6个领域推行“局队合一”执法管理体制，在主管局增挂综合行政执法大队牌子，综合行政执法大队主要负责人由局长兼任，实行“一套班子、两块牌子”，按照“人员统筹使用、任务统筹安排、工作统筹落实”原则，调整部门内设科室和执法机构设置，加快建立“权责统一、权威高效”行政执法体系。（周　静）

■**机构编制动态化管理** 2021年，县委编办创新动态化管理工作举

措，变部门资源为全县资源，通过盘活存量、动态调整机制缓解“严控总量”和“保障发展”之间的结构性矛盾相对突出的问题。将有限的机构编制资源向经济社会发展重点领域倾斜，在基层审批、服务、执法力量“三整合”改革中，基层财政所116名行政编制全部下沉，并入各镇编制总量中，将在事业单位机构改革中收回的部分事业编制充实到党的建设、科技人才、安全生产等重点领域。　（周　静）

■**机构编制法治化建设**　2021年，宝应县扎实做好新时代机构编制工作，加大机构编制法规制度宣传力度，将《中国共产党机构编制工作条例》纳入领导干部主体班学习课程，提高各级领导班子做好本部门机构编制工作的能力和水平。研究制订《县委编委议事规则》和《县委编办工作规则》，以制度建设为抓手，提高机构编制工作科学化、法制化、规范化水平。开展全县第二次机构编制核查工作，核实全县机构编制基础数据，核清机构编制资源数量、结构、分布等配置情况，为加强和改进机构编制管理、持续深化党和国家机构改革、推进党和国家机构职能体系建设提供依据和保障。推行机构编制实名制工作，将各部门、各单位机构编制和人员信息纳入实名制系统实行动态管理，建立机构编制电子台账，开展线上线下双监管，实现机构清、编制清、领导职数清、实有人员清“四清”。　（周　静）

■**事业单位登记管理**　2021年，县委编办依法依规做好事业单位登记管理工作，完成2020年度全县436家事业单位年度报告和信用等级评价工作，同步在机构编制网站向社会公示。强化登记管理与信用体系建设联动，全年共向县信用办报送机关赋码和事业单位登记变更事项信息76条。　（周　静）

机关党建

■**概况**　截至2021年底，中共宝应县委县级机关工作委员会（以下简称“县委县级机关工委”）辖直属党组织40家，其中机关党委5家、党总支部14家、党支部21家，机关党委、党总支部所属基层党支部93家，年末党员人数2303人。2021年，县委县级机关工委切实抓好党员教育、党组织建设、作风建设、廉政建设等各项机关党建工作，牵头完成党政群政法口选区县镇两级人大代表换届选举工作。　（董　雷）

■**党员教育**　2021年，县委县级机关工委扎实开展党史学习教育，围绕“学党史、悟思想、办实事、开新局”要求，组织县级机关党员干部认真学习习近平《论中国共产党历史》《毛泽东、邓小平、江泽民、胡锦涛关于中国共产党历史论述摘编》《习近平新时代中国特色社会主义思想学习问答》《中国共产党简史》等书籍，引导党员干部增强“四个意识”、坚定“四个自信”、做到“两个维护”，不断提高政治判断力、政治领悟力、政治执行力。5月—6月，县委组织部、县委宣传部、县委县级机关工委联合举办“学党史、强信念、跟党走”庆祝中国共产党成立100周年暨党史知识竞赛，全县共有65个机关单位党员干部195人参加竞赛活动。经过书面闭卷答题竞赛、团体预赛、团体决赛，在城机关部门组评选出一等奖1人、二等奖2人、三等奖5人。6月30日，县委县级机关工委召开庆祝建党100周年暨“两优一先”表彰会，会上宣读《关于表彰优秀共产党员、优秀党务工作者和先进基层党组织的决定》（宝机工委发〔2021〕26号），表彰优秀共产党员16人、优秀党务工作者6人、先进基层党组织10家，并为老党员代表6人颁发“光荣在党50年”纪念章。依托“机关书屋”，县委县级机关工委全年组织开展“读党史、守初心、担使命”“读党史、话青春”“相‘阅’星期五——读党史、话发展”等读书活动共12场次，参加活动机关党员干部300多人。

（董　雷）

■**党组织建设**　2021年，县委县级机关工委认真贯彻《中国共产党党和国家机关基层组织工作条例》，加强基层党组织建设，指导8家直属党组织按期完成换届。4月26日，宝应县2021年县级机关党的建设

9月24日，县委组织部牵头举办“相‘阅’星期五——‘读党史·话发展’阅读活动”

县委组织部/供稿

工作会议在县行政会议中心召开。会上，县委县级机关工委全面部署全年县级机关党建工作任务。5月12—13日，举办2021年全县在城机关部门党员发展对象暨入党积极分子培训班，参加培训人数236人。做好发展党员工作，严格培养、教育、考察等发展党员程序，全年新发展党员100人、预备党员转正47人。6月28日，县委县级机关工委组织部分新党员代表在周恩来少年读书处集体进行入党宣誓。7月21日，县委县级机关工委党员代表大会召开，以无记名投票方式选举产生出席中国共产党宝应县第十三次代表大会代表47人。12月28日，2021年度在城机关部门党组织书记抓基层党建专项述职评议会召开。全县在城机关部门党(工)委书记、县委县级机关工委直属党组织书记分别就党的组织建设、党风廉政建设、意识形态工作三方面进行述职，与会人员按照"好、较好、一般、较差"4个档次进行评议。县委县级机关工委做好党员党组织关系转移、接收工作，规范基层党组织党费收缴行为，全年收缴党费69万多元；组织开展"一进三学"(即走进一个基层党支部，学活动主题、学活动方法、学活动流程)主题党日活动9期，在城机关部门和单位党组织书记参加观摩学习人数共700多人(次)；落实党内关爱帮扶制度，走访慰问困难党员20人、发放慰问金2万元。（董　雷）

■作风建设　2021年，县委县级机关工委把机关党建服务品牌建设作为提升机关部门服务效能重要抓手，持续加以推进。2月2日，县委组织部、县委县级机关工委印发《关于认定2020年度县级机关三星级党建服务品牌、优质党建服务品牌的通知》(宝组发〔2021〕7号)，县税务局"荷乡税月党旗红"党建服务项目、县交通局"荷乡好运"党建服务项目、县纪委监委"荷乡清风暖民心"党建服务项目、县妇联"姐妹荷家欢"党建服务项目、县住建局"城建惠民"党建服务项目等5个党建服务项目获评县级机关三星级党建服务品牌；县委党校"红色讲坛"党建服务项目、县检察院"一站服务、阳光检察"党建服务项目、县农业农村局"园区基地、党旗飘飘"党建服务项目、县公安局"'一站式'服务便民生"党建服务项目、县人社局"就业无障碍，服务零距离"党建服务项目、县人大机关"服务代表，履职为民"党建服务项目、县水务局"真情似水"党建服务项目、县工信局"荷乡系强企、服务做大做强"党建服务项目、县民政局"民政为民"党建服务项目、县法院"'党建+业务'点亮多元解纷司法服务新动能"党建服务项目等10个党建服务项目获评县级机关优质党建服务品牌。12月1日，2021年度县委县级机关党建服务品牌交流评审会召开。会上，申报县级机关三星级党建服务品牌的9家机关部门和单位、申报县级机关优质党建服务品牌的6家机关部门和单位，围绕品牌标识释义、品牌建设措施、品牌服务成效等内容分别作PPT展示，与会人员进行现场评审打分。在疫情防控工作中，县委县级机关工委发挥机关党员先锋模范作用，成立疫情防控行动党支部509个，机关党员干部被安排担任社区区位长、网格长、楼栋长和点位长人数共3211人，按照"定岗、定责、定人"要求，协助社区顺利完成"七点行动"、全民核酸检测集中采样等工作。县委县级机关工委开展认领"微"心愿、参与"微"志愿"两微"行动，机关党员干部156人投身到92项"微"心愿行动中，办结率90%；组织机关党员干部开展无偿献血活动，全年累计献血人数228人次、献血量8万毫升。（董　雷）

■廉政建设　年初，县委县级机关工委把党风廉政建设纳入全县机关部门党建年度工作重点，强化隶属党组织"主体责任"和"第一责任人"责任，指导基层党组织书记与领导班子成员签订党风廉政建设责任书，压实"一岗双责"责任。围绕"5·10"党风廉政教育日、"12·9"国际反腐败日等重要节点，指导隶属党组织利用"三会一课"、微信平台、主题党日等渠道，开展形式多样的党风党纪教育、典型案例警示教育、廉政专题党课等活动，引导广大党员时刻绷紧纪律规矩这根弦。邀请县委巡察办分管负责人为236名党员发展对象暨入党积极分子授课，帮助新党员系好"第一粒扣子"。紧盯春节、中秋、国庆等关键节点，加强廉政教育和党风督查，引导党员干部文明过节、廉洁过节。

（董　雷）

对台事务

■概况　2021年，中共宝应县委台湾工作办公室、县政府台湾事务办公室(以下简称"县台办")严格落实走访服务台湾地区客商投资企业(以下简称"台资企业")工作制度，推动省市惠台政策措施落地落实，全力服务台资企业复产复工。全年走访台资企业32家(次)，召开台资企业座谈会、恳谈会和调研会10余次，收集台资企业客商意见和建议23条。截至年底，全县台资企业8家，常住台胞人数19人，台属总户数84户、台属总人数420人。做好全县涉台事务重点、亮点工作宣传报道，全年县台办被国务院台湾事务办公室《台湾工作通讯》杂志采用新闻稿件3篇、《两岸关系》杂志采用新闻稿件1篇、中国台湾网站采用新闻稿件2篇，连续第3年被中共中央台湾工作办公室表彰为"两刊"(即《两岸关系》《台湾工作通讯》)对台宣传工作先进单位。

（张　慧）

■服务台资企业新机制　2021年，县台办牵头县行政审批局、县市场

7 月 13 日，扬州市对台交流基地揭牌仪式在宝应荷园举行

县委统战部/供稿

监管局、县税务局、县应急管理局等28家涉企服务部门成立“宝应县港澳台侨企业服务联盟”，推行“服务专员首问负责制”，实行一次性告知、“一条龙”服务，一次性办结；建立定期走访、定点联系、定人服务，常态化送政策、送法律、送服务“三定三送”服务台资企业新机制，优化全县营商环境。“宝应县港澳台侨企业服务联盟”项目被列为全县“我为群众办实事”实践活动重点项目。至年底，该联盟为全县台资企业办实事20余件。（张 慧）

■台资企业招才引智 2021年，县台办创新台资企业招才引智新模式，组织召开校企合作恳谈会，推进校企合作和产教融合，帮助解决人才招引难、企业用工难等问题。1月27日，县台办、县教育局、宝应经济开发区联合举行皇裕电子科技（扬州）有限公司与县职业教育集团校企战略合作协议签订仪式，在县职业教育集团设立第一届“皇裕班”，为皇裕电子科技（扬州）有限公司量身定制培养人才47人。推动台资企业申报扬州市青年就业见习基地，畅通台资企业高层次人才招引渠道。县台办、县人社局联合组织康而富精密电子（宝应）有限公司、皇裕电子科技（扬州）有限公司2家台资企业赴江苏师范大学举办2021年秋季校园专场招聘会，招聘会共吸引进场咨询高校毕业生300余人，收到毕业生简历120多件，达成就业意向35人；协助康而富精密电子（宝应）有限公司、皇裕电子科技（扬州）有限公司2家台资企业负责人，参加扬州市委台湾工作办公室与扬州工业职业技术学院共同举办的“扬州市台资企业进校园”活动和校企合作恳谈会。此次活动共吸引进场咨询高校毕业生400余人，接收毕业生简历130多件，达成就业意向20多人，当场签订协议人数10人。（张 慧）

■两岸交流互动 2021年，县台办推进宝应与台湾各领域交流与合作，通过组织台胞台属共同诵读中华经典著作、参观爱国主义教育基地、共同体验传统民俗活动等，拉近两岸同胞在情感、心灵、文化等方面认同，形成为实现中华民族伟大复兴共同奋斗的思想共识。3月1日，县台办主办的庆祝中国共产党成立100周年系列活动正式启动。活动为期4个月，组织台胞台属参观爱国主义教育基地、观看红色爱国主义电影、举办“宝应与台湾”主题征文、参加庆祝中国共产党成立100周年文艺汇演等内容。推进中华传统文化教育有机融入中国共产党党史学习教育活动，在台胞台属中开展“学党史、扬传统、共奋进”党史学习教育暨端午节联谊活动。宝应台胞小姐弟曹予晴、曹泽在扬（州）台（湾）青少年美文朗读大赛中分别获少儿组一等奖、少儿组二等奖。加强对台交流平台建设，根据新时期对台工作需要，县台办将“台”元素融入社区基层组织建设，全力打造“两岸同心驿站”，充分发挥社区基层组织服务职能，全面提升台胞台属工作和生活环境质量，秉持“两岸一家亲”理念，为在宝应工作和生活的台胞台属搭建一个立体式网络与实体联谊交流平台。射阳湖镇荷园成功创成“扬州市对台交流基地”。（张 慧）

■台资企业营商环境优化 2021年，县台办结合全县产业发展需求，先后邀请扬州市台湾同胞投资企业协会、太仓市台湾同胞投资企业协会、镇江市台湾同胞投资企业协会组团到宝应开展投资考察；组织镇（区）相关人员赴深圳市、昆山市、镇江市、太仓市等地拜访台商台企，宣传推介宝应经济社会发展状况以及人居环境、投资环境、政策措施等营商环境，提升宝应知名度、美誉度，为宝应与台湾经济合作奠定基础。全面优化营商环境，县台办坚持每年开展服务台资企业专题活动，帮助台资企业排忧解难。皇裕电子科技（扬州）有限公司增资1000万元新建汽车配件项目落地宝应；扬州雄井材料科技有限公司投资项目于7月份竣工，实现当年投产达效，完成开票销售额2000万元。（张 慧）

党校工作

■概况 2021年，中共宝应县委党校（以下简称“县委党校”）举办党员

干部轮训等各类班次 17 期，培训人数 2856 人次；组织到基层单位开展专题宣讲 158 场次。借力优势教育资源，提升农村基层干部学历层次，经多方协调，实现继续与南京农业大学开展合作办学，新开办 2022 级现代农业经济管理大专班、农林经济管理本科班各 1 个班，新招录大专班学员 57 人、本科班学员 88 人，全校在籍学员人数 315 人。（张 雪）

■党员干部培训 2021 年，县委党校坚持把学习贯彻习近平新时代中国特色社会主义思想列入各班次教学计划，突出党史学习教育内容，坚持"三位一体、内外联动、创新方式"学习模式，形式多样开展党员干部教育培训工作。全年先后举办春（秋）季主体班、镇（区）党政及县级部门领导班子"一把手"示范培训班、乡镇新进领导班子成员培训班等主体班次 7 期，全年培训党员干部人数 1000 人次。坚持将"红色"元素融入培训基地，成立扬州市苏中公学研修中心，新编《苏中革命精神及其启示》《华克之传奇》等红色特色课程。县委组织部、县委党校精心设计干部教育培训研学线路 4 条，明确红色实践教学基地 11 个。推进"三库一平台"建设，加快推进优质师资库、精品课程库、咨政智库"三库"建设，充分发挥党校党员干部教育培训资源优势，推进"思想引领、干部教育、学习交流、识人察人"平台建设，实现优质师资和精品课程储备不断提升。至年底，全县优质师资入库人数 428 人，收录精品课 206 个，汇总结项课题 326 项。

联合办班。县委党校与县妇联、县烟草局、县城建集团等部门单位，以及安宜镇、曹甸镇、西安丰镇等镇开展联合办学，先后举办入党积极分子培训班、年轻干部培训班、村级会计培训班、支部书记培训班等培训班共计 10 期，培训党员干部 862 人。（张 雪）

■基层宣讲活动 2021 年，县委党校先后制订 2021 年度春、秋学期宣讲专题"菜单"，选派优秀骨干教师 5 人分别参加江苏省妇女联合会"巾帼党课联盟"、扬州市委理论宣讲团、宝应县"荷乡志愿者"宣讲团、宝应县党史学习教育及习近平"七一"重要讲话精神宣讲团和县妇联"荷韵巾帼"志愿宣讲团举办的理论巡回宣讲活动 158 场次，受训人数 1 万人次。（张 雪）

■理论研究 2021 年，县委党校组织教师围绕学习贯彻习近平新时代中国特色社会主义思想和党的十九届系列全会精神开展理论研究活动，全年共结项省级课题 3 项、市级课题 12 项，县级课题 18 项，其中 3 项课题获县委、县政府主要负责人批示。推选参加扬州市哲学社会科学联合会理论课题评比，获一等奖 1 项、二等奖 2 项；参加政协扬州市委员会研究会论文评比，获三等奖 1 项；参加县社科联优秀论文评比，获一等奖 2 项、二等奖 3 项、三等奖 2 项。组织参加江苏省委党校、扬州市委党校举办的建党 100 周年征文竞赛，获省级奖项 1 篇、市级奖项 6 篇。6 月 21 日，扬州市委党校系统庆祝建党 100 周年理论研讨会暨科研协作会议在县委党校召开。全市党校系统参加此次理论研讨会评比的论文共计 203 篇，经专家组评审，评选出优秀论文 60 篇，县委党校获评优秀论文 6 篇。县委党校围绕宣传贯彻县委、县政府中心工作，做好习近平新时代中国特色社会主义思想和党的十九届系列全会精神宣传宣讲阐释工作，先后在《宝应日报》刊载有关解读文章 24 篇，在县广播电视总台播发理论宣讲专题节目 7 期。全年县委党校在省市级刊物上发表理论调研文章 12 篇。（张 雪）

12 月 8 日，宝应县委党校"红色书房"正式对公众开放 县委党校/供稿

老干部工作

■概况 至年底，全县离休干部 83 人，比上年减少 11 人。其中享受地市级待遇离休干部 1 人、享受县处级待遇离休干部 33 人、享受科级待遇离休干部 49 人；按管理权限分，县直单位离休干部 70 人、垂直系统离休干部 11 人、易地安置在宝应离休干部 2 人。2021 年，中共宝应县委老干部局（以下简称"县委老干部局"）以习近平新时代中国特色社会主义思想和党的十九大精神为指导，加强离退休干部思想政治建设和党组织建设，做好离退休干部生活服务保障工作，引导离退休干部为党和人民事业增添正能量，提升老干部活动中心、老年大学"两个阵地"建设水平，丰富离退休老干部精神文化生活，推进落实离退休干部

工作各项任务。山阳镇机关老干部党支部获评江苏省“百佳”离退休干部党支部。（凌 玲）

■离退休干部政治生活 2021年，县委老干部局、县委离退休干部工委坚持围绕建党百年主题主线和离退休干部党的建设工作要求，加强离退休干部思想政治建设和组织体系建设，为离退休干部党的建设高质量发展打牢坚实基础。2月3日，宝应县召开2021年春节老干部情况通报会。扬州市副市长、宝应县委书记王道霄向原担任副县职以上老干部通报宝应县“十三五”期间和2020年经济社会发展情况，“十四五”规划经济社会发展目标，以及2021年主要工作任务。举办“永远跟党走，助力新征程”主题活动，开展老干部志愿服务、唱“红”歌“云”祝福、组织文艺汇报演出、征集建党百年主题征文、展出诗歌书画摄影作品、讲述党员先锋故事，营造庆祝建党百年浓厚氛围。组织县委、县人大、县政府、县政协原“四套班子”离退休老领导到柳堡镇夏凤山烈士纪念馆、柳堡“二妹子”民兵连活动中心，扬州市“中国大运河博物馆”等场馆学习参观，让离退休老干部重温红色革命历史，坚定革命理想信念。12月24日，县委组织部、县委老干部局联合举办“初心如磐·赓续前行”县管干部荣誉退休仪式，增强退休干部荣誉感、仪式感和归属感，引导退休干部发挥正能量，继续为党和人民的事业作贡献。落实老干部政治待遇，全县为离退休干部、在城部门副科职以上退休干部订阅政治学习刊物仅《银潮》杂志就达594份。（凌 玲）

■老干部生活待遇落实 2021年，县委老干部局建立健全离退休干部相关生活保障机制，根据上级文件精神和统一部署，适时调整提高离休干部生活补贴标准和离退休干部高龄护工费标准；落实离休干部医疗待遇保障政策，全县明确享受副省（部）长级医疗待遇的离休干部1人、符合按照副省（部）长级标准报销医疗费的离休干部6人。继续做好离休干部家庭医生签约工作，推进离休干部家庭医生精细化、个性化、亲情化服务质量提升，全年帮助离休干部78人与家庭医生签订服务合约。（凌 玲）

■离退休干部党建活动 2021年，县委老干部局、县委离退休干部工委结合全县党史学习教育活动，坚持线上线下互相联动，实现“红色元素”和离退休干部党建工作有机融合；举办“回望百年路，助力新征程”主题党日活动，通过参观先进党建工作阵地、观看党建工作微视频、开设党建工作专题党课、组织党建工作座谈交流，推进各离退休干部党支部和党员形成争先创优局面；召开“我看建党百年新成就”专题调研座谈会，听取离退休干部对中国共产党成立100周年来取得伟大成就的心理感受，坚定“听党话、感党恩、跟党走”信心和决心；制订印发《全县2021年离退休干部党建工作要点》，为离退休干部党建工作目标化推进提供指引；印发《全县离退休干部党组织建设质量提升行动实施方案》，联合县委组织部走访12个镇（区）和部门，通过查看台账、座谈交流等方式，加强提醒和指导；召开党建工作推进会，反馈面上问题，发放工作建议函，反馈个性问题；印发《关于进一步规范全县离退休干部党员组织生活的通知》，全面推进离退休党支部规范化建设。县委老干部局加强信息报道工作，《“一进三学”推动离退休干部党支部建设规范化、标准化》《小故事激活银发党员“为霞”力量》等信息被“学习强国”平台、《扬州日报》和省、市委老干部局公众号采用。（凌 玲）

■离退休干部作用发挥 2021年，县委老干部局充分发挥离退休干部党组织政治核心和战斗堡垒作用，组织开展“两在两同”建新功行动和“银发生辉·情溢荷乡”老干部志愿服务活动，引导广大离退休老干部发挥政治优势、经验优势、威望优势和专业技术特长；协助扬州大学离退休干部党组织与射阳湖镇共建“五老”（即老干部、老战士、老专家、老教师、老模范）志愿服务基地，发挥自身优势，结合当地资源开展志愿服务、助力乡村振兴；举办“开展新征程，银发再出发”老干部志愿服务活动，组织政策宣讲、科技、法律、

6月25日，宝应县举办“身边的榜样，银发的力量”庆祝建党100周年活动 县委老干部局/供稿

文化艺术、卫生、关心下一代、基层治理等7支老干部志愿者服务队深入医院、学校、社区、敬老院等开展志愿服务;全年举办科普大讲堂、党史宣讲、送科技下乡等活动76场(次),“五老”志愿者参与人数68人,服务对象7000人次。提升离退休干部党组织骨干力量能力素质,全年举办离退休干部党支部骨干培训班3期,培训人数200人次;举办“身边的榜样、银发的力量”庆祝中国共产党成立100周年离退休党员干部故事会,通过讲述身边的榜样故事,进一步激发党员先锋模范作用。 (凌 玲)

宝应县人民代表大会

综 述

■**概况** 2021年,宝应县人民代表大会常务委员会(以下简称“县人大常委会”)以习近平新时代中国特色社会主义思想为指导,贯彻落实党的十九大和十九届历次全会精神,分层级、多形式组织开展党史学习教育,紧扣全县工作大局依法履职;面对复杂多变的疫情防控形势,深入一线督查落实各项防疫措施,主动参与人员排查、隔离管控、核酸检测、疫苗接种等工作,筑牢疫情防控安全防线,全年各项工作取得新成效。县人大常委会全年召开常委会会议8次、主任会议12次,听取审议专项工作报告32项,组织代表视察7次,开展执法检查2次、专项工作评议1次,作出相关决议决定7项,圆满完成宝应县第十六届人民代表大会第五次会议确定的目标任务。 (居梦雅)

■**人事任免** 2021年,县人大常委会坚持党管干部与人大依法任免相结合原则,严格执行任前法律知识考试、拟任职发言、宪法宣誓等程序,强化拟任职人员宪法意识和责任意识,全年共依法任免县人大常委会和“一府一委两院”工作人员65人次。其中,县人大常委会工作人员8人次,县政府及其职能部门工作人员25人次,县监委工作人员8人次,县法院、县检察院工作人员24人次。

宝应县第十六届人大常委会第三十六次会议决定接受杨林因工作需要辞去县政府副县长职务的请求,决定任命梅灯昌为县政府副县长;宝应县第十六届人大常委会第三十八次会议决定接受陆安亚、沈伯宏、王辉森因工作需要辞去县政府副县长职务的请求,决定任命周正威、丁子建为县政府副县长,接受闫伟因工作需要辞去县监委主任职务的请求,任命陈坚为县监委副主任,并决定其代理县监委主任职务;宝应县第十六届人大常委会第四十次会议决定接受张小辉因工作需要辞去县政府县长职务的请求,决定任命胡晓峰为县政府副县长,并代理县长职务;宝应县第十六届人大常委会第四十一次会议决定接受陆杰因工作需要辞去县政府副县长职务的请求,决定任命张绍文为县政府副县长。

(居梦雅)

■**换届选举** 2021年,县人大常委会贯彻落实习近平关于做好县乡人大换届选举工作的重要指示和中央以及省、市、县委关于人大换届选举文件精神,多次召开选举工作相关会议,严密部署,精心指导,加强全过程监督,依法有序进行换届选举工作。10月11日,宝应县召开县、镇两级人大换届选举工作会议,按照中央和省、市委部署要求,全面部署县、镇两级人大换届选举工作。同日,县选举委员会召开第一次会议,研究确定县选举委员会办公室及各组正、副组长名单;批准设立县直六大口和宝应经济开发区选举工作领导小组;讨论通过县、镇两级人大换届选举工作计划、选举日期和日程安排;通报县人大代表具体分配到各镇(区)、县直六大口的代表名额和县人大常委会确定的各镇人大代表总名额;研究确定县、镇两级人大代表换届选举选民登记核对办法。10月25日,县选举委员会召开第二次会议,通报县人大常委会主任会议成员联系督导县、镇两级人大代表换届选举工作安排情况,通过选区划分和代表名额分配情况,决定各选区选举工作小组成员名单。11月21日,县选举委员会召开第三次会议,讨论政党提名的县人大代表候选人名单。12月6日,县选举委员会召开第四次会议,讨论确定县第十七届人民代表大会正式代表候选人名单,通过《宝应县选举委员会关于召开代表候选人与选民见面会的规定》。划分选举县级人大代表选区137个、镇级人大代表选区516个,全县共登记选民74万余人。12月15日,全县选民通过选举大会、投票站、流动票箱等方式,依法选举产生县级人大代表313人、镇级人大代表1183人。 (居梦雅)

重要会议

■**县第十六届人民代表大会第五次会议** 1月13—15日,宝应县第十六届人民代表大会第五次会议在县城举行,大会应到代表304人,实到代表282人。会上听取并审议县人大常委会、县政府、县法院、县检察院工作报告,并作出相应决议;审查和批准《宝应县国民经济和社会发展第十四个五年规划纲要(草案)》《宝应县2020年国民经济和社会发展计划执行情况与2021年计划(草案)的报告》;审查《宝应县2020年预算执行情况与2021年预算(草案)的报告》,批准2021年县本级预算;补选陈金荣为县第十六届人大常委会主任,吴建志、谢存道为县第十六届人大常委会副主任,张小辉为县政府县长,茆小松为县检察院检察长,周伟、夏兴丹为县第十六届人大常委会委员。通过县第十

六届人大监察和司法委员会主任委员人选。 （居梦雅）

■县第十六届人大常务委员会会议

1月8日，宝应县第十六届人大常委会第三十六次会议在县行政会议中心三楼1号会议室举行。会上讨论通过关于召开县第十六届人大第五次会议有关事项；听取并审议《县第十六届人大代表资格审查委员会关于代表变动情况和补选代表资格审查的报告（草案）》，确认补选代表资格有效；补选扬州市第八届人民代表大会代表；审议并通过有关人事任免和辞职事项。

3月22日，宝应县第十六届人大常委会第三十七次会议在县行政会议中心三楼1号会议室举行。会上传达学习第十三届全国人民代表大会第四次会议精神；讨论通过县人大常委会2021年工作要点和议题安排；听取并审议《县人民政府关于2020年度全县环境状况和环境保护目标完成及〈宝应县人民代表大会常务委员会关于加强突出环境问题治理、打好污染防治攻坚战的决议〉执行情况的报告》《关于2020年度县人大常委会审议意见落实情况的报告》；审议并通过有关人事任免和辞职事项。

4月30日，宝应县第十六届人大常委会第三十八次会议在县行政会议中心三楼1号会议室举行。会上审议并通过有关人事任免和辞职事项。

5月28日，宝应县第十六届人大常委会第三十九次会议在县行政会议中心三楼1号会议室举行。会上听取并审议县政府《关于2020年度行政事业性国有资产管理情况的报告》《关于推进乡镇治理体制改革情况的报告》；审议并通过有关人事任免事项。

7月27日，宝应县第十六届人大常委会第四十次会议在县行政会议中心三楼1号会议室举行。会上听取并审议县政府《关于2021年上半年国民经济和社会发展计划和预算执行情况的报告》《关于2020年县级决算草案的报告》《关于2020年县级预算执行和其他财政收支情况的审计工作报告》《关于〈中华人民共和国固体废物污染环境防治法〉贯彻实施情况的报告》《关于〈江苏省优化营商环境条例〉贯彻实施情况的报告》；审查批准2020年县本级决算；审议并通过有关人事任免和辞职事项。

9月28日，宝应县第十六届人大常委会第四十一次会议先后在县行政会议中心三楼1号、2号会议室举行。上午，会上听取并审议县政府《关于强化工业重大项目招引和建设情况的报告》《关于安全生产"一法一条例"执法检查后整改落实情况的报告》；通过《宝应县人民代表大会常务委员会关于推行县民生实事项目人大代表票决制工作的决定》《宝应县民生实事项目人大代表票决制实施办法》《宝应县人民代表大会常务委员会关于加强和支持检察公益诉讼工作的决定》《关于全县县、镇两级人民代表大会换届选举问题的决定》《关于任命县、镇两级选举委员会组成人员的议案》；听取并审议全县义务教育发展情况和县农业农村局主要负责人履职情况的报告，并进行满意度测评；审议并通过有关人事任免和辞职事项。下午，会议专题听取县政府关于县人代会确定的目标任务、重点工作、民生实事推进情况的报告，开展"面对面"询问并进行满意度测评。

11月30日，宝应县第十六届人大常委会第四十二次会议在县行政会议中心三楼1号会议室举行。会上听取县政府《关于在全县公民中开展法治宣传教育的第八个五年规划（2021—2025年）》起草说明；听取并审议县政府《关于县第十六届人大第五次会议以来代表建议办理工作情况的报告》《关于法治政府建设情况的报告》《关于〈扬州市河道管理条例〉贯彻实施情况的报告》；通过《宝应县人民代表大会常务委员会关于开展第八个五年法治宣传教育的决议》和《关于废止〈关于进一步做好计划生育工作的决议〉〈关于宝应县计划生育若干政策规定的实施细则〉的决议》的决定；审议并通过有关人事任免事项。

12月30日，宝应县第十六届人大常委会第四十三次会议在县行政会议中心三楼1号会议室举行。会上听取并初审2021年国民经济和社会发展计划和预算执行情况及2022年国民经济和社会发展计划和预算初

7月27日，举行宝应县第十六届人大常委会第四十次会议任命人员宣誓仪式 县人大办/供稿

步安排方案的报告；听取并审议县政府关于2020年县级预算执行和其他财政收支审计问题整改情况的报告；审查和批准县级预算调整方案；通过关于召开宝应县第十七届人民代表大会第一次会议的决定；追认县人大常委会主任会议接受县、镇选举委员会相关成员辞职请求的决定；听取并审议县第十七届人大代表资格审查报告，确认资格有效代表313人。 （居梦雅）

■县人大常委会主任会议 2021年，县人大常委会召开有议题的主任会议3次，分别听取县政府《关于继续推进农村人居环境整治提升情况的报告》《关于加快推进公共文化服务体系建设情况的报告》《关于加强古城保护和利用情况的报告》；听取县法院《关于推进金融审判工作情况的报告》；听取县检察院《关于公益诉讼工作情况的报告》。

（居梦雅）

人大监督

■经济发展监督 2021年，县人大常委会密切关注全县经济运行情况，把监督重点放在促进经济平稳高质量发展上，听取审议县政府关于国民经济社会发展计划和预算执行情况的报告，支持县政府优化产业布局、夯实财源税基、统筹经济社会发展。听取审议同级审计情况报告，实施审计事项整改闭环管理。持续开展“面对面”询问活动，推进县人代会确定的县政府年度各项目标任务完成。实施全县优势特色农业产业发展工作评议意见落实情况跟踪检查，提出“注重打造特色园区、精品工程、亮点项目，发挥龙头企业带动作用，加速农业一二三产业融合发展”相关建议。组织代表视察全县现代服务业项目，支持加快转型升级、优化发展环境，打造现代物流特色产业。强化国有资产管理监督，专题审议全县行政事业性国有资产管理报告，建议摸清资产情况、健全监管体系，提升行政事业性国有资产使用效益。 （居梦雅）

■营商环境监督 2021年，县人大常委会支持县政府落实坚持“项目为王”、优化营商环境相关举措，听取审议县政府《关于工业重大项目招引和建设情况的报告》，提出“突出税源导向和‘亩均论英雄’（即将农业领域‘亩产’概念引入工业领域进行效益评价，以最小资源环境代价获得最大效益产出）理念，进一步增强招商引资实在度，加快项目建设进度、加大服务保障力度”等意见。组织部分市县人大代表到相关招商企业视察，帮助谋求发展、纾解难题，实施帮办服务。加强营商环境监督，检查全县贯彻实施《江苏省优化营商环境条例》相关情况，督促县政府及相关部门采取有效措施，提供更加精简高效的审批服务和更加便捷智能的政务服务体系，为“开放宝应”提供更好营商环境。 （居梦雅）

■环境保护监督 2021年，县人大常委会践行习近平生态文明思想，连续第4年审议县政府年度环境状况和环境保护目标完成情况，开展“打好污染防治攻坚战”决议落实情况跟踪检查，全县生态环境质量持续向好。重视固体废物污染防治工作，开展《中华人民共和国固体废物污染环境防治法》专项执法检查，梳理排查出相关问题5大类21项转交县政府及有关部门和单位实施整改；督促提升固体废物污染处置能力，提高固体废物污染治理成效。开展《扬州市河道管理条例》贯彻实施情况专项检查，建议县政府实行多元投入，加强队伍建设，严格执法监管，落实河道管护长效措施。召开主任会议专题听取县政府《关于农村人居环境整治提升工作的报告》，督促县政府统筹推进全县农村人居环境整治提升五年行动计划，科学编制“多规合一”村庄布局规划和整治规划，加大生活垃圾、污水、农业废弃物等整治力度，加快美丽乡村建设步伐。 （居梦雅）

■民生实事监督 2021年，县人大常委会以民生关切为落脚点，围绕办好人民满意教育宗旨，开展全县义务教育工作评议活动，要求县政府、县教育局加强师资能力素质培养，严格落实“双减”政策，构建“德智体美劳全面发展”教育体系，优质均衡发展义务教育。召开主任会议听取县政府《关于加快推进公共文

6月24日，县人大常委会组织视察全县垃圾分类治理情况

县人大办/供稿

化服务体系建设情况的报告》，提出“多元化增加公共文化产品和服务供给，提高公共文化服务水平和精准度，满足人民群众日益增长的文化需求”建议。专题听取县政府《关于古城保护利用实施情况的报告》，建议县政府及相关部门和单位摸清古城家底，深挖文化内涵，编制具有独特性、完整性、原真性古城保护利用规划，构建“以政府为主导、市场为主体、居民为主人”保护利用机制。县人大常委会还就垃圾分类治理、城乡养老服务、城市建设管理、民生实事办理等工作，组织代表视察、开展评议。（居梦雅）

■**法治建设监督** 2021年，县人大常委会听取并审议县政府《关于法治政府建设情况的报告》，督促县政府及其部门增强依法行政意识，规范行政决策和行政执法行为，压实法治政府建设责任。支持县政府从社会治理体制改革入手，加快职能转变、推进深度融合、激发改革热情，并提出建设性建议。召开主任会议专题听取县法院《关于金融审判工作情况的报告》，建议其加强源头治理，培养专门力量，提升审判质效。组织代表深入基层法庭视察，要求其聚焦主业、延伸职能、司法为民、助推发展、促进和谐。听取县检察院《关于公益诉讼工作情况的报告》，作出加强和支持检察公益诉讼的决定，建议其发挥法律监督职能，提升公益诉讼知晓度，有效开展公益诉讼工作。（居梦雅）

建议督办

■**概况** 2021年，县人大常委会着力提升人大代表建议办理质量，提高代表建议落实解决率。全年，县人大常委会共收到人大代表议案、建议、批评和意见177件，其中县人大常委会主任会议研究确定的建议36件转为重点代表建议。在重点代表建议办理过程中，根据县委书记批示要求，由县人大常委会主任会议成员及各委办室负责人对口督办，县政府常务会议成员及相关部门主要负责人牵头办理。至年底，36件重点代表建议全部办答完毕。（居梦雅）

■**“关于进一步完善宝应高铁站往返城区接驳交通”建议督办** 县人大代表王春城等10人在宝应县第十六届人民代表大会第五次会议期间提出“关于进一步完善宝应高铁站往返城区接驳交通”的议案被确定为重点建议。县政府、县交运局高度重视，支持宝应县益民公共交通公司优化公交运营线路，配备公交运营车辆和司机。县益民公共交通公司根据建议办理要求，将新购置的纯电动公交车42辆，全部投放到城乡新增公交线路上运营。至年底，全县共有通达宝应高铁站公交路线10条，其中宝应高铁站为始发站公交路线7条；从宝应高铁站直接发往11个镇公交线路（含途经站前广场公交站台）日均发出车次350班次。（居梦雅）

■**“关于推动宝应乡村振兴，促进城乡融合发展”建议督办** 县人大代表夏兴丹等10人在宝应县第十六届人民代表大会第五次会议期间提出“关于推动宝应乡村振兴，促进城乡融合发展”的议案被确定为重点建议。县政府召开第十六届第三十四次常务会议进行专题研究，听取县农业农村局有关工作情况汇报。近年来，宝应县推进城乡产业融合发展，以农业为基础，通过产业联动、资源利用、技术渗透、机制创新等方式融入新业态，实现农业转型、农村发展和农民增收。2021年，全县新建高标准农田面积1933公顷，新增有机农业面积381.47公顷，改造渔业生态养殖面积1000公顷。粮食生产综合单产水平在全省领先，获评“全国粮食生产先进集体”。实施现代农业规模项目20个，新增绿色有机农产品13个，新培育市级以上农业产业化龙头企业16家。实现休闲农业综合收入3亿元，农产品网上销售额比上年增长20.5%。通过“江苏省农产品质量安全县”检查验收，全县纳入江苏省农产品质量追溯平台农业生产主体2673家。继续落实“三保五助”帮扶政策，农村危房保持动态清零。（居梦雅）

■**“关于进一步健全事实孤儿保障体系”建议督办** 县人大代表曹仲平在宝应县第十六届人民代表大会第五次会议期间提出“关于进一步健全事实孤儿保障体系”的建议被确定为重点建议。县民政局先后多次专题研究困境儿童保障工作，制订困境儿童保障政策，明确困境儿童分类认定及保障标准，采取分类保障实施办法，确保困境儿童应保尽保，有效提升和改善困境儿童生活保障水平。至年底，全县纳入困境儿童保障范围人数410人、其中孤儿77人，全年发放困境儿童生活补贴金额共300万元。（居梦雅）

表3 宝应县人民代表大会第十六届第五次会议重点代表建议一览表

建议内容	提出人	编号
关于进一步完善宝应高铁站往返城区接驳交通的议案	王春城等10人	议案第1号
关于推动宝应乡村振兴，促进城乡融合发展的议案	夏兴丹等10人	议案第6号

续表

建议内容	提出人	编号
关于进一步加强耕地土壤污染防治的议案	梁永晔等 10 人	议案第 7 号
关于出台招引、留住基层人才相关政策的议案	王秉元等 11 人	议案第 19 号
关于乡镇腾笼换鸟盘活低效企业的建议	吴建平	建议第 3 号
关于建立以商招商激励机制，推动宝应经济高质量发展的建议	戴　倩	建议第 4 号
关于加强招商引资优惠政策落实的建议	叶季青	建议第 5 号
关于整合部门力量，加大力度处置转换低效工业企业用地的建议	姚绍瑜	建议第 6 号
关于加强县内企业流动管理的建议	耿书彬	建议第 7 号
关于加大对现有工业企业帮扶力度的建议	江振海	建议第 8 号
关于加强城区学校周边交通管控与整治的建议	郜文宇	建议第 10 号
关于加大耕地保护力度，保障粮食安全的建议	沈德华	建议第 33 号
关于加快建设“国家级现代农业产业示范园区”的建议	陈喜育	建议第 39 号
关于对农业经营主体加大引导扶持力度的建议	蔡忠顺	建议第 42 号
关于加大县管河道清理力度的建议	郁学林	建议第 46 号
关于加大运河路风光带建设力度的建议	周士梅	建议第 49 号
关于加强城区主次干道车辆停放管理的建议	秦业平	建议第 60 号
关于尽快实施工业固废集中处置的建议	陈恒如	建议第 66 号
关于对城区农贸市场进行规划的建议	王　亮	建议第 67 号
关于加大对城区烧烤店、饭店污油泔水排放监督管理力度的建议	葛少兵	建议第 71 号
关于开展高层建筑消防安全知识培训的建议	许　军	建议第 74 号
关于开展优秀国产电影进校园的建议	王　忠	建议第 94 号
关于实施优质教育资源共享的建议	史永富	建议第 99 号
关于延长中小学生在校时间的建议	陶爱华	建议第 103 号
关于加强基层农村医院医疗水平监管的建议	陈金萍	建议第 106 号
关于加快解决农村合作医疗卡县内一卡通报销问题的建议	于子洲	建议第 109 号
关于加强我县青少年近视防控工作的建议	蔡忠顺	建议第 110 号
关于解决乡镇的企业用工难的建议	闵宽宝	建议第 115 号
关于加快殡葬改革项目建设的建议	华　香	建议第 119 号
关于进一步健全事实孤儿保障体系的建议	曹仲平	建议第 122 号
关于对检察公益诉讼工作给予关心支持的建议	吉咸斌	建议第 139 号
关于强化基层人大工作人员学习提升的建议	张红梅	建议第 141 号
关于加强餐饮业外卖服务监督管理的建议	万丽莉	建议第 142 号
关于加强普法教育，培育公民新时代法治观的建议	祁忠国	建议第 144 号
关于加强农村普法宣传工作的建议	董玉龙	建议第 145 号
关于强化队伍建设，提高网格化工作实效的建议	陈　超	建议第 148 号

（居梦雅）

宝应县人民政府

综 述

概况 2021年，面对复杂严峻的国内外形势和新冠肺炎疫情的严重冲击，全县上下以习近平新时代中国特色社会主义思想为指导，贯彻落实党的十九大和十九届历次全会精神，坚持人民至上、生命至上宗旨，全面落实“外防输入、内防反弹”各项措施，扎实推进经济社会高质量发展，“强富美高”新宝应建设取得新进展。全年实现地区生产总值840亿元，增长6.5%；完成一般公共预算收入25.14亿元，其中税收收入19.48亿元；全社会固定资产投资增长6.5%，消费品零售总额增长6%；城乡居民人均可支配收入分别增长9.8%、12%。全县疫情防控实现零传播、零感染、零病例。

经济建设。现代农业稳步推进，实现农产品网上销售额比上年增长20.5%。粮食生产综合单产水平在全省领先，获评“全国粮食生产先进集体”。全年新建高标准农田面积1933公顷，新增有机农业面积381.47公顷，改造渔业生态养殖面积1000公顷。实施现代农业规模项目20个，新增绿色有机农产品13个，新培育国家农业产业化龙头企业1家、江苏省农业产业化龙头企业3家。工业经济提质增效，全年完成工业开票销售额945亿元；全县规模以上工业企业实现产值730亿元，新增规模以上工业企业90家，获评“国家专精特新小巨人企业”4家、国家“两化”融合贯标企业4家。完成建筑业施工总产值700亿元、增长7.5%。现代服务业提档升级，全年完成服务业增加值344亿元、增长7%，新增规模以上服务业企业26家、税收过1000万元服务业企业8家；韵达物流(江苏)总部基地第一期项目建成投运，新增“江苏省重点物流基地”1家，获批“全国电子商务进农村综合示范县”；创成江苏省乡村旅游重点村1个，宝应荷园通过国家AAAA级旅游景区评审。坚持项目为王，制订出台全县制造业及生产性服务业招商引资奖励办法，全年举办各类小型招商活动36场、“云签约”招商活动12场，新签约重大项目27个、1亿元以上项目52个，新开工建设重大项目11个、竣工15个、达产14个。加快对外开放步伐，全县实现外贸进出口额9.2亿美元、增长20.1%，实际外资到账金额1.5亿美元，全县完成直接对外投资3469万美元。坚持改革赋能、创新驱动，实现工程建设项目全流程线上审批，宝应县跻身“全国营商环境百强县”。进一步规范政府投资项目、国有企业投融资和借款担保行为，政府性债务得到有效管控。全县获批国家高新技术企业54家、国家科技型中小企业211家、江苏省农业科技型企业3家。新增发明专利授权151件，县内企业参与制订国家标准7项。

城乡建设。坚持完善功能、提升品质，城乡建设统筹推进，全县国土空间规划近期实施方案编制通过审批。推进“全国文明城市”创建，实施城市道路、桥梁建设和改造，完成泰山路、宝胜路、北河路和运河路中段黑色化改造，白田路、淮江大道南延工程主体完工，东阳路跨宝射河大桥主桥合龙。实施城市老旧小区改造面积23.2万平方米、改造棚户区及危旧小区房屋1324套。新(改)建城乡各类公园11个。餐厨废弃物处理中心全面投运，全县垃圾分类集中处理率85%。完善镇村功能，全县实施镇村“三个一”“五个一”工程项目52个、整治疏浚农村河道20条，创成江苏省特色田园乡村2个、扬州市美丽宜居村庄10个。实施农村道路建设，全年新建农村公路51千米，完成县道大中修长度32千米，改造道路危桥10座，S331射阳湖段至鲁垛段连接线建成通车。生态环境质量不断提升，新建各镇空气自动监测站12个，空气优良天数比率81.1%、$PM_{2.5}$年均浓度降至每立方米32微克。宝应湖备用水源地工程建成通水，完成氾水污水处理厂第二期扩建项目、运西污水处理厂提标改造项目，全年铺设城乡污水管网55千米，全县列入国家和江苏省考核断面水质优Ⅲ达标率100%。贯彻江苏省2021年第1号总河长令，建成“幸福河湖”2条；“国家县域节水型社会”创建工

2021年，全县获评“扬州市美丽宜居村庄”10个。图为射阳湖镇赵勤村

射阳湖镇/供稿

作通过江苏省水利厅达标验收。全面推行“林长制”工作，全年完成绿化造林面积206.67公顷、修复湿地面积53.33公顷，全县建成江苏省绿美村庄8个。

社会民生。民生福祉日益增进，全县新（改）建普惠制幼儿园3所、义务教育定点中小学校2所、普通高级中学3所。有效落实“双减”政策，全县中、高考考成绩达线人数继续保持全市第一方阵。全县改造提升镇文体活动中心2个、建成村（社区）文化大舞台13个，新建健身步道60千米。成功举办宝应县第十四届运动会，宝应县获得“首批全国县域足球典型”称号。提高疫情防控应急处置能力，建成PCR实验室5个，实现单日最大检测能力4.5万管。“国家卫生县城”创建工作通过复审，入选“全国科普示范县”创建名单。保障体系更趋完善，全年新增城镇就业人数7100人，医疗、工伤、失业等保险基金减征数额1.24亿元，扶持自主创业人数3119人，新增城镇职工“四险”参保人数1.77万人次。全县建成颐养示范社区4个，适老化改造家庭300户。实现低收入人口和经济薄弱村经济收入“双增收”，在全市率先达成村企联建全覆盖。加强社会综合治理，常态化开展扫黑除恶，全年化解涉法涉诉纠纷3314件，圆满完成建党100周年大庆等重大活动安保维稳任务。（朱　昱）

■县政府常务会议　2021年，县政府共召开常务会议6次。3月29日，县长张小辉主持召开县政府第十六届第三十二次常务会议。集中学习《中国共产党第十九届中央纪律检查委员会第五次全体会议公报》《中华人民共和国行政处罚法》和全国安全生产电视电话会议精神，以及江苏省省长吴政隆批示要求；讨论研究《宝应县优化营商环境二十条》《关于宝应县生态文明建设规划编修情况汇报》《全县食品安全工作情况汇报》等事项。

4月25日，张小辉主持召开县政府第十六届第三十三次常务会议。听取县司法局关于法治政府建设工作以及《宝应县2021年法治政府建设工作要点》有关情况汇报。讨论研究《宝应县建筑（装饰装修）垃圾资源化利用处理中心项目特许经营实施方案》《关于加快推进全县制造业高质量发展的意见》《关于鼓励工业企业技术改造的意见》《关于扶持宝应县中小微企业发展的意见》《关于加快全县创新型经济发展的实施意见》《关于促进开放型经济高质量发展的实施意见》等事项。

6月29日，张小辉主持召开县政府第十六届第三十四次常务会议。集中学习《中国共产党组织处理规定（试行）》《防范和处置非法集资条例》和全国安全生产会议及省、市安委会会议精神。

9月14日，代县长胡晓峰主持召开县政府第十六届第三十五次常务会议。集中学习习近平在中央党校（国家行政学院）中青年干部培训班开班式上重要讲话精神、《关于贯彻落实党中央决策部署毫不放松抓好新冠肺炎疫情防控监督工作的通知》和《中华人民共和国兵役法》。讨论研究《关于加快推进县城新型城镇化高质量发展的指导意见》《宝应县制造业及生产性服务业招商引资项目引进奖励暂行办法》《提高城乡低保和特困人员生活保障标准方案》《全面推进健康宝应建设实施方案》和《宝应县国有资金使用及债务管理办法》等事项。

11月1日，胡晓峰主持召开县政府第十六届第三十六次常务会议。集中学习《中共中央关于加强对“一把手”和领导班子监督的意见》和全省安全生产电视电话会议精神。讨论研究全县存量土地资源盘活实施方案、不动产登记历史遗留问题实施方案、全面推进林长制实施方案、县长质量奖管理办法和全县企业应急专项资金管理办法等事项。

12月20日，胡晓峰主持召开县政府第十六届第三十七次常务会议。集中学习中央经济工作会议精神。讨论研究《宝应县政府投资工程建设管理办法》《宝应县政府投资项目审计监督办法》《全县国有企业改革三年行动实施方案（2020—2022）》《宝应县电子商务进农村综合示范工作实施方案》和《宝应县“十四五”生态环境保护规划》等事项。（张　健）

■招商引资项目集中签约仪式　4月17日，宝应县举办2021年中国·扬州“烟花三月”国际经贸旅游节全县招商项目集中签约仪式。副市长、县委书记王道霄，县领导张小辉、陈金荣、顾长荣、沈伯宏、王梅峰、吴建志、魏建、于祝君、郝骥、金陵、张倩桦等参加签约仪式。此次共签约各类投资项目35个（含镇签约项目2个），协议投资总额57.85亿元。其中，先进制造业项目24个，协议总投资53.15亿元；现代服务业项目1个、农业产业化项目5个，协议总投资4.7亿元；外商投资项目3个，协议注册外资金额4000万美元。签约仪式上，无锡巨丰复合线有限公司董事长蔡麟等8人被聘任为宝应县“招商大使”。

12月20日，宝应县先进制造业投资项目云签约仪式在宝应农商银行举行。县委书记张小辉致辞，县委副书记、代县长胡晓峰主持云签约仪式。县领导陈金荣、顾长荣、于祝君、姚绍瑜、丁子建、张绍文等参加活动。此次全县14个镇（区）共云签约项目21个，协议总投资额43.1亿元。（朱　昱）

■宝应大讲坛“运河文化带建设”专题讲座　3月26日，县委、县政府举办“宝应大讲坛”活动，特邀全国政协委员、南京大学历史学院教授、博士生导师贺云翱作“大运河文化带

3月26日，宝应县举办"大运河文化带及国家文化公园建设与宝应县文化发展策略"专题讲座　　县融媒体中心/供稿

及国家文化公园建设与宝应县文化发展策略"专题报告。贺云翱对大运河历史文化与大运河文化带建设重要背景、当代价值，以及宝应大运河文化地位认知、宝应大运河文化带和国家文化公园建设方面建议等内容进行细致生动阐述，为更好地保护好、传承好、利用好宝应大运河文化资源，推进宝应大运河文化带建设发挥积极作用。扬州市副市长、县委书记王逍霄，县领导张小辉、陈金荣、顾长荣、沈伯宏、吴建志等参加活动。（朱　昱）

■**宝应县获全国表彰荣誉**　5月27日，国家体育总局办公厅印发《关于公布首批全国县域足球典型的通知》，宝应县名列其中。此次公布首批入选全国县域足球典型县（市、区）共101个，江苏省3个。

8月1日，财政部、商务部、国家乡村振兴局联合印发《关于开展2021年电子商务进农村综合示范工作的通知》（财办建〔2021〕38号），经县（市、区）申报、设区市推荐和省专家组评审，宝应县获批2021年国家电子商务进农村综合示范县。

11月22日，2021年度国家级县域节水型社会达标建设验收县（市、区）名单出台，宝应县榜上有名。

11月25日，中国科学技术协会办公厅印发《关于公布2021—2025年度第二批全国科普示范县（市、区）创建单位名单》（科协办发普字〔2021〕36号），宝应县成功入选。

11月29日，农业农村部乡村产业发展司公示全国农业全产业链重点链和典型县建设名单，全国共有全产业链重点链31个、全产业链典型县63个。宝应县入选"水生蔬菜全产业链典型县"名单。

12月7日，中国社会科学院财经战略研究院发布2021年全国营商环境百强县（市）排名，宝应县位列第63名。（朱　昱）

综合政务

■**政府重点工作**　2021年，县政府将全年各项工作目标任务分解为100项，按照预期目标、实体经济、宜居宜业、绿色循环、民生改善等方面内容，分别下达给责任单位34家。根据年终督查，100项重点工作成效明显。（朱　昱）

■**提案和建议办理**　2021年，全年办理扬州市人大代表建议1件，满意率100%，协助办理扬州市人大代表建议2件、扬州市政协委员提案1件。办理县人大代表建议和县政协委员提案358件，答复率100%、满意和基本满意率100%。（朱　昱）

■**"12345"政府公共服务平台**　2021年，宝应县12345政府公共服务平台共受理群众诉求6.59万件，日均受理量约181件，其中办理省、市"12345"平台交办单分别为1412件次、8398件次，"寄语市长"留言1593条；在线解答4.02万件次，向县政府工作部门派发电子工作单2.58万件次，办结率100%，按时办结率99.6%，回访满意率98.8%。（朱　昱）

■**政务督查**　2021年，县政府办公室承办市级督查件28件，开展县领导交办事项专项督查7次，印发督查通知（交办单）13份。全年编发《督查通报》2期、《督查专报》32期，有力推动各项重大决策和重要工作落实完成。（朱　昱）

■**政务信息**　2021年，县政府办公室上报各类信息465条，被国务院办公厅采用信息20条、被江苏省政府办公厅采用信息19条、被扬州市政府办公室采用信息80条。全年公开政府信息2.09万条，其中重点领域信息776条；政府现行继续有效的行政规范性文件19份，需修订的行政规范性文件16份，宣布废止的行政规范性文件12份；受理政府信息公开申请事项108件，均按期答复；未发生涉政府信息公开败诉行政诉讼案件。（朱　昱）

信访工作

■**概况**　2021年，宝应县信访局收到群众来信来访事项1078件（批），其中办理群众来信617件，接待群众来访461批次。全年办理江苏省"阳光信访"信息系统各类信访事项

946件(次)。县委、县政府全力压牢县、镇两级矛盾化解责任,信访总量与上年相比有所下降,信访工作呈现总体向好、秩序规范、质效提升、群众满意良好态势。发挥县委常委(扩大)会议常态研究信访工作、全县月度社会形势研判会专题部署信访工作、县级党政领导定期接访群众、各级领导包案化解重大事项等“四项”制度优势,实现全县信访工作高点谋划、高位部署、高标准推动。全年,县委常委(扩大)会议研究信访工作12次,交办突出问题16件;县级党政领导定期接访群众共计124批次、接访率100%,倾听群众诉求,维护合法权益,提升人民群众满意度。宝应县分别获评2021年度“全省信访工作先进县(市、区)”“全市信访工作先进县”,位列全市信访工作考核第一名;1人获评2021年一季度江苏省信访系统“岗位之星”,1人获评2021年度扬州市“驻京信访工作先进个人”,6人获评2021年度“全市信访工作先进个人”,1人获评2021年度“宝应县文明服务标兵”。(周佳瑞)

■**长效机制优化** 2021年,宝应县县域社会治理领导小组办公室、宝应县信访工作联席会议办公室(简称“县信访联席办”)印发《宝应县基层信访工作融入网格化社会治理的实施办法》(宝信联办〔2021〕5号),借力“大网铁”机制(即信访工作“大数据+网格化+铁脚板”治理机制),推行信访“信息员”、信访事项“代理员”制度,建立就地化解信访矛盾工作机制。县信访联席办印发《宝应县信访工作约谈办法(试行)》(宝信联〔2021〕3号),构建“有权必有责、权责相一致,有责要担当、失责必追究”信访工作责任体系,以责任落实推动信访工作落实。将县、镇两级信访联席会议升级为由党政主要负责人和分管负责人同时牵头的“双召集人”制度,以领导亲自挂帅、示范引领,促进成员单位发挥职能优势、加大会商会办力度,推动矛盾及时化解处置。(周佳瑞)

■**“人民满意窗口”创建** 2021年,县信访局坚持外塑形象、内促服务,全力提升线上、线下2个窗口服务质量,继续推进群众来访接待和网上信访“人民满意窗口”创建工作。在江苏省“阳光信访”信息系统线上平台,严格信访事项办理流程标准,做到信访诉求网上提、信访事项网上办、信访结果网上评;在群众来访线下接待中心,坚持党建引领“人民满意窗口”建设,进一步优化功能区设置,配备人性化便民服务设施,建立党员志愿者服务驿站,设置群众来访接待“党员示范岗”,在岗党员做到佩戴党员徽章、亮身份、晒承诺。县人民来访接待中心、广洋湖镇人民来访接待中心被授予2021年度江苏省信访系统“人民满意窗口”建设质量提升先进单位;全年6个镇人民来访接待中心通过扬州市“人民满意窗口”达标验收考核,实现全县14个镇(区)“人民满意窗口”达标全覆盖。(周佳瑞)

■**矛盾化解** 2021年,县信访局以集中治理重复信访、化解信访积案专项行动为契机,对上级交办的重复信访事项,落实“四定两集中”(即定领导、定专人、定方案、定时限,集中精力、集中时间)责任,逐案化解办结。持续将信访积案常态化化解工作纳入全县2021年度民生幸福工程实施内容,全年化解信访积案10件。结合党史学习教育“我为群众办实事”实践活动,梳理出群众关心关注的“急难愁盼”信访问题10件,机关内党员干部逐一认领包案,全程跟踪推进,按时全部化解。做好重点时期稳定保障工作,坚持预防在先、排查在先、化解在先、处置在先“四先”原则,提高研判处置各类风险隐患的能力,实现综合运用矛盾纠纷多元化解机制,切实将矛盾化解在早、处置在小,为营造和谐稳定社会环境提供有力保障。

(周佳瑞)

人事人才管理

■**概况** 2021年,宝应县人力资源和社会保障局(以下简称“县人社局”)公开招聘事业单位工作人员427人,其中全县教育系统事业单位招录工作人员246人、卫生系统事业单位招录工作人员66人、其他事业单位招录工作人员115人。做好县级事业单位工作人员年度考核工作,把好“优秀”等次比例关,全县事业单位工作人员“优秀”等次获评人数1388人,对连续三年考核“优秀”事业单位工作人员160人记三等功一次。8月30日,县人社局成立宝应县人才储备服务中心,为正股级单位,人员编制15人。该中心具体负责全县整体性人才资源开发规划工作,引进优秀青年干部人才,优化紧缺专业干部人才队伍结构,组织实施毕业生就业指导,提供人才交流服务等。至年底,面向全国“双一流”建设高校、扬州大学等全日制大学本科及以上学历2021年应届优秀毕业生选聘10人。

(杨静波)

■**定向招录** 1月份,全县医疗卫生机构面向新冠肺炎疫情防控一线编外医务人员实行定向招录。援鄂医务人员和医疗卫生机构疫情防控一线编外卫生专业技术人员21人参加定向招录笔试,录用事业单位编制工作人员2人。同时,录用基层事业单位公开招聘“三支一扶”(支教、支农、支医,帮扶乡村振兴、水利、就业和社会保障服务工作)计划服务期满考核合格人员5人。

(杨静波)

■**工资审批** 2021年,县人社局加强事业单位工作人员工资、福利、奖励性绩效工资管理工作。全年办理事业单位工作人员工资转正定级手续人数101人、薪级工资正常调整人数9848人次、工资关系转移人数88人;办理事业人员岗位晋级工资调整人数267人。完成61家部门、乡镇2021年奖励性绩效工资和14个镇(区)658人乡镇补贴标准变动审核。办理全县事业单位工作人员退休审批核定手续人数236人。(杨静波)

■**基础人才引进** 2021年,县人社局先后组织宝胜集团有限公司等40余家企业赴淮阴工学院、江苏海洋大学、徐州工程学院、江苏师范大学等省内外重点高等院校开展校园招聘活动,提供人才需求岗位共600个、人数2800人,达成就业意向500人次。启动实施人力资源"3·15工程",排定不少于15家高等院校,建立常态化对接联系机制,开展大规模职业技能培训。至年底,宝应县与江苏师范大学、徐州工程学院、中国矿业大学3所高等院校达成初步合作意向。(杨静波)

■**技能人才工作** 2021年,县人社局组织省、市高技能人才项目申报工作,扬州市苏域绣皇刺绣研究所付健获评江苏省企业首席技师;扬州尼尔工程塑料有限公司获命名扬州市高技能专项公共实训基地,是宝应县第一家市级高技能专项公共实训基地;宝胜科技创新股份有限公司夏志明获评扬州市企业首席技师、于亮工作室获命名扬州市技能大师工作室。

乡土人才工作。2021年,县人社局组织开展省级乡土人才建设发展项目申报工作,李永政、周必胜、汤祝萍分别获批"江苏省乡土人才大师工作室",李永政工作室获批"江苏省乡土人才示范大师工作室",并获建设奖励资金10万元。

(杨静波)

■**企业新型学徒制培训** 2021年,县人社局实施职业技能提升行动,推进"以招工即招生、入企即入校、企校双师联合培养"为主要内容的企业新型学徒制培训。按照扬州人力资源和社会保障局《关于开展2021年度企业新型学徒制工作的通知》(扬人社〔2021〕36号)要求,对宝胜集团有限公司举办的新型学徒制培训班进行跟班督导,指导学徒制培训工作规范运作,及时整理学员信息资料,组织开展学员职业资格等级认定工作,首批学员102人参加历时1年职业资格等级认定培训,其中88人取得中、高级技工职业资格证书。(杨静波)

■**职业资格等级认定** 2021年,县人社局积极推进职业资格认定工作,稳步提高劳动者就业发展。指导宝胜集团有限公司开展企业自主认定,226人通过企业自主认定取得职业资格等级证书,其中15人取得技师、高级技师证书;协助宝应中专取得16个工种认定资格,在校生近800人通过学校认定取得等级证书。

(杨静波)

外事侨务

■**外事管理** 2021年,中共宝应县委外事工作委员会办公室(设在县政府办公室,以下简称"县外事办")贯彻落实中央和省、市、县各项决策部署,充分发挥外事职能,履职尽责,推进外事服务优质化。做好境内外籍人士管理工作,动员境内外宝应籍人士参加江苏省文学艺术界联合会举办的中文歌曲大赛、江苏省人民对外友好协会举办的"汉字缘"2021国际故事大会和第五届"友城绘"国际青少年绘画展活动等。县外事办做好疫情防控和政策宣传等相关工作,加强与县公安局、县卫健委等部门的联系,了解掌握全县境内外籍人士接种疫苗意向和疫苗接种完成情况;做好境外宝应籍人士服务工作,为境外返宝人员提供签证办理服务,协助相关部门妥善处理宝应籍劳工在阿尔及利亚病故善后事宜。

(朱 昱)

■**外事宣传** 2021年,县外事办围绕中心服务大局,坚持外事工作正确方向,深入开展外事宣传工作。推进外事工作与全县经济发展深度融合,采取"走出去""引进来"方式,聚焦全县重点产业,开展送服务上门活动。县外事办先后走访调研森萨塔科技(宝应)有限公司、扬州盛德工艺品有限公司,了解企业进出口业务中遇到的实际困难,为企业开展新的外事政策宣讲活动;做好APEC(亚太经合组织)商务旅行卡宣传推介工作,通过微信群发布商务卡最新办理细则,热心解答企业提出的各种问题,帮助解决办理过程中遇到的问题,切实为全县外资外贸企业做好服务。全年受理企业申办APEC商务旅行卡咨询2件,帮助4家企业完成APEC商务旅行卡申办。实行防范境外疫情输入与外事工作有机结合,进一步增强底线思维和风险防范意识。整理县内对外承包工程企业和对外投资企业疫情防控情况及投资项目情况,摸排境外宝应籍企业人员疫苗接种情况。推进外事工作"春苗计划"实施,做好风险提醒工作,向宝应县境内外籍人士发送中英双语版《致在扬外籍人士的一封信》,提醒防疫注意事项,宣传防疫成果,体现人文关怀。(朱 昱)

■**侨情调查** 2021年,宝应县归国华侨联合会(以下简称"县侨联")发挥侨务资源优势,凝聚侨智、汇集侨力,加强对外交流合作;围绕"建侨网、汇侨力、凝侨心、护侨益"宗旨开展侨务工作,助力全县经济社会发展大局。根据扬州市归国华侨联合会统一部署,结合疫情防控措施排查、重点人群排查"两排查"工作,县委统战部、县侨联印发《关于在全县开展"侨情调查月"活动的通知》,

启动新一轮侨情调查。经调查统计,全县共有归国华侨 5 人、侨眷(含港澳地区)4205 人、海外留学生及其眷属 1280 人、出国务工人员近 3000 人,分布于世界 40 多个国家和地区。 (乐玉鸿)

■县侨联第三次代表大会 11 月 11 日,宝应县归国华侨联合会第三次代表大会召开。扬州市归国华侨联合会主席杨为民,县委书记张小辉,县委副书记、县长胡晓峰,县人大常委会主任陈金荣、县政协主席顾长荣、县委常委、县委组织部部长、县委统战部部长魏建、副县长丁子建,县侨联第三届委员会全体委员、县民宗局局长、各镇(区)党委统战委员、全县“侨之家”负责人等 130 人参加会议。大会审议通过《凝聚侨界力量,谱写时代华章,为加快“五个宝应”建设而努力奋斗》工作报告,通过《宝应县侨联第二届委员会关于工作报告的决议》《宝应县侨联第三次代表大会关于〈宝应县侨联工作细则〉的决议》;选举产生新一届委员会委员 27 人、常委会委员 15 人、专职主席 1 人、兼职副主席 4 人;韩灵当选为县侨联第三届委员会主席,潘春、吴澎、沈洪、龚艳当选为副主席。

(乐玉鸿)

■“侨心向党”系列活动 2021 年,县侨联在全县归侨侨眷中开展“侨心向党”庆祝建党 100 周年系列活动,组织宝应县侨界朗诵艺术团、县风采侨界艺术团参加县委统战部举办的庆祝中国共产党成立 100 周年文艺演出;与县委宣传部联合举办“礼赞百年华诞,再创盛世辉煌”朗诵会。县侨界朗诵艺术团侨眷 6 人表演的情景朗诵《忠烈英魂》《大辫子姑娘,你在哪里?》等作品,展现出广大归侨侨眷对中国共产党的深厚情谊。举办庆祝中国共产党成立 100 周年暨“侨心向党”主题征文竞赛活动,全县各镇(区)侨联工作站和各社区“侨之家”共收到参赛作品 58 篇,评选出一等奖 2 篇,二等奖 3 篇,三等奖 5 篇。指导各社区“侨之家”开展“侨心赤诚永向党,红色电影进社区”活动,让各社区归侨侨眷和群众在家门口“零距离”享受红色文化带来的视觉盛宴。 (乐玉鸿)

■侨联基层组织建设 5 月 13 日,扬州市基层侨联组织建设深化年现场会在宝应县城召开,全市各县(市、区)侨联主席参加会议。会议强调要切实加强对侨联基层组织建设工作的领导,做到一级抓一级,强化责任落实,强化队伍建设,提高为侨服务水平。扬州市归国华侨联合会主席杨为民,县委常委、县委宣传部部长吴建志共同为“宝应县侨胞之家”揭牌。县侨联为将统战工作融入村(社区)党群服务中心,经过多次调研,选定在安宜镇莲花社区成立“宝应县侨胞之家”,形成“前言、侨史、侨联组织架构、工作职责、领导关怀、侨心向党、荣誉榜、侨界人物”8 个部分布展内容,使“宝应县侨胞之家”成为广大归侨侨眷、港澳同胞学习交流、联络联谊活动的重要平台。安宜镇莲花社区被江苏省委统一战线工作部认定为“全省基层侨务工作示范单位”;鲁垛镇中国乱针绣文化产业园创成“江苏省华侨文化交流基地”;苏中革命历史纪念馆(红枫园)创成“扬州市华侨文化交流基地”;曹甸镇工业园区创成“扬州市新侨创新创业基地”,泾河镇创成扬州市“侨之家”。(乐玉鸿)

11 月 11 日,宝应县归国华侨联合会第三次代表大会在县城召开

县侨联/供稿

■为侨服务 2021 年,县侨联贯彻落实江苏省委“两在两同”建新功行动部署,践行为民办实事活动,联合县财政局、县商务局、县发改委等 28 家部门和单位成立“宝应县港澳台侨企业服务联盟”。推行“服务专员首问负责制”,实行一次性告知、“一条龙”服务、一次性办结制度,定期召开港澳台侨投资企业座谈会,细心听取企业意见建议。常态化开展送政策、送法律、送服务活动,为侨投资企业提供优质的营商环境。全年走访粤海永顺泰(宝应)麦芽有限公司、扬州华宇管件有限公司、江苏擎弓科技股份有限公司、江苏汉威燃烧科技有限公司等 15 家侨资企业,问需于企,协调解决侨资企业家子女上学、厂房租金缴纳等困难和问题 8 件。组织侨资社会教育机构扬州市司马兔英语教育中心侨爱党支部、侨资企业扬州星酥园食品有限公司分别赴安宜镇白田社区“空巢”侨界家庭、望直港镇敬老院开展走访慰问活动。组织全县华侨华人子女参加“第 22

届世界华人学生作文大赛”，推选中学生参赛作文共230篇，获奖作文24篇，其中一等奖5篇、二等奖9篇、三等奖10篇。动员归侨侨眷投身疫情防控工作，开展入户排查300多户，参与核酸检测点维护秩序20多人次、社区卡口执勤150多人次；组建侨爱志愿服务队，志愿者5人参加核酸检测信息登记、检测样本转运和垃圾清运等工作。开展“迎新春、暖侨心”“侨界联谊庆中秋”等联谊慰问活动，慰问困难归侨侨眷家庭共53户，发放慰问金2万元。（乐玉鸿）

■归侨侨眷权益保护　2021年，县侨联指导全县各镇（区）举办《中华人民共和国归侨侨眷权益保护法》（简称“归侨侨眷权益保护法”）专题讲座，向社区居民发放《中华人民共和国归侨侨眷权益保护法》《江苏省保护和促进华侨投资条例》等宣传资料800份。宝应籍侨眷烈士身份认定工作获评江苏省侨界维权典型案例第1名。县侨联严格按省市有关规定，做好参加中考或高考归侨青年、归侨子女、华侨在国内子女“三侨”考生身份证明申请办理和政策咨询工作。（乐玉鸿）

行政审批

■概况　2021年，宝应县行政审批局贯彻落实扬州市委2号文件精神，按照县委、县政府统一部署和要求，进一步深化“放管服”改革，坚持强基础、抓创新、促提升，提高政务服务和行政审批效能，激发市场活力，促进全县经济社会建设发展。至年底，县政务服务中心和分中心共办理各类行政审批服务事项139万件，各镇（区）、村（社区）便民服务中心办理行政审批服务事项66万件；全年办理公共资源交易项目288项，总交易金额62.72亿元。县行政审批局党总支部获评“扬州市先进基层党组织”。（项婉萍）

■基层行政审批服务事项整合　2021年，县行政审批局落实省市政务服务便民化“马上办、网上办、就近办”要求，协同县相关部门实施基层行政审批、政务服务、行政执法“三整合”改革。除宝应经济开发区外，全县13个镇均组建行政审批局。各镇便民服务中心按照“审批服务一窗口”要求，对各镇30个行政审批赋权事项、60个公共服务事项均实行“一枚印章管审批”运行模式。县自然资源局、县市场监管局、县公安局等5个派驻部门22个权力事项全部进驻各镇便民服务中心。全县283个村（社区）便民服务中心与党群服务中心“合二为一”，均设立主办或代办帮办窗口，并全部接入江苏政务服务“一张网”。（项婉萍）

■“3550”改革深化　2021年，县行政审批局坚持优化行政审批制度，全面推进“3550”（即开办企业3个工作日内完成、不动产登记5个工作日内完成、工程建设项目施工许可50个工作日内完成）改革。县行政审批局、县税务局、县人民银行、县人社局、宝应住房公积金分中心密切配合，运用江苏企业开办全链通系统平台，实现企业登记、公章刻制、银行开户、发票申领、税务登记、社保账户、住房公积金缴存等事项办理“一站式”服务，全流程用时0.5个工作日，企业开办实现“零”成本。同时，优化营商环境，落实“一业一证”“政银合作”等措施，提升企业开办、工程建设许可便利度。（项婉萍）

■不动产登记　2021年，县不动产登记中心窗口累计受理登记申请17.33万件，颁发纸质证书16.56万本、纸质证明1.27万张，签发电子登记证书16.42万本，电子登记证明1.26万张，提供自助查询服务2.09万人次。建立“互联网＋”不动产登记线上“苏小登”平台，实现不动产抵押登记、预购商品房抵押双预告登记以及不动产登记信息“跨省通办”。依托不动产交易登记一体化平台，实现不动产交易备案、核税纳税以及转移抵押登记全程网办，为全程“不见面”审批登记模式建立业务支撑平台。常态化开展交房交地即发证，为中粮面业（扬州）有限公司提供“交地即发证、拿地即开工”服务，实现“六证联发”。（项婉萍）

2021年，县政务服务中心办理行政审批服务事项139万件

县行政审批局/供稿

"放管服"改革

■概况 2021年，宝应县围绕"简政放权、放管结合、优化服务"宗旨，持续深化"放管服"改革，推进营商环境优化，健全政务服务体系，创新审批服务方式，优化政务服务。县行政审批局协助县相关部门依托政务服务平台，运用"互联网+"思维，推行"线上+线下"审批服务模式，提升群众办事便利度和满意度，推动市场活力有效释放。组织编制县本级行政权力清单，明确保留权力事项6545项、行政许可事项217项，撤销县级行政许可事项37项，非行政许可事项全部取消。坚持政务服务便利化原则，对县政务服务中心大厅进行整合，形成不动产登记、投资建设咨询、社会事务办理、企业开办登记、综合行政审批等功能性区域，方便企业、基层和群众。推进"一件事一次办""不见面""代帮办"审批服务改革，逐一编制办事指南和申请表(单)，简化审批环节68个，平均压缩申请材料3份，缩短时限50%。（项婉萍）

■"一件事一次办"改革 2021年，县行政审批局组织梳理"一件事一次办"行政审批服务事项，形成"一件事一次办"行政审批服务第一批70个事项清单目录。根据扬州市委、市政府《关于印发〈2021年扬州优化提升营商环境任务清单〉的通知》(扬发〔2021〕2号)文件精神，明确将旅馆业开办登记、餐饮业开办登记、新生儿出生登记、退役军人登记等10项行政审批服务事项列为"一件事一次办"改革重点，完善申报流程，及时出台具体实施方案，确保线上线下行政审批服务常态化运转。推进"一证准营"行业综合许可制度改革，县行政审批局专门组织相关人员赴先进地区开展学习调研活动，研究制订"一业一证"行政审批服务改革实施方案，明确在旅馆业、餐饮业、药品零售等10个行业开展试点。7月2日，县行政审批局向宝应瑞鸿大药房有限公司颁发当天办结的"行业综合许可证"。这是2021年扬州市实施"一业一证"改革以来颁发的首张"行业综合许可证"。（项婉萍）

■"不见面"改革 2021年，县行政审批局注重行政审批服务线下与线上融合发展，通过"网上申报、网上办理+EMS(邮政特快专递)送达"方式，推进"不见面"行政审批服务改革。按照权力事项"应上尽上、全程在线"要求，全县999个6类权力事项实现"三级四同"(即省、市、县三级行政权力事项名称、类型、依据、编码相统一)目标，全部进驻江苏政务服务"一张网"、进驻率100%。依托"扬州市公共资源交易网"平台，加大软件投入，加强业务衔接，确保公共资源交易全程电子化如期实施。至年底，宝应公共资源交易分中心实现房建市政工程、交通工程、水利工程、政府采购、土地出让、公房招租等全流程电子化交易。（项婉萍）

■"代帮办"改革 2021年，宝应县深化行政审批服务制度改革，提高重大项目"代帮办"组织程度，优化项目"代帮办"工作机制。7月6日，县委办公室、县政府办公室印发《关于〈组建宝应县"店小二"代帮办1+e服务联盟实施方案〉的通知》(宝委办发〔2021〕15号)文件，以全县重大项目审批(服务)代办中心为龙头、镇(区)"店小二"代办工作站为主体、县相关部门行政审批服务窗口为支撑，建立全县重大项目"店小二""代帮办"1+e服务联盟，形成1+14+N"代帮办"服务体系，并在江苏政务服务网宝应旗舰店上线"代帮办"服务模块。同时，县行政审批局举办重大项目"代帮办"专题业务培训，提升"代帮办"服务质量和水平。11月4日，被列为江苏省重大项目的中粮面业(扬州)有限公司小麦加工生产线项目签订交地合同，县"代帮办"1+e服务联盟首次当即完成营业执照、组织机构代码证、税务登记证、企业印章准刻证、社会保险登记证、统计登记证"六证合一"联办，实现"交地即发证，拿地即开工"。至年底，县"代帮办"1+e服务联盟跟踪服务全县列入省、市重大项目和集中新开工重大产业项目59个，完成"代帮办"施工许可项目22个。（项婉萍）

■税收服务改革 2021年，县税务局在便民办税中强化"为民办实事"宗旨，倡导"好地方、税好办"理念，落实国家税务总局扬州市税务局"3075"(即推行30项服务措施，开展7项主题活动，建立5项保障机制)优化营商环境工作方案，细化国家税务总局"春雨润苗"专项行动等便民举措111项。全县税收服务营商环境各项考核指标走在全市前列；退税申报时长、增值税申报时长指标全市最短；发票户月均领票次数全市最低，发票邮递配率全市第1名；"全链通"新办企业套餐线上办理时长全市最短。拓展"非接触式"办税缴费服务范围和渠道，引导纳税(缴费)人使用"网上办、自助办、掌上办、邮寄送、线上答"等线上办税缴费方式，"线上办税"综合指标98%。"江苏税务"APP综合活跃度位居全省第1名。注重纳税(缴费)人体验更加满意，加强办税服务大厅现场管理，导税服务实现由后台向前台、纳税(缴费)人"首问"向导税员"主动问"、"一般辅导"向精准办理等转变。打造"15分钟办税圈"，实现各镇(区)便民服务中心税收服务进驻率100%。全县增设办税延伸点4个、自助办税终端52个，纳税(缴费)人满意度持续提升。（李永春）

政协宝应县委员会

综　述

■概况 2021年，政协宝应县第十四届委员会(以下简称"县政协")

分界别组织16个、委员276人,常委会组成人员52人。全年县政协召开常委会议5次、主席会议5次、专题协商会4次;开展重点视察活动6次,专题民主监督1项;收到委员提案211件,立案交办181件,交办提案办复率100%。县政协围绕县委中心工作履行职能,发挥协商民主渠道和专门协商机构作用,组织开展优势产业集群培育壮大、大运河文化带建设、村级增收减债常态长效化、普通高中教育、城乡医疗卫生资源整合优化、党史教育场所、开发园区"二次创业"、实施城区水环境整治、县城农贸市场升级改造、营商环境优化提升、安全生产专项整治行动、政法系统队伍教育整顿、县域重大交通建设工程项目等重点课题调查研究,形成专题调研报告和建议31篇。县政协全体委员主动投身全县经济社会发展大局,各界别委员工作组、各镇(区)政协工作组履行职能,开展调研视察、议政建言和走访慰问等活动。协助省、市政协,其他县(市、区)政协开展有关农业产业化发展、"有事好商量"协商议事、疾病预防控制体系建设、乡村产业全面振兴、基层医院诊疗量提升等方面视察、调研和学习研讨活动。　（郭　洋）

■**委员活动**　2021年,县政协以提高全体委员对政协工作的深层次认识,强化担当意识,增强个人修养,提升履职尽责、建言献策能力为宗旨,组织各界别委员开展视察调研、体察民意、督查评议、协商议政、专题培训等各类活动,增强做好政协工作责任感和使命感。组织各界别委员参加各类专题讲座和培训班2期、累计参加学习培训人数300人次。4—6月,县政协以"开启'十四五'发展新局"为主题,组织各界别委员开展进部门、进镇村、进社区、进委员企业"四进"活动,深入了解情况,帮助解决问题。4月18—24日,县政协在贵州省遵义市举办"重温党史明初心,履职尽责担使命"政协委员履职业务培训班1期、参加培训人数52人。3月11日,县政协举办全县政协委员培训班,邀请上海市委党校经济学教研部教授、上海市习近平新时代中国特色社会主义思想研究中心研究员、教授徐根兴作"新冠疫情下国民经济发展走势与中国经济新方位"主题讲座。8月,县政协组织全体委员和在宝应的省、市政协委员,以"城市垃圾分类收集和处理"为主题,开展视察走访、督查评议、调查座谈、送卫生、科技、法律等履职活动。

（郭　洋）

■**文史宣传工作**　2021年,县政协发挥文史资料"存史、资政、团结、育人"社会功能,组织召开文史工作专题会议,成立"大运河文化与宝应""高朗亭"专题研究组2个;编印《宝应文史百题》《王式丹年谱长编》文史资料2本,编写完成大运河宝应历史文化丛书《运兴宝应》书稿,持续推进宝应地方"三亲"(亲历、亲见、亲闻)史料收集、整理工作。全年在市以上报纸杂志发表文章和文史研究论文共计20多篇。2篇有关县政协专题报道《"红石榴"志愿服务队助力全员核酸检测》《一次办齐六证的效率咋来的?——江苏宝应县优化营商环境一瞥》分别刊登于《人民政协报》8月23日第5版和11月23日第7版上。　（郭　洋）

重要会议

■**县政协第十四届第五次全会**　1月12—14日,县政协召开第十四届第五次全体会议,全县各行各业政协委员276人和列席人员65人参加会议。县委书记王道霄在会上作题为《同心铸梦、携手前行,奋力开启"十四五"现代化建设新征程》讲话,对政协宝应县第十四届委员会工作予以积极评价,并就进一步加强政协工作提出意见和要求。会议期间,委员们听取并讨论王道霄代表中共宝应县委在大会上的讲话,听取并审议县政协主席陈金荣所作的工作报告,听取并审议县政协常委会关于提案工作情况的报告。全体委员列席县第十六届人民代表大会第五次会议,听取并讨论《政府工作报告》等。1月14日,举行闭幕大会,通过县政协第十四届第五次全体会议决议。　（郭　洋）

■**县政协主席会议**　2021年,县政协围绕经济社会发展重点召开主席

1月12日,县政协第十四届委员会第五次全体会议在县城召开

县政协办/供稿

会议5次，分别就县政府关于常态长效推进村级增收减债、城区水环境整治、安全生产专项整治行动、提案办理、县政协全年工作意见建议采纳落实和全县政法队伍教育整顿等进行视察、协商，听取县政府有关情况通报。 （郭 洋）

■县政协常委会议 1月8日，县政协召开第十四届第二十次常委会议，讨论县政府将在县第十六届人大第五次会议上作的《政府工作报告》，审议通过提交县政协常委会将在政协第十四届第五次全会上作的《常委会工作报告》和《关于提案工作情况的报告》，协商通过有关人事事项，协商决定召开县政协第十四届第五次会议的时间、议程、日程，协商通过大会组织领导和工作机构。

1月13日，县政协召开第十四届第二十一次常委会议第一次会议，各讨论组组长汇报交流学习情况，协商选举办法（草案）、候选人建议名单和大会选举工作人员建议名单。

1月14日，县政协召开第十四届第二十一次常委会议第二次会议，听取各组讨论政府工作报告、大会决议（草案）、选举办法（草案）、候选人建议名单、选举工作人员建议名单的情况汇报，协商通过第十四届第五次会议决议（草案），协商通过选举事项。

3月12日，县政协召开第十四届第二十二次常委会议，协商通过县政协2021年度工作要点、2021年度各委办工作计划，协商有关人事事项。

7月28日，县政协召开第十四届第二十三次常委会议，专题协商加快培育壮大新材料产业集群工作，组织部分常委、委员开展调研视察，从突出产业规划、优化平台建设、加大扶持力度、强化项目招引、加快企业培育、提升服务水平等6个方面提出对策建议，并形成综合调研报告1篇、专题发言5篇。通报民主评议县市场监管局工作方案，协商有关人事事项；部署下一阶段政协工作。

11月18日，县政协召开第十四届第二十四次常委会议，专题协商优化营商环境工作。县政协常委会成立专题调研组，组织部分常委、委员和专家学者开展县内外调研活动，对宝应运河文化进行系统挖掘，调研结果得到社会各界肯定。会议听取2021年全县经济社会发展情况通报和民主评议县市场监管局工作情况通报。 （郭 洋）

■县政协专题协商会 2021年，县政协选择委员反映集中的热点问题，开展双月协商会2次，先后就推进城乡医疗卫生资源整合优化、开发园区优势产业“二次创业”等方面工作开展专门协商，助推建议转化落地。 （郭 洋）

建言献策

■民主监督 2021年，县政协组织各界别委员对县市场监管局近3年工作进行民主评议，通过听取汇报、视察座谈、集中评议等形式，了解情况，肯定成绩，提出意见和建议。全年县政协委员参加县委、县政府组织的重点工作督查评议活动50多人次，参与相关听证论证活动40多人次。 （郭 洋）

■视察调研 2021年，县政协组织各界别委员分别就大运河文化带建设、高中教育、党史教育场所、城区农贸市场升级改造、县域重大交通建设工程项目等方面进行重点视察，通过实地查看、听取汇报，为全县经济社会发展建言献策。

（郭 洋）

■基层民主协商 2021年，县政协明确“因地制宜、整合资源、共建共享、重在利用”原则，有序推进政协界别组、乡镇工作组、村、社区、委员企业、民主党派等不同类型的“有事好商量”协商议事室升级改造。全年在283个村（社区）“有事好商量”协商议事室开展“完善村规民约，树立文明新风”专题协商议事活动共计290场（次）。 （郭 洋）

■重点提案督办 2021年，县政协持续深化“书记批办、县长领办、主席督办、政协常委促办”重点提案办理机制。加大对县委书记批办的“关于加大低效工业用地二次开发的提案”重点提案办理推进力度。继续开展对13家承办单位142件提案办理工作民主评议活动，评选表彰优秀提案20件；在县广播电视总台播放重点提案办理宣传片8期，进一步扩大提案工作社会影响力。

关于“加大低效工业用地二次开发”提案办理。县政协第十四届第五次全体会议期间，收到九三学社宝应县基层委员会提出的“关于加大低效工业用地二次开发的提案”。县委、县政府高度重视低效工业用地二次开发工作，审核通过《宝应县存量土地资源盘活实施方案》，决定从2022年1月1日起全面启动存量土地资源盘活三年行动。2021年，全县累计盘活存量土地面积188.8公顷，有力提升土地资源集约利用水平。

关于“提高养老服务水平”提案办理。县政协第十四届第五次全体会议收到委员朱正平提出的“关于提高养老服务水平”提案。县委、县政府高度重视全县养老服务质量提升工作，建立健全养老机构医疗规章制度，严格排查养老机构安全责任落实情况；推行养老机构食堂量化等级管理，要求养老机构严把食堂进货查验关口，规范工作流程。同时，规划建设1家以失能（失智）照护为主的县级医养结合养老专业服务机构，确保全县养老服务事业和市场健康有序发展。

关于“加大城区学前教育资源

配置”提案办理。县政协第十四届第五次全体会议收到曹惊雷等委员提出的“关于加大城区学前教育资源配置”提案。县委、县政府和县教育局明确学前教育经费投入责任主体，加大专项经费投入，实施学前教育基础设施新建和改造项目；争取上级专项奖补资金，用于全县省优质园提档升级；优化全县幼师队伍建设，加大幼师专项招聘力度；强化学前教育机构管理，严厉打击学前教育机构无证办学行为。（郭 洋）

表4 政协宝应县委员会第十四届第五次会议重点提案一览表

案由	提案者
关于加大低效工业用地二次开发的提案	九三学社宝应县基层委员会
关于加强科技创新、赋能高质量发展的提案	县政协工业科技界委员工作组
关于加强镇(区)融资平台债务管理的提案	县政协财政金融界委员工作组
关于加快城区农贸菜场提档升级的提案	郑从容、徐迎春、陈 洪、曹文阳等
关于完善集团化办学机制，推动义务教育均衡发展和城乡一体化的提案	万 绘等
关于提高养老服务水平的提案	朱正平
关于加大扶持力度促进汇润集团加快发展的提案	县政协农业农村界委员工作组
关于完善以商招商激励机制的提案	祁若祥
关于科学合理划设城区机动车停车位的提案	姚云成
关于荷藕产品加工品牌提升的提案	县政协工商业界委员工作一组
关于加大城区学前教育资源配置的提案	曹惊雷等
关于进一步推动建筑企业快速成长的提案	朱洪敢
关于加快推进城区环卫作业市场化一体化的提案	徐加龙
关于破解县属重点企业用工难题的提案	朱瑞等
关于加强宝应县龙潭公园等城市公园管理管护的提案	赵锦秀
关于提升全县产业工人队伍技能素质的提案	鲁 洁
关于推广生态活水治水技术的提案	吴 霆
关于顺应高铁时代调整经营策略方便群众出行的提案	夏清华
关于大力发展宝应高职教育的提案	县政协教育界委员工作组
关于切实加强治丧乐队管理的提案	王 建

（郭 洋）

中共宝应县纪律检查委员会 宝应县监察委员会

■县纪委第十二届第六次全会 2月9日，中共宝应县第十二届纪律检查委员会第六次全体会议在县行政会议中心召开。扬州市副市长、县委书记王道霄出席会议并强调，全县上下要深入学习贯彻习近平重要讲话精神，切实增强推进全面从严治党政治担当；充分发挥引领保障作用，为全县“十四五”规划发展开局起步夯实基础；坚决扛起全面从严治党责任，为加快建设“五个宝应”提供坚强政治保障。县委、县人大、县政府、县政协全体领导和县法院、县检察院主要负责人，以及县纪委委员，县各部委办局、各镇(区)负责人、全县纪检监察干部共267人参加会议。会议通过县委常委、县纪委书记、县监委主任闫伟代表中共宝应县第十二届纪律检查委员会常务委员会所作的题为《推动新时代宝应纪检监察工作高质量发展，为实现“十四五”规划美好蓝图提供坚强保障》的工作报告和《中共宝应县第十二届纪律检查委员会第六次全体会议决议》。 （贾　昊）

■县纪委第十三届第一次全会　7月30日，中共宝应县第十三届纪律检查委员会第一次全体会议在县行政会议中心召开。县委常委陈坚受中国共产党宝应县第十三次代表大会主席团委托主持会议。会上，通过《中共宝应县第十三届纪律检查委员会第一次全体会议选举办法》和选举工作人员名单，采用无记名投票方式进行选举。陈坚、刘健、王国运、郭洪亮、赵小平、汤杨、叶名振被选举为中共宝应县第十三届纪律检查委员会常务委员会委员，陈坚被选举为中共宝应县纪律检查委员会书记，刘健、王国运被选举为中共宝应县纪律检查委员会副书记。 （贾　昊）

■全县纪检监察工作会议　3月10日，中共宝应县纪律检查委员会、宝应县监察委员会（以下简称“县纪委监委”）在县行政会议中心1号会议室召开宝应县2021年纪检监察工作会议。会议总结全县2020年纪检监察工作情况，部署2021年纪检监察工作任务，表彰全县纪检监察工作先进集体和先进个人。县委常委、县纪委书记、县监委主任闫伟主持会议并讲话。县纪委监委领导班子成员，县委巡察办、县各有关部门和企事业单位纪（工）委（纪检组）负责人，各镇（区）纪（工）委书记，县纪委监委机关科室和派驻机构工作人员共120人参加会议。 （贾　昊）

■政治监督　2021年，县纪委监委坚持以习近平新时代中国特色社会主义思想为指导，树牢“四个意识”，坚定“四个自信”，做到“两个维护”，围绕中心、服务大局，忠实履行党章和宪法赋予的职责，聚焦安全生产、疫情防控、粮食安全、惠企政策落实、乡村振兴、换届选举、营商环境、文明城市创建等重点工作，充分发挥监督保障执行、促进完善发展作用，为“五个宝应”建设提供坚强政治保障。

防疫监督。县纪委监委统筹调度全县纪检监察力量，先后成立20个疫情防控督察检查工作组，落实“任务清单督导＋领导批示督查＋群众诉求督办”工作机制，编发疫情防控监督检查通报82期，发现和纠正相关问题1255个，获县领导批示27次。对履职不力、擅离职守、参与赌博等违反疫情防控要求行为严肃问责，运用第一种形态问责45人，立案查处9人。

安全生产专项整治。县纪委监委成立安全生产专项整治三年行动监督检查专项工作组，监督推进“一年小灶”“三年大灶”年度目标任务落实，发挥纪委专责监督及职能部门专业监管功效，严肃查处安全生产领域案件6件，给予党纪政务处分6人；专项整治安全生产管理协会乱收费问题，对3名科级干部进行问责。

粮食安全保障。县纪委监委认真落实上级部署，周密推进粮食购销领域腐败问题专项整治，成立涉粮问题线索和信访件研判处置工作专班，对党的十八大以来全县涉粮问题线索和信访举报进行“回头看”。专项整治期间排查问题线索5件，对1名县属国有粮食企业负责人采取留置措施。

营商环境优化。县纪委监委组织开展“服务一企业、推进一项目、解决一难题”活动，深入调研走访相关职能部门履职情况，排查解决制约企业发展难点、痛点和堵点问题，帮助企业协调解决问题12个。县纪委监委将监督推进“一件事”改革作为全县纪检监察部门护航营商环境专项行动重要抓手和“我为群众办实事”实践活动重要载体，推动企业开办“一件事”改革在全市率先完成；持续纠治影响营商环境“四难”（惠企政策落地难、服务承诺兑现难、纾解矛盾见效难、干涉谋私制止难）问题，对企业反映强烈的问题线索优先处置、提级办理、挂牌督办，全年查处破坏营商环境问题7件，给予党纪政务处分8人，第一种形态处理5人，其中科级干部4人。 （贾　昊）

3月10日，召开宝应县2021年纪检监察工作会议

县纪委监委/供稿

■反腐败工作　2021 年,县纪委监委始终保持严的主基调不动摇,以精准办案为抓手,深化以案促改、以案促治、以案促建,惩治震慑、制度约束、提高觉悟一体发力,推动全县反腐败工作向纵深发展。

审查调查。全县纪检监察系统接收信访举报 343 件,立案 360 件,其中科级干部案件 23 件,对 5 人采取留置措施,移送司法机关 3 人,收缴涉案款项近 1000 万元。

"四种形态"。县纪委监委坚持实事求是原则和"惩前毖后、治病救人"方针,统筹运用党性教育、政策感召、纪法威慑方式,力求做到纪法情理相融合。全年运用"四种形态"批评教育帮助和处理 658 人次,四种形态分别占比 45.6%、45.1%、4.1%、5.2%。

制度建设。县纪委监委深挖案件背后深层次问题,累计发出纪检监察建议 17 份,指出问题 44 个,提出建议 51 条,督促建章立制 57 个,推动实现查办案件政治效果、纪法效果和社会效果相统一。(贾　昊)

■作风建设　2021 年,县纪委监委严厉整治违反中央八项规定精神突出问题,坚决防反弹回潮、防隐形变异、防疲劳厌战,查处违反中央八项规定精神问题 55 件、101 人,给予党纪政务处分 79 人,通报典型案例 7 批、21 件。

违规吃喝、餐饮浪费问题专项整治。县纪委监委在线上强化"大数据"分析,对疑似违规报支发票单据进行调查核实;在线下发挥"铁脚板"作用,对机关食堂、企业餐厅、农家乐、"一桌餐"等隐蔽场所开展明察暗访,全年累计查处违规吃喝、餐饮浪费问题 15 件,立案查处 29 人。县纪委监委《关于违规吃喝信访举报的专题分析》获全市纪检监察信访举报专题分析评比第 1 名。

形式主义、官僚主义突出问题整治。县纪委监委认真落实基层减负要求,坚决纠治发文多、会议多、报表多等形式主义、官僚主义顽疾,对落实基层减负工作不力的党员干部 4 人实行严肃问责。督促相关职能部门把好文件制发"关口",推动机关发文减量增效。实施政务新媒体、政务 APP 以及微信群、QQ 群专项整治和清理,深入查纠"指尖上的形式主义",全县政务新媒体由 60 多个减为 20 个,县直部门、单位微信工作群仅保留 5 个。

漠视侵害群众利益问题整治。县纪委监委回应群众关切,紧盯发生在群众身边、侵害群众利益的人和事,开展 10 项"小切口"专项治理行动,全年查处突出问题 55 个,移交问题线索 45 件,问责相关责任人 59 人,其中科级干部 7 人。对全县敬老院资金及日常管理情况进行拉网式检查,发现共性问题 6 个、个性问题 18 个、问题线索 5 件,立案查处 5 人。　(贾　昊)

■纪检监察机关自身建设　2021 年,县纪委监委以政治建设为统领,扎实开展"打铁必须自身硬"专项行动,锤炼忠诚干净担当的纪检监察铁军。

政治建设。县纪委监委坚持以习近平新时代中国特色社会主义思想引领纪检监察工作;把党史学习教育作为贯穿全年、覆盖全员的重大政治任务,深入学习党史、新中国史、改革开放史、社会主义发展史和纪检监察史,重点学习党的十九届六中全会精神,融合推进"我为群众办实事"实践活动和"两在两同"建新功行动;教育引导纪检监察干部在真学真信中筑牢思想根基,在真懂真用中践行初心使命,确保全县纪检监察工作始终沿着正确方向前进。

队伍建设。县纪委监委坚持"硬选人、选硬人"原则,不断优化干部队伍结构,全年纪检监察年轻干部获提拔任用 6 人、获职级晋升 14 人,通过公务员招考进入纪检监察队伍 10 人;实施"青蓝计划",开设"青廉讲堂",打破传统被动培训模式,鼓励干部主动走上讲台讲政策、讲业务、谈经验、谈感悟;定期举办业务知识培训、竞赛和测试活动,累计举办"青廉讲堂"7 期、知识测试 4 次;分批安排县纪委监委机关、派驻机构、镇(区)纪(工)委 40 周岁以下年轻干部到审查调查、监督检查、巡视巡察、信访维稳一线实践锻炼;全年选派业务骨干 1 人到中共中央纪律检查委员会专案组参与案件查办,7 人到江苏省纪律检查委员会参与留置案件查办,6 人到扬州市纪律检查委员会参与留置案件查办。

(贾　昊)

■廉政教育　2021 年,县纪委监委不断丰富教育手段和方式,组织拍摄廉政微电影《老杜出书记》《一张借条》;利用"5・10"党风廉政教育日、"12・9"国际反腐败日等时间节点,结合不同形式开设"廉洁教育课堂",全年累计开展"一案一警示"廉政教育活动 300 多场(次)。

"5・10"党风廉政教育活动。5 月 17 日,宝应县以"三个一"形式开展党风廉政教育日系列活动。主要内容是组织部分党员干部参加一次专题党课学习,扬州市副市长、县委书记王道霄结合违纪违法案例,为新提拔的副科职以上党员干部上一堂纪律教育专题党课;要求组织全县党员干部集中观看一部警示教育片;邀请江苏省委党校教授孙曙生举办一期专题学习辅导,详细解读《中华人民共和国公职人员政务处分法》。

"12・9"国际反腐败日教育活动。12 月 8 日,宝应县举办镇(区)、部门"一把手"专题培训暨"12・9"国际反腐败日教育活动,邀请原国家行政学院副院长周文彰在培训班作专题授课。县"四套班子"领导张小辉、胡晓峰、陈金荣、顾长荣、周正威、顾锡芳、魏建、于祝君、陈坚、王元顶、赵宇、姚绍瑜等参加此次活动。

(贾　昊)

群众团体

宝应县工商业联合会

■**概况** 2021年，宝应县工商业联合会（宝应县总商会，以下简称“县工商联”）学习贯彻习近平系列重要讲话精神，围绕县委、县政府工作中心，结合党史学习教育，以“两个健康”（即以加强非公有制经济健康发展和非公有制经济人士健康成长）为目标，切实做好民营企业党建引领、组织企业家履行社会责任、帮扶弱势群体等相关工作，在全县经济社会发展中有效发挥积极作用。加强与异地宝应商会联系，协助北京宝应商会开展筹备工作，上海宝应商会正式注册挂牌；利用2021中国·扬州“烟花三月”国际经贸旅游节，举办异地宝应商会“家乡行”活动，上海、陕西、广东、南京、镇江、扬州等异地宝应商会会长、企业家和乡贤20人返乡参加考察调研、座谈交流、征集意见和建议活动，分享招商引资项目、人才信息。开展党史学习教育和庆祝建党100周年活动，组织县工商联机关党员干部、民营企业家赴周恩来少年读书处、西安丰镇红枫园接受党史教育，缅怀先烈、坚定信念。至年底，县工商联有会员企业3143家，镇（区）商会14个，异地宝应商会7个。县工商联在全市工商联系统考核中获评“扬州市工商联重点工作先进单位”，连续第7年获评全国“五好”县级工商联。（张冠亚）

■**县工商联第十四届第五次执委会** 5月19日，宝应县工商联第十四届第五次执委会在县委党校召开。县工商联（县总商会）主席（会长）、副主席、副会长、常委、执委，各镇（区）党委统战委员、各镇（区）商会会长、秘书长，县青年企业家联合会、县工商联餐饮商会代表等180人参加会议。会议总结2020年度县工商联工作，部署2021年重点工作目标任务；表彰“2020年度优秀会员企业”26家。县政协副主席、县工商联主席、县总商会会长姜海峰出席会议并讲话。他希望全县民营企业家立足主业，练好内功，坚持高质量发展，争做“政治上有方向、发展上有本事、责任上有担当、文化上有内涵、形象上有品位”企业家；希望县工商联（县总商会）和镇（区）商会坚持“政治建会、团结立会、服务兴会、改革强会”要求，以高度责任感担负起新的使命和要求。（张冠亚）

5月19日，县工商联（总商会）第十四届第五次执委会暨“法律服务”专题培训在县城举办 县工商联/供稿

■**民营企业思想政治引领** 2021年，县工商联重视民营企业和基层商会党组织建设和作用发挥，搭建和拓展思想教育平台，切实做好民营企业政治引领工作。3月19日，县工商联、县法院邀请部分县人大代表、县政协委员企业家举办协作联动机制协议签订工作座谈会。4月20日，县工商联组织青年企业家走进江苏钧骋车业有限公司、扬州华烨金属制品有限公司调研参观学习。5月19日，县工商联（县总商会）第十四届第五次执委会召开期间，举办全县民营企业法律知识专题讲座，邀请县法院民事审判庭一级法官周健结合县内发生的6个真实案例，为民营经济代表人士和青年企业家集中讲授企业在经营管理和发展壮大中如何防范和规避经营法律风险等相关内容。6月24日，全省民营经济人士理想信念报告会在盐城市举办。此次报告会以电视电话会议方式进行，县工商联组织县青年企业家联合会青年企业家5人在扬州市分会场收听收看。7月14日，县工商联（县总商会）组织部分民营企业负责人参加扬州市总工会、市工商业联合会举办的全市首期民营企业家产业工人队伍建设改革培训班学习。7月23日，县工商联邀请县税务局专业人员到县内部分民营企业开展减税降费政策咨询活动。11月8日，县工商联组织6名青年企业家赴苏州大学进行数字经济经营管理能力研修，进一步鼓励青年企业家坚定理想信念，围绕经济建设中心贡献力量。（张冠亚）

■**社会服务** 2021年，县工商联发挥桥梁纽带作用，从营商环境优化、项目信息搜集等方面开展社会服务，实施“百企联百村、共走振兴路”行动，助力县域经济高质量发展。推进“网上工商联”服务平台建设，协助中华全国工商业联合会、国家乡村振兴局调研组到宝应县开展调研，建立民营企业工作网络调查

点67个；组织民营企业家参与江苏省区域民营经济营商环境满意度问卷调查、省工商业联合会民营企业家绿色低碳发展基础和成效调研、扬州市民营经济营商环境专题调查和民营经济劳动关系检测等活动。县工商联主动作为、上门服务，协助山阳镇成功签约扬州奇力新能源科技有限公司铝材支架生产项目；开展“为民办实事”活动，组织会员企业、异地宝应商会帮扶慰问低收入困难群众；支持县青年企业家联合会、县工商联餐饮商会部分企业家到广洋湖镇万新村实地考察蔬菜瓜果种植情况，协调配送合作，扩大销售渠道；深入企业开展走访调研活动，汇集企业家诉求和需求信息8类56条提交县政府及相关部门，坚持为企业办实事、做好事；开展常态化新冠疫情防控，印发《致全县广大民营企业的倡议书》，引导全县会员企业家、异地乡贤同心抗疫，树立民营企业良好形象。 （张冠亚）

宝应县总工会

■概况 宝应县总工会（以下简称“县总工会”）坚持党的领导，依据《中华人民共和国工会法》和中国工会章程履行职能，贴近生产、贴近改革、贴近职工；组织开展劳动竞赛和经济技术创新活动，引导和调动职工群众积极性和创造性；协助抓好安全生产，保护职工群众在生产劳动过程中安全和健康；加强职工群众思想政治教育，开展学先进赶先进活动，推进全县职工群众思想道德建设。2021年，全县新建基层工会85家，完成基层工会换届27家；推进会员信息数据采集工作，录入职工信息数据4.02万条。县总工会全年举办“职工大讲堂”等系列活动135场，惠及职工人数1.41万人；组织13家基层工会参加扬州市“职工好食堂”创建活动；全年组织慰问困难职工711人次、发放慰问金80余万元；新建“爱心驿站”29家、“爱心母婴室”4家、“康乃馨服务站”9家；组织开展重大工程项目劳动竞赛、职业技能竞赛、群众性经济技术创新等活动，举办职工转岗培训，参加培训职工人数1051人，为职工提供职业介绍服务1673人次；组织2021年度企业职工工资集体协商春、冬两季要约行动；开展职工维权法治宣传活动20余场，发放宣传资料6000余份。 （宗 晓）

■疫情防控 2021年，县总工会坚持做好常态化疫情防控工作，动员全县各级工会组织职工群众投身疫情防控。县总工会领导挂钩安宜镇东升社区，分别担任区位长、网格长，协调社区疫情防控工作；组织党员志愿者、职工群众志愿者分5批次赴安宜镇东升社区参加疫情调查、卡口管控、核酸检测等工作；实施建档立卡困难职工疫情期间生活救助49人次，发放救助金共8.4万元；实施助学救助25人次，发放救助金共5万元；慰问盐城市、徐州市支援扬州市（宝应）疫情防控医疗队医护人员416人次，发放慰问金共12.48万元；慰问全县疫情防控一线重点人员500人次，发放慰问金共14.89万元。县总工会扶持全县受疫情影响小微企业3563家复工复产，返还小微企业工会经费736.9万元。 （宗 晓）

■职工思想引领 2021年，县总工会坚持“以党建带动工会组织建设”宗旨，打造“产业工人跟党走”党建品牌，开展“中国梦、劳动美——永远跟党走、奋进新征程”等主题宣传教育活动。全县新建“听党话、跟党走”职工大讲堂35家，先后开展职工思政教育活动50场、“义工教授（专家）企业行”活动29场、“劳模工匠进校园，思想政治教师进企业”活动21场，累计参加职工大讲堂活动人数1.4万人；动员职工群众投身“全国文明城市”创建，组织职工志愿者参加清洁家园、包路包段、文明护岗等活动；征集“劳动最美、匠心筑梦”“读党史、忆党恩、跟党走”“我把歌舞献给党”等主题书画、摄影、歌舞作品近600件，7件作品在省市获奖；培育建设市级以上“职工书屋”4家，其中获命名“全国职工书屋”1家，获江苏省职工优秀领读员1人；组织职工群众参加全县武术健身展示等活动；组队参加扬

4月28日，县总工会举办宝应县产业工人队伍建设改革沙龙活动
县总工会/供稿

州市第三届"名城百企"运动会；支持基层工会开展文体活动，县总工会全年制发职工文体活动专用券价值1.53万元。（宗　晓）

■基层工会组织建设　2021年，县总工会推进基层工会组织建设，加强新建基层工会和工会换届工作指导，做好会员信息数据采集工作。坚持非公企业"党建带工（会）建"宗旨，全县获评扬州市非公企业党建带工建"三创争两提升"活动示范企业3家。县总工会开展向快递员、送餐员等八大群体"送健康"活动，为150名快递员、送餐员提供免费健康体检；关注新业态劳动者权益保障，举办全县"工会进万家"新就业形态劳动者温暖行动暨曹甸镇产业物流园货车司机集中入会仪式；加强工会干部培训，组织全县基层工会干部50人赴重庆大学参加素能提升培训班学习；实施县本级工会经费收支预、决算及专项资金审计，落实第三方参与审计事项，签订《审计业务约定书》；加强直属单位和基层工会财务规范化管理，组织对县工人文化宫和20家基层工会2020年度经费收支审计，对审计发现问题进行进行调查处理，举办财会业务培训，提高财务管理水平。（宗　晓）

■职工建功立业　2021年，县总工会以"产业改革提升年"为契机，广泛动员职工群众在全县产业结构调整和改革中担当使命、建功立业，组织开展劳动竞赛、技能比武、技术创新等活动，提升职工素质与创新能力，促进全县新时代产业工人队伍建设改革。基层工会全年组织新成立"产业改革大学堂"10个，举办职工职业技能培训班，培训人数600人次。县总工会召开庆祝"五一"国际劳动节表彰大会，举办宝应县产业工人队伍建设改革沙龙，组织开展产业工人队伍建设改革专题调研；推荐获评全市产业改革优秀企业家2人、优秀企业10家、优秀案例6个；组织推荐3项工程项目参加扬州市重点工程劳动竞赛，获评2020年度全市重点工程劳动竞赛先进个人3人、先进集体3个；举办全县车工、电焊工等4项职业技能竞赛，承办扬州市叉车工技能大赛；开展群众性经济技术创新活动，全县累计参加活动职工6万多人次，征集职工合理化建议8000多条，总结推广先进操作方法（工作法）48项、发明创造42项，通过经济技术创新竞赛动实现节约增效金额7000多万元。（宗　晓）

■劳模先进评选　2021年，县总工会大力弘扬新时代劳动模范精神、劳动精神和工匠精神，联合《宝应日报》和县广电总台等媒体对工会特色工作、先进典型进行系列宣传报道；推荐获评第三届"扬州大工匠"1人、"扬州工匠"1人，推荐获评"扬州市工人先锋号"9个；表彰2020年度"宝应县工人先锋号"21个、"宝应县产业工人标兵"8人，第六届"宝应十大金牌工人"10人；评选表彰"宝应县文明职工"50人、"宝应县文明班（组）"46个；推荐获评"江苏省最美职工"、江苏省"十佳文明职工"各1人，获评"江苏省劳动模范"5人；获扬州市五一劳动奖状2人、扬州市五一劳动奖章8人。县总工会组织开展劳动模范慰问活动，全年慰问各级劳动模范399人次，发放劳动模范春节慰问金53.2万元；配合扬州市总工会开展慰问劳动模范活动，走访慰问县内省、市劳动模范26人，发放慰问金2.36万元；安排省、市、县劳动模范26人参加疗（休）养；加强宝应县劳动模范协会年度工作指导；做好各级劳动模范信息数据库系统更新工作。（宗　晓）

■职工实事项目　2021年，县总工会深入推动"暖胃暖心"为主题的"职工好食堂"创建活动，创成扬州市"职工好食堂"9家、"十佳职工好食堂"1家。推进职工群众普惠服务，县总工会与县邮储银行合作，办理邮储银行工会会员卡5000余张。加强职工疗（休）养基地建设，获批扬州市职工疗休养基地1个，挂牌县级工会会员服务基地3家；关爱女性职工身体健康和心理健康，在女职工较集中的企事业单位和区域新建"爱心母婴室"4家，打造"康乃馨服务站"9家；启动"工会+银行"联建模式，新建户外职工"爱心驿站（港湾）"29个。（宗　晓）

■困难职工帮扶　2021年，县总工会继续扩大"1+N"救助模式应用范围，为45户建档立卡困难职工家庭落实水费、电费、有线电视费、燃气费等减免政策，向困难职工家庭赠送春节温情年夜饭大礼包；实行困难职工家庭即时申报建档动态管理，开展"送温暖"活动，采取分级、分组和集中慰问相结合方式，全年慰问困难职工771人次，发放慰问金80余万元；开展"迎新春送温暖、稳岗留工年夜饭"春节慰问、"五一"建档立卡困难职工家庭生活救助、困难职工家庭子女金秋助学等活动；安排企事业单位一线职工120人分3批次参加疗（休）养活动。争取省、市岗位技能培训专项资金84万元，完成职工转岗培训1057人，举办职业介绍招聘会24场，提供职业介绍服务1673人次；持续开展职工大病互助互济，全年救济患病困难职工504人，发放救助金220.45万元。（宗　晓）

■职工安全保护　2021年，县总工会组织开展宝应县"安康杯"企业安全生产竞赛，全县700多家企业、职工6万多人参加竞赛活动；举办"隐患随手拍"、安全生产"金点子"征集、"网上安康课堂"知识普及教育等活动；开展"安全生产月"系列活动和"职工劳动保护模范工会"

"安全建设先进班组"等创建活动，选派职工9人参加扬州市安全生产培训班学习，推荐选手5人参加全市安全生产和劳动保护技能竞赛；组织开展"清凉一夏，幸福安康"送清凉、送安全、送法律"三送"活动，走访慰问全县高温一线职工1000人；推选企事业单位职工10人参加扬州市劳动保护监督检查员培训班学习；定期组织劳动安全监督员到所属片区企业开展职工安全保护宣传、监督和检查活动。

（宗 晓）

共青团宝应县委员会

■**概况** 截至年底，全县直属团(工)委51个，团总支部2个，基层团支部1461个，共青团员2万余人。共青团宝应县委员会（以下简称"团县委"）履行"组织青年、引导青年、服务青年、维护青少年合法权益"基本职能，团结动员广大团员青年在全县发展大局中学习践行社会主义核心价值观，不断建功立业，推动全县共青团工作取得新进步。全县9个基层团组织分别获评省、市五四红旗团委（支部）表彰，共青团员19人分别被授予省、市新长征突击手，优秀团干部，优秀团员等称号。

（王玉珏）

■**团县委全会召开** 3月10日，共青团宝应县委员会第十八届第六次全体（扩大）会议在县城召开。县委常委、县委组织部部长魏建出席会议并讲话。共青团宝应县第十八届委员会委员、团县委直属团组织负责人、县级机关团组织负责人，县少年先锋队总辅导员、副总辅导员等共计100余人参加会议。团县委书记周伟代表共青团宝应县第十八届委员会常委会，向大会作题为《建功"十四五"奋斗正当时，奋力书写现代化新征程中的青春答卷》工作报告，总结2020年全县共青团工作，从聚焦主责主业、围绕中心大局、突出青年为本、强化从严治团4个方面，全面部署2021年全县共青团工作。

（王玉珏）

■**青年创业创新** 2021年，团县委在全县范围营造青年人才创新创业良好氛围，吸引更多青年人才项目落户宝应；启动宝应县新生代企业家培养"青动力"计划，聚合"新生代"人才资源，让更多青年人才挑大梁、做主角，为宝应县高质量发展添加动力；继续开展2021年宝应籍大学生暑期见习活动，安排青年大学生见习人数166人；围绕青年发展需求，举办"云上看家乡"、见习感悟分享等活动；加强对到（在）宝应学习、就业等外地单身青年实行分类联系服务，举办青年人才新春座谈会、"相约520，遇见'玫'好遇见你""邂逅桃源·缘来是你"、心心"向应"·"菁才"有你新春联谊、红色剧本杀等多场次青年人才联谊活动，关注并满足青年人才婚恋、交友、社会交往等方面需求。

（王玉珏）

7月29日，团县委举办"学子看家乡"系列活动之产业发展专场活动

团县委/供稿

■**疫情防控** 2021年，全县各条战线团干部、团员青年积极投身疫情防控和企业复工复产工作。团县委机关党员干部主动请战，先后参加安宜镇社区卡口联防联控连续驻守40多天；全县各级团组织组建疫情防控青年突击队100多支，组织青年志愿者1000人参加人员排查、卡口执勤、核酸检测等重点环节服务。

（王玉珏）

■**青少年服务** 2021年，团县委推进全县广大青少年强化爱党、爱国、爱社会主义情感意识，精心组织"青春向党·奋斗强国"主题团日、队日活动，面向少先队员、中小学生开展"童心向党、百年党史励我心"朗读大赛、寻访红色地标、红领巾寻访、团干部红色故事宣讲比赛、"乡村菁英说——我与乡村共成长"演讲比赛、"我唱队歌给党听"视频征集等主题活动。加强团、队衔接，规范离队流程，举办集中入团、离队入团等仪式。7月9日，宝应县举办"学党史、强信念、跟党走"主题团日暨第四届"宝应十大杰出青年"表彰大会。

引导全县广大青少年开展党史学习教育，坚定革命信念，树立跟党走宗旨，宣传在全县经济建设和各项事业发展中作出突出贡献的优秀青年事迹，培养具有鲜明时代特征青年典型，充分展示青年奋发向上青春风采,激励全县广大团员青年奋发努力、建功立业。12月27日,第六届联合国中国青少年环境论坛在扬州市举办,县实验初级中学组队参加论坛活动,传承运河文明,弘扬民族文化。团县委坚持将青少年权益维护延伸至网络领域,宝应县青少年维权岗获命名网络领域江苏省省级"青少年维权岗";注重引领青年走在时代前列,支持青年在中华民族伟大复兴中实现人生价值,完成《江苏省中长期青年发展规划(2019—2025年)》实施试点县工作;实施党史学习教育"我为群众办实事"项目,将"梦想改造+"关爱计划列入县委、县政府2021年民生幸福工程项目;创新探索"梦想小屋"建设"1+1+N"工作法(即开展一次走访调研、制订一套改造方案、实施N次现场督导),高质量建设"梦想小屋"工作经验在全省推广;以"1+3+6"["1"指村(社区)建立1支关爱儿童社会组织,"3"指构建县、镇(区)、村(社区)三级关爱儿童队伍和服务阵地,"6"指社会工作者、青少年工作志愿者、中小学教师、社会关爱组织负责人、未成年人监护(照料)人、社区心理指导师]关爱服务体系为核心,动员县属机关部门、企事业单位爱心组织和广大党员干部、群众参加精神关爱、爱心捐赠活动,募集关爱儿童资金额15.4万元,完成"梦想小屋"改造数量50间;坚持党建带团建,团县委先后组织开展"党建引领——青心陪伴进村居"主题月等活动14场次,关爱服务农村困境青少年200余人,联系走访慰问事实无人抚养儿童90人。团县委发挥职能作用,举办线上主题队会,为对口支援陕西省定边县困难儿童送温暖,帮助实现"微梦想"27个。（王玉珏）

■青年志愿者服务 2021年,团县委加强全县团属青年社会组织基础建设,增强"小青荷"志愿者联盟影响力和号召力,发挥青年志愿者服务力量。宝应县"小青荷"志愿者联盟、"莲心驿站"志愿服务站常态化运行,青年志愿者67人常态化参与6家大型商超志愿服务工作;参与全国文明城市创建、"团员岗"护岗、社区"清洁家园"等活动,累计参与人数700余人次;开展"童享阳光"暖冬行动、"青亲宝蓓"、希望工程"圆梦行动"等关爱活动,通过举办"微捐赠"活动共募集资金16万余元,帮助困境大学新生27人、中小学生19人次;全年在"学习强国"(扬州)学习平台推送关爱活动情况2次。团县委获扬州市"牵手希望·共圆梦想"2021希望工程"微捐赠"活动先进集体。（王玉珏）

■基层团组织建设 2021年,团县委结合"智慧团建"系统建设,梳理整顿基层团组织设置、团干部配备和团员流转工作;坚持靠前指导、强化督导,全县基层团组织对照年度工作清单,有条不紊完成镇(区)、村(社区)团组织换届工作;有序推进社会领域团组织建设,加强与新兴领域青年组织联系,全年新建社会领域团组织76家,发展社会领域团员70人;定期召开团队工作例会和意识形态工作会议,加强县级机关部门、企事业单位、镇(区)等基层团组织,以及中小学校共青团和少先队工作考核引导,完善考评机制,增强基层团组织先进性;构建共青团员优质发展生态,推进共青团员、少先队员先进性建设;突出政治标准和先进性要求,全县初级中学全面落实"双积双评"积分入团制度,全年新发展团员人数940人,完成团员学社衔接人数2159人;开展"红领巾"奖章评选活动,全县获"红领巾"二星集体奖章42枚、获"红领巾"二星少先队员奖章893枚。宝应县组队参加扬州市少先队辅导员少先队活动辅导技能大赛获二等奖。团县委获评"扬州市第四届未成年人思想道德建设工作先进集体"。（王玉珏）

宝应县妇女联合会

■概况 2021年,宝应县妇女联合会(以下简称"县妇联")指导和推动全县妇女开展"巾帼建功"活动,教育引导妇女树立自尊、自信、自立、自强精神,提高综合素质,实现全面发展,切实维护妇女儿童合法权益,动员组织妇女积极参加社会民主管理、民主监督,在建设"强富美高"新宝应新征程中建功立业。全年工作以庆祝建党百年为主题,以党史学习教育为主线,以习近平总书记重要指示为动力,全面对标找差、补短强特、创新实干,实现各级妇联组织形象不断刷新,妇女儿童事业有声有色,彰显党领导下妇联组织的战斗力、凝聚力,体现妇联组织忠实践行"为党分忧、为妇女解难"誓言。县妇联获评江苏省三八红旗集体、扬州市文明单位,获第三届江苏女性融媒体创意大赛4项表彰等多项荣誉。3月5日,县妇联举行纪念"三八"国际妇女节111周年暨三八红旗手(集体)事迹宣讲会,表彰宝应县三八红旗手标兵10人、三八红旗手30人、三八红旗集体10个,集中展示宝应妇女开拓进取、建功立业新时代风采。围绕"巾帼心向党、奋斗新征程"主题,县妇联组建荷韵巾帼志愿宣讲团,以女性大讲堂、荷韵巾帼微讲堂、庭院课堂等为载体,到全县机关部门、企事业单位、镇(区)、村(社区)和中小学校等开展"十百千巾帼大宣讲"活动180余场次,引领广大妇女从党史中汲取信仰力量;指导"金氾水""巾夏"等巾帼志愿者服务联盟团队踊跃参与疫情防控、文明创建、扶贫助困等志愿服务活动240场次。县妇联联合县住建局、县市场监管局等社会各界力量,开展"全民戴口罩,防疫我先行"文明劝导志愿服务活动,组建巾帼志愿者服务队11支、志愿者70人,到城区各农贸市场发放倡议书1000余份、口罩400多只。

“爱守护·益童行”巾帼志愿者服务队获评扬州市优秀志愿服务组织，金氾水志愿者协会“暖水瓶”综合助老项目获扬州市优秀志愿服务项目，获评扬州市优秀志愿者2人。

（夏媛媛）

■**妇联组织建设** 2021年，县妇联强化基层妇联组织建设，坚持从村后备干部和返乡女性中选拔优秀人才，圆满完成全县村（社区）妇联换届工作；实施基层妇联“领头雁”培养工程，组织基层妇联干部100人参加全县首期基层妇联干部履职能力轮训；提高新兴经济领域妇联组织组建率和活跃度，新成立宝应县汇润农业集团有限公司妇联、江苏融悦酒店管理有限公司妇联等妇联组织3家。柳堡镇廷柏村、山阳镇兴同村、射阳湖镇风车头村等村（社区）创成示范型“妇女儿童之家”。推进基层妇联组织改革，拓展阵地建设，全县“妇女微家”、三八红旗手工作室等妇女组织常态化开展关爱服务活动，成为县级妇联组织联系基层、联络妇女群众的有效载体。县妇联建立分片联系基层妇联制度，通过召开片区交流会、列席工作例会、走访调研等形式，构建镇（区）与县机关部门之间妇联干部多向交流互动平台；召开县机关部门妇联改革重点工作推进会，激发县机关部门妇联干部工作主动性、积极性；继续实行镇（区）妇联主席到县妇联跟班学习制度，结合人员特点制订个性化学习方案；以创建学习型机关为抓手，通过微党课赛课、巾帼微讲堂业务展示以及常态化全员参与交流探讨等方式，推动妇联干部政治素养、业务能力提升；持续打造“姐妹荷家欢”三星级党建服务品牌，县妇联机关及县直机关幼教中心党员志愿者230余人积极投身疫情防控各项工作，充分展现妇联女干部良好形象。（夏媛媛）

■**妇女儿童合法权益维护** 2021年，县妇联举办三八维权周“法律进家庭”竞答活动，全县参与线上答题人数2300多人；利用微信公众号推送民法典婚姻家庭编普法信息14期，指导各镇（区）、县级机关部门和企事业单位妇联开展“法律进家庭”活动46场次，发放宣传资料1.8万余份，受益妇女群众2000余人；组织普法志愿者走进村（社区）党群服务中心，以举办专题讲座、广场宣传、知识竞答等方式，开展妇女儿童维权服务活动16场次；开展婚姻家庭纠纷调解室调查摸底工作，指导制订完善婚姻家庭纠纷调解室各项规章制度，新建婚姻家庭纠纷调解室4家，全县累计有婚姻家庭纠纷调解室31家，全年获婚姻家庭纠纷调解补贴个案29件；举办“幸福加油站”——婚恋教育社会化项目第五期幸福婚姻讲堂和调解志愿者培训。县妇联、县公安局、县司法局、县法院等部门协同推进反家暴工作，全年提请县法院发出人身安全保护令5份、家暴告诫书6份。畅通各级妇联组织信访窗口、12338热线等妇女维权通道，办理、接待群众来信来访事项107件。全县各级妇联组织妇女参加基层民主治理，全县154个妇女议事会开展议事活动194次，有效提升妇女参与基层民主治理意识和能力。（夏媛媛）

■**妇女儿童民生项目** 2021年，县妇联根据“四常两聚”（村级党群服务中心“大门常开、场所常用、活动常办、群众常来”，实现聚人气、聚民心）党建创新工作部署要求，精心谋划开展“党建引领她力量——巾帼关爱服务进村（社区）”主题活动100余场，指导20多家县级机关部门和单位妇联发挥工作职能优势，围绕五个主题（送“四史”教育、送家教指导、送技能培训、送维权服务、送帮扶关爱）制作服务“菜单”37项，深入村“妇女儿童之家”开展活动110余场，为全县4000余名妇女儿童提供精准关爱服务。广泛动员爱心人士、社会组织参与“春蕾计划”助学行动，全年累计发放6个春蕾班贫困家庭学生98人助学金9.3万元。连续第8年实施贫困单亲母亲家庭助学行动，争取宝应县女企业家协会、宝应情满荷乡爱心协会等社会组织资助，向贫困单亲母亲家庭参加中考、高考子女25人发放助学金4.7万元；落实大学新生5人在校4年每月资助1200元生活费助学方案。县妇联围绕“我为妇女儿童办实事”主题，以项目化方式为妇女儿童提供精准服务，

7月21日，县妇联举办邀你回“娘家”——宝应县优秀女性人才素能提升活动　县妇联/供稿

评选出创新创优妇女儿童实事项目23个；指导2个试点镇实施扬州市“把爱带回家，相伴共成长”公益项目，为留守困境儿童50人提供“一对一”结对关爱帮扶服务；推进妇女儿童健康知识普及，举办妇女“两癌”防治知识专题宣传活动20余场、受益妇女2500人，为贫困妇女2人成功申请“两癌”专项医疗救助资金2万元；联合县红十字会、宝应特水乡情志愿者协会开展“情暖冬日、爱在身边”春节慰问活动，走访慰问贫困患病妇女10人，发放日常生活物资价值1.5万元；动员社会各界参加“99公益日”网上募捐活动，募集社会各界爱心队伍或爱心协会160家捐款34.2万元。

（夏媛媛）

■妇女创业创新扶持　2021年，县妇联继续落实妇女创业小额担保贷款政策，为创业女性66人办理贷款额1510万元，超额完成目标任务。宝应县创业女性协会第一届四次会员大会召开，组织女企业家、女创业者到县内党性教育基地参观调研，举办红色经典诵读主题教育活动；赴南通市知名家纺企业参观学习经营管理先进经验，感悟张謇实业报国情怀担当。县妇联指导各镇（区）妇联结合本区域产业特色，举办家政服务、农产品经营、职业技能等各类培训班30期，受训妇女1200余人；联合县人社局等部门举办全县保育员职业技能大赛，获高级工职业技术资格认证159人；举办全县“巾帼新农人”创业创新培训班1期，组织县内省市巾帼创业创新示范基地负责人、种养殖女能手等50人赴江阴市华西干部学院参加培训学习，引导“巾帼新农民”投身农业一二三产业融合发展；开展“岗村结对”共建活动，组织4个“全国巾帼文明岗”女干部职工与望直港镇、曹甸镇等困境妇女儿童开展结对帮扶；举办全县“我的建功故事”征文活动，征集征文50余篇，评选出优秀作品22篇；以庭院“小美”推动乡村“大美”，开展宝应县“美丽庭院”评选命名活动，制订“五美”（环境洁净美、整齐有序美、庭院布局美、绿化养护美、家风传承美）评选细则，命名表彰全县“美丽庭院”50户，全年创成江苏省“美丽家园”示范点2个。为培植省市巾帼创业创新示范基地储备源头活水，评选命名“宝应县巾帼创业创新示范基地”9个；指导江苏荷仙食品集团有限公司创成江苏省巾帼新业态助农创新基地，获奖补资金4万元，扬州市仅此一家。

（夏媛媛）

■家庭文明建设　2021年，县妇联深入开展“三全”（社区全域、父母全程、家庭全类型）社区家庭教育支持行动，以安宜镇莲花社区、射阳湖镇天平社区等5个试点社区为依托，以“荷美家——社区家庭健康教育行动”省级社工服务项目为抓手，全过程指导社区家庭教育工作落实落细，累计举办线上家庭教育知识普及讲座7场次，家长关注群体9.1万人；先后组织线下多种形式家教指导服务活动30余场，吸引家长和孩子共计2000人积极参与。常态化开展寻找“最美家庭”活动，全县获评江苏省最美家庭3户、江苏省绿色家庭1户，获评“扬州市最美家庭”15户。全县妇联系统举办“学习强国扬家风”知识竞赛，引导广大家庭涵育家庭学习好风尚。全县各级妇联组织开展讲家风故事、晒家规家训、办家庭教育讲座等活动20余场，受益干部群众1.1万余人。

（夏媛媛）

宝应县科学技术协会

■概况　至年底，全县县属科技学（协）会14个、会员人数2.3万人，镇（区）科协组织14个、企业科协组织86个、村（社区）科协组织283个。2021年，宝应县科学技术协会（以下简称“县科协”）坚持党建带科建，团结引领全县广大科技工作者，持续加强“四服务”（即服务科技工作者、服务创新驱动发展、服务提高全民科学素质、服务党和政府科学决策职责）职能，推进长效机制建设，强化科技资源链接服务，开展聚才引智和科普实事项目，为“五个宝应”建设贡献科技力量。县科协连续第八年获评江苏省县级科协创新发展能力提升计划优秀单位。3月，宝应县获评2016—2020年度“全国科普示范县”总结评估优秀县。11月，宝应县获批2021—2025年度第二批“全国科普示范县（市、区）”创建名单。县科协围绕庆祝建党百年，开展多种形式党史学习教育活动，组织县科协干部职工、科技工作者赴淮安市盱眙县黄花塘新四军军部纪念馆、山东省临沂市孟良崮战役纪念馆等开展党性教育。扬州疫情发生期间，县科协按照县委、县政府有关疫情防控要求，组织全体干部职工投身社区疫情防控。宝应县举办的2021年度“全国科普日”活动内容丰富、精彩纷呈，被中国科学技术协会表彰为“全国科普日”活动优秀组织单位。推进全县青少年校外教育辅导站（点）建设，宝应县获评中国科学技术协会、联合国儿童基金会农村青少年校外教育项目优秀组织单位奖。宝应县“四长科普荟”（学校校长、医院院长、农技站站长、科技型企业董事长）工作获评全国科技活动周暨江苏省第33届科普宣传周优秀活动奖，并列入全县“我为群众办实事”项目；获江苏省全民科学素质大赛优秀组织单位奖。县科协全年争取国家和省、市各类奖补资金共120多万元。

（陶　磊）

■科协基层组织建设　2021年，县科协全面强化政治引领，落实党组织主体责任，建立和完善科协基层组织建设一系列长效机制，提升凝聚力，激发新活力。围绕庆祝建党百年，组织开展“科协主席接待日”

活动4期，接待县内新调整镇科协主席、先进集体、最美科技工作者、基层种养殖大户代表等50多人，按照“学、看、讲、引、联”五字接待流程，通过组织党史学习教育、研讨创新发展难题，宣传科创平台等，凝聚科技力量，引领创新发展；开展镇（区）科协基层组织“三个一”（即挖掘一名优秀“四长”案例典型；对接一家企业院士工作站建站需求；实施一项科普特色活动）重点项目，组织县科协各条线开展走访调研活动，有针对性对全县科协基层组织进行业务指导；根据《扬州市乡镇科协基层组织力提升计划》要求，培育镇（区）科协基层组织新典型，指导山阳镇科学技术协会、小官庄镇科学技术协会通过扬州市科学技术协会评审获表彰。4月28日，宝应县镇（区）科学技术协会秘书长实务培训班在安宜镇南园社区举办。培训班上，重点围绕科学技术知识普及、科普信息化工作，以及中国科学技术协会“科技志愿者”注册、“科普中国”信息员注册、“扬州科普e站通”微信公众号关注、科学技术知识普及网站信息报送等业务技能进行分步骤讲解，提升科普工作业务能力。加强科协基层组织建设，县科协研究制订全县镇（区）科协工作考核办法和县属学（协）会分类指导办法，指导镇（区）科协、县属学（协）会开展争先创优活动；持续开展“4+1”试点工作，深入实施基层组织力提升9项机制，重点开展“四长科普荟”项目，发动基层科协“四长”及其科技工作者以镇村党群服务中心、新时代文明实践中心（站）为阵地，开展“送健康”“送农技”“送科教”“送创新”等科学技术知识普及活动。“四长科普荟”项目获评全国科技活动周暨江苏省第33届科普宣传周优秀活动奖，被列入宝应县“我为群众办实事”项目，并通过检查验收。全年基层科协“四长”5人典型事迹被刊登在江苏省科学技术协会、省农业技术推广协会等相关信息平台上；推进基层科协“四长”农业科技实验基地建设，着力提升基层科协“四长”服务能力；县科协组织撰写的《建立长效机制，激发组织活力》工作经验被刊登在《江苏科协》（2021年第11期）杂志上。1月4日，县科协基层组织建设工作和山阳镇农业“四长”工作经验做法在江苏公共新闻频道“黄金时间——改革政策e解读”栏目播出。 （陶 磊）

5月21日，宝应县举行2021年“最美科技工作者”颁奖仪式

县科协/供稿

■创新驱动发展服务 2021年，县科协围绕全县经济建设发展大局，服务企业科技创新。5月，扬州神龙绳业有限公司王玉忠院士工作站通过扬州市验收并获奖补资金20万元。县科协深入6家企业调研，了解院士工作站建站需求，做好培育服务工作；指导扬州市林学会-江苏兰馨园林有限公司、扬州大学科学技术协会-宝应县子婴河果园场2家产学研合作联盟建成市级学会专家工作站；深入走访包括新材料产业在内的相关企业20多家，摸排企业科技需求24条，及时争取上级学会资源下沉，服务企业创新驱动发展。7月初，县科协专程赴江苏省科学技术协会学会服务中心，对接落实与宝应县新材料产业相关联的4家学会6名专家参加计划召开的2021年宝应县新材料产业发展暨“产业·人才·科技·金融”合作对接会；完成海外专利资源信息库注册企业6家，申报专利应用典型案例20家，注册“科创中国平台”30个。县科协持续推进扬州大学科学技术协会与夏集镇联合创办的“科技智库”建设，支持专家、教授全方位开展科技咨询和调研论证；协助江苏省第十三批科技镇长团成员、扬州大学园艺与植物保护学院教授、夏集镇“科技智库”专家王春雷带领科技团队成功完成夏集桃花源规划设计工作；协助扬州大学科学技术协会为位于夏集镇的扬州市风鸣电缆有限公司引进高层次专家人才，推荐申报扬州市“绿扬金凤”人才项目1个，获批江苏省“科技副总”人才项目2个。7月6日，扬州大学科学技术协会、夏集镇校企合作签约仪式暨扬州大学科学技术协会专家工作站挂牌仪式在宝应县夏集镇子婴河果园场举行，为推进夏集镇一、二、三产业融合发展提供人才、技术支撑。 （陶 磊）

■服务科技工作者 2021年，县科协发挥科协组织资源优势，竭诚为

科技工作者服务，多平台、多渠道助力科技人才发展。为激励广大科技工作者牢记使命责任，庆祝第5个“全国科技工作者日”，县委宣传部、县人才办、县科技局、县科协联合举办2021年度宝应县“最美科技工作者”评选活动，评出“最美科技工作者”10人、提名奖10人。5月21日，宝应县“全国科技活动周”“江苏省第33届科普宣传周”启动仪式暨“最美科技工作者”颁奖典礼在县文化馆举办，县委常委、县委组织部部长魏建，县政府副县长陆杰、丁子建等出席颁奖典礼并为获奖者颁奖。县科协推荐科技工作者、科技企业参加省、市评选活动，获评扬州市“最美科技工作者”1人、获评全市科协系统“优秀科技工作者”2人，入选2021年度“科创江苏”企业创新达人2人；推荐扬州腾飞电缆电器有限公司参加中国创新方法大赛江苏省赛区决赛获三等奖；组织县内科技人员参加江苏科技工作者主题征文暨演讲竞赛活动获三等奖。9月24日，县医学会主办的宝应县第四届“荷香”论坛暨妇产科新技术新项目进展培训班在宝应金陵大酒店举办，全县妇产科临床、保健医生150多人参加培训。县科协注重发挥全国科技工作者调查站点作用，组织相关人员参加全国和省、市举办的调查站点业务培训，定期开展问卷调查，完成上级专项调查任务，全年上报有效信息10篇，获刊发1篇。（陶　磊）

宝应县文学艺术界联合会

■概况　2021年，宝应县文学艺术界联合会（以下简称“县文联”）坚持以习近平新时代中国特色社会主义思想为指导，围绕文化强县建设目标，牢牢把握“以人民为中心”创作导向，团结引领广大文艺工作者投身文艺创作生产和文化服务，全面推动宝应文艺事业繁荣发展。至年底，县文联共有宝应县书法家协会、县作家协会、县诗词协会、县美术家协会、县摄影协会等所属协会11个。县文联及其所属协会围绕弘扬主旋律，突出民生幸福工程，精心组织精品创作和文艺活动。全年举办各类文化惠民活动30多场，在国家级刊物上发表文艺作品30多篇，入选或获评省级以上文艺奖项人数20多人次。其中，孔繁明撰写的《乡村墙绘的审美思考》理论短评获评第六届“啄木鸟杯”中国文艺评论年度优秀文艺短评文章。薛明泓入选江苏省书法院中青年书法家学术提名展候选人。卢玉彪作品入选首届江苏省“瘗鹤铭·书法篆刻展”并获奖、庄义湘作品入展。高瑞清、吉金海、朱顺华作品入选江苏省首届篆隶书法作品展。（县文联）

■江苏油画名家（宝应）创作采风作品展　1月9日，江苏省油画学会、县委宣传部、县文联共同举办的“东荡西湖，诗意荷乡”——江苏油画名家（宝应）创作采风作品展在县城纵棹园“宝应书法艺术馆”开展。江苏省油画学会主席、南京艺术学院美术学院院长陈世宁，县委常委、县委宣传部部长吴建志、扬州市文联副主席朱洪林、县政府副县长杨洪国等参加开展仪式。展期为1月9日至3月12日，主要展出江苏省油画学会副主席、原《画刊》杂志社社长兼主编李建国，中国美术家协会会员、南京艺术学院美术学院教授陈世和，国家一级美术师、原某军区政治部文艺创作室副主任陈坚，中国美术家协会会员、南京大学油画学会会长杨娌娅，江苏省油画学会主席、南京艺术学院美术学院院长陈世宁，中国美术家协会会员、南京师范大学教授时卫平，中国美术家协会会员、江苏省油画学会理事、苏州大学艺术学院教授戴家峰，江苏省美术家协会副主席、省书画院副院长、南京大学艺术学院副院长陆庆龙，江苏省油画学会理事夏静，江苏省油画学会理事、扬州市青年美术家协会副主席王华逸，中国美术家协会会员、无锡市青年美术家协会副秘书长宗建成等美术大师名家11人在宝应采风期间创作的60多幅油画作品，其中被宝应博物馆收藏的油画作品11幅。（县文联）

■扬州市“醉美夏集”摄影大赛　3月27日，扬州市摄影家协会、县委宣传部、县文联共同主办的扬州市“醉美夏集”摄影大赛开镜仪式在夏集镇桃花源景区举行。扬州市摄影家协会主席戴兴发，县委宣传部副部长、县文联主席郎海燕等参加活动。此次大赛自3月20日开赛，至5月31日结束，组委会共收到省内外摄影家和摄影爱好者摄影作品310幅。经过组委会和专家组评审，评选出获奖作品30幅，其中一等奖1幅、二等奖3幅、三等奖6幅、优秀奖20幅。（县文联）

■“让学习成为习惯”周文彰学习分享会　4月3日，县委宣传部、县文联主办的“让学习成为习惯”周文彰学习分享会在宝应县城中小学举办。周文彰出生于1953年8月，江苏宝应人，哲学博士，曾先后任国家行政学院副院长，海南省委常委、省委宣传部部长，兼任中国人民大学哲学学院、中国地质大学博士生导师，浙江省绍兴兰亭书法艺术学院客座教授，被授予“海南省有突出贡献优秀专家”称号，享受国务院政府特殊津贴，曾当选中国共产党第十七次全国代表大会代表、第十二届全国政协委员，先后出版《狡黠的心灵》《绿岛傻想》《特区导论》等多部专著。周文彰从小热爱学习，几十年来培养出“勤奋、勤勉、勤恳”的学习习惯。2019年4月，周文彰新书《让学习成为习惯》出版发行，反响热烈。他希望此次学习分享会能为故乡青少年增长智慧，培养良好的学习习惯带来启迪。

（县文联）

■“运河水润蒲公情”《聊斋》诗意画展 4月8日，县文体广旅局、县社科联、县文联与山东省淄博市淄川区文化和旅游局、淄川区蒲松龄纪念馆共同主办的“运河水润蒲公情”《聊斋》诗意画展在宝应博物馆举办。县政府副县长杨洪国、山东省淄博市淄川区政协副主席李洁等参加开展仪式。画展作品由中国美术家协会会员、著名画家王春荣（清代著名小说家蒲松龄第十一世孙婿）历时5年多时间，从《聊斋志异》中精选诗篇100首用中国传统的国画形式创作而成。据史料记载，清康熙九年（1670年），蒲松龄应时任宝应知县孙蕙之邀游幕宝应1年多时间。此次展出王春荣作品50多幅，展期至4月16日结束，重点向广大观众展示蒲松龄杰出的文学成就和艰辛创作历程。 （县文联）

■“湖光潋滟”宝应、建湖、金湖三县美术作品联展 5月20日—6月17日，宝应、建湖、金湖3县文体广电和旅游局、县文学艺术界联合会共同主办的“湖光潋滟”宝应、建湖、金湖3县美术作品联展在宝应县文化馆举行开幕式。宝应、全湖、建湖3县水域相连、文脉相同，氾光湖、白马湖、宝应湖、射阳湖跨境相连，“湖光潋滟”之间，文化风貌同宗同源。同时，宝应、建湖、金湖3县均历史悠久，底蕴深厚，文人辈出，南宋有名臣陆秀夫，明代有善丹青者陶成，清代有状元王式开、经学大师刘宝楠、京剧鼻祖高朗亭，近代有画家居巢、居廉兄弟等。抗日战争时期，新四军在这片土地上留下深深的“红色印记”。为纪念中国共产党成立100周年，这3个县当代画家弘扬革命精神，用画笔描绘出家乡美景，讴歌家乡美好生活。此次展出国画、油画、水粉画、水彩画等美术作品65幅。 （县文联）

■庆祝建党100周年党史学习教育主题书法作品展 6月4日，县委宣传部、县文联和安宜镇联合主办的“宝应县庆祝中国共产党成立100周年党史学习教育主题书法作品展”在县城纵棹园“宝应书法艺术馆”开幕。县委常委、县委宣传部部长吴建志，县政协原主席、县书法家协会顾问秦有芳，县委宣传部常务副部长周晓辉，县委宣传部副部长、县文联主席郎海燕等参加开幕式。此次展览集中展示县内书法家和书法爱好者共计66人精心创作的书法作品66幅，展期10天，参展作品分为红色精神、光辉历程、伟大思想、瞩目成就、壮丽诗篇等5个专题，作品涵盖真草隶篆行5种书体，内容丰富、形式多样、立意深刻，着力展现党的奋斗历程，讴歌党的丰功伟绩，充分表达书法作者对中国共产党执着的信仰和真挚的情感。 （县文联）

■“党史悟思想、翰墨忆恩来”全国书法名家作品邀请展 6月9日，县文体广旅局、县文联联合主办，宝应博物馆、县书法家协会共同承办的“党史悟思想、翰墨忆恩来”——纪念中国共产党建党100周年全国书法名家作品邀请展在宝应博物馆3楼展厅展出。此次共展出言恭达、周文彰、章杰、邵希平、李啸等全国书法名家书法作品60余幅，展期为6月9—28日共20天。作品主要内容为周恩来生前名言名句、诗词题词，集中反映周恩来波澜壮阔的人生经历和革命斗争实践，展现周恩来精神风范和人格魅力，具有很高的艺术性和很强的思想性，每幅作品都倾注书法家对周恩来无限崇敬和怀念之情。 （县文联）

■“丹青绘盛世、翰墨颂党恩”庆祝建党100周年书画作品展 7月1日，“丹青绘盛世、翰墨颂党恩”宝应县庆祝建党100周年书画作品展开幕式在县文化馆一楼报告厅举办。县政府副县长杨洪国、县委宣传部常务副部长周晓晖、县文体广旅局局长罗国军、县文联副主席曹文阳等，参展书画家代表、书画爱好者和市民共150多人参加活动。此次书画作品展由县委宣传部、县文体广旅局、县文联共同主办，展出全县庆祝建党100周年书画作品60幅，展期为7月1—31日。按照计划安排，县文化馆首展结束后将赴各镇（区）进行巡展。 （县文联）

■“小荷竞放、光影逐梦”宝应县首届青少年摄影作品展 7月11—21

7月1日，“丹青绘盛世 翰墨颂党恩”——宝应县庆祝中国共产党成立100周年书画作品展开幕

县文体广旅局/供稿

日，县文联在县城纵棹园宝应书法艺术馆举办“小荷竞放、光影逐梦”庆祝中国共产党成立100周年宝应县首届青少年摄影作品展。此次展出全县青少年摄影爱好者展现家乡之美摄影作品100余幅，深切表达对家乡的热爱之情。（县文联）

■“忠心向党，舞悦荷乡”宝应县庆祝建党100周年广场舞大赛 9月25日，县委宣传部、县文联、江苏宝应经济开发区主办的宝应县庆祝建党100周年广场舞大赛在宝应金陵大酒店举行。这届广场舞大赛通过网络报名，共有30支代表队、500多名选手参赛。通过专家观看视屏初评，遴选出16支代表队进入决赛。决赛采用专家评委现场打分、亮分办法，对参演作品舞蹈编排、表演台风、服装造型以及作品表演协调性等方面进行计分。经过近2个小时激烈角逐，最终评出一等奖1名、二等奖2名、三等奖3名，优秀奖10名。本次大赛从内容、形式，以及观赏性和艺术性均得到很大提高，不仅为广场舞爱好者开展艺术交流、展示自我提供条件，也为衷心祝福党的百年华诞，表达对党、对祖国、对美好生活的热爱提供舞台。

（县文联）

■“风荷正举”宝应青年十人书法作品展 12月30日，县委宣传部、县文联、县文体广旅局主办的“风荷正举”——宝应青年十人书法作品展在县文化馆举办。县委常委、县委宣传部部长赵宇，县政协原主席、县书法家协会顾问秦有芳，扬州市文学艺术界联合会副主席朱洪林、县政府副县长杨洪国等参加开展仪式。此次展出县内10位青年书法家精心创作的书法作品50余幅，风格各异，情趣高雅，形式多样，在师古人、研经典基础上更加重视书法作品的形式感以及由此体现的审美意蕴，在创作过程中自觉融入当代艺术精神。（县文联）

宝应县哲学社会科学界联合会

■概况 2021年，宝应县哲学社会科学界联合会（以下简称“县社科联”）以习近平新时代中国特色社会主义思想为指导，贯彻党的第十九届历次全会和省市县党代会精神，围绕县委、县政府中心工作，突出党的创新理论阐释、应用课题研究、社科知识普及和社科类社团建设等工作。《用好红色资源，传承红色基因》理论文章获评2021年度全省哲学社会科学系统“工作创新案例”。（朱岳沁）

■社科应用课题研究 2021年，县社科联组织开展以“庆祝中国共产党成立100周年”为主题的应用课题研究。年初，县社科联印发重点应用课题参考选题，采取双向选择方式进行选题，至年底共征集到各类社科应用课题286篇。经专家组评审，评选出全县优秀社科论文100篇，并汇编成《2021年度宝应县优秀社科论文集》；18篇社科论文在扬州市理论研讨会交流和学术年会上获奖。加快社科成果转化，县社科联全年在“宝应e发布”、《宝应日报》分别开设“e论坛”和“观点”栏目发布优秀论文稿件110篇，为县委、县政府领导和县级相关部门提供决策参考。（朱岳沁）

■社科类社团组织建设 2021年，县社科联按照县委宣传部印发的《关于加强社科类社团规范化建设工作的通知》要求，加强全县社科类社团规范化建设，引导各社团按章办会，正常开展社科普及和学术研究活动。至年底，全县共有社科学会、研究会、协会20个，会员600余人。县社科联组织开展省、市社科普及示范基地创建活动，全年获批扬州市社科普及示范基地2家，分别是宝应县谨园廉政教育展馆（县纪委监委）和宝应荷藕展示馆（射阳湖镇）；累计创成江苏省科普及示范基地2家、扬州市社科普及示范基地11家、宝应县社科普及示范基地19家。县社科联“打好宝应大运河文化普及组合拳”、宝应博物馆“绘精品文物 传家乡神韵”活动分别获江苏省社科普及一般资助项目和重点资助项目。

（朱岳沁）

■社科成果参评获奖 2021年，县社科联组织全县社科学会、研究会、协会参加扬州市哲学社会科学界联合会举办的扬州市第十三届哲学社会科学学术年会县（市、区）专场征文征集活动。全县共有11篇论文获奖，分别是《“枫桥经验”与宝应社会治理现代化研究》（张雪）、《关于加快培育壮大我县新材料产业集群的调研报告》（顾长荣）、《宝应法院“十朵莲花”党建品牌创建暨党建创新工作探析——融合社会工作视野》（陈国俊）、《关于高质量推进全县招商引资工作的思考》（宝应县委党校课题组）、《双循环新发展格局下宝应高质量发展研究》（黄如中）、《宝应先进制造业高质量发展路径研究》（汤文武、黄建东、王超、潘昕）、《走产业方向的县域新型城镇化发展之路——以宝应县为例》（王文庆、蔡欣、黎琦）、《乡村振兴背景下县级公共图书馆未成年人服务质量提升实践与思考——以宝应县图书馆为例》（仇素文）、《从“四常两聚”机制建设到基层有效治理路径探析——以宝应县村、社区党群服务中心建设为例》（黄永年、章婷）、《关于践行住房公积金“多证合一”，助力“好地方、事好办”的思考——以江苏省宝应县为例》（王伦锋、王超）、《“双碳”背景下看宝应新能源发展趋势研究》（王觉先、王超、陈凯、钮玲）。其中，《“枫桥经验”与宝应社会治理现代化研究》作者张雪应邀参加全省苏中专场年会并在会上作交流发言。

（朱岳沁）

宝应县残疾人联合会

■**概况**　2021 年，全县残疾人总数 5.5 万人，其中持证残疾人 1.87 万人。宝应县残疾人联合会（以下简称“县残联”）以改善残疾人生活品质为导向，以推动残疾人事业高质量发展为主题，以促进残疾人全面发展和共同富裕为主线，提升社会保障、就业创业、康复服务、托养照护、文化体育、权益维护等各项残疾人工作水平和绩效。县残联被江苏省残疾人福利基金会授予“公益助残项目最具执行力奖”“公益助残网络募捐工作推进奖”；被扬州市委、市政府授予“扬州市文明单位”；被县委、县政府评为机关部门综合考核二等奖。县残联“创‘三位一体’格局，破事业发展难题”创新项目被评为全省残联系统创新创优项目；制作的《对党说句心里话》短视频荣获江苏省残疾人联合会“百年视频述心声”视频征集活动三等奖；“共享阳光”服务品牌获评县级机关“优质党建服务品牌”；“健全残疾人权益法治保障机制，依法助残维权”工作被评为全县“最具影响法治事件”。县残联被县全民阅读工作领导小组授予“2020—2021 年度书香机关”。县残疾人康复中心被扬州市妇女联合会授予“扬州市三八红旗集体”称号；县残联残疾人教育和就业工作部被县总工会授予“宝应县文明班组（科室）标兵”称号；县残疾人康复中心代表队获第三届“昭鸣杯”全国康复治疗师技能大赛团体三等奖。　（胡　林）

■**残疾人服务机构改革**　2021 年，宝应县结合省市事业单位机构改革要求，加强残联组织建设，整合县残疾人康复中心、县残疾人托养中心、县残疾人就业管理中心、县残疾人辅助器具服务站 4 家事业单位资源，组建宝应县残疾人综合服务中心（县残疾人康复中心），为全额拨款事业单位，核定全额拨款事业编制 12 名，核定干部职数 4 名，其中主任 1 名、副主任 3 名。新成立残疾幼儿学前教育机构“宝应县小天使幼儿园”，明确为县残联下属正股级全额拨款事业单位，核定全额拨款事业编制 10 名，设园长 1 名、副园长 2 名。设立“宝应县残疾人康复中心厚爱诊所”；在县特殊教育学校挂牌成立“宝应县残疾人职业技能培训基地”。　（胡　林）

■**残疾人康复工作**　2021 年，县残联巩固转化“全国残疾预防试验区”创建成果，出台《宝应县残疾预防和残疾人康复信息共享工作联席会议制度》，完成省残联建立残疾预防信息共享机制的电视直播。重视残障儿童康复工作，推行残疾儿童康复与教育融合“宝应模式”，依托县残疾人康复中心等 5 家定点儿童康复机构，为各类功能障碍儿童 535 人实施康复与教育融合服务。加强残疾人康复服务管理，建立县、镇、村三级残疾人康复服务体系，新建安宜镇爱民社区、氾水镇戈店村“社区康复服务示范点”2 家。全年开展支持性康复服务人数 1215 人，完成家庭医生签约残疾人 1.87 万人，盲人定向行走培训 100 人，发放辅具数量 877 件、适配人数 803 人、假肢验配人数 15 人；提供贫困精神残疾人基本免费服药人数 943 人；实施白内障手术人数 300 人；实现全县持证残疾人意外伤害保险全覆盖。　（胡　林）

■**残疾人培训就业**　2021 年，县残联通过集中就业、分散就业、个体创业、电商就业、辅助性就业等方式提高残疾人就业率；新建市级残疾人扶贫基地 1 家、县级残疾人扶贫基地 13 家，安置残疾人就业 112 人、辐射带动残疾人就业 88 人；举办残疾人职业技能培训班 18 期，实名制培训残疾人 480 人，实名制就业 178 人；加大对全县 31 个“残疾人之家”扶持力度，安装监控设施设备，提高补贴标准，协助寻找辅助性就业项目，全年累计接受日间照料和辅助性就业残疾人 351 人。　（胡　林）

■**残疾人托养服务**　2021 年，县残联通过开展寄宿制、日间照料及居家托养三种模式，为全县 479 名残疾人提供托养服务。其中，残疾人居家托养服务作为“为群众办实事”重点项目。通过政府购买服务方式，引入第三方机构，为符合条件的残疾人托养对象 100 人提供助洁、助餐、助浴、助行、心理疏导等专业服务，帮助智力、精神及重度肢体残

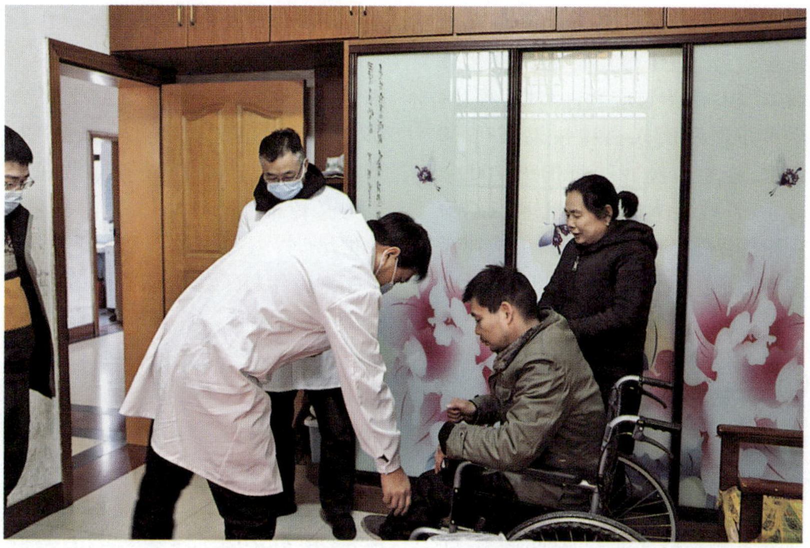

3 月 21 日，县残联组织开展公益助残服务活动　县残联/供稿

疾人提高生活质量，减轻家庭负担。

（胡　林）

■残疾人证核发　2021年，县残联按照科学规范、精简高效、权责明晰原则，认真做好10年期满残疾人证换证工作及新证办理工作。全县完成10年有效期满残疾人证换证1175人，其中颁发新证701人。

（胡　林）

■残疾人文化体育活动　2021年，县残联以全省残疾人群众性文体活动进基层试点为契机，围绕"基础性文体服务拓范围、竞技性文体活动展风采、进基层特色文化齐发力"3个方面要求，制订《大力推进"六有"建设，闪耀残疾人生命光彩工作方案》，举办全县第二届残疾人才艺大赛、第五届残疾人运动会、残疾人群众性文化进基层巡演等一系列文化体育活动，让残疾人在家门口就能参与到文体活动中。　（胡　林）

■残疾人维权服务　2021年，县残联大力推进法治惠残，为残疾群体撑起一把"维权保护伞"。一方面，织密维权网，与县司法部门联合建立残疾人维权中心和法律救助工作站；另一方面，构建组织领导、运行保障、协调协商、社会化工作等机制。宝应县残疾人维权服务体系建设被列为"扬州市法治为民办实事项目"和"法治宝应六件实事"项目。全年办理残疾人法律援助案件30余件，避免和挽回经济损失100余万元。"残疾人张某霞抚养费纠纷法律援助案"被评为"扬州市法律援助十大典型案例"。　（胡　林）

■公益助残　2021年，县残联贯彻落实各项惠残助残政策，残疾学生30人享受考学奖励7.5万元，贫困残疾人家庭子女99人享受考学奖励14.09万元，残疾学生77人享受教育专项补贴9.7万元；实施省、市残疾人福利基金会助残公益项目，困难残疾人50人享受"关注精神残疾人生活"救助金7.5万元，8人享受"励志扶残助业"补贴2.4万元，28人享受"励志奖学"奖学金4.7万元；在训残障儿童170人享受"99公益"网络募捐租房、交通补贴22.7万元。开展关爱残疾人"暖冬"行动，发放贫困残疾人棉衣320件、取暖器135台；开展肢体残疾人"助行"行动，发放轮椅500辆；开展贫困残疾人家庭"家电圆梦"行动，发放彩电、电饭煲、电风扇、微波炉、洗衣机、太阳能热水器等650件（台）；全县符合条件残疾人13人享受燃油补贴共3380元；为65户贫困残疾人家庭实施无障碍改造。

（胡　林）

■残联事业宣传　2021年，县残联充分利用网站、报纸、电视、微信公众号、抖音等各类媒体，立体式宣传报道残联工作和残疾人事业。全年累计向外报送宣传报道和信息325篇，其中被"学习强国"平台等主流媒体录用7篇，被省市残疾人联合会录用100余篇；录制"共享阳光"电视专栏节目30期，选树残疾人先进代表和优秀残疾人工作者，在全社会营造扶残助残浓厚氛围。

（胡　林）

宝应县红十字会

■概况　2021年，宝应县红十字会（以下简称"县红十字会"）弘扬"人道、博爱、奉献"红十字精神，做好人道主义传播、备灾救灾、社会救助、救护培训、志愿捐献、志愿服务、红十字青少年等工作。全县设镇（区）红十字会14个、红十字服务站32个、红十字博爱家园16家、红十字志愿服务队5个、冠名红十字医院2家、江苏省红十字示范学校4所。全县红十字会会员6.58万人，其中青少年会员6.18万人。黄塍镇江跳村、望直港镇月蟾村等10个村（社区）创成扬州市博爱家园。县委、县政府重视和支持红十字会工作，把红十字会备灾救灾能力提升纳入全县自然灾害和突发事件应急体系建设；县红十字会、县发改委编制完成《宝应县"十四五"红十字事业发展规划》；县委办公室、县政府办公室印发《关于印发〈宝应县红十字会机关职能配置、内设机构和人员编制规定〉的通知》（宝委办发〔2021〕8号）。全年募集各类款物折合人民币431万元，其中扬州晨化新材料股份有限公司为曹甸镇中心卫生院定向捐款115万元；全年发放各类救助款物折合人民币395万元，其中对口支援陕西省定边县红十字会脱贫攻坚资金10万元；县红十字会连续第11年开展"博爱在宝应·人道万人捐"募捐活动，筹集捐款87万元。县红十字应急救护培训基地获评首批江苏省应急救护培训示范基地，扬州市第1家、全省仅6家；获评扬州市服务业标准化试点项目，全市第1家。建成集食宿、培训、训练为一体市级红十字应急救援训练基地1个，投入资金23万元，其中扬州市红十字会安排资金10万元、县财政拨付资金8万元、县红十字会自筹资金5万元；全年新增红十字博爱家园10个，提前2年完成省市下达的红十字博爱家园建设任务，在全市率先实现镇（区）全覆盖。射阳湖镇红十字会获评2019—2020年江苏省红十字会基层组织工作先进集体，射阳湖镇天平社区获评江苏省优秀博爱家园；创成江苏省红十字示范学校2所，相关典型经验在2021年全省红十字会基层组织建设推进线上培训班上交流。安宜镇红十字会会长顾军亚获评江苏省红十字会系统先进个人；全县造血干细胞捐献志愿者3人成功完成捐献，捐献量列全市第1名、在全省领先。县红十字会募捐筹资、应急救护培训、志愿捐献、红十字青少年工作、红十字文化传播等5项核心业务获全市县（市、区）考核一等奖，获评扬州市创优创

2月9日，宝应县造血干细胞捐献者载誉归来　　县红十字会/供稿

新优胜单位，并被通报表扬；组队参加全县党史知识竞赛获得团体三等奖。全年在市级以上各类媒体发表宣传报道30篇。

（何红春　刘　丽）

■公益救护培训　2021年，县红十字会继续实施江苏省人民政府为民办实事“公益性应急救护百万培训”项目，利用“5·8”世界红十字日、安全生产月、世界急救日等重大节日，采取上下联动方式，组织各镇（区）红十字会开展形式多样宣传活动。至年底，全县共举办青少年防溺水干预活动32场次，举办公益救护现场培训170场次，普及性培训人数1.24万人、初级救护员培训人数1605人，实现14个镇（区）急救培训全覆盖。救护培训师尤娟、周月红获评2020年度“十佳宝应好人”。

（何红春　刘　丽）

■志愿无偿捐献工作　2021年，县红十字会推进志愿无偿献血、志愿捐献造血干细胞、志愿捐献人体器官（遗体、组织）工作，利用多渠道开展宣传活动。全年完成无偿献血6704人次、献血量233万毫升；新增登记人体器官（遗体、组织）捐献志愿者9人、累计24人，其中成功捐献人体器官（肝、肾、肺）志愿者1人；新增登记加入中华骨髓库造血干细胞捐赠志愿者163人，其中进入再动员程序志愿者25人，累计招募造血干细胞志愿者2255人；造血干细胞捐献志愿者刘剑、徐堂飞、包万峰3人成功完成捐献，造血干细胞捐献志愿者卞丹芹、沈新华获得全国无偿捐献造血干细胞奉献奖；山阳镇捐献造血干细胞志愿服务队成立，拥有志愿者队员共9人。

（何红春　刘　丽）

■校园红十字活动　2021年，县红十字会按照扬州市精神文明建设指导委员会办公室、市教育局、市卫生健康委员会、共青团扬州市委员会、市红十字会联合印发的《关于加强扬州市学校红十字工作“十项措施”的意见》（扬红会〔2019〕31号）文件要求，持续开展学校“红十字活动周”活动，围绕“红心向党、健康同行”主题，在全县中小学校开展“疫情防控科普”“校园守护、救在身边”等红十字救护知识讲座10期，参加活动学生人数5000余人。安宜镇叶挺桥小学、宝应经济开发区国际学校成功创成“江苏省红十字示范校”；宝应经济开发区国际学校获江苏省红十字会批准开展生命健康安全体验教室创建。

（何红春　刘　丽）

宝应县关心下一代工作委员会

■概况　2021年，宝应县关心下一代工作委员会（以下简称“县关工委”）强化组织领导，调整充实班子成员，并根据各自工作经历与资源优势，明确具体分工与联系点。修订完善政治学习、财务收支、考核奖励等内部规章制度，推进各项工作更趋常态化、规范化。强化政治自觉，学习贯彻习近平有关关心下一代工作最新指示精神，组织县关工委干部、“五老”志愿者开展“践行嘱托育新人”大讨论，汇聚进一步做好关心下一代工作广泛共识，顺时而动，积极作为，切实当好各级党委和政府培养青少年的参谋助手、联系服务青少年的桥梁纽带。提请县委同意将关心下一代工作纳入2021年县委党建工作目标考核内容，增强关心下一代工作导向力、“含金量”，推进形成全县关心下一代工作与党建工作“同研究、同部署、同督查、同考评”生动局面。2月，县级机关工委批准成立“中共宝应县关心下一代工作委员会支部委员会”，为进一步发挥党支部功能，开展组织生活，提高政治站位、政治自觉，更好地服务于关心下一代事业提供有力支撑。至年底，全县注册老干部、老战士、老专家、老教师、老模范“五老”志愿者4513人。县关工委、安宜镇关工委获评全省关心下一代工作先进集体，泾河镇、柳堡镇、夏集镇、氾水镇、广洋湖镇、射阳湖镇、西安丰镇以及宝应县民营企业关工委等8家关工委获评全市关心下一代工作先进集体；全县获评全省关心下一代工作先进个人6人，获评全市关心下一代工作先进个人24人。在江苏省关心下一代工作委员会组织的“童心永向党·筑梦新辉煌”创作演讲比赛、“对话2035年的我们”暨“童声齐颂建党百年”主题征文比赛中，县关工委均获得优秀组织奖，安宜镇关工委、夏集镇关工委、安宜镇莲花社区校外教育辅导站获得“童心永向党·筑梦新辉煌”创作演讲比赛组织奖，卢之芬等5人获评“优秀朗诵者”。（赵晓潇）

■青少年主题教育 2021年，宝应县精心策划、深入开展青少年思想教育活动，传承红色基因，教育引导青少年争做时代新人。举办“颂建党百年，争做新时代好少年”系列活动，开展百年党史宣讲教育，为青少年汲取奋斗力量，取得良好成效。各镇（区）关工委组织“五老”志愿者骨干进学校、入社区开展党史宣传教育。安宜镇关工委常务副主任刘建鑫自编自写党史学习教育讲稿，深入社区、校园开展宣讲，通俗易懂，深受青少年喜爱。氾水镇关工委组织“五老”志愿者开展“红色故事进校园、进辅导站”巡回宣讲活动，编印《氾水镇红色记忆》宣传册，激发青少年党史学习热情持续升温。县关工委指导全县中小学、各类校外教育辅导站学好用好红色教育读本《红色热土——宝应》，举办党史教育读书征文竞赛活动，引导青少年认真学习宝应革命斗争史，增强“爱祖国、爱家乡”家国情怀。开展寻访革命足迹活动，重温红色记忆，泾河镇、西安丰镇、射阳湖镇等镇关工委利用本土红色教育资源，组织青少年走进德育教育基地，身临其境，触摸中国共产党人“矢志不渝、筚路蓝缕、血雨腥风、艰苦卓绝”斗争史，寻访革命足迹，赓续红色基因。组织先进典型选树活动，针对关心下一代工作“一头连着老、一头连着小”特点，县关工委牵头举办宝应县第十二届“十佳新时代好少年”和首届“十佳‘五老’志愿者”评选活动，全县共推选“十佳新时代好少年”候选人52人、“十佳‘五老’志愿者”候选人25人。经过严格评审，王艺默等10人被授予宝应县第十二届“十佳新时代好少年”称号，20人获宝应县第十二届“十佳新时代好少年”提名奖；刘建鑫等10人被授予宝应县首届“十佳‘五老’志愿者”称号。12月10日，县关工委、县文明办、县教育局、团县委、县融媒体中心在县实验小学报告厅举行宝应县第十二届“十佳新时代好少年”暨首届“十佳‘五老’志愿者”颁奖典礼。按照疫情防控最新要求取消聚集性活动，利用直播方式进行颁奖，现场播放“十佳新时代好少年”“十佳‘五老’志愿者”先进事迹相关视频，让全县广大青少年和干部群众从听觉视觉上感知感怀、学习先进典型感人事迹和无私奉献精神。（赵晓潇）

■校外阵地建设 2021年，县关工委采取“校站结合”方式，推进全县校外教育阵地建设，提升校外教育辅导站（点）办学质量。发挥县校外教育辅导总站示范带动作用，组建由省市特级教师、学科带头人参加的校外教育辅导讲师团，精心组织“送教下乡”等各类校外教育辅导教学活动；注重发挥校外教育阵地现场驱动效应，在鲁垛镇召开全县2021年度校外教育辅导站（点）现场推进会，使与会人员深切感悟鲁垛镇校外教育辅导站利用乱针绣文化产业园，在开展美育教育、劳动技能教育等方面取得的办站成效。实行校外教育辅导站（点）专项考评，提升校外教育辅导站（点）办站质态。从年终考评情况看，全县校外教育辅导办站方向更加科学，办站质量持续提升，更加重视青少年美育、体育、劳动、生命健康及安全教育，为培育“德、智、体、美、劳”全面发展一代新人发挥作用。至年底，全县累计建成校外教育辅导站（点）52个；参加校外教育辅导站（点）活动“五老”志愿者208人、在职教师104人、大学生村官及其他志愿者150人；全年校外教育辅导站（点）开展各类活动1340次，参加校外教育辅导站（点）活动青少年2.4万人次。（赵晓潇）

■青少年犯罪预防 2021年，县关工委积极参与全县社会治理现代化工作，推进“零犯罪、零受害”村（社区）建设。6月1日，县关工委印发《宝应县“零犯罪、零受害”村（社区）建设工作实施意见》（宝关工委〔2021〕12号）。县关工委、县委政法委、县公安局、县法院、县检察院、县司法局、县妇联、团县委等部门联合举办“关爱明天·普法先行”“法治课间餐”“法治报告会”等主题系列活动，深入校园、村（社区）开展法治宣传教育，全县青少年法治素养整体提升。全县“五老”志愿者网吧义务监督员对经营性网吧实行定点监督，严控未成年人进入营业性网吧，实现义务监督工作常态化、长效化。（赵晓潇）

■助学扶贫 2021年，县关工委强化关爱帮扶，助力全面小康，进一步扶助弱势青少年群体。组织“五老”志愿者为决胜全面小康、决战脱贫攻坚贡献智慧力量，丰富拓展“五老”志愿者关爱工程内涵。县农业农村局关工委调整充实“五老”志愿者关爱团队，指导青年创业者申报各类农业项目。宝应县民营企业关工委精心组织各类业务培训，不断提升企业员工综合素养。至年底，全县各级关工委共筹集助学助困资金238.2万元，扶贫助学中小学生2831人。县关工委继续实施“十百千”慈善关爱工程，资助贫困家庭学生152人。助力“孤困必帮·共享阳光”活动，协同帮扶“事实孤儿”90人。组织参与“99公益日”——“孤困必帮·同享阳光”关心下一代工作慈善项目活动，全县共募集善款38万多元，超额完成全年工作任务。（赵晓潇）

法 治
Fa Zhi

■编辑:唐善刚

政法委及综治工作

■**概况** 2021年,中共宝应县委政法委员会(以下简称“县委政法委”)贯彻落实中央和省、市委政法工作会议精神,以及县委、县政府决策部署,围绕“近创国优、远创长安杯”总体定位,学习贯彻《中国共产党政法工作条例》,切实发挥领导和管理政法工作职能作用。全县政法工作立足维护社会安全稳定“主战场”,以新冠肺炎疫情防控为基点,加强基层基础建设,推进县域社会治理现代化,履职尽责,担当作为,统筹协调全县政法机关推进“平安宝应、法治宝应、善治宝应”和过硬队伍建设,各项工作取得显著成效,为全县经济社会高质量发展创造良好环境,人民群众获得感、幸福感、安全感不断增强。宝应县“开展‘平安农机’示范建设,推广‘柳堡模式’,实施农机安全网格化监管”做法被写入江苏省委2021年1号文件并在全国示范推广。 (罗超胜)

■**“平安宝应”建设** 2021年,宝应县持续推进“平安宝应”建设,充实调整县委平安建设工作领导小组成员,建立完善多部门参与的平安建设工作协调机制。常态化开展扫黑除恶斗争,全年共破获九类(即聚众斗殴、强迫交易、寻衅滋事、敲诈勒索、非法拘禁、组织卖淫、强迫卖淫、开设赌场、故意毁坏财物)涉恶犯罪案件66起,抓获犯罪嫌疑人84人,被采取刑事强制措施犯罪嫌疑人71人,打掉恶势力犯罪集团1个。严厉打击电信网络诈骗犯罪,破获案件138起,抓获犯罪嫌疑人174人,发案率比上年下降38%。全面推进“巡安工程”提档升级,城区初步建立起立体化巡防体系,农村专职巡防队员常态化开展巡逻。推进新一代“雪亮工程”建设,结合疫情防控常态化需要,全县新增人脸识别系统100个、高清探头401个,更换或新建智能卡点(微卡口)50个,建成达标“智安小区”4个。推进公共安全专项整治,全年排查整改道路交通安全问题隐患89处,群租房安全问题隐患125处,列入消防安全重点管理危险品生产经营单位安全问题隐患32处,寄递物流企业安全问题隐患146处。加强易肇事肇祸精神障碍患者、刑释解教人员等重点人群管理,组织开展“平安宝应”建设暨反电信网络诈骗集中宣传活动,营造平安建设“人人参与、人人共享”浓厚氛围,提升群众安全感、网格知晓率。

微网格建设。宝应县完善“大数据+网格化+铁脚板”治理机制,学习借鉴兄弟市县经验做法,探索“网格+”模式和微网格工作体系建设新途径,按照50户~100户标准,全县共划分综合微网格5218个、专属微网格187个。充实网格工作力量,实现综合网格党组织全覆盖,新建网格驿站33个;全县法官、检察官、警官和律师“三官一律”931人挂钩联系综合网格874个;加快推进社区网格员专职化步伐,全县28个城市社区、33个集镇社区微网格联络员和志愿者全部落实,为网格内信息采集、矛盾化解等民生服务和“平安宝应”建设提供更多便捷。

社会稳定风险评估。县委政法委根据《宝应县社会稳定风险评估办法》《关于健全重大决策社会稳定风险评估机制的意见》,按照“应评

宝应县社会治理现代化指挥中心大厅　　　县委政法委/供稿

尽评、全面客观、查防并重、统筹兼顾”总体要求，从决策可行度、认可度、规范度、可控度等4个方面开展社会稳定风险评估工作，确保评估结果客观有效，为县委、县政府及其相关部门领导决策、社会风险矛盾防范化解、招商引资风险规避等提供参考。至年底，全县共完成社会稳定风险评估33件，其中自评13件、第三方评估20件。全年未发生“低风险”项目在实施过程中出现大规模负面舆情及群体性事件。（罗超胜）

■**经济社会发展护航** 2021年，县委政法委坚持找准定位，自觉把政法工作放在全县经济社会发展大局中进行思考和谋划，围绕中央和省、市、县委重大决策部署，转变执法理念、规范执法行为，为“六稳”“六保”各项举措落实营造良好法治环境。深化政法领域“放管服”改革，学习贯彻《优化营商环境条例》（国务院令第722号），严格落实政法系统营造优良营商环境相关措施，通过开展法治营商环境优化提升、涉企案件“挂案”清理等专项行动，依法维护涉企合法权益。开展“我为群众办实事”实践活动，先后推出“梦想小屋”建设、涉食药品专项检察监督等71项政法惠民利民服务举措。县委政法委牵头组织“三官一律”人员931人进网格，深入一线开展矛盾调解、法治宣传、文明创建等工作。（罗超胜）

■**反电信网络诈骗集中宣传** 11月—12月，宝应县贯彻落实习近平关于打击治理电信网络诈骗犯罪工作重要指示精神，县委平安建设工作领导小组办公室、县公安局、县教育局、县司法局、县融媒体中心等部门和单位在全县范围内联合开展防范电信网络诈骗集中宣传活动。各镇（区）、各部门和各企事业单位加强宣传阵地建设，充分利用各类资源，因地制宜打造一批反电信网络诈骗宣传阵地，确保宣传工作长期性和连续性。各镇（区）、各部门将防范电信网络诈骗宣传纳入网格工作范畴，依托基层网格资源，每天在网格和微网格工作微信群推送反电信网络诈骗相关内容，每周开展逐村逐户走访宣传活动，实现全县反电信网络诈骗宣传全覆盖，提升反诈宣传知晓率和反诈宣传满意度。强化反诈主题宣传，各镇（区）、各部门和各企事业单位结合工作实际，有针对性开展反电信网络诈骗宣传进企业、进机关、进社区、进工地等专题活动。通过集中宣传，增强全县干部群众抵制和防范电信网络诈骗意识，有效降低全县电信网络诈骗案件发案率，切实维护人民群众合法权益。（罗超胜）

■**涉法涉诉工作** 2021年，宝应县涉法涉诉联合接访中心坚持规范化运行，实行涉法涉诉信访与普通信访分流，建立涉法涉诉信访事项导入法律程序工作机制，畅通涉法涉诉信访工作渠道。加大问题化解工作力度，对依法不能导入司法程序信访事项，做好解疑释惑和教育疏导工作；对符合立案受理条件涉法涉诉类事项，落实首办责任主体，明确转办交办、协调会办等相关制度，确保公正处理、按期办结。对经审理、复议、复核，原案件办理没有问题的，依法维持原结论；存在执法差错的，依法纠正错误；属于国家赔偿范围的，依照国家赔偿有关规定办理。至年底，县涉法涉诉联合接访中心受理的28件涉法涉诉信访件全部办结。其中，县涉法涉诉联合接访中心直接办结6件；转交县公安局办结7件、县法院办结13件、县检察院办结1件、县司法局办结1件。

风险隐患攻坚。坚持每月县委常委（扩大）会过堂重点信访矛盾、党政领导班子成员包案接访、月度社会形势研判、平安稳定形势研判等维稳工作机制，持续推进社会稳定风险隐患排查化解。对排查出的重点信访矛盾和苗头性问题隐患，成立专门班子，明确工作责任，制订化解方案，有效化解一批信访积案。全年共排查交办需化解风险隐患90件，有效化解67件、化解率74.44%。筑牢政治安全、反恐防暴、社会稳定、治安防控、公共安全、舆情导控等“六大”防线，圆满完成全国“两会”、庆祝建党100周年活动、党的十九届六中全会和江苏省第十四次党代会等重大安保维稳任务，全年未发生重大事故、涉访事件和舆情炒作。（罗超胜）

■**司法救助** 2021年，全县政法机关坚持“司法为民”宗旨，根据中央和省市相关文件精神，加强司法救助工作实施和监管，维护遭受犯罪侵害或民事侵权受害人合法权益，确保案结事了、停访息诉，有效提升群众满意度，促进社会和谐稳定。完善司法救助报告、审核、批准等各个环节工作流程，对符合司法救助的对象进行摸底排查，确定重点救助对象，合理设置救助金额；对涉法涉诉信访当事人诉求具有一定合理性，但通过法律途径难以解决且生活困难的对象实施救助，解决当事人家庭实际困难。至年底，全县实施司法救助事项20件，发放司法救助金额42.55万元。（罗超胜）

■**政法队伍教育整顿** 2021年，宝应县根据中央和省市统一部署，全面深入开展主要针对县委政法委、县法院、县检察院、县公安局、县司法局在编在职干警在内的全县政法队伍教育整顿工作，着力营造风清气正良好政治生态环境。3月11日，县委副书记、县长、县政法队伍教育整顿领导小组组长张小辉主持召开全县政法队伍教育整顿领导小组第一次会议，学习贯彻习近平系列重要讲话和指示批示精神，专题研究部署全县政法队伍教育整顿工作。3月15日，宝应县政法队伍教育整顿领导小组办公室（简称“县政

3月11日，宝应县召开全县政法队伍教育整顿领导小组第一次会议
县委政法委/供稿

法队伍教育整顿办”）召开第一次会议，明确工作职责，制订工作计划，部署工作任务，印发《关于开展全县政法队伍教育整顿的实施方案》《全县政法队伍教育整顿查纠整改环节工作意见》《全县政法系统顽瘴痼疾专项整治方案》《关于严格执行“三个规定”严禁领导干部干预司法的意见》等各项制度文件，为教育整顿深入开展提供保障。全县政法队伍教育整顿工作主要分为学习教育、查纠整改、总结提升3个环节，学习教育环节突出政治忠诚、政治引领；查纠整改环节突出自查从宽、被查从严；总结提升环节突出全面评估、建章立制。县政法队伍教育整顿办紧扣教育整顿主题主线，结合教育整顿实施方案和各个环节工作意见，梳理出教育整顿工作任务76项，明确责任分工和完成时限，实行挂图作战，对标对表、对账销号，确保教育整顿工作任务有效落实、形成闭环管理。3月24日，县政法队伍教育整顿办召开全县政法队伍教育整顿征求意见座谈会，邀请县人大代表、县政协委员和县内部分企业家、律师、人民陪审员、人民监督员、案件当事人、群众代表等30多人参加座谈，详细了解社会各界所思所想所盼，传递“敞开门”开展教育整顿诚恳态度，会上共征集到社会各界意见和建议60余条。县政法队伍教育整顿办把县内丰富的红色资源和党史学习教育资源作为教育整顿实景教学课堂。3月25日，组织县委政法委、县公安局、县法院、县检察院、县司法局领导班子成员和县委政法委机关工作人员赴位于西安丰镇的苏中革命历史纪念馆（红枫园）、位于安宜镇中港集镇的宝应县廉政教育基地（宝应谨园）开展革命历史传统教育和廉政警示教育。4月1日，宝应县召开全县政法队伍教育整顿警示教育大会。会上，扬州市副市长、县委书记、县政法队伍教育整顿领导小组组长王逍霄围绕“学党史、守初心、担使命，锻造党和人民信得过、靠得住、能放心的政法铁军”主题为全县政法干警作党史学习教育党课专题辅导。县委常委、县委政法委书记、县政法队伍教育整顿领导小组副组长周正威主持。县委常委、县纪委书记、县监委主任、县政法队伍教育整顿领导小组副组长闫伟作题为《常怀敬畏之心，练就金刚之身》的廉政教育报告。副县长、县公安局局长梅灯昌，县法院院长陈国俊，县检察院检察长茆小松，以及全县政法系统在职在编干警600余人参加会议。开展政法系统英雄模范、人民卫士先进事迹宣传活动，召开全县“最美政法干警”先进事迹巡回演讲报告会，举办“我身边的人民卫士”、“我身边的办案能手”、争做“人民卫士”等主题征文竞赛和党史学习教育心得评比等系列活动，在全县范围选树政法系统英雄模范先进集体5个、先进个人11人。强化治建并举，注重抓源治本，不断健全完善长效机制，全县各政法机关先后建立完善正风肃纪、执法司法制约监督、素质能力提升等相关制度89项。

顽瘴痼疾整治。宝应县围绕“减存量、控增量、防变量”目标，深入推进顽瘴痼疾专项整治。县政法队伍教育整顿办根据省、市顽瘴痼疾整治工作实施方案，结合县内实际，制订出台《全县政法系统顽瘴痼疾专项整治方案》，明确指导思想、目标任务、整治内容、方法措施和工作要求，确定“6+1+N”顽瘴痼疾（“6”即中央确定的各级政法机关需要重点整治的六类问题；“1”即优化提升营商法治环境，聚焦企业需求，发挥执法司法职能作用，依法保障和服务经济社会高质量发展；“N”即各级政法机关在确保完成“6+1”项整治任务基础上，结合排查出的突出问题，适当增加N项整治内容）整治内容，组织全县各政法机关对照“6+1+N”整治内容进行大排查、大清理、大起底，摸排出顽瘴痼疾突出问题清单38项132条。县委政法委、县各政法机关通过微信公众号、网站等窗口向社会公示顽瘴痼疾专项整治问题清单，自觉接受社会各界监督。针对违反防止干预司法“三个规定”问题，组织县公安局局长、县法院院长、县检察院检察长、县司法局局长“四长”及相关部门负责人赴14个镇（区）、46个县级部门开展防止干预司法“三个规定”宣传，全年举办防止干预司法“三个规定”宣讲活动38场次。全县副科职以上领导干部全部签订严格执行违反防止干预司法“三个规定”公开

承诺书；加强日常提醒，提升社会知晓度，为全县政法系统干警开通防止干预司法“三个规定”宣传专属手机彩铃。针对除违反防止干预司法“三个规定”以外其他五类问题，县政法队伍教育整顿办在组织全县政法干警自查基础上，借助县法院、县市场监管局、县税务局、县人民银行等部门相关信息查询系统进行全面排查，逐一整改，对发现的违纪违法问题依法移交相关部门调查处理。

资料链接：2月27日，经党中央批准，全国政法队伍教育整顿动员部署会议在北京召开。中央确定的全国政法机关需要重点整治的顽瘴痼疾六类问题为：违反防止干预司法“三个规定”；违规经商办企业和配偶、子女及其配偶违规从事经营活动；违规参股借贷；有案不立、压案不查、有罪不究；违规违法减刑、假释、暂予监外执行；法官检察官离任后违规从事律师职业、充当司法掮客。防止干预司法“三个规定”为：《领导干部干预司法活动、插手具体案件处理的记录、通报和责任追究规定》（中共中央办公厅、国务院办公厅于2015年3月18日公布），《司法机关内部人员过问案件的记录和责任追究规定》（中央全面深化改革领导小组第十三次会议于2015年6月5日审议通过），《关于进一步规范司法人员与当事人、律师、特殊关系人、中介组织接触交往行为的若干规定》（最高人民法院、最高人民检察院、公安部、国家安全部、司法部于2015年9月联合印发）。（罗超胜）

法治建设

■概况 2021年，中共宝应县委全面依法治县委员会办公室（以下简称“县委依法治县办公室”）科学谋划部署全县法治建设工作，按照中央和省、市委对法治国家、法治社会建设工作部署和要求，充分开展调研，广泛听取意见，结合宝应实际，研究制订全县法治宝应、法治社会建设五年规划，完成《法治宝应建设规划（2021—2025）》《宝应县法治社会建设实施方案（2021—2025）》编制工作。系统总结创建“江苏省法治政府建设示范县”经验和教训，对照《市县法治政府建设示范指标体系》（2021年版）、《中国特色社会主义法治体系江苏实践指标》相关法治政府建设要求，补齐补足短板，培树亮点特色。宝应县作为扬州市唯一一家获评“争创全国法治政府建设示范市县活动先进地区”。2月20日，全县政法信访工作会议在县行政会议中心召开。会上，县委、县政府与14个镇（区）、54个部门负责人签订宝应县2021年度法治建设工作责任状，推动党政主要负责人履行法治建设“第一责任人”制度落实。6月10日，县委全面依法治县工作会议在县行政会议中心召开。会议研究部署2021年全县法治建设工作，审议通过《中共宝应县委全面依法治县委员会2021年工作要点》。县委依法治县办公室推进县域社会治理现代化建设步伐，参与基层社会治理行动，开展城乡基层“援法议事”活动，印发《开展城乡基层“援法议事”活动的实施方案》文件，挖掘全县社会治理先进典型。安宜镇南园社区“宣（传）调（解）议（事）”三措并举，深化基层依法治理工作获评全省城乡基层“援法议事”典型范例。（赵云云）

■行政执法备案审查 2021年，宝应县落实备案审查工作机制，全年办理重要文件、重大行政决策合法性审查事项14件，反馈省、市、县征求意见文件事项80多件。继续做好涉企行政处罚备案审查，完成涉企处罚备案审查事项406件；深化“证照分离”改革，全面推行证明事项告知承诺机制，对16件事项实行证明事项告知承诺制；推动镇（区）综合行政执法工作正常化、实质化和规范化，压紧压实赋权部门指导职能。精细化、常态化推进行政执法“三项制度”（即行政执法公示制度、执法全过程记录制度、重大执法决定法制审核制度）建设，加强涉企行政处罚备案审查力度，推动柔性行政执法方式。强化行政执法监督职能，提升行政执法效果，开展镇（区）综合行政执法案卷、证明事项告知承诺案卷和委托执法案卷专项评查活动。（赵云云）

■行政复议 2021年，宝应县推进行政复议体制改革，充分发挥行政复议层级监督作用。全年收到行政复议申请事项61件，依法受理行政复议申请事项47件；受理办结行政复议申请事项43件（其中维持原行政行为事项17件、终止原行政行为事项19件、驳回相对人申请事项1件、撤销原行政行为事项4件、确认原行政行为违法事项2件），直接纠错率13.95%，实质性化解率44.19%。全年承办以县政府为被告的一审行政诉讼案件9件，胜诉率100%。常态化开展行政规范性文件清理工作，全年列入需要修订的行政规范性文件13件、保留15件、废止6件。实施镇（区）综合执法人员能力提升工程，开展镇（区）综合行政执法和应急管理部门案卷评查活动。（赵云云）

■法治宝应实事项目 2021年，宝应县聚焦重点工作和社会关切，坚持以民生为根本，以问题为导向，以法治为手段，通过公开征集、梳理全县人大代表和政协委员相关建议和提案，找准依法治理着力点，研究确定将建立健全残疾人依法维权服务体系、严厉打击通信网络诈骗、“一业一证”（即简化审批手续，将1个行业准入涉及多张许可证整合为1张行业综合许可证，有效提升行政效能）改革等为2021年法治宝应“六件实事”项目。其中，“建立健全残疾人依法维权服务体系”项目、

“严厉打击通信网络诈骗”项目入选扬州市法治为民办实事项目。在推进过程中，县委、县政府适时召开领导小组成员单位和实施部门联席会议，健全联动协调机制，办好法治宝应“六件实事”项目。12 月 31 日，县委依法治县办公室组织由党代会代表、人大代表、村民代表、社区居民代表、职工代表和政协委员“五代表一委员”组成的法治宝应“六件实事”项目评议团，通过采取“听、看、询、查、评”等方式，对年度法治宝应“六件实事”项目办理情况进行评议，确保法治宝应“六件实事”项目取得实效，切实提升人民群众对法治建设满意度。（赵云云）

■社会矛盾纠纷化解 2021 年，宝应县人民调解委员会组织开展“法润宝应·2021 春风行动”、宝应县庆祝建党 100 周年安全维稳、全县“后疫情”纠纷梳理化解等专项行动，着力化解社会矛盾纠纷。发挥江苏省金牌个人调解工作室、省金牌劳动人事争议调解组织示范带头作用，联合县人社局、县市场监管局、县房管局、县妇联等部门开展“调解大篷车进基层”“调解群英会”“调解联姻会”“调解护新苗”等活动，采取县、镇、村、条线联动模式，有效防止社会各类矛盾纠纷激化，确保社会大局持续和谐稳定。坚持工作创新，持续推动县级非诉讼服务平台升级改造，根据江苏省司法厅统一部署，广泛推介“苏解纷”非诉服务平台功能运用。至 2021 年年底，全县现有非诉讼调解员人数 18 人，比上年增加 12 人；全年诉前调解成功率列全省第 2 名，结案数列全省第 4 名。全县各类调解组织加大对涉疫涉企等矛盾纠纷排查调处力度，有效跟踪化解一批历史积案，全年调处各类社会矛盾纠纷 1 万余件，其中化解历史遗留矛盾纠纷 6 件，化解涉法涉诉纠纷 3314 件，化解疫后复工复产纠纷 11 件。（赵云云）

6 月 10 日，全县民法典宣讲“三百行”活动推进会在县城召开

县司法局/供稿

公 安

■概况 2021 年，县公安局以建设更高水平“平安宝应”、推进县域社会治理现代化为己任，以加强队伍教育整顿和党史学习教育为动力，战疫情、防风险、保安全、护稳定、促发展，确保全县社会大局持续平安和谐稳定，为“五个宝应”（即实力宝应、开放宝应、美丽宝应、幸福宝应、和谐宝应）建设、推进全县高质量发展作出贡献。维护政治安全和社会稳定，以做好庆祝建党 100 周年安保维稳为主线，落实落细社会治理专项维稳各项措施，完成全国“两会”期间等一系列重大安保任务。实施全警大情报攻坚行动，完善常态化、战时与专项研判机制，及时获取涉稳预警性情报。开展防范打击邪教组织专项行动，依法查处“全能神”等邪教违法案件 2 起、犯罪嫌疑人 15 人，教育管控涉案人员 280 余人。维护社会稳定，结合风险隐患排查化解攻坚行动，健全完善预警防控、处置化控和重点稳控工作机制，全年处置各类矛盾纠纷警情 3650 余件，行政案件调解结案 339 件，实现矛盾纠纷源头化解率 95%；排查管控突出风险隐患 51 件，处置突发群体性事件 58 件，全县未发生有重大影响的个人极端事件。净化网络空间，筑牢网上舆情阵地，全年未发生重大负面舆情事件。

（陈 洁）

■案件侦办 2021 年，县公安局顺应人民群众对“平安宝应”新期待，持续加大打击整治力度，全力营造良好治安环境。实施大案要案攻坚战，快速破获故意杀人案 1 起，协助破获外地故意杀人案 1 起，实现故意杀人案件连续 20 年全部破获、八类（即故意杀人、故意伤害致人重伤或死亡、强奸、抢劫、贩卖毒品、放火、爆炸、投放危险物质）刑事案件连续 16 年全部破获；查（破）获公安部挂牌督办、涉及全国 10 多个省份网络贩枪大案 2 起，抓获犯罪嫌疑人 20 人，缴获（折合）枪支数量 300 支。严厉打击倾向性、多发性违法犯罪活动，开展经济案件侦查“护航”、刑事案件侦查“蓝剑”、毒品案件侦查“春雷”、食品药品环境案件侦查“昆仑”等专项行动。破获九类涉恶犯罪案件 66 起，被采取刑事强制措施犯罪嫌疑人 71 人。严厉打击和防范电信诈骗，全年破获电信诈骗案件 165 起，发案数量比上年下降 38%。成功侦破江苏省公安厅挂牌督办涉嫌食品药品环境犯罪案件2起，其中侵犯宝应县某食品企业品牌知识产权为该县破获的首宗食品药品环境犯罪案件。严厉打击经济领域犯罪活动，运用数据研判严查虚开增值税发票、骗取出口退税犯罪线索，坚持公检法联席会办制度，组织“2020年百城会战”6号行动，破获骗取出口退税系列专案2起，抓获犯罪嫌疑人16人，涉案出口退税金额1亿元。针对涉网违法犯罪新态势，创新方法手段，优化策略模式，破获涉网违法犯罪重大案件10起。其中，县公安局破获的“6·23”侵犯公民个人信息安全案件1起，获国务委员、公安部部长赵克志批示；破获的11人犯罪团伙、涉案资金5亿元、利用网络虚拟货币洗钱犯罪案件1起，获评为公安部精品案件；破获的涉案金额7000万元特大销售假冒奢侈品牌服装案件1起，获中央电视台采访报道。聚焦突出问题，整治社会治安，全年立案查处娼赌案件266起、抓获涉案人员1112人，其中涉案人员被提起公诉44人、被治安拘留129人，捣毁地下赌档4个、涉娼窝点18个，娼赌警情比上年下降13.8%、其中涉赌警情比上年下降6.4%。成功侦破赌资10亿元“和天下”QQ群跨境网络赌博案件1起，抓获犯罪嫌疑人15人。（陈 洁）

■**智慧公安建设** 2021年，县公安局警务实战以科技攻坚为动力、以基层所队勤务指挥室为载体，推进“智慧公安”建设。实施基础管控信息采集攻坚行动，采集登记标准地址门牌数量37.13万条、人口信息89万条、房屋信息37万条，纠（改）正错、重、漏标准地址门牌数量2.1万条。流动人口和出租房屋采集率分别为98.6%、99.5%，可防性案件比上年下降16.3%，电信诈骗案件在侵财类案件中所占比例比上年下降11个百分点。实行动态巡防，形成陆上“守点、巡线、控面、封圈”高效实战勤务网和水域治安防控体系。实施新一轮雪亮技防升级工程，提高视频图像感知、人像感知、车辆感知网络密度，全年新增人脸摄像机182台、智能卡口系统85个，建成达标“智安小区”4个。全县社会面监控设备超过10万台，联网接入110指挥中心点位7142个，联网监控数字化、高清化改造率100%；全县累计80家机关、企事业单位安全监控设备2313台实现联网，实现重点单位、重要部位、核心区域、关键节点以及偏僻街巷、居民小区等技防覆盖率100%。强化智慧应用，拓展“数据赋能”目标路径，推进“智慧公安”警务大数据平台建设，收集整理社会面信息35类500万条；全年组建“数据战队”19支，建成高标准“食品药品快速检测室”1个、全息“智慧公安”综合研判实战平台1个。县公安局“荷乡智慧警务”应用APP项目入选江苏省公安厅“苏通杯”100个优秀移动警务应用项目，并获评扬州市公安局“指尖飞扬”优秀移动警务应用项目二等奖；县公安局电子数据勘查取证分析实验室通过江苏省公安厅三级实验室评定验收，在扬州市公安局举办的数据实战技能竞赛决赛中获团体第3名。（陈 洁）

■**疫情防控** 2021年，全县公安民警充分发挥职能作用，坚持疫情防控措施与阵地同步前移，确保快速发现、精准处置、防控到位，为全县实现“人员无感染、县内无疫情”和打赢扬州疫情防控“歼灭战”“阻击战”目标作出贡献。县公安局依托“大数据＋网格化＋铁脚板”优势，抽调公安民警88人组成流调专门工作班子，全年核查疫情防控数据323批、19.7万条，处置流调中高风险地区人员806人、转运隔离人员1077人，流调密接、次密接人员80余人；坚持依法防控，全年高效接处涉疫警情660件，快处涉疫快递事件1件，规范实施涉疫类求助事项61件，查处涉疫违法犯罪案件45起、涉案人员66人。加强全面管控，抽调警力7300余人次参与核酸检测点、疫苗接种点和集中隔离点安保工作，检查过往车辆24万辆次、人员29万人次。县公安局疫情防控工作得到县委、县政府主要领导肯定。（陈 洁）

■**社会秩序保障** 2021年，县公安局把服务社会、保障发展作为重要职责，加强措施落实，为全县高质量发展创造良好环境。维护道路交通安全，全年查处道路交通违法案件45.1万起、其中现场查处交通违法案件17.9万起，查处自行车、电动车等非机动车交通违法案件11.1万起；实施道路交通安全整治，全县整改危桥险段等交通安全隐患89处，G233隐患整改通过验收销号；新增交通信号灯及电子警察设施设备12组、机动车停车泊位500个，施划道路交通标线面积3万平方米，增加交通标志牌250块、警示桩4000余根、路灯11处；增设交通护栏长度25千米、减速带500余节。强化安全生产监管，按照安全生产专项整治“三年行动”计划，健全问题隐患“清单管理、动态更新、闭环整改”机制，全年实现安全生产巡查督导问题整改率100%。县公安局获评全县安全生产目标先进单位一等奖。加强犬类管理专职队伍建设，通过社会治理网格化平台开展排摸整治，全年举办专项宣传活动6场，收容禁养犬、流浪犬共53只，责令相关人员改正违规遛狗不文明行为52人次。加强社会治安管理，全年排查整改群租房安全隐患125处、寄递业安全隐患146处，摸排整改67家易制易爆危险品单位安全隐患32处。推行政务服务便民化，出台实施“优化营商环境十二条措施”，全县户政管理、出入境管理、车驾管理、交通违章处理等政务服务事项全部进驻镇（区）政务服务中心；实行“统一受理，集中办理”原

1 月 10 日,县公安局举行第一个“中国人民警察节”升警旗仪式

县公安局/供稿

则,全县 18 个派出所均实现“一窗通办”“一网通办”。（陈 洁）

■执法监管 2021 年,县公安局按照“法治公安”建设三年行动计划目标,推行全县公安系统执法规范化建设。提升执法主体能力,组织执法办案能力实战轮训与业务知识抽查考核,全系统累计通过“公安机关人民警察高级执法资格考试”民警 82 人、通过“全国法律职业资格考试”民警 26 人。建立健全执法办案全流程管理各项制度,规范执法办案网上“单轨制”(执法办案单轨制是指除国内安全保卫、扫黑除恶等案件外,全部刑事案件办理通过“政法机关一体化办案系统”单轨运行,不再移送纸质卷宗)运行,依法及时公开公安系统政务信息 58 条,按时办结依法申请公开事项 15 件。构筑智能执法监管平台,全年“一站式”执法办案管理中心高效运转,为基层执法办案场所配备探头 141 个、车载记录仪 42 台,为执法人员配备执法记录仪 426 台。推行涉案财物专户管理,启用涉案财产管理“警银通”系统。严密顽疾整改机制,全年排查整改执法问题 18 类、756 个,印发问题整改通知单 48 份、督办通知单 7 份。（陈 洁）

■警风建设 2021 年,县公安局坚持“政治引领、锻造铁军”宗旨,组织开展党史学习教育活动、“两在两同”建新功行动和“我为群众办实事”实践活动,引导全体民警夯实“高举旗帜、听党指挥、忠诚使命”思想根基;锤炼善战警队,组织各类战术技能培训和练兵实训;严格监督管理,培树清廉警风,推行全县公安民警个人绩效考评机制,提升工作效能。“宝应县试行民警效能积分管理”做法获《新华日报》(2021 年 3 月 21 日头版)专题报道。激发队伍活力,真诚关爱民警,为全局民警 681 人及其家属子女家庭医疗投保;强化疫情防控等战时激励,优化干部选拔机制,修订完善“六项指标”。至年底,全县公安系统获县级以上表彰先进集体 32 个、先进个人 150 人。（陈 洁）

检 察

■概况 2021 年,宝应县人民检察院(以下简称“县检察院”)全年受理审查逮捕案件 151 件 231 人,依法提起公诉案件 448 件 661 人。县检察院加强检察队伍政治建设,推进顽瘴痼疾专项整治,持续开展党史学习教育,打造全面过硬检察队伍;围绕习近平“七一”重要讲话和党的十九届六中全会精神等内容,组织院党组理论学习中心组开展集体学习讨论活动 19 次;发挥“融党建”(党的建设与事业发展相融合)机制作用,开辟学习教育工作室,建立专版专报专栏,推动党史学习教育任务和要求落到实处;利用县内和周边红色资源开展现场教学活动,举办党史知识竞赛、“百年芳华,‘检’心相印”主题党日活动等 26 场次;围绕“两在两同”建新功行动要求,梳理出“我为群众办实事”重点项目 10 个;持续提升队伍素质和能力,编印《素能提升“三基工程”基本功体系手册》,开展检察官与警官、律师同堂培训和岗位练兵等活动;打破部门“壁垒”,组成素能提升、效果延伸等专班 6 个,激发全体干警工作积极性和创造性;建立完善检察调研工作激励机制和“检察之星”评选办法,营造争先创优浓厚氛围。县检察院“运用‘案-件比’,提升检察办案质效”调研课题获江苏省人民检察院立项。县检察院公益诉讼办案组被扬州市人民检察院评为“党员攻坚办案组”;全年获县级以上表彰先进集体 13 批次,获市级以上表彰先进个人 5 人、在市级以上业务竞赛和综合评比中获奖 11 人。150 余篇宣传文章被省级以上媒体采用;县检察院创新“一案五延伸”工作做法被《人民日报》客户端(2021 年 8 月 26 日)、《新华日报》(2021 年 8 月 26 日第 14 版)等媒体报道。（刘 淼）

■检察监督 2021 年,县检察院深耕主责主业,切实维护司法公平正义,依法对案件侦查、审判、执行等活动行使监督职责。

刑事检察监督。加强刑事侦查和审判活动监督,全年纠正刑事侦查和审判活动违法案件 32 件,纠正漏捕漏诉 13 人。适用认罪认罚从宽制度案件 485 件 712 人,分别占年

度审结刑事案件总数96.2%、总人数94.7%；对603名犯罪嫌疑人提出确定量刑建议，采纳率99.7%，上诉率1.2%，办案质效位居全市前列。依法办理公安部挂牌督办、涉案金额9.4亿元骗取出口退税案，对张某等犯罪嫌疑人7人提起公诉。办理扬州市人民检察院交办的省属国有公司原总经理李某受贿案，追缴违法所得1000余万元。

民事行政检察监督。全年受理民事行政监督案件79件，提出民事行政审判和执行活动违法监督检察建议25件，对生效裁判提出再审检察建议16件，办理支持起诉案件33件全部获法院支持。挖掘虚假诉讼监督线索，维护市场正常生产经营秩序，对县内某投资公司以虚增债务、申请债务人企业破产虚假诉讼行为，提出再审检察建议并获法院采纳；依法保障农民工合法权益，对个别建筑业企业工资、工程款项支付不规范问题，推动相关部门开展专项清查工作，完善农民工工资专用账户监管体系。县检察院"注重在检察环节化解民事矛盾纠纷"相关经验做法被《检察日报》(2021年3月31日第8版)刊载。

公益诉讼检察监督。县检察院办理公益诉讼案件91件，比上年增长15.2%，其中公民个人信息、公共安全等新领域案件32件，提起刑事附带民事公益诉讼案件7件，办案质效保持全市前列。县检察院与县自然资源局、县应急管理局开展互派干部挂职交流活动，借助"外脑"提升办案专业化水平，凝聚司法和行政执法公益保护合力。参与"全国文明城市"创建工作，向7家县级党政机关集中送达诉前检察建议，督促相关部门开展公共安全和城市环境秩序整治工作。4月29日，县检察院检察长茆小松在县人大常委会主任会议上就全县公益诉讼检察工作情况所作的专题报告得到充分肯定。 (刘　淼)

■**社会秩序保障**　2021年，县检察院坚持维护社会稳定，提升人民群众安全感，巩固扫黑除恶专项斗争成果，推动扫黑除恶常态化，全年依法办理聚众斗殴、寻衅滋事等妨害社会管理秩序犯罪案件22件。批准逮捕涉案犯罪嫌疑人34人。聚焦人民群众"头顶上""舌尖上""脚底下"安全，配合相关部门开展农药包装废弃物污染治理、美丽乡村"污点"清除、城乡危桥修缮加固等专项监督活动。在全市率先推进落实最高人民检察院"七号检察建议"精神，联合相关部门打击寄递业违禁品违法犯罪活动，净化寄递业安全环境。拓宽司法救助对象和范围，全年办理国家司法救助申请13件13人。重视保障弱势群体权益，联合县残联、县文体广旅局、县退役军人事务局推进县内文物保护单位加快革命英烈纪念场所无障碍设施建设。坚持社会治理"久久为功"理念，减少社会对抗，化解社会矛盾，落实"少捕慎诉慎押"刑事司法政策，全年无逮捕必要不批准逮捕55人、相对不起诉69人；对涉嫌电信诈骗犯罪大学生3人进行训诫和释法说理，并帮助其回归校园；维护选举工作公正合法，依法对犯罪嫌疑人4人作出停止行使选举权利决定。开展"精准普法月月行"活动，落实"网格+检察"工作机制，深入镇(区)、村(社区)开展"远离非法捕捞犯罪""民法典在身边"等专题宣讲活动20余次，受教育群众2.6万人。县检察院行政公益诉讼案件成为全省唯一入选最高人民检察院专题典型案例，其做法被江苏省委办公厅《快报》(第49期)采用。

(刘　淼)

■**经济社会发展护航**　2021年，县检察院坚持服务经济社会发展大局，依法办理网络诈骗、非法吸收公众存款等犯罪案件9件、批准逮捕36人；依法办结非法经营、合同诈骗等犯罪案件6件、批准逮捕15人。助力社会诚信建设，针对网络诈骗犯罪案件高发态势，配合县人民银行督促县内商业银行分支机构严格办卡人员身份审核，加强法律风险提示。县检察院"加大轻微刑事案件调处刑事和解工作"做法被刊登在《法治日报》(2021年1月14日头版)上，其图文资料入选江苏检察历史文化教育展览。着力护航经济发展，开展办案影响评估，经常走访企业送"法"问需，制订《宝应县人民检察院服务优化提升营商环境工作办法》(宝检办〔2021〕3号)，明确10项重点内容、18项服务举措；县检察院、县公安局联合开展涉企挂案清理，帮助4家企业卸下涉罪"包袱"；引导企业合法经营，全年向涉案企业发送《风险提示函》15份。在办理某公司会计胡某违法挪用公司资金用于网络赌博一案中，督促涉案企业堵塞管理漏洞，提高财务管理规范化水平。县检察院围绕近年来建筑工程领域重大责任事故犯罪案件特点撰写的专题调研报告获县委主要领导批示肯定。 (刘　淼)

■**疫情防控**　2021年，县检察院筑牢抗疫法治防线，做到疫情防控和检察办案"两不误"，在全市范围率先开展收监执行监督专项行动，实现因疫情影响"滞留"社会、符合交付执行条件罪犯收监率100%。及时发布涉疫情犯罪风险提示，创新开展网上信访接待、远程提讯出庭等工作，全年接待异地律师网上阅卷人数20余人次。根据县委、县政府统一部署，组织全体干警参加文明共建结对社区入户排查、政策宣传、卡口执勤等疫情防控工作，完成文明共建结对社区核酸检测保障任务。县检察院组织干警参加疫情防控情况报道被刊登在《江苏法治报》(2021年8月13日头版)上。

(刘　淼)

■**未成年人保护**　2021年，县检察院践行"司法为民"宗旨，真诚呵护

6月1日，县检察院开展《中华人民共和国未成年人保护法》进校园宣传活动 县检察院/供稿

未成年人健康成长，落实涉罪未成年人心理疏导、精准帮扶等综合干预救助措施，全年对涉罪未成年人19人作出附条件不起诉决定，占审查起诉人数43.2%。实行未成年人保护强制报告制度，县检察院、县公安局联合向全县住宿洗浴休闲等行业发放强制报告制度告知牌。“宝应县‘润荷’未成年人一体化司法保护中心”建成投入使用，持续推出“未未”“安安”（卡通形象）系列动漫视频和文创产品，提升未成年人检察专业水平和品牌特色。县检察院拍摄的微电影《韩韩的春天》获江苏省政法系统关心下一代工作委员会青少年法治教育创新成果奖，县检察院第一检察部被扬州市关心下一代工作委员会、市精神文明建设指导委员会办公室表彰为全市关心下一代工作优秀集体。 （刘 淼）

法 院

■概况 2021年，宝应县人民法院（以下简称“县法院”）全年受理各类案件1.16万件，审（执）结1.06万件，结案率91.37%。全县法院系统获县级以上表彰先进集体12个、先进个人63人（次）。县法院连续第2年获评“全省优秀法院”。6月29日，最高人民法院印发《关于对人民法院党建工作集体和先进个人予以表扬的通报》（法〔2021〕154号）文件，县法院创新实施“红莲司法，护航荷乡”党建品牌工程，获评“全国法院党建工作先进集体”，是全省唯一一家获表彰的县级基层法院。 （戚云舒）

■案件审理 2021年，县法院受理刑事犯罪案件442件、审结430件，依法判处被告人636人。维护社会治安稳定，审结故意伤害、抢劫、强奸等暴力犯罪案件19件，依法判处被告人20人。坚持常态化开展扫黑除恶，审结涉恶九类犯罪案件31件，依法判处被告人98人；县法院针对涉恶犯罪案件中发现的行业管理漏洞提出的司法建议获评“全省优秀司法建议”。守好群众“钱袋子”，参与“断卡”专项行动，审结电信诈骗及其上下游犯罪案件55件，依法判处被告人142人，退赃退赔款额956万元。筑牢公共安全“警戒线”，审结交通肇事、危险驾驶等案件114件，依法判处被告人114人。加强对未成年人司法保护，快审重判性侵未成年人犯罪案件7件，依法判处被告人8人，其中依法判处强奸幼女被告人1人有期徒刑7年。依法惩治腐败，审结贪污、贿赂、渎职等职务犯罪案件7件，依法判处被告人7人，为国家挽回经济损失3835万元。

民商事案件审理。县法院全年受理民商事案件7544件、审结7028件。贯彻实施《中华人民共和国民法典》，加强人格、财产权益保障，妥善审结“未成年人网游充值退款”等案件。完善家事审判新模式，推动建立全县家事诉讼危机联防联处工作机制，为遭受家暴的申请人发出人身保护令5份，审结婚姻、继承等家事纠纷案件1622件，调解撤诉率66.3%。关注“三农”司法需求，审结涉农业承包、农村土地“三权”（即土地所有权、承包权、经营权）分置、宅基地纠纷等案件96件。保障人民群众居住权益和房地产市场健康平稳发展，坚持利益平衡和诚信原则，审结房屋买卖、租赁、建设工程等案件254件。防范化解区域性金融风险，审结金融借款、民间借贷、保险纠纷等案件1696件，涉案金额5.8亿元。 （戚云舒）

■案件执行 2021年，县法院持续推进“切实解决执行难”工作，受理执行案件3103件、执结2936件，完成执行标的金额4.7亿元。保持高压态势，有效化解“骨头案”“钉子案”，利用凌晨、夜间、周末、节假日等时段开展错时执行行动78次。强化信用惩戒威慑，纳入失信人员“黑名单”人数630人，限制失信人员高消费人数2190人（次），集中曝光“老赖”人数3192人（次），促使被执行人600多人主动履行义务。仔细排查被执行人财产线索，常态化开展“终本案件”（指法院的执行案件中，由于被执行人没有可供执行的财产，而裁定终止本次执行程序）“回头看”工作，全年查询旧案数量1222件，实现执行标的金额1.5亿元。创新网络司法拍卖方式，推行线上“云看样”，全年成功拍卖财产289宗，成交额1.4亿元。强化善意

12 月 27 日，县法院举办破产企业拖欠职工工资发放仪式 县法院/供稿

文明执行理念，帮助企业纾难解困，协调解封公司账户 46 家，释放流动资金额 6000 余万元。（戚云舒）

■法院干警队伍教育整顿 2021 年，县法院开展法院干警队伍教育整顿，释明宽严政策，强化思想发动，做好自查自纠，先后组织开展廉政专题家访 1 轮（次）、全覆盖谈心谈话活动 3 轮（次）、自查信息填报工作 4 轮（次）。加强问题线索核查，按时办结教育整顿问题线索移交，运用第一种形态对查证属实干警予以处理。强化顽疾整治，坚决执行防止干预司法“三个规定”要求，严格落实全院干警月度信息填报制度，组织县法院领导班子成员赴全县 18 家单位开展专题宣讲活动，促进清正法治环境建设，实现执行案款在全省率先清零。坚持长效化整治，结合县委巡察工作整改意见，先后制订和完善各类规章制度文件 26 件。延伸管理触角，制订《干警“八小时外”活动监督办法》，其经验做法获江苏省高级人民法院在全省法院系统推广。（戚云舒）

司法行政

■概况 2021 年，全县律师事务所（含公司律师事务部 3 家）11 家，公职律师机构 10 家，法律援助中心 1 家；注册执业律师 53 人，公司律师 6 人，公职律师 35 人，法律援助律师 4 人。全县万人拥有律师比率 1.41。全年注册执业律师办理各类案件 2592 件，受聘担任 400 家行政、企事业单位、社会团体、其他组织和个人法律顾问，实现业务收入 2807 万元。全县法律援助中心 1 家、工作人员 3 人，法律援助律师 4 人；公证机构 1 家，注册公证人员 3 人；基层法律服务所 16 个，基层法律服务工作者 61 人；县司法局辖司法所 14 个，基层司法行政工作人员 62 人；各类人民调解组织 316 个，专兼职调解人员 1302 人。全县法律工作者办理各类案件 3234 件、实现业务收入 616 万元，办理公益法律服务事项 483 件。县公证机构办理各类公证事项 3915 件，比上年增长 23%，其中国内民事公证事项 2783 件、涉外及涉港澳台公证事项 1132 件；实现公证业务收入 118.5 万元。县法律援助中心全年接待咨询人员 1620 人次，受理案件 806 件，其中群体性案件 8 件。派驻县法院调解室受理“江苏微解纷”（即江苏省高级人民法院线上调解平台）案件 4978 件，成功办结案件 4313 件，完成司法确认案件 100 件。县人民调解委员会牵头承办“苏解纷”（即江苏省司法厅非诉服务微信平台）APP 案件 32 件，首次引入镇村自行调解案件通过法官出具调解书确认协议法律效力和专业调解委员会联合调解案件申请办理司法确认 2 项工作机制。全年各镇（区）司法所登记调解纠纷案件 1.12 万件，调解成功案件 1.11 万件。县司法行政部门接受社区服刑人员 203 人，解除社区服刑人员 213 人。县司法局获评 2021 年度江苏省行政复议应诉工作先进集体；安宜镇司法所获评“江苏省‘双争双创’活动优秀司法所”；县法律援助中心法律援助案例获评江苏省“十大优秀案件”1 件，获评扬州市“十大优秀案件”1 件；获评“全国司法所模范个人”1 人，获评“全省优秀司法所所长”1 人。（赵云云）

■公共法律服务 2021 年，县司法局以优化法治营商环境、服务企业复工复产、稳定经济社会发展为重点，坚持精准对接和高效服务相统一原则，强化社会管理服务职能，推进公共法律服务体系建设，加快服务资源配置优化、服务方式转变进程。持续巩固“一村（社区）一法律顾问”工程，制订印发《宝应县村（社区）法律顾问考核办法（试行）》，坚持问题导向，有效盘活资源，选拔优秀执业律师和基层法律服务工作者充实村（社区）法律顾问队伍。提升法律顾问服务质效，推动村（社区）法律顾问从“有形全覆盖”向“有效全覆盖”转变，全县 283 个“法润民生”微信群在线提供“一对一”法律咨询 2556 余次、推送法治宣传信息 4596 条、化解各类矛盾纠纷案件 308 件，实现全县公共法律服务“触角”延伸至网格化社会治理“最后 1 千米”。在县镇两级公共法律服务中心全部建成基础上，发挥地段优势，汇聚律师、公证员和人民调解员等法律服务资源，常态化开展“法律服务民企行”“法律服务进网格”“法律服务进园区”等法律服务活动。实施“法援惠民生”系列活动，开展“情暖民工”专项行动，扩大法律援助有

效覆盖面，全年通过法律援助帮助农民工办理讨薪案件360件。

疫情防控司法服务。全县律师、基层法律服务工作者、公证员坚持服务全县新冠肺炎疫情防控大局，在省市县主流媒体、权威平台开展各类法治宣传教育活动，引导广大干部群众积极主动配合疫情防控工作。利用283个“法润民生”微信群、90个部门和单位微信工作群，以及镇（区）、村（社区）小喇叭、小广播等及时推送疫情防控讯息、典型案例等法律知识。实行城乡联动，制作《疫情防控知识宣传20问》手折页5万份分发给广大干部群众；开辟“汪律师说法”微信公众号疫情防控专题法治宣传专栏，适时提供专业法律解答，营造疫情防控宣传浓厚氛围。县公证处创新工作方式、方法，帮助宝应亿盛房地产开发有限公司等企业依法办理不可抗力事件公证，有效处置因疫情引发的各类房产矛盾纠纷。　（赵云云）

4月8日，县司法局开展全国司法日宣传活动　　县司法局/供稿

■法治宣传教育　2021年，宝应县强化系统观念、法治思维、强基导向，全面启动全县法治宣传教育第八个五年规划，建立健全法治宣传教育工作体；加强法治社会、法治乡村和法治文化建设，推进普法理念、制度和实践创新发展，增强全民普法针对性和实效性。组织人员到10个部门和6个镇（区）、15个村（社区）开展调查研究，广泛征求意见；结合县内实际，研究制订全县“八五”普法规划和年度普法依法治理工作要点。进一步完善传统媒体和新媒体平台运行机制，依托电子显示屏、短信、动漫等新型传播方式，开展丰富多彩法治宣传教育活动。全年“法在宝应”电视法治专栏播出20期，“法治荷乡”网络直播间法治专栏播出24期，点击观看人数320万人次；联合举办“农民工学法活动周”、《中华人民共和国民法典》学习宣传月、“4·8”全国司法日等专题法治宣传活动23场次；县委宣传部、县司法局、县法院、县检察院、县交运局、县城管局等部门以每月18日作为“月度送法日”，先后联合或分别举办各类“月度送法日”活动共计162场次；全年举办“法典相伴”主题法治文艺演出活动等10多场。实施农村“法律明白人”（即具有较好法治素养和一定法律知识，积极参与法治实践，能发挥示范带头作用的村民）培养工程，利用“法润民生”微信群常态化向“法律明白人”推送法律知识、典型案例、工作动态，全面提升“法律明白人”法治素养；组织“法律明白人”2200人作为普法骨干，采取集中培训和镇（区）“一月一训”培训相结合方式进行普法知识业务培训。全县举办线上“法律明白人”培训班24期、各镇（区）举办“法律明白人”培训班120场次。　（赵云云）

■法治阵地建设　2021年，县司法局坚持“载体共建、资源共享、设施公用”原则，以《中华人民共和国宪法》《中华人民共和国民法典》为重点宣传内容，实施“333”（即实施法治文化阵地提档升级300个，制作安装“法润荷乡”宣传标识30块，建设主题法治文化阵地3个）法治文化阵地建设工程。继续推进京杭运河板块、安大公路板块、新淮江路板块3个法治文化板块阵地集群建设；推进“一村（社区）一法治公园”工程建设。宝应县北河法治文化公园、宝射河宪法主题公园先后被命名为大运河（江苏段）法治文化长廊品牌项目、江苏省法治文化建设示范点。　（赵云云）

■社区矫正　2021年，县司法局按照中央和省市县庆祝建党100周年安保维稳工作重点，做好社区矫正、刑满释放“两类人员”安置帮教工作。开展特殊人群专项摸排，强化重点对象管理，协调相关部门将涉访和有再犯风险人员依法列入重点管控。规范刑满释放重点对象必接必送及服刑人员远程视频会见制度，全年完成刑满释放重点对象必接必送人数29人、服刑人员通过视频与其亲属会见96人次。加强社区矫正对象监管档案和工作台账管理，对2018—2021年度列入社区矫正对象1400人档案和工作台账进行专项检查整治。至年底，全县在册社区矫正对象345人，全年社区矫正对象解矫人数213人，刑满释放解矫人数2088人。　（赵云云）

军 事
Jun Shi

■编辑:邱 群

人民武装

■概况 2021年,宝应县人民武装部(以下简称"县人武部")学习贯彻习近平强军思想和党的新时代军事战略方针,巩固"十三五"时期民兵建设和改革成果。深化国防动员体制改革,启动"十四五"规划,加快民兵转型发展。举办庆祝中国共产党成立一百周年活动,组织全体官兵开展党史军史教育。贯彻落实扬州军分区党委、首长机关和县委、县政府决策部署,围绕党在新形势下强军目标。圆满完成基层规范化建设、民兵整组、应急连轮训备勤、"柳堡二妹子"民兵连驻训、国防动员潜力调查和演练、年度两季征兵工作、军委巡视巡察问题整改、江苏省军区年度军事训练考核等各项工作任务。全县基层人民武装建设总体呈现向上向好向高质量发展势头。

（吴举平）

■思想政治建设 2021年,县人武部坚持在思想政治建设上提高站位,始终把学习贯彻习近平新时代中国特色社会主义思想、关于党史学习教育系列重要讲话和党的十九届六中全会精神作为重大政治任务。坚持理论学习和政治教育相结合,重点组织传达学习党中央、中央军委和江苏省委、江苏省军区组织的各类理论教育和宣讲会议。每周四晚坚持组织理论学习小夜校活动;每季度参加江苏省军区、扬州军分区党委中心组集中学习;每月参加扬州军分区党委正副书记教育讲堂,并以党小组的形式定期组织成员交流学习心得、汇报个人思想。根据全军党史学习教育领导小组部署安排,向机关全体成员和专职人武干部分发《中国共产党简史》等4本党史学习教育指定教材,开展学党史、学军史活动。丰富党史学习教育形式,充分利用辖区内红色资源,结合"七一"党的生日、"八一"建军节等重要时点,组织全县专职人武干部和民兵参观红枫园、周恩来少年读书处等红色景点,重温入党誓词;参加烈士公祭日活动、观看《郭富山》《守岛人》等红色专题教育片。5月10日,县人武部举办专题讲座,邀请县委党史学习教育宣讲团成员为全县专职人武干部作《认真学好党史,赓续奋斗使命》专题辅导报告。6月3日,县人武部首长带领机关人员和"柳堡二妹子"民兵连官兵代表共30余人赴扬州市某区,参加党史学习教育暨"身在好地方更要干出好事业"主题教育活动专场演出,集中观看江苏省庆祝中国共产党成立100周年优秀舞台艺术作品展大型原创现代淮剧《小镇》。7月7日,县人武部组织全县专职人武干部共20余人,到宝应博物馆参观宝应县、仪征市两县(市)联合举办的"百年芳华、初心如磐"——庆祝中国共产党成立100周年革命文物展。通过学习、参观、宣讲等活动,进一步提高思想站位,教育全体官兵将学习理解转变为贯彻落实的实际行动,并以强烈的政治责任感投身于"强军兴武"事业。

（龙海闻 吴举平）

■军事训练 2021年,县人武部在军事斗争准备上,绷紧弦力,按照"能打仗、打胜仗"目标要求,聚焦主责主业,抓实民兵基层规范化建设,抓好战备训练工作落实。认清备战打仗任务的重要性和紧迫性,全体官兵做到"三个保持"(即保持军地指挥机构常态化组织运行,保持值班部位规范运行、高位运转,保持值班官兵熟练操作指挥信息)备战状态,切实把握有关网络安全、信息通信、国防潜力调查资源信息底数,滚动修订专项任务行动方案,健全情报信息报知体系。狠抓军事训练,开年即开训。1月4日,县人武部首长带机关部分人员、基层专职人武部部长、民兵骨干及"柳堡二妹子"民兵连官兵共15人赴某市国防园,参加扬州军分区新年开训实战化演练。4月14—26日,组织"柳堡二妹子"民兵连医疗救护排官兵参加全市民兵医疗救护专业分队骨干集训。5月7—8日,县人武部按照军事训练年度计划要求,组织新任基层专职人武干部进行军事理论学习和训练,并选派3名新任基层专职人武部部长参加江苏省军区新任基层专职人武干部资格认证和集训。为着力培养一批"能指挥、善组训、精教学、会管理"民兵军事教练队伍,县人武部分多批次组织民兵"四会"(即会讲、会做、会教、会做思想工作)军事教练员骨干比武集训。6月21日,县人武部推荐民兵教练员骨干5人赴扬州市某区国防园,参加为期23天的全市民兵"四会"教练员集中强化训练。7月5日,"柳堡二妹子"民兵连官兵68人赴某市

11 月 2 日，宝应县组织民兵应急连开展备勤轮训　　县人武部/供稿

驻军某部参加为期 12 天挂钩联训。11 月 2 日，宝应县民兵应急连备勤轮训在某市国防园举办。全连官兵按照“连队化管理、士兵化生活、正规化训练”要求参加为期 13 天的封闭式集训。此次集训，既学习条令条例、民兵建设法规制度等理论知识，还组织战术基础动作、实弹射击、擒敌拳、卫生与救护等课目，不断提升专业分队应急能力。12 月 13 日，宝应县党政领导参加“军事日”活动，县委书记张小辉，县人大常委会主任陈金荣，县领导魏建、于祝君、陈坚、王元顶、姚绍瑜等，县人武部及县直机关部门党政干部、各镇（区）人武部部长以及“柳堡二妹子”民兵连部分官兵共计 60 余人参加活动。通过亲身体验军事活动方式接受国防教育，增强国防观念、忧患意识，密切党政军关系。

（吴举平）

■征兵工作　2021 年，县人武部组织开展《中华人民共国国防动员法》《中华人民共国国防教育法》宣传教育，举办国防教育进机关、进社区、进乡村、进学校、进课堂“五进”活动，适时宣传有关征兵工作政策法规，解难释疑，增强全民国防意识，激发适龄青年参军热情。县人武部克服新冠肺炎疫情影响，提前筹划、主动靠前，指导各镇（区）逐个摸底排查，有针对性地开展适龄青年入伍动员，较好完成全年兵役登记工作，实现兵役登记率 100%。针对“当兵冷”“征兵难”问题，县委、县政府多次召开征兵工作领导小组工作会议，要求按照“统筹部署工作，明确分工责任，梳理工作流程，注重入营跟踪，加强经验总结”思路，组织开展全县征兵工作，明确各镇（区）党委在兵役工作中的主体责任，并签订征兵工作责任状。1 月 27 日，扬州军分区首长率检查组到宝应县征兵体检站，检查指导春季征兵工作。3 月 10 日，宝应县 2021 年度春季定兵会议在县城召开。会上，扬州军分区首长、县委征兵工作领导小组各成员单位相关负责人对征集入伍的新兵进行集体审定，确保高质量完成征兵任务。3 月 17 日，宝应县 2021 年春季新兵入伍欢送大会在西安丰镇红枫园广场举行。会上，“柳堡二妹子”民兵连代表为全体新兵佩戴上鲜艳的大红花；县委常委、县政府常务副县长陆安亚勉励入伍新兵向时代楷模、戍边英雄、老兵前辈学习，服从命令、听从指挥、勇于奉献、勤奋好学、刻苦训练，把自己锻造成为有灵魂、有本事、有血性、有品德“四有”军人。8 月 13 日，面对疫情暴发严峻形势，县政府征兵办公室及时会同县卫健委、县公安局、县交运局等部门，学习传达江苏省人民政府征兵办公室两季征兵工作新要求，充分考虑疫情防控因素，提前筹划夏秋季征兵工作。9 月 11 日，宝应县举办夏秋季征兵役前教育训练，遴选军训教官 10 多人对全县各镇（区）预定的新兵实行封闭式集训；为保障新兵集训疫情防控安全，县人民医院在医护人员相对紧张的情况下抽调人力先后为新兵开展核酸检测 8 次；9 月底，全县夏秋季新兵从集训基地直接起运送往服役部队，全年征兵任务按时圆满完成。

（王月春　吴举平）

■民兵整组　2021 年，县人武部对全县潜力开展逐一排查摸清底数，以编实建强民兵应急分队为重点，以解决突出问题为导向，按照“承担什么任务，就建什么分队”和“建在身边、抓在手中、用在关键”思路，扎实推进民兵整组工作。加强民兵专业队伍建设，深入开展民兵整组“大联动、大督查、大整改、大跃升”活动。根据扬州军分区组织整顿任务要求，于 6 月底前对 14 个镇（区）民兵逐一进行点验，实现到点率 98%。国庆节前夕，县人武部组织担负全县战备值班民兵应急排进行节前战备拉动，预征预储装备性能保持良好状态。10 月 20 日，宝应县民兵应急连和柳堡镇民兵应急排官兵，在县生态新城体育公园以全员、全装、全要素姿态接受江苏省军区检查组的综合检查和点验。通过综合检查考核，江苏省军区、扬州军分区首长对宝应县民兵整组工作给予充分肯定。

（吴举平　夏军民）

■国防动员　2021 年，宝应县国防动员委员会认真贯彻江苏省国防动员工作会议精神，按照国防动员体制改革任务，依令调整职能配置和组织架构，完善政策制度和运行机制，切实抓好全县国防动员工作，开创国防动员和后备力量建设新局面。11 月 25—26 日，扬州市国防动员委员会组织“××-2021”国防动员指挥演练，在宝应县设立演练组 1 个；全县演练按照国防动员课目内容要求，实行军地联合、要素联演、上下联动，全面有效检验全县国防动员行动能力和支援保障作战能力。（宋政昊）

■**拥政爱民** 2021 年，县委、县政府、县人武部严格落实党管武装根本原则，坚持完善双重领导和双向兼职、党委议军、现场办公、学习培训、任前谈话、工作述职、联合考评和领导干部过“军事日”等各项制度，有效形成各级领导干部“爱武装、管武装、建武装、兴武装”思想共识、责任意识和行动自觉。1 月 28 日，扬州军分区首长率考评组对宝应县 2020 年度党管武装工作进行绩效考评，听取县委组织部、县委宣传部、县退役军人事务局等相关单位负责人所作的工作汇报。贯彻落实江苏省军区开展帮扶革命老区“双百双建”（即组织县、镇专职人武干部 100 人与革命老区 100 个经济薄弱村开展共建党组织、共建乡村学校）活动和县委、县政府乡村脱贫攻坚工程要求，精准做好扶贫帮困工作；持续开展拥政爱民活动，夯实军政、军民团结政治基础，切实做好军人家庭子女入学入托、退役军人安置、入伍军人抚恤金发放等相关工作。2 月 5 日，县委、县政府组织开展春节“双拥”慰问活动，县委副书记、县长张小辉代表县委、县政府向全体驻宝应部队官兵和全县政法系统干部职工致以新春祝福，对他们为宝应县经济社会发展所作出的贡献表示衷心感谢。推进新形势下“双拥”工作向纵深发展，围绕创建“江苏省双拥模范县”目标，县人武部、县退役军人事务局联合开展送喜报和“光荣人家”牌匾发放工作。4 月 2 日，县人武部首长率县退役军人事务局和望直港镇相关负责人到望直港镇大树村慰问荣立三等功现役军人亲属，送去喜报和慰问金。12 月 20 日，县人武部、县委宣传部、县文明办、县妇联、县融媒体中心、县退役军人事务局、县双拥办联合开展第二届“宝应最美退役军人”“宝应最美军嫂”和“宝应最美拥军人物”评选活动，表彰“宝应最美退役军人”10 人、“宝应最美军嫂”5 人、“宝应最美拥军人物”5 人，获“宝应最美退役军人”提名奖 10 人。（吴举平）

7 月 5 日，“柳堡二妹子”民兵连官兵赴某部开展训练

县人武部/供稿

■**“柳堡二妹子”民兵连建设** 2021 年，宝应县按照扬州市委、市人民政府和扬州军分区党委有关打造能打胜仗典型和赋予“为战、能战、胜战”新时代内涵要求，推进“柳堡二妹子”民兵连建设，着力培养一批有灵魂、有本事、有血性、有品德“四有”女民兵。为庆祝中国共产党成立 100 周年，中央广播电视总台重点推出特别节目《电影中的印记》，其中《柳堡的故事》于 4 月 22 日在中央电视台录制完成。宝应县“柳堡二妹子”民兵连和某部战区柳堡连代表应邀参加节目录制。节目录制现场，电影表演艺术家陶玉玲深情讲述电影《柳堡的故事》拍摄过程和感人细节。录制结束，陶玉玲向柳堡镇赠送锦旗 1 面，深切表达对“柳堡”这方热土眷恋之情。6 月 21 日，该节目在 CCTV-3 黄金档播出。7 月 5 日，“柳堡二妹子”民兵连全体官兵赴驻某市作战部队参加为期 12 天封闭式训练，主要进行队列、体能、轻武器分解结合与射击等基础训练，医疗救护专业技能训练，以及战场救护组合行动任务训练。7 月 15 日，扬州军分区首长专门赴驻某市作战部队看望慰问民兵连官兵。受第 7 号台风“查帕卡”影响，河南省暴发洪灾，“柳堡二妹子”民兵连 3 名战士主动请缨于 7 月 21 日前往灾区参加救援工作，其感人事迹在多家省市媒体报道。7 月下旬，南京市、扬州市区相继暴发疫情，“柳堡二妹子”民兵连战士苗依坤参加驰援医疗队核酸检测采集工作，连续奋战 20 多天。8 月 5 日，《中国国防报》刊登“柳堡二妹子”民兵连“驻训作战部队苦练本领”新闻。着力打造“二妹子”品牌，“柳堡二妹子”民兵连与县有关部门和单位开展双拥工作和文明共建活动，设立“二妹子”示范岗，充分发扬模范带头作用，向全国人民展示荷乡女民兵风采。（龙海闻 吴举平）

■**疫情防控** 2021 年，县人武部坚决贯彻江苏省军区、扬州军分区决

策部署，严格按照县委、县政府指示精神，始终把疫情防控工作作为最重要、最紧迫的任务。闻令而行，持续用力，第一时间研究部署疫情防控工作，第一时间启动应急响应机制，第一时间组织机关人员、广大民兵投身疫情防控，参加全县核酸检测等行动。切实加强后勤服务保障，牢固树立安全理念，排查消除安全隐患，实现“完成任务好，安全无事故”良好态势。8 月 20—22 日，县人武部严密组织疫情防控下夏秋季征兵体检工作，安排全县 14 个镇（区）人武部提前 2 天为应征青年实施核酸检测；在县征兵体检站开设绿色通道，合理设置人员集结区、体温监测区、核酸采集区等；县征兵体检站医务人员严格按照征兵标准进行细致检查，确保征兵体检工作圆满完成。 （刘　飞　陈　晋）

武警宝应中队

■概况　2021 年，中国人民武装警察部队江苏省总队扬州支队宝应中队（以下简称“武警宝应中队”）坚持以习近平强军思想为引领，贯彻落实中央军委《军队基层建设纲要》和省市县三级党委扩大会议精神，顺应新编制、新体制、新使命要求，认清部队基层建设形势，明确建设总体目标，强化按纲建队意识，夯实自身建设基础，提高整体建设水平，力争实现“两个确保”（即确保以执勤处置突发事件为中心各项任务圆满完成，确保部队内部高度稳定和集中统一）目标任务，争创“四铁”（即培养造就具有铁一般信仰、铁一般信念、铁一般纪律、铁一般担当队伍）先进单位。全年，武警宝应中队发展新党员 3 人、预备党员转正 2 人，参加各类集训 6 人、军衔晋升10 人。 （陈　煜）

■执勤战备　2021 年，武警宝应中队聚焦“两个维护”使命任务，牢固树立备战打仗意识，培育“一不怕苦、二不怕死”战斗精神，按照平战一体、战备训练任务为一体要求，战备教育经常，战备制度落实，战备秩序正规，装备物资齐全。深入贯彻“十六字”（全面建设、体系建设、科技强勤、确保安全）执勤思路，树立底线思维，端牢执勤饭碗，及时修订方案，常态组织战备演练，常态保持好应急战备水平，高效应对各类突发情况，全年实现执勤目标安全无事故。武警宝应中队持续实施“智慧磐石”工程建设，严格落实执勤八项制度和扬州支队执勤规范化现场会精神，规范信息化条件下组勤、管勤、执勤、联勤行为，扎实开展专哨专训、专勤专训和处置演练活动，利用每日交班、录像回放、不定时抽查等措施，狠抓站哨形象、执勤动作、着装仪容和能力素质培养，刚性执行勤务包值底线。严格落实奖惩制度，常态化开展执勤讲评活动，每月召开军人大会组织“最美哨兵”评选；对执勤违规违纪人员进行严肃处理，激发官兵落实执勤战备制度自觉性。继续开展“学方案、修方案、推方案”活动，及时修订完善演练方案，抓好月度方案和季度联合方案演练，突出人员变动期间战备拉动；开展防火救灾、抗洪抢险等突发事件救援演练，协调目标单位和友邻单位加强“三种情况”战备演习；加强应急班拉动训练，实施“3＋1”（即“3”指武警部队—总队—支队三级，按照规模适当、力量合成、建制使用原则，分层级建立战备值班分队，始终保持良好战备状态；“1”指执勤分队应急班常态保持应急战备水平）战备值班力量建设，规范编携配装行为，实行不定时检查和拉动演练，增强战备意识和快速反应能力。密切配合驻地相关单位，研究细化联勤训练方案，确保情报信息畅通无阻，实现突发情况高效处置，圆满完成全年各项勤务任务。 （陈　煜）

武警宝应中队官兵开展体能训练　　武警宝应中队/供稿

■军事工作　2021 年，武警宝应中队学习贯彻习近平主席在中央军委军事训练会议上的讲话和开训动员令精神，严格按照训练“八落实”（即军事训练人员、内容、时间、质量、弹药、摩托或飞行小时、教练员、场地八个方面具体指标）要求，坚持实战实训、按纲施训、从严治训原则，全年武警宝应中队军事训练各项考核总评成绩均达到优良等次。提高警官、警士队伍组训能力和指挥技能素质，按照军事训练教练员“四全”要求，培养全支队范围训练尖子和优秀教练员 2 人；加强针对性适应性训练，全年无偏训、漏训科目和训练事故。武警宝应中队与宝应县画川高级中学签订“双拥”共建协议，充分发挥教育平台作用，推进军事职业教育，引导官兵多学多思多收获。组织开展岗位竞赛、创破记录、“六小”（即小培训、小检查、小观摩、小竞赛、小讲评、小互助）“三手”（即革新创新能手、专业技术能手、“五大技术”能手）等群众性练兵比武活动，每季度组织评选并张榜公布比武成绩，将训练尖子、训练标兵纳入先进表彰评比和入党积极分子培养对象，激发官兵“训练有功、训练有为、训练有味”热情。（陈　煜）

■**政治工作**　2021年，武警宝应中队始终把政治建设放在首位，坚持用习近平系列讲话建队育人，通过落实制度、丰富内容、灵活手段、创新方式，提高思想政治教育针对性、主动性和实效性。围绕“忠诚维护核心、矢志奋斗强军”主题，结合中队实际，扎实开展思想政治工作，传承红色基因，弘扬优良传统，培养“四有”（有灵魂、有本事、有血性、有品德）革命军人。严格落实学习教育制度，创新拓展教育方式方法，广泛开展谈心谈话活动，加强思想政治工作研究，确保内部关系纯洁和谐、官兵精神状态良好、理想信念坚定可靠。深入学习中央军委开训动员令、党的十九届六中全会精神，推进“忠诚维护核心、矢志奋斗强军”主题教育，开展“学思想、铸忠诚、担使命”实践活动，灵活运用“好课共享”“广陵卫士大讲坛”等线上线下学习教育平台，增强思想教育实效性。坚持用“三种眼光”（信任的眼光、欣赏的眼光、发展的眼光）管好部队带好兵，加强与官兵家属的联系，建立健全联管共管机制，认真分析摸排官兵思想，开展经常性法纪警示教育和思想疏导工作。定期组织对官兵、执勤人员、要害部位人员进行思想分析和政治考核，确保“放心人”放在放心岗位上。鼓励官兵开展文化学习和技能学习，联合县双拥办为即将退役的士兵举办再就业培训，协调地方学校安排教师定期为考学人员进行辅导，联系县图书馆每季度更换补充新图书。切实做好拥政爱民工作，开展扶贫结对帮扶、慰问驻地孤寡老人以及军民共建庆“八一”等双拥活动，加深部队与地方人民感情，塑造“军民一家”良好氛围。全年，武警宝应中队利用驻地红色资源，结合青年节、建党节、建军节、国庆节等关键节点，组织开展学雷锋、“重温入党誓词”“重温忠诚卫士誓词”等活动。推进中队荣誉墙建设，挖掘中队历史和荣誉，丰富营区政治环境。每月按照形势政策、理想信念、使命任务、内部关系、道德法纪、心理健康等6类教育内容，开展经常性思想政治教育。发挥橱窗、板报、网络、公众号等载体功能作用，转载红色革命故事、励志感人故事，分享人生感悟、军旅轶事，推进政治文化环境建设，培塑军人优良形象。全中队撰写在扬州支队级以上网站刊发稿件150余篇。（陈　煜）

■**后勤保障**　2021年，武警宝应中队按照扬州支队首长指示，根据《中国人民解放军传染病防治条例》《武警部队处置突发公共卫生事件应急预案》等法规，科学、有效、及时防范和应对可能出现的新冠肺炎疫情，认真做好监测、报告和各项应急准备工作，做到“早发现、早报告、早诊断、早隔离、早治疗”，确保疫情不传入和部队官兵健康，维护部队稳定和战斗力。武警宝应中队干部结合疫情特点和中队实际，制订应对新冠肺炎疫情防控预案，成立疫情防控工作领导小组，做好前排指挥、一线协调。落实疫情防控各项措施，及时配备储备疫情防控必需的消毒药械、口罩、体温计，以及常规性医疗药品、器材等物资。开展健康卫生常识教育，以疫情常态化防控和各类传染病、季节性疾病防治为重点，搞好营区日常消毒，做好各类疾病预防和官兵体检工作，确保官兵身心健康得到保障。武警宝应中队后勤部门树立服务思想，严格按照后勤保障相关规定，全面提升后勤服务保障能力。强化集体理财意识，本着“官兵吃得好才会干劲足”理念，把保障工作做好做实、为官兵服务好。严密组织深化拓展后勤领域重点问题“清仓归零”整治活动。坚持按照规定理财，落实“双主官”联签、按级审批等制度。坚持厉行节约原则，有效管住方向、管住总量、管住资金，防止各种铺张浪费现象发生。结合实际每周制订菜谱食谱，调配饭菜花样，保证官兵吃饱吃好。开展“厉行节约、反对浪费”为主题勤俭节约活动，狠抓伙食管理五项制度落实，提升官兵满意度。实施后勤人员专业训练，协调地方组织举办糕点、主菜、凉菜等制作技艺培训，全年通过餐饮职业技能鉴定1人。坚持支部议装管装原则，始终把枪弹摆在顶级管理位置，组织开展枪弹安全专项整治和装备库室整治活动，严格落实武器装备管理，落实好“双人双锁”“五同”和开启兵器室报告制度；加大对军械员和哨兵携枪带弹执勤管控力度，实现静态和动态枪弹管理“始终掌握在合格人手中”目标。加强正规化和精细化管理，教育官兵爱惜公物，保证中队公用物资完好率。（陈　煜）

人民防空

■**人防知识宣传**　2021年，宝应县住房和城乡建设局（宝应县人民防空办公室，以下简称“县人防办”）贯彻落实“人民防空是国之大事，是国家战略”新时期人民防空工作方针，以目标为导向，创新工作思路，改进方式方法，全县人防建设各项工作取得新成效。加强人民防空教育，增强公民国防观念，全年组织开展人防知识宣传进机关、进企业、进社区、进学校、进媒体“五进”活动10余场次，推进广大干部群众熟练掌握人民防空基本知识和技能。指导全县机关部门、企事业单位，各镇

(区)、村(社区)、中小学校开展人防知识和法律法规宣传教育、疏散演练等活动。全年向城乡中小学校学生免费发放“人防知识”宣传材料2000册。3月8日,县人防办组织相关人员赴宝应鸿海书法艺术学校开展“展书法魅力,增人防意识”宣传活动。利用多媒体开展多种形式人防知识宣传,精心策划宣传内容,取得较好效果。　(任永林)

■人防专业队伍训练　2021年,县人防办按照《中华人民共和国人民防空法》规定和江苏省人民防空办公室有关人防专业队伍整组工作要求,依据人防专业队伍训练大纲和年度训练计划,有序开展人防专业队伍训练。4月20—23日,县人防办组织对全县抢险抢修、医疗救护、治安、消防救援、交通运输、通信、防化、心理防护等8支人防专业队、14支人防专业分队人员及其装备进行整组点验,实地检查各人防专业队人员调整情况、物资器材储备情况和训练落实情况。11月26日,县人防办组织医疗救护人防专业队、消防救援人防专业队,以及供气抢修人防专业分队、“二妹子”人防专业分队通信班共计30余人,在安宜镇龙潭公园参加“××-2021”消除空袭后果演练,受到扬州军分区首长肯定。　(任永林)

■人防工程建设管理　2021年,县人防办严格按照应建必建、应收尽收工作要求,依据上级文件和制度规定做好人防工程建设管理行政审批工作。全年审批人防工程建设项目6个、面积共3.45万平方米,完成人防工程竣工项目6个、面积共4万平方米。加强人防工程建设安全管理,重点聚焦新开工建设的人防工程项目,县人防办及时与建设单位签订“安全生产责任清单”,将安全生产相关责任落实落细。加强人防工程建设质量管理,按照“双随机一公开”工作要求和人防工程建设标准相关规范,实行在建人防工程项目质量全过程监督。

9月20日,县人防办组织开展人防知识进校园活动　陈志杰/摄

自建人防工程建设管理。推进宝应县宝楠国际学校自建人防工程项目建设,严格加强跟踪监督,严把安全质量关。至年底,该项目通过竣工验收。加强已建自建人防工程维护管理,确保工程结构完好、工程内部整洁、防护设备设施性能良好、各系统工作正常、部件无锈蚀损坏、附属设施完好、防汛设施安全。提高已建自建人防工程维护水平,全年召开人防工程维护管理业务培训会10场次、培训人数100余人。开展人防工程使用年度审验评比活动,提升使用管理单位思想认识和能力;全面完成全县人防工程标识更新工作,对新竣工人防工程严格按照新规定设置标识。　(刘　洋)

■防空袭疏散演练　2021年,县人防指挥中心根据人防工作法律法规和省市主管部门要求,完成新的《宝应县防空袭方案》编制。推进人防指挥系统信息化建设,顺应信息化战争条件下防空袭斗争需要,实施硬、软件提升、信息整合、软件应用升级等工作。组织开展防空袭疏散演练活动,保护人民生命和财产安全,保障全县经济社会建设和发展。5月21日,县人防办组织县级机关部门有关人员赴宝应湖特大桥东侧人工林开展防空袭野外生存演练。10月11—14日,组织县人防机关人员、专业队骨干、志愿者在盐城市大丰区开展“准军事化”防空袭疏散演练。严格落实防空警报巡查维护管理制度,采取月度分片巡查、重大节日普查、年度巡查等方式,确保防空警报设施设备完好无损,实现完好率100%。9月18日,县人防办与省、市实行联动,于上午10时至10时19分鸣响防空警报,组织县城部分社区居民和学校师生利用人防工程开展防空袭疏散演练。全年,县人防办开展防空疏散演练活动共10余场次,参加疏散演练活动人数100余人。　(任永林)

经济管理

Jing Ji Guan Li

■编辑:王天彬

宏观经济管理

■概况 2021年,宝应县委、县政府带领全县上下克服疫情带来的不利影响,聚焦中心,勇于担当,服务大局,全县各项事业发展和经济指标均取得新的成效。全县实现地区生产总值841.41亿元,比上年增加78.37亿元,增长7.5%,固定资产投资额比上年增长6.5%,实现服务业增加值342亿元,比上年增加32亿元、增长7%,城市、农村居民人均可支配收入分别比上年增长9.8%、12%。

(陶 晶)

■县"十四五"规划纲要获批准实施 1月15日,宝应县第十六届人民代表大会第五次会议在县行政会议中心召开。会上,审议批准《宝应县国民经济和社会发展第十四个五年规划纲要》。3月24日,县政府印发《宝应县国民经济和社会发展第十四个五年规划和二〇三五年远景目标纲要》(简称《纲要》)。该《纲要》共分8篇、22章,主要阐明宝应县"十四五"规划时期经济社会发展总体思路、主要目标、重点任务和重要举措,为全县上下推动经济社会发展行动纲领和地方政府履职重要依据。宝应县发展和改革委员会(以下简称"县发改委")坚持科学谋划规划落实和规划管控,以《宝应县国民经济和社会发展第十四个五年规划纲要》为统领,统筹推进全县各类专项规划编制。突出总体规划指导性,以新的发展阶段视野,推进规划理念从扩张性向限制性转变,在框定总量基础上盘活存量、提高质量;巩固"十四五"规划成果,聚焦重点节点和目标任务,确保重要指标、重点任务、重大项目按序时推进。突出规划系统性,推动县内各类专项规划编制部门与省、市规划编制主管部门进行衔接,确保各类专项规划符合实际、上下衔接;加强全县各类专项规划与"十四五"规划系统衔接,实现全县总体规划与专项规划统筹推进。突出规划引领性,适应新阶段、新理念、新格局,准确把握国家及省市政策导向,聚焦全县"十四五"发展思路目标,主动向上对接沟通,全力争取全县各项规划中重点工程、重大项目更多纳入国家及省市规划"大盘子",以高水平规划引领高质量发展。 (陶 晶)

■项目投资 2021年,全县被认定为江苏省重大项目共2个,分别是宝胜科技创新股份有限公司新型装备线缆项目、中粮集团有限公司粮谷宝应新型粮仓及粮食安全提升工程,协议总投资60亿元,完成年度投资额8亿元。被认定为扬州市重大项目共56个,协议总投资370.2亿元,完成年度投资额118.78亿元。至年底,县发改委完成2021年度政府投资项目库编排汇总工作,储备库共收录项目102个,协议总投资122.3亿元,完成年度投资额56.2亿元。 (王丹丹)

■专项债券申报 2021年,县发改委发挥专项债券在宏观政策跨周期和逆周期调节中的积极作用,组织开展专项债券项目申报工作,加强债券资金管理,科学研判把准宏观形势,找准问题短板抢占发展机遇。全县获批政府专项债券项目共9个,分别是宝应运河文化旅游演艺中心(文教综合体)项目、宝应县城区停车场项目、宝应县城西人民医院项目、泾河镇卫生院建设工程项目、宝应县柳堡国防文化园、宝应县射阳湖荷荡温泉旅游开发项目、宝应县夏集桃花源生态旅游综合开发项目、宝应县实验幼儿园氾水园建设工程项目、小官庄镇卫生院建设工程;全年专项债券总额11.8亿元,比上年增长37%,位居全市第1名。 (王丹丹)

财政管理

■概况 2021年,宝应县财政局(以下简称"县财政局")积极应对减税降费、新冠肺炎疫情、房地产市场低迷等不利因素影响,加强县级部门、镇(区)协调联动,强化收入形势分析研判,坚持依法依规、应收尽收。至年底,全县完成一般公共预算收入25.14亿元,比上年增加2489.13万元,增长1.1%。其中,税收收入19.48亿元,比上年增长1.5%;非税收入5.65亿元,比上年下降0.4%。县财政局加强财政资源统筹,保持必要的财政支出规模,优化财政支出结构,全力保障党中央、国务院以及上级党委政府重大决策部署工作的落实,加大对乡村振兴、"三保"(即保基本民生、保工资、保运转)支出等方面的支持。全县实现一般公共预算支出86.29亿元,比上年增加1.27亿元、增长1.5%。

(罗 兵)

表5　宝应县2021年度财政收支情况一览表

收入项目	金额(万元)	支出项目	金额(万元)
一、一般公共预算收入	251372	一、一般公共预算支出	862901
税收收入	194829	一般公共服务支出	92768
增值税	100504	国防支出	1370
#国内增值税	100504	公共安全支出	50657
改征增值税	—	教育支出	160177
企业所得税(40%)	21719	科学技术支出	2674
个人所得税(40%)	5875	文化旅游体育与传媒支出	7231
资源税	8	社会保障和就业支出	141613
城市维护建设税	11891	卫生健康支出	80773
房产税	10111	节能环保支出	12448
印花税	3606	城乡社区支出	86308
城镇土地使用税	7008	农林水支出	106882
土地增值税	6722	交通运输支出	19500
车船税	2709	资源勘探信息等支出	54373
耕地占用税	698	商业服务业等支出	4734
契税	22979	金融支出	565
环境保护税	967	援助其他地区支出	1728
其他税收收入	32	自然资源海洋气象等支出	2538
非税收入	56543	住房保障支出	10438
专项收入	12764	粮油物资储备支出	237
行政事业性收费收入	12005	灾害防治及应急管理支出	3634
罚没收入	12886	债务付息支出	15320
国有资源有偿使用收入	12385	债务发行费用支出	66
捐赠收入	4090	其他支出	6867
政府住房基金收入	350	—	—
其他收入	2063	—	—
二、政府性基金预算收入	417227	—	—
三、国有资本经营预算收入	1200	二、政府性基金预算支出	513785
四、上划中央收入	143514	—	—
增值税(含营业税)	101720	—	—
国内消费税	402	三、国有资本经营预算支出	22
企业所得税(60%)	32579	—	—
个人所得税(60%)	8813	—	—

(杨　欣)

■积极财政政策实施　2021年，宝应县贯彻落实中央积极财政政策，多措并举助企纾困，全年完成新增减税数额1.84亿元，增值税留抵退税数额1.95亿元，实现制造业中小微企业缓税数额1.6亿元。全县减免工伤、失业保险缴费数额5217万元、惠及各类企业4528家；减征医疗保险缴费数额7170万元、惠及各类企业3925家。通过财政资金池，帮助企业撬动银行贷款额2.8亿元。帮助22家企业应急转贷36笔、贷款额2.41亿元。全年向上级财政争取转型升级补助资金等项目15个、资金额1.1亿元。争取债券稳定投资，获批新增债券项目11个、资金额12.8亿元，重点支持县内医疗、教育、农林、水利等领域资金需求，有力促进全县经济和社会事业发展。管好用好直达资金，充分发挥直达资金惠企利民作用，及时分解安排中央直达资金6.33亿元。至年底，实际完成中央直达资金支出金额6.24亿元，支出进度为98.6%。（罗　兵）

■基本民生保障　2021年，宝应县着力保障基本民生改善，全力支持疫情防控，拨付新冠肺炎疫情防控资金共1.35亿元，主要用于医疗设备添置、防疫物资采购、防控体系建设、医学观察隔离等方面费用支出。落实就业优惠政策，全年兑现企业稳岗补贴、一次性吸纳就业补贴等资金支出656万元、惠及企业1562家企业；全县发放职业技能培训补贴、社会保险补贴等资金1177万元、惠及待业或转岗人员等就业困难人员1.6万人；拨付创业担保贷款贴息等资金624万元，支持小微企业和下岗职工办理创业贷款6亿多元。足额保障全县教育、医疗、养老、优抚等民生事业支出需求，全年安排财政支出近30亿元，支持教育高质量发展、医疗卫生和社会保障体系建设。支持乡村振兴，健全财政支农投入稳定增长机制，按全省乡村振兴考核口径，全年县级财政安排支出5.33亿元，比上年增长8%。（罗　兵）

■债务风险管控　2021年，宝应县坚持分类施策、协同联动、稳妥处置，打好防范化解重大债务风险攻坚战，促进经济社会持续健康发展。积极化解存量，通过积极向上争取、增收节支、盘活资产资源、加快土地出让等举措，拓宽资金筹集渠道，加大化解存量债务力度，全面完成年度化解目标任务。从严控制债务增量，制订出台《宝应县国有资金使用管理办法》，严格把好新建项目资金关口，从源头上遏制隐性债务增加；严控新增债务发生，对全县国有平台公司融资和对外投资、对外借款等事项实行提级管理。优化债务结构，持续推进债务置换，拉长债务期限，降低债务成本。（罗　兵）

■财政运行效能提升　2021年，县委、县政府坚持"过紧日子"，大力压减一般性支出，做到运行支出低增长和"三公"经费零增长，切实保障把有限的财力用于"三保"支出。积极盘活财政资金存量，定期梳理排查上级财政转移支付、部门结余结转资金、暂存暂付款等各项资金情况，全年盘活存量资金6389万元。完善专项资金管理，修订《宝应县县级财政专项资金管理办法》，细化管理职责分工，明确权力责任边界，创新支持经济发展模式方式，健全项目退出机制，提升项目资金使用绩效。实施预算管理一体化，按照江苏省财政厅序时要求推进建设任务，确保2022年1月1日预算管理一体化执行板块全面上线，为深化财政管理改革奠定坚实基础。（罗　兵）

国有资产监督管理

■概况　2021年，宝应县财政局（宝应县人民政府国有资产监督管理委员会办公室，以下简称"县国资办"）履行出资人职责，加强对县内国有资产监督管理。全县共有国有资产经营企业7家，分别为江苏省宝应城市发展控股有限公司、江苏省宝应城市建设有限公司、江苏汇润农业集团有限公司、江苏省宝应经开控股有限公司，江苏省宝应交通产业集团有限公司、江苏省宝应文化旅游发展控股有限公司、江苏省宝应水务投资集团有限公司。至年底，全县国有资产经营企业资产总额603亿元，净资产31.8亿元；全年实现营业收入90.4亿元，入库税收2.7亿元。（罗　兵）

■国有制企业改革　2021年，宝应县贯彻落实中央、省、市有关国有制企业改革文件精神，积极落实宝应县国有企业改革三年行动方案，加强国有企业党的领导和党的建设，完善董事会、经理层、监事会管理体系，建立健全市场化经营机制，优化调整国有资本配置，稳步推动混合所有制改革，逐步形成以管资本为主的国有资产监管体制。（罗　兵）

■国有资产处置　2021年，县国资办根据国家国有资产管理局印发的《国有资产评估管理办法施行细则》（国资办发〔1992〕36号）规范县级行政事业单位经营性门市房屋招租管理，将分散在县级行政事业单位的可经营房产全部移交至宝应县机关资产经营管理有限公司实行集中管理。按照县政府办公室印发的《宝应县县级行政事业单位经营性房屋租赁监督管理办法》要求，遵循"公开、公平、公正"原则，严格执行"统一审批、统一招租程序、统一低价评估、统一租金收缴"管理规定。全年，举办县级行政事业单位经营性房屋公开招租活动9批次，实现年租金收入1673万元。严格实行县级行政事业单位资产报废报损管理，全年办理报废报损业务10宗，核销资产账面价值161万元。（罗　兵）

公共资源交易管理

■**政府工程招投标** 2021年，扬州市公共资源交易中心宝应分中心（以下简称“宝应公共资源交易分中心”）立足当地实际，推进公共资源交易领域“放管服”改革，充分发挥服务职能，通过规范有形市场建设提高公共资源交易服务水平。持续优化营商环境，全面实行“不见面”开标模式，简化招标投标流程，加强进场交易工程电子化管理。全年完成县政府工程交易标段107个，标底控制价15.75亿元，中标价14.76亿元，节约投资金额9900万元、节约率6.29%。其中，房屋建设和市政基础设施建设工程电子化进场交易标段52个，标底控制价12.28亿元，中标价11.45亿元，节约投资金额8300万元、节约率6.78%；交通、水利工程电子化进场交易标段55个，标底控制价3.47亿元，中标价3.31亿元，节约投资金额1600万元、节约率4.68%。（姜苏洋）

■**政府采购** 2021年，全县政府采购经费预算16.68亿元，实际完成政府采购金额16.35亿元，比上年增长87.8%，节约政府采购资金3250.32万元、节约率1.94%。其中，工程类政府采购经费预算2297.16万元，实际完成政府采购金额1995.88万元；服务类政府采购经费预算15.74亿元，实际完成政府采购金额15.5亿元；货物类政府采购经费预算7113.29万元，实际完成政府采购金额6503.57万元。

（罗　兵）

■**国有土地使用权出让** 2021年，全县出让国有土地使用权66宗，出让土地面积164.2公顷，成交价款31.71亿元。其中，工业用地挂牌出让土地面积69.61公顷，成交价款1.72亿元；经营性用地出让土地面积94.59公顷，成交价款30亿元；划拨供地面积79.16公顷。经营性用地出让平均每公顷成交价款3165万元。规范土地市场运作，执行网上挂牌交易出让制度，经营性用地公开出让率100%，土地出让金管理实行“收支两条线”，全年合同出让金到账率100%。

（陈　敏）

宝应县农村产权交易中心　　卞　静/摄

■**农村产权交易** 2021年，县农村产权交易中心推进线上农村各类资产、资源交易，加强平台载体建设，发挥线上交易信息发布更广、交易过程公开透明、交易价款结算便捷特点，有效防止集体资产资源交易暗箱操作，促进全县集体和农户资产资源保值增值。至年底，全县完成农村产权交易1588笔，成交额5.85亿元。（县农业农村局）

税务管理

■**概况** 2021年，国家税务总局宝应县税务局（以下简称“县税务局”）税收管理工作围绕统筹推进疫情防控和经济社会发展目标，积极应对疫情、税源经济薄弱等因素影响，严格依法依规组织税费收入，实现税费收入量稳质优，为全县经济提供有力支撑。全年完成税费收入总量62.9亿元，比上年增长8.8%。其中，一般公共预算收入19.6亿元，比上年增长2.13%；社会保险费收入25.9亿元，比上年增长21.6%；非税收入2.14亿元，比上年增长67.2%。

（李永春）

■**减税降费政策** 2021年，县税务局坚持减税降费激发活力，将减税降费作为党史学习教育“为民办实事”实践活动重要内容，精准落实各项税费优惠政策；贯彻执行江苏省人民政府印发的《关于积极应对疫情影响助力企业纾困解难保障经济加快恢复的若干政策措施》（苏政发〔2021〕56号）（简称“苏政30条”）和扬州市人民政府印发的《关于应对新冠肺炎疫情保企业稳预期促发展十条措施的意见》（扬府发〔2021〕52号）文件精神，激发市场主体活力，为全县经济社会高质量发展和“六稳”“六保”大局作出贡献。全年新增减税降费总额2.36亿元，为4110户制造业中小微企业专项缓缴税费1.57亿元，办理出口退税3.3亿元、其他各类退税4.09亿元。（李永春）

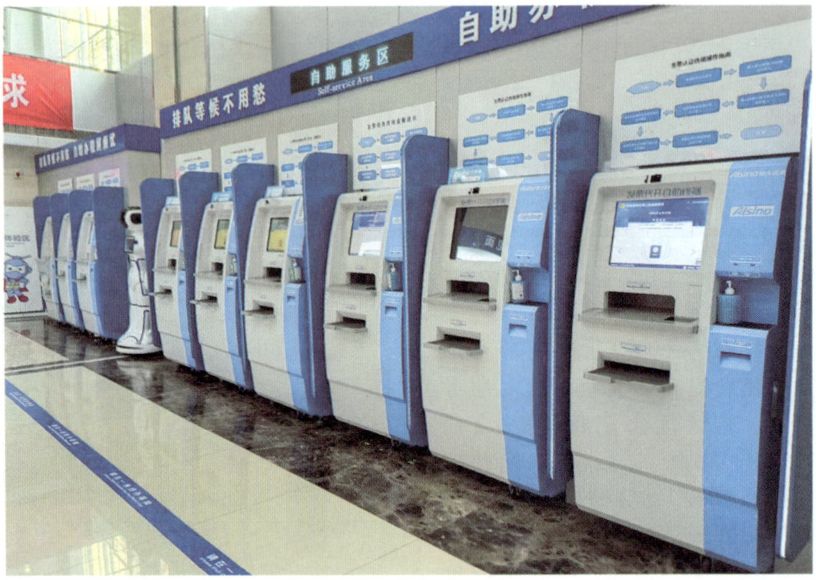

县税务局人工智能自助服务区　　县税务局/供稿

■税收征管改革创新　2021 年，县税务局在深化改革中强化务实创新，税收治理取得新的效能。推进税收改革任务高效落地，对照中共中央办公厅、国务院办公厅印发的《关于进一步深化税收征管改革的意见》、江苏省委办公厅、省政府办公厅《关于印发江苏省进一步深化税收征管改革实施方案的通知》和“苏政 30 条”政策，研究谋划落实方案，为全县税收征管改革打下坚实基础。顺应征管改革形势，县税务局在夏集镇推行综合办税管理新模式试点工作；推进税费管理高质提升，实施增值税专用发票电子化试点改革，电子专票综合得分率位居全市第 2 名；加强企业所得税汇算清缴过程管理，强化引导个人所得税综合所得汇算“四分”（即精细分类、科学分批、有效分策、严格分责）和网格化管理，所得税征管各项指标在全市排名位居前列。推行新的土地增值税管理模式，落实土地增值税 1 + N 管理体系，全年完成土地增值税清算项目 9 个。完成全人群社保费“一体化”平台对接上线和城镇垃圾处理费等非税收入划转工作。提高风险应对能力，结合宝应实际，严格遵循“无风险不打扰、有违法要追究、全过程强智控”总体要求，推行团队化运作、提示提醒前置、递进式执法新方式，并通过举办大数据应用和 BIEE（商务智能解决方案）培训竞赛等形式，着力提高大数据运用能力，全年风险成效贡献率指标位居扬州市各县（市、区）第二名。县税务局加强与县检察院、县法院协作沟通，解决破产企业领票难、退出难问题，办理 6 家破产企业旧房转让税收事项，协助申报 57 家破产企业债权 2545.3 万元。在扬州市范围内，征收首笔自然人利息所得税 42.4 万元。　（李永春）

■依法行政　2021 年，县税务局不断提高依法行政水平，持续推行“三项制度”和法治税务建设，落实“首违不罚”清单、《长三角行政处罚裁量基准》等政策，切实保障企业合法权益；提高风险防范能力，县税务局先后开展现金税费征缴、委托代征协议管理、成品油及车购税风险、审前自查等 4 个专项整治活动，核查各类疑点数据 3 万余条；营造公平公正市场环境，对部分乡镇小规模纳税人增值税发票开具进行“解剖麻雀”；加强“一体化”监督，运用内控监督平台狠抓日常监管，开展专票电子化督察、发票疑点核查和税控服务费退费排查工作，强化内部审计和专项审计；围绕减税降费问题线索，开展国务院第八次大督查自查活动，接受审计部门专项审计，规范行政执法和内部行政管理行为。　（李永春）

表 6　2021 年宝应县税务登记总体情况表

分局名称	税务登记总户数	正常户（家）	企业（家）	个体（家）	增值税纳税人（家）	消费税纳税人（家）	企业所得税纳税人（家）
国家税务总局宝应县税务局	22	22	6	15	6	—	—
国家税务总局宝应县税务局第一税务分局	16	16	10	3	—	—	—
国家税务总局宝应县税务局安宜税务分局	13210	12676	5613	7453	12047	26	4770
国家税务总局宝应县税务局氾水税务分局	2717	2605	1605	1075	2550	4	1401
国家税务总局宝应县税务局柳堡税务分局	2616	2514	1642	944	2411	3	1415
国家税务总局宝应县税务局鲁垛税务分局	1579	1507	885	672	1457	—	748

续表

分局名称	税务登记总户数	正常户（家）	企业（家）	个体（家）	增值税纳税人（家）	消费税纳税人（家）	企业所得税纳税人（家）
国家税务总局宝应县税务局望直港税务分局	2487	2411	1494	966	2316	—	1202
国家税务总局宝应县税务局曹甸税务分局	2755	2457	1272	1458	2578	7	1065
国家税务总局宝应县税务局泾河税务分局	3624	3472	2480	955	3208	5	2178
合计	29026	27680	15007	13541	26573	45	12779

（李永春）

审　　计

■**概况**　2021年，宝应县审计局围绕县委、县政府工作中心和社会关注热点，按照国家、省、市审计工作会议和中共宝应县委审计委员会第三次会议精神，依法履行审计监督职责，强化“依法审计、执审为民”理念，坚持“党委工作推进到哪里、审计工作就跟进到哪里”宗旨，有效发挥审计监督、服务和保障作用，为助推“强富美高”新宝应建设贡献力量。至年底，县审计局完成审计项目14个，查出属于管理不规范资金额6316万元，提交审计建议27条，《审计要情》简报获县委、县政府领导批示2篇，向各类新闻媒体报送宣传稿件70余篇。　（王　璐）

■**财政预算审计**　2021年，县审计局以县本级财政预算执行为主线开展同级审计，重点关注县本级财政预算执行合规性和效益性，促进县级财政部门加强财政预算绩效目标管理。推进乡镇经济和各项社会事业发展，加强镇（区）财政建设和管理，重点审计宝应经济开发区财政预算执行情况，并对2020年度政府债券资金使用情况、被辞退民办教师补助等2个专项资金项目进行延伸审计。　（王　璐）

■**经济责任审计**　县审计局全年开展经济责任审计项目5个，其中县级相关部门和单位主要负责人任中经济责任审计项目2个。明确经济责任审计项目重点，主要关切县级相关部门和单位主要负责人任职期间履行债务管控、重大政策措施落实和重点项目实施进展等情况。继续开展县级相关部门和单位主要负责人自然资源资产管理和生态环境保护责任审计，重点关注县级相关部门和单位主要负责人任职期间履行水、土、气等自然资源管理和使用情况，相关审计报告为县委、县政府提拔使用干部提供参考。（王　璐）

■**固定资产投资审计**　2021年，县审计局按照县委、县政府交办要求，将县城南新城基础设施建设、新城生态体育休闲公园建设等重大投资项目纳入审计范围，围绕项目建设管理、资金结算、资金筹集、资金使用管理等情况依法进行审计。持续对县人民医院异地新建、县城人民路生活广场建设等情况依法开展跟踪审计。至年底，县审计局共完成固定资产投资项目审计134个，送审项目资金总额共11.58亿元，审定资金总额9.05亿元，审计核减资金额2.53亿元，核减率21.83%。

（王　璐）

■**重大政策落实情况审计**　2021年，县审计局坚持提高政治站位，将重大政策落实情况审计工作融入全县地方经济社会发展大局，发挥审计在党和国家监督体系中重要作用。开展2020年度保障性住房“安居工程”资金投入和使用绩效审计，提出加强日常管理工作、及时上缴经济适用住房上市土地收益款审计建议。选派审计工作人员3人参加扬州市中小学教育经费管理使用情况专项审计调查，揭示中小学校教育政策执行、经费投入和使用管理、教育资源配置、学校食堂管理等方面存在的突出问题和薄弱环节，分析问题成因，提出对策建议，推动教育事业改革发展。　（王　璐）

统　　计

■**概况**　2021年，全县统计系统围绕中心，服务大局，组织实施统计改革、调查普查、“四上”企业申报入库、统计服务、法治建设、基层基础等重点工作，为全县经济社会高质量发展提供有力统计支撑。围绕高质量发展绩效评价考核，强化经济运行监测，及时做好主要经济指标分析预警。全年共撰写统计分析60期、统计信息21期、统计工作动态信息210条。县统计局组织撰写的调研报告获评全县优秀社科论文6篇，其中一等奖3篇、二等奖3篇；获评扬州市哲学社会科学界联合会优秀论文二等奖1篇。认真研究、整理、发布统计资料信息，及时编印年度统计公报、《经济社会发展概览》、《统计分析汇编》等统计资料，恢复编印《宝应统计月报》，全面改版《宝应统计年鉴》，定期在《宝应日报》刊登统计专版。全年统计调研分析被国家、省、市统计内网和《宝应通讯》采用62篇。2021年，宝应县“四上”企业入库工作被评为扬州市先进地区一等奖；县统计局获评全市统计系统综合考核第1名。

（杨宁静）

统计调查 2021年，县统计局组织实施全县各领域常规统计调查和普查工作，制订《宝应县统计数据质量控制制度（2021）》，规范数据采集、审核、汇总、验收等调查流程，夯实统计调查基础，统计调查能力不断提升。全县“四上”企业入库工作取得新突破。制订印发《宝应县“四上”企业培育入库工作方案》《2021年度全县“四上”企业入库工作考核办法》，加强部门之间联动，定期开展全面摸排，实行全县“四上”企业培育数据库动态管理。有序推进劳动力调查工作，加强组织领导，组建工作机构，抽调工作人员，落实调查经费，开展业务培训，规范调查流程。至年底，全县共完成6个镇（区）、10个村（社区）、1040户农户家庭劳动力情况调查，圆满完成省市下达的2021年度劳动力调查工作任务。

（杨宁静）

统计改革 2021年，县统计局推进全县各领域统计工作和方法制度改革，加快建设现代化统计调查体系；按照核算方法制度改革要求，坚持“全面调查与抽样调查相结合”原则，完善联动工作机制，全面实施地区生产总值统一核算办法；加强投资统计管理，实行月度调查监测，推进全县知识产权产品投资统计改革；强化投资项目结转、入库工作，规范联网直报操作流程，开展数据比对分析，确保数据真实准确和有机衔接；及时准确反映投资规模、结构及变化趋势，提高投资统计数据质量；建立特色贸易监测体系，按照省市统一部署，实施限额以下批发和零售业单位抽样调查统计制度改革，规范填报单位范围、数据填报口径、样本管理与替换、基础数据采集、报表填报审核等机制；加强社会消费品零售总额以及参与统一核算相关4个行业销售额（营业额）指标分析评估，进一步体现统计资料内部逻辑性、关联性、趋势性。

（杨宁静）

人口普查公报发布 6月17日，县统计局根据宝应县第七次全国人口普查结果，将2020年11月1日零时全县常住人口、户别人口、性别构成、年龄构成、受教育程度人口、城乡人口、人户分离人口等人口普查主要数据向社会进行公布。至此，宝应县第七次全国人口普查工作圆满结束。宝应县第七次全国人口普查按照国务院和省市统一部署，于2020年3月正式启动，县政府印发《关于做好全县第七次全国人口普查工作的通知》（宝政发〔2020〕23号），组建普查工作机构，明确普查标准时点、普查对象、普查内容；高质量完成普查经费落实、物资准备、区划绘图、户口整顿、综合试点、“两员”（普查指导员和普查员）选聘、业务培训、普查摸底等各项工作，为普查登记开展奠定良好基础。同时，充分利用一封信、户外大屏、广播电视、门户网站、展牌、横幅、公告、宣传画（册）、动漫视频、电话彩铃等载体开展丰富多彩宣传活动。2020年7月，全县普查指导员和普查员共3388人深入283个普查区开展人口普查现场登记，全面完成普查短表登记、长表登记、比对复查、职业编码等各个环节工作，全县人口普查质量验收达标率100%。县统计局被评为江苏省第七次全国人口普查先进集体。 （杨宁静）

统计法治宣传 2021年，宝应县持续深化统计法治建设，建立健全统计法治宣传责任体系。县委、县政府分别召开县委常委会和县政府常务会议，学习贯彻习近平关于统计工作重要讲话指示批示以及中央文件精神。全县统计系统逐层逐级签署《防范和惩治统计造假、弄虚作假承诺书》，推动防惩统计造假第一责任和主体责任落实；利用多种形式常态化开展统计法治宣传，结合“统计开放日”、《中华人民共和国统计法》颁布纪念日等节点，发放宣传资料、签订统计诚信承诺书、举办统计普法专题讲座和统计法治进基层活动等。10月25日，县统计局举办“统计法规进党校”宣讲活动，邀请扬州市统计局专家进行专题辅导。有序推进统计信用体系建设，全县新创成“扬州市统计守信企业”3家。 （杨宁静）

价格管理

概况 2021年，县发改委围绕全年市场价格调控目标，开拓创新，强化管理，运用价格政策促发展、惠民生，统筹推进疫情防控和保供稳价，全县消费市场价格总体平稳。县发改委制订《宝应县2021年度价格调控目标责任制实施细则》，明确全县年度价格调控目标和9个部门9项工作目标任务；全面落实价格稳控各项举措，保障全县困难家庭、贫困学生等低收入群体基本生活，全年争取省级价格调节专项资金57.8万元；编印新的《宝应县涉企收费目录》《宝应县行政事业性收费目录》《宝应县实行政府制订价格的经营服务性收费目录清单》，规范行政事业性收费执收行为，提高涉企收费政策透明度和知晓度，有效为企业降本减负；强化管道天然气价格管理，经过多次调研，多方协调，实现全县城乡管道天然气价格统一，促进天然气经营者安全生产，规范经营；强化商品房价格管理，通过价格引导，全县商品房销售平稳有序，全年累计受理商品房价格备案9批次、面积20.5万平方米；快速答复查处价格诉求，全年共受理“扬州寄语市长”热线、“12345”县政府公共服务热线、县政府信息公开平台、县政府信访价格类咨询中心交（转）办价格投诉件80件、办结率100%，群众满意度显著提升。 （县发改委）

■**价格改革** 2021年，县发改委贯彻执行国家和省、市价格改革政策，将价格红利传导到终端用户；落实价格惠民政策，取消水电气安装过程中有关费用，为相关企业和用户节约资金费用100万元；执行农产品初加工阶段电价惠企政策，帮助全县126家农产品加工企业完成申报工作；规范用电转供环节收费行为，让消费者用得放心、缴得明白；针对县内供汽企业因生物质原材料价格大幅上涨影响，造成连续亏损、难以运营现象，充分考虑上下游各方利益，及时进行价格疏导，建立蒸汽价格联动机制，保障供汽、用汽企业正常生产。（县发改委）

■**价格监测** 至年底，县发改委完成国家和省、市价格定点监测任务，严格执行数据采集、审核、上报等工作环节相关规定，重点做好农业生产资料、农贸市场副食品价格等16大类148个品种价格常规监测工作；全年上报价格监测报表2万余份、上报率100%，未发生一起错报、漏报、迟报现象；持续关注民生商品市场价格变化，及时报送相关动态信息，切实履行好价格监测预警职能，全年被江苏省价格监测中心系统平台录用相关价格分析材料23件；顺应疫情防控，聚焦百姓关注，切实做好重要商品和服务价格监测，对粮油、肉、禽、菜等价格实行重点动态监测，及时总结分析、跟踪比较全县市场供应、销售及物价变动情况数据；开展农本调查，全年完成夏粮、秋粮直报调查，形成电子数据库数据资料8份，调查分析报告4篇。（县发改委）

■**价格认证** 2021年，县发改委有序开展价格认定工作，推进涉案、涉纪财物价格认定系统软件运用，建立健全三级审核制度，确保程序规范、认定准确；全年受理涉案物品价格认定数量共160余件，涉案金额60余万元；优化纳税价格争议处理机制，更新和维护城区二手房交易价格数据库，着力解决存量房买卖交易中"阴阳"合同、虚假合同等问题，减少计税价格争议纠纷和税源流失；全年受理涉税房地产价格争议16件，调解金额6530万元；调解处理价格争议，利用宝应县海事处价格争议调解工作站优势，采取不见面调解方式，成功调解水上因船舶碰撞发生的价格纠纷1件，有力保障京杭大运河航道船舶正常行驶秩序。县发改委组织开展企业成本监审，在规定时间内完成宝应县荷仙污水处理厂、宝应县曹甸镇污水处理厂、宝应粤海水务有限公司、宝应潼河水务有限公司、宝应协鑫生物质发电有限公司、宝应县乡镇公益性公墓等19家企业成本监审和调查工作。（县发改委）

市场监督管理

■**概况** 2021年，宝应县市场监督管理局（以下简称"县市场监管局"）按照年初确定的"七大行动"总要求，坚定改革大提速、监管大提效、服务大提质、能力大提升"四大目标"，统筹疫情防控、安全生产、文明创建以及市场监管主责主业，有效激发市场主体创业创新活力，提升群众满意度、幸福感和获得感。全县新增登记注册市场主体8125家，其中新增登记注册工商个体户4502家，累计登记注册工商个体户4.79万家，新增登记注册私营企业2472家，累计登记注册私营企业1.73万家。（夏 荟）

■**市场监管综合执法** 2021年，县市场监管局建立健全市场监管新机制，实施信用监管、重点监管、精准监管以及非现场监管等智慧监管方式，切实提升市场监管效能；开展"双随机、一公开"执法检查，对全县28个随机抽取的登记注册市场主体进行抽查检查、监管检查率100%，其中跨行业抽查检查登记注册市场主体21家；全年向"江苏省市场监管信息平台"归集登记注册市场主体32家、数据信息6024条，其中被归集数据信息2类以上登记注册市场主体26家、被归集数据信息3类以上登记注册市场主体16家。全县行政处罚信息公示率96.6%，登记注册市场主体年报率创历史新高。全县因无法联系及公示隐瞒真实情况被列入经营异常名录的登记注册市场主体739家，长期未经营及列为异常状况满3年被吊销营业执照的市场主体261家；通过企业信用修复途径修复的市场主体142家。县市场监管局注重综合执法效能提升，聚焦政府关注、群众关切，组织开展广告"护苗助老"、房地产虚假宣传、停车场收费等

7月23日，县市场监管局执法人员对城区超市进行执法检查

县市场监管局/供稿

专项整治，以及民生领域案件查办"铁拳""两反两保"专项行动；加强非法收集人脸信息、虚假注册登记以及侵犯商业秘密等新型案件办理力度，全年查处各类案件430件。

重点领域监管。县市场监管局贯彻落实市场监督管理总局、国家发展和改革委员会、财政部、商务部、司法部发布的《公平竞争审查制度实施细则》（国市监反垄规〔2021〕2号）文件精神，县公平竞争审查工作联席会议成员单位完善审查流程，开展部门之间文件抽查，对违反公平竞争的文件及时提醒修改或废止；全面开展县内民营幼儿园收费、粮食市场计量器具、网络交易监管、"双减"政策落实等一系列检查；结合"全国文明城市"创建，推动新型城镇化农贸市场、专业市场三年改造提升专项行动，推进乐意楼农贸市场改造和苏中贸易城农贸市场新建，完成泰山农贸市场智慧化改造并投入使用，城区重点农贸市场规范化管理水平得到提升。

（夏　荟）

■**特种设备安全监管**　2021年，县市场监管局组织开展特种设备安全和玻璃制品加工单位安全专项整治；全面推动特种设备主体责任和监管责任有效落实，与183家企业签订安全责任承诺书，对32家企业实施"三位一体"执法检查。编印《宝应县特种设备事故应急预案》，开展特种设备使用企业事故应急演练27家次；全年对189家企业实施专项监督检查，消除问题隐患1208条；推进液压燃气瓶安全可追溯信息化监管系统建设，摸清全县在用合格液压燃气瓶数量。特种设备安全使用"智慧监察"系统成功上线，全县开通特种设备安全使用云平台企业615家。光大环保能源（宝应）有限公司、江苏菲达宝开电气股份有限公司、骏升科技（扬州）有限公司完成特种设备标准化管理试点工作。县市场监管局开展快开门压力容器、压力管道等重点特种设备监管"回头看"，督促安全整改措施落实，形成特种设备安全闭环管理。结合"江苏省安全发展示范城市"创建活动，全面推进"96333"电梯应急处置平台建设，全县在用乘客电梯2850台实现"96333"标识牌安装全覆盖。玻璃制品加工企业安装燃气泄漏报警装置率96.4%。全县实现特种设备和玻璃制品安全生产无事故。

（夏　荟）

■**食品安全监管**　2021年，县市场监管局加强生产流通环节市场监督管理，全年检查生产企业296家次、检查食品流通企业4070家次、检查城乡农贸市场及农产品经营户421家次、检查食品小作坊266家次。全县完成食品生产流通安全风险分级评定食品生产企业156家、食品流通企业4144家，风险分级完成率100%。全年食品生产企业、食用农产品批发市场、大型连锁超市、食盐批发企业自查率100%、提交自查报告率100%，食品安全管理人员抽考覆盖率100%、合格率100%，食品小作坊负责人通过"美滋滋"系统完成监督抽考人数107人次。开展进口冷链食品生产经营质量安全专项监督检查行动，检查进口食品生产企业181家次、食品销售企业或门店1865家次、食品销售批发市场54家次。全县纳入"江苏省进口冷链食品追溯系统"平台管理的企业159家、企业仓库备案数量181个，全年追溯跨省交易信息126条、省内交易信息692条，处理异常交易信息31条。全县食品小作坊登记发证率100%、抽检覆盖率100%，依法公告并注销已停业的食品企业经营许可证1065张、食品小作坊登记证109张，取缔无证及不符合食品安全生产要求的小作坊23家。深入推进保健食品行业专项清理工作，检查保健食品经营企业303家次，指导企业建立相应规范19家次，审查规范保健食品广告1508条。加强粮食企业收购备案管理，抓好政策性粮油库存检查工作，强化夏粮收购市场监管，备案登记粮食经营企业34家，检查粮食加工厂208家次、"放心粮油店"63家次、粮食收购市场主体167家次。

餐饮服务环节监管。落实"餐饮从业人员培训年"要求，组织全县餐饮业从业人员参加食品安全网络培训。全县餐饮业企业食品安全风险评级实施率100%，食品安全人员抽考率96%、抽考合格率91%，新登记许可餐饮业企业"明厨亮灶"率100%，学校食堂"互联网+明厨亮灶"实施率100%，重点餐饮业企业"明厨亮灶"率64%。全县大型餐饮业及以上企业、学校食堂食品安全自查率和自查报告率分别为100%、99%。县市场监管局开展餐饮安全"双随机，一公开"检查，专项整治托育机构食堂无证经营行为。开展餐饮器具消毒整治专项行动，责令25家问题餐饮业企业限期整改，立案查处餐饮器具消毒不合格案件4件；加强网络订餐监督管理，督促第三方平台严格落实主体责任，确保线上线下同质同标，全县提供网上餐饮服务市场主体持证率和公示率均为100%；完成县人大、县政协"两会"，中考、高考，2021中国·宝应（夏集）乡村桃花旅游节，新冠肺炎疫情核酸检测等重大活动食品安全保障任务8次，涉及人数1.1万人；开展食品安全应急知识和业务培训和宣传，全年线上发布农家宴食品安全知识、规范及指导意见和办法相关信息1.28万条，有效处置农家宴食品安全应急事件1件，发放农家宴新冠肺炎疫情防控补助32万元。

食品安全示范创建。宝应县全面完成市、县"幸福民生"工程建设任务，顺利通过"江苏省农产品质量安全县"创建工作验收考核，14个镇（区）全部获批"扬州市食品安全示范乡镇"，安宜镇、氾水镇、柳堡镇、小官庄镇完成扬州市验收考核专家组跟踪评价。推进食品安全检验，全县40家农贸市场建成"食品安全快检室"27个，全年自行组织实施食品安全检验9.8万批次；县市场监管局各分局快检室实施食品安全快速检验12.6万批次；开展食品安全检查“你点我检”活动，参与群众399人。县城安宜北路通过江苏省市场监督管理局组织的“江苏省餐饮质量安全示范街”第三方检查。县市场监管局、县总工会联合组织开展“职工好食堂”创建活动，对年内申报的10家企事业单位食堂逐户进行指导，通过自查均具备扬州市“职工好食堂”创建检查验收条件。推进“名特优”食品小作坊建设，全县获评江苏省“名特优”食品小作坊3家。（夏 荟）

■药品药械安全监管 2021年，县市场监管局结合日常监管和医疗器械质量安全风险隐患排查治理工作，开展药品安全“正本清源”、冷链管理产品、医疗美容医疗器械、无菌和植入性医疗器械、隐形眼镜、医疗器械“清网”等专项检查及二类医疗器械经营企业备案核查工作。开展药品安全“正本清源”专项行动，共检查药品零售企业218家，责令改正35家；医疗器械经营企业315家，责令改正52家；实施一级及以上药品安全使用单位检查32家次、一级以下药品安全使用单位检查119家，责令改正45家，移交违反国家药械管理相关法律法规应当予以立案查处案件9件。县市场监管局实施新冠肺炎病毒疫苗及检测试剂专项检查，编制监管对象责任清单，组织相关市场主体开展自查，并签订疫苗质量安全承诺书；对1家疾病预防控制机构、18家新冠肺炎病毒疫苗接种单位（含临时接种点）开展全覆盖监督检查3轮，检查新冠肺炎病毒疫苗流动接种车2辆；组织对县疾病预防控制中心、4家医疗机构新冠肺炎病毒检测试剂进行专项检查。全县开展中药饮片流通领域专项整治，检查中药饮片经营使用市场主体共181家次，对违反国家中药饮片管理相关规定的25家市场主体责令限期整改，立案查处零售药店1家、医疗机构1家。

药品不良反应监测。9月，扬州市组织开展个例药品不良反应报告质量评估工作，宝应县报告质量评估平均分排在全市前列。全县上报药品不良反应监测报告病例共计1548例，其中新出现严重的药品不良反应病例719例，占总数的46.45%，严重的药品不良反应病例30例，占总数的1.9%；上报医疗器械不良反应病例1193例，其中严重的医疗器械不良反应病例99例，占总数8.3%。（夏 荟）

■消费维权 2021年，县市场监管局受理办结消费投诉举报事项1571件，其中职业投诉举报事项397件。全年未发生行政复议受理被撤销、行政诉讼败诉案例，投诉热点主要涉及食品、药品、家电、房产、电信等商品销售或服务行为，与上年相比有所下降。全县市场主体“线下7天无理由退货承诺”覆盖面进一步拓展，获评“江苏省放心消费诚信品牌企业”3家。“党徽耀红盾”——宝应县消费维权进村（社区）活动启动仪式在西安丰镇举行，指导和协助安宜分局、泰山分局、鲁垛分局等开展系列消费维权教育宣传活动，完善消费教育和咨询服务体系。县市场监管局开展具有特色的群众性消费教育引导活动，提高消费体验、消费教育讲堂、消费指引功能，普及消费知识，传授消费技能，引导健康安全消费；推进全县放心消费创建活动，指导西安丰镇苗圃村申报创建“江苏省美丽放心消费村”、西安丰豆制品行业协会申报创建“扬州市放心消费先进行业”；指导江苏荷仙食品集团有限公司、江苏康旺食品有限公司、江苏苏民生态产业发展有限公司申报“江苏省放心消费品牌”；指导红星美凯龙扬州宝应商场申报创建“扬州市放心消费品牌集聚区”；指导江苏业豪教学设备有限公司、江苏包天下食品有限公司、宝应县永健米业有限公司等10家企业申报创建“扬州市放心消费示范单位”。县市场监管局、县消费者协会联合在全县范围内开展“线下7天无理由退货承诺”推广活动；配合县文明办开展2021年度“诚信示范街（区）”“诚信示范店”创建评选活动，全县参加创建评选活动超市和商店34家。宝应县金源温泉生活广场获命名2021年度宝应县诚信经营示范街区。（夏 荟）

■品牌创建 2021年，县市场监管局精心指导企业争创各类质量品牌，扬州市管件厂有限公司、扬州九力绳缆有限公司、江苏菲达宝开电气股份有限公司等3家企业产品获“江苏精品”认证。全县获认定“国家质量信用AAA企业”1家、获认定“国家质量信用AA企业”3家。江苏利德尔新材料科技有限公司、扬州宝玛电子有限公司2家企业获宝应县“2021年度县长质量奖”。江苏省教玩具质量监督检验中心（宝应）顺利通过江苏省质量监督检验中心综合性评估验收，正式挂牌运行。国家有机食品质量监督检验中心（江苏）获评2021年江苏省食品安全承检机构考评A级等次，并完成扩项评审资质认定；获认定“江苏省中小企业公共技术服务四星级示范平台”，获江苏省财政专项扶持资金100万元。（夏 荟）

表7 宝应县获“江苏省质量信用AAA级企业”一览表

企业名称	批准机关	批准时间
江苏迅达电磁线有限公司	江苏省质量技术监督局	2015年
宝胜科技创新股份有限公司	江苏省质量技术监督局	2016年

续表

企业名称	批准机关	批准时间
扬州腾飞电缆电器材料有限公司	江苏省市场监督管理局	2018 年
扬州市管件厂有限公司	江苏省市场监督管理局	2018 年
扬州晨化新材料股份有限公司	江苏省市场监督管理局	2019 年
扬州九力绳缆有限公司	江苏省市场监督管理局	2021 年

（夏 蓉）

表 8 宝应县获“江苏省质量信用 AA 级企业”一览表

企业名称	批准机关	批准时间
扬州市管件厂有限公司	江苏省质量技术监督局	2013 年
江苏菲达宝开电气有限公司	江苏省质量技术监督局	2015 年
江苏亚宝绝缘材料股份有限公司	江苏省质量技术监督局	2015 年
扬州晨化新材料股份有限公司	江苏省质量技术监督局	2016 年
江苏宝应电器厂	江苏省质量技术监督局	2017 年
扬州腾飞电缆电器材料有限公司	江苏省质量技术监督局	2017 年
扬州九力绳缆有限公司	江苏省质量技术监督局	2017 年
江苏江鹤滑线电气有限公司	江苏省市场监督管理局	2018 年
江苏宝源高新电工有限公司	江苏省市场监督管理局	2019 年
江苏兴洋管业股份有限公司	江苏省市场监督管理局	2020 年
扬州东方娃教学设备有限公司	江苏省市场监督管理局	2021 年
江苏米奇妙教玩具集团有限公司	江苏省市场监督管理局	2021 年
宝胜电气股份有限公司	江苏省市场监督管理局	2021 年

（夏 蓉）

知识产权管理

■概况 2021 年，宝应县贯彻落实国家和省市有关知识产权工作指示精神，建立健全科学、规范、系统知识产权管理体系，充分发挥知识产权制度对发展高新技术产业激励和保障作用，加快推进全县企业知识产权管理标准化建设步伐，着力提高企业自主创新和市场竞争能力。至年底，全县累计获专利授权 2368 件，其中国家发明专利授权 158 件；有效发明专利拥有量 738 件，比上年增长 10.03%；全县万人发明专利拥有量 10.8 件；累计拥有商标注册 2038 件，比上年增长 3.03%，其中国际注册商标 7 件。（夏 蓉）

■知识产权培育 2021 年，宝应县市场监督管理局（宝应县知识产权局，以下简称“县知识产权局”）以增强企业核心竞争力为主导，制订知识产权培育计划和激励政策，按照知识产权培育与项目申报相结合办法，支持和引导企业进行知识产权战略布局。注重县内特色农产品品牌培育，发掘地理标志产品特色优势及综合价值，协助和指导相关企业做好地理标志证明商标申报工作，全年申报获批“安丰卜页”“宝应鳜鱼”“宝应黄颡鱼”“宝应核桃乌”（青菜）等中国地理标志证明商标 4 件。至年底，全县累计拥有中国地理标志证明商标 11 件，占全市拥有量的三分之一。县知识产权局组织申报的“宝应慈姑”“山阳羽绒”2 件特色农产品品牌进入“中国地理标志证明商标”公示阶段；组织申报并获国家知识产权局（国家商标局）受理的中国地理标志证明商标特色农产品品牌 7 件，分别是“泾河大糕”、“宝应芡实”（干、鲜）、“宝应黄鳝”、“宝应泥鳅”、“宝应乌鳢”、“宝应塘鳢”。（夏 蓉）

■专利申请 2021 年，县知识产权局明确专利申请“低门槛进入、高标准培育”工作思路，切实做好企业专利申请指导和服务，提供商标注册申请信息查询，激发企业专利技术开发和创新热情，提升企业市场竞争力。全年举办企业专利申请业务指导和咨询活动36场次，全县申请发明专利488件，新增发明专利授权67件；申请国际专利11件，新增国际专利授权11件，申请注册商标2919件，新增注册商标授权2757件；全县万人发明专利拥有量10.8件，比上年增长10.03%。

（夏　蓉）

■知识产权宣传　2021年，县知识产权局加大知识产权工作宣传力度，先后组织全县19家企业参加扬州市好品牌“我心目中的十佳品牌”网络票选和现场展销活动。调研走访镇（区）、重点企业，开展知识产权项目和政策信息宣传活动，激发企业知识产权创造原动力。开展“4·26”世界知识产权日宣传活动，先后在安宜镇、氾水镇、曹甸镇、宝应经济开发区举办企业知识产权专题培训班3期，参加培训人数150人；举办知识产权宣传进企业、进学校、进镇村、进单位、进机关“五进”活动，扩大知识产权工作影响力；促进全县地理标志管理规范化、品牌化，指导企业建立知识产权管理体系，督促企业规范使用地理标志标识，进一步提升全县企业对知识产权创造、运用和保护意识。

（夏　蓉）

信用体系建设

■概况　2021年，宝应县社会信用体系建设领导小组办公室（以下简称“县信用办”）围绕建设“信用宝应”目标，加大诚信宣传教育力度，落实守信联合激励及失信联合惩戒措施。常态化开展信用政策法规宣传活动，在城区主要街道设置宣传橱窗5个；定期更新橱窗内诚实守信教育内容，利用守信失信正反面典型案例教育企业经营者和广大干部群众树立诚信意识。依据《国家发展改革委办公厅关于开展“屡禁不止、屡罚不改”严重违法失信行为专项治理的通知》和省市相关要求，协调县市场监督局、县交运局约谈相关企业9家，全年被列为信用不合格服务机构3家；帮助指导企业整改失信行为，认真落实信用修复措施。举办企业信用知识培训班，讲授诚信经营必要性以及企业信用修复途径和条件，参加培训企业203家、人数300多人次。加强信用信息归集共享管理，不定期通报“双公示”（即行政许可、行政处罚等信用信息作出决定网上公示制度）信用信息内容，全年归集县各相关部门“双公示”信息1.78万条、信用数据2万条。县信用办会同县法院、县自然资源局以及相关镇（区）妥善处理涉及县内党政机关信用案件3件。至年底，全县涉及县内党政机关和事业单位失信历史遗留案件全部结案。

（刘广玉）

■信用信息管理　2021年，宝应县规范信用信息管理和应用，加快推进信用信息体系建设，全年为企业和个人出具信用审查报告228份、出具信用审查证明记录2039条。县人社局在企业稳岗补助资金发放过程中增加信用状况审查环节，全年实施企业信用审查2批、审查企业1573家，取消9家失信企业稳岗就业补助申请资格，涉及补助金额5.98万元。县工信局组织对全县获高质量发展奖励企业进行信用审查，审查企业196家，涉及奖励金额2377.3万元，撤回信用审查不合格企业奖励资金12万元。县法院利用城区LED户外大屏、汽车客运站候车室电视屏定期发布失信被执行人信息。县信用办组织企业开展信用管理贯标创建工作，加强与信用中介服务机构合作，重视第三方信用服务机构信用报告使用。

（刘广玉）

■信用示范企业认证　至年底，全县累计通过江苏省信用管理培训企业214家，获江苏省“信用示范企业”验收论证1家、扬州市“信用示范企业”验收认证15家。县信用办组织开展企业信用管理培训和诚信示范企业创建工作，全县参加扬州市企业信用管理培训企业15家，全年申报参加扬州市诚信示范企业创建第三方验收复审企业7家、通过验收复审企业5家；依据“信用中国”网站企业信用修复相关规定，指导完成失信记录修复企业99家、修复信用记录118条。疫情期间，县信用办切实做好行政审批事项便民化服务，实行网上申请、网上审核、网上办理、网上传输等办法，全年利用“不见面”审批方式帮助3家企业完成信用修复，最短在2个工作日内办结。

（刘广玉）

■农村信用体系建设　2021年，县人民银行结合宝应地方特色，实施“荷之信”金融精准滴灌培植计划。支持宝应县创建国家级现代农业产业园，加强对相关企业信用建档、评级，完成射阳湖镇国家级现代农业产业园内215个家庭农场、18家农业产业化龙头企业、126户专业合作社信息采集工作，引导县农发行等银行机构投入贷款6.1亿元。推进农户非银信息采集工作，完成低收入农户4093户信息更新。至年底，累计采集农户基本信息21万条、新型农业经营主体基本信息6237条，农户信息采集覆盖率100%。扎实推进信用农户、信用村、信用乡镇（简称“三信”）评定创建工作，截至年底评定信用农户4.8万户、青年信用示范户3095户、信用村139个、信用镇6个。

（石晓倩）

荷藕经济

He Ou Jing Ji

■编辑:唐善刚

荷藕种植

■**荷藕种植历史** 宝应县地处江苏省中部、江淮下游、里下河地区西北部。县域河湖密布,西湖东荡,美丽富饶,物华天宝,自古以来盛产荷藕、慈姑、芡实、蒲草、鱼虾、蟹鳖。公元七八世纪隋唐时期,随着里下河地区大运河开凿,成为漕运要道,人工栽培种植荷藕得以传承。氾水镇乃宝应运河古镇,距县城 18 千米,唐代宝应荷藕种植已经相当普遍,荷藕种植历史不下 1200 年。明代,荷藕成为宝应生产的大宗土特产品,《〔万历〕宝应县志》列“宝应十景”中有“西荡荷香”。清朝,以宝应荷藕制作的藕粉形如霜雪、白似鹅毛,被誉为“鹅毛雪片”,成为当时朝廷贡品。《〔康熙〕宝应县志》列“宝应十二景”中有“莲叶接天”,植荷盛况可知。1933 年《江苏全省物品展览会特刊》载:“宝应植藕 85000 亩,亩产 1500 斤,年产藕 12750 万斤;藕粉 2000 担,品质纯真,性黏味美,富营养质。”新中国建立后,特别是改革开放以来,宝应县加快发展荷藕种植加工业,全县荷藕种植面积扩大稳定在 6000 多公顷,年均总产量 15 万吨左右。宝应县荷藕产量、加工量,均冠绝全国,获原农业部命名“中国荷藕之乡”,获原国家质量监督检验检疫总局批准为“国家地理标志产品”。1999 年以来,宝应县每年 8 月 8 日举办中国·宝应荷藕节活动,以荷藕为媒,推动招商引资,促进地方经济发展。每逢夏日,以荷文化为代表的宝应荷园“接天莲叶无穷碧,映日红花别样红”深受国内外嘉宾青睐。

(秦　文　许　丽)

■**荷藕种植面积** 2021 年,宝应县荷藕种植面积 1.3 万公顷,总产量 30.2 万吨。其中,县内荷藕种植面积 0.72 万公顷、产量 16.2 万吨,主要分布在广洋湖镇、射阳湖镇、望直港镇、夏集镇等 6 个镇,种植面积“万亩”专业村 2 个、种植面积 300 公顷以上村 6 个、种植面积 30 公顷以上种植大户 65 户;县外荷藕种植承包面积 1 万公顷、产量 24 万吨,主要分布在兴化市、高邮市以及安徽省芜湖市、天长市等地。

(秦　文　许　丽)

■**荷藕主要品种** 宝应县荷藕种植主要以藕莲为主,籽莲、花莲为辅,原产地优良品种“大紫红”“美人红”覆盖率 95%,在国内外享有较高知名度。该品种营养丰富,碳水化合物含量 30% 以上,矿物质、纤维素和淀粉含量都较高,适宜于深加工。为丰富荷藕品种,宝应县先后从湖北省武汉市、安徽省芜湖市、江西省抚州市引进“鄂莲 1 号”、“鄂莲 4 号”、“武植 2 号”、“莲藕 9217”、飘花藕、珍珠藕、太空莲等品种。

(秦　文　许　丽)

■**荷藕生长周期** 宝应荷藕生长一般于 4 月中旬至 5 月上旬栽种,6 月—7 月为花莲期,始采莲;7 月下旬至翌年 4 月上旬为采藕期。荷藕生长周期内一般进行 3 次施肥,分别是基肥、发棵肥、结藕肥。荷藕采收时间较长,不同季节采收的荷藕品质风味不一,夏季花香藕清甜爽脆,嫩如鸭梨;中秋上市藕始有粉,宜制作各类藕菜品。

(秦　文　许　丽)

■**荷藕种植技术** 2021 年,宝应县加大荷藕种植“新品种、新技术、新模式”推广应用力度,探索藕田高效利用新模式,保障土地资源和水体资源充分利用,有效增加农民收入。全年藕田套养泥鳅、黄鳝、螃蟹、龙虾等高效模式,实现平均每公顷综合产值 7.5 万元左右。宝应县荷藕研究所主攻荷藕生长及加工新技术,确保荷藕优质种苗供应,建成国内首家荷藕脱毒苗基地。推进荷藕新品种培育基地建设,在鲁垛镇三新村建成原产地优良荷藕品种“大紫红”提纯复壮基地,实现提纯品种辐射扩种面积 34.67 公顷,提供纯种数量 140 吨。

荷藕特色农产品优势区建设。宝应县实施荷藕品牌战略,提高农产品市场竞争力。支持“宝应莲藕研究院”在中国工程院院士、国家特色蔬菜产业技术体系首席科学家邹学校带领下,推进“中国第一、世界有名”荷藕特色农产品优势区建设。全年组织专家委员会开展荷藕特色产业技术体系培育、编制荷藕产业发展规划、加快荷藕产业技术成果推广应用。11 月 15 日,农业农村部办公厅印发《关于开展全国农业全产业链重点链和典型县建设工作的通知》(农办产〔2021〕8 号),宝应县以荷藕种植为特色的水生蔬菜全产业链被列入"全国农业全产业链典型县建设名单"。

（秦　文　许　丽）

荷藕加工销售

■概况　2021年，宝应县立足乡村振兴、绿色发展和百姓致富，推进荷藕产业高质量发展，为优势特色产业荷藕加工提供有力支撑。坚持稳定荷藕生产和市场供应，降低藕农生产风险，发展荷藕订单农业，引导荷藕加工龙头企业主动与镇、村、种藕大户签订收购协议，全县荷藕加工品种日趋丰富，畅销省内外以及日本、韩国、欧美、东南亚国家和地区。至年底，全县实现鲜藕销售量20万吨、销售额5.6亿元，藕制品出口销售量5.3万吨、销售额8000万美元。宝应县荷藕加工业凭借资源、技术、品种、品牌等多种优势，逐步形成种植、加工、流通、观光、科技、文化"六位一体"全产业链，在全国荷藕产业市场竞争中持续占据领先地位，荷藕种植面积、荷藕产量、荷藕出口量均位居全国首位。

（秦　文　许　丽）

■鲜藕销售　2021年，全县拥有规模较大的荷藕批发市场3个，分别是苏中农副产品批发市场、射阳湖风车头荷藕批发市场、望直港獐狮荡荷藕批发市场；全县荷藕产销专业合作社等流通服务组织300多个、经纪人队伍2500多人；全年荷藕批发销售量近20万吨，主要销往全国20多个省、市、区大型农贸市场，实现销售额8亿元。其中，全国荷藕交易集散中心、国家农民专业合作社示范社——射阳湖镇风车头荷藕营销专业合作社，全年实现荷藕销售量10万吨、销售额4亿元。

（秦　文　许　丽）

■藕制品加工企业　至年底，全县荷藕加工企业80家，规模以上加工企业20多家、享有自营出口权企业23家，其中国家级农业产业化龙头企业1家、省级农业产业化龙头企业4家、市级农业产业化龙头企业13家。宝应县荷藕加工业起步于20世纪80年代初，经过30多年发展，全县形成以国家农业产业化重点企业——江苏荷仙食品集团有限公司为龙头的荷藕食品加工企业集群。

江苏荷仙食品集团有限公司。该公司创建于1993年10月，是国家农业产业化重点龙头企业、江苏省农业产业化出口创汇十强企业，全国园艺产品出口示范企业，先后通过HACCP食品安全、ISO 22000质量体系、ISO 14001环境体系、FDA美国食品注册等国际国内认证。至年底，该公司总注册资本5.6亿元，拥有子公司2家，分别是扬州天禾食品有限公司、扬州市富田食品有限公司；下属子公司及合作公司12家，荷藕、蔬菜等食品加工生产线30条；果蔬种植基地30多个、面积8000公顷，主要分布在江苏及周边省份。"荷仙""天禾"商标获批江苏省著名商标，莲藕方便食品获评江苏省名牌产品，速冻藕夹获得国家发明专利。（秦　文　许　丽）

江苏荷仙食品集团荷藕制品加工车间　　射阳湖镇/供稿

■藕制品销售　2021年，宝应藕制品主要销往日本、韩国、欧美、东南亚等国际市场，其中在日本占藕制品市场份额70%。随着国内人民群众消费水平提高，藕制品国内消费市场逐步扩大。至年底，全县省级以上荷藕加工企业实现销售收入26亿元，出口销售额8000万美元；全县26家藕制品加工企业利用门户网站、手机APP，以及淘宝、京东、苏宁等第三方互联网营销平台销售荷藕加工产品。（秦　文　许　丽）

荷藕美食

■荷藕传统美食　宝应荷藕营养丰富，含有大量淀粉、蛋白质、天门冬素、维生素C、氧化酶和胡萝卜素、铁、磷等矿物质，既有观赏价值，又有食用价值，具有清热解渴、健脾开胃、益血补心之功效。宝应县制作荷藕美食历史悠久，荷藕、莲子均可做制作美味佳肴的原料，藕粉、藕夹、藕粉圆子、蜜饯捶藕等传统美食享誉古今。用宝应荷藕制作的藕粉具有"纯、白、薄、大"特点，形如霜雪、白似鹅毛，入口清雅淡香、清补宜人，为明清御膳贡品，素有"鹅毛雪片"美誉。"蜜饯捶藕"系宝应地方独家名菜，色泽酱红，香甜酥烂，浓而不腻，滋补润肺，明代为朝廷贡品，入选《中华名菜谱》，新中国成立后被列入国宴“国菜”之列。宝应捶藕与“鹅毛雪片”制作技艺入选江苏省第二批非物质文化遗产名录。

（秦 文 许 丽）

■**全藕宴** 以荷藕为主要食材，与当地优质特色水产品、畜禽和绿色有机蔬菜相搭配烹饪制作的经典宴席。其中，冷菜包括醉香四味、熏鱼藕托、金藕乳鸭、清水菱米、糯米香藕、碎金马蹄、咸菜慈姑、三色玛瑙；羹汤为藕粉鲫鱼羹；炒菜包括清炒三鲜、百合藕菱；大菜包括水乡全家福、荷藕杂粮狮子头、蜜饯捶藕、五仁藕粉圆、珍珠虾蟹饼、荷乡蒲棒、荷叶粉蒸鸡、肉末藕糕、香藕炖鳜鱼；时蔬两道；点心包括莲蓉荷花酥、荠菜藕粉饺；主食为荷香八宝饭；饮品有莲藕汁、荷叶茶。全藕宴设备用菜谱，根据时节可调整制作拌藕丝、糖醋三白、酸甜辣藕片、藕丝冷糕、糯米藕丝糕、桂花糖藕糕、干炸藕丝、糖醋炒藕丝、藕片肉丝汤、素排骨、桂花藕饼、香酥排骨、霜挂排骨、炸藕夹、煎藕饼、香炸荷花、冰糖莲子、水晶莲子、琥珀莲心、藕香甜杂、鹅毛雪片藕粉、荷叶粽子、荷叶包麻鸭、莲房鱼包、蜜饯藕、虾茸藕饺、炸脆藕丝、油炸藕蟹、煨炖藕汤、凉拌藕片、鸳鸯藕球等菜肴。2018 年，宝应“全藕宴”被收录《舌尖上的中国》（第 3 季）在央视 1 套和 9 套热播，引起观众广泛关注。

（秦 文 许 丽）

■**宝应捶藕** 宝应地方独家传统名菜，又称蜜饯捶藕、蜜汁捶藕。有关宝应捶藕文字记载最早见于唐代中华药王孙思邈《千金要方》典籍，明朝宝应捶藕成为皇家御膳。宝应捶藕是传统藕菜极品之作，它综合运用煮、浸、炸、蒸、勾芡等多种烹饪手法，烹饪时间、切片大小、油炸火候、勾芡稀稠等均严格要求，如藕片捶击既要将粉拍入骨，又不使之失形，口感既酥软又有韧性，足见执厨者之功力。宝应捶藕色泽酱红，香甜酥烂，素而不淡，甜而不腻，具有健脾开胃、生津止渴之功效。主要食材为老白藕，辅料为糯米、金橘饼、蜜枣、清水莲子等，配料为鸡蛋、蜂蜜、淀粉、白糖、精盐、熟猪油等。制作过程，将老白藕洗净削去两端藕节，一端不露藕孔。把糯米淘洗干净，温水浸泡数十分钟后，从另一端藕孔灌入；用刀背将灌入糯米的藕孔敲合，放置在蒸笼中蒸至酥烂取出去皮切成块。把鸡蛋加入干淀粉调成糊状，藕块裹上蛋糊放在干淀粉上用擀面杖反复捶击至酥松片状。锅上灶放入熟猪油烧至六成热，逐一放入藕片炸至淡黄色捞起横切成条状。取碗一只抹上熟猪油，将金橘饼丝、蜜枣丝、莲子放入碗底，再摆放藕条，加入白糖、熟猪油，放在蒸笼中蒸至 15 分钟取出；将碗中藕片反扣在盘中，滗出汤汁。炒锅上火，加适量清水、白糖、蜂蜜烧沸，用淀粉勾芡浇在盘中藕片上即可。2008 年，宝应捶藕制作技艺被列入“江苏省非物质文化遗产”名录。

（鉴 文）

全藕宴　　射阳湖镇/供稿

■**现代荷藕美食** 宝应县持续提升以荷藕为主的水生蔬菜加工能力，现代荷藕美食品种日趋丰富。全县荷藕加工企业生产的藕制品主要有保鲜藕、水煮藕、盐渍藕、速冻藕、速溶藕粉、藕汁饮料、藕休闲食品、荷叶茶、藕酒等 16 个系列 320 多个品种。2020 年 7 月，宝应县蜜汁捶藕、荷藕狮子头 2 个荷藕美食品种入选江苏省百道乡土地标菜名单，扬州香榭丽玫瑰生态科技有限公司等 6 家企业获江苏省百道乡土地标菜代表性企业。扬州花扇蔬菜食品有限公司组织申报的香糯莲藕、煲汤藕和清水莲藕 3 个新品种，经农业农村部中国绿色食品发展中心评审，获绿色食品认证证书。全县拥有全国绿色食品原料标准化生产基地（荷藕）面积 8000 公顷。

（秦 文 许 丽）

荷乡观光旅游

■**概况** 2021 年，宝应县利用荷藕资源打造赏花采荷乡村休闲旅游产品，挖掘“荷”文化、做足“水”文章，实现荷乡观光旅游、生态旅游、红色旅游、湿地旅游融合发展。县内赏花采荷景区主要是宝应湖国家湿地公园（白鹿岛生态旅游区）、宝应荷园风景区、香榭丽玫瑰风情园 3 个景区。宝应湖国家湿地公园湖区多荷藕菱角，设有“黄橙红柿紫菱角，不羡人间万户侯”观荷采菱水上观光游览项目；拥有誉满江淮湿地三绝——水杉林一线天、森林大氧吧、湿地迷宫；野生态水杉林铁皮石斛种植基地形成“石斛雾森”奇观；围绕水、绿、野、趣四大主题，建成集湖荡赏荷、休闲度假、商务会谈、民俗采风、素质教育、野营拓展等多功能于一体生态旅游度假区。远近闻名的乡村旅游景区宝应荷园以荷荡花海、芦荡野趣、红色文化体验、温泉度假为亮点，自然环境优美，空气清新，原始河湖纵横，水质清澈。湖中鱼虾相戏，荷花飘香，芦苇、蒲草随风摇曳，芡实、菱角果实累累，四季花卉竞相开放。荷花大观园、芦荡迷宫、农趣岛、神牛汪、烟柳长堤、观荷台等主要景点令人流连忘返；电动龙船、碰碰船、风车、水车等户外游乐设施安全可靠。香榭丽玫瑰风情园靠近荷园生态旅游区，旅游资源独特，户外休闲环境优美，全藕宴、玫瑰特色菜肴等农家美食风味浓厚。园区内设有玫瑰种植园、桃园、葡萄长廊、奇花卉园等景点，以四季花海、田园风情、科技长廊、香飘四野为亮点，融入科技栽培、玫瑰采摘、农事体验、科普研学、玫瑰宴、婚纱摄影、研发加工等体验项目，玫瑰花茶、玫瑰香皂、玫瑰香水、玫瑰精油等系列产品畅销国内外。至年底，宝应湖国家湿地公园、宝应荷园风景区、香榭丽玫瑰风情园分别接待游客36万人、20万人、15万人，分别实现旅游经营收入3600万元、2000万元、1500万元。 （顾茂才）

■2021中国·宝应荷藕节 8月3日，县委办公室、县政府办公室按照新冠肺炎疫情防控新形势、新变化，对第22届中国·宝应荷藕节相关活动安排进行适当调整。针对投资商机推介会、项目集中签约仪式，项目集中开工典礼、竣工投产项目观摩，以及其他经贸合作、市民文化、旅游美食等活动具体时间及组织形式不同，采取“延期、简化、创新”举办原则，并要求相关镇（区）、县级机关部门和企事业单位向客商做好解释沟通工作。

2021年中国·宝应荷藕节主要经贸合作、市民文化、旅游美食、摄影大赛等活动共有10多项，主要是，6月—10月，县文体广旅局、射阳湖镇在宝应荷园共同举办的2021年“荷美射阳湖·湖畔嘉年华”生态文化旅游节活动；7月1日，县委宣传部、县文体广旅局、县文联在县文化馆一楼报告厅举办的庆祝建党100周年书画作品展；9月27日—10月15日，县文体广旅局、各镇（区）共同举办的“荷乡淮剧大舞台”传统戏剧展演活动；9月29日，县农业农村局、泾河镇共同举办的宝应县2021年“中国农民丰收节”启动仪式；12月1日，县委宣传部、县文体广旅局、安宜镇在县城联合举办的“秀美荷乡”2021年宝应县安宜镇市民文化旅游节开幕式文艺演出活动等。因新冠肺炎疫情影响，未举办人员相对聚集性较强的宝应荷藕节开幕式和项目集中签约仪式等活动。县内主流媒体跟踪报道2021“中国·宝应荷藕节”各项筹备和重要招商活动情况，营造节庆氛围。每年举办的“中国·宝应荷藕节”成为省内外知名旅游活动品牌。 （鉴 文）

■2021“荷美射阳湖，湖畔嘉年华”生态文化旅游节 6月10日，宝应县2021“荷美射阳湖·湖畔嘉年华”生态文化旅游节在射阳湖镇荷园风景区举办开园仪式。此次旅游节活动从6月12日起至10月底结束，由县委宣传部、县文体广旅局、射阳湖镇共同举办，以“‘荷’你一起，美美与共”主线，突出建党百年红色文化主题，围绕荷之源、荷之韵、荷之味、荷之趣、荷之美等荷乡生态观光旅游品牌特色，推动文化与经济、文化与旅游交融发展。旅游节期间，举办运河城市电竞足球嘉年华、“百年征程，风华正茂”百名青年湖畔行、水乡民俗婚礼展演等10项专场活动。宝应县立足射阳湖自然、历史、人文资源优势，丰富休闲观光、互动体验、商务接待、美食品尝、民宿体验等旅游项目，推出更多优质文创产品和服务，擦亮荷乡宝应生态文化旅游“金名片”。 （射阳湖镇）

■射南村获评江苏省乡村旅游重点村 位于射阳湖镇宋泾河南，大三王河西侧，宝射河穿境而过，全村地域总面积800公顷，辖15个自然村庄，常住人口1238户、4266人。近年来，射南村依托荷藕种植资源，发展乡村生态旅游，实施旅游资源保护性开发利用，推进荷藕套养高效农业和玫瑰花卉种植发展，以古邗沟遗址、汉文化遗址为核心，拓展观赏荷花玫瑰、品尝水鲜美食、游览水乡村落、体验汉风民宿等生态人文旅游特色空间，形成“产业独特、文化突出、风光迷人”田园风貌。5月24日，江苏省文化和旅游厅、省发展和改革委员会公布“2021年江苏省乡村旅游重点村”名单，宝应县射阳湖镇射南村名列其中。

（射阳湖镇）

农　业

Nong　Ye

■编辑:邱　群

综　　述

■概况　2021 年,宝应县实现农林牧渔业增加值 95 亿元,比上年增加 5.99 亿元、增长 6.73%,其中农业增加值 38.63 亿元、林业增加值 2.24 亿元、畜牧业增加值 5.39 亿元、渔业增加值 43.69 亿元、农林牧渔服务业增加值 5.05 亿元。全年粮食总产量 87.15 万吨,实现连续 18 年丰收。县农业农村局被农业农村部表彰为全国粮食生产先进集体。蔬菜播种面积 2.04 万公顷,全年蔬菜总产量 46.08 万吨,实现产值 11.58 亿元;生猪存栏量 20 万头、比上年增加 1.5 万头,出栏量 29.8 万头;新建高标准农田面积 1930 公顷,覆盖率 90%;全年完成荷藕现代种业改良繁育基地建设面积 133.33 公顷。宝应县农机安全监管"柳堡模式"在全国、全省推广,被列入江苏省委乡镇振兴第 30 条实施意见。全县继续扩大"淘宝"等农产品电商销售份额,农产品网上销售额比上年增长 20.5%;新创绿色食品、有机食品和农产品地理标志"二品一标"农产品 21 个、累计"二品一标"农产品总数 82 个,绿色优质农产品比重 90.44%。宝应县创成"江苏省农产品质量安全县"。全年实施规模以上农业项目 20 个,新增国家农业产业化龙头企业 1 家、累计 3 家,江苏省农业产业化龙头企业 3 家、累计 18 家,扬州市农业产业化龙头企业 16 家、累计 52 家。全县农业适度规模经营水平 70%。

（莫　非）

表 9　2021 年宝应县农林牧渔业情况统计表

指标	单位	2021 年实绩	比上年增长(±%)	指标	单位	2021 年实绩	比上年增长(±%)
一、农林牧渔业总产值	亿元	155.99	6.00	农作物产量	—	—	
(一)农业总产值	亿元	59.72	—	粮食	万吨	87.15	—
(二)林业总产值	亿元	3.34	—	夏粮	万吨	32.96	-0.50
(三)畜牧业总产值	亿元	15.00	—	秋粮	万吨	54.23	0.40
(四)渔业总产值	亿元	69.79	—	油料	万吨	1.32	-1.40
(五)农林牧渔服务业总产值	亿元	8.14	—	蔬菜	万吨	46.43	3.70
二、农林牧渔业增加值	亿元	95.00	7.00	玉米	万吨	0.08	7.30
按行业分	—	—	—	大豆	万吨	1.31	-1.00
(一)农业增加值	亿元	38.63	7.00	播种面积	万公顷	13.58	0.50
(二)林业增加值	亿元	2.24	7.00	粮食	万公顷	11.30	0.20
(三)畜牧业增加值	亿元	5.39	6.00	油料	万公顷	0.44	-1.40
(四)渔业增加值	亿元	43.69	8.00	蔬菜	万公顷	1.50	3.70
(五)农林牧渔服务业增加值	亿元	5.05	14.00	玉米	万公顷	0.02	12.50
—	—	—	—	大豆	万公顷	0.32	-0.60

（杨宁静）

7月，安宜镇品尚葡萄采摘园"夏黑""巨峰"葡萄挂满枝头 小 品/摄

■**新型农业经营主体培育** 2021年，宝应县贯彻落实中央和省市有关应对新冠肺炎疫情部署，发挥新型农业经营主体在保障"米袋子""菜篮子"等人民生活急需的重要农产品供应方面重要作用，支持新型农业经营主体有序复产、稳定发展和渡过难关。全县纳入农业农村部家庭农场名录系统家庭农场905家，经营面积1.28万公顷，其中粮食种植类家庭农场677个、占总数74.8%，经营面积9933.33公顷、占总数77.6%。全年命名"宝应县示范家庭农场"62个，获批"扬州市示范家庭农场"26个、"江苏省示范家庭农场"4个。全县新实施家庭农场扶持项目共40个，其中中央财政扶持项目31个，安排扶持资金236万元；市级财政扶持项目9个，安排扶持资金65万元。至年底，全县农民专业合作社（联社）395个，其中获新命名"宝应县示范农民专业合作社"58个，获批"扬州市示范农民专业合作社"16个；全县通过监测合格"宝应县示范农民专业合作社"47个，通过"国家示范农民专业合作社"监测8个、通过"江苏省示范农民专业合作社"监测24个、通过"扬州市示范农民专业合作社"监测29个。宝应县氾水庆丰收割机跨区作业专业合作社、晨光水产品产销专业合作社入选"中国农民合作社500强榜单"。全年实施农民专业合作社项目共计18个，其中中央财政扶持项目15个，安排扶持资金214万元；市级财政扶持项目3个，安排扶持资金45万元。县农业农村局集中开展"无农民成员实际参与、无实质性生产经营活动、因经营不善停止运行"等形成的"空壳社"清理工作，全县清理注销各类农民专业合作社"空壳社"共282个。

（陈 刚 柏钰玲）

表10 2021年宝应县获新命名省、市"示范家庭农场"一览表

农场名称	获批类型	农场名称	获批类型
宝应县东十粮食种植家庭农场	省级	宝应县柱治家庭农场	市级
宝应县正先家庭农场	省级	宝应县学宽粮食种植家庭农场	市级
宝应县广洋湖镇夏群粮食种植家庭农场	省级	宝应县小凤粮食种植家庭农场	市级
宝应县叶和芡实产销家庭农场	省级	宝应县鑫峰家庭农场	市级
宝应县欣怡粮食种植家庭农场	市级	宝应县培立家庭农场	市级
宝应县华来柱家庭农场	市级	宝应县梁赞银荷藕产销家庭农场	市级
宝应县永峰家庭农场	市级	宝应县文凡马蹄家庭农场	市级
宝应县张存宝家庭农场	市级	宝应县施琛琛家庭农场	市级
宝应县梁玉宝家庭农场	市级	宝应县长之来家庭农场	市级
宝应县芦苇荡水产养殖家庭农场	市级	宝应县旭珠粮食种植家庭农场	市级
宝应县刘梅家庭农场	市级	宝应县生之兵家庭农场	市级
宝应县中乔家庭农场	市级	宝应县乃金家庭农场	市级
宝应县万东家庭农场	市级	宝应县超越水产养殖家庭农场	市级

续表

农场名称	获批类型	农场名称	获批类型
宝应县宇辉家庭农场	市级	宝应县菡园居家庭农场	市级
宝应县好粮家庭农场	市级	宝应县品富家庭农场	市级

（陈　刚　柏钰玲）

观光农业　2021年，宝应县把农业休闲观光旅游建设工作纳入对各镇（区）工作考核内容，出台奖补政策，鼓励发展特色休闲旅游农业。12月，县农业农村局组织开展2020—2021年县级现代农业奖补政策考核考评工作，对获批国家和江苏省农业产业园区（基地）建设单位，分别给予一次性奖励5万元；全县9家休闲旅游农业建设单位、12个项目获专项奖补资金共65万元。夏集镇（中国·宝应）乡村桃花旅游节获扬州市奖补资金20万元，扬州香榭丽玫瑰风情园获扬州市四星级乡村旅游区奖补资金10万元，夏集镇子婴果园场获扬州市三星级乡村旅游区奖补资金6万元。宝应县现代农业产业园被纳入国家管理体系，获扬州市奖补资金50万元。全县获江苏省现代农业发展资金资助农业园区项目6个、奖补资金590万元；休闲旅游农业资助项目4个、奖补资金80万元。全县休闲观光旅游农业经营主体118个，比上年增加2个；实现休闲观光旅游农业综合收入6.62亿元，比上年增加1.28亿元、增长23.97%；全县接待游客量335万人次，比上年增加17万人次、增长5.35%。宝应县现代农业产业园入选农业农村部"第四批国家现代农业产业园"认定名单；江苏兰馨园林有限公司获批"江苏省三星级休闲旅游农业企业"；江苏一莓阳光现代农业有限公司精品草莓主题园入选2021年"江苏省休闲旅游农业主题创意农园"名单；宝应湖国家湿地公园、夏集镇子婴河果园场入选2021年"江苏省休闲旅游农业农耕实践基地"名单，宝应县白鹿岛生态旅游区、射阳湖镇香榭丽玫瑰园入选2021年"江苏省休闲旅游农业康美基地名"单；宝应县柳堡镇美兰果树种植家庭农场、宝应县广源花卉有限公司2家企业被列入"江苏省园艺作物标准园"创建名单。（缪建国）

生态农业　2021年，县农业农村局组织全县农产品生产企业、农业生产基地、农民专业合作社等生产经营主体开展绿色食品、有机农产品、农产品地理标志"二品一标"申报认证工作。全县新创绿色食品、有机食品和农产品地理标志"二品一标"农产品21个、累计"二品一标"农产品总数82个；全年新增有机农产品认证面积1333公顷，绿色优质农产品比重70.39%。绿色优质农产品总量占全县农产品产值41%。宝应县创成江苏省农产品质量安全县，水稻生产基地、荷藕生产基地获中国绿色食品发展中心批准为全国绿色食品原料标准化生产基地。其中，水稻绿色基地面积4万公顷，分布在全县各镇（区）；荷藕种植基地面积8000公顷，主要分布在夏集镇、柳堡镇、鲁垛镇、广洋湖镇、望直港镇、射阳湖镇、西安丰镇、曹甸镇等8个镇。（谢忠芬）

表11　2021年宝应县有效期内绿色食品一览表

产地	生产单位	产品名称	商标名称	核准产量（吨）
安宜镇	中粮面业（扬州）有限公司	超级粉（小麦粉）	名佳+图形+拼音	60000
	宝应县永佳米业有限公司	洁莹大米	洁莹+图形	50000
	扬州花扇蔬菜食品有限公司	煲汤藕	二妹子+图形	1000
		清水莲藕	二妹子+图形	2000
		香糯莲藕	二妹子+图形	2000
	永顺泰（宝应）麦芽有限公司	澳麦啤酒麦芽	永顺泰+图形	12000
氾水镇	宝应县东华果树种植家庭农场	晋冬枣	早利达	150
柳堡镇	宝应县永健米业有限公司	柳堡大米	柳堡+图形+拼音	60000

续表

产地	生产单位	产品名称	商标名称	核准产量(吨)
鲁垛镇	扬州天成食品有限公司	桂花糯米藕	偶得	1000
		水煮莲藕	偶得	4000
		莲藕	风车头荷藕+图形	11382
广洋湖镇	江苏荷仙食品集团有限公司	莲藕	荷仙+图形	10103
		美味莲藕	天禾+图形	1000
	扬州天禾食品有限公司	莲藕	荷仙+图形	10442
		煲汤莲藕	荷仙+图形	500
		香糯莲藕	荷仙+图形	2500
		红豆蜜藕	荷仙+图形	1000
	扬州莲泰食品有限公司	莲藕	莲亚迪+图形	2600
		水煮莲藕	莲亚迪+图形	1000
		香糯莲藕	莲亚迪+图形	600
小官庄镇	扬州丰瑞源农业科技发展有限公司	青菜	尚坤丰瑞源+拼音	1000
望直港镇	扬州荷吉镇生物技术有限公司	纯藕粉	怡味莲	300
		冰糖莲藕汁饮品	怡味莲	100
		莲藕汁饮品	喜品+图形+英文	1200
		鹅毛雪片纯藕粉	鹅毛雪片	10
射阳湖镇	宝应县射阳湖镇风车头荷藕营销专业合作社	鲜藕	风车头+图形	15600
		鲜藕	风车头+图形	60000
	扬州绿佳食品有限公司	纯藕粉	荷圣+图形	300
		速溶藕粉(桂花莲子)	荷圣+图形	50
		速溶藕粉(红枣莲子)	荷圣+图形	50
	扬州华贵食品有限公司	莲藕汁饮料	厚福+拼音+图形	5000
	宝应县健之源葡萄产销专业合作社	藤稔葡萄	健智元+拼音+图形	93
		红富士葡萄	健智元+拼音+图形	87
曹甸镇	宝应县润禾果蔬产销专业合作社	翠冠梨	毕老大	80
		黄桃	毕老大	80
泾河镇	扬州市文梅果蔬产销家庭农场	油桃	文梅+图形+拼音	50
山阳镇	江苏一莓阳光现代农业有限公司	草莓	无	50
	宝应县西湖米厂	维扬大米	维扬+图形	5200
		竹西大米 南粳9108	竹西+图形	1500
		竹西大米	竹西+图形	1800
黄塍镇	扬州市花仙子食品饮料有限公司	莲藕汁饮料	千纤+英文	1000
		莲藕汁饮料(精品)	千纤+英文	500

(谢忠芬)

表 12　2021 年宝应县有效期内有机产品一览表

乡镇	生产单位	产品名称	证书产量(吨)	生产规模(公顷)
安宜镇	宝应县兆平农业有限公司	莲藕	360.00	24.00
	宝应县丰圣源农产品产销专业合作社	大米	58.89	—
	宝应县永佳米业有限公司	大米	1.14	—
	扬州禾态农业科技有限公司	稻谷	—	101.30
氾水镇	新大林(扬州)健康食品有限公司	葱	500.00	13.33
		菠菜	75.00	3.33
	宝应中宝德园有机农庄	稻谷	128.00	—
	江苏沃宝农业科技有限公司	稻谷	280.00	53.33
	扬州市瀛宝农牧科技发展有限公司	稻谷	408.00	68.00
	扬州锦川生态农业有限公司	葡萄	8.40	1.40
	扬州市丰源生态农业发展有限公司	小麦	115.95	25.77
	宝应县林欣有机农场	稻谷	513.00	85.50
	宝应中宝德园有机农庄	大米	49.00	—
夏集镇	宝应县鑫宝绿园果业有限公司	桃	840.00	28.00
		梨	450.00	12.00
	宝应县张潘家庭农场	莲藕	—	64.60
柳堡镇	宝应县贵顺粮食种植家庭农场	稻谷	—	21.70
	江苏苏沃农业发展有限公司	莲藕	490.00	36.40
广洋湖镇	宝应县荷香宝林家庭农场	莲藕	600.00	40.00
	宝应县良权莲藕种植专业合作社	莲藕	750.00	33.33
望直港镇	宝应县玉华荷藕产销专业合作社	莲藕	1135.33	54.00
	宝应县中春莲藕产销专业合作社	莲藕	1399.00	62.60
射阳湖镇	江苏荷之源旅游开发有限公司	莲藕	1100.00	—
西安丰镇	宝应县嵘喆生态农业科技发展有限公司	莲藕	486.00	32.40
曹甸镇	宝应县丰乐粮食产销专业合作社	稻谷	—	38.10
泾河镇	宝应县丰圣源农产品产销专业合作社	稻谷	127.60	—
	扬州信德康农业科技有限公司	白菜	4.50	0.30
		菠菜	30.00	2.00
		辣椒	7.50	0.50
		白菜	50.00	1.35
		甘蓝	30.00	2.00
		香菜	9.00	0.50
		芹菜	5.00	0.20
		生菜	17.50	0.70
		西葫芦	6.00	0.30
		甘蓝	61.20	2.72

续表

乡镇	生产单位	产品名称	证书产量(吨)	生产规模(公顷)
山阳镇	江苏沃宝农业科技有限公司	大米	192.50	—
	宝应聚阳水产品有限公司	鳖	40.50	40.00

(谢忠芬)

■**农业资源开发** 2021年,县农业农村局围绕加快全县农田建设目标,突出农田建设重点,顺利完成国家下达的农业资源开发农田建设任务。全年实施高标准农田建设项目5个,完成国家农田基础设施建设项目总投资5225万元(其中省级以上财政投资额4226万元、县财政配套资金额999万元),实施高标准农田建设项目面积1933.33公顷,其中实施高效节水灌溉面积133.33公顷。高标准农田建设项目区位于射阳湖镇、望直港镇、夏集镇3个镇、12个行政村(场)。其中,射阳湖镇涉及林上村、风车头村、油坊村3个行政村,建设面积446.67公顷;望直港镇涉及火花村1个行政村,建设面积133.33公顷;夏集镇涉及潼口村、赵雍村、夏集村、双塘村、塘北村、蒋庄村、三洋河村、果园场8个行政村(场),建设面积1373.33公顷。主要建设内容为新(拆)建泵站39个,新(拆)建生产桥35座,衬砌渠道25.03千米,新(拆)建中沟级涵洞120座,渡槽13座,配套田间建筑物1399座,新增机耕路长度49.1千米,新栽植树木2.9万株。通过农田基础设施项目实施,有效改善项目区农业生产基础条件,提高农业生产水平,促进现代农业发展和农民增收。

(张 强 庄李成 蔡 杰)

种 植 业

■**概况** 2021年,宝应县粮油生产坚持以江苏省主要农作物名录“四主推”为指导,以粮食绿色高质高效创建项目为载体,组织开展试验示范,大力推广应用新品种、新技术、新模式。全年粮食生产再获丰收,全县粮食种植面积11.29万公顷,实现总产量87.18万吨;年粮食单产平均每公顷7.72吨,单产水平位居江苏省第2名、扬州市第1名。

粮食绿色高质高效创建。2021年,全县共创建江苏省水稻绿色高质高效示范片14个,总面积2000公顷,示范片覆盖全县14个镇(区)。示范片水稻平均每公顷产量10.73吨,比全县大面积单产每公顷9.56吨增加1.16吨、增长13.8%。11月2日,经江苏省农业农村厅组织的省市专家组现场实产验收,夏集镇郭桥村太平组水稻南粳5718绿色高质高效示范方单产平均每公顷12.1吨,最高田块每公顷产量12.19吨,高质高效示范方增产增效显著。 (陈书建)

■**水稻种植** 2021年,县农业农村局以创建水稻绿色高质高效示范片为抓手,推广优质食味水稻品种,应用绿色高质高效栽培技术,利用前中期有利气候条件,强化田间管理关键技术落实,开展技术指导与服务。水稻生长后期,全县遭遇大风阴雨天气导致部分田块倒伏,县农业农村局针对不同情况,指导各镇采取田中积水迅速放干、轻度倒伏田块扎把扶正、晴好天气及时收割、病虫草害加强防治等措施,有效避免天气灾害造成的损失,实现水稻生产持续丰产。全县水稻种植面积5.51万公顷,平均单产每公顷9.56

宝应县商品粮生产基地 小 品/摄

吨，实现水稻总产量52.68万吨。水稻单产水平位居扬州市第1名，全省第3名。（陈书建）

■小麦种植 2021年，宝应县在提高秋播质量和强化田间管理的情况下，克服越冬前期异常低温、早春干旱、数次“倒春寒”及穗期低温多阴雨天气对麦油生产带来的不利影响，大力推广应用新品种、新技术，狠抓冬春防冻保苗、高效施肥和病虫草害综合防治等措施落实，小麦生产再获丰收。全县小麦种植面积5.36万公顷，平均单产每公顷6.11吨，实现小麦总产量32.78万吨。小麦单产水平位居扬州市第1名，全省第4名。（陈书建）

■油菜籽种植 2021年，全县油菜种植面积4420公顷，比上年4480公顷减少60公顷，降幅1.34%。其中，大田油菜种植面积960公顷，“十边地”油菜种植面积3460公顷。受油菜种植面积下降、生长期不利天气等因素影响，平均单产每公顷产量2.67吨，比上年每公顷产量2.97吨减少0.3吨，降幅10.1%；全县实现油菜总产量1.18万吨，比上年总产量1.33万吨减少0.15万吨，降幅11.28%。（陈书建）

■蔬菜种植 2021年，县农业农村局结合当地实际，先后制订《关于切实做好夏接秋蔬菜安全生产管理的意见》（宝农发〔2021〕号）、《关于印发〈宝应县“菜篮子”工程绿色蔬菜保供基地建设实施方案〉的通知》（宝农发〔2021〕82号）等文件，加快推进全县绿色蔬菜产业健康可持续发展。至年底，全县蔬菜播种面积2.04万公顷，其中设施播种面积2520公顷；全年实现蔬菜总产量46.08万吨、蔬菜产值11.58亿元。县农业农村局加强蔬菜种植设施基地、蔬菜种植家庭农场、蔬菜种植承包户生产技术指导，开展上门服务及电话指导85人次，利用蔬菜专用微信群发送蔬菜生产技术指导和安全生产提醒意见100条（次）。（王瑞珍）

■水果种植 2021年，全县水果种植总面积640公顷、实现总产量2.1万吨、总产值9600万元；全县水果种植农民专业合作社4个、社员168人；县内水果种植主要品种有桃子、梨子、葡萄、西瓜，以及少量草莓、枣、猕猴桃等。全县西瓜种植总面积800公顷、其中棚式西瓜种植面积733公顷，实现西瓜种植总产值7800万元。全县累计获批省市蔬菜、水果园艺作物标准园13个，其中江苏一莓阳光现代农业有限公司、扬州宏杰食用菌科技有限公司获批“江苏省园艺作物标准园”。（王瑞珍）

■设施农业 2021年初，全县下达各镇（区）设施农业面积建设任务1066.67公顷，年底完成设施农业面积1137.23公顷、完成率106.6%。全县设施农业构型规范，建设程度提高，实用性安全性普遍好于往年。其中，安宜镇潘桥村建成热镀锌钢架大棚面积23.33公顷，泾河镇曹坝村建成单体6米～8米宽镀锌钢架大棚面积19公顷，夏集镇子婴河果园场建成喷滴灌面积26.67公顷、西安丰镇南舍村建成冬桃基地防虫网面积7公顷等。全县各镇（区）生产技术应用水平显著提高，泾河镇曹坝村、黄埔村等建成电热加温促进生长四膜栽培早春西瓜大棚；山阳镇沿湖村建成草莓园肥水一体化草莓栽培钢架。推进产学研合作项目实施，扬州丰瑞源农业科技发展有限公司、江苏包天下食品有限公司与江苏省农业科学院联合成立扬州现代（馅用）蔬菜产业研究院，开展宝应地域性特色农产品“核桃乌”青菜（馅用）深层次研究。曹甸镇曹南村、宝应县“三新”农业工程试验场应用苗木嫁接等技术解决连作障碍，成为设施农业生产技术应用新突破。（缪建国）

■农业种植业补贴 2021年，县农业农村局、县财政局加强农业资金管理，按时有序规范做好农业种植业补贴发放工作。全年通过“一折通”平台发放耕地地力保护补贴及实际种粮农民一次性补贴共计1.24亿元。其中，耕地地力保护补贴项目面积5.73万公顷，补贴标准为每公顷1800元，补贴总金额1.03亿元；实际种粮农民一次性补贴项目面积10.69万公顷，补贴标准为每公顷198元，补贴总金额2117.75万元。（陈书建）

■农业种植业保险 2021年，全县实现农业保险（含涉农保险）保费总额9192万元。农业保险深度（保费

稻田病虫害防治　　朱明俊/摄

总额/第一产业增加值）为1.07%，超出全省目标值0.13个百分点。农业保险密度（保费总额/农业从业人口）为每人921元，超出全省目标值每人401元。全县参加农业保险面积9.78万公顷，其中小麦参保面积4.87万公顷、水稻参保面积4.91万公顷。全年三大主粮作物农业保险覆盖率（参保总面积/播种面积）89.2%，超出全省目标值9.2个百分点。（朱文学）

■稻麦病虫害防治 2021年，县农业农村局利用电视、网络、微信等多种媒介广泛开展稻麦病虫害防治宣传活动，普及稻麦病虫害防治关键技术。全年通过县广播电视总台发布稻麦病虫害防治电视预报2期；先后召开稻麦穗期病虫防控专题会议2次；开展小麦赤霉病防控专项督查，及时印发督查情况通报2期。组织实施总体防治，突出赤霉病、稻瘟病、两迁害虫等粮食作物重大病虫害防控重点，有效控制粮食作物遭受重大病虫害侵害。至年底，全县累计完成稻麦病虫害防治面积99.95万公顷（次），累计挽回稻麦损失10.43万吨。（陈金宏）

渔 业

■概况 2021年，宝应县水产养殖面积2.46万公顷，实现水产品总产量14.9万吨，其中水产品养殖总产量13.45万吨、水产业捕捞总产量1.45万吨，全年实现渔业总产值55.6亿元，全县渔业从业人员1.7万人。宝应县淡水鱼类和特种水产养殖品种丰富，淡水鱼类品种除青鱼、草鱼、鲢鱼、鳙鱼“四大家鱼”外，主要有鲤鱼、鲫鱼、鳊鱼、黄颡鱼（昂刺鱼）、乌鳢（黑鱼）、塘鳢（虎头鲨）、泥鳅、黄鳝（长鱼）、鳜鱼、鲟鱼等；特种水产养殖品种有大闸蟹（河蟹）、乌龟、中华鳖（甲鱼）、青虾、克氏原螯虾（小龙虾）等品种。全年常规淡水鱼类养殖面积共5333.36公顷，养殖产量8.69万吨；特种水产养殖面积共2.25万公顷，养殖产量4.77万吨。（陈天兄）

表13 2021年宝应县主要淡水和特种水产品养殖面积、产量一览表

主要养殖品种	养殖面积（公顷）	养殖产量（吨）	主要养殖品种	养殖面积（公顷）	养殖产量（吨）
常规鱼	5333.36	86903	黄颡鱼（昂刺鱼）	100.00	220
大闸蟹（河蟹）	16000.08	25700	乌鳢（宝应黑鱼）	79.33	596
中华鳖（甲鱼）	2400.01	2468	黄鳝（长鱼）	41.00	168
乌龟	26.00	97	泥鳅	13.00	168
克氏原螯虾（小龙虾）	2800.01	10168	其他	800.00	3986
青虾	133.33	1291	—	—	—
鳜鱼	113.33	2793	合计	27839.45	134558

说明：表中水产养殖面积含多品种混合套养面积，部分数据为重复计算，所以表中合计数据大于全县实际水产养殖面积总数。（陈天兄）

■渔业科技 2021年，全县渔业科技工作者及渔业产业从业人员把握乡村振兴战略下渔业科技工作的新使命新任务，实施渔业科技“三新”（即新品种、新技术、新模式）推广，加强中青年渔业科技骨干人才的培养，组织开展渔业科技入户、水生动物疫病防控。渔业科技在推动渔业产业绿色发展、提质增效、助力乡村振兴中发挥积极作用，促进全县渔业产业继续保持持续健康发展的态势。

渔业科技推广。县水产技术指导站积极落实水产绿色养殖措施，接续开展推广水产养殖尾水治理工作，全年新增池塘生态化改造面积1020公顷。江苏水仙实业有限公司建设“三池两坝”尾水净化工程，对实现养殖尾水高效净化目标起到较好示范作用。推广稻藕田综合种养，通过培训推广稻藕田养殖新模式、新技术——稻藕田错时繁养与错峰上市关键技术。县农业农村局、扬州大学联合实施“菱鳖鳝池塘生态套养新技术集成示范”项目，推广应用菱鳖鳝池塘生态种养模式面积44.27公顷，菱鳖鳝组成的池塘水体生态系统实现池塘套养单位面积产量提高，采取适当的种养密度措施实现养殖水体原位净化，符合水产（农）业绿色发展要求；继续开展水产养殖用药减量行动，通过张贴“水产养殖用药明白纸”（2020年1号、2号）宣传单，扩大水产养殖用药减量宣传范围；深入塘口指导养殖户规范水产养殖“三项记录”，并督促引导养殖户科学用药。县农业农村局开展水产苗种检疫工作，从源头降低病害发生率，科学减少水产养殖用药；夯实水产养殖高质量发展基础，组织水产养殖种质资源普查，摸清资源家底。10—11月，县水产技术指导站按照国家及省市要求，集中精力组织开展全县第一次水产养殖种质资源普查，做到全县范围应查尽查。调查结果显示，全县共有水产养殖市场主体2310户，水产养殖面积1.6万公顷。

水产养殖技术培训。全年面向渔业技术员、乡村渔医、养殖户举办养殖技术、病害防控、水产品质量安全等方面培训班5期，先后邀请江苏省淡水水产研究所研究员唐建清、省水产技术推广站研究员邹勇、兴化市农业农村局研究员张凤祥，盐城工学院教授王爱民、扬州大学动物科学与技术学院教授魏文志到宝应，讲授稻（藕）虾综合种养、优质扣蟹培育、减量用药与水产病害防控、河蟹生态健康养殖、养殖尾水处理等多项实用水产养殖科技知识，参加培训人数500多人次。县水产技术指导站协助和指导各镇（区）举办水产养殖技术培训班10多期；加强与各镇（区）渔业技术员和乡村渔医联系，了解掌握各镇（区）水产养殖生产及病害发生情况，全年安排水产养殖科技人员开展应急防控和到塘口指导服务250多人次。开展水产养殖科技宣传活动，在主要水产养殖区域张贴宣传画报、发放技术资料，指导和提醒养殖户在鱼虾蟹发生严重病害时应当采取的应对措施。疫情防控期间，通过微信群发布信息、接受电话咨询等方式为水产养殖户提供技术服务。

（朱春艳）

■渔业人才培养 2021年，县水产技术指导站借助“吴霆名师工作室”“工匠学苑”平台，邀请南京师范大学教授李宏、李鹏团队，扬州大学动物科学与技术学院教授魏文志等国内高等院校和科研院所专家教授到宝应，开展专题授课、科技调研和指导交流活动。围绕宝应地方龟鳖产业发展，“吴霆名师工作室”率科技团队人员赴山东省东阿阿胶股份有限公司参观学习龟甲胶制作方法。探索健康产业发展龟鳖深加工新路子，“工匠学苑”联合扬州大学动物科学与技术学院教授魏文志团队成功申报宝应县科技项目“龟甲胶的研制与开发”。县水产指导站组织技术人员参加中国水科院淡水渔业研究中心、江苏省渔业技术推广中心等单位举办的“2021第二届全国淡水虾蟹产业发展高峰论坛”“首届江苏省水产养殖疫病防控高峰论坛”等多层次的业务培训及行业论坛，及时更新业务知识；鼓励全县水产技术人员开展水产养殖实验研究，总结经验、撰写论文，全年在《水产科学》《科学养鱼》《水产养殖》等专业杂志上发表论文3篇；全县新增水产专业硕士学位1人、获水产专业中级技术职称2人。（朱春艳）

■水生动物病害防治 2021年，县水产指导站为及时掌握全县水产养殖病害发生情况，在全县重点水产养殖区域建立水生动物病害测报点8个、测报面积1519.3公顷，测报点涵盖全县所有主要水产养殖品种，对鲫鱼、鳜鱼、河蟹、甲鱼等养殖品种病害进行定期定点监测，全年报送全国水生动物病害测报系统9期，通过测报点监测调查，基本掌握2021年危害全县水产养殖业的病害种类、流行规律、危害情况，有效预测水产养殖病害的流行趋势；分析研究防控措施，在县农业农村局门户网站、县渔业科技推广微信群及手机短信平台发布病害预测预警信息13期、2000多条。3月，县水生动物疫病预防控制中心发布水产病害免费检测公告，开展检测服务，全年检测样品102批次，其中阳性样品48批次。针对细菌性疾病，县水生动物疫病预防控制中心实验室及时分离致病菌株19株，开展药物敏感性试验19批次，帮助养殖户及时采取有效防控措施，科学用药，减少经济损失。引导养殖户进行水产苗种检疫，从源头降低病害发生率，全年检测鲫鱼、河蟹等水产苗种21批次；组织全县水产养殖户及渔技人员进行病害防治专题培训，组织相关人员参加全国水产技术推广总站及省、市业务部门举办的病害防控及养殖技术培训班10期（次）；加强渔业安全用药、减量用药宣传指导，组织技术人员到塘口入户服务，发放宣传资料、张贴宣传画，有效降低病害损失。（朱春艳）

■水生动物疫病实验室建设 2021年，县农业农村局申请获批江苏省2020年第二批公共服务项目资金150万元，全部用于县水生动物疫病

宝应县“万亩”水产生态养殖基地　　小　品/摄

预防控制中心实验室建设及仪器设备更新;新建实验室 2 个、实用面积 184 平方米,其中 BSL－1 实验室实用面积 110 平方米,BSL－2 实验室实用面积 74 平方米;新购置酶标仪等仪器 8 台。6 月,县水生动物疫病预防控制中心实验室组织参加农业农村部举办的水生动物防疫系统实验室检测能力验证;申报鲫造血器官坏死病、锦鲤疱疹病毒病、虾肝肠胞虫病等 3 个项目顺利通过验证,被全国水产技术推广总站评为 2021 年水生动物防疫系统实验室检测能力验证结果满意单位,被列为 2021 年国家及省级水生动物疫病监测计划相应疫病检测实验室备选单位。（朱春艳）

■**智慧渔业建设**　2021 年,县农业农村局加快推进全县智慧渔业建设步伐,实施水产品质量安全追溯管理项目,完善水产品质量安全追溯系统和水产品合格证制度,实现对渔业生产投入品、休药期、水质等情况进行实时监管。11 月 17 日,县农业农村局举办全县水产品质量安全及追溯系统软件安装培训班,各镇（区）水产品质量安全负责人、规模以上水产养殖企业负责人和养殖大户等 80 多人参加培训,累计发放追溯系统软件、打印机及产品合格证标签 110 套;实施水产养殖环节机械化装备与技术推广应用项目,采用政府采购方式在 3 个水产养殖示范点安装环境监控摄像机、水质监测传感器、太阳能多参数采集站、手机 APP 数据平台、4 路交换机、硬盘录像机、监控设备、室外循环水设备以及自动化养殖设备等。（陈天兄）

■**苗种基地建设**　2021 年,县农业农村局按照《江苏省千亿级现代种业发展规划》要求,着力提升种苗繁育供应能力与服务水平,启动实施省级特色优势种苗（企业）项目建设。2 月,山阳镇茂盛水产养殖家庭农场入选扬州市首批市级水产良种繁育场名单。7 月,宝应县长沟特种水产育苗场有限公司入选扬州市第二批市级水产良种繁育场名单,10 月,江苏水神实业有限公司、宝应县山阳镇茂盛水产养殖家庭农场入选第二批江苏省特色优势种苗中心（企业）名单。根据江苏省农业农村厅印发的《关于下达 2021 年全省水产良种保种和亲本更新任务的通知》（苏农便〔2021〕104 号）和县财政局印发的《关于下达宝应县 2021 年省级农业科技创新及推广补助专项资金的通知》（宝财发〔2021〕50 号）文件要求,县财政安排水产亲本保种和更新项目专项资金 30 万元,全部拨付给 2 个项目实施单位,分别为宝应县振涛家庭农场和山阳镇茂盛水产养殖家庭农场。（陈天兄）

■**渔业行政执法**　2021 年,全县渔业行政执法工作坚持创新工作机制,规范权力运行,强化执法监督,全年印发各类渔业行政执法宣传资料 3000 余份,推送渔业行政执法信息 2 万余条。按照农业农村部和江苏省农业农村厅统一部署,县农业综合行政执法大队渔业中队组织实施“亮剑行动”,对全县重点河道、射阳湖国家级水产种质资源保护区开展渔政日常巡查 74 次,其中夜间巡查 10 次,查处非法捕捞案件 9 件,查获涉案人员 9 人,没收电捕器械 9 套,清理拆除地笼、鱼簖等违规捕捞设施 37 余道。（王　刚）

表 14　2021 年宝应县渔船总数一览表

镇(区)	捕捞渔船(艘)	养殖渔船(艘)	渔船总数(艘)
安宜镇	1	5	6
氾水镇	—	6	6
夏集镇	52	14	66
柳堡镇	113	35	148
鲁垛镇	69	1	70
广洋湖镇	294	20	314
小官庄镇	1	—	1
望直港镇	129	8	137
射阳湖镇	842	30	872
西安丰镇	24	29	53

续表

镇(区)	捕捞渔船(艘)	养殖渔船(艘)	渔船总数(艘)
曹甸镇	15	—	15
山阳镇	—	8	8
合计	1540	156	1696

(王　刚)

畜　牧　业

■概况　2021年,全县生猪出栏量31.61万头,比上年增加3.24万头,增长11.4%;生猪存栏量21.66万头,比上年增加2.97万头,增长15.9%;生猪存栏量超额完成全市下达的年度任务指标,全市排名第1名。能繁母猪存栏量2.56万头,比上年增加3200头,增长14.3%。全县家禽存栏量150.4万羽,比上年减少10.1万羽,下降6.3%,其中蛋鸡存栏量128.3万羽,比上年减少14.6万羽,下降10.2%。家禽出栏量94.2万羽,比上年减少27.4万羽,下降22.5%。　(梁永晔)

■畜禽生产　2021年,县农业农村局推进生猪规模猪场建设,新改扩建生猪养殖场5个,其中新建设计年出栏万头生猪养殖场2个、扩建生猪养殖场2个、实施升级改造生猪养殖场1个。开展畜禽遗传资源普查工作,全县14个镇(区)283个村(社区)共有畜禽遗传资源品种16个、总量9704只(头、羽)。12月14日,扬州大学副校长、教授陈国宏到宝应县指导畜禽遗传资源普查工作。12月24日,江苏省农业农村厅专家组到宝应,对全县畜禽遗传资源普查工作进行进一步核查。切实做好新冠疫情期间畜牧企业生产服务,全年为畜禽养殖场(户)办理防疫物资通行证112份,扬州汉世伟食品集团有限公司、兴泰(扬州)农牧科技发展有限公司等生猪养殖场凭证运出种生猪3700多头、仔猪1.2万多头、育肥猪6200多头,宝应县大伟生态农业开发有限公司、安宜镇马庄养鸡场、鲁垛镇居科养鸡场等大中型蛋鸡养殖场向县外销售鸡蛋300多吨。　(何宝恩)

■畜禽生态健康养殖技术推广　3月5日,县农业农村局印发《2021年宝应县标准化生态健康养殖普及行动方案》,全面部署生态健康养殖技术推广工作。强化养殖场(户)饲养管理、动物防疫、生态环保、产品质量安全等主体责任,提高生态健康规范养殖自觉性。举办生态健康养殖技术推广培训班5期、培训人员256人次;推广畜禽生态健康养殖主导品种6个、主推技术7项,发放技术推广资料4000余份,带动生态健康养殖示范户220户。4月19—21日,县农业农村局、江苏农牧科技职业学院在泰州联合举办生态健康养殖技术培训班1期,全县各镇(区)畜牧兽医技术骨干、规模养殖场负责人近80人参加培训。此次培训,邀请省内知名专家和教授授课,并进行现场指导,内容涉及养殖场科学设计建设和升级改造、清洁生产和饲养环境改善、生态健康养殖技术应用、养殖场规范化精细化管理等方面。10月18—22日,县农业农村局按照扬州市"生态健康养殖基地(场)"考核评估要求,组成专家组对全县申报创建的养殖场逐场进行现场评估,完成创建省级生态健康养殖示范场初检1家、复检3家。12月6日,扬州市农业农村局专家组到宝应,对全县新创建省、市级生态健康养殖示范场进行验收或抽查。至年底,全年新创建(含复检)省级生态健康养殖示范场4个、市级生态健康养殖场6个。全县累计创成国家和省市生态健康养殖示范场45个,其中全国生态健康养殖标准化示范场4个、省级生态健康养殖示范场21个,生态健康养殖比重100%。　(梁永晔)

■畜禽养殖污染治理　2021年,县农业农村局经过调查摸底,了解掌握全县畜禽养殖场污染和污染治理情况,形成规模畜禽养殖场污染状况清单、规模畜禽养殖场污染整治工作清单、非规模畜禽养殖场污染治理3个清单。全年举办畜禽养殖资源化利用整治提升培训班3期,受训人数135人次;组织技术人员赴畜禽养殖场开展"一对一"指导,印发"明白纸"(即有关"三农"工作方针政策、指导意见、科技普及、办事指南等方面文字说明)230份。全年开展畜禽养殖场粪污治理专项检查2次、综合检查2次,抽查畜禽养殖场户63家,印发检查通报1期。组织实施江苏省生态保护专项治理项目、省畜禽养殖污染治理奖补项目共计25个,累计投入资金2198万元,其中省、市财政资金1028万元。县农业农村局、宝应生态环境局联合对县内45家规模畜禽养殖场粪污治理情况进行检查验收,全部通过验收认定、治理率100%。各镇(区)农业农村局等职能部门负责对辖区内非规模畜禽养殖场粪污治理情况进行检查验收,通过验收认定77家、治理率96%。全县规模畜禽

养殖场粪污年产生量 11.39 万吨，资源化利用量 11.21 万吨，畜禽粪污综合利用率 98.5%。　（梁永晔）

农业产业化

■概况　2021 年，全县省级以上农业产业化龙头企业销售额比上年增长 11%。全年新开工农业产业化重大项目共 20 个，其中产业融合类项目 8 个、稳产保供类项目 5 个、绿色发展类项目 1 个、关键工程类项目 1 个；全县 20 个农业产业化重大项目被列入江苏省农业项目 15 个，年度规划总投资 9.33 亿元。全年帮助指导扬州和信食品有限公司、扬州北轩食品有限公司、扬州中众合农产品市场有限公司 3 家企业申报获批扬州市农业产业化项目，获市级财政扶持资金 120 万元。7 月，宝应县山阳羽绒加工集中区获评全省农产品加工集中区示范典型案例。11 月 29 日，农业农村部办公厅印发《关于公布全国农业全产业链重点链和典型县建设名单的通知》（农办产〔2021〕21 号），公布经各省（自治区、直辖市）农业农村部门遴选推荐、专家审核和网上公示，确认全国全产业链重点链 31 个、全产业链典型县 63 个。宝应县成功入选“全国水生蔬菜全产业链典型县”建设名单。　（朱　超）

■龙头企业培育　2021 年，宝应县把龙头企业培育作为提升全县农业产业化水平的关键环节，加大政策、资金等扶持力度，推进农业产业化企业发展壮大。至年底，全县拥有县级以上农业产业化龙头企业 146 家，其中国家级 3 家、省级 16 家、市级 46 家、县级 81 家。宝应县荷藕产业融合发展先导区获评江苏省农村一二三产业融合发展先导区典型案例。宝应县山阳羽绒加工集中区获评江苏省农产品加工集中区示范典型案例。宝应县宝宁粮食加工产业化联合体获批江苏省农业产业化联合体典型案例。扬州新世纪蔬菜食品有限公司出口莲藕示范基地获批江苏省出口农产品示范基地。

（崔巍娜）

表 15　2021 年宝应县获批市级以上农业产业化龙头企业一览表

企业名称	级别	地址
江苏荷仙食品集团有限公司	国家级	广洋湖镇严桥村沿广公路
江苏宝粮控股集团股份有限公司	国家级	安宜镇工业园区金源路 2 号
江苏包天下食品有限公司	国家级	氾水镇工业集中区芦氾路
江苏水仙实业有限公司	省级	安宜镇通湖路 46 号
扬州天禾食品有限公司	省级	广洋湖镇严桥村
扬州天成食品有限公司	省级	鲁垛镇工业园
中粮面业（扬州）有限公司	省级	安宜镇安宜南路 34 号
江苏翔宇纺织品有限公司	省级	山阳镇城西工业集中区
江苏四季馨家纺有限公司	省级	山阳镇二桥工业园
江苏正润生态有限公司	省级	山阳镇运西正润路
江苏欣莲欣食品有限公司	省级	望直港镇和平村
兴泰（扬州）农牧科技发展有限公司	省级	安宜镇中港通湖路
永顺泰（宝应）麦芽有限公司	省级	安宜镇苏中南路 86 号
江苏宝南木业制造有限公司	省级	鲁垛镇工业园区
汇润农业集团有限公司	省级	安宜镇叶挺路 791 号
江苏宝煌农业科技发展有限公司	省级	广洋湖镇工业园区兴洋西路
江苏大成羽绒科技有限公司	省级	山阳镇城西工业园区大成路 1 号
宝应县永丰米业有限公司	省级	柳堡镇王通河桥西 100 米

续表

企业名称	级别	地址
扬州市金绿维食品有限公司	省级	射阳湖镇水泗集镇西路 2 号
江苏宝应湖粮食物流中心有限公司	市级	安宜镇安宜南路 34 号
扬州和信食品有限公司	市级	安宜镇安宜工业园金宝西路 8 号
扬州花扇蔬菜食品有限公司	市级	安宜镇工农路 272 号
扬州田田圈农业科技服务有限公司	市级	安宜镇刘庄村刘庄组
宝应县欣欣禽业有限公司	市级	安宜镇潘桥村耿圩组
扬州市百科水产科技有限公司	市级	安宜镇通湖路 18 号
扬州中众合农产品市场有限公司	市级	安宜镇宝源路 2 号
江苏苏民生态产业发展有限公司	市级	安宜镇大桥村
宝应县成庄肠衣厂	市级	氾水镇成庄村
扬州锦川生态农业有限公司	市级	氾水镇通湖路
江苏金夏纺织有限公司	市级	夏集镇东岳路 23 号
宝应县永健米业有限公司	市级	柳堡镇廷柏桥
扬州市艳阳天食品有限公司	市级	柳堡镇柳堡村
扬州市富田食品有限公司	市级	广洋湖镇严桥村
扬州莲泰食品有限公司	市级	广洋湖镇工业集中区
扬州恒大食品有限公司	市级	鲁垛镇陶林村
扬州市星航米业有限公司	市级	鲁垛镇工业园区东侧
宝应宝邮米业有限公司	市级	小官庄镇范沟村连荡组
扬州湖双鲜食品有限公司	市级	小官庄镇工业集中区创业路
扬州丰瑞源农业科技发展有限公司	市级	小官庄镇现代农业产业园
扬州蓝宝石食品有限公司	市级	望直港镇獐狮荡食品工业园
扬州荷吉镇生物技术有限公司	市级	望直港镇食品工业集中区
江苏莲馨园食品有限公司	市级	望直港镇食品工业集中区
扬州华祥食品有限公司	市级	望直港镇工业集中区
兴泰(宝应)畜产有限公司	市级	望直港镇耿耿工业园区
扬州华贵食品有限公司	市级	射阳湖镇丹宝明公路旁
扬州新世纪蔬菜食品有限公司	市级	射阳湖镇工业园
江苏得宝食品有限公司	市级	射阳湖镇环城 2 路 2 号
扬州香榭丽玫瑰生态科技有限公司	市级	射阳湖镇射南村
江苏思礼实业有限公司	市级	曹甸镇工业园区晨化路
江苏超乐玩具有限公司	市级	曹甸镇晨化路

续表

企业名称	级别	地址
江苏康旺食品有限公司	市级	西安丰镇南窑工业区
江苏科乐欣生物有限公司	市级	西安丰镇工业集中区
扬州市花仙子食品饮料有限公司	市级	黄塍镇工业集中区
扬州北轩食品有限公司	市级	黄塍镇工业集中区
江苏康源纺织有限公司	市级	宝应经济开发区康源路 1 号
江苏水神实业有限公司	市级	山阳镇长沟水产养殖场
宝应县西湖米厂	市级	山阳镇朝阳路
扬州烨灿羽绒制品有限公司	市级	山阳镇城西工业园区
扬州羽艺家纺制品有限公司	市级	山阳镇城西工业集中区
宝应县宝宁粮食加工厂	市级	山阳镇龚陈村
宝应县国珍米厂	市级	山阳镇工业集中区
扬州晨琳家用纺织品有限公司	市级	山阳镇城西工业园区 3 号
扬州佳阳米业有限公司	市级	山阳镇城西工业集中区丹阳路
江苏亚峰纺织品有限公司	市级	山阳镇城西工业创业园
宝应县运西粮油加工厂	市级	山阳镇万缘社区
扬州华祥食品有限公司	市级	望直港镇工业集中区

（崔巍娜）

■**农产品宣传推介**　2021 年，县农业农村局组织县内农业产业化企业参加国内各类大型农产品展销会，以会为媒，拓展全县地方特色农产品市场占有率，提升宝应美誉度和知名度；于 1 月 23—31 日组织 60 家农业企业参加在县城中众合农产品物流园举办的第二届宝应年货大集。此次年货大集以“抗疫情、保供给、惠民生”为主题，安排县内农副产品 200 个品种集中亮相；于 4 月 2—8 日组织县内 20 家企业参加 2021 中国・宝应夏集镇第四届乡村桃花旅游节，举办“赏、游、娱、食、购”等系列活动，助推地方农业经济、农村产业与乡村文化旅游融合发展；于 4 月 9—11 日组织 4 家农业产业化龙头企业参加 2021 广州国际农产品博览会，向国内外客商宣传推介宝应健康绿色农产品和生态有机农产品；于 10 月 29—31 日组织县内 2 家企业参加在连云港工业展览中心举办的第 23 届（2021）江苏农业国际合作洽谈会，开展线上线下农产品推介活动，向斯洛伐克、匈牙利、罗马尼亚、埃塞俄比亚、俄罗斯等 13 个国家驻华使节展示现代农业新成果、农村建设新气象、农业投资新环境。（崔巍娜）

农业机械化

■**概况**　2021 年，宝应县以实施乡村振兴战略为统领，以高质量发展为目标，统筹推进粮食生产全程机械化，调动农机合作社主体作用，组织农业机械投入生产服务，全县农业机械化呈现出良好发展态势。至年底，全县农业机械总动力保有量 71.32 万千瓦，比上年增加 6.36 千瓦；大中型拖拉机 1748 台、稻麦联合收割机 1526 台、大型自走式喷杆喷雾机 419 台、乘坐式插秧机 1835 台、手扶式插秧机 1954 台、粮食烘干机 672 台、无人植保机 574 台；农业机械化服务农民专业合作社 115 家，全年实现农业机械化服务收入 11.05 亿元。加强农机安全监督管理，在全省率先创新乡镇农机安全检验工作；实施农机安全网格化监管，农机安全监管“柳堡模式”得到国务院安全督导组肯定，在全国、全省推广，被列入农业农村部《2021 年农机安全生产工作要点》、江苏省委乡镇振兴第 30 条实施意见（江苏省委 2021 年 1 号文件）。1 月 5 日，扬州市农机安全生产网格化管理推进会暨农机安全乡镇建设观摩会在宝应县夏集镇召开。组织与会人员观摩夏集镇农机安全运行和安全监管示范现场，向与会人员介绍农机安全网格化监管具体做法。4 月 28

日,江苏省农机安全生产工作会议暨农机安全网格化监管现场推进会在宝应县召开,会议组织与会人员对宝应县柳堡镇把农机安全监管内容融入网格化平台"柳堡模式""363"工作法过程进行现场观摩。6月8日,农业农村部农业机械化司副司长宋建武一行到宝应,专题调研宝应县农机安全生产网格化监管工作。同日,全国机收减损技能大比武活动江苏赛区宝应赛场开赛仪式在氾水镇郎儿村举办,宝应县选派优秀农机手10人分两组参加角逐。全县农机安全生产、犁耕深翻、职业技能培训等做法和经验先后在全省农机工作会议上作交流。 (徐 徐)

■**农机购置补贴** 2021年,根据全县农业机械化发展实际需要,县农业农村局、县财政局联合制订出台《关于印发〈2021—2023年宝应县农机购置补贴实施方案〉的通知》(宝农发〔2021〕95号)文件。全年农民及农业机械化服务农民专业合作社购置享受财政补贴各类农机数量2365台,购置总金额1.04亿元,获财政资金补贴金额2821.24万元,农机购置补贴受益户数920户。 (胡庆九)

■**农机合作组织建设** 2021年,宝应县推进农业机械化服务专业合作组织建设,加快现代农业发展步伐。至年底,全县共有农业机械化服务农民专业合作社115家。农业机械固定资产原值50万元以上的农机规模大户220户;农业机械固定资产原值100万元以上农机示范大户75户。全年建成"全程机械化+综合农事"新型农业机械化服务主体2个,农业机械维修点项目1个。扬州市农业机械农艺融合示范点项目9个。 (胡庆九)

■**农业机械化作业** 2021年,全县水稻机械化种植面积4.69万公顷,小麦机械化种植面积4.62万公顷。实施夏季秸秆机械化还田面积5.23万公顷、还田率96%;实施秋季秸秆机械化还田面积5.27万公顷、还田率97.3%。全年实现犁耕深翻面积7000公顷。全年共发放农业机械化跨区作业证905份,完成农业机械化跨区作业面积23.05万公顷,实现农业机械化跨区作业收入2.04亿元,其中机械化收割作业收入1.72亿元、机械化插秧作业收入1174.5万元、机械化耕种作业收入2009.1万元。全年实现农业机械化服务收入11.05亿元。 (胡庆九)

■**农机技术培训** 2021年,县农业农村局组织在全县范围内举办农业机械化专业技术培训班20期、培训人数1400人次;指导和协助各镇(区)举办机械化育秧、智能化机插秧、犁耕深翻和小麦机条播培训现场会12场次、培训人数1600人次;推进大棚课堂、库房课堂、田头课堂"三个课堂"农业机械化职业技能培训,举办"三个课堂"培训班36期、培训人数2000人次。实施农业机械化技术传承创新"工匠学苑"培育工程、培训人数600人次。在全县各镇(区)开展水稻侧深施肥机插秧技术推广,完成该技术推广项目面积共计1666.67公顷。县农业农村局农机推广站制作的课件《植保无人机智能电池使用与维护保养规范》获评江苏省农机实用技能培训课件一等奖,并获评"全国农机实用技能培训优秀课件"。 (胡庆九)

■**农机安全监理** 2021年,县农业农村局经过调查梳理,形成农机安全网格化管理服务事项5个清单,将"农机安全"调整列入"网格+"模块。县农业农村局和各镇(区)网格员手机APP全部下载设置到位。县、镇两级联合举办农机监理员、村级协管员、专职网格员等专题培训班15期,累计培训人员850人次。通过举办业务培训、强化业务指导、组织现场教学等方式,使农机监理员、村级协管员、专职网格员迅速熟练掌握和辨识农机安全隐患处理方法和处置流程,推进全县农机安全网格化监管扎实有效开展。 (胡庆九)

至2021年底,全县农业机械总动力保有量71.32万千瓦 山阳镇/供稿

农业科技普及

■**概况** 2021年,县农业农村局发挥系统内专业技术人才优势,开展农业科技普及推广工作,提升全县农业科技含量,助推现代农业提质增效。组织农业科技工作者撰写专业论文、科普文章、实践成果和调研报告向《江苏农村经济》《农家致

富》省级农业科技期刊投稿，全年获评 2021 年度江苏省农业“两刊”宣传工作先进个人 3 人。实施基层农技推广体系改革与建设补助项目，2 人在全省基层农技推广体系改革与建设绩效延伸管理工作中名列前茅。至年底，全县申报获批农业系统初、中、高级专业技术职称科技人员 21 人，分别为农业系统初级专业技术职称（助理农艺师）2 人；农业系统中级专业技术职称（农艺师、畜牧师、兽医师、水产专业工程师）10 人、农业系统副高级专业技术职称（农业技术推广副研究员）4 人、农业系统高级专业技术职称（农业技术推广研究员）5 人。（黄丽艳）

■农业技术推广 2021 年，县农业农村局围绕农业优势特色产业发展需要，确定粮食栽培、蔬菜种植、荷藕种植、畜禽生产、水产养殖、农机农艺六大主导产业，主导推广新品种 23 个、新技术 24 项，遴选科技推广示范户 1200 户，实现全县 14 个镇（区）全覆盖，辐射带动农户 1.2 万户，全年建成农业科技试验示范基地 3 个。（黄丽艳）

表 16 2021 年宝应县基层农技推广体系主导品种、主推技术一览表

产业	主导品种		主推技术	
	名称	数量（项）	名称	数量（项）
粮食栽培	南粳 9108、南粳 5718、丰优香占、镇麦 12 号、扬辐麦 4 号、扬麦 23	6	水稻机插绿色高质高效栽培技术、优质食味水稻绿色安全生产技术、稻秸秆全量还田小麦全苗壮苗技术、稻茬小麦优质高产高效绿色栽培技术、稻麦周年生产全程机械化技术	5
蔬菜种植	西瓜早佳 8424，辣椒苏椒 5 号、大白菜青杂 3 号	5	反季节蔬菜多膜覆盖技术、蔬菜连作障碍防治技术、基质穴盘育苗技术	3
荷藕种植	大紫红、美人红	2	藕田套养龙虾、藕慈复种、综合防治莲藕病虫害	3
畜禽生产	海兰褐壳蛋鸡、扬州鹅、高邮鸭、洋二元母猪、一洋一土二元母猪、三元商品猪	6	非洲猪瘟防控技术、动物疫病综合防治技术、生猪生态健康养殖技术；粪污综合治理技术、家禽规模化饲养管理技术、家禽生态健康养殖技术、粪便综合利用技术	7
水产养殖	河蟹、中华鳖、淡水鱼、小龙虾	4	测水调控养殖技术、稻田综合种养技术要点、水产病害防治技术、养殖池塘尾水达标排放（池塘生态化改造）技术	3
农机农艺	—	—	水稻生产机械化技术、秸秆机械化还田技术、高效植保技术	3
合计	—	23	—	24

（黄丽艳）

■信息进村入户 2021 年，宝应县着力提升全县各镇（区）益农信息社可持续运营能力，继续坚持面向农村、方便农民原则，提高农业科技、产销对接、风险防控、基础条件改善等 4 项为农服务能力。组织对全县 14 个镇（区）、245 个益农信息社设备进行维护；对县级运营中心进行升级改造，添加必要的办公自动化设备。全年举办益农信息员业务培训班 3 期、培训人数 249 人次，有序开展农民智能手机应用技能培训活动，表彰全县优秀益农信息员76 人。（王　运）

农业安全监管

■农产品检测 2021 年，宝应县农产品质量检测监督站（以下简称“县农产品质检站”）按照上级部门有关农产品质量检测工作要求，有序开展农产品质量安全例行监测、监督抽检、风险监测等抽样检测工作，全年累计完成各级定量监测任务 1334 批次，其中省部级抽检任务 318 批次、市级抽检任务 111 批次、县级抽检任务 905 批次，千人食用农产品抽检率 1.95 批次。全年开展农产品质量安全速测工作 4.17 万批次。开展农产品质量检测实验室安全隐患排查整治行动，全年排查实验室安全问题隐患 10 多条；加强实验室危化品使用管理工作，认真配合县公安局实施危化品管理监督检查，新安装实验室防盗窗、监控探头等设备设施，顺利通过县公安局组织的实验室“危化品储存场所合格证书”行政许可颁证前检查。（邵耕耘）

■农产品质量安全整治 2021年，县农业农村局围绕江苏省农产品质量安全县创建要求，组织召开全县农产品质量安全监管会议，印发农产品质量安全告知书，推动网格化监管制度，签订责任状、承诺书，严格落实农产品质量安全各项责任。组织开展农产品质量安全日常巡查，全年累计检查监管对象7173家次，巡查覆盖率100%。开展农产品质量安全专项整治行动，全年出动执法人员496人次，检查生产经营企业178家次，实施瘦肉精检测8235批次，立案查处农产品质量安全违法案件7件。推进规模以上农业市场主体监管系统网络平台建设，全年新增上线农业市场主体2589家、累计上线2674家。督促农业市场主体执行质量安全追溯制度规定，保障质量安全追溯二维码标签和合格证打印常态化，全年累计打印追溯二维码标签19.92万张、合格证97.21万张。县农业农村局、县市场监管局等部门联合印发《宝应县食用农产品"治违禁、控药残、促提升"三年行动方案》，部署"治违禁、控药残、促提升"三年行动计划，集中治理品种突出问题11个。宝应县顺利通过"江苏省农产品质量安全县"创建验收。 （邵耕耘）

■动物疫病防控 2021年，全县使用禽流感疫苗200万毫升，其中猪瘟疫苗15万头份、口蹄疫疫苗26万头份、蓝耳病疫苗14万头份、小反刍兽疫疫苗2万头份；实施免疫猪口蹄疫疫苗注射37.76万头次、羊口蹄疫疫苗注射1.92万头次，高致病禽流感疫苗注射525.23万羽次，高致病性猪蓝耳病疫苗注射23.96万头，猪瘟疫苗注射37.16万头次，鸡新城疫疫苗注射532.14万羽次，羊小反刍兽疫苗注射1.29万头次；实现牛羊W（口蹄疫）、猪W、猪瘟、高致病性猪蓝耳病、禽流感、鸡新城疫应免率100%，全县未发生重大动物疫情，实现"无疫情、零病例"目标。11月2日，县农业农村局根据省市统一部署，组织发动各镇（区）畜牧兽医人员开展生猪疫病紧急排查工作，全县生猪存栏量17.2万头未出现异常发病情况，生产形势稳定。开展非洲猪瘟检测工作，对县内18个年出栏量500头以上生猪养殖场、5个病死猪无害化收集点和屠宰场采集检测样品120份，检测结果均为阴性；对7个羊散养户、1个水禽规模养殖场采集送检拭子样品90份，送检结果均为阴性；对9个畜禽养殖场采集送检全血样品110份、拭子样品35份，送检结果均为阴性；开展畜禽飞行监测和流行病学调查1次，未发现重大动物疫情。11月下旬，县农产品质检站组织对14个镇（区）57个规模畜禽养殖场、60个畜禽散养户进行检查，采集畜禽血样435份，检测结果均符合规定标准；开展血吸虫病易感家畜疫病检查与监测工作，监测血防流行政村生猪1.52万头、羊3364头，检查病猪373头、羊159头，检测结果均未发现阳性；做好血吸虫病易感家畜疫病预防工作，及时发放疫病预防药物，完成家畜220头预防性给药。

（陈培华）

■植物病虫害绿色防控 2021年，县农业农村局举办植物病虫害防控专题培训班，多途径开展病虫害防控宣传，推广江苏省绿色防控技术联合推介产品。全县建成病虫绿色防控示范区7个，其中省级6个、市级1个，集成应用生态控制、综合诱杀、生物防治及科学用药等绿色防控措施。全县在水稻示范区推广"种苗处理+生物防治+科学用药"技术模式，在蔬菜示范区推广"清园控害+综合诱杀+生物防治+科学用药"技术模式。宝应县氾水镇水稻病虫绿色防控示范区获评"2021年江苏省农作物病虫害绿色防控A级示范区"。 （陈金宏）

■水产品质量安全监管 2021年，全县共发放渔药经营许可证（含年审）36本，组织对县内渔药经营店进行一轮全面检查，未发现有经营户销售禁用药品。县农业农村局加强渔药安全可追溯系统建设，督促经营户配备电脑、扫码设备，安装兽（渔）药安全可追溯系统，落实规章制度公布上墙、药品分区摆放等工作要求。在全县范围开展水产品质量安全监管行动，协助国家和省、市主管部门完成风险监测和监督抽检工作任务，确保全县上市水产品质量安全，全年共抽检水产样品134个，水样品27个、土壤样品2个，检测合格率100%。 （王　刚）

■渔业生产安全检查 2021年，全县未发生渔业安全生产事故，无人员伤亡和渔船海损事故。县农业农村局组织人员多次赴上海市、苏州市、无锡市、南通市、盐城市等宝应籍渔民渔船聚集地开展现场检验，累计检验渔船1696艘，渔业互助保险参保率100%；开展渔业安全生产三年专项整治行动，深入渔村渔港等渔民渔船聚集地宣传相关法律法规，普及涉渔法律法规、渔业安全生产规定和知识，逐项核查渔船救生、消防等设施配备使用情况；全年组织举办渔港消防安全演练活动6次，向渔民发送安全生产警示手机短信2万条；组织人员全面排查渔船归港、渔船抛锚停泊及在港渔民撤离等情况；举办渔业船员培训班和安全知识讲座共6期、参加培训渔民900多人次；开展安全生产检查185次，印发整改通知书10份，提出整改意见52条，排查出的安全问题隐患全部整改到位。

（王　刚）

工　业
Gong　Ye

■编辑:王天彬

综　述

■概况　2021年,全县完成工业开票销售额969亿元,比上年增长17.6%,工业入库税收19.4亿元,比上年下降3%;工业用电量16.3亿千瓦时,比上年增长10.6%。全县工业划分为"两主三重三特"(即电力装备、电子信息两大主导产业,高端装备、汽车零部件、生物医药三大重点产业,有机食品、羽绒家纺、文体用品三大特色产业)产业体系。全县规模以上工业企业489家,比上年增加31家,完成开票销售额711.8亿元,占全县工业企业开票销售额73.5%,入库税收10.84亿元、占全县工业企业入库税收总额55.9%。全县30家重点工业企业发挥支撑骨干作用,全年实现开票销售额473.4亿元,占全县工业企业开票销售额48.9%,入库税收6.64亿元,比上年下降15.9%,占全县工业企业入库税收总额34.2%。宝胜集团有限公司发展步伐加快,全年实现开票销售额335.45亿元。

（郑飞月）

■工业创新　2021年,全县累计"国家企业工程技术研究中心"1家;"江苏省企业工程技术研究中心"26家,其中获新认定3家;"扬州市企业工程技术研究中心"90家,其中获新认定7家。扬州晨化新材料股份有限公司、江苏宝杰隆电磁线有限公司被列入扬州市先进制造业关键核心技术攻关赶超项目计划,江苏银宝专用车有限公司被列入江苏省企业工程技术研究中心提档升级项目计划,全年获项目计划补助资金共计166万元。全县获批"江苏省重点技术创新项目导向计划"项目23项,被列入《江苏省重点推广应用的新技术新产品目录》新产品6件,通过"江苏省新产品新技术鉴定"新产品2个。宝应县工业和信息化局(以下简称"县工信局")协助县内企业柔性引进高层次人才10人,获批江苏省"双创"计划人才项目1项、扬州市"绿扬金凤"计划人才项目3项(其中扬州市"双创"计划团队项目1项),获省市人才项目资助资金共计600万元。提升企业经营管理水平,县工信局联合扬州市中小企业协会举办"宝应县企业家人才战略培训班",参加培训企业家60人。全年新增扬州市第5期"英才培育计划"培养对象1人。

工业技术改造。全县工业完成技术改造投资总额238亿元,其中制造业完成投资额234亿元。推进智能车间建设,宝胜电气股份有限公司高效节能干式变压器智能制造车间、扬州凯翔精铸科技有限公司逆变器总成装配车间获批"江苏省智能制造示范车间";宝胜科技创新股份有限公司信号网络电缆智能制造车间、扬州宝珠电器有限公司恒温器智能制造车间、扬州凯翔精铸科技有限公司压铸智能制造车间获批"扬州市智能车间"。提高向上争取资金实效性,扬州凯翔精铸科技有限公司等企业申报获批扬州市技术改造专项资金项目(第1批)补助资金共392.23万元。

（李亚平　胡舜新）

■工业节能　2021年,宝应县万元GDP能耗下降2.6%。全年实施节能技术改造项目15项、循环经济项目3项;淘汰落后电机总动率2166千瓦,工业企业淘汰更新或停用高耗能变压器总容量9510千伏安;关停"散乱污"企业20家,通过清洁生产审核验收企业10家。县工信局遏制高污染高耗能"两高"产业盲目发展,加强对技术改造项目及存量项目节能情况审查;明确对县内44家用能企业(单位)实行节能监察,重点检查低效电机淘汰和能耗限额标准执行等情况。光大环保能源(宝应)有限公司、尚宝罗江苏节能科技股份有限公司、冠立科技扬州有限公司等企业获2021年扬州市先进制造业专项绿色发展项目资金共计212万元;开展以"节能降碳、绿色发展"为主题全国节能宣传周和低碳日广场宣传活动,倡导绿色循环生产生活方式,营造全社会节能低碳氛围。

（夏丽丽）

■企业"两化"融合　2021年,县工信局组织对县内65家大中型工业企业开展两化融合评估诊断,分析诊断两化融合发展水平,指导企业明确两化融合发展重点和定量目标;推动企业"上云""用云",促进企业加快数字化转型,培育星级上云企业,组织开展企业上云申报、评审工作,42家企业获评江苏省工业互联网发展示范企业(星级上云企业),其中三星级上云企业37家、四星级上云企业5家;组织重点企业开展两化融合管理体系贯标,培育两化融合试点示范企业,宝胜高压电缆有限公司、扬州凯翔精铸科技有限公司、江苏科达车业有限公司、扬州市凤鸣电缆有限公司通过国家两化融合管理体系贯标评定，5 家企业获评江苏省两化融合管理体系（升级版）贯标试点企业。

（陈　磊）

■软件信息化服务　2021 年，县工信局、扬州市软件行业协会联合举办“双软评估”（即软件产品、软件企业）申报及软件产品税收优惠政策解读培训班，各镇（区）信息化负责人、软件企业负责人和财务人员共约 50 人参加培训，帮助企业了解“双软评估”申报相关要求和软件产品税收优惠政策；加强企业“双软”评估工作指导，全年通过年审软件企业 6 家、新增软件企业 2 家，新增软件产品 4 个；完成软件产业、GDP 核算软件企业月报报送工作，完成 2020 年度电子信息企业、软件企业年报报送工作；完成市县软件和信息服务业考核任务。县工信局组织江苏品杰互联科技有限公司参加第七届 i 创杯互联网创新创业大赛扬州站巡回路演，指导企业申报项目资金。江苏果米文化发展有限公司分别入选 2020 年、2021 年江苏省规划布局内重点软件企业培育库名单，获评 2020 年度扬州市“软件十强企业”。扬州慧聚软件有限公司获批扬州市先进制造业引导资金 100 万元。（陈　磊）

■新能源制造与应用　2021 年，宝应县坚持绿色低碳循环发展理念，加快推进新能源制造与应用产业发展。新能源制造与应用是全县“十二五”期间发展起来的新兴产业，相关产业分为新能源应用和新能源制造等 2 个方面。在新能源制造方面，坚持“资源换制造”，确立“引进重大项目、延伸产业链、建立产业集群、形成产业基地”发展思路，先后引进一批央企国企、行业龙头企业、上市公司到宝应县投资合作，相继实施涵盖光伏电缆、硅锭切片、高效组件、光热储能、智能变电站等投资额 1 亿元以上项目 10 多个，产业链条不断延伸。在新能源应用方面，借助面积 4.67 万公顷湖荡资源，发展光能和风能产业，实现与国家电网并网送电。中国广核集团有限公司、国家电力投资集团有限公司、晶科能源控股有限公司等国家新能源龙头企业成功落户宝应。2017 年 11 月，宝应县成功入选全国首家生态渔业光伏发电应用“领跑者”示范基地，基地规划装机总规模 2.08 吉瓦，其中第一期项目获批装机规模 500 兆瓦。全县以东荡地区为主的新能源应用集聚区渐成规模，规划总装机容量 1.5 吉瓦（GW）。至年底，全县光伏发电、风力发电、生物质发电等新能源发电总装机容量 1415 兆瓦，实现年发电量 21.1 亿千瓦时，占全县年用电量 84%；全县新能源产业规模以上企业 29 家，实现开票销售总额 16.8 亿元。（郑飞月）

■中小企业发展　2021 年，宝应县以推动中小企业转型升级、落实中小企业稳定发展政策为着力点，多渠道为企业（或载体）申报项目争取政策支持。高质量完成中小企业转型升级考核，全年获新认定“国家专精特新小巨人企业”4 家、“江苏省专精特新小巨人企业”3 家。全县入选江苏省“千企升级”培育库企业 128 家。县工信局贯彻扬州市人民政府印发的《关于加快培育独角兽、瞪羚企业的实施意见》（扬府发〔2020〕44 号）文件精神，获 2021 年度扬州市“瞪羚”企业认定 1 家，瞪羚培育企业认定 7 家；营造创新创业氛围，激发创新创业活力，组织县内企业参加第六届“创客中国”暨 2021 年江苏省中小企业创新创业大赛，4 家企业分别获江苏省赛区优胜奖、扬州市赛区优胜奖；向上争取无偿资金，增强企业获得感，全年为中小企业争取省市无偿专项资金 1352 万元；开展系列公益专题活动，提升中小企业自身能力建设，邀请专家为全县中小企业经营者、管理人员举办“精细化管理与高效运营”专题讲座；组织中小企业经营者赴“智能制造＋数字化转型”标杆企业江苏亚威机床股份有限公司学习考察；规范中小企业财务行为，提升财务管理专业水平，举办“企业日常财务处理中的内控风险及管控”专题培训班 1 期、参加培训人数 87 人；贯彻落实国务院减轻企业负担部际联席会议精神，以建立预防和解决拖欠问题的长效机制为重点，强化源头控制，进一步落实主体责任，把清欠工作作为对镇（区）考核内容，为全县中小企业发展提供有力保障和支撑。（杨金淞）

12 月 31 日，全县新能源发电总装机容量 1415 兆瓦。图为广洋湖镇渔光互补光伏发电基地　薛水利/摄

表 17　2021 年宝应县“三十强”工业企业主要经济指标实绩一览表

企业名称	销售额（万元）	入库税收（万元）	企业名称	销售额（万元）	入库税收（万元）
宝胜集团有限公司	3354447	22903	江苏康源纺织有限公司	47634	1562
森萨塔科技（宝应）有限公司	153058	11618	宝生时代包装材料江苏有限公司	114015	578
骏升科技（扬州）有限公司	106139	4748	扬州腾飞电缆电器材料有限公司	20311	743
宝胜系统集成科技股份有限公司	120116	3428	江苏利德尔新材料科技有限公司	25185	625
扬州晨化新材料股份有限公司	86421	1139	永顺泰（宝应）麦芽有限公司	24551	532
江苏菲达宝开电气股份有限公司	58741	3171	威科德金属有限公司	13025	975
扬州中宝药业股份有限公司	65000	1713	江苏苏美达车轮有限公司	42551	1008
江苏远扬科技集团有限公司	36656	2031	中广核新奇特（扬州）电气有限公司	23919	171
江苏兴洋管业股份有限公司	35182	1307	江苏宝杰隆电磁线有限公司	49433	171
康而富精密电子（宝应）有限公司	29639	542	扬州尼尔工程塑料有限公司	14088	453
江苏苏隆水泥有限公司	38638	1067	江苏爱尔特实业有限公司	21739	871
阿斯塔导线有限公司	73645	1105	中粮面业（扬州）有限公司	39681	139
宝应县沈飞机电有限公司	13218	2054	江苏宝源高新电工有限公司	21929	367
扬州凯翔精铸科技有限公司	47629	－563	江苏荷仙食品集团有限公司	23747	1275
江苏润扬管件有限责任公司	15031	902	扬州市宜楠科技有限公司	18427	－283

（郑飞月）

电力装备产业

■**概况**　2021 年，全县产业内各类电力装备企业 300 多家，其中规模以上企业 90 家，比上年增加 6 家，年内实现工业开票销售额 403.1 亿元、入库税收 3.2 亿元，分别占全县规模以上工业总量的 56.6%、29.5%。以电缆制造业为龙头的电力装备产业是宝应县工业经济主导产业。宝应县先后获评“江苏省输变电装备产业制造基地”“江苏省新型工业化产业示范基地”“江苏省电线电缆特色产业基地”等，在全国同行业中具有一定影响力和知名度。全县形成输电、变电、配电、用电、材料为主体的产业体系，主要生产电线电缆、电磁线、变压器、交直流电机、高低压开关柜以及各种电缆辅料等产品。　（郑飞月）

■**电力装备产业重点企业**　2021 年，全县电力装备产业内重点企业包括宝胜集团有限公司、阿斯塔导线有限公司、江苏宝杰隆电磁线有限公司、中广核新奇特（扬州）电气有限公司、江苏宝源高新电工有限公司、扬州腾飞电缆电器材料有限公司、扬州市凤鸣电缆厂、江苏迅达电磁线有限公司、宝应县精工绝缘材料有限公司等。其中，实现年销售额 100 亿元以上企业 1 家（宝胜集团有限公司）；实现年销售额 5 亿元以上企业 1 家（阿斯塔导线有限公司）；实现年销售额 1 亿元以上企业 21 家。宝胜集团有限公司获“扬州市百强企业”命名。　（郑飞月）

■**智能制造应用**　2021 年，宝应县电力装备产业加大实施技术改造项目力度，宝胜科技创新股份有限公司、阿斯塔导线有限公司、中广核新奇特（扬州）电气有限公司等重点骨干企业生产设备在国内外同行业中处于领先水平。县工信局支持企业提升智能制造水平，全年电力装备产业新增各类机械手、自动化设备 200 台（套），累计 1000 台（套）。

（郑飞月）

■**电力装备产业链构建**　2021 年，宝应县持续推进电力装备产业链向新能源制造与应用等新兴产业延伸。宝胜集团有限公司先后实施环保节能电气设备、智能网络电缆、铝合金电缆、高压交联电缆、高分子电缆材料等一批电力装备重大项目。产业内企业相继与国内行业龙头企业开展合资合作，先后实施上海摩恩控股集团有限公司智能制造产业园项目，江苏锡洲新材料科技有限公司电磁线生产项目、巨丰电工材料（扬州）有限公司年产 1.5 万吨精密电磁线项目、江苏梦阳电机制造有限公司年产200万台新能源电机项目,以及10条聚酰亚胺薄膜生产线项目,确保产业链补链扩链和协作配套,增强企业竞争力。

(郑飞月)

电子信息产业

■概况 2021年,全县电子信息产业实现开票销售额43.4亿元,比上年增长25%,实现入库税收2.1亿元,比上年下降13%。电子信息产业是宝应县工业经济主导产业,也是全县外贸出口重点行业,产业规模60亿元左右。主要产品包括汽车传感器、温度控制器、电子遥控器、5G射频滤波器及天线、计算机接插件、智能手机配件等,在国内外市场占有较大份额,拥有中国驰名商标1个、江苏省著名商标15个,获国家发明专利授权18项,主持或参与起草、制订国家及行业标准1项。宝应县把电子信息产业作为主攻方向,陆续引进国人5G通信智能装备产业园、万沙智能终端产业园等产业链企业落户。森萨塔科技(宝应)有限公司是亚洲最大的热保护器生产基地,骏升科技(扬州)有限公司是全球最大的遥控器生产基地,全球市场占有率30%。

(郑飞月)

■电子信息产业重点企业 2021年,全县电子信息产业各类企业50多家。其中,实现开票销售额10亿元以上企业2家,分别是骏升科技(扬州)有限公司、森萨塔科技(宝应)有限公司,均获评"扬州市百强企业";实现开票销售额1亿元以上企业8家,分别是康而富精密电子(宝应)有限公司、环讯电子(扬州)有限公司、扬州宜楠科技有限公司、扬州虹运电子材料有限公司、皇裕电子科技(扬州)有限公司、扬州宝玛电子有限公司、江苏兴宝电器集团有限公司、威科德金属有限公司。全县电子信息产业规模以上企业18家。产业内重点企业包括骏升科技(扬州)有限公司、森萨塔科技(宝应)有限公司、康而富精密电子(宝应)有限公司、江苏宝应电器厂等。

(郑飞月)

■电子信息产业发展规划编制 2021年,县工信局根据《宝应县"十四五"规划纲要》总要求,结合全县电子信息产业发展实际,瞄准重点产业和战略性新兴产业未来发展趋势,编制完成《宝应县电子信息及通讯产业发展规划(2021—2025年)》。规划明确"十四五"期间,宝应县将按照"核心聚合、协同发展"原则,围绕"一核一基多点"(即以安宜镇为核心、以5G通信智能装备产业园为基础,整合氾水镇、曹甸镇、望直港镇等镇)空间布局,全县电子信息产业发展重点与目标为5G通信、智能终端、基础电子等设备,以及软件与信息服务业产业领域,加快形成"重点突出、错位发展、功能互补"产业新格局,实现电子信息产业整体发展新飞跃。至年底,全县累计引进实施深圳国人通信有限公司通信智能装备5G产业园、扬州虹运电子材料有限公司太阳能电池电极导体银浆生产、江苏松海科技有限公司液晶显示屏制造、森萨塔科技(宝应)有限公司高温传感器生产、扬州凯翔精铸科技有限公司5G通信设备等产业链项目。

(郑飞月)

■国人通信智能装备5G产业园 2021年,宝应县国人通信智能装备5G产业园实现开票销售额1.8亿元,比上年增加5000万元、增长42.5%。县工信局推进县内电子信息产业融入国家5G产业布局,加快形成5G通信模块核心产业。2019年2月,宝应县成功招引由深圳国人通信有限公司投资兴建的国人通信智能装备5G产业园项目。该项目被列入扬州市重大产业项目,位于安宜工业园北园区,总投资10亿元,占地面积6.87公顷,新建标准化厂房面积9.5万平方米。同年4月18日开工建设、9月28日竣工、12月30日正式投产,主要生产5G射频滤波器以及天线等电子产品,产品性能突出、技术含量高、市场前景广阔,主要销往国内以及美国、瑞典、芬兰、韩国等全球高端市场。

(曹吉勇)

高端装备产业

■概况 2021年,全县高端装备产业实现开票销售额58.1亿元,比上年增加11亿元、增长23.4%;实现入

宝应县国人5G产业园电子产品生产线 董 杰/摄

库税收1.9亿元，与上年相比基本持平。该产业是宝应县传统工业重点产业，全县高端装备产业各类企业500多家，规模以上企业100家，从业人员1万多人。主要产品有管道装备、机械装备、环保装备、机械加工件等，其中管道装备产业在国内具有较高知名度。宝应县是“江苏省泵阀管件产业制造基地”，产品包括管件、法兰、复合钢管、水泵阀门、压力容器五大类。　（郑飞月）

■高端装备产业重点企业　2021年，全县高端装备产业内重点企业包括江苏菲达宝开电气股份有限公司、江苏远扬科技集团有限公司、江苏兴洋管业股份有限公司、江苏润扬管件有限责任公司、扬州华宇管件有限公司等。管件装备重点骨干企业均具有中石油、中海油、中石化“三大油”及中国核电等大型央企指定供应商资质。　（郑飞月）

■江苏润扬管件有限责任公司　江苏省高成长型企业、江苏省“重合同守信用”企业、扬州市工业百强民营企业。该公司成立于2002年2月，位于安宜工业园，占地面积15公顷，企业生产厂房建筑面积7.5万平方米，注册资金1.15亿元。该公司主要从事管件、法兰、泵件，以及船用锻件、船用管道件、船用附件等加工、制造和销售。现有公司员工400人，其中各类专业技术人员80人；拥有大型液压机、天然气热处理器、中频推制机、机械性能试验机、低温冲击试验机、金相分析仪、直读光谱仪、Co60探伤仪等各类生产装备和检测设备200余台套。公司先后通过ISO 9001:2008国家质量管理体系认证、GB/T 28001－2001国家职业健康安全体系认证、ISO 14001:2004环境体系认证、ASME（PP＋U）美国机械工程师协会认证、API（6H）美国石油协会拼合式机械装置标准认证、PED（CE）欧盟承压设备认证，并获得国家特种设备（压力管道）制造许可证、AAA资信企业等级证书、计量保证确认证书。公司产品被广泛应用于电力、机械、造船、石油、海洋工程等行业，是中石化采购供应商、中海油合格供应商、中石油一级网络供应商，2021年，该公司实现开票销售额2.7亿元、利税902万元。　（郑飞月）

■江苏菲达宝开电气股份有限公司　位于宝应经济开发区，占地面积20公顷，建筑面积4.51万平方米，国家高新技术企业，注册资金6000万元。主要产品有工程机械及部件、自动化物流输送及分拣装备、大气污染控制成套设备、高低压成套电气设备等，拥有钣金加工、焊接加工、表面处理和涂装处理等全套生产设备及检测试验设备；建立严格的质量保证体系和环境管理体系和职业健康安全管理体系，通过ISO 9001质量认证体系、ISO 14001环境管理体系和GB/T 28001职业健康安全管理体系认证，多次通过卡特彼勒、沃尔沃、约翰迪尔等世界知名企业对该公司质量管理体系审核。该公司具有一支60余人的科技研发队伍，有较强的技术创新能力和产品制造能力；公司研发中心获“江苏省企业技术中心”认定，并设有“江苏省自动化仓储物流装备工程技术研究中心”；先后获“江苏省高新技术产品”认定产品8项，获评“江苏省优秀新产品奖”产品4项；拥有发明专利2项，实用新型专利10项。2021年，公司加大自动化仓储物流装备研发投入和市场开拓力度，先后承接并完成多项医药配送拣选复核自动化系统工程和电商企业输送分拣系统项目等开发。至年底，该公司实现开票销售额5.9亿元、利税3171万元。　（郑飞月）

汽车零部件产业

■概况　2021年，全县汽车零部件产业实现开票销售额28.2亿元，入库税收6714万元。该产业有各类企业150多家，从业人员1.1万人，规模以上企业39家，销售额过1亿元企业5家；行业内扬州凯翔精铸科技有限公司、扬州明智车业有限公司等企业产品广泛配套用于“大众”“通用”“福特”“现代”等国内外知名汽车制造商，产业内重点企业与武汉理工大学、浙江大学、上海交通大学、江苏大学、合肥工业大学广泛开展产学研合作，相继建成科技人才服务中心、重点实验室、技术转移中心、工业设计中心等共享平台。2017年，宝应县获批“中国汽车零部件制造基地”。　（郑飞月）

■汽车零部件产业重点企业　2021年，全县汽车零部件产业内重点企业有扬州凯翔精铸科技有限公司、江苏苏美达车轮有限公司、江苏银宝专用车有限公司、扬州杰特沈飞车辆装饰件有限公司、扬州明智车业有限公司、江苏亚如捷车业有限公司、扬州市德尔玛车业有限公司等。主要产品包括特种整车、钣金件、内外饰件及塑料件、压铸件及部件总成等4大类，涵盖车轮、底盘、涨紧轮、变速箱及发动机壳体、减振板簧等品种1000余种。　（郑飞月）

■产业转型升级　2021年，宝应县为增强企业市场竞争力，持续推进汽车零部件产业内外技术创新和转型升级，加快构建汽车零部件、专用车及新能源汽车等门类齐全汽车汽配产业格局，带动全县汽车零部件产业前延后伸；突出新能源汽车零部件特色和优势，推动汽车零部件产业向智能制造、绿色智造发展。加强汽车零部件产业创新服务综合体建设，宝应县与江苏大学联合成立汽车产业研究院，着重解决汽车零部件产业受技术水平不高、研发投入不足、高端人才匮乏、产品层次低、创新能力不足、增长乏力等问题，满足汽车零部件产业对新产品、新技术、新成果需求，集聚创新资源和高端人才。围绕增强企业自主创新能力，宝应县加快构建以企业为主体，政府主导、学研输出、金融助力、中介服务为一体“政产学研金介”创新体系，打造华东地区最具影响力汽车汽配产业园；加快汽车内饰件、汽车拆解再制造等核心领域产业链补链和扩链，培育形成汽车汽配产业发展新增长点；鼓励企业加大研发经费投入，提高自主开发能力，研发专利技术和产品。（鉴 文）

■扬州凯翔精铸科技有限公司 位于泾河镇八浅工业集中区，主要生产适用于汽车领域的高品质精密压铸产品，是美国通用汽车、日本丰田汽车，以及国内长城汽车、江淮汽车、北京现代汽车等汽车零部件制造企业的供应商。该公司注册资本5.67亿元，员工570人，各类高中级技术人员86人；拥有“扬州市企业技术中心”“扬州市精密变速器部件工程技术研究中心”，先后被认定为“江苏省高新技术企业”“江苏省民营科技企业”。2008年该公司通过ISO/TS 16949:2002质量体系认证。2016年，该公司加快推进工业机器人应用、自动化生产线、信息化智能车间建设，引进工业机器人以及高精度卧式、立式加工等设备，基本实现自动化生产。2021年，公司实现开票销售额4.8亿元，比上年增长55.84%。（郑飞月）

生物医药产业

■概况 2021年，宝应县生物医药产业实现开票销售额10.8亿元、比上年增长－7.3%，实现入库税收2415万元，比上年增长－36.9%；全县生物医药企业20多家，其中规模以上企业10家；年开票销售额5亿元企业1家，为扬州中宝制药有限公司。生物医药产业是宝应县三大重点产业之一，全县初步形成药品生产和医疗器械制造产业集群，主要生产抗感染、抗凝、止血，治疗心脑血管、呼吸道等药品和中药饮片，部分医疗器械设备等产品。药品氨力农及其注射液填补国内空白，具有广阔市场前景。（郑飞月）

■生物医药产业重点企业 2021年，全县生物医药产业内重点企业有扬州中宝制药有限公司、江苏康宝医疗器械有限公司、扬州星瑞生物科技有限公司、扬州智汇水蛭科技有限公司等。扬州中宝药业股份有限公司生产的原料药和制剂以品种、品规齐全为特点，在华东地区树立品牌优势。江苏康宝医疗器械有限公司生产的一次性使用无菌医疗器械、器材、耗材销售覆盖全国20多个省市，并出口销往东盟、中东数十个国家和地区，“申宝”“广顺”牌多种产品深受国内外用户赞赏和信赖。（郑飞月）

■扬州中宝药业股份有限公司 位于江苏省宝应经济开发区新区，占地面积8公顷，建筑总面积3万平方米。该公司成立于1991年11月，注册资本2490万元，拥有各类管理及专业技术人员52人，是集研发、生产、销售原料药和制剂为一体的具有30多年历史现代综合性制药企业，为江苏黄河药业（集团）股份有限公司旗下企业。该公司年已形成输液5000万瓶、针剂3亿支生产能力，主要生产、包装大容量注射剂、小容量注射剂、片剂、硬胶囊剂、颗粒剂、原料药（氨力农、依替膦酸二钠、甲砜霉素）等多个剂型、154个品规和化学原料药，并可提供医药技术开发、技术成果转让、技术咨询等服务。2016年3月，扬州中宝药业股份有限公司获批在全国中小企业股份转让系统挂牌上市（简称“中宝药业”，证券代码：836518）。2021年，公司实现开票销售额6.5亿元、利税1713万元。（郑飞月）

■江苏康宝医疗器械有限公司 位于宝应县苏中北路78号，占地面积1公顷，建筑面积1.2万平方米。该公司创建于1986年6月，注册资本2500万元，是集科研、制造、贸易于一体的医疗器械、器材和医用设备专业公司，年生产能力8000万元。公司主要产品有一次性使用输液器、一次性使用无菌注射器、一次性使用静脉输液针、一次性使用无菌注射针、药物振荡器、体温表甩降器、一次性使用棉球、一次性使用棉签、纱布叠片、纱布绷带、纱布手术巾、一次性使用医用无纺布口罩、一次性使用无菌帽、一次性使用手术衣、医用棉垫、一次性使用无菌扩张器等。公司通过德国TUV公司CE认证和国家ISO 13485:2003质量体系认证。公司拥有科学的生产工艺技术，严密的质量管理体系，雄厚的专业技术力量和先进的检测设备装置，产品质量品质卓越。该公司销售市场覆盖国内20多个省市和东盟、中东数十个国家和地区。2021年，公司实现开票销售额1.4亿元、利税342万元。（郑飞月）

有机食品产业

■概况 2021年，全县有机食品产业实现开票销售额23.7亿元，比上年增长13.5%；入库税收3321万元，比上年增长26.3%。有机食品产业是该县三大特色产业之一，主要产品涵盖粮油加工、藕制品和蔬菜加工、饮料制造等门类，形成生产、储存、加工、流通等较完整的产业链条，并广泛出口日本、韩国和东南亚地区。宝应县有机食品产业内企业拥有知名品牌50多个，其中“宝应湖”牌商标为中国驰名商标。宝应县先后获批国家有机食品基地示范县、国家有机产品认证示范县、全国特色农业加工基地、国家农业产业化示范基地，全国绿色食品一二三产业融合发展示范园。建有中国有机产品交易中心和国家有机食品质量监督检验中心（江苏）。2018年以来，宝应县依托安宜工业园区和宝应经济开发区有机食品产业园，陆续引进膳立方膳食纤维及功能饮料、名仁苏打水等重大产业项目。至年底，全县有机食品产业规模以上企业29家，规模以上企业实现年销售额1亿元企业6家。　（郑飞月）

■有机食品产业重点企业　2021年，全县有机食品产业内各类企业300多家，其中江苏宝粮控股集团股份有限公司、江苏荷仙食品集团有限公司等农业产业化龙头企业95家；每年出口日本、韩国、东南亚等国家和地区农副产品，特别是荷藕、蔬菜等加工食品5万多吨。至年底，宝应县引进的膳立方大健康产业园纤维及功能饮料生产线第一期项目、名仁苏打水生产线第一期项目均竣工投产。产业内重点企业包括江苏荷仙食品集团有限公司、中粮面业（扬州）有限公司、扬州名佳食品有限公司、永顺泰（宝应）麦芽有限公司等。　（郑飞月）

■高端苏打水制造项目　该项目位于宝应经济开发区（黄塍镇），由河南省焦作市明仁天然药物有限责任公司旗下扬州名仁天然药物有限公司投资兴建，协议总投资5亿元，规划用地面积7.27公顷，建筑面积4万平方米，规划建成年生产10亿瓶高端苏打水及多维果味水饮料。该项目分两期建设，其中第一期项目投资额2亿元，主要建设内容为年产2亿瓶高端苏打水及2亿瓶多维果味水饮料项目。该项目于2018年6月签约，2019年9月第一期项目开工建设，2021年底项目竣工投入生产。　（郑飞月）

羽绒家纺产业

■概况　2021年，全县羽绒家纺产业实现开票销售额26.2亿元，比上年增长52.6%，实现税收6295万元，比上年增长50.4%。羽绒家纺产业为宝应县三大特色产业之一，是全国规模最大的羽绒家纺产品生产基地，获命名“中国知名羽绒家纺产地”。宝应县羽绒家纺产业涉及纺织、服装、羽绒制品等行业，羽绒家纺产品远销全国许多省市，以及日本、东南亚和欧美等国家和地区国际市场。羽绒制品产业集群主要集中在宝应县山阳镇城西工业园，2015年11月山阳镇被授予“中国羽绒名镇”，获批江苏省羽绒农产品加工集中区和“山阳羽绒”集体商标。　（郑飞月）

■羽绒家纺产业重点企业　羽绒家纺产业内重点企业包括江苏康源纺织有限公司、江苏建炜家纺制品有限公司、江苏大成羽绒制品有限公司、江苏金夏纺织有限公司、江苏翔宇纺织品有限公司、江苏银宝实业股份有限公司等。全县羽绒家纺产业规模以上企业27家，其中羽绒制品生产骨干企业5家、年开票销售额1亿元企业3家。　（郑飞月）

■羽绒产业集群　主要集中在宝应县山阳镇城西工业园，现有羽绒制品生产企业60多家、从业人员1万多人。年产各类羽绒被160万条、床上用品110万套、羽绒服15万件。山阳镇成功招引深圳富安娜家居用品股份有限公司、宝亿（江苏）家纺有限公司等知名企业到该镇投资新建产业链重大项目，并与深圳富安娜家居用品股份有限公司、上海水星控股集团有限公司等建立起良好合作关系，产品远销日本、欧美、东南亚等国家和地区。山阳镇先后被授予“中国羽绒名镇”“全国羽绒产业优秀集群”“改革开放40周年中国领航创新产业集群”；建成“羽绒特色小镇展示馆”。2021年，羽绒产业集群完成开票销售额10.1亿元，比上年增长26%，实现税收收入1684万元，比上年增长2.6%。　（郑飞月）

■江苏康源纺织有限公司　是全县纺织业重点骨干企业，位于江苏省宝应经济开发区，占地面积17.47公顷。成立于2010年12月，注册资本1.8亿元，年生产规模40万纱锭，设有环锭纺、紧密纺、气流纺、涡流坊系列生产线，主要生产各类涤、棉、粘等纯纺、混纺、精普梳系列中高档服饰用纱线和从事纺织新产品研发等。该公司拥有员工3000人，其中各类高中级技术人员182人。该企业技术力量雄厚，设备选型先进，自动化程度高，主要设备和实验

山阳镇羽绒家纺企业生产车间　　山阳镇/供稿

仪器均采用国内外一流的纺纱设备,空调配置选用瑞士洛瓦公司产品,达到国际先进水平,生产环境恒温恒湿,为提高生产效率、打造名优产品、实行现代化管理提供有力保障。2021年,该企业实现开票销售额4.8亿元、利税1562万元。

(郑飞月)

文体用品产业

■概况 2021年,全县文体用品产业实现开票销售额13.8亿元,实现税收4610万元。该产业有文化创意、教具玩具、体育用品、水晶工艺、圣诞礼品、乱针绣等六类产业企业200多家。2017年,宝应县被评为"中国乱针绣之乡",鲁垛镇被授予"中国乱针绣文化产业园"称号;江苏省乡土人才、产业领军人才朱军成获评中国工艺美术大师;2018年,江苏省乡土人才莫元花当选第十三届全国人大代表大会代表,获"全国三八红旗手""全国五一劳动奖章"表彰。2011年,曹甸镇被中国玩具和婴童用品协会授予"中国教玩具生产基地"称号,2018年通过复审;获命名"江苏省特色小镇";曹甸镇青少年体育装备制造创意产业园获评"国家体育产业示范项目"。 (郑飞月)

■文体用品产业重点企业 产业内重点企业包括文化创意类企业江苏果米文化发展有限公司、江苏礼瀚圣诞文化创意产业有限公司;教具玩具类企业包括江苏宝乐实业有限公司、扬州华瑞金属制品有限公司、扬州东方娃玩具有限公司;体育用品类企业包括扬州米奇妙教玩具有限公司、扬州绿宝人造草坪有限公司;水晶工艺类企业包括扬州舜天玻璃工艺品有限公司、扬州星汉玻璃工艺品有限公司、扬州兴润玻璃水晶工艺品有限公司;圣诞礼品类企业包括扬州美瑞华工艺礼品有限公司、宝应县东风圣诞礼品有限公司;乱针绣类企业包括宝应县国风刺绣厂、宝应县长霞工艺刺绣厂等共计30多家。

(郑飞月)

■江苏果米文化发展有限公司 该公司是国内计算机软件开发、游戏软件开发代理运营企业,拥有软件著作权产品100余项,获国家"双软"企业认定(即国家软件企业、软件产品认定登记),获评"国家高新技术企业""江苏省重点科技文化企业"。江苏宝乐实业有限公司是苏北地区最大的教具玩具生产企业、中国玩具协会成员单位,主要产品文化用品、智力玩具、健身器材、教具学具、科教设施、橡胶地垫、塑胶跑道、水上船艇等,拥有注册商标3件、各项专利43件,先后获评"江苏省明星企业""江苏省优秀科技企业"。扬州美瑞华工艺礼品有限公司是国内工艺礼品生产行业龙头企业、国内外最具影响力大型工艺礼品生产企业,是LOWES、HOB、KSA、迪士尼、麦当劳等国际著名品牌指定供应商。 (郑飞月)

■文体用品产业集群 2021年,全县文体用品产业各类企业200多家,其中规模以上企业36家。全县文化创意、教具玩具、水晶工艺、圣诞礼品、乱针绣等六类产业呈现区域产业集群分布。文化创意类企业主要集中安宜镇工业园区软件信息产业园。曹甸镇是中国教玩具生产基地,拥有各类文体教具玩具制造企业350多家,从业人员1.26万人,生产智力玩具、户外玩具、游乐设施、健身器材、教学设备等五大类1万多个品种,销往全国各地及欧洲、东南亚等20多个国家和地区。水晶工艺类企业主要聚集在西安丰镇工业集中区,共有水晶工艺生产企业110家,从业人员6000多人,实现年销售额3亿多元,建成水晶工艺产业园;西安丰镇被誉为"中国水晶之乡""中国水晶第一镇"。小官庄镇有"东方圣诞小镇"之美誉,全镇圣诞礼品制造企业及加工点300多家、从业人员1万多人;扬州美瑞华工艺礼品有限公司是在扬州市注册的第一家美国独资企业,员工1000多人,年产值3000多万美元。鲁垛乱针绣源于20世纪30年代,是扬州市首批非物质文化遗产。该镇"扬州乱针绣文化产业园"集聚各类乱针绣企业20多家,绣工绣娘3000多人,年实现销售1亿多元,产品远销欧美、日本、韩国、东南亚等国家和地区。 (郑飞月)

建　筑　业

Jian　Zhu　Ye

■编辑:唐善刚

综　　述

■**概况**　2021年,宝应县建筑业企业克服疫情影响,推进复工复产,瞄准"市场、结构、创新、安全"4个关键重点,巩固传统市场、拓展新兴市场,提升建筑业经营多元化、产业化和管理现代化水平,坚持"科技强企、品牌立企、人才兴企"宗旨,牢记生产安全、资金安全、合同安全、环境安全意识,做优质量、做活市场、做强品牌,促进建筑业企业提升经济效益、科技水平和发展质态,推动全县建筑业再上新台阶。至年底,全县实现建筑业总产值725亿元,比上年增长8%,完成建筑施工面积7451万平方米,比上年增长15%,全年建筑业上缴税收4.92亿元,比上年增长6.4%。

（戴志斌）

■**建筑业人才培养**　2021年,宝应县住房和城乡建设局(以下简称"县住建局")重视建筑业企业管理人员和工程技术人员教育培养,开办安全知识培训班6次,受训人数2560人次。全县新增建筑业中级以上各类专业技术人员78人,其中高级专业技术人员18人、中级专业技术人员60人。全年新增注册一级建造师11人、二级建造师43人,全县累计有注册建造师2144人,其中一级建造师289人、二级建造师1855人。

（刁成华　华道明）

■**建筑业科技创新**　2021年,县住建局推进以节能减排为主题绿色建筑和以节能、节地、节水、节材和环境保护"四节一环保"为主要内容绿色施工科技创新工作,全年累计新建绿色建筑面积92.44万平方米,其中住宅建筑面积63.61万平方米、公共建筑面积28.82万平方米;新增太阳能光热建筑应用面积33.25万平方米,新增太阳能光伏装机容量1.15MW(兆瓦);完成既有建筑节能改造面积13.64万平方米,其中住宅建筑面积12.6万平方米、公共建筑面积1.04万平方米;完成浅层地能建筑应用面积13.5万平方米,实施公共建筑室内空气品质监测公告试点项目1项,公共建筑能效公示项目1项、建筑能耗统计项目26项、建筑能耗分项计量项目4项、建筑能效测评项目2项,实现节约标准煤1.3万吨;实施装配式项目施工面积34.51万平方米,完成成品房建设面积1.05万平方米。

（戴志斌）

表18　2021年宝应县获"江苏省工程建设施工工法"一览表

项目名称	施工企业
装配式单向叠合板上滤下堵式胶浆密拼施工、基于BIM技术现浇楼梯定型钢木组合模板体系施工工法	安宜建设集团有限公司
大跨度混凝土结构无孔道免压浆缓黏结预应力施工工法	安宜建设集团有限公司
建筑墙体抗裂产热复合碳纤维内保温系统施工、内置轻钢龙骨的泡沫混凝土复合墙体施工工法	安宜建设集团有限公司

（成剑鸿）

■**建筑质量创优**　2021年,县住建局推行建筑工程全面质量管理,建立行业内项目成果和全面质量管理成果发布机制;开展建筑业质量创优活动,指导全县建筑业企业依据工程质量总目标,建立健全工程质量创优保证体系,制订工程质量创优工作计划和保证措施;引导县内建筑业企业加强建筑工程质量控制、施工过程监控和施工技术创新,提升建筑业企业对外知名度。全年县内建筑业企业获评"琼花杯"扬州市优质工程奖项目20个。

（成剑鸿）

表 19　2021 年宝应县获"扬州市优质工程奖"项目一览表

工程名称	施工企业
连淮扬镇高速铁路宝应客运站站前综合客运枢纽工程	中交第二航务工程局有限公司
宝应县红星生活广场 20 号楼(红星 MALL)项目	江苏华轩建设工程有限公司
扬州凯翔精铸科技有限公司年产 800 万套汽车变速器壳体 2 号厂房项目	江苏华轩建设工程有限公司
宝应县城南生态新城荣泰苑 1 号、2 号楼及地下室工程	江苏天宇建设集团有限公司
江苏省淮河流域重点平原洼地治理工程宝应境内大溪河施工标段项目	宝应县水利建筑安装工程处
宝应潼河水务有限公司深度处理项目	江苏飞跃道路桥梁建设有限公司
宝应县第二人民医院异地新建工程内装饰项目	安宜建设集团有限公司
宝应县科技创业创新中心建设工程外装饰(幕墙)项目	江苏苏鑫装饰(集团)公司
宝应县宝楠国际学校行政楼内装饰工程	江苏丰祥建设工程有限公司
宝应县监察委员会留置场所 1 号楼业务用房装修工程	江苏兴之达装饰装潢有限公司
宝应县千禧大酒店内装饰工程	江苏丰祥建设工程有限公司
宝应县城南生态新城荣泰苑第二标段公共部位装修工程	江苏兴之达装饰装潢有限公司
宝应县宝馨酒店内装饰工程	江苏丰祥建设工程有限公司
宝应县世纪房地产开发有限公司办公楼装修工程	江苏天宇建设集团有限公司
宝应县老年公寓第二期工程	安宜建设集团有限公司
宝应县生态体育休闲公园第二期工程	江苏盛世园林工程有限公司
宝应县城南生态新城荣泰苑项目景观、绿化等工程	江苏盛世园林工程有限公司、扬州城市绿化工程建设有限责任公司(参建)
宝胜集团有限公司建筑新材料 6 号生产车间项目	宝胜系统集成科技股份有限公司
江苏明智车业有限公司新建厂区 1 号厂房项目	安宜建设集团有限公司
宝胜集团有限公司特种高分子电缆材料生产厂房(D 栋)项目	宝胜系统集成科技股份有限公司

(成剑鸿)

建筑业企业

■**概况**　2021 年,全县共有建筑业企业 236 家,其中特级资质企业 1 家、一级资质企业 7 家、二级资质企业 136 家(施工总承包二级资质企业 40 家、专业承包二级资质企业 96 家)、三级资质企业 48 家(施工总承包三级资质企业 41 家、专业承包三级资质企业 7 家)、不分等级资质企业 13 家、劳务资质企业 31 家。全县建筑业规模以上企业 166 家,全年施工产值超过 1 亿元以上企业56 家。(戴志斌)

表 20　2021 年宝应县建筑业重点企业一览表

企业名称	成立时间	类别	地址
安宜建设集团有限公司	1976 年 10 月	房屋建筑类	安宜镇宝泰路 16 号
江苏天宇建设集团有限公司	2001 年 5 月	房屋建筑类	安宜镇苏中北路 41 号
江苏华轩建设工程有限公司	2002 年 4 月	房屋建筑类	宝应经济开发区宝应大道 66 号
江苏丰祥建设工程有限公司	2006 年 5 月	房屋建筑类	安宜镇叶挺路与东升路交会处附近

续表

企业名称	成立时间	类别	地址
江苏亚鹏建设工程有限公司	1998年3月	房屋建筑类	安宜镇繁华路88号
扬州利安建筑有限公司	2009年3月	房屋建筑类	安宜镇南城根路85号
江苏宝凯建设工程有限公司	2003年4月	房屋建筑类	泾河镇中心小学附近
江苏银河建设集团有限公司	1997年8月	房屋建筑类	安宜镇城南工业集中区
宝应金源建设工程有限公司	2009年12月	房屋建筑类	宝应经济开发区泰山东路86号
宝胜系统集成科技股份有限公司	2003年8月	钢结构类	氾水镇工业集中区骏升路13号

（戴志斌）

■**江苏天宇建设集团有限公司** 该公司为以建筑施工为主业，集科技研发、投资融资、建筑工业化为一体大型建设集团，于2010年由国有企业改制重组为股份制企业，2018年转制为国有控股企业。公司位于县城苏中北路41号，注册资本5.06亿元，下辖16个分公司、3个子公司、2个参股公司；各类专业技术人员1100多人、其中高级技术职称人员300多人；各类执业注册人员110多人，其中一级注册建造师63人、二级注册建造师39人。公司主项资质为房屋建筑工程施工总承包一级资质，房屋装修装饰工程专业承包一级资质、房屋建筑机电安装工程专业承包一级资质、消防设施工程专业承包一级资质、地基与基础工程专业承包一级资质，市政公用工程施工总承包二级资质、钢结构工程专业承包二级资质。该公司坚持科技兴企战略，先后通过ISO 9001质量管理体系、ISO 14001环境管理体系和GB/T 28001职业健康安全管理体系认证，获国家级工程建设施工工法5项，专利授权26项、其中发明专利3项，主编行业标准1部。公司先后承接宝应县城现代城住宅小区、国强家园住宅小区、世纪荣府住宅小区等工程项目400多项，获市级优质工程奖项目200多项、省级优质工程奖项目50多项、国家级优质工程奖项目2项，获国家AAA级安全文明标准化工地项目1项、中国建筑工程鲁班奖项目2项；入选“扬州市建筑业综合实力二十强企业”“江苏省建筑业综合实力百强企业”“中国建筑企业500强”。

（戴志斌）

2021年，宝应城南新城新建住宅——荣泰苑小区　　小　品/摄

■**安宜建设集团有限公司** 该公司成立于1976年10月，2021年转制为中城创展城市开发集团有限公司控股子公司，为国有控股企业。公司位于县城宝泰路16号，注册资本4.5亿元，下辖子公司19家、分公司22家；各类专业技术人员400多人，其中中、高级专业技术人员180多人，一、二级注册建造师100多人。公司拥有房屋建筑工程施工总承包特级资质、工程设计建筑行业甲级资质以及装修装饰、机电安装、钢结构、门窗制作等10余个专业承包一级资质，业务范围涉及土建、安装、装潢、市政、园林、道路、钢结构，以及建材生产与销售、建筑产业化等领域。该公司坚持“立足主业、多元发展、面向全国、走向世界”经营理念，实施优质品牌战略，综合实力持续攀升，先后获批“国家高新技术企业”“江苏省企业技术研发中心”“江苏省装配式建筑部品构件生产基地”“扬州市建筑产业化示范基地”，连续多年获评“中国建筑业竞争力百强企业”“江苏省建筑业综合实力百强企业”“江苏省建筑业竞争力百强企业”“江苏省民营企业200强”“扬州市建筑业综合实力二十强企业”“宝应县十佳诚信单位”等称号。公司拥有对外合作经营权，全面通过ISO 9001质量管理体系、ISO 14001环境管理体

系、GB/T 28001 职业健康安全管理体系认证。2021 年,该公司获扬州市优质工程奖项目 5 项、江苏省优质工程奖项目 2 项,获批市级工程建设施工工法 7 项。（戴志斌）

■江苏丰祥建设工程有限公司 该公司于 2006 年 5 月重组为股份制企业,注册资本 1.2 亿元,下辖 8 个分公司、1 个全资子公司;拥有固定资产 1.28 亿元,机械设备 931 台(套);各类注册建造师 85 人,其中一级注册建造师 15 人,获高级技术职称 7 人、中级技术职称 55 人。公司主项资质为装饰装修专业承包一级资质、地基与基础工程专业承包一级资质、房屋建筑施工总承包二级资质、市政公用工程总承包二级资质、消防工程专业承包二级资质、水利水电总承包三级资质、古建筑专业承包三级资质、钢结构专业承包三级资质、建筑机电安装专业承包三级资质,以及施工劳务资质。公司先后承接国家南水北调工程宝应大三横河拆迁安置建设工程、宝应县金陵大酒店装饰及各类水电工程、高邮市湖西家园住宅小区建设工程、扬州市杉湾花园住宅小区建设工程、南京市五台山体育馆装饰工程等项目。该公司坚持以“先进的施工技术、规范的施工管理、优质的工程质量、良好的社会信誉”赢得社会各界广泛赞誉,先后获国家优质工程奖(装饰类)项目 2 项、江苏省“扬子杯”优质工程奖项目 5 项、江苏省建筑施工安全文明工地项目 6 项、扬州市“琼花杯”优质工程奖项目 30 多项。该公司获认定江苏省“重合同守信用”企业、AAA 级信用企业;获评 2018 年度扬州市建筑业综合实力 30 强企业、2019 年度宝应县建筑业纳税贡献企业、2019 年度扬州市先进企业。（戴志斌）

建筑业市场

■概况 2021 年,宝应县坚持从县情出发,重点把握建筑业发展市场,调整优化全县建筑业产业结构,巩固传统市场、拓展新兴市场,推进建筑业快速、持续、健康发展。坚持科技强企、品牌立企、人才兴企,提升产业素质,加大建筑业市场开拓力度。以建筑业重点企业为龙头,稳步发展省内外建筑市场,拓展境外建筑市场。全县建筑业企业除承揽房地产项目外,加大道路、桥梁等市政设施建设领域市场拓展力度,推动全县建筑业发展再上新台阶。至年底,全县建筑业企业完成总产值 725 亿元、比上年增长 8%。（戴志斌）

■省内建筑市场 2021 年,全县建筑业企业完成省内市场产值 248.7 亿元,占全年总产值 34%。宝应县建筑业企业重视县内市场发展,积极参与城乡基础设施工程、政府重点工程、城市综合体工程等项目建设。在此基础上,加快拓展省内建筑业市场,项目主要分布在南京市、苏州市、徐州市、淮安市等市县。（戴志斌）

■省外建筑市场 2021 年,全县建筑业企业完成省外市场产值 476 亿元,占全年总产值 66%。项目主要分布在陕西省、山西省、山东省、广东省等省份。（戴志斌）

■境外建筑市场 2021 年,宝应县从事境外建筑业企业主要有江苏天宇建设集团有限公司宝应海外分公司、荣翔建设集团有限公司宝应海外分公司等。全县建筑业企业完成境外市场产值 2993 万美元,超额完成年度预定计划 50%。境外市场项目主要分布在多米尼克、埃塞俄比亚、尼日利亚、哈萨克斯坦、阿尔及利亚等国家。（戴志斌）

建筑业管理

■质量监管 2021 年,全县新增受监建筑工程项目 238 项,建筑面积 98.49 万平方米;监督建筑工程竣工验收项目 225 项,建筑面积 148.83 万平方米。全年实施建筑工程质量监管巡查 290 次,印发质量监督整改通知书 64 份;对建筑工程项目实体进行监督抽查检测 57 次,对监督抽检不合格等问题,采取系统闭合方式及时进行处理。（成剑鸿）

■安全监管 2021 年,县住建局完善建筑业安全检查、巡查和专项检查机制,落实建筑业企业安全生产和文明施工主体责任,年初与 34 家建筑施工企业、21 家建筑监理企业签订责任书。注重典型培育,组织履职述职,通过举办安全生产公益讲座、安全知识集中咨询日、应急救援演练等宣传活动,提高建筑业施工人员安全意识和建筑业企业安全管理能力。全年共印发停工通知书 26 份、危险隐患整改通知书 230 份、安全问题抽查记录单 7 份。全县建筑业安全生产形势基本稳定,创成“扬州市建筑施工安全文明工地”项目 20 个。（成剑鸿）

表 21　2021 年宝应县获“扬州市建筑施工安全文明工地”项目一览表

项目名称	施工单位
宝应县新城吾悦广场 28 号～32 号楼、3 号地块地下室及 3B 地块配电房项目	安宜建设集团有限公司
宝应县世纪荣府房地产开发项目 1 号～10 号楼、11 号楼配电房 A 及社区、12 号楼配电房 B、13 号楼门楼(物业)和地下汽车库工程项目	江苏天宇建设集团有限公司

续表

项目名称	施工单位
江苏红枫园(新四军文化园)食堂及其他配套辅助用房/廉政文化展示中心、拓展训练中心/军旅宿舍/红色遗存展示中心、党性教育会议中心、综合报告厅等工程项目	江苏丰祥建设工程有限公司
宝应县人民医院异地新建工程项目内装饰(行政办公后勤综合楼、门诊医技病房综合楼、感染楼)工程项目	江苏协和装饰工程有限公司
江苏五琼浆酒业有限公司检测.研发中心建设项目研发中心、检测中心工程项目	江苏天宇建设集团有限公司
扬州通顺人力资源有限公司人力资源市场建设(高层次人才工作中心、园区社群服务中心、职业技能提升中心、智慧创客服务中心)工程项目	宝胜系统集成科技股份有限公司
江苏省宝应经济开发区东阳路(宝应大道－城市河)改造 EPC 工程项目	江苏景明建设工程有限公司
宝应县国强家园 6 号～13 号楼,15 号～16 号楼,2 号楼配电房和地下汽车库工程项目	江苏天宇建设集团有限公司
江苏爱尔特实业有限公司年产 600 万只轴芯智能车加工项目 1 号综合楼、2 号～3 号一体化智能车间、4 号车间门卫、5 号车间门卫、6 号车间变配电间工程项目	扬州大巢氏建设工程有限公司
晴和精密制造科技(江苏)有限公司 1 号厂房、2 号厂房、3 号厂房、4 号厂房、成品仓库项目	江苏宜均建设工程有限公司
江苏欧展科技有限公司年产 30 万套电加热器及 2000 套环保监测仪器项目 1 号生产车间、2 号生产车间、办公楼工程项目	江苏峰信建设工程有限公司
宝应县望直港镇汽车配件产业园年产 1000 台套新能源客车车身项目生产车间工程项目	江苏郅亨建设有限公司
宝应县泰山路(运河路—画川路)提档升级 EPC 工程总承包项目	江苏瑞沃建设集团有限公司
宝应县城西人民医院建设工程项目	江苏华轩建设工程有限公司
宝应县宝楠锦园 10 号、11 号、13 号、15 号楼、地下车库(D 含地下人防工程)项目	宝应金源建设工程有限公司
宝应县泰山路(画川路—G233)提档升级工程项目	江苏瑞沃建设集团有限公司
宝应县宝胜路快车道(画川路—东阳路)提升改造工程项目	江苏瑞沃建设集团有限公司
宝应县望直港镇食品加工废水预处理工程(8000m^3/d)项目	江苏景明建设工程有限公司
江苏省宝应经济开发区东阳路(宝应大道—G233)道路提升改造工程项目	江苏景明建设工程有限公司
年产 10 万吨生物有机肥项目 1 号办公楼,2 号厂房,3 号厂房工程项目	江苏宜均建设工程有限公司

(成剑鸿)

■建筑市场监管 2021 年,宝应县进一步规范建筑市场主体行为,强化事中事后监管,压实治理农民工欠薪工作责任,推进农民工工资支付保障各项制度措施落实到位,切实维护农民工合法权益和社会稳定。4 月,县住建局组织开展全县建筑市场行为以及实名制管理执法综合检查,按照"双随机"要求共检查标段项目 25 个,涉及建设单位 13 家、施工总承包企业 13 家、监理企业 11 家。检查内容涵盖工程发包、承包行为、项目基本建设程序执行、施工项目经理部履约履职、工程合同资金管理、实名制用工管理、农民工工资支付、监理机构履约履职等情况。对建筑市场主体存在的主要问题进行通报警告,要求限期整改,并列入重点监控。 (张兆森)

商贸服务业

Shang Mao Fu Wu Ye

■编辑:邱　群

综　述

■概况　2021年,宝应县现代商贸服务业加快发展,市场主体进一步提档升级。至年底,全县实现服务业增加值347.45亿元,比上年增长6.9%,占地区生产总值比重40.9%。全县消费品市场运行平稳,实现社会消费品零售总额170.46亿元,比上年增长6.9%,按经营单位所在地分,城镇地区实现社会消费品零售额153.41亿元,比上年增长6.4%;农村地区实现社会消费品零售额17.05亿元,比上年增长11.7%。全年新增服务业规模以上企业26家,税收过1000万元服务业企业8家、过100万元服务业企业81家;新增限额以上批发零售和住宿餐饮法人企业181家,限额以上批发零售和住宿餐饮企业实现零售额27.37亿元、比上年增长9.6%。全县完成邮政业务收入1.67亿元,比上年增长8.4%;电信、移动和联通三大运营公司完成通信业务收入5.75亿元,比上年增长5.8%。韵达快递江苏区域总部基地韵达物流园第一期项目建成运营,极兔速递江苏(宝应)智慧供应链产业园项目签约落地,新获批江苏省重点物流基地1家。宝应县成功获批"全国电子商务进农村综合示范"项目。　(徐　林)

表22　2021年宝应县商贸服务业主要经济指标一览表

指标	单位	2021年	比上年增长(±%)
商贸服务业增加值	亿元	347.45	6.90
批发和零售业	亿元	62.57	6.40
交通运输、仓储和邮政业	亿元	17.78	0.30
住宿和餐饮业	亿元	12.96	8.00
信息传输、软件和信息技术服务业	亿元	4.13	-18.60
金融业	亿元	30.90	5.50
房地产业	亿元	57.65	4.70
租赁和商务服务业	亿元	43.47	3.00
科学研究和技术服务业	亿元	8.32	-13.50
水利、环境和公共设施管理业	亿元	2.52	-0.80
居民服务、修理和其他服务业	亿元	14.68	43.00
教育	亿元	24.08	28.80
卫生和社会工作	亿元	14.30	8.30
文化、体育和娱乐业	亿元	3.40	-10.10
公共管理、社会保障和社会组织	亿元	45.64	8.80
农、林、牧、渔服务业	亿元	5.05	4.50

(杨宁静)

■市场监测 2021年，县商务局加大市场监测信息发布力度，严格执行商务部有关生活必需品市场日报监测、应急商品数据库日报、生活必需品供求情况报送等制度，切实做好日常生活必需品、重要生产资料市场监测日报、周报、季报、年报工作，全年实现市场监测数据报表报送率100%。全县纳入日常生活必需品、重要生产资料、重点流通市场监测样本企业共33家。（徐 林）

■重点场所安全生产管理 2021年，县商务局将安全生产管理纳入年度工作目标责任制管理，加大对大型商场、超市、宾馆、饭店、加油站等商贸服务业企业重点场所安全监督力度；组织安全生产管理专项检查，督促企业落实消防安全管理规定，督促企业负责人落实安全责任和各项防范措施。全年出动检查人员共290余人次，检查重点商场、超市等零售企业120家，发现问题隐患106项；检查宾馆、饭店等餐饮业企业1337家次，发现问题隐患435项；检查加油(气)站(点)企业60家次，发现问题隐患80项；对查出的安全问题隐患，及时督促企业实施整改，密切跟踪整改落实情况。至年底，全县商贸服务业重点场所安全问题隐患整改工作全部完成、整改率100%。县商务局加强安全生产宣传教育，全年开展安全生产宣传教育“五进”活动5场次，增强企业安全生产意识，培育企业安全生产文化，提升从业人员安全素质，督促企业落实安全生产主体责任，建立健全风险防控和隐患排查治理体系；贯彻落实中央和省市县安全生产工作要求，全面提升加油(气)站(点)安全消防应急处置能力，有效预防安全事故发生，确保全县加油(气)站(点)企业生产安全稳定。6月4日，县商务局组织县内35家中石化加油站(点)干部职工举办消防安全应急演练，参加演练人数175人。（徐 林）

■服务业项目建设 4月17日，宝应县举行2021“烟花三月”国际经贸旅游节项目集中签约仪式。此次共签约各类项目35个，协议总投资额57.85亿元，其中现代服务业项目1个。该项目为极兔速递江苏(宝应)智慧供应链产业园项目，规划项目总投资10亿元。10月20日，县人大常委会组织部分县人大代表视察全县现代服务业在建项目建设情况；视察组先后到宝应金源温泉生活广场、县人民医院新建项目、安宜软件信息产业园、中众合农产品物流园和韵达物流园等项目现场，实地查看并听取相关情况介绍，对全县服务业在建项目建设情况表示肯定。（徐 林）

批发零售

■概况 2021年，县商务局协助和指导企业完善疫情防控体系，制订企业疫情防控和生产经营工作方案，切实帮助企业解决困难和矛盾，尽力克服新冠肺炎疫情影响。全县消费品市场运行总体平稳略有增长，实现社会消费品零售总额170.46亿元，比上年增长6.9%。其中全县批发和零售业实现社会消费品销售额156.82亿元，比上年增长8.2%。全年新增限额以上批发和零售企业176家、累计322家。（徐 林）

表23 2021年宝应县重点商场、超市概况表

名称	主要经济指标				经营面积（平方米）
	营业额（万元）	比上年增长（%）	税收（万元）	比上年增长（%）	
宝应文峰大世界亚细亚购物中心有限公司	6179	-17	39	-66	8000
苏果超市(宝应)有限公司苏果购物广场	19000	-19	—	—	31000
金源温泉生活广场商业综合体	19256	—	9	—	56000
扬州宝应吾悦广场商业综合体	6307	11	454	15	53387

（徐 林）

■重点批发市场 2021年，宝应县统筹推进居民生活保障商品批发市场建设。全县纳入扬州市统计范围重点批发市场6个。其中，重点商品批发市场3个，全年实现成交额3.35亿元，分别是宝应苏中装饰装璜市场、宝应奥邦亿丰国际商贸港、宝应宝利莱装饰城；重点农产品批发市场3个，全年实现成交额4.96亿元，分别是中众合农产品批发市场、宝应荷仙荷藕批发市场、宝应县射阳湖风车头荷藕批发市场。（徐 林）

■农产品销售一体化 2021年，县商务局围绕乡村振兴战略实施，加快构建社会主义市场经济条件下产销一体化链条，引入现代流通渠道；搭建优质农产品和绿色农产品入驻商场、超市桥梁，指导和帮助商场、超市

与县内农业产业化企业、家庭农场、农户开展合作,促进全县农产品生产和销售,实现农业产业化企业、家庭农场、农户和商家以及消费者共赢。至年底,全县累计3家商场、超市与江苏荷仙食品集团有限公司、江苏包天下食品有限公司等企业、家庭农场、农户签订合作协议,设立专柜专门销售宝应地方名特优农产品和绿色农产品。（徐 林）

■**“宝应湖”大闸蟹入驻叮咚买菜生鲜销售平台** 4月20日,宝应县借助扬州福岁乐生物科技有限公司(简称“福岁乐”)与上海壹佰米网络科技有限公司建立战略合作关系,建立起一个更加安全、高效、稳定的地方特种水产品“宝应湖”大闸蟹供应链体系。“宝应湖”大闸蟹成功入驻上海壹佰米网络科技有限公司创立的“叮咚买菜”生鲜销售线上线下平台,协议年销售量18万只。（徐 林）

住宿餐饮

■**概况** 2021年,全县因疫情防控实施住宿餐饮企业阶段性整体闭店、限制堂食等措施,使住宿餐饮业成为受疫情影响最大的行业之一。全县住宿和餐饮业呈现客源减少、业务量下降、经营者负担重等状况。面对疫情影响,县委、县政府坚持贯彻落实习近平重要讲话指示精神,制订相应税费减免等优惠政策,住宿和餐饮业经营业务逐渐恢复。至年底,宝应县住宿和餐饮业实现社会消费品销售额13.64亿元,比上年下降5.1%。全县限额以上住宿业法人企业8家;全县限额以上餐饮业法人企业14家。（徐 林）

■**扬州“世界美食之都示范店”创建活动** 2021年,县商务局组织重点餐饮企业开展扬州市“世界美食之都示范店”创建活动。12月28日,在2021中国(扬州)国际创意美食博览会暨第三届中国早茶文化节期间,扬州市商务局公布第三批“世界美食之都示范店”、“世界美食之都示范店(特色类)认定名单”。宝应华美达大酒店获命名第三批“世界美食之都示范店”,宝应福华大酒店获命名第三批“世界美食之都示范特色店”。（徐 林）

1月1日,宝应金陵大酒店正式对外营业　　小 品/摄

■**宝应慈姑宴制作技艺地方标准公布** 6月29日,宝应县烹饪(餐饮)协会“慈姑宴制作技艺”获批扬州市服务业地方团体标准,由扬州市市场监督管理局对外发布,中文名称为“宝应慈姑宴制作技艺”,标准编号为DB3210/T 1113－2022。该标准公布将能更好满足国内外食客对慈姑宴消费需求,规范慈姑宴制作技艺,提升宴席质量,传播美食文化。（徐 林）

■**餐饮业和超市消费券发放** 12月28日,县商务局组织县内部分餐饮业企业参加2021中国(扬州)国际创意美食博览会主办单位举办的餐饮业和超市消费券发放活动,全市首轮发放消费券金额500万元,其中宝应华美达大酒店、宝应金陵大酒店、CoCo都可(宝应店)等7家餐饮业单位参与其中。该项活动旨在做大做强淮扬菜和早茶(点)产业,拉动消费增长,让百姓获得实惠。（徐 林）

供销合作

■**概况** 2021年,宝应县供销合作总社(以下简称“县供销总社”)以乡村振兴战略为重点,以服务三农为主线,精心谋划,扎实推进供销合作社各项职能工作落实到位。至年底,县供销总社系统事业单位3家、恢复重建新型基层供销社18家、社有全资企业5家、为农服务专业合作社19个,实有资产总额6460万元,所有者权益2500万元,全年实现利润50万元。全社干部员工及合作社成员3100多人。全年实现销售总额26.01亿元,完成农业生产资料销售额3.78亿元,完成连锁经营销售额3.05亿元,完成农产品销售额19.18亿元,完成农产品批发市场交易额9.35亿元,完成电商销售额2.32亿元,其中农产品电商销售额2.12亿元,实现冷链物流营业额3016.5万元。全年完成农业社会化服务面积1.55万公顷,比上年增长2.12%;完成配方施肥、统防统治和农机作业三项环节服务面积2.91万公顷,比上年增长19.99%。（王 莹）

■供销社综合改革 2021年，县供销总社持续推进基层供销社综合改革，加强基层供销社“三会”制度建设。按照《江苏省基层供销合作社示范章程》规定，继续把建立健全联合社“三会”制度向基层延伸，推广曹甸镇供销社、射阳湖镇供销社“三会”制度试点经验，在夏集镇供销社推行建立“三会”制度。12月30日，夏集镇供销社召开第七次社员代表大会，选举产生理事会主任和监事会主任各1人。（王 莹）

■基层供销社建设 至年底，全县累计恢复重建镇供销社14家、村供销社4家。县供销总社加大对基层供销社改造力度，对资产状况较好、经营活动正常，又具有资源禀赋的基层供销社，通过项目扶持，依托领办创办的农民专业合作社对其进行改造提升，实现基层供销社服务功能拓展。发展壮大基层供销社，在搞活经营上下功夫，在为农服务上求实效，把基层供销社真正办成服务农民生产生活的前沿阵地和综合平台，全年实施改造提升基层供销社1家。宝应县宝新供曹甸供销有限公司申报获批江苏省供销合作总社基层社改造提升项目，在曹甸镇现代农业社会化服务中心投资141万元新建冷藏库、速冻库和冷链加工生产线。（王 莹）

■农业社会化服务 2021年，县供销总社指导各基层供销社拓展服务功能，提升农业农村社会化服务水平。宝应县共赢农机专业合作社、县正丰农机服务专业合作社、县聚力农机服务农民专业合作社等3家联合社实行资产重组。安宜镇大桥村农村综合服务社、夏集镇子婴河社区农村综合服务社经改革提升综合服务社功能。氾水镇供销社参股的宝应县氾水庆丰收割机跨区作业专业合作社申报获批扬州市供销合作总社农业社会化服务中心项目，建成氾水镇农业社会化服务中心。该中心建筑面积3000平方米，可提供育秧、农机作业与维修、统防统治、粮食收储烘干、农民培训等为农服务项目，全年实现“大田托管”服务面积1866.67公顷。县供销总社组织全县各镇（区）基层供销社领办农民专业合作社及其农业社会化服务中心，开展农资直供、农机作业、统防统治、粮食收储烘干、农药废弃包装物回收等农业社会化服务，全年新增“农田托管”面积1.55万公顷。提升农产品流通服务水平，江苏苏民生态产业发展有限公司申报获批扬州市供销合作总社农村现代流通项目，投资110.77万元建成苏民农产品展示展销中心（全县供销合作社农产品展示展销中心）。江苏苏民生态产业发展有限公司与安宜镇供销社合资新建成“苏民宅配”农产品运营配送直销中心，当年投入运营。（王 莹）

■农药废弃包装物回收处理 2021年，县供销总社按照县委、县政府关于民生幸福工程建设相关要求，继续实施农药废弃包装物回收处理工作。在全县14个镇（区）遴选38个农资经营网点专门负责农药废弃包装物回收处理工作，严格执行“六个统一”（统一回收区域，统一回收价格、统一操作程序、统一集中处理、统一财政补贴、统一回收纪律）规定，建立回收台账，实行集中规范处置，全年争取江苏省供销合作总社农药废弃包装物回收以奖代补专项资金16万元。通过公开招标，确定农药废弃包装物回收处置服务单位，全年回收处理农药瓶（袋）共151.94万件，回收率93.3%，处置率100%。（王 莹）

■农资配送市场 2021年，县供销总社加强农资配送中心基础设施建设，完善农资配送中心服务功能，动员基层供销社帮助农资公司股东拓展新建农资网点，实施农资网点信息化改造，提升农资网点配送接单经济效益；赋予农资网点农药废弃包装物回收职能，加强对连锁农资网点经营行为监管，指导各连锁农资网点建立健全农资配送进销台账。全年供销社系统实现农资连锁配送销售额1.02亿元，占连锁农资网点销售总额86.13%。（王 莹）

粮食购销

■概况 2021年，县发改委（县粮食和物资储备局）贯彻执行县委、县政府及县疫情防控指挥部统一部署，编制落实《突发疫情情况下应急保供工作预案汇编》；完善和落实长效管理机制，推进省、市委涉粮专项巡视巡察组工作，堵塞粮食购销领域漏洞，有效防范并化解粮食市场风险隐患，做好粮油保供稳市工作；执行《宝应县粮食应急预案》（宝政办函〔2020〕10号），明确分工、细化责任，建立社会粮油四级保供体系，确保县域内粮食市场供应和粮食市场价格基本稳定，维护群众利益和社会稳定。全县优质品种推广成效显著，全年新粮均价较上年有所上扬，市场收购价明显高于往年，种粮大户和售粮农民满意度不断提高。稳步推进通用型物资储备及管理，县发改委、县应急管理局、县财政局联合印发《宝应县县级救灾物资储备调拨使用管理实施意见》（宝发改〔2021〕43号），为救灾物资调拨和使用提供制度保障。（吕爱飞）

■粮食收购 2021年，宝应县完成粮食购销总量176.95万吨（折合小麦86.29万吨，折合稻谷90.66万吨），其中国有粮食企业［含中粮面业（扬州）有限公司，简称“中粮面业”］完成购销量81.73万吨（折合小麦56.26万吨，折合稻谷25.47万吨）。县发改委（县粮食和物资储备局）贯彻落实省、市粮食收购政策，统筹做好疫情期间粮食收购工作；加强粮食市场研判，合理规划收购网点，通过积极竞拍、腾仓并仓、修缮老仓、边购边销、加工转化等多措并举，有序开展夏、秋粮收购工作。同时，利用多种方式宣传粮食收购和质价政策，保证粮食收购政策和信息及时公开，以防出现“卖粮难”现象，守住“农民种粮卖得出”底线。（吕爱飞）

■粮食市场管理 2021年，县发改委（县粮食和物资储备局）开展“亮剑2021”专项执法行动，抓牢抓细政策性粮食库存检查、粮食质量监管、粮食执法检查等工作，确保全县百姓“舌尖上的安全”；会同相关部门对粮食流通企业开展“双随机”检查，督促企业规范处置超标粮食，维护粮食收购市场秩序，充分保障卖粮农民利益；开展全县粮食企业信用评级评定，实施信用评级分类管理。

（吴 浩）

■粮食安全保障 2021年，县发改委按照江苏省安全生产“三年大灶”统一部署，贯彻“管行业必须管安全、管业务必须管安全、管生产经营必须管安全”要求，执行“两个安全”责任制度，全面落实安全风险双重预防机制、应急值守制度，防范各类安全生产事故发生；督促县内粮食加工企业建立健全每日巡查制度，落实内部科室定向督查规定，及时发现问题，消除隐患；结合危化品安全综合整治工作要求，重点对夏秋粮收购安全管理、粮食出入库、熏蒸药剂使用、冬春火灾防控、汛期粮库安全等开展定期排查；加强对粮食系统老旧国有资产、在建粮食产业项目、出租房屋等重点部位经常性跟踪检查，确保万无一失。（邵建斌）

■粮食仓储能力提升 2021年，宝应县推进现代化粮食企业和现代化仓储设施建设，加快改善仓储物流基础设施条件，提升县域粮食产业化发展水平和国有粮食企业仓储水平。至年底，全县国有粮食企业拥有仓储量46.8万吨，其中现代化仓储量27.8万吨，粮食日总烘干能力2800吨，全县整体现代化仓储水平59.4%。粮食仓储工作坚持全产业链发展思路，以绿色化、数字化、网络化、智能化为核心，不断催生新技术、新产业、新业态和新模式。中粮面业（扬州）有限公司投入资金3800万元，对原年加工小麦10万吨车间生产线实施改造，增加年生产能力2万吨，出粉率由55%提高到70%，全年实现各类面粉销售量共计3.6万吨。提升粮食安全和物资储备保障能力，坚持增加产出、减少消耗、提升品质，全县形成“调控有力、运转高效、生态绿色、持续发展”现代粮食流通和物资储备新格局，实现传统粮食流通和物资储备产业与市场多样化需求之间动态匹配。（邵建斌）

烟草专卖

■概况 至年末，全县持证卷烟零售户4004户，实现烟草销售量2.66万箱，比上年增长1.15%；实现销售额11.8亿元，比上年增长9.15%，单箱平均价格4.44万元，比上年增长7.92%；完成业务毛利润3.67亿元，比上年增长10.18%。江苏省宝应县烟草专卖局（扬州市烟草公司宝应分公司，以下简称“县烟草局”）以推动高质量发展为目标，统筹抓好常态化疫情防控工作和生产经营管理；开展党史学习教育，常态化组织“党史百年、周学月考”学习活动25次，用理论武装头脑、指导实践、推动工作。组织党员干部走进结对共建社区、基层站所、零售户店堂开展党史宣讲，邀请老党员讲述亲身经历红色故事，打卡红色教育基地，将党史学习教育下沉基层；举办庆祝建党100周年系列活动，引领干部职工感悟厚重革命情怀，弘扬伟大建党精神。参加扬州市烟草系统“学党史、悟思想，办实事、开新局——我是党课主讲人”党课大赛获二等奖，参加全省烟草系统庆祝建党100周年职工书画摄影大赛获书法类二等奖1项；开展“我为市场监管勇担当”“我与客户共成长”和“五个一”结对共建活动，制订重点项目清单11项，以及各类“我为群众办实事”实践活动107次。县烟草局获评“扬州烟草系统2021年度优秀团队”“2019—2021年度江苏省文明单位”“2019—2020年度扬

6月29日，县烟草局联合县相关部门开展“烟草专卖法颁布日”法制宣传活动 县烟草局/供稿

州市文明单位”“宝应县先进基层党组织”等荣誉称号。（陈　军）

■疫情防控　2021年，县烟草局持续加强疫情防控常态化管理，做好日常消杀、进出检查、会议管理、错峰就餐、疫情信息报送等工作。推进新冠病毒疫苗接种，做到“应接尽接”，全局在岗在职干部职工新冠病毒疫苗接种人数105人，接种率99%。全体在岗在职干部职工深入社区疫情防控一线，参加全员核酸检测、社区卡口执勤工作，共出动志愿者530人次，累计服务时长2256小时。（陈　军）

■市场营销　2021年，县烟草局深化与客户之间联动，放大服务赋能效果，开展“我为品牌培育做贡献”主题活动，4家卷烟零售商户在“晶彩杯”全省卷烟零售户“开口营销”大赛中获奖；开展“我与诚信小组结对子”主题活动，在“荷花杯”全省烟草系统第二届优秀诚信互助小组、小组长比赛中获一等奖1项；开展“我与客户共成长”主题活动，引导优质客户加入“金丝利零售”加盟店，3家店铺在“黄金叶”杯2021年“全省最美店铺”评选活动中获奖。全年建成“金丝利·通”智慧门店109个，长期稳定在全省烟草系统优质店铺TOP100店铺2家；全县连续11个月企业微信订货率位居全省烟草系统前三名，网络“金丝利·家”社区平台日均活跃度获全市烟草系统第1名，建成“金丝利零售”加盟店8家，建成文明吸烟点662个、文明吸烟室1个。（陈　军）

■专卖管理　2021年，县烟草局加大市场整治力度，开展“利剑8号”等专项行动，全年查获各类违法案件298件，各类违法卷烟数量657.94万支，案值折合人民币552.31万元，获江苏省烟草专卖局嘉奖1次，获扬州市烟草专卖局嘉奖5次，市场净化率98%。宝应县“5·15”特大贩售假烟案被列为江苏省烟草系统大要案件；“3·10”特大非法生产烟草专卖品案成功告破，获公安部、国家烟草专卖局打击制售假烟网络工作领导小组办公室贺信表扬。县烟草局加强对电子烟销售和中小学校、幼儿园周边零售商户监管，张贴《通告》和宣传标语551份；协调多方共同开展“守护成长”行动，依法保障未成年人身心健康和合法权益；全面开展真烟外流和违法违规卖烟大户治理工作，建立并完善重点监管对象名录和违法违规卖烟大户“黑名单”，取缔违法违规大户经营资格4户；实施烟草专卖零售许可证清理工作，对全县城乡所有卷烟零售持证商户开展全面摸排3轮次；精准掌握零售户经营状态，对证址不符、人证不符等七类“问题证”分类登记造册，分类给予处理，责令停业商户262户、注销“问题”商户311户。（陈　军）

盐　业

■概况　宝应县盐业有限公司（以下简称“县盐业公司”）下设综合管理部、市场营销部职能科室2个，在职员工8人。2021年，县盐业公司深化改革创新，凝聚发展合力，落实“强基工程”各项措施，推进企业加快转型发展。至年底，实现销售收入1816.58万元，其中主营业务销售收入736.57万元、非盐销售收入80.01万元，实现净利润3.48万元。全年完成各类用盐销售量3.05万吨，总体销售量与上年相比有所增加，其中小包装食盐销售量1852.54吨、工业用盐销售量381.35吨、荷藕腌制专用盐销售量2.83万吨。全县市场碘盐覆盖率98%，居民食用碘盐合格率98%。（吉维东）

■渠道体系建设　2021年，县盐业公司按照江苏省盐业集团有限责任公司工作部署，落实访销分离和直配直送工作模式。根据宝应实际，将全县14个镇（区）划分为南北中3个销售片区，由县盐业公司专职人员担任片区客户经理，实行食盐销售“一站式”配送。加强食盐终端网络建设，建立健全终端客户资料；根据客户购销情况，对客户实行A、B、C三级归类管理，全县有效终端客户969户，其中KA客户5户、BC类终端客户836户、特通客户25户；加大A类大中型商业超市客户维护力度，进一步优化零售终端销售品种，按照客户类别确定配送周期；实行终端客户定期维护和拜访制度，稳定食盐终端客户及市场，有效降低配送成本和费用。通过品牌宣传，提升“淮盐”品牌知晓率和美誉度。（吉维东）

■盐业市场协查监管　2021年，县盐业公司贯彻落实“新盐政”相关政策和协管规定，分析研究食盐市场面临的新形势、新要求、新任务，制订盐政协管工作绩效考评办法。县盐业公司盐政协管人员主动与县市场监管局对接，坚持每周与各片区市场监管分局联系，了解掌握食盐市场监管协调工作情况，积极配合各片区市场监管分局开展日常市场检查；组织开展食盐安全进农村、进社区、进学校、进机关、进企业“五进”宣传教育活动，发挥新闻媒体宣传教育和舆论监督作用，及时曝光涉盐大案要案，保持对涉盐违法行为高压态势，向社会各界广泛宣传盐业法规政策、碘盐科普知识，让广大消费者自觉提高加法律保护意识。（吉维东）

■行业用盐市场拓展　2021年，县盐业公司加强对全县荷藕行业腌制用盐管理，紧盯行业用盐市场不放松。针对盐业体制改革后竞品盐进入县内市场不利形势，县盐业公司及时组织市场营销部门人员认真分析市场情况，研究讨论并制订藕制品行业腌制用盐营销拓展计划，优化荷藕行业腌制用盐销售结构；组织公司营销人员、财务人员根据地域特点分析市场形势，认真测算荷藕腌制盐供应价格，并及时作出降价调整，增强公司竞争力，实现荷藕行业腌制用盐销售量稳步提升；提高行业用盐服务意识，成立监管服务小组，优化荷藕腌制用盐配送工作质量，实行24小时送货上门，并与全县多家荷藕腌制品生产龙头企业签订荷藕专用盐购销合同，保障荷藕腌制用盐需求，实现管理与服务有机统一。（吉维东）

邮　政

■**概况**　2021年，中国邮政集团有限公司江苏省宝应县分公司（以下简称"县邮政公司"）践行国有制企业政治、经济、社会三大职责使命担当，坚持把抓好党建作为最大政绩、推动发展作为第一要务，提升服务效能，拓展服务领域，推动服务转型。全年先后组织开展"我为群众办实事"实践活动，争创"规范化服务窗口"和争当"规范化服务标兵"星级评定活动，创建"美丽支局""优秀揽投部"活动等，持续推进全县邮政事业高质量发展。至年底，县邮政公司实现邮政业务总收入1.67亿元、比上年增长8.3%；年末邮政储蓄余额60.86亿元，县内储蓄市场占有率13.26%。全年承揽出口邮件475.5万件，比上年增长26.4%，承揽进口邮件539.3万件，比上年增长47%。全年累计投递普通给据邮件10.1万件，及时妥投率99.7%；投递快递包裹邮件309.1万件，及时妥投率98%；投递标准快递邮件49万件，及时妥投率87.7%。高考录取通知书投递妥投率100%。县邮政公司邮政业务客户满意度测评得分96.32分，超过中国邮政集团有限公司江苏省分公司标准得分10.32分。

（吕　伟）

表24　2021年宝应县邮政通信服务能力一览表

指标名称	计量单位	数量	指标名称	计量单位	数量
开设邮政局所的乡镇	个	14	农村投递道段总条数	条	48
提供投递服务的乡镇	个	14	乡镇政府所在地每周平均投递班期	次/周	6
乡镇开办邮政储蓄业务的	个	14	乡镇政府所在地道段每周投递频次汇总	次/周·条	234
已通邮的建制村	个	231	乡镇政府所在地投递道段总条数	条	39
设有村邮站的建制村	个	15	城区每日平均开箱次数	次	1
城区每日平均投递频次	次/日	2	城区信筒信箱每日开箱次数汇总	次/个	9
城区道段每日投递频次汇总	次/日·条	32	城区信筒信箱总数	个	9
城区投递道段总条数	次	16	农村每周平均开箱次数	次	6
农村每周平均投递班期	次/周	6	农村信筒信箱每周开箱次数汇总	次/个	246
农村道段每周投递频次汇总	次/周·条	288	农村信筒信箱总数	个	41

（吕　伟）

■**服务效能提升**　2021年，县邮政公司落实《江苏省邮政普遍服务管理办法》，开展邮政营业网点形象改造和"邮政普遍服务专题月"活动。制订纯邮政营业网点转型工作实施方案，组织邮政普遍服务专项检查，梳理形成整改清单事项43条；建成全县邮政系统"扫黄打非"工作站32个，网点覆盖率100%。开展"快递进村"补盲活动，县邮政公司、县邮政管理局共同与申通快递股份有限公司、中通快递股份有限公司、圆通速递股份有限公司和上海韵达货运有限公司"三通一达"在宝应分支机构签订三方合作协议。全县邮政系统加强年度工作目标责任制管理，将普遍服务水平提升列为城乡各邮政支局负责人年度绩效考核内容，实行"一票否决"制，确保普遍服务水平和质量全面达标。坚持"一封信一颗心"高标准，全年平信条码化处理率100%，全程时限达标率100%。12月25—26日，县邮政公司曹甸邮政支局、白田路邮政支局营业网点迁址改扩建项目先后竣工，并分别投入使用。截至年底，全县建成税邮便民服务网点1个、警邮便民服务网点12个、邮政服务加盟店403个、村邮站15个、邮政代投自提点264个。在县政府及县、镇相关部门支持和协助下，县邮政公司加快推进县镇村三级物流体系建设；坚持以"两个集中"（即相关工作区域集中、相关作业人员居住集中）改革为契机，持续优化邮政分类作业模式。从1月23日起，县邮政公司将进口邮件省际分拣封发关系调整至淮安市，实行邮政服务质量检查、支撑方式、内勤人员等集中管理，自提代投业务量比率 80.5%。县邮政公司智能邮政跟单系统上线应用，推进现实时限数据库、行业时限数据库、优势时限数据库、时限管控数据库“时限四库”建设；新一代邮政营业系统和录音录像系统上线运行，完成监控 UPS 电源安装网点 9 个；新建城乡各邮政支局门前信筒 32 个、城区段道信箱 3 个、村邮站悬挂式信箱智能设备 15 台（套）。针对无效开箱难题，增加网点智能机具布放，购置寄递手持终端 92 台、自助取款机 8 台、存取款机 37 台、智能柜员机 26 台。

（傅宗和　王　勇）

■乡村振兴服务　2021 年，县邮政公司发挥邮政职能优势，践行职责使命担当，巩固拓展脱贫攻坚成果，着力服务乡村振兴。加快完善农民专业合作社邮政服务需求数据信息，县邮政公司专门成立邮政惠农专班运营工作小组，全年累计走访农民专业合作社 943 个，发展农业经营主体和个体农户会员 6920 人；举办第五届中国邮政“9·19 电商节”活动，以“丰收欢乐购”为主题，构建邮政行业农村电商新生态，为乡村振兴注入新活力；电商节期间，组织以直播等方式推介“宝应荷藕”“宝应湖大闸蟹”“宝应大米”等地理标志和地方特色农产品线上销售。宝应县丰圣源农产品产销专业合作社生产“宝应大米”线上热销，入选全省邮政“9·19 电商节”万单项目。至年底，县邮政公司实现惠农项目农产品交易额 1480 万元，完成邮政服务惠农目标任务 9 项，得分列扬州市第 2 名。推广农产品“线上销售 + 寄递”运作模式，搭建智慧乡村金融服务平台，推进农村营业网点邮政快递合作、政务便民、金融普惠、农村电商、惠农合作等服务能力提升。（陈　芸　董晓雅）

■邮政作业疫情防控　2021 年，县邮政公司明确疫情防控、经营发展“两手抓、两不误”宗旨，结合邮政作业管理相关要求，严格落实办公现场、生产场地、营业网点等场所测温、验码、登记、消杀、限流、通风等疫情防控措施；按照“人物同防”工作要求，明确专人负责，严把“入门关口”；完善疫情防控应急处置预案，做好疫情防控物资储备，组织对各营业网点及生产场地疫情防控措施落实情况检查和非现场检查；强化疫情防控人员排查，严格落实离扬报备制度，做到“非必要不离扬”、核酸检测和疫苗接种均达到疫情防控要求，全年未发生确诊或疑似病例进入公司营业网点和生产作业场所；严防境外疫情通过邮政寄递渠道输入，第一时间对进口国际邮件快件逐件进行消毒，筑牢国际邮件防控屏障。县邮政公司坚持疫情期间邮政服务“四个不中断”（即网点服务不中断，做到各项业务均可开办；机要通信不中断，确保重要文件及时送达；揽投服务不中断，保证各类邮件揽收投递；在线服务不中断，提供足不出户业务办理）和“保民生、保供应、保畅通”原则，确保各类邮件出得去、进得来、投得好。县邮政公司做好疫情防控物资承运业务，为疫情防控提供有力保障；助力全县中小学校“停课不停学”防控措施落实，组织教材同城配送；利用“邮乐食堂”等线上推广工具，帮助农户销售玉米、葡萄、丰水梨等农产品共 6.25 吨。

（董晓雅　傅宗和　陈　芸）

通信服务

中国电信股份有限公司宝应分公司

■概况　2021 年，中国电信股份有限公司宝应分公司（以下简称“宝应电信分公司”）面对社会公众信息化需求，贯彻落实中国电信股份有限公司“云改数转”（即加快数字化服务能力建设，推进云网融合，实现云网“一体化”）新战略，运用大数据、云计算等支撑手段，持续开展城乡居民家庭无线网络提升优化工作，以“满意服务，十分信赖”为宗旨，塑造中国电信“网络智能、服务便捷、消费放心、安全可信”智慧服务品牌形象，为全县经济社会高质量发展注智赋能。宝应电信分公司坚持开拓进取，通过创新方法解决发展中遇到的难题，全年获批国家软件专利著作权 2 项、江苏省 QC（质量控制）优秀成果项目 2 个。至年底，全县固定电话、“天翼”手机、宽带、iTV 网络电视等各类电信用户数 65 万户；实现业务收入 2.44 亿元、比上年增长 11.1%。宝应电信分公司获评“江苏省文明单位”；宝应电信分公司汜水支局被中国电信股份有限公司江苏分公司评为全省“美丽支局”。

（翟　勇）

■网络建设维护　2021 年，宝应电信分公司投入网络建设资金 4000 多万元，新建中继光缆纤芯长度 5313 千米、主干光缆纤芯长度 2728 千米，建设开通 5G 室外基站 128 个、室内站 47 个；实现 25 个居民住宅小区、20 个室内地下室和 236 部电梯网络信号全覆盖；全县新增电信网络宽带用户端口 9000 个。至年底，宝应电信分公司总出口带宽 680G（千兆字节），千兆宽带端口所占比例 80%；提升连淮扬镇高速铁路沿线无线网络质量，实施无线信号精细化优化调整，优化调整站点 2 轮共计 26 个，开通增补铁路沿途移动基站 11 个；配合“全国文明城市”创建工作，对安宜镇淮江路、南园路和望直港镇獐狮荡社区等多处电信线路进行集中整治，全年调整美化缆线长度共 11.3 皮长千米、拆除废旧缆线长度 9.7 皮长千米。（翟　勇）

■疫情防控通信保障　2021 年，宝应电信分公司履行国有企业社会责任和使命担当,发挥自身网络和信息化优势,服务支撑全县疫情防控和社会经济发展。至年底,宝应电信分公司累计完成国家和省、市、县、镇召开的疫情防控视频会议保障任务90场次,安装智能门磁传感器980套;保障宝应县“12345”政府公共服务平台热线电话通畅,累计安排参加话务接听人员668人次,接通电话1.29万次,通话时长4.66万分钟;开展疫情防控志愿服务活动,组织志愿者60多人参加安宜镇东门社区卡口执勤、入户排查“7点行动”、全民核酸检测等服务工作;完成“宝应县居民健康检测平台”系统开发、安装,保障系统正常运行,为全县城乡居民健康管控、流调排查、核酸检测、疫苗接种等提供支持,也为全县“网格化、大数据、铁脚板”社会治理延伸应用提供功能拓展;协助开展复工复产,推广普及“扬城扫码通”大数据和“云保安”一体机应用,助力城乡疫情防控措施落实更加精准有效。 (翟 勇)

■营业网点建设 2021年,宝应电信分公司聚焦客户服务,持续优化渠道布局,新建商圈门店3家、城区门店5家、乡镇门店4家。其中,荣耀品牌门店是县内规模最大的手机超级大卖场,营业面积600平方米。至年底,全县品牌手机电信营业网点83家,其中城区35家、农村集镇48家。 (翟 勇)

中国移动通信集团江苏有限公司宝应分公司

■概况 至年底,中国移动通信集团江苏有限公司宝应分公司(以下简称“宝应移动分公司”)拥有移动电话用户数量38万户、有线宽带用户数量12万户、互联网电视用户数量9万户,移动通信服务网点数量140家,全年实现移动通信营业收入3亿元,与上年相比持平。2021年,宝应移动分公司注重树立品牌形象,激发运营活力,拓展家庭固定网络市场,提升家庭宽带和互联网电视品质,持续扩大有线宽带用户;依托无线资源优势,推动各项业务发展,实现城乡移动有线网络全覆盖。 (朱正俊)

■网络工程建设 2021年,宝应移动分公司加快推进移动通信网络工程建设,全年投入网络项目资金7580万元,新建5G网络基站124座,其中700M网络基站108座、4G网络基站11座、4G网络室内分布系统5个;实现城区重点场所5G网络和各镇(区)5G网络全覆盖。全年新建5G网络配套光缆长度682皮长千米,新增有线宽带用户容量4500户。截至年底,全县累计建成5G网络基站446座,4G网络基站895座,4G网络室内分布系统221个,网络配套光缆长度1.86万皮长千米,有线宽带用户容量35.1万户,无线网络总容量150万户,无线网络覆盖率99.4%。 (彭 勇)

■信息技术服务 2021年,宝应移动分公司借助5G网络、互联网云计算、互联网大数据、物联网等最新技术手段,助力全县“智慧宝应”建设,为城乡行政企事业单位提供信息化服务;利用自身5G网络资源优势和应用实例,为县公安局、县交运局、县应急管理局等部门提供5G网络配套服务;利用5G网络新技术、新手段,为全县信息化建设提供科技支撑;利用互联网云计算、互联网大数据技术和资源优势,为全县疫情防控措施落实提供有力保障;利用移动光纤线路基础设施优势,为全县城乡抢时抢点开展全员核酸检测提供互联网视频云服务。至年底,宝应移动分公司累计为全县行政、企事业单位安装互联网“云测温”服务系统设备250余套,采用移动网络发送短信、语音、视频等多类疫情防控宣传信息550万余条。 (王 亮)

■业务咨询活动 2021年,宝应移动分公司重视移动网络业务知识普及和宣传工作,先后举办“3·15”消费者权益日、党员先锋队走进社区等移动网络业务知识现场咨询活动;在活动现场设置套餐资费、无线网络、有线宽带等咨询服务台,接受各类咨询人数5500人,发放宣传单页6.5万份,现场帮助群众解决有线宽带、互联网电视等障碍问题285件。 (朱正俊)

中国联合网络通信有限公司宝应县分公司

■概况 2021年,中国联合网络通信有限公司宝应县分公司(以下简称“宝应联通分公司”)全年工作以客户需求为导向,寻求市场突破,加强市场、产品融合推进。至年底,宝应联通分公司拥有社会化运营门店28家,城乡代理点门店81家;拥有移动通信用户7万户,固定电话、宽带类用户3439户;实现通信主营业务收入2947万元。 (许洋洋)

■业务拓展 2021年,宝应联通分公司为巩固拓展脱贫致富奔小康成果,加快推进乡村振兴战略;以“我为群众办实事”服务宗旨,围绕提升农村地区群众数字化生活水平,组织开展建设特色数字化农村示范村宣传展示活动。全年组织开展智慧社区和数字乡村活动20场,让居民和村民感受到数字化带来的便利,让生活有更多的获得感、幸福感、安全感。 (胡 凌)

■网络建设 2021年,宝应联通分公司落实国家数字经济发展战略基础建设政策,持续推进5G精品网、精品光宽带、政企精品网搭建,构筑智慧家庭全屋光宽带等多个场景应用,全年新建中继光缆42.32皮长千米,主干光缆34.12皮长千米,开通5G基站35座、4G基站17座、室内分布系统20个、新增26个小区

千兆宽带接入,完成 7 个行政村光纤入户。 （郝　松）

■**通信保障**　2021 年,宝应联通分公司支持地方经济和事业发展,切实做好通信保障,确保安全畅通。全年顺利完成夏集桃花节、四分之一马拉松比赛、建党 100 周年等大型活动通信保障任务;落实县委、县政府关于城市建设供电、通信、有线电视线路“三线”落地工程和文明城市创建要求,完成 9 处光缆杆管线迁改、40 处线路隐患排查与整改任务。 （郝　松）

物　流　业

■**概况**　2021 年,全县物流业主要布局为,城区物流企业主要沿 S237 淮江公路、亿丰商贸港、泰山东路、金湾南路等交通便捷道路分布;乡镇因望直港镇、曹甸镇、氾水镇经济发展较快、交通运输条件相对优越,建立起规模相对较小的物流企业。截至年底,宝应县物流企业 100 多家,其中主要物流集散板块包括宝胜物流园、宝应港口物流园、宝应湖粮食物流中心、圆通物流园、中众合农产品物流园等。全县专业道路货运企业 212 家,其中道路化学危险品货物运输企业 2 家;厢式货车 91 辆、集装箱货车 31 辆,总吨位 1846.07 吨;危险货物运输车辆 18 辆,比上年增加 9 辆,总吨位 39.93 万吨。全年完成公路货运量 672 万吨,公路货运周转量 12.25 亿吨千米。全县货运港口码头 12 个,码头泊位 21 个,码头总延长 1.7 千米,全年实现港口货物吞吐量 805 万吨,比上年增长 1%。全县拥有重点规模物流企业及示范点 4 家,其中江苏省重点物流企业 2 家、江苏省农村物流示范点 1 个。 （罗　倩）

■**韵达江苏总部基地第一期工程竣工**　韵达(江苏)总部基地项目由上海韵达集团(上市公司)全资投资兴建,总投资 30 亿元,占地 46.67 公顷,总建筑面积约 60 万平方米。第一期工程总投资 15 亿元,占地 20 公顷,主要建设智能化分拣中心、智能云仓中心、电商中心、结算中心、综合办公楼及其他附属配套设施。5 月 4 日,韵达(江苏)总部基地项目第一期工程竣工正式投入运营。 （林永亮）

■**寄递业安全监管**　2021 年,县公安局治安管理部门发挥“警邮一体”管控模式优势,以寄递业安全专项整治行动为主线,加强寄递业安全监管,完善管控机制,摸清行业底数,堵塞安全漏洞,严格防范枪支弹药、管控器具、危险化学品等禁寄物品通过寄递渠道流向社会。健全寄递业监管体系,组织监管人员业务培训,开展寄递行业调查摸底工作,先后摸排寄递业企业 10 家、寄递业分支机构 14 家、寄递业末端网点 158 家;开展寄递业安全专项整治,消除寄递业企业、分支机构和末端网点安全隐患,统筹兼顾做好寄递行业疫情防控,全县寄递行业一线从业人员疫苗接种率 100%;严厉打击寄递行业违法犯罪活动,加强治安信息员队伍建设,按照整治方案要求在寄递物流从业人员中广泛物色治安信息员,落实治安信息登记、管理、报告等制度,及时收集社会治安综合治理信息和违法犯罪线索。 （陈　洁）

电　子　商　务

■**概况**　2021 年,县商务局聚焦全县电子商务应用,切实加强对电子商务发展现状的研究,编制完成电子商务进农村综合示范创建工作方案,加强与省市商务部门的联系和沟通,邀请省市农村电子商务业务主管和专家到宝应开展业务工作指导。宝应县申报创建国家电子商务进农村综合示范项目顺利通过审核,成功获批“全国电子商务进农村综合示范项目”。 （徐　林）

■**电商发展资金争取**　2021 年,宝应县围绕农村电商公共服务体系、农村商贸流通体系、农村电商三级物流配送体系建设,编制实施电子商务进农村综合示范项目实施方案,获中央财政首批专项扶持资金 1000 万元。县商务局围绕扶持重点企业电商创新发展,协助扬州亿果电子商务有限公司、江苏金阳光科技设备集团有限公司、扬州绿宝人造草坪有限公司等企业分别争取扬

5 月 4 日,位于泾河镇的韵达(江苏)总部基地项目第一期工程竣工投入运营　小　品/摄

州市电子商务发展专项资金30万元、10万元、5.52万元；围绕推进地方农产品线上销售，完善村（社区）电商配送体系，帮助扬州乐意楼信息技术有限公司、江苏荷乡供应链有限公司争取江苏省电子商务发展专项资金各10万元。（徐 林）

■农村电商运营 2021年，县农业农村局继续稳步推进农村电子商务产业发展，开展农村电子商务业务指导；支持全县电商企业市场化运作，通过全县现有农村电子商务平台，实现互联网线上地方农产品销售、农业生产资料购销、农技社会化服务、农业生产资金信贷等有机整合；加强地方农产品知名产品推介力度，拓宽全县特色农产品互联网销售新渠道，扶持返乡青年创办的扬州村上青食品有限公司、江苏品杰互联科技有限公司等农产品互联网销售企业，实施“村上青”“荷乡好礼”自主品牌塑造工程。扬州乐意楼信息技术有限公司、江苏荷仙食品集团有限公司被列入“江苏省农业电子商务百佳案例”。开展2021年江苏省农业品牌目录推选工作，“宝应荷藕”入选江苏省农业区域公用品牌目录，获评第二届江苏省十强农产品区域公用品牌提名奖。

（王 运）

中介服务

■会计事务 2021年，全县会计从业并参加继续教育人员3227人，其中高级会计师41人、中级会计师312人、助理会计师（初级）1270人。全县备案注册有固定办公场所会计师事务所5个，从业人员35人；财务代理记账公司15个，从业人员107人。为深入推进“放管服”和“证照分离”行政审批改革，进一步优化会计服务中介机构营商环境。县财政局依据《代理记账管理办法》（财政部令第98号）规定，简化办事流程，压缩审批时限，实现审批方式从实质性审查到形式审查转变。全年共审批发放代理记账许可证2件。（罗 兵）

■司法公证 截至年底，全县司法公证机构1家，注册司法公证员3人；县公证机构全年办理各类公证事项3915件，比上年增长23%，其中国内民事公证事项2783件、涉外及涉港澳台公证事项1132件；实现公证业务收入118.5万元。县司法公证机构开展公证便民惠民服务活动，开通远程视频公证服务项目，利用江苏省司法行政一体化智能平台“智慧法务”实现与相关部门数据共享；畅通“绿色通道”，全年提供司法公证上门服务40余次，为企业办理网上购物、邮寄送达、证据保全等涉企公证事项1061件，简化司法公证事项300余件、减少费用4万元。（赵云云）

■律师事务 2021年，全县律师事务所（含公司律师事务部3家）11家，公职律师机构10家，法律援助中心1家；注册执业律师53人，公司律师6人，公职律师35人，法律援助律师4人。全县万人拥有律师比率1.41。全年注册执业律师办理各类案件2592件，受聘担任400家行政、企事业单位、社会团体、其他组织和个人法律顾问，实现业务收入2807万元。2021年，全县律师、基层法律服务工作者聚焦民意导向，及时了解群众和企业需求，把准服务热点。完善“党政一体”法律顾问制度，全年“党政一体”法律顾问累计履职896次。强化民生法律服务保障，营造优质法治营商环境，开展“百所连千企”系列活动，建立完善“法企对接”机制；开展法律服务公益活动，常态化组织开展企业“法治体检”，组织14个律师事务所律师56人结对14个镇（区）132个小微或成长型企业，全年出具企业“法治体检”报告83份。创新“产业链+法律服务”机制模式，律师法律服务团为宝胜高压电缆有限公司特高压设备产业链提供“全生命周期”法律服务。县司法行政部门安排律师36人参加每周县级“领导信访接待日”值班服务，为依法解决信访问题提供意见和建议。依托社会治安综合治理网格资源参与公益法律服务，组织县内执业律师50人挂钩14个镇（区）50个网格，利用网格微信群发布法律知识、反诈骗等普法信息，开展法律咨询活动，推动律师服务惠及基层干部群众。发挥巾帼法治力量护航社会发展大局作用，组织县内优秀女律师5人、司法行政部门青年女干警14人成立首个“法润荷乡”巾帼法律服务团，以镇、村、企业为主阵地，立足服务广大妇女群众和家庭法治需求，打通公共法律为民服务“最后一千米”。（赵云云）

■职业中介 2021年，宝应县人力资源市场推进全县人力资源合理流动和优化配置，多渠道开发就业岗位和创业项目，多元化服务于就业创业。针对疫情防控形势变化，认真贯彻落实各级疫情防控部署，在采取相应措施的同时，将现场招聘改为线上招聘。2月17—24日，宝应县举办2021年庆新春“春风行动”线上招聘会，共提供就业岗位5821个。8月5日，2021中国·宝应荷藕节网络招聘会在县城举办。县人力资源市场向全县手机用户发布应聘渠道公益短信11万条，在县人社局网站、江苏省智慧就业云平台等发布线上招聘简报52期，印发招聘简报20期，累计提供就业岗位1.2万个。全年，县人力资源市场先后在线下开展就业援助月、春风行动等专项活动5项，举办2021年庆新春、宝应荷藕节、妇女专场、残疾人专场等招聘服务活动50场次。

（杨静波）

■房地产中介 2021年，县市场监管局、县住建局发挥市场资源配置和政府引导作用，加强房地产中介机构监管，强化房地产中介机构从业人员培训考核，提高房地产中介机构服务质量。至年底，全县注册登记房地产中介机构（房产信息咨询市场主体）176 家，从业人员 397 人。其中，房地产中介企业 17 户，从业人员 79 人；房地产中介个体户 159 户，从业人员 318 人。

（县市场监管局）

居民服务

■家政服务 2021 年，全县家政服务业市场需求仍呈现个性化、多元化、精细化特点，服务内容由传统简单家政服务，向育婴、家教、鲜花绿植、医学护理、健康保健等新的生活服务转型；对家政服务从业人员技能需求，由传统简单劳务型向专业技能型转变，一般年龄相对较大且受教育水平偏低，很难适应市场需求。经过多年发展，互联网、品牌化家政服务竞争激烈，整个行业步入淘汰阶段，中小规模企业生存压力加剧。同时，受新冠肺炎疫情影响，全县家政服务行业发展出现萎缩。全年新注册登记家政服务企业 18 家、从业人员 29 人，累计家政服务企业 174 家、从业人数 402 人，与上年相比注册登记企业和从业人员数量均明显减少。 （李 丽）

■美容美发 2021 年，全县新注册登记从事美容美发服务门店 107 家、新增从业人员 177 人；注销登记美容美发服务门店 5 家、从业人数减少 18 人。年末，全县累计登记从事美容美发服务门店 786 家、从业人员 1425 人。全县美容美发行业以中小型门店为主，经济属性以个体民营经济为主。 （李 丽）

■洗浴保健 2021 年，全县新注册登记从事洗浴保健养生服务经营市场主体 53 家、从业人员 117 人；注销登记洗浴保健养生服务经营市场主体 20 家、从业人数减少 212 人。年末，全县累计有洗浴保健养生服务经营市场主体 418 家、从业人员 1222 人。全县洗浴保健养生服务行业面临从业人员短缺、用工成本高、市场萎缩等诸多难题，行业服务规范化程度提升受到制约。（李 丽）

■汽车维修 2021 年，全县新注册登记从事汽车、摩托车等修理及维护行业市场主体 3 家、新增注册资金 111 万元、新增从业人员 6 人。至年底，全县累计在业从事汽车、摩托车等修理及维护市场主体 142 家、从业人员 454 人。全县汽车维修行业以汽车销售公司附带服务项目为主，随着家用轿车进入百姓家庭，汽车维修业逐渐发展壮大。

（李 丽）

■家电日用品修理 2021 年，全县新注册登记从事家用电器及其他日用产品修理经营市场主体 9 家、新增从业人员 15 人。至年底，全县累计有从事家用电器及其他日用产品修理在业经营市场主体 179 家、从业人员 273 人。普通家电维修行业由于门槛低、产品更新换代加快、行业竞争激烈等原因，对从业人员技术要求更高；具备供暖、通风、空气调节以及净水系统等新兴家电产品修理技术的市场主体在竞争中更具优势。 （李 丽）

■健康服务 2021 年，全县登记注册各类卫生健康服务机构 354 个，其中县属公立卫生健康服务机构 7 家、镇（区）健康服务机构 13 家、村（社区）健康服务机构 236 家、民办卫生健康服务机构 13 家、个体经营卫生健康服务机构 85 家。全县卫生健康服务机构从业人数 4106 人。全年各类卫生健康服务机构收治门诊患者 302.52 万人次，比上年上升 2.12%；收治住院患者 12.52 万人次，比上年上升 5.51% 。全县各类卫生健康服务机构实现业务收入 14.31 亿元，比上年增加 1.78 亿元、增长 12.44%。（王如峰 熊伟亮）

■养老服务 至年底，全县养老机构共计 21 家，其中民办养老机构 5 家；全年新增护理型养老床位 340 张，累计拥有养老床位 8902 张，护理型床位比上年增长 6.6%。全年投入资金 200 多万元，实施敬老院提升改造工作，将望直港镇敬老院改造成区域性养老服务中心。5 月 14 日，县政府办公室印发《关于印发〈颐养社区建设 2021 年度实施计划任务分解表〉的通知》（宝政办发〔2021〕18 号），贯彻落实扬州市第八届人民代表大会第二次会议相关决议，推进全县颐养社区建设，全年新建颐养示范社区 4 家，标准化居家养老服务中心 18 家，标准化居家养老服务中心社区建成率 86.36%、行政村建成率 53.6%。实施困难老年人家庭适老化改造 300 户，建成家庭养老床位 100 张。推进政府购买居家养老服务，全县完成 80 周岁以上老年人生活自理能力综合评估人数 3.12 万人，全年享受政府购买助急服务、助洁服务等居家养老人数 3.28 万人，占全县 60 周岁以上老年人户籍人口 15.03%。加强困难老年人关爱服务，完善农村留守老年人信息台账，建立健全居家养老探访制度，全县累计探访居家养老困难老人 2 万人。开展“荷乡红韵照银龄，夕阳关爱进村居”主题活动，取得良好社会效益。举办宝应县第一届养老护理员职业技能大赛，柳堡镇敬老院朱继兄获评江苏省“最美养老护理员”。 （李 蕊）

旅 游 业

Lü You Ye

■编辑:王天彬

综 述

■概况 2021 年,宝应县文体广电和旅游局(以下简称“县文体广旅局”)围绕“十四五”全县经济社会发展目标,坚持“旅游引领、文旅融合、共建共享”发展理念,按照“全县域谋划、全领域推进、全方位提升”要求,推进旅游资源整合和旅游业高质量发展。至年底,全县国家湿地公园 1 家、江苏省湿地公园 1 家;国家 AAA 级旅游景区 6 家,国家 AA 级旅游景区 4 家;江苏省四星级乡村旅游景区 7 家、江苏省三星级乡村旅游景区 2 家,江苏省乡村游重点村 2 家;全国农业旅游示范点 1 个、江苏省工业旅游区 2 个,扬州市旅游度假区 1 家,扬州市研学旅游基地 1 家;江苏省三星级旅行社 4 家,江苏省三星级旅游饭店 2 家。全年实现旅游收入 30.1 亿元,比上年增长 14.4%;接待国内外入住游客 51 万人次,增长 4.5%。

(县文体广旅局)

■旅游基础设施建设 2021 年,宝应县统筹规划旅游业全域发展蓝图,重点做好“旅游 +”“ + 旅游”文章,以 S331 和 S264 两条主线为架构进行延伸布局,将全县重点文旅项目和重点基础设施建设融入其中。东西走向以宝应湖国家湿地公园和宝应荷园重点文旅项目为绿色生态旅游线路,南北走向以柳堡九九艳阳天景区(柳堡团庄)和西安丰红枫园重点文旅项目为红色旅游线路,推进县域内各镇(区)旅游资源整合,形成特色鲜明、资源互补、优势互动城乡旅游发展大格局。坚持补短板、强弱项,推进重点旅游项目和基础设施建设,实施宝应生态新城文旅艺术中心、县文化旅游演艺中心项目建设;加快推进射阳湖镇荷园 AAAA 级旅游景区、西安丰镇红枫园历史文化展示区、夏集镇桃花源特色田园农庄、宝应湖国家湿地公园旅游风情区、柳堡镇“柳堡的故事”情景再现区等项目建设。全年新建改建 AAA 级旅游厕所 4 座;全县 A 级以上景区、乡村旅游区、旅游度假区、旅游风情小镇实现免费公用无线网络(WiFi)全覆盖;全年新增民宿客栈床位 50 张、累计 300 张。健全文化和旅游志愿服务体系,提升公共服务效能,设置宝应湖国家湿地公园、宝应荷园、香榭丽玫瑰风情园等旅游志愿者服务岗 3 个,为广大游客咨询和交通疏导等提供服务。

(县文体广旅局)

■旅游公交专线 2021 年,全县旅游公交专线 4 条,分别是公交旅游 207 专线,西门至宝应荷园,途经纵棹园、九九广场、书香名府、典尚家居、世纪园、北河公园、阳光锦城、城北站、宝应中学、崔堡村、下舍社区。

公交旅游 221 专线,城北站至柳堡团庄,途经阳光锦城、北河公园、世纪园、典尚家居、实验小学、白田广场、国美电器、南方凤凰苑、安宜高中、邻里中心、新城一品、宝应中学、三团村、沿河南窑、刘堡减水闸、芦氾路西首、芦村社区、小尹庄、柳堡“二妹子”民兵连活动中心。

公交旅游 228 专线,城北站至氾光湖,途经阳光锦城、北河公园、世纪园、典尚家居、实验小学、白田广场、国美电器、劳动就业处、城郊桥、烟草公司、文峰大世界、人民医院、东门金店、运河大桥、和悦园、宝应湖国家湿地公园。

金源旅游专线,温泉主题乐园至广电中心,途经七里小区、博物馆、盛世嘉园、金荷嘉园、碧水庄园、宁国寺、纵棹园。 (县文体广旅局)

■特色旅游线路 2021 年,宝应县挖掘历史文化和生态旅游资源,加强文旅融合发展,成功打造特色旅游线路 4 条,分别是浪漫爱情之旅、红色追寻之旅、生态康养之旅、人文研学之旅、美食寻味之旅。

浪漫爱情之旅。主要由桃花源景区、香榭丽玫瑰风情园、宝应荷园 3 个景区景点形成特色旅游线路,寓意相遇桃花源,相爱于玫瑰风情园,百年好合(宝应荷园)相伴一生。

红色追寻之旅。主要由周恩来少年读书处、曹甸忆思园、西安丰红枫园、柳堡九九艳阳天(柳堡团庄)4 个景区景点形成特色旅游线路,以红色文化为元素,通过缅怀老一辈无产阶级革命家和无数革命先烈,回首峥嵘岁月,让心灵得到净化与洗礼,坚定共产主义理想和信念。

生态康养之旅。主要由宝应湖国家湿地公园、诗情花意庄园景区(金绿健农庄)、子婴庄园生态旅游景区(景坤园)、射阳湖荷荡温泉等 4 个景区景点形成特色旅游线路,让游客尽享荷乡宝应、绿色宝应、生态宝应之灵动与精致,开启一段生态

健康养生之旅。

人文研学之旅。主要由泰山殿、周恩来少年读书处、蒲松龄游幕宝应纪念馆、宝应学宫、纵棹园、新城生态体育休闲公园、宝应湖国家湿地公园(青少年教育基地)7个景区景点形成特色旅游线路,秀美荷乡,历史悠久,让"诗和远方"完美交融。（县文体广旅局）

旅游资源

■红色旅游资源 2021年,宝应县注重文化旅游融合发展,深入挖掘红色资源,重点打造周恩来少年读书处、曹甸忆思园、苏中报社旧址、吴运铎暨华中军械处第一总厂纪念馆、夏凤山纪念馆、西安丰红枫园等红色旅游项目。

周恩来少年读书处。读书处位于宝应县城县南街水巷口3号,占地面积750平方米,建筑面积500平方米。国家AA级旅游景点、江苏省文物保护单位、扬州市首批爱国主义教育基地,是扬州地区唯一一处周总理纪念地,是中国中共文献研究会周恩来思想生平研究分会成员单位。这里原为周恩来外祖父陈沅的住宅,也是周恩来少年时期学习和生活过的地方,对周恩来后来的成长有着极为重要的影响。

曹甸忆思园。于2015年11月免费对外开放,位于红色革命老区宝应县曹甸镇,占地面积5100平方米,建筑面积3400平方米。园内设曹甸战役纪念馆、苏中公学纪念馆、江淮流域农耕文化博物馆。"曹甸战役"是党领导的新四军为建立抗日民主政权,于1940年武装开辟苏中抗日根据地向国民党顽军韩德勤部发动一场攻击战,也是华中新四军八路军总指挥部成立后首次战役,新四军、八路军歼灭韩顽8000余人,占领平桥、泾河一线,初步打通苏中与皖东联系通道。"苏中公学"是中共苏中区党委、苏中军区根据党中央和毛泽东指示,于1944年6月以"中国人民抗日军政大学"第九分校为基础,在宝应县曹甸镇创立的学校。时任苏中区党委书记、苏中军区司令员、新四军一师师长粟裕任"苏中公学"校长。该校主要培养县区级以上干部,开设政治、军事、文化等课程,学员按班、排、连编队,学制每期6个月,"苏中公学"先后举办5期,为地方和军队培养输送干部4000多人。"江淮流域农耕文化博物馆"内分设农耕馆、综合馆、民俗风情馆,陈设江淮流域数百年劳动人民生产生活用具,以及陈述耕作方式、工具操作、手工技艺等方面实物和史料。曹甸忆思园全方位展示宝应人民在党的领导下,前赴后继、不怕牺牲、英勇奋斗历程和英雄业绩,传承红色革命老区红色文化、廉政文化和优秀传统文化,成为开展爱国主义教育、革命传统教育和党风廉政建设教育基地,获评"江苏省爱国主义教育基地"。

苏中报社旧址。宝应县文物保护单位,位于射阳湖镇射南村崔庄,占地面积1000平方米。1943年12月,为适应抗日战争形势与斗争需要,中共苏中区党委在东台市三仓河地区创办《苏中报》。1944年3月,苏中报社随苏中区党委机关迁至宝应县西安丰地区;1944年底,苏中报社由西安丰又迁至宝应射阳湖鲁家大桥西崔庄(现为宝应县射阳湖镇射南村)。其间,时任苏中区党委书记、苏中军区司令员、新四军一师师长粟裕任苏中报社社长,林淡秋任苏中报社总编;苏中报社下设编辑部、采访部、营业部3个部门,共有记者、编辑、电台操作、排字、印刷、机电工人等70余人。《苏中报》从1943年12月2日创刊至1945年10月11日停刊,共出版发行270期,其中在宝应地区出版发行185期(在西安丰出版发行84期、在射阳湖出版发行101期)。《苏中报》在抗日战争进入全面反攻阶段关键时期,为团结人民、打击敌人,为苏中革命斗争作出卓越贡献。

吴运铎暨华中军械处第一总厂纪念馆。县级文物保护单位,2021年4月正式对外开放,占地面积1500平方米,建筑面积200平方米。吴运铎是自传体小说《把一切献给党》作者,在抗日战争和解放战争中,为研制武器先后3次身负重伤而致残,但他从未退缩。他在书中写道,要做一个"高尚的人,纯粹的人,把我们的力量,我们的智慧,我们的生命,我们的一切都交给祖国,交给人民"。吴运铎被誉为"中国的保尔"。1944年春,苏中区党政机关暨新四军第一师师部陆续从东台市三仓河地区迁至宝应射阳湖地区。同年9月,新四军华中军械处第一总厂随之进驻射阳湖油坊头(现为射阳湖镇油坊村)。时任总厂厂长吴运铎、政委王季芬,总厂有干部和技术人员53人、生产工人203人;总厂下设工务科、材料科、总务科、会计科4个科和生产车间、钳工车间、木工车间、装配车间4个车间,并配备1个警卫连;总厂主要以生产子弹为主,附带研制五二式、七三式小炮和八二式火炮及炮弹,为新四军夺取抗战反攻阶段胜利作出重大贡献。纪念馆主要陈展有关记录吴运铎经历的文史资料、图片和2幅亲笔题词,以及部分工作、学习、生活用品和他参与制造或研制的枪械复制品,并运用浮雕、油画、场景还原等技术,展现吴运铎的理想信念和人生追求。

夏凤山纪念馆。位于柳堡镇团庄村,为纪念宝应县早期中共党组织领导人夏凤山烈士所建,占地面积5800平方米,建筑面积650平方米,共投入资金600多万元。夏凤山,原名夏祯聚,1907年出生,1927年入党,宝应柳堡团庄人;曾担任中共秦潼区特支委书记、中共高邮县委常委、中共上海市浦东区宣传部部长等职;1931年8月因叛徒出卖被捕入狱,同年10月牺牲于江苏第二监狱,年仅25岁。纪念馆沿东门大道迎面为高大而又壮观的大理石牌坊,上书

西安丰红枫园 小 品/摄

“凤山园”3个金色大字。走过牌坊，夏凤山革命烈士铜像矗立在眼前，铜像高1.85米、重240千克；底座四周环绕着清澈的流水，象征夏凤山革命烈士从水乡而来踏上革命道路；院内正南侧有25根石柱，寓意烈士走过的锦瑟年华。纪念馆获命名扬州市首批红色教育基地，宝应县党员干部廉政教育基地。

西安丰红枫园。位于西安丰镇集镇西侧。1944年3月，中共苏中区党委、苏中行署、苏中军区、苏中区党校、苏中报社、江淮印钞厂、华中军机处第一总厂、榴弹厂等机关和部队陆续迁入此地，西安丰由此成为全国抗日战争进入战略大反攻时期重要根据地之一，被誉为苏中“小延安”。红枫园占地面积3500平方米，建筑面积1500平方米，建有纪念碑、纪念馆、纪念亭等设施，环境优美，景色宜人，风景秀丽。

（县文体广旅局）

■湿地旅游资源 宝应县湿地旅游资源丰富，全县湿地旅游景区景点获命名国家湿地公园和江苏省湿地公园各1家，分别是宝应湖国家湿地公园（白鹿岛生态旅游区）景区、宝应荷园景区。

宝应湖国家湿地公园（白鹿岛生态旅游区）。国家AAA级景区，于2011年10月获批“国家湿地公园”。该公园西依宝应湖，东临京杭大运河，依林傍湖，环境优美，水陆面积833公顷、其中水面面积300公顷，形成“一湖一林”“六区二十四景”布局，是集旅游观光、商务会议、休闲度假于一体生态旅游度假区。

宝应荷园。国家AAA级旅游景区，公园位于风光秀丽的射阳湖畔、古邗沟水泗段南侧，自然环境优美，空气清新，河湖纵横，水质清澈，湿地占地面积666.67公顷，先后获命名“全国农业旅游示范点”“江苏省四星级乡村旅游区”“扬州市乡村旅游示范点”。

（县文体广旅局）

■乡村旅游资源 2021年，宝应县全力推进楚甸公园、子婴庄园生态旅游景区（景坤园）、诗情“花”意庄园（金绿健农庄）、和悦园、香榭丽玫瑰风情园、柳堡九九艳阳天景区（柳堡团庄）、桃花源景区、兴水园、射阳湖荷荡温泉、宝应湖旅游度假区等一批乡村旅游景区景点建设。至年底，县内共有国家AAA旅游景区6家、江苏省乡村旅游重点村2家、江苏省工业旅游区2家、江苏省四星级旅游区7家、江苏省三星级乡村旅游区2家、扬州市特色旅游风情小镇2家。

楚甸公园。国家AAA级景区，位于宝应县曹甸镇陆庄村以东，晨化路以南，曹南路以北。该公园始建于2007年，占地面积6.67公顷。园内花木葱郁，小桥流水，古色古香，黑色小径跌宕起伏、蜿蜒曲折，设有大型户外影视屏。公园不仅设置有长廊、亭台、假山、船舫、莲池等景点，还有大型儿童游乐、中老年活动设施等。

子婴庄园生态旅游景区（景坤园）。江苏省四星级乡村旅游区，位于宝应县夏集镇丰收村，由宝应县景坤园花木工程有限公司于2013年投资兴建，规划占地面积40公顷，总投资1亿元。子婴庄园生态旅游景区（景坤园）第一期工程于2017年12月竣工对外开放，投资5000万元，占地面积23.33公顷。园内分游乐、观赏、养殖、餐饮、住宿等5个功能区，游乐区有滑梯、秋千、漂流等儿童娱乐设施10多种，观赏区种植有香樟、红枫、红叶李等名贵苗木12万株、四季观赏花卉10万棵，养殖区有鸡、鸭、鹅等农家土特产品以及珍珠鸡、贵妃鸡、火鸡、梅鸭等珍禽，种植有多种时新蔬菜，可供游客自行采摘，体验农家生活，感受乡土气息。

诗情花意庄园（金绿健农庄）。江苏省四星级乡村旅游区，位于京杭大运河宝应县氾水段西岸，西临宝应湖，南靠高邮湖，东连G233，北接氾水运河大桥，交通便捷，环境优美，四周河湖密布，空气、水、声环境质量优越，绿化覆盖率超过80%。金绿健农庄占地面积17.33公顷，设有农家餐厅及接待区、绿化休闲观光区、有机蔬果生产区、水产养殖及垂钓区等。庄园室外休闲茶座置于鸟语花香之中，与周边环境相映成趣。

和悦园。江苏省四星级乡村旅游区。该园由江苏兰馨园林有限公司于2005年投资兴建，坐落于安宜镇机场路西50米，核心区域占地面积36公顷。园内环境优雅、空气新鲜，一年四季花红柳绿，有香气袭人的玉兰、桂花，高大壮观的香樟、银杏、雪松，多姿多彩的金丝海棠、红梅、绿梅，亭亭玉立的榉树、栾树，美国红枫、核桃，北美枫香，加拿大紫荆、紫薇，苏格兰金链，日本樱花等多种花卉植物。园内沟、塘利用生物浮圈种植水生花卉60余种，极具观赏性、科普性、娱乐性。主要景点有赏花入春、玉兰仙境、天堂之家、麦冬嬉苑、休闲垂钓、农耕天地、水上乐园、枇杷采摘、漫步走廊等。

香榭丽玫瑰风情园。江苏省四星级乡村旅游区。该园位于宝应县射阳湖镇，由扬州奇丽水晶工艺品有限公司投资兴建，集玫瑰种植、加工、研发，生态观光旅游，休闲度假养生为一体，规划占地面积40公顷，总投资5000万元。香榭丽玫瑰风情园第一期项目于2016年4月竣工对外开放，占地面积13.33公顷，设计风格简约、高雅，“百亩”玫瑰，香飘数里，每年花期长达6～7个月。园内建有曲桥、喷泉、廊亭、垂钓中心等，并研发出玫瑰创意产品玫瑰全宴、玫瑰花茶、玫瑰香皂、玫瑰香水、玫瑰精油等系列产品。

柳堡九九艳阳天景区（柳堡团庄）。江苏省四星级乡村旅游区，电影《柳堡的故事》发生地、拍摄地，位于宝应县东南部柳堡镇，距离县城30千米，水陆面积890公顷，其中耕地面积278.5公顷、水面面积433.33公顷。村庄四面环水，空气清新，生态自然，风景优美，水韵十足，主要景点有凤山园、农博馆、古戏台、大风车、九曲桥、水上观音、观音神禅林寺、养生园木屋等，是农业休闲观光旅游特色景区。

桃花源景区。江苏省三星级乡村旅游区。江苏省长江果品研究院优质果品生产示范基地。该景区始建于20世纪50年代，原名宝应县子婴河果园场，位于宝应县夏集镇陆庄村。桃花源景区核心果园面积66.67公顷，春季桃花盛开，梨花如雪，风景如画，赏心悦目；秋季硕果累累，果甜瓜香，景色迷人，心旷神怡，犹如世外桃源，令人流连忘返。2016—2021年，夏集镇先后举办4届桃花节，使桃花源景区知名度、美誉度不断扩大。

兴水园。江苏省三星级乡村旅游区。该园位于宝应县氾水镇胜利社区，于2016年10月对外营业，总投资450万元，占地面积10公顷，是一处蕴含运河文化和地方特色的乡村旅游区，主要建有葡萄园、桃花园、荷花园、垂钓中心、特色民宿、乡村书屋等功能区，其中游客接待中心面积120平方米、特色农庄饭店面积300平方米、生态停车场面积1000多平方米。特色农庄饭店主要经营乡土农家菜。（县文体广旅局）

旅游营销

■概况 2021年，县文体广旅局强化现代市场营销观念，克服疫情不利影响，举办多种形式旅游营销活动，从不同角度展示宝应独特魅力，提升宝应文化旅游美誉度和知晓度，吸引众多游客到宝应休闲、观光、旅游。全年先后举办2021宝应县第二届文化旅游节暨第六届祭孔大典、宝应湖国家湿地公园梦幻七彩风车节、夏集镇第四届乡村桃花旅游节、鲁垛乱针绣文化艺术及旅游节、小官庄第四届红桃园采摘旅游节、“我和玫瑰园有个约定”射阳湖生态文化旅游节、“荷美射阳湖·湖畔嘉年华”文化旅游节、曹甸镇禅文化旅游节、“泾津有味，河你分享”泾河西瓜节、宝应经济开发区端正果蔬园第二届旅游文化节等10多项。多措并举宣传推介宝应旅游，组织人员赴合肥、武汉、宁波、西安等地参加扬州市文化广电和旅游局举办的2021“亲子研学下扬州”宣传推介活动。加强与新闻媒体联系和合作，邀请全国50多家知名媒体协助做好宝应旅游项目、土特产品宣传。突出宣传推介宝应县“中国荷藕之乡”荷藕等特色旅游产品，组织县内部分荷藕制品生产企业、旅行社等参加2021西安丝绸之路国家旅游博览会，专门设置宝应荷藕特色产品展位，面向国内外客商和广大游客进行推介。（县文体广旅局）

■夏集镇第四届乡村桃花旅游节活动 4月2日，“三月桃花开，夏集等你来”2021中国·宝应文化旅游节暨夏集镇第四届乡村桃花旅游节在夏集镇桃花源景区开幕。此次文化旅游活动由县委宣传部、县文体广旅局、夏集镇、江苏宝应文化旅游发展控股有限公司共同主办，被列入2021中国·宝应文化旅游节主要活动之一，旨在挖掘乡村旅游资源，扩大桃花源景区知名度、美誉度，推动文化与经济、文化与旅游交融发展。节庆活动从3月20日起至4月20日结束，主要活动项目有传统文艺展演、田园风光观赏、农耕园体验、果树认领、水上乐园划船、农家美食和特色小吃品尝、优质特色产品集中展销等，还将举办“三月桃花开，夏集等你来”主题抖音创意视频大赛。中国男高音歌唱家、国家一级演员蒋大为亲临桃花源激情放歌，现场气氛热闹非凡。

（县文体广旅局）

■宝应经济开发区端正果蔬园第二届旅游文化节 3月28日，县文体广旅局、宝应经济开发区联合主办的端正果蔬园第二届旅游文化节在端正果蔬园拉开帷幕。宝应经济开发区端正果蔬园位于S237西侧，为中国科学技术协会、联合国儿童基金会农村青少年校外教育项目基地。该园坚持“绿色生态、循环经济、低碳环保”理念，做到种养结合，确保果蔬生产绿色健康、优质高端，突出科普实践与观光采摘相结合创新亮点，逐步形成以观光采摘、科普教育、亲子娱乐、特色烧烤及农事体验为一体多元化现代农业示范园。此次旅游节主要活动有公益文艺节

目汇演、科普实践活动、鹊桥相亲、果树认领等。春和日丽，果蔬园里桃花竞相开放，吸引众多市民到此踏春游玩。（县文体广旅局）

■旅游广告宣传 2021年，县文体广旅局加强全县旅游业广告宣传，重新修改印制《宝应旅游导游词读本》，编印"宝应旅游4条精品线路"宣传折页，免费向县内外旅客散发；委托杭州未景科技有限公司合作开发宝应旅游智慧导览系统，设计制作宝应旅游手绘地图。加强与江苏电视台"寻味"栏目合作，拍摄宝应旅游专题电视片12期、每期5～8分钟，在江苏电视台国际频道黄金时间播出；招标租赁在京沪高速公路高炮广告牌、县内城乡公交站台广告栏等设置宣传旅游标语和海报，广泛宣传宝应旅游、扩大影响。

（县文体广旅局）

旅游管理

■旅游安全管理 2021年，县文体广旅局切实加强全县旅游业安全管理，指导县内旅游业企业建立完善安全生产管理规章制度、安全生产检查考核制度、安全生产隐患排查整治制度和安全生产教育培训制度等，通过强化责任、排查整治、宣传培训等安全措施，确保安全管理落到实处；坚持在隐患排查整治上下真功夫，寻找发现问题、认真解决问题，形成安全工作闭环管理；举办全县旅游业企业安全生产知识培训、安全问题处置过程演练等活动，提高安全管理意识和问题处置能力；加强安全检查监管，在元旦、春节、清明节、国际劳动节、端午节、国庆节等重大传统节日，以及重大旅游节庆活动前，督促县内旅游业企业落实安全保障防范措施。全年县文体广旅局联合县交运局、县地方海事处、县消防救援大队、县市场监管局等部门和单位，开展涉及旅游包车使用安全、交通安全、消防安全、燃气安全、食品安全等各项安全专项检查10次，检查旅游业企业100多家（次），实现全年旅游行业安全无事故。6月9日，全县文体广旅系统消防安全培训和演练会议在宝应湖国家湿地公园举办，全县各镇（区）旅游业助理以及旅游业企业负责人100余人参加培训。

（县文体广旅局）

5月2日，2021年"我和玫瑰有个约定"射阳湖镇生态文化旅游节在香榭丽玫瑰园举办　房立龙/摄

■旅游市场监管 2021年，宝应县着力维护全县旅游业市场正常秩序，依法规范旅游景区景点、旅游饭店、旅行社、旅游产品销售商店等各项经营行为监督管理。县文体广旅局面对县内旅游市场遭受疫情影响，引导旅游业各类企业提升服务质量和服务水平；坚持常态化开展旅游市场秩序检查，联合县相关部门查处旅游业企业不合理收费和"黑车""黑导"等扰乱市场秩序违规行为；建立旅游信用信息公示制度，完善守信联合激励机制，为全县旅游业发展提供良好环境；组织县内旅游业企业法人、从业人员参加相关业务培训，引导星级酒店、旅行社、旅游景区等旅游业企业和人员文明服务、诚信经营。

（县文体广旅局）

■旅游品牌创建 2021年，县文体广旅局常态化组织旅游业各类组织开展文明单位、文明服务示范窗口、文明服务标兵等创建活动，促进旅游业从业人员和干部群众整体素质不断提升。加大旅游品牌创建力度，加强旅游景区创建国家和省旅游示范区工作指导，通过对现有旅游项目品牌创建，提升全县旅游景区景点品质和发展水平。至年底，射阳湖镇射南村创成2021年度江苏省乡村旅游重点村；宝应荷园被江苏省旅游协会评为先进单位；柳堡镇获评2021年度艾里缇斯奖中国最美旅游乡镇。（县文体广旅局）

■旅游业法治宣传 2021年，县文体广旅局深刻认识和准确把握旅游管理面临的新要求，围绕构建旅游业新发展格局，进一步增强全行业法制意识；提高全县各级旅游管理部门依法行政水平，树立"依法治旅，依法兴旅"新理念，着力营造更加健康有序的旅游市场环境，助力全县旅游行业高质量发展。7月15日，县文体广旅局、县融媒体中心、县司法局共同举办宝应县"法治荷乡"第74期"认真贯彻实施旅游法·开创旅游发展新局面"网络直播活动，吸引线上观众2.31万人。（县文体广旅局）

房地产业

Fang Di Chan Ye

■编辑:唐善刚

房地产开发

■**房地产开发企业** 至年底,全县房地产市场新增注册房地产开发企业4家,退出县内市场注册房地产开发企业3家,实际注册房地产开发企业48家,比上年增加1家,其中房地产开发一级资质企业1家、房地产开发二级资质企业3家、房地产开发三级资质企业1家、暂定房地产开发二级资质企业23家、暂定房地产开发三级资质企业20家。全年通过年审房地产开发企业38家;新增税收过500万元房地产开发企业1家、累计5家;全县房地产开发重点企业6家,分别是宝应金源置业集团有限公司、宝应县世纪房地产开发有限公司、江苏宝嘉置业有限公司、江苏通安置业有限公司、宝应奥园置业有限公司、江苏省宝应城市建设有限公司。

(石书荣)

■**房地产开发投资** 2021年,全县完成房地产开发投资额40.23亿元,比上年减少18亿元、下降30.91%,占全县固定资产投资总额9.16%。其中,完成商品住宅投资额29.65亿元,比上年减少18.19亿元、下降38.02%;非住宅投资额10.57亿元,比上年增长10.1%。 (石书荣)

■**房地产开发重点项目** 2021年,全县房地产市场上市土地面积94.59万平方米,比上年增长246%;批准规划许可面积18.28万平方米,比上年下降70%;批准施工许可面积54.65万平方米,比上年下降1%;商品房预售许可证面积25.55万平方米,比上年下降56%。全年实施房地产开发项目47个,其中新开工投资1亿元以上房地产开发重点项目4个。 (石书荣)

■**云樾春晓项目** 位于宝应县城奥体路与锦城路交会处、宝南一号酒店西侧,于2021年5月摘牌建设,占地面积3.24万平方米,建筑住宅面积7.55万平方米,住宅容积率1.5,绿化率35%,停车位388个。该项目由中国民营企业500强天颂建设集团有限公司(简称“天颂集团”)旗下扬州市天岭房地产开发有限公司开发建设。云樾春晓项目为天颂集团“樾”系作品,择址宝应城南中芯位置,占据学区、医疗、商业等配套资源。项目延续新亚洲建筑形制,融入中轴对称东方规制,打造“融合”新中式结合现代风格的新亚洲建筑立面;借鉴“天下名园”景观理念,旨在提升居住体验,筑就人居环境新的高度。项目以别墅为主,配套建设小型商业综合体1栋,主要户型为三居室、四居室、五居室别墅。其中,建筑面积112平方米舒适三房双卫别墅户型和建筑面积134平方米阔居四房双卫别墅户型,南北通透、户型方正、布局合理;建筑面积190平方米~230平方米上、下叠别墅户型,下叠包括两层地下室私人空间,可作家庭影院、棋牌室、会客厅、茶室等多功能兴趣空间;上叠为超大面积露台。11月30日,云樾春晓项目首次开盘,交房标准为毛坯房每平方米报价8000元,价格有效期限为30天。

(石书荣)

11月30日,宝应县城云樾春晓房地产开发项目首次开盘 小 品/摄

房地产交易

■商品房销售 2021年，全县办理商品房交付验收项目16个，与上年相比持平；批准商品房预售许可面积25.55万平方米，比上年减少31.99万平方米、下降56%。全年商品房成交量5032套、面积41.12万平方米，实现商品房销售额30.85亿元，其中新建商品房成交量3144套，面积35.11万平方米，实现新建商品房销售额25.12亿元。商品房成交价格每平方米7485元，商品住房成交价格每平方米7157元。（石书荣）

■二手房市场交易 2021年，宝应县二手房市场交易价格呈小幅振荡下行、后续上扬行情，全年实现二手房交易合同成交量3998套，比上年增加353套、增长9.7%；面积38.54万平方米，比上年增加3.34万平方米、增长9.5%。（石书荣）

■房屋拆迁 2021年，县住建局继续推进老城区改造老旧房屋征收（拆、搬迁）工作，涉及老旧房屋拆、搬迁800户、面积10.26万平方米；实施国有土地征收项目3个。启动国有土地城南旧城区大码头段老旧房屋拆迁277户、面积3.45万平方米，安宜东路宝化楼老旧房屋拆迁124户、面积5000平方米，运河路改造老旧房屋拆迁207户、面积3.45万平方米；实施老城区城市河宋泾河沿线房屋自主搬迁21户、面积4000平方米；实施安宜镇白田社区、东升村（社区）、郭庄村（社区）、三里村（社区）、船闸村、刘庄村等集体土地搬迁项目550个、面积8.56万平方米。（苗　军）

房地产管理

■房地产市场监管 2021年，县住建局加强房地产市场监督管理，全年办理房地产开发企业资质年检48家，指导4家新成立房地产开发企业完成资质申报核准工作。加强房地产开发项目监管，采取"网上核查与现场检查相结合"方式，对县内房地产开发项目从取得土地出让权，到规划、施工、销售、交付等情况进行全过程监管，全年核发房地产开发项目电子手册14份；加强合同备案管理，结合县内实际对升级后商品房备案系统（2014版）进行全面完善。严把商品房销售合同撤销、变更关口，坚决遏制变相投机炒房行为；加强房地产开发企业经营行为监管，全年联合相关部门开展"双随机"检查2次，对部分企业违规行为发出整改通知书，实行跟踪督查、限时整改；加强楼盘交付备案管理，坚持"优化服务与严格标准并重"原则，一次性告知房地产企业所需提供的材料；对材料符合要求的楼盘项目，及时组织人员进行现场查勘验收；对分期实施的楼盘项目采取"先分后总"方式，分段交付、分段验收，最后组织集中验收。新建楼盘项目实行查勘验收结果公示制度，在项目现场和政府门户网站公示验收结果，对公示反馈有实质性问题或不符合查勘验收条件的，督促相关企业限期整改，直至符合要求。全年办理交付备案手续楼盘项目3个，分别是白田壹号住宅小区、吾悦公馆住宅小区、天悦景园住宅小区。（石书荣）

■公房安全管理 2021年，县住建局先后开展冬季公房安全检查、汛期公房安全隐患排查，发放宣传材料1000余份。组织开展公房报修登记、危房解围工作，全年维修老旧公房437户、房屋782间，建筑面积1.17万平方米；有序开展公房出售工作，出售公房25户、房屋53.5间，建筑面积828.1平方米。全年未发生房屋坍塌伤人事故。（倪宏伟）

■白蚁防治 2021年，县住建局加强白蚁防治队伍建设，提高白蚁防治水平。全年受理白蚁预防工程项目73个，面积176万平方米；白蚁预治（含上年结转）项目78个，面积169万平方米；白蚁预防工程竣工项目39个，面积92万平方米；回访复查白蚁预防项目42个，面积68万平方米。全年接待受白蚁危害住户信访30件（次），检查蚁害面积9860平方米；帮助受白蚁危害住户3户实施白蚁灭治处理；加强白蚁防治器械维护管理，开展预防药物中毒演练，提高安全防范能力；全方位、多角度开展白蚁防治宣传活动，集中宣传白蚁防治知识，散发宣传资料1000余份。（谢俊林）

2021年，全县实现商品房成交面积41.12万平方米　薛水利/摄

物业管理

■概况　2021年，县住建局加强对物业企业监管，组织开展物业管理标准化创建活动，推广物业管理好的做法和经验，妥善调处物业服务纠纷和投诉，全县物业企业管理质态有效提升，物业服务状况持续向好，物业行业安全生产形势平稳有序；坚持加强源头管理，严格监督验收检查，全年实施物业用房配套建设项目竣工验收4个、前期物业项目公开招标6个，实现新建住宅小区物业招标全覆盖。至年底，全县注册登记物业企业33家，比上年增加2家。　（潘久旺）

表25　2021年宝应县物业企业一览表

企业名称	法人	地址
宝应县安居物业服务有限公司	徐海峰	县城苏中中路583号
江苏东阳物业服务有限公司	费书山	宝应经济开发区浅水湾综合楼2－4018号
扬州市安宜物业管理有限责任公司	何　忠	县城宝泰路5号
扬州市诚达物业管理有限公司	黄瑞茂	县城时代广场4－4208、4209号
江苏温馨物业服务有限公司	问先荣	县城东方花园1－68号
扬州市宏大物业服务有限公司	朱宝军	县城叶挺路中心国际城4楼
宝应华美达物业服务有限公司	祁乃兵	县城工农路197号综合楼门市西第1间
宝应县长城物业管理有限公司	杨学代	县城安宜东路21号商贸城2幢206室
江苏东日物业服务有限公司	陆秀红	宝应经济开发区曙光住宅小区6号
扬州明辉物业管理服务有限公司	李　进	县城时代广场3幢3101－3室
扬州胜蓝嘉业物业服务有限公司	余从彬	县城南园中路北50米万博一家132号
宝应金阳物业服务有限公司	刁亚昭	宝应经济开发区金湾路1号
碧桂园生活服务集团股份有限公司宝应分公司	孙海涛	县城白田南路宝射桥以南100米
扬州市轩宇物业服务有限公司	顾爱香	县城安宜东路紫京商旅中心105号
江苏东阳物业服务有限公司第一分公司	宋金华	县城白田中路88号会所2楼
鸿旭物业管理（扬州）有限公司	梁阳洪	县城泰山西路102号正北铂金公馆104号
扬州双龙大成物业管理有限公司	钱学军	县城白田中路108号阳光锦城物业楼
扬州同忠物业服务有限公司	翁同忠	宝应县泾河镇刘家潭工业集中区运河路
扬州市宏大物业服务有限公司	朱宝军	县城叶挺路中心国际城4楼
扬州茂德物业有限公司	侯海泉	县城亚细亚中央商城B区
上海中梁物业发展有限公司宝应分公司	殷卫滨	县城南园路与荷香路交会处悦荣华府5号楼
宝应县永安物业服务有限公司	杨力波	县城叶挺路94号
西藏新城悦物业服务股份有限公司宝应分公司	胡　娟	宝应经济开发区北园路1号
扬州宝源物业服务有限公司	郭翠华	县城苏中贸易城4号街46号
宝应名城物业服务有限公司	张学兵	县城苏中中路625号
宝应县益民物业管理有限公司	陈　俊	县城叶挺东路53－2号
扬州华南物业有限公司宝应分公司	胡云平	县城安宜南路3号
宝应县金鑫物业服务有限公司	金慎艾	宝应县曹甸镇镇西路7号

续表

企业名称	法人	地址
扬州宝华物业服务有限公司	王金平	县城万嘉华苑10号楼55号门市
扬州市惠扬物业服务有限公司宝应分公司	陶建雄	宝应经济开发区柳河路86号
扬州顺民物业服务有限公司	韩玉梅	宝应县氾水镇东园大街金水桥东侧
宝应县永安物业服务有限公司	杨力波	县城叶挺路94号
宝应鹏宇物业服务有限公司	屈飞鹏	宝应县望直港镇幸福路81号

（潘久旺）

■**房屋维修基金使用** 2021年，县住建局加强房屋维修基金管理，开展房屋维修基金使用的条件和范围等法规、政策宣传，指导业主委员会规范运作，严格维修资金使用程序，健全电话回访抽查机制，保障广大业主合法权益。全年归集维修资金974.84万元，受理申请维修项目120个，支出维修资金564.2万元。（潘久旺）

■**物业精细化管理** 2021年，县住建局为切实提升物业企业精细化管理水平，建立健全相关工作机制，加强对物业企业监管，提高解决业主诉求效率；组织物业企业相关人员参加标准化创建培训，提升物业服务质量水平；指导盛世嘉园住宅小区、清华苑住宅小区、东方花园住宅小区、南园住宅小区、翔宇花园住宅小区、爱民住宅小区等6个小区完成业主委员会改选，指导香槟公馆住宅小区成立首届业主委员会、京华苑住宅小区成立物业管理委员会。县住建局加强对物业企业服务日常巡查，完善循环检查和月度、季度考核制度，配备专人组成考核小组，倒逼物业企业加强内部管理、对标找差，优化物业服务和物业管理运行质态，提高业主获得感和满意度；强化问题整改落实，及时通报检查结果，对现场查出的问题，当即通知整改，明确整改期限；对整改不到位的，实行定期回访督查，约谈物业企业负责人。（潘久旺）

■**省级示范物业管理项目创建** 2021年，县住建局、县物业管理行业协会加强行业舆论宣传，构建行业诚信体系，组织行业之间交流，提升从业人员素质，推进物业服务标准化建设，组织开展江苏省示范物业管理项目创建活动。8月30日，江苏省住房和城乡建设厅印发《关于公布2020年度省级示范物业管理项目名单的通知》（苏建房管〔2021〕138号）文件，宝应金阳物业服务有限公司服务的金源华府住宅小区项目、江苏东阳物业服务有限公司服务的府前嘉园住宅小区项目榜上有名。这是扬州市唯一获评该项荣誉的县（市、区）。（潘久旺）

2021年，宝应县新型城镇化建设步伐加快。图为宝应城东新城　薛水利/摄

金融业

Jin Rong Ye

■编辑:潘 凤

综 述

■**概况** 2021年,宝应县金融业实现增加值30.9亿元,比上年增加1.56亿元、增长5.3%。年末,全县银行类金融机构12家(不包括县人民银行),实现人民币存款余额695.32亿元、比上年末增加39.88亿元,实现贷款余额555.5亿元、比上年末增加51.29亿元,实现税收2.59亿元,比上年增加1044万元、增长4.2%;融资性担保公司3家,实现在保笔数410余笔,在保户数350户,在保余额10.87亿元;小额贷款公司7家、比上年减少1家,均为农村小额贷款公司,小额贷款公司贷款余额共4.22亿元,其中涉农贷款余额4.14亿元,占小额贷款公司贷款余额98.1%;典当行1家,全年发生典当业务251笔,支付当金1.58亿元;保险分支机构18家,实现保费收入16.12亿元,比上年增长9.5%;证券公司营业部3家,实现证券市场成交金额1454.37亿元,比上年增长23.1%。(刘 慧)

■**信贷投放** 2021年,全县各类金融机构贷款余额555.5亿元,比上年增加51.29亿元,新增制造业贷款21.2亿元,投放小微企业贷款14亿元。宝应县地方金融监督管理局(以下简称"县金融监管局")支持实体经济发展,积极应对新冠肺炎疫情影响,出台《关于进一步强化金融支持新冠病毒疫情防控工作的通知》,在扬州市各县(市、区)率先部署银行业机构做好疫情防控期间的金融服务工作,协调对接相关银行组织发放抗疫专项贷款,落实国有企业采购防疫物资贷款资金共1.2亿元;扶持中小微企业,完成小微企业到期贷款转贷共2.1亿元;开展以金融支持工业"八大产业"为主题的银企对接活动,靶向发力,切实解决企业融资难题。银行机构挂钩联系规模以上企业,实时掌握企业生产经营状况,发挥专业优势,为企业融资提供咨询服务,协调解决具体问题,帮助解决企业生产经营信贷需求。举办新材料产业银企座谈对接会,12家金融机构与12家重点企业面对面对接融资需求。县工商银行、县农业银行设立专项信贷支持计划,分别给予县汽车及零部件产业授信额度2亿元,至年底实际完成信贷投放1.8亿元、投放率90%。宝应农商银行推出"光伏贷"项目,支持全县新能源产业发展。助力实施"乡村振兴"战略,支持农业农村产业发展,组织相关银行向"村企联建"项目投放信贷资金1.5亿元。

(刘 慧)

■**资本市场** 2021年,县金融监管局全面加强企业上市挂牌培育工作。加大激励扶持力度,落实属地工作责任,对进入上市挂牌程序企业,分阶段在土地、税收、融资、用工等方面给予全方位扶持。强化政策宣传,分类指导企业挂牌上市。深化贴身服务,常态化开展"金融大讲堂"活动,全年邀请证券公司、投资机构专家到宝应讲授资本市场运作知识6批次。组织编印《金融知识学习手册——资本市场专刊》5000册,发放至各镇(区)规模以上企业,内容涵盖金融创新、直接融资等五大类知识词条近1000条。创建微信公众号和镇(区)金融工作群,定期推送资本市场新政策、新要求。指导企业拓宽直接融资渠道,扬州中宝药业有限公司完成首轮融资,共募集资金2.69亿元,并于年底开展二轮融资准备工作。出台《推进企业上市挂牌培育工作的指导意见》,按照"储备一批、培育一批、股改一批"工作思路,深入相关企业摸排梳理实际情况,全年确定上市挂牌后备企业16家,上市重点培育企业8家。协助江苏菲达宝开电气股份有限公司制订股权改造方案,完善内部管理,做好上市程序启动前的各项准备工作。安信证券、银河证券保荐代表人,扬州市地方金融监督管理局领导应邀到宝应调研指导企业上市挂牌工作,帮助有关企业探索制订个性化上市挂牌路径,助推后备企业加快上市挂牌进程。至年底,全县上市企业3家,分别是宝胜科技创新股份有限公司、仁恒实业控股有限公司、扬州晨化新材料股份有限公司;在江苏股权交易中心等区域资本市场上市企业100余家。

(刘 慧)

■**金融监管** 2021年,县金融监管局加大金融监管力度,组织对非法金融活动进行"地毯式"风险排查。宝应县成立打击和处置非法集资工作领导小组,下设办公室(简称"县处非办"),在县金融监管局挂牌联合办公。县处非办积极履行工作职能，坚持日常排查与专项排查、线上排查与线下排查相结合，建立健全交叉覆盖、立体式摸底排查工作机制。县处非办、县公安局、县市场监管局、各镇（区）以及各金融机构5个方面密切配合，组成日常巡查网络，强化非法金融活动监测排查。面向社会大众公布非法金融活动举报电话，通过12345政府服务热线，及时受理各种举报信息，并建立日常监控非法金融活动预警平台，实时检索非法金融活动线索。“多路径”处置债务风险，推进企业债务风险处置工作，严防出现“担保圈”风险传播。建立债务风险“红、黄、蓝”三级预警机制，靶向发力，重点分类处置县内大型企业“担保圈”风险、镇（区）地方企业债务风险、单体企业债务接续等突出问题。（刘　慧）

■金融稳定宣传　2021年，县金融监管局利用各种媒体平台“全方位”开展稳定金融秩序宣传活动。县电视台滚动播出防范和打击非法金融活动宣传标语和广告。《宝应日报》开设“防范非法集资暨扫黑除恶”专栏，每月刊登工作动态。县金融监管局主动参与由县委政法委牵头录制的“法在宝应”电视栏目，在县广播电视总台播出，广泛普及防范非法集资知识。县金融监管局利用元旦、春节等重要时点开展集中宣传活动，全年组织在文峰大世界、邗沟路农贸市场等地开展集中宣传活动3次，联合宝应移动分公司、宝应电信分公司群发“防范非法集资”手机提示短信息10万条。6月，开展“防范非法金融活动宣传月”活动，县金融监管局牵头组织县打击和处置非法集资工作领导小组成员单位、各镇（区）、各金融机构，在时代广场、光华职业中专学校、吾悦广场、县养老院等地开展防范和打击非法金融活动“进社区、进商超、进校园、进机关、进工地、进企业、进广场”七进活动，在活动现场派送宣传资料、接受答疑咨询，将相关法律法规等金融知识以“贴近基层、贴近群众、贴近生活”方式送到人民群众手中，先后分发宣传册1000余本、宣传彩页500余张、折页2000余份。

（刘　慧）

银　行　业

银行业管理

■概况　至年末，全县银行业金融机构本外币各项存款余额703.8亿元，比年初增加41.61亿元，增长6.28%；本外币贷款余额为550.99亿元，比年初增加46.78亿元，增长9.28%。全年累计发放制造业贷款15亿元，发放小微企业贷款12亿元。中国人民银行宝应县支行（国家外汇管理局宝应县支局，以下简称“县人民银行”）认真贯彻稳健的货币政策，强化窗口指导，推动信贷投入稳定增长，引导金融机构加大对普惠金融和实体经济的投入；督促法人金融机构加强自我约束和自律管理，通过补充资本、提高自主定价能力，并合理有序掌握放款进度，确保更多资金用于支持实体经济；推进金融机构信用环境和法治环境建设，宝应县成功创建“江苏省金融生态达标县”；提高征信查询窗口服务质量，全年办理企业信用报告查询1159笔、个人信用报告查询2.05万人次。提升经理国库能力和水平，全年办理国库收支业务共71万笔，涉及资金246亿元。积极做好反洗钱工作，配合公安机关协查洗钱嫌疑人银行账户交易情况，强化与公安、法院、检察院等部门协同配合，不断深化预防打击洗钱犯罪工作；督促辖内银行落实账户管理主体责任，持续开展账户管理暗访、案例通报、风险提示等工作，指导银行业金融机构强化账户风险分类分级管理。加强人民币流通管理和人民币图样管理，与县公安局等部门签署《关于建立人民币图样使用管理长效机制的合作备忘录》，联合相关部门对宁国寺及周边重点地区祭祀用品商店开展专项整治；加强残损币兑换监督与管理，全年处理残损币兑换推诿投诉6件，为群众兑换特殊残损币共51笔9.82万元。

*银行业党史学习教育。*县人民银行成立党史学习教育领导小组，制订党史学习教育方案，召开党史学习教育动员大会。组织全县银行业金融机构开展“我是党课宣讲人——献礼一百年·永远跟党走”主题活动，线上直播、线下观看受众2万人次。组织开展“百年党史·每日一学”主题活动，整理发布中国共产党百年重大历史事件，作为全县银行业党员干部党史学习教育辅导材料。深入开展“我为群众办实事”主题实践活动，研究制订18项为民办实事清单，督查督办银行业金融机构“学党史、悟思想、办实事、开新局”活动有序进行，切实为群众办实事、解难题。

*新冠肺炎疫情防控。*根据县政府关于新冠肺炎疫情防控要求，落实落细银行业疫情防控各项措施，制订下发《宝应支行疫情防控二十五条措施对照清单》，通过“线上线下”学习教育，增强干部职工疫情防控意识。组织党员干部200余人次加入全县疫情防控志愿服务，发挥党员先锋模范作用。加强银行业金融机构营业大厅疫情监控，督促各银行业机构安装使用“扬城扫码通”。县人民银行领导班子成员带队到银行网点开展疫情防控现场检查和督导，推进银行系统疫情防控工作常态化、长效化。（石晓倩）

■信贷业务创新拓展　2021年，县人民银行积极推动相关金融机构盘活信贷资产，创新拓展信贷业务，指导推动南京银行宝应支行、江苏银行宝应支行在银行间市场成功发放定向债务2笔、实现融资金额8亿元，全部用于宝应县境内农村路网提档升级及农村人居环境综合治理工程；借助动产和权利担保统一登记系统，推动投放扬州市首笔“大闸蟹活体抵押贷款”；指导宝应农商银行采用信贷资产质押方式，帮助某企业申请信贷资产质押再贷款3000万元；联合县财政局、扬州市公共资源交易中心宝应分中心共同推动政府采购贷款业务，全县办理政府采购贷款业务7笔、贷款金额970万元。

（石晓倩）

■农村信用体系建设 2021年，县人民银行结合宝应地方特色，实施“荷之信”金融精准滴灌培植计划。支持宝应县创建国家级现代农业产业园，加强对相关企业信用建档、评级，完成宝应县“国家级现代农业产业园”内215个家庭农场、18家农业产业化龙头企业、126户专业合作社信息采集工作，引导县农发行等银行机构投入贷款6.1亿元。推进农户非银信息采集工作，完成低收入农户4093户信息更新。至年底，累计采集农户基本信息21万条、新型农业经营主体基本信息6237条，农户信息采集覆盖率100%。推进信用农户、信用村、信用乡镇评定创建工作，截至年底评定信用农户4.8万户、青年信用示范户3095户，信用村139个，信用镇6个。（石晓倩）

■绿色金融 2021年，县人民银行重视发展绿色金融，支持节能环保项目等绿色产业发展，通过政策引导、调研座谈、专项统计等多种方式细化工作措施，推进绿色产业信贷业务发展提档升级。截至11月末，全县银行机构绿色产业贷款余额46.62亿元，比年初增加11.6亿元，增长33.1%，占全部贷款比重8.39%。2021年，全县绿色产业贷款整体质量较好，无不良贷款产生。

（石晓倩）

■农村普惠金融服务点 2021年，县人民银行加大投入，升级软硬环境，以农村普惠金融服务点标准化建设为抓手，推动在全省各县（市、区）率先开展服务点金融标准全面达标认证工作。至年底，全县农村普惠金融服务点254个，全部通过标准化建设认证。全年农村标准化普惠金融服务点合计办理支付业务71.7万笔、8.46亿元。创新推进农村普惠金融服务点与商超结合、与“淘宝”店结合、与村（社区）党群服务中心结合等融合发展模式，开展农村普惠金融服务点星级评定工作，实现农村普惠金融服务点向“一站式、多功能、全方位”转型。县内农村普惠金融服务点办理业务不仅涵盖小额取现、转账、农保、公用事业费缴纳、涉农补贴发放、残损币兑换等基础支付服务，同时叠加实现移动支付助力农产品销售、信贷需求收集、国债宣传和预约销售、金融知识宣传等服务功能，满足农村居民多元化金融服务需求。（石晓倩）

■营商环境优化 2021年，县人民银行组织银行机构入驻县政务服务中心提供“全流程”集成服务，为新开办企业提供银行账户开户咨询和预约服务。全年办理企业预约开户1720户，预约成功率100%。县人民银行、县行政审批局合力设置扬州市首个“企业开办政银合作工作站”，实现企业登记、印章刻制、银行开户、申领税票以及社保登记、公积金缴存登记等流程“一站办结”，实现企业银行开户“只需跑一次、不到两小时”的优化服务新模式。

（石晓倩）

■金融知识普及 2021年，县人民银行加强金融知识宣传普及工作，协同县老干部局和县老年大学成立“荷乡·夕阳红金融知识宣教中心”，以“宣传+讲座”形式，开展“反诈骗”“反假币”、防范非法集资、存款保险等宣传。利用“3·15消费者权益保护日”、金融知识集中宣传月等时机，组织金融系统青年巡讲团开展金融知识进学校、进企业、进乡村、进社区、进机关活动，先后开展现场宣传活动40余场，接受宣讲群众8000余人次。在夏秋粮食丰收时节，组织农村金融机构工作人员深入粮食收购现场，向售粮农民开展防范非法集资、反假币等金融知识宣传。开展“国债下乡·‘驿’路有我”宣传活动，利用邮递员风雨无阻、走村串户的职业优势，将国债知识宣传延伸到“最后一百米”。

（石晓倩）

■银行业“户外劳动者港湾”建设 2021年，县人民银行、县总工会、县金融监管局共同组织12家商业银行，开展设立“户外劳动者港湾”活动，即利用银行网点服务资源，适当划分区域、增加生活设施，为环卫工人、快递小哥、外卖骑手、交通警察、园林绿化工等户外劳动者提供免费服务，重点解决饮水、就餐、如厕和休息等实际困难，让户外劳动者“累了能歇脚、渴了能喝水、饭凉能加热、手机能充电”。全县先后建成银行业“户外劳动者港湾”共15个，组织为户外劳动者服务站点举行集中授牌仪式，并制订下发“户外劳动者港湾”建设有统一标识、有固定场所、有完善设施、有规范制度“四有”标准，组织检查验收，促进“户外劳动者港湾”规范化建设。

（石晓倩）

■外汇管理 2021年，县人民银行（国家外汇管理局宝应县支局）加强外汇政策沟通与宣传，持续开展“外汇服务银企行”活动，调研走访涉汇企业13家，先后组织召开“企业汇率风险管理”外汇政策宣讲会4场，参加宣讲会企业共100多家。加强与政府部门沟通联系，为宝应外资引入提供政策辅导和对策建议，推动外资流入、贸易投资便利化及跨境人民币业务稳步发展。全年完成外商投资企业注册登记9户，注册资本3.1亿美元，跨境流入外汇资本金2350万美元;2家企业登记借入外债2300万美元;办理人民币跨境结算603笔,金额23.21亿元、比上年增长40%。加强外汇监管,利用跨境资金监测和非现场检查分析系统,提高违规线索识别能力。强化对违规市场主体联合监管,立案查处构造进口交易抽逃外汇资本金的违规企业1家。 (石晓倩)

表26 宝应县外汇指定银行外汇业务统计简表

单位:万美元、户

银行名称	贸易项下		资本项下		其他非贸易		外汇存款		结售汇		资本金入账额	本年度新开户数	
	收汇	付汇	收汇	付汇	收汇	付汇	对公	储蓄	结汇	售汇		结算户	资本金户
县工商银行	14064	5116	142	100	12	15	3476	154	9621	1126	142	18	2
县农业银行	13627	131	1299	—	22	23	1623	30	13838	443	1299	12	4
县中行	29592	7653	2640	50	—	—	2444	613	9494	1073	2640	12	1
县建设银行	5300	641	—	—	190	95	211	63	4364	285	—	12	—
江苏银行宝应支行	1392	15	1500	684	—	42	31	11	687	40	1500	5	1
南京银行宝应支行	530	12	—	—	—	—	—	—	390	—	—	—	1
小计	64505	13568	5581	834	224	175	7785	871	38394	2967	5581	59	9
合计	84887						8656		41361		5581	68	

注:表中银行名称系简称,全称分别为中国工商银行股份有限公司宝应支行、中国农业银行股份有限公司宝应县支行、中国银行股份有限公司宝应支行、中国建设银行股份有限公司宝应支行、江苏银行股份有限公司宝应支行、南京银行股份有限公司宝应支行。表内各项目均以年度(2021年1月1日—12月31日)数据统计。 (石晓倩)

中国农业发展银行宝应县支行

■概况 至年末,中国农业发展银行宝应县支行(以下简称"县农发行")各类存款余额7.91亿元,比上年增加1.08亿元;各项贷款余额25.18亿元,比上年增加5300万元。全年累计发放贷款14.19亿元,累计收回贷款13.66亿元。全年实现账面利润4200万元,比上年增加500万元,国际业务结算量296.49万美元。信贷资产连续15年实现无不良贷款、无欠息、无逾期"三无"目标。 (蒋 伟)

■粮食信贷业务 2021年,县农发行充分发挥粮食收购信贷主办行职能,依托江苏宝粮集团控股有限公司等重点客户加大对粮食购销业务支持力度,全年累计发放粮食购销储类贷款金额5.76亿元。面对粮食市场行情起伏变化,县农发行面向粮食企业大力宣传粮食信贷政策,粮食购销储类信贷业务实现抵押足、授信早、投放足,提高办贷工作效率,及时调度资金需求,根据粮食收购进度足额发放贷款,确保收购资金及时供应。 (蒋 伟)

■疫情防控贷款 2021年,县农发行将新冠肺炎疫情防控工作作为首要政治任务,支持当地政府及时采购疫情防控物资。8月初,在县政府领导及县财政局、县金融监管局认可下,以及上级行关心支持下,成功发放抗疫救灾应急贷款金额3000万元。 (蒋 伟)

■扶贫生产贷款 2021年,县农发行贯彻国家金融扶贫政策,彰显社会责任担当,根据江苏宝粮集团控股有限公司需求,对该集团旗下3家子公司提供信贷支持,用于支持贵州省黔东南苗族侗族自治州黎平县高寅村生源养殖农民专业合作社扩大生产,帮助该村增加贫困人口就业,巩固脱贫攻坚成果。县农发行向江苏宝粮集团控股有限公司旗下3家子公司累计投放贷款余额2.06亿元。 (蒋 伟)

■重点项目贷款 2021年,县农发行加强与当地政府合作,依据中国农业发展银行扬州市分行与宝应县政府签订的金融战略合作协议,大力开展中长期政策性信贷业务营销工作。主动参与政府投资重点项目座谈会、推进会,以及重点项目建设规划、可行性研究报告编制，全程服务签订协议重点项目建设。全年服务地方政府中长期重点建设项目包括射阳湖区域治理项目、宝应中众合农产品物流园项目、宝应县城控集团更新项目、县城污水管网建设项目等，获批信贷总额25.6亿元，截至年底累计投放信贷金额7.99亿元。（蒋　伟）

中国工商银行股份有限公司宝应支行

■概况　至年末，中国工商银行股份有限公司宝应支行（以下简称“县工行”）实现人民币各项存款余额71.52亿元、比上年增加1.07亿元，其中储蓄存款余额37.99亿元，比上年增加4.92亿元；对公存款余额33.5亿元，比上年减少3.85亿元；实现人民币各项贷款总额58.11亿元、比上年增加9.14亿元。全年完成拨备前利润1.99亿元、比上年增加900万元，完成中间业务收入5032万元、比上年增加55万元。县工行加强内部管理，构建内控案防长效机制，压实案防履职责任，组织全体员工签订《案防责任书》；围绕主要业务领域、重点环节，常态化开展员工异常行为排查，防范出现存贷业务违规行为；持续推进反洗钱治理，运用金融系统反洗钱KYC程序软件进行账户信息治理，提升个人账户、对公账户信息准确性和完整率，并对涉敏国家或地区个人客户账户进行有针对性排查，全年辖内未发现违规洗钱案例。（闻　超）

■信贷投放扩大　2021年，县工行围绕县域产业升级、园区改造、乡村振兴、制造业技改、中小企业普惠金融等板块，拓展核心资产信贷份额，实现各项贷款总额58.11亿元、比上年增加9.14亿元。做好地方政府隐性债务置换、企业并购、风电新能源项目建设等信贷业务对接与金融服务，完成相关业务信贷投放5.07亿元。支持制造业高质量发展，扩大县域重点制造业企业技术改造信贷投放，实现制造业贷款余额20.27亿元，比上年增加4.7亿元、增长30.19%。县工行与2家上市龙头企业达成战略合作协议，予以信贷授信金额合计14.43亿元、帮助融资金额合计14.34亿元。积极应对新冠肺炎疫情造成的企业经营困难，开辟项目线上评估绿色通道，落实再贷款和延期还贷措施，扶持制造业企业复工复产。6—7月，县工行提前转化受疫情影响企业到期贷款续贷7家、2700万元，予以到期贷款展期及免息续贷6家、3470万元。（闻　超）

中国工商银行宝应支行营业大厅　　县工行/供稿

■普惠金融业务　2021年，县工行持续推进中小企业普惠金融业务发展，面向小微企业线上推广e抵快贷、e企快贷标准化产品，帮助优质小微企业便捷获得贷款金额500万元以下低息贷款，提高相关企业资金运用效率，解决生产经营周转金困难；面向“两无四有”（即无抵押、无担保，有适销对路产品订单、有稳定现金流、有健全财务会计核算账表、有正常纳税记录）小微企业，推广小微贷普惠金融产品。推进“网点+普惠”建设，实现普惠金融网点下沉，发挥专职客户经理、柔性团队、普惠“生力军”作用，深入企业面对面提供普惠金融零售业务。积极落实“两直达”工具，全年发放普惠金融贷款6.16亿元、信用贷款1.67亿元。（闻　超）

■个人住房贷款　2021年，县工行主动深入房地产开发企业、在售楼盘找客户，实现个人住房贷款业务平稳发展。加强与房地产开发企业合作，全年获中国工商银行股份有限公司江苏省分行批准合作房地产开发企业4家，合作楼盘4个，全年发放个人住房贷款金额共3.18亿元。拓展二手房信贷市场，与优客房产、儒房房产、荷香房产等优质房产中介合作，全年发放个人二手房按揭贷款共7100万元。（闻　超）

■国际结算业务　2021年，县工行拓展国际业务，实现国际业务结算量1.84亿美元，结售汇量1.31亿美元；办理国际贸易融资金额900万元，跨境人民币结算业务金额2.21亿元；全年新开外汇账户16户。（闻　超）

中国农业银行股份有限公司宝应县支行

■概况　2021年，中国农业银行股份有限公司宝应县支行（以下简称

“县农行”)实现本外币各项存款余额94.43亿元,比上年增长12.91%;各项贷款余额88.72亿元,比上年增长17.7%;实现营业收入5.05亿元、拨备后利润2.5亿元。全年工作围绕建设“支持实体经济的标杆银行、金融同业的领头银行、创新发展的样板银行、高质量发展的先进银行、行稳致远的示范银行”目标,立足新发展阶段,贯彻新发展理念,务实苦干,砥砺前行,实现各项工作高质量发展。县农行获评扬州市农行系统先进单位。（姜运忠）

■存款业务 2021年,县农行提优客户结构和综合服务能力,提升存款市场占有率。拓展个人存款基础客户,新增个人存款金额72853万元。开展“百行进万企”“万人进千村”活动,加快线上银行转型升级。创新搭建金融消费场景,助力市民美好生活,全年新增金融消费场景29个,新增场景使用客户数2.3万户。项目化推进零售业务客户基础建设,扩展“代发工资”“掌银缴费”“资产业务”等项目客户,新增“掌银缴费”注册客户3万户。县农行深化与县财政局、县人社局、县税务局、县教育局、县医保局、县行政审批局等单位合作,打造“智慧系列”标杆场景,累计中小学生通过“掌银缴费”缴纳城乡医保6.2万人次。全年实现本外币各项存款余额94.43亿元,比上年增加10.8亿元,增长12.91%（姜运忠）

■信贷业务 2021年,县农行落实服务制造业实体经济、服务“三农”发展要求,实现信贷规模持续扩大。配合县委、县政府实施乡村振兴战略,开展政银共建活动,为乡村振兴基础设施建设提供融资支持。支持射阳湖镇“宝应县国家级农村产业融合发展示范园”项目建设,向江苏荷之源旅游开发有限公司贷款3.5亿元,主要用于土地整理、机耕路、排灌泵站、排灌农渠、养殖围网等项目建设,改善荷藕种植环境,实现莲藕产业融合发展。申报储备安宜镇“江苏省宝应湖有机农业园区开发建设”项目贷款,主要用于江苏省宝应湖有机农业开发区、海峡两岸(扬州)农业合作试验区生态体系建设,实施有机农业项目,推进宝应县运西地区农业规模化、产业化、生态化。全年实现各项贷款余额88.72亿元,比上年增加13.34亿元,其中用于支持“三农”贷款5.52亿元。（姜运忠）

■风险管控 2021年,县农行提高风险管理能力,强化重点领域风险排查,抓好重点领域风险防控。加强对外部监管关注部位的管控和对重点业务、重点环节的风险治理,加强运营类案件防控,开展涉诈骗账户、涉赌账户专项排查和风险评估,配合公安部门开展打击治理电信网络新型违法犯罪“断卡行动”。组织开展重大风险隐患治理、信贷资金流向不合规排查等风险排查活动,组织干部职工开展“知敬畏、守底线、促合规”案件警示教育,筑牢思想防线。全年未发生重大风险事件和责任性事故,各项业务工作平安运行。（姜运忠）

中国银行股份有限公司宝应支行

■概况 至年末,中国银行股份有限公司宝应支行(以下简称“县中行”)实现人民币存款余额43.45亿元,比年初增加3.38亿元。其中,公司存款余额14.09亿元,比年初增加1.09亿元;储蓄存款余额29.36亿元,年初增加2.29亿元。人民币贷款余额27.73亿元,比年初减少1.41亿元。其中,人民币公司贷款余额11.83亿,比年初减少1.16亿;零售贷款余额15.9亿,比年初减少2500万元。县中行克服新冠肺炎疫情和国际金融环境复杂因素影响,主动作为、优化服务,加大对县域实体经济信贷投放力度,为地方经济发展做出积极贡献。加强内控合规建设,主动开展金融风险排查,增强员工合规操作和风险意识;加强对网点负责人、运营经理等参与内控管理人员能力培训,提高内控工作水平,各项存贷业务平稳运行。按县政府统一部署,做好个别企业债务化解清收工作,保证银行资产安全。全行本外币不良贷款余额1999.96万元,不良贷款率1.59%。（夷　民）

■制造业项目信贷 2021年,县中行落实支持制造业实体经济发展金融政策,新增摩恩集团“智能制造产业园”贷款金额5000万元、宝胜科技创新股份有限公司中长期项目贷款金额1.5亿元等。至年末,制造业贷款余额7.44亿元,其中当年投放制造业贷款金额6.67亿元。加大对县域30强企业和“白名单”资信优质客户信贷支持力度,主动对接企业了解信贷需求,解决企业后顾之忧。（夷　民）

■市政重大项目信贷 2021年,县中行加大对市政公用设施和城市文化旅游体育设施等重大投资项目信贷服务力度,向中国银行股份有限公司江苏省分行申报获批宝应县城市建设控股有限公司城市更新项目、宝应县兴农发投资有限公司开发区污水管网项目、宝应县运河文化旅游演艺中心项目、宝应县城市建设控股有限公司城市更新项目、江苏坤宝园艺发展有限公司产业园项目、宝应县名城建设投资有限公司城市更新项目等重大项目信贷投放额度共5亿元,按项目进展情况分期分批投放贷款。（夷　民）

■普惠金融政策落实 2021年,县中行落实支持小微企业发展普惠金融政策,坚持面向市场、面向客户,以提高营销效率、增强核心竞争力为目标,加强市场营销机制建设,扩大小微优质客户数量。全年新增普惠金融小微企业客户18户，新增小微企业贷款金额6900万元，普惠金融客户贷款平均利率3.75%，受到中小企业主一致好评。走访调研中小微企业计划新上项目资金需要，至年底，完成中小企业项目储备27个、计划授信金额1.2亿元。

（袁　民）

中国建设银行股份有限公司宝应支行

■**概况**　至年末，中国建设银行股份有限公司宝应支行（以下简称“县建行”）实现本外币一般性存款余额65.83亿元，比上年增加2.14亿元，本外币各项贷款余额70.11亿元，比上年增加1.18亿元，账面中间业务收入4666万元，利润18833万元。全年工作坚持以党建为统领，联合县住建局、县城控集团、县委党校开展党史学习教育共建活动，举办“党旗辉映团旗红、青春激扬展风采”党史知识竞赛，组织“回望百年征程、传承红色基因”观影活动等；落实新冠肺炎疫情防控常态化工作要求，组织机关人员参与疫情防控志愿者活动，到社区一线卡口参加防疫执勤，协助医护人员做好核酸检测点秩序维护等；推进干部员工队伍年轻化、专业化建设，优化人力资源配置，优秀年轻员工4人经上级行批准入选挂职锻炼，业务经办岗位、专业技术岗位年轻员工12人获岗位职务晋升。

（陈秀荣）

■**信贷业务拓展**　2021年，县建行落实支持实体经济发展金融政策，努力扩大县域制造业企业贷款投放，成功投放扬州晨化新材料股份有限公司供应链企业贷款3000万元，实现重点骨干企业客户相关供应链企业融资贷款首次突破；加强与县内重点企业宝胜集团有限公司战略合作，积极与上级行沟通，获批发放宝胜集团有限公司并购项目贷款1.4亿元。至三季度末，县建行实现新增制造业贷款3.5亿元，完成中国建设银行股份有限公司扬州分行下达新增制造业贷款计划218%，列扬州市各县（市区）建行系统第1名。至年底，县建行实现各项贷款余额70.11亿元，比上年增加1.18亿元。

（陈秀荣）

■**“存房＋”业务项目**　2021年，县建行创新推进金融服务住房租赁“存房＋”业务，成功签约宝应县莲花嘉苑人才公寓托管式存房项目（即县建行获得县莲花嘉苑人才公寓租赁权，转租给县级机关事业单位引进的外地青年人才，并提供相关服务），这是中国建设银行股份有限公司扬州分行辖内签订的第一个“存房＋”业务项目。县莲花嘉苑人才公寓是宝应县最大的人才安居工程，建有人才公寓500套，县建行提升租赁品质，为人才公寓改造安装智能水电表，嵌入“建融家园”党员活动中心，努力提升县人才公寓管理水平。

（陈秀荣）

■**“智慧校园”项目签约**　2021年，县建行履行社会责任、践行大行担当使命，助力校园信息化建设，在县政府、县教育局支持下，成功签约宝应县安宜实验学校“智慧校园”项目。“智慧校园”项目以金融科技促进金融服务与校园生活有机结合，为师生提供网银移动支付校园消费场景，打造龙支付线上餐卡充值、线下餐厅消费等应用服务，满足师生校园消费需求。宝应县安宜实验学校参加“智慧校园”项目师生和学生家长5000余人。县建行成功签约“智慧校园”项目有效增加手机网银客户数量、提升网银客户活跃度、增加网银零售业务量。

（陈秀荣）

中国建设银行宝应支行　　县建行/供稿

中国邮政储蓄银行宝应县支行

■**概况**　至年底，中国邮政储蓄银行宝应县支行（以下简称“县邮储银行”）各项储蓄存款余额34.46亿元、比上年增加1.18亿元，其中个人储蓄存款余额28.04亿元，公司储蓄存款余额6.42亿元；年末各项贷款余额36.11亿元，比上年增加1.53亿元，贷款不良率0.55%。全年实现经营总收入1.26亿元，比上年增加700万元；实现拨备后利润8425万元，全年无安全责任事故发生。县邮储银行致力保护金融消费者权益，组织开展形式多样的金融知识宣传活动。各营业网点全年以

中国邮政储蓄银行宝应县支行营业大厅　　刘　娟/摄

LED屏滚动播放、海报展示、发放宣传折页等方式宣传防范非法集资、金融诈骗等知识；先后开展金融知识到广场、到老年大学、到学校、到工厂、到农村活动，着重宣传反洗钱、防范非法集资和电信诈骗、识别真假人民币等知识。11月，开展反洗钱宣传月活动，提升社会公众反洗钱意识，提高员工反洗钱风险能力。开展“国债下乡、利国利民”活动，通过邮政夹报投送形式，发放国债宣传折页5000份，打通国债下乡“最后一千米”。　（刘　娟）

■信贷业务　2021年，县邮储银行坚持以市场为导向，优化信贷产品结构，全年发放各项贷款36.11亿元，比上年增加1.53亿元。其中，零售贷款22.87亿元，比上年增加1.38亿元；公司贷款10.58亿元，比上年增加4169万元；小企业贷款2.66亿元。县邮储银行努力提升服务质量，认真践行“我为群众办实事”宗旨，以真诚的服务、优惠的价格、高效的工作获得客户好评。县邮储银行贯彻服务小微企业、服务“三农”普惠金融政策，推广优势小额贷款产品，支持乡镇小微企业发展，为促进乡村振兴添砖加瓦，全年发放小微企业普惠金融贷款共8234万元。梳理客户需求，拓展信贷业务新领域，做好负债、票据、开户、个人贷款、公司贷款及小企业贷款等综合服务工作，支持优质特色实体经济发展，发放公司贷款5.58亿元，完成票据贴现业务8.27亿元，办理国内信用证2.3亿元、保函180万元，二级市场“福费廷”业务4.68亿元。　（刘　娟）

■金融服务　2021年，县邮储银行支持地方政府实施乡村振兴战略，优化乡村金融服务环境，拓展城乡信贷业务经营渠道。县邮储银行各镇（区）网点以“金融＋代理”服务模式覆盖所有乡镇，按照“普之城乡、惠之于民”普服理念，借助邮储银行科技金融优势，在单位公积金归集、公积金贷款等领域为客户提供高效、安全、便捷的金融服务。至年底，镇（区）网点累计完成公司开户129户，为当地经济社会发展做出积极贡献。注重推进农村信用体系建设，加强金融诚信管理，深入村、组开展走访宣传，做好农村信用体系建设和信用村录入工作，全年新建信用村204个、信用户7719户。深入农户、田头开展普惠制小额贷款宣传，全年发放零售贷款金额共22.87亿元，其中消费贷款17.86亿元、个体户及个人经营性贷款5.01亿元。　（刘　娟）

江苏宝应农村商业银行股份有限公司

■概况　至年底，江苏宝应农村商业银行股份有限公司（以下简称“宝应农商银行”）各项存款余额197.78亿元，比上年增长9.65%；各项贷款余额141.55亿元，比上年增加16.98亿元、增长13.63%；各项收入总额10.99亿元，利润总额2.82亿元，资本充足率15.38%，资本利润率14.32%。全年工作坚持以高质量发展为主线，在常态化做好新冠肺炎疫情防控基础上，坚守“支农支小”定位，强化业务拓展和精细化管理，着力打造高质量“小而美”银行，实现存贷款总量持续增长，金融市场份额蝉联全县银行业机构首位。宝应农商银行加强内控管理先，夯实高质量发展基础，开展信贷专项检查活动，层层压实信贷责任；运用风险预警管理、智能非现场贷后管理、廉洁办贷管理等软件系统，提升信贷风险防控水平；强化合规案防管控，开展合规风险体检、员工行为体检、员工道德体检“三项体检”，组织员工进行针对性自我检查，对发现问题进行问责，逐项落实整改责任人；开展各类合规案防专题培训、知识竞赛、主题演讲，向全行员工传播和美合规文化等。全年开展“道德行为规范”“员工业务素质”等培训47期，员工归属感、荣誉感、凝聚力得到明显提高。宝应农商银行获命名“2019—2021年度江苏省文明单位”。　（佟　飞）

■存款业务　2021年，宝应农商银行聚焦拓展存款业务，先后组织开展“开门红”劳动竞赛、“深入推进扩面强基全力服务乡村振兴”等活动，推广“奔富存”“惠民存”等优势产品，努力拓宽存款增长渠道；做好客户维护工作，开展老客户回访和新客户走访营销活动;加大线上线下宣传力度,通过微信公众号、视频号、朋友圈、抖音、网络报刊、LED大屏等渠道宣传各类特色产品、各项优惠政策、各项便民举措,提升品牌影响力和美誉度,实现储蓄市场份额不断提高。2021年,宝应农商银行实现各项存款余额197.78亿元,比上年增加17.4亿元、增长9.65%。

(佟 飞)

■信贷投放 2021年,宝应农商银行坚守"支农支小"发展定位,推行"做小做散"经营策略,重点拓展普惠金融小额贷款,实现贷款总量和贷款增量位居县内银行业机构第1名。做实信贷增量扩面工作,重点开展"提升金融服务、助力乡村振兴"整村授信活动,阳光信贷"日日升"增量扩面活动等。至年末,宝应农商银行完成全县273个村(社区)、118家单位(企业、居民小区)信贷授信工作,评定出信用镇7个、信用村139个、信用户16.35万户,农户授信面占辖内农村家庭总量76%,户均授信金额8.7万元。紧贴客户需求,创新丰富信贷产品,先后推出"备货贷""积分贷""小微企业置业贷""流水贷"等贷款新产品,能够满足农户及小微企业客户备货、消费、置业、创业等各类资金需求。深化信贷管理改革,优化信贷服务流程,开发"荷乡金融营销平台",创新推出业务人员深入基层边走访、边建档、边营销、边放贷"四边"走访营销模式。全年"荷香金融营销平台"推广客户1.25万户,授信总金额11亿元、实际用信总额8亿元,其中首贷户1.1万户,授信总金额9.7亿元、实际用信总额4.4亿元。(佟 飞)

■电子银行业务 2021年,宝应农商银行加强电子银行业务考核,加快推进金融业务数字化转型。组织参加江苏省农村信用社联合社举办的"拼搏实干开新局、提质增效促转型"电子银行业务专题竞赛活动,促进存贷业务精准营销和联动营销,获得"银行卡"专项竞赛三等奖。至年末,全行手机银行客户数28.2万户,比年初增加4.8万户;手机银行客户数占总客户数67.9%,比年初提高14.2个百分点,手机银行月平均活跃度17.5%,比年初提高1.3个百分点。开展电子银行收单商户全员营销活动,对收单商户实行专人管理,拓展潜在优质户,优化客户质量。至年末,电子银行优质收单商户数7078户,比上年增加4841户。电子银行收单商户日均沉淀资金额6.23亿元,比上年增加3.84亿元、增长160%。推进电子银行消费应用场景建设,依托全县社保卡发放激活优势,围绕代收学费、代发工资等核心场景,全年新建电子银行消费应用场景827个、消费场景236个,服务客户数48.3万人次,电子银行产品使用率显著提高。

(佟 飞)

江苏银行股份有限公司宝应支行

■概况 2021年,江苏银行股份有限公司宝应支行(以下简称"江苏银行宝应支行")实现各项存款余额57.53亿元,比上年增加11.08亿元;各项贷款余额57.04亿元,比上年增加11.39亿元。全年工作克服新冠肺炎疫情等不利因素影响,通过优化服务,想客户之所想,急客户之所急,努力维系拓展客户市场,扩大市场份额,实现存贷款各项主要经营指标较大幅度增长,综合经营能力得到显著增强。 (成丹丹)

■存款业务 2021年,江苏银行宝应支行坚持以客户为中心,优化存款产品配置,推出个人大额存单,手机银行老年"融享幸福版"特色产品、投资理财专享服务产品、非金融生活服务产品等,增强对新老客户私人存款和投资理财吸引力。全年江苏银行宝应支行实现私人银行产品保有量比上年增加3160万元,保险销售金额比上年增加3000万元,非货币基金保有量比上年增加2130万元。加强对公客户资源维系和拓展,细化客户群体分类,落实责任到人,通过与县重点建筑企业战略合作,拓展工资代发、老旧小区拆迁费发放、社区营销等批量增加新客户。至年底,江苏银行宝应支行全量客户数量比年初增加4969户,增长数在江苏银行股份有限公司所有网点中排名第51位。 (成丹丹)

■信贷业务 2021年,江苏银行宝应支行贯彻国家支持实体经济、支持制造业发展政策,重点扩大对县域先进制造业项目、重大基础设施项目、优质房地产项目信贷授信额度。全年新增投放公司贷款14.2亿元,其中投放宝胜科技创新股份有限公司、江苏兴洋管业股份有限公司等制造业贷款1.5亿元,投放旧城改造项目贷款3亿元,投放房地产开发项目贷款6.25亿元,投放土地复垦项目贷款2亿元。加强与地方政府部门合作,认真做好企业新投资项目调研储备和上报审批工作,申报获批"旧城改造"项目贷款授信金额5亿元、"土地复垦"项目贷款授信金额4亿元。 (成丹丹)

中国光大银行股份有限公司宝应支行

■概况 截至年底,中国光大银行股份有限公司宝应支行(以下简称"光大银行宝应支行")实现各项存款余额22.5亿元,其中对公存款16.2亿元、个人存款6.3亿元;各类贷款余额16.38亿元,其中对公中长期贷款11.49亿元、短期贷款4.79亿元,个人贷款1000万元。全年工作坚持项目拓展和客户营销并重并行,努力拓展市场;调优存贷款结构,增加核心存款比重,加大对实体制造业企业中长期贷款投放,投放防疫贷款、助力地方政府抗击新

冠肺炎疫情，实现各项业务经济效益和社会效益双提升。（梅文飞）

■信贷结构优化 2021年，光大银行宝应支行支持地方经济社会发展，调整优化信贷结构，加大对重点企业支持力度，对实体制造业投放超额完成中国光大银行股份有限公司扬州分行下达的任务指标。全年投放对公中长期贷款11.49亿元，比上年增加2.83亿元，投放制造业贷款1.008亿元，投放普惠金融贷款2480万元，对制造业中长期信贷投放绩效显著获县人民银行表扬。助力地方政府疫情防控工作，及时投放防疫贷款4000万元，有效缓解地方政府防疫资金压力。3月9日，中国光大银行股份有限公司扬州分行党委书记、行长王旻旻到宝应县调研，与县政府主要领导共同实地考察宝胜系统集成科技股份有限公司，了解企业生产经营情况，并就加强银、政、企合作，加大光大银行扬州分行对宝应县新型城镇化建设项目支持力度，降低企业融资成本，推进多元化融资渠道建设等方面进行深入座谈交流。（梅文飞）

■存款结构调整 2021年，光大银行宝应支行调整优化核心存款与结构性存款结构，压降结构性存款规模，扩大有稳定资金来源的核心存款比重。光大银行宝应支行年末实现个人存款余额6.3亿元。其中，有稳定资金来源的核心存款余额4.41亿元，比年初增加2.51亿元，比年初提升38个百分点；结构性存款余额压降至1.84亿元，实现核心存款和结构性存款比例翻转，有效改善和优化存款结构。上半年，光大银行宝应支行零售存款、资产总额分别达7.43亿和10.8亿元新高点，获得一级分行行长室签发的资产过10亿和信用卡发放率先完成全年指标两张喜报。（梅文飞）

资料链接：银行核心存款与结构性存款，其中，核心存款是指银行有稳定资金来源的主要存款，主要包括小面额的定期存款和无息活期存款账户，这类存款对利率波动的反应小于短期存款和货币市场存款账户，在一定程度上反映储户对银行的信赖与忠实，有效提高银行对融资成本的可预见性；结构性存款是一种新型的存款产品，是在一般存款基础上加入金融衍生工具，通过挂钩利率、汇率、指数等使存款人在承受一定风险的基础上获得较高收益的业务产品。（梅文飞）

南京银行股份有限公司宝应支行

■概况 至年末，南京银行股份有限公司宝应支行（以下简称"南京银行宝应支行"）各项存款余额43.09亿元，比上年增加1.95亿元，其中对公存款34亿元、个人储蓄存款9.09亿元；各类贷款余额64.45亿元，比上年增加9700万元。全年业务工作加大对实体经济支持力度，落实面向小微企业普惠金融政策，实现各项业务平稳增长，经营效益稳步提升，品牌影响力持续扩大。以"党建领行"引领事业发展，创建"荷香清风"书记工作室，发动全体员工担当社会责任，参与各项公益活动；组织员工积极投身抗击新冠肺炎疫情卡口值班、核酸检测现场服务等抗疫志愿者活动；开展精神文明创建活动，南京银行宝应支行创成"县文明示范窗口"，营业大厅"爱心驿站"升级为"户外劳动者港湾"，为周边交警、环卫工人、城管队员提供"有温度"的工间休憩场所。（刘卉文）

■存款业务拓展 2021年，南京银行宝应支行通过优化客户服务，夯实客户基础，拓展存款规模，资产结构更趋合理。对公存款以稳规模、调结构为导向，多渠道吸收结算资金、政府间隙资金、财政配套资金；鼓励客户经理与个贷经理、理财经理密切结合，完善授信客户结算回笼考核机制，逐户落实存款、理财产品，实现存款业务持续增长。全年完成对公存款金额34亿元，比上年增加1.21亿元。个人存款通过加大结构性存款、大额存单优势存款产品宣传力度，引导到期个人金融资产向定期存款转化，调优个人储蓄存款结构，扩大个人存款规模。全年实现个人储蓄存款余额9.09亿元，比上年增长7400万元。（刘卉文）

■信贷规模扩大 2021年，南京银行宝应支行通过落实普惠金融政策，

南京银行宝应支行营业大厅 刘卉文/摄

加大对中小微企业授信规模，组织相关工作人员制订目标客户清单，逐户明确到人，开展定点走访，询问信贷需求；组织参加县域内银企信贷对接会，筛选目标客户，推介面向中小微企业“苏科贷”“鑫联税”“鑫快捷”“鑫味稻”等授信产品；深入行业龙头企业、行业核心企业开展信贷业务营销，帮助企业梳理上下游产业链，加快扩充基础客户群。开展手机银行“鑫味稻”专项金融产品试点推广工作，到各镇（区）召开“鑫味稻”业务推广会，深入田间地头与农户面对面推介普惠金融产品，让农户不用资产抵押就能方便获得种子、农具、化肥贷款，得到广大农户一致好评。全年各类贷款余额64.45亿元，比上年增加9700万元，其中公司贷款61.05亿元，比上年增加7700万元，个人贷款3.4亿元，比上年增加2000万元。（刘卉文）

江苏射阳农村商业银行股份有限公司宝应支行

■**概况** 2021年，江苏射阳农村商业银行股份有限公司宝应支行（以下简称“射阳农商银行宝应支行”）各项存款余额4.54亿元，比上年增加5878万元，各项贷款余额11.58亿元，比上年增加9346万元，实现各项经营收入6993万元，账面利润840万元。江苏射阳农村商业银行注册资本5.25亿元，是全国第18家农村商业银行。射阳农村商业银行宝应支行是江苏射阳农村商业银行在扬州市设立的首家异地支行，坐落于宝应县南园路101号。全年工作立足服务宝应经济发展大局，围绕服务“三农”、服务中小微企业，发挥机制灵活优势，调整经营思路，整合人力资源，加大优势产品宣传力度，努力提升金融服务水平，实现存贷款各项业务持续发展。加强合规建设，组织员工认真学习有关金融监管文件，开展争做“合规标兵”、创建“合规管理示范单位”活动，营造合规经营文化氛围；加强内控制度建设，每日晨会进行业务风险隐患排查，对违规行为实行“零容忍”；开展员工素质教育，帮助员工树立正确的人生观和价值观，坚决防范员工出现违规融资、违规担保、向客户借款、充当资金掮客、经商办企业、参与黄赌毒等潜在风险，保障各项业务稳健、协调发展。（张　静）

■**存款资金组织** 2021年，射阳农商银行宝应支行创新存款业务宣传方式，组织员工进行客户礼仪、沟通能力、金融知识、银行产品、营销手段等业务培训，分片派出骨干力量深入社区（村）宣传金融知识、银行特色产品，加大个人存款吸引力；制订柜外吸储激励制度，提升员工柜外吸储积极性，挖掘对私存款潜力；召开对公存款资金组织推进会，对员工进行对公存款营销产品业务培训，提出“抓早抢前”工作方针，调整优化对公存款结构，维护老客户、发展新客户，实现对公存款业务持续增长。全年实现各项存款余额4.54亿元，比上年增加5878万元，其中个人存款2.89亿元，比上年增加3600万元，对公存款1.65亿元，比上年增加2300万元。（张　静）

■**贷款结构优化** 2021年，射阳农商银行宝应支行致力于服务宝应“三农”发展，持续调优信贷结构。信贷投放重点立足于支持有实力或发展前景较好中小微企业、农业产业化特色企业和自然人，主动上门对接客户信贷需求。实施“阳光信贷”工程，倡导绿色信贷服务理念，顺应县域产业转型升级，深入县域产业集群区和重点镇工业园区，对辖区内新兴产业、文化产业、生产性服务业、工业转型升级等重点领域扩大信贷金额。提升信贷服务效能，对信贷客户维护实行精细化管理，分层维护责任明确到每个客户经理和领导班子成员。发挥信贷投放“短、平、快、优”竞争优势，营销人员深入企业及时了解客户生产经营情况、及时解决客户资金需求、及时提供客户资金信息。全年实现各项贷款余额11.58亿元，比上年增加9346万元，其中公司类贷款6.34亿元、比上年增加7188万元，自然人贷款5.24亿元，比上年增加2158万元。（张　静）

■**信贷风险控制** 2021年，射阳农商银行宝应支行信贷投放坚持优胜劣汰原则，重点强化与科技型、环保型等有发展潜力和较强经济实力的经营实体的合作，同时出现信贷风险苗头企业提前启动风险预警机制，提前制订信贷风险控制方案，提前落实信贷风险处置措施，提前收回存在风险贷款，确保每笔贷款到期前本息全部收回。全年先后处置收回风险贷款4户、6395万元，同时结清全部到期利息。（张　静）

江苏宝应锦程村镇银行股份有限公司

■**概况** 至年末，江苏宝应锦程村镇银行股份有限公司（以下简称“宝应锦程村镇银行”）实现各项存款余额4.31亿元，比上年增加100万元，各项贷款余额4.72亿元，比上年增加1900万元，资产总额6.09亿元。全年业务工作坚持“稳健经营，适度增长”主基调，凝心聚力，迎难而上，稳步拓展存贷款业务，积极化解贷款风险，实现各项业务平稳发展。落实党建引领工作，完善董事会、经理层分层决策机制，加强党组织作风建设和党员干部廉政建设，贯彻落实党中央“八项规定”，严格党员干部政治纪律，营造风清气正工作环境。（廖天虹　谢安国）

■**金融服务** 2021年，宝应锦程村镇银行秉承“诚于心，信于行”经营理念，面对新冠肺炎疫情影响，落实稳就业、稳金融、稳外贸、稳外资、稳投资、稳预期“六稳”，保居民就业、保基本民生、保市场主体、保粮食能源安全、保产业链供应链稳定、保基层运转"六保"要求，实现信贷业务经济效益、社会效益双提升。坚持服务小微企业、服务"三农"市场定位，贯彻执行央行普惠金融减费让利小微企业政策，扩大涉农金融贷款，助力地方政府实施乡村振兴战略。完善优化金融服务，发展网络科技金融，推动存贷款业务数字化转型，为客户提供智慧金融体验。

（廖天虹　谢安国）

保　　险

中国人民财产保险股份有限公司宝应支公司

■概况　2021年，中国人民财产保险股份有限公司宝应支公司（以下简称"人保财险宝应支公司"）全年实现保费收入2.8亿元，比上年增加4900万元，比上年增长21.21%，占县内财险市场份额62.87%，比上年提高3.5个百分点。全年处理各类理赔案件1.9万件，比上年增加4000件，支付理赔款金额1.63亿元，比上年增加3500万元。7月7日，位于县城泰山路与荷乡路交叉口附近的宝应县交通事故快速处理中心举行揭牌仪式，正式投入运行。全县每年发生车辆轻微相撞的财损事故1万多起，常规事故处理定责定损流程需要较长时间，不仅耽误车主双方时间，还会导致事故现场较长时间交通拥堵。县交通事故快速处理中心联合人保财险宝应支公司等多家保险公司，为城区及周边车辆轻微碰撞事故处理及理赔提供便捷、快速、高效"一站式"服务通道。

（崔　杨）

■业务拓展　2021年，人保财险宝应支公司加强与政府相关部门、企事业单位业务合作，发挥人保财险社会管理职能，拓展安全责任险、医疗责任险、建筑工程一切险、水利工程险、财产一切险等险种业务。1月，人保财险宝应支公司成功独签S331相关工程以及京沪高速公路新沂至江都段扩建路面工程一切险，以及县内重要水利工程项目一切险保险业务，获保费收入计120.9万元，为相关4个交通、水利工程项目提供风险保障金额近12亿元。4月30日，人保财险宝应支公司签订县道沙汜线改造工程一揽子保险，包括建筑工程一切险、建筑施工人员团体意外伤害保险、建筑工程安全生产责任保险，为其提供风险保障金额1亿元，其中在宝应地区首单签订建筑工程安全生产责任保险。9月17日，人保财险宝应支公司签订连淮扬镇铁路宝应站运营期财产险及公众责任险，提供风险保障金额9亿余元。

（崔　杨）

■保险责任赔偿　4—7月，宝应县境内先后发生"4·30大风""烟花台风"等7个大风、暴雨灾害性天气，人保财险宝应支公司接到农户关于农作物损害、设施大棚损毁等理赔报案共10275件。该公司接到理赔报案及时组织人员进行现场查勘定损，在短时间内将理赔款共6000余万元分别送到相关农户家中。6月5日，中国人民财产保险股份有限公司扬州分公司农险部专家组一行，到氾水镇、安宜镇、鲁垛镇田间地头，走访调研小麦等夏熟作物受损情况，及时进行现场查勘定损，对受损严重农户进行理赔。7月14日，江苏省邗江交通建设工程有限公司、中铁大桥局集团有限公司在宝应县境内在建道路交通工程因连日强降雨出现路面、地基、建筑材料等大面积受损，承保单位人保财险宝应支公司立即组织专家组进行现场查勘定损，作出适当数额暴雨灾害理赔决定。全年人保财险宝应支公司多次因尽心尽力尽责进行查勘定损、快速支付理赔款获得农民种植大户等客户高度赞誉、赠送锦旗。

（崔　杨）

中国人民保险集团股份有限公司宝应支公司

■概况　2021年，中国人民保险集团股份有限公司宝应支公司（以下简称"中国人保宝应支公司"）实现保费收入6.46亿元，与上年相比基本持平，占县内保险市场份额52.13%。受理各类赔付业务3.05万件，比上年增加1.01万件，赔付金额4336.13万元，比上年增加757.69万元。宝应县城乡居民医保基金管理中心服务城乡居民4.2万人次，兑付基本医疗保险金1.03亿元，兑付大病保险

中国人民保险集团股份有限公司宝应县支公司营业部

高　媛/摄

金1543.04万元,代付民政救助金245.61万元。（高　媛）

■民生服务　2021年,中国人保宝应支公司为满足客户远程业务办理需要,提升线上服务体验。3月,保险业务网上“空中客服”项目正式上线运行,客户通过APP网上远程连接客服人员,借助视频“面对面”咨询办理保险业务,实现客户足不出户、无须临柜即可办好保单,以及受理客户投诉等在线服务。至年底,中国人保宝应支公司“空中客服”共接待网上客户2100人次。（高　媛）

■风险防控　2021年,中国人保宝应支公司推进风险管控体系建设,组织员工开展风险预防教育,从源头上防范重大风险案件发生。全年先后组织开展“乱象整治回头看”“内控合规建设年”“互联网保险治理”等多项风险排查活动,对重点岗位人员进行轮岗,对重点产品、重点渠道、财务业务数据等方面开展全方位排查,对发现问题及时进行整改或提出切实可行整改措施,为各项业务高质量发展提供坚强保障。（高　媛）

中国太平洋人寿保险股份有限公司宝应支公司

■概况　中国太平洋人寿保险股份有限公司宝应支公司(以下简称“太平洋人寿宝应支公司”)成立于2002年9月,位于县城叶挺路183号,主要经营范围为全县城乡居民提供养老保险、教育保险、医疗保险、人身意外伤害保险等综合保险业务。2021年,太平洋人寿宝应支公司秉承“以客户需求为导向”发展理念,专注保险主业、打造多元化服务平台,实现各项业务可持续发展,超额完成年度业务指标和各项管理目标,全年实现保费收入4568万元,受理各类理赔业务225件,支付理赔款金额526.38万元。（陆彩霞）

■业务拓展　2021年,太平洋人寿宝应支公司追求卓越为核心价值观,坚持稳健经营风格,克服新冠肺炎疫情不利影响,创新客户积累模式,以县城、曹甸镇为业务拓展重点区域,组织参与市民社区活动和社会公益活动,实现个人保险业务和法人团体业务全面提升。拓展民用燃气用户个人人身意外伤害保险业务,全年新增家庭燃气险拥有保障客户3000户、累计3万多户,超额完成年度工作指标。（陆彩霞）

■理赔业务　2021年,太平洋人寿宝应支公司注重提高理赔业务效率,运用现代先进信息技术和计算机技术,完成理赔业务网上办理系统平台建设,编制操作指南和进行员工业务培训,有效打通传统线下理赔服务全流程中的所有环节,高效实现移动办理和在线办理。客户办理理赔业务更加方便快捷,足不出户即可在网上办理理赔申请,从理赔申请到理赔款到账最快仅需要半天时间。全年受理各类理赔业务225件、比上年增加4件,支付理赔款金额526.38万元,比上年增加100.76万元。（陆彩霞）

证券·投资担保

■证券业　2021年,宝应县内证券公司营业部3家,分别是华泰证券股份有限公司扬州宝应叶挺东路证券营业部、海通证券股份有限公司扬州宝应苏中南路营业部、中国银河证券股份有限公司宝应白田路证券营业部。全年实现证券市场成交金额1454.37亿元,比上年增长23.1%。华泰证券股份有限公司扬州宝应叶挺东路证券营业部开户股民4.41万户,比上年增加2430户,全年实现交易量总额1019.53亿元、比上年增长1.2%,其中融资融券交易额376.23亿元。海通证券股份有限公司扬州宝应苏中南路营业部开户股民19253户,比上年增加2425户,全年实现交易量总额291.57亿元,比上年增长33.8%,其中融资融券交易额61.03亿元。中国银河证券股份有限公司宝应白田路证券营业部开户股民3953户、比上年增加2314户,全年实现交易量总额143.27亿元,比上年增长34.3%,其中融资融券交易额22亿元。（刘　慧）

■投资担保　2021年,宝应县融资性担保公司3家,分别是宝应县民生融资担保有限责任公司、扬州宝粮融资担保有限公司、扬州恒信投资担保有限公司。截至年底,全县融资性担保业务合计在保笔数410笔,在保户数350户,在保余额合计10.87亿元。宝应县民生融资担保有限责任公司为国有融资性担保公司、国家融资担保基金合作单位,担保业务规模在扬州市位列前三名;扬州宝粮融资担保有限公司是政策性融资担保公司,注册资本3亿元,主要承担政府性融资担保业务。

（刘　慧）

经贸合作

Jing Mao He Zuo

■编辑:邱　群

招商引资

■概况　2021年,宝应县坚持项目为王理念,把招商引资作为增强发展后劲重要动力,全面加强招商引资工作力度。制订下发《2021年全县招商引资工作意见》《宝应县制造业及生产性服务业招商引资项目引进奖励暂行办法》等政策文件,构造全县招商一盘棋格局,提升招商引资项目落地门槛,夯实全县"真招商、招真商"干事基石。围绕主要产业体系,加大招商引资组织程度、项目推进力度,印发《荷藕节实施方案》。加强对招商引资工作绩效考核,印发出台《制造业及生产性服务业招商新建项目专项考核办法》《制造业招商新建项目入库认定办法》,修订《2021年机关部门招商引资工作考核办法》《2021年工业条线招商引资专项考核办法》。成立以县委、县政府主要负责人为组长的招商引资工作领导小组,新聘"招商大使"52人,累计聘请"招商大使"180人,"招商大使"全年为宝应县招引项目50个,其中投资1亿元以上项目40个,占招引项目数80%。落实领导责任,县委、县人大、县政府、县政协领导率先垂范,带头走在招商一线。健全完善招商引资新开工项目帮办服务挂钩联系制度,县领导严格落实招商引资挂钩联系"1211"(联系一个镇区、两个重点工业企业、一个在建重大项目、一条在手重点信息)制度,累计组织外出招商引资74批次,拜访企业、客商260家,推进项目150多个;各镇(区)党政主要负责人当好合格"招商书记""项目镇长",全年组织外出招商引资活动469批次,拜访企业、客商240多家,举办招商推介会(活动)50场次。每周动态更新智慧招商管理平台、每月更新项目进展。以中国·扬州"烟花三月"国际经贸旅游节、中国·宝应荷藕节、秋季百日会战招商为重点,聚焦长三角、珠三角、京津冀三大区域,精心组织县级层面各类专题招商推介会36场次。4月17日,宝应县举行2021中国·扬州"烟花三月"国际经贸旅游节,参加集中签约项目35个,投资总额58亿元。其中,先进制造业项目24个,协议投资额计53.15亿元;现代服务业项目1个、农业产业化项目5个,协议投资额计4.7亿元;外资项目3个,协议注册外资金额4000万美元。2021年"中国·宝应荷藕节"因新冠肺炎疫情影响取消,各镇(区)压实责任坚持招商引资工作力度不减、目标不减,开展招商引资"云签约"活动12场次。

（白玉梅　仲伟俊　薛　炜）

■农业招商引资　2021年,县农业农村局围绕重点区域、重点产业、重点时节,组织开展农业招商活动。全年新开工农业农村重大投资项目20个,其中列为江苏省农业重大投资项目14个,年度完成农业农村重大项目投资额13.68亿元。开展农业农村重大建设项目巡礼,县农业农村局组织制作新版宝应农业招商宣传片,全方位展示宝应现代农业优势和近年来各重点产业发展成果。同时,通过《宝应日报》、宝应电视台等主流媒体全方位展示全县农业农村重大项目建设成果和农业重大项目招商服务亮点。4月9—11

4月17日,宝应县举办2021中国·扬州"烟花三月"国际经贸旅游节投资项目集中签约仪式　　小　品/摄

日，“2021广州国际农产品博览会”在广东省广州市举办，县农业农村局组织江苏荷仙食品集团有限公司、江苏宝粮控股集团有限公司、江苏包天下食品有限公司、江苏水神实业有限公司4家省级以上农业龙头企业参展。期间，扬州市农业农村局副局长殷立松、招商办主任糜裕及宝应县农业农村局领导一行拜访坐落于广州市的粤海永顺泰集团股份有限公司总部，就加快推进落户宝应县安宜工业园的“啤酒麦芽加工项目”进行座谈。该项目于2019年12月获广东粤海控股集团有限公司董事会审批通过，于2020年5月8日完成地方投资签约，项目规划总投资10亿元，建设年产25万吨中高档啤酒麦芽生产线。至年底，粤海永顺泰（宝应）麦芽有限公司中高档啤酒麦芽项目第一期规划投资5.22亿元、年产13万吨项目进展顺利，进入设备安装阶段。7月15日，宝应（上海）有机食品及大健康产业招商推介会在上海市松江区举行，现场集中签约农业农村产业化项目4个。上海京元食品有限公司、大由大食品科技（上海）有限公司、江苏浙萃食品有限公司、中铁十八局集团有限公司等企业分别与安宜镇和宝应湖旅游度假区签订投资合作协议。（朱　超）

■工业招商引资　2021年，宝应县各镇（区）、部门重点围绕新型电力装备先进制造业及生产性服务业等产业开展专题招商推介活动。全年招商引资签约招商引资投资5000万元以上制造业项目113个，其中重大项目27个，投资1亿元以上项目52个。帮办服务招商引资工业项目加快落地建设，全年新开工建设工业重大项目15个、投资1亿元～10亿元以下项目21个、投资5000万元～1亿元以下项目21个；新竣工投产投资1亿元以上工业项目27个、投资5000万元～1亿元以下工业项目23个。巨丰电工材料（扬州）有限公司协议总投资5亿元，年产15000吨精密电磁线项目、升和电机（扬州）有限公司协议投资5亿元，年产3万吨汽车电机铝合金零部件项目、富安娜羽绒家纺产业园项目等6个项目获认定扬州市重大制造业项目。（白玉梅　仲伟俊　薛　炜）

森萨塔科技（宝应）有限公司　　小　品/摄

■外资及港澳台资利用　2021年，合计协议利用外资4.62亿美元，实际到账外资1.5亿美元，比上年增长49.27%。其中，港澳台地区实际到账资金1.44亿美元，比上年增长104%；受美国和欧洲等国家和地区对华直接投资有较大幅度下降影响，实际全县到账外资578万美元。（徐　林）

对外及对港澳台贸易

■概况　2021年，受国内新冠肺炎疫情防控取得显著成效等积极因素影响，全县外贸进出口产业发展稳步提升，实现外贸进出口总额9.59亿美元，比上年增长29.8%。其中，外贸出口额7.76亿美元，比上年增长35.3%，外贸进口额1.83亿元。县内重点外贸企业宝胜科技创新股份有限公司、森萨塔科技（宝应）有限公司外贸出口额增幅明显，分别比上年增长150%、25%；扬州晨化新材料股份有限公司、江苏德格莱斯科技股份有限2家企业外贸年出口额均首次超过3000万美元；扬州华瑞家居用品有限公司、江苏爱尔特实业有限公司2家企业外贸年出口额均首次超过2000万美元。县商务局修订完善《关于促进开放型经济高质量发展的实施意见》，加大帮助企业参加各类“线上＋线下”展会、进行企业产品认证，开展品牌培育等工作力度，不断提升企业国际竞争力。6月，县商务局帮助全县外贸出口企业有效应对新冠肺炎疫情，提升服务贸易质量，邀请淮安海铁联运有限公司，就海运运费上涨、舱位难求等问题举办对接会，对外贸企业给予定向帮助。7月，扬州市商务局服贸处领导应邀到宝应，举办“服务贸易量质提升”培训会，对全县外贸企业负责人进行新形势下服务贸易相关政策宣讲，帮助企业掌握相关政策，促进企业稳定发展。加强对外商投资企业事中事后协同监管，全县通过年报审核外资企业97家。（徐　林）

■外资及港澳台资企业　2021年，全县新设外资企业16家，分别是扬州宝应北清光伏新能源有限公司、秦海宝应新能源开发有限公司、元鸿清(扬州)实业发展有限公司、扬州紫毅供应链管理有限公司等。至年底,宝应县累计设立外资及港澳台资企业94家,主要外资及港澳台资企业为骏升科技(扬州)有限公司、森萨塔科技(宝应)有限公司等。12月,县商务局组织港澳台资企业扬州市国凤工艺品有限公司、扬州康尔嘉贸易有限公司参加2021年澳门国际文化艺术品博览交易会,推介宝应特色乱针绣工艺品。

(徐　林)

■中小企业免费投保　2021年,县商务局落实支持中小企业发展若干政策,协助和指导具有对外贸易经营资格中小企业向江苏省商务厅、中国出口信用保险公司江苏分公司和中国人民财产保险股份有限公司江苏省分公司申报免费投保“企业出口信用险”。全县在省、市政府平台申报获批免费投保中小企业85家、比上年增加15家,投保总金额6332万美元,比上年增加1300万美元。(徐　林)

■组织外贸企业参展　2021年,县商务局加大帮扶企业培育国际知名品牌力度,组织企业参加“线上+线下”展览会、交易会,帮助企业提升国际竞争力。4月15—24日,第129届中国进出口商品(广州)交易会在线上举办,县商务局组织扬州市飞鹰电子科技有限公司、扬州宝珠电器有限公司、扬州盛德工艺品有限公司、扬州可维克工艺品有限公司、江苏思礼实业有限公司等16家企业线上参加展销活动,设置“云上”展位16个,接待线上关注客商200人次。

10月15日—11月3日,第130届中国进出口商品(广州)交易会在“线上线下”融合举办,县商务局组织扬州市飞鹰电子科技有限公司、扬州华瑞金属制品有限公司、扬州市富田食品有限公司等15家企业参加线上展销活动;扬州康龙玻璃工艺制品有限公司,江苏思礼实业有限公司,扬州舜天玻璃工艺品有限公司,扬州全华玻璃工艺品有限公司4家企业同步参加线下展销活动。

(徐　林)

对外经济技术合作

■概况　2021年,全县对外输出劳务受世界范围内新冠肺炎疫情影响,但全县对外劳务输出人数有所增长,实际输出劳务人数568人、比上年增加238人,完成劳务总收入2859万美元,比上年下降29%。为应对新冠肺炎疫情影响,县商务局指导重点外经企业制订疫情防控预案,确保全县外派劳务人员人身安全。(徐　林)

■境外投资企业　2021年,全县完成对外投资总额3790.2万美元、对外直接投资金额565.2万美元。其中,扬州市华源管件有限公司境外直接投资450万美元、江苏德格莱斯科技股份有限公司境外直接投资100万美元、扬州宝润电器有限公司境外直接投资15.2万美元。(徐　林)

■扬州市华源管件有限公司　成立于2004年8月,位于广洋湖镇工业集中区,是一家专业生产和销售管件配套产品、机械设备、板材、钢管加工、电缆、电器,以及自营和代理各类商品进出口业务企业,是扬州市对外经济技术合作标杆企业。2006年12月,该企业顺应国家实施“一带一路”战略,赴越南投资办企业,成立华源(越南)管道成套设备有限公司,专业从事管道、管道配件加工制作;防腐、保温工程施工、钢结构安装以及电厂检维修业务。2021年,扬州市华源管件有限公司扩大在越南投资经营规模,完成境外直接投资金额450万美元。至年底,该公司在越南广宁省、海防市、河静省等8个省市拥有管道成套设备制造及化肥生产等生产经营项目。(徐　林)

开发园区

江苏宝应经济开发区

■概况　江苏宝应经济开发区(以下简称“宝应经济开发区”)成立于1992年,是江苏省首批省级开发区之一。2017年3月,宝应经济开发区与黄塍镇实行“区镇合一”,园区总规划面积58.2平方千米,其中建成区面积2000公顷,工业备用地面积500公顷。截至2021年底,宝应经济开发区入驻企业共300家,其中规模以上企业60家,“国家高新技术企业”24家、“江苏省博士后科研工作站”10个、省级以上“企业工程技术研发中心”5个。宝应经济开发区先后获命名“江苏省智能输变电装备特色产业园”“江苏省博士后创新实践基地”“江苏省‘两化’融合服务产业示范园”“江苏省泵阀管件产业制造基地”。园区内科技创业园先后获命名“江苏省侨联新侨创新创业基地”“江苏省创新创业孵化基地”。

2021年,宝应经济开发区实现地区生产总值78.6亿元,比上年增长11.43%。其中,第一产业增加值2.88亿元、比上年增长3.97%,第二产业增加值48.3亿元、比上年增长13.78%,第三产业增加值27.42亿元、比上年增长8.29%,全年完成一般公共预算收入2.08亿元,实现工业入库税收2.13亿元;规模以上工业企业实现总产值94.65亿元,比上年增长34.18%,实现工业开票销售108.41亿元,比上年增长22.44%,新增规模以上工业企业8家;园区利用外资实际到账金额3150万美元、比上年增长5%,完成全社会固定资产

宝应经济开发区　　薛水利/摄

投资 46.32 亿元。宝应经济开发区在全省 91 家省级经济开发区年度综合考核中名列第 45 位。（郭　莹）

■项目建设　2021 年，宝应经济开发区加大招商引资力度，组织拜访国内外有影响力企业 500 余家，邀请中外客商 100 余批到园区进行投资考察，先后举办招商引资推介活动 8 场，其中于 6 月 28 日顺利承办"2021 年宝应（无锡）投资商机推介会"。全年招商引资签订工业投资项目 19 个，其中无锡巨丰复合线有限公司投资建设的精密电磁线及智能装备项目、江苏梦阳电机制造有限公司投资建设的新能源电机项目，以及新能源汽车配件项目、5G 绝缘材料项目等参加宝应县举行的 2021"烟花三月"国际经贸旅游节项目集中开工（奠基）仪式。加快推进招商引资项目建设，采用全链闭环管理和定向服务模式，深化项目帮办并联服务机制，全年新开工投资 1 亿元及以上工业项目 10 个，分别是维之恩轴承（江苏）有限公司投资建设精密轴承智能制造项目、江苏盛昊车业有限公司投资建设年产 30 万台套电动二轮摩托车及新能源汽车配件项目、江苏德格莱斯科技股份有限公司年产 30 万台烧烤炉及配件项目、扬州中宝药业股份有限公司年产 2.5 亿支塑料安瓿生产线 GMP 技术改造项目、宝胜集团有限公司精密导体特种高端线缆用精密导体扩产项目、扬州虹途电子材料有限公司年产 1 万吨锂电池高性能无钴正极材料项目、江苏鼎昊铝业科技有限公司年产 5 万吨特种铝型材深加工与汽车轻量化铝制品项目、江苏科达车业有限公司年产 100 万套车用金属件技术改造项目、巨丰电工材料（扬州）有限公司年产 1.5 万吨精密电磁线项目、江苏敏而精密科技有限公司年产 5000 万片 WLO 晶圆镜片项目；新开工建设投资 5000 万元以上工业项目 1 个。新竣工投产投资 1 亿元及以上工业项目 6 个，分别是江苏德格莱斯科技股份有限公司烧烤炉及配件项目、扬州中宝药业股份有限公司安瓿生产线 GMP 技术改造项目、维之恩轴承（江苏）有限公司精密轴承智能制造项目、鼎钰玻璃（扬州）有限公司年产 3600 万平方米光伏 AR 镀膜玻璃项目、宝胜科技创新股份有限公司年产 80 万箱 5G 通信用高速网络电缆项目、江苏科达车业有限公司车用金属件技术改造项目；新竣工投产投资 5000 万元以上工业项目 1 个。（高　超）

表 27　2021 年江苏宝应经济开发区投资 5000 万元以上在建项目一览表

单位：万元

项目名称	新办企业名称	计划总投资	其中固定资产投资	注册资本总额
工程机械及工业机器人特种精密轴承智能制造项目	维之恩轴承（江苏）有限公司	30000	15000	3000
年产 30 万台套电动二轮摩托车及新能源汽车配件项目	江苏盛昊车业有限公司	50000	35000	17000
年产 30 万台烧烤炉、颗粒炉及配件项目	江苏德格莱斯科技股份有限公司	15000	18000	5000
年产 80 万箱 5G 通信用高速网络电缆项目	宝胜科技创新股份有限公司	25000	10000	6000
年产 5000 件新能源汽车车身及零部件项目	江苏华曼新能源汽车有限公司	18000	15000	15000
2.5 亿支塑料安瓿生产线 GMP 技术改造项目	扬州中宝药业股份有限公司	18000	10000	8000

续表

项目名称	新办企业名称	计划总投资	其中固定资产投资	注册资本总额
特种高端线缆用精密导体扩产项目	江苏宝胜精密导体有限公司	93949	30000	20000
年产 3600 万平方米光伏 AR 镀膜玻璃项目	鼎钰玻璃(扬州)有限公司	10000	9000	5000
年产 10000 吨锂电池高性能无钴正极材料项目	扬州虹途电子材料有限公司	30000	15000	10000
年产 50000 吨特种铝型材深加工与汽车轻量化铝制品项目	江苏鼎昊铝业科技有限公司	20000	10000	4000
年产 100 万套车用金属件技术改造项目	江苏科达车业有限公司	10000	8000	5500
年产 15000 吨精密电磁线项目	巨丰电工材料(扬州)有限公司	50000	15000	8000
年产 5000 万片 WLO 晶圆镜片项目	江苏敏而精密科技有限公司	10000	6000	4000
年产 3000 吨高性能超细结构石墨及 2 亿件超细结构石墨制品项目	扬州应韵碳科技有限公司	5000	3000	2000

（高　超）

■基础设施建设　2021 年,宝应经济开发区新建基础设施工程 24 项,总投资 3.83 亿元,其中经县发改委立项重大项目 4 个,分别是实施完成宝胜路(画川路—东阳路)提升改造项目、实施完成泰山路(画川路—G233)提升改造项目、实施完成东阳路(宝应大道—G233)提升改造项目、实施幸福路(联合路—金源路)提升改造项目等。开工建设东阳路跨宝射河大桥建设工程,做好相关土地征用工作,筹集配套资金 300 万元,年底前实现桥梁主体合龙。新建社区、村垃圾分类亭 30 座,金源商业综合体实行垃圾分类收集处理,金湾村建成生态停车场面积 8000 平方米,疏浚雨污管网长度 40 千米,鱼桥村建成污水管网设施,曙光小区实施完成截污急办工程。区内村级公路新建生命防护工程波形护栏长度 5.6 千米,实施完成 7 座农村危桥改造项目,开工建设郃家桥拆除新建项目,大陆村村民安置小区实施完成民用天然气管道项目。中超汽车城、金逸影院、凯里亚德酒店等服务业重点项目先后建成开业运营。（杨　傚）

■科技创新　2021 年,宝应经济开发区科技创业园第二期项目建成投入使用,新建项目占地面积 3.33 公顷、建筑面积 4.5 万平方米。推进企业科技创新,全年新增国家高新技术企业 5 家、扬州市高新技术企业培育库入库企业 3 家,申请发明专利 120 件、获发明专利授权 25 件、知识产权贯标备案 6 件。扬州中宝药业股份有限公司研发国家一类新药硫酸舒欣啶注射液获批“江苏省重点研发计划(社会发展)项目”。著名铝冶炼专家、国家科技进步一等奖获得者姜玉敬和北京科技大学化学与生物工程学院教授、教育部“长江学者”姜建壮在宝应经济开发区共同创办的扬州应韵碳科技有限公司建成投产。该企业主要从事碳石墨材料研发、生产,获评“创客中国”创新创业大赛优胜奖、“创业江苏”创业科技大赛优秀企业、入选扬州市“绿扬金凤”创新团队人才计划。江苏科达车业有限公司获批建设“江苏省工程技术研究中心”。园区企业全年签订企业与高校院所产学研合作项目 7 项,获批科技副总人才计划 6 项,江苏敏而精密科技有限公司精密晶片研发生产项目创新团队引进博士人才 7 人、扬州虹途电子材料有限公司新能源电池项目创新团队柔性引进院士 2 人、引进落户博士人才 8 人。（吴建萍）

宝胜电缆城

■概况　宝胜集团有限公司由宝胜科技创新股份有限公司(上市公司)、中航宝胜电气股份有限公司(上市公司)、宝胜高压电缆有限公司(全资子公司)、中航宝胜智能技术有限公司(全资子公司)、宝胜系统集成科技股份有限公司(宝胜控股)、江苏宝胜精密导体有限公司(全资子公司)、江苏宝胜物流有限公司(全资子公司)、扬州四菱电子有限公司、扬州宝胜酒店管理有限公司(全资子公司)、宝胜网络技术有限公司(全资子公司)等部分组成。该公司成立于 1985 年,是全国电缆行业国有大型中央企业、全国电线电缆行业领军企业,公司先后连续入选亚洲品牌 500 强、中国企业 500 强、中国制造业 500 强、中国机械工业 100 强、财富中国 500 强、中国电子信息 100 强,先后获得“中国电器工业最具影响力品牌”“中国电线电缆行业领军品牌”“江苏省地标型企业”“中国线缆行业最具竞争力企业”等称号,成为国内电缆行业领军企业。

2013 年 7 月,江苏省人民政府将拥有的宝胜集团有限公司 75% 股

宝胜电缆城　　小　品/摄

权划转给中国航空工业集团公司全资子公司中航工业机电系统股份有限公司,宝胜集团有限公司成为中国航空工业旗下成员企业。至2021年底,宝胜集团有限公司总资产240.29亿元,职工1.2万余人,占地面积398.67公顷。宝胜集团有限公司旗下先后有宝胜科技创新股份有限公司、宝胜高压电缆有限公司、宝胜系统集成科技股份有限公司、扬州四菱电子有限公司、中航宝胜智能技术(上海)有限公司、宝胜(宁夏)线缆科技有限公司、东莞市日新传导科技有限公司获认定"国家高新技术企业",拥有国家级企业技术中心、博士后科研工作站和院士工作站,先后引进国际一流生产、检测设备800多台(套),专业生产电线电缆、电缆材料、超导体材料及变压器、开关柜、钢结构等产品1000多个品种、10万个规格,先后有108个产品填补国内空白、72个产品被评为国家级新产品,获国家专利272项,参与起草或编制国家及行业标准97项。相继通过ISO 9001质量体系、ISO 14001环境体系、ISO 10012计量体系、OHSAS 18001职业健康安全管理体系、国家煤矿安全标志、强制性产品认证制度(3C)认证、船级社认证以及美国保险商试验所(UL)认证等。宝胜集团有限公司产品被配套用于北京奥运会、北京冬奥会、首都国际机场、上海世博会工程、上海磁悬浮列车、上海浦东国际机场、上海虹桥枢纽工程、国家大剧院、中央电视台大楼、长江三峡工程、青藏铁路、岭澳核电站、三门核电站、中国航天载人工程、北京大兴国际机场,以及国外南美、中东、东南亚、非洲等地区国家重大建设项目。宝胜集团有限公司连续第12年入围"财富中国500强",蝉联"全球线缆行业最具竞争力10强企业""亚洲品牌500强""中国线缆行业最具竞争力企业"称号,先后获评"中国最具诚信力企业""中国能源企业500强""江苏省地标型企业"等荣誉。2021年,宝胜集团有限公司实现开票销售额609亿元。

(冯名星)

■宝胜参展"中国品牌日"　5月10—12日,国家发展改革委员会等七部委和上海市人民政府共同主办的2021年中国品牌日活动在上海展览中心举行,活动主题为"中国品牌,世界共享;聚力双循环,引领新消费",展示中国品牌风采,致敬中国企业家,发布"我喜爱的中国品牌"名单等。宝胜集团有限公司作为中国电线电缆行业领先品牌受邀在江苏馆"江海流苏"中展出。宝胜集团有限公司坚持把品牌建设作为企业重点工作,以稳定的产品质量和良好的市场服务赢得广大客户认可。2020年9月,宝胜海缆大长度220kV光电复合海缆竣工投产,实现宝胜产品运用领域"上天、入地、进海"全面发展,进一步彰显企业品牌力量、中国工匠精神。(冯名星)

■宝胜集团与中铁建设集团举行战略合作框架协议签约仪式　7月13日,宝胜集团有限公司与中铁建设集团有限公司在扬州瘦西湖畔举行战略合作协议签约仪式。中铁建设集团党委书记、董事长梅洪亮,扬州市委副书记、市长张宝娟,扬州市副市长、宝应县委书记王道胥等市县领导出席签约仪式,梅洪亮和宝胜集团有限公司主要领导代表双方成功签约。根据协议,宝胜集团有限公司与中铁建设集团有限公司双方将围绕发挥各自的系统优势和集成优势,接长加粗产业链,在市场开拓、产业升级、项目建设等方面开展广泛联系和合作,共同构建能力互补、优势融合、资源协同的产业生态圈,不断创新商业模式,提升战略协同层次和水平,实现互利共赢、协同发展。

(冯名星)

■大长度光电复合海缆连续交付　7月16日,中航宝胜海洋工程电缆有限公司在扬州宝胜海缆码头,成功向华能大连市庄河海上风电项目交付1根220千伏光电复合海缆,这是宝胜海缆在短短23天时间内,继华能山东半岛项目、福建长乐外海项目后,连续交付的第3根220千伏大长度海缆,总长度超过122千米,标志着宝胜海缆相关工艺控制的成熟性、关键技术的先进性、制造质量的可靠性,以及企业履约能力得到进一步提升。(冯名星)

■宝胜股份连续12年入围财富中国500强　7月20日,财富中文网发布2021年度《财富》中国500强企业排行榜，通过考量全球范围内的中国上市企业在2020年业绩和成就，宝胜股份再次上榜，位列第310名，这是宝胜股份连续第12年入围财富中国500强行列。（冯名星）

■宝胜集团再次入选亚洲品牌500强　9月28日，由Asiabrand发起主办，中国亚洲经济发展协会“一带一路”总商会、《环球时报》社、全球中小企业联盟、澳门商报、东盟-中国工商总会等联合主办的“第十六届亚洲品牌盛典”在海南省海口市举行。会上揭晓“2021亚洲品牌500强”榜单，宝胜集团有限公司以品牌价值507.12亿元，连续第9年蝉联榜单。（冯名星）

江苏宝应湖有机农业开发区

■概况　江苏宝应湖有机农业开发区（宝应县宝应湖旅游度假区，以下简称“县有机农业开发区”）于2005年8月经江苏省人民政府批准建立。2017年12月，扬州市编制委员会办公室批准，在江苏宝应湖有机农业开发区基础上成立“宝应县宝应湖旅游度假区”。园区地处京杭大运河宝应段以西宝应湖区域，范围为氾水镇原氾光湖乡、安宜镇原中港乡和山阳镇全境，总规划面积2.86万公顷，其中核心区面积1.2万公顷。县有机农业开发区自然资源丰富，生态环境良好，先后获批“海峡两岸（扬州）农业合作试验区”“江苏省现代农业（渔业）产业园区”“江苏省农业科技园——宝应湖有机农业科技园”“江苏省现代农业产业园”“江苏省宝应湖农产品加工集中区”，以及宝应县“国家湿地保护区”、宝应县“全国生态示范区”、宝应县“全国有机食品基地示范区”等称号。县有机农业开发区拥有的“两园一区一中心”，即宝应湖有机农业科技园、宝应湖现代农业产业园、宝应湖农产品加工集中区和“宝应湖湿地森林生态中心”。（肖小月）

■园区建设　至年底，县有机农业开发区累计投入建设资金7.2亿元，形成有机稻米种植及加工、有机蟹及甲鱼养殖、设施蔬菜及园艺植物种植、有机果品及花木种植、有机禽（蛋）养殖、生态肉猪养殖、农业生态旅游等7类特色规模基地，建成区总面积6533.33公顷，占规划面积81.67%。核心区相继建成有机稻米规模种植园区、设施渔业园区、设施畜禽养殖小区、设施花木种植园区、设施蔬菜种植园区等现代农业生产基地，建成区面积1853.33公顷。园区内先后在安宜镇北港村，山阳镇金庄村、春光村建成永久性蔬菜种植基地；在氾水镇、安宜镇实施完成宝应湖优质稻米产业基地建设项目、江苏省现代农业产业园区公共平台建设项目、江苏省农产品加工集中区建设项目、国家农业科技园示范园建设项目以及宝应湖旅游度假区建设项目。宝应县被中国渔业协会龟鳖产业分会授予“全国甲鱼生态养殖第一县”称号，山阳镇获“全国甲鱼生态养殖第一镇”称号，“宝应湖”牌中华鳖、“五朵金花”牌甲鱼获评全国第四届“中国名鳖”。“宝应湖”品牌参展第十五届中国国际农产品交易会暨2017中国水产品品牌大会，获评“最具影响力水产品品牌”。（肖小月）

■品牌塑造宣传　2021年，宝应县宝应湖旅游度假区依托“宝应湖”品牌优势和国家湿地公园良好的旅游基础设施，积极举办大型文化旅游活动，不断提升宝应湖旅游度假区的知名度和影响力。4月，宝应湖旅游度假区管委会主办“宝应湖农场知青重访第二故乡”活动，80余名宝应湖农场知青重返阔别40多年的美丽宝应湖，寻找他们一起奋斗留下的痕迹；5月，宝应湖旅游度假区主办“走进宝应湖旅游度假区——纪念建党100周年摄影采风活动”，全国各地摄影家和摄影爱好者50余人参加活动，让宝应湖旅游度假区自然美景通过摄影家和摄影爱好者作品走向全国、走向世界，进一步提高宝应湖旅游度假区知名度和影响力。（肖小月）

■度假区招商引资　2021年，宝应湖旅游度假区调整完善发展规划，申报旅游度假区建设用地指标133.33公顷，利用宝应湖、国家湿地公园、地热温泉等区位优势资源，先后拜访浙江蓝城建设管理集团有限公司、中国交通建设集团华东公司、中铁建设集团有限公司等有实力企业，就合作投资建设度假、康养、文旅、特色商业项目进行招商引资洽谈。5月，宝应湖旅游度假区与中铁建设集团有限公司达成合作意向协议，规划共同建设集娱乐文化体验、温泉度假、康养宜居于一体的新型旅游度假胜地，打造扬州地区乃至长三角北部区域有品质的度假驿站。（肖小月）

安宜工业园

■概况　安宜工业园于2003年经县政府批准成立，总规划面积1467公顷，由南北两个园区组成。其中，位于县城北郊北园区规划面积817公顷，建成区面积550公顷；位于城南生态新城南园区规划面积650公顷，建成区面积270公顷。截至2021年底，园区入驻工业企业1000多家，其中开票销售1亿元以上工业企业25家、规模以上工业企业100家，国家高新技术企业30家，吸纳就业人员共3万人。园区企业建成院士工作站2家、博士后工作站2家、江苏省工程和技术中心12家，拥有中国名牌产品2个、中国驰名商标1个、国家免检产品1个、江苏省著名商标15个、江苏省名牌产品24个，江苏省高新技术产品100余件；引进“百博进百企”人才13人，省、市人才资助项目8人(其中创业创新“双创”人才1人、创业创新“双创”博士3人、绿扬金凤领军人才2人、优秀博士人才2人);建成“江苏省众创空间”2个、“江苏省创业孵化基地”1个、“江苏省电子商务示范园区”1个。2021年,安宜工业园实现工业开票销售额130亿元,完成工业入库税收4.6亿元。

(曹吉勇)

■园区主导产业 2021年,安宜镇持续推进主导产业高端化、传统产业品牌化、新兴产业规模化,加快推进科技含量高、产业关联度大、带动能力强的龙头企业发展,产业结构不断优化,发展方式加快转变,逐步形成高端装备制造产业、软件及电子信息产业、有机食品及大健康产业等主导特色产业。安宜镇党委、政府出台《支持工业企业高质量发展奖励办法》《关于加快推进制造业智能化改造和数字化转型奖励办法》等文件,配套市、县同步设立专项奖励资金,加大主导特色产业培育力度。

高端装备制造产业。安宜工业园围绕苏中路两侧区域布局,培植、打造高端装备制造产业集聚区,建成区面积400公顷。高端装备制造产业集聚区落户产业内重点企业包括扬州凯翔精铸科技有限公司、江苏立中新材料科技有限公司、江苏润扬管件有限责任公司、扬州杰特沈飞车辆装饰件有限公司、江苏永一泵业科技集团有限公司等,形成开票销售5亿元~10亿元高端装备制造产业“小巨人”企业集群。

软件及电子信息产业。安宜工业园围绕建设“江苏省高新技术产业开发区”,以城南软件信息产业园、城东科技创业园为主体,培植、打造软件及电子信息产业集聚区。产业内相关行业重点企业包括森萨塔科技(宝应)有限公司、康而富精密电子(宝应)有限公司、扬州市宜楠科技有限公司、扬州五岳电器有限公司、江苏英格菲电器有限公司、江苏品杰互联科技有限公司、江苏果米文化发展有限公司等,主要设计生产微电子、光电子、5G通信设备等产品,被广泛应用于物联网、集成电路、软件信息技术等全链产业项目。

有机食品及大健康产业。安宜工业园有机食品及大健康产业园规划面积166.67公顷,拥有国家级有机食品检验检测中心,检验范围覆盖市场准入食品、无公害食品、绿色食品、有机食品、农产品、食品添加成分等领域。产业内相关行业重点企业包括粤海永顺泰(宝应)麦芽有限公司、江苏楠峰农业科技发展有限公司、宝应中众合农产品物流园,以及江苏荷仙食品集团旗下有机食品加工企业等。2021年,安宜工业园借助国家有机食品检测中心平台和江苏宝胜物流有限公司、韵达物流园(江苏)总部基地,拓展有机食品研发、生产加工、仓储和冷链物流全产业链,打造有机食品及大健康产业“中央厨房”。

(曹吉勇)

■创业孵化平台建设 2021年,安宜工业园服务全民创业创新,加快创新型中小企业创业孵化平台建设,先后建成安宜创业园、城南创业园、森萨塔配套产业园、轩宇科技创业园,累计建成标准化厂房面积30万平方米。安宜工业园先后获命名“国家小型微型企业创业创新示范基地”“江苏省高新技术创业中心”,连续多年蝉联“扬州市乡镇示范工业集中区”,被扬州市政府认定为“扬州市重点发展园区”“扬州市生态园区”。

(曹吉勇)

中国教玩具生产基地

■概况 中国教玩具生产基地位于宝应县曹甸工业园区,始建于20世纪80年代后期,其形成发展起始于曹甸镇文体教玩具产业。历经30多年发展,成长为集教具学具、智能玩具、文体用品和游乐设备等16个系列、近1万个品种的文体教玩具特色产业。2015年4月,中国玩具和婴童用品协会正式授牌曹甸镇“中国教玩具生产基地”。全县文体教玩具产业发挥国家级基地品牌优势,不断提升教玩具品牌知名度和竞争力,促进企业技术创新和转型升级,实现文体教玩具产业更好更快发展。2021年,中国教玩具生产基地实现总产值90亿元,占全国同类产品市场份额40%。

(吴 冬)

■产业规模 截至2021年底,中国教玩具生产基地累计投入基础设施建设资金1.6亿元,建成区面积220公顷,拥有各类文体教玩具企业360多家和各类生产设备6000多台套,从业人员1.3万人,拥有技术专利732项,在全国各地大中城市共设立文体教玩具销售业务办事处96个、销售人员共2600多人,并在网络上设立销售网店200多家。曹甸镇文体教玩具产品有智力玩具、户外玩具、游乐设施、健身器材、教学设备等五大类,注塑、滚塑、吹塑、包塑、雕塑、玻璃钢、不锈钢、铁件、木制、教具学具、塑胶场地、人造草坪和游乐设备等16大系列,产品销售全国各地及外销欧洲、东南亚、中国香港等20多个国家和地区。

(吴 冬)

■创新创业 中国教玩具生产基地持续推进“大众创新、万众创业”,先后投入资金建成基地工程技术中心、质量检测中心、产品展示中心“三大中心”和电子商务平台、专利交易平台、价格发现平台“三大平台”。投入1亿元建成曹甸教玩具创意平台和创业园厂房面积8万平方米。通过筑巢引凤,扶持创业项目在创业园落地生根,基地“星火创客园”获批“江苏省众创空间”。改善基地和集镇基础设施,投入资金1亿多元建成东阳北路曹甸段,投入资金1300万元实施完成工业园区三环路改造提升工程,投入资金300万元实施完成污水管网铺设工程,基地基础设施环境得到显著改善，招商引资及创业创新承载能力显著增强。推进企业创新发展、做大做强，江苏玉河教玩具有限公司拥有“中国驰名商标”，先后多家企业获“县长质量奖”；获命名“国家高新技术企业”3家、入围“江苏省高新技术企业培育库入库企业”6家，多家“民企二代”企业家实现二次创业、做大做强。曹甸镇与华东理工大学传媒学院建立长期合作关系，为教玩具创意设计提供平台和技术支撑。扬州绿宝人造草坪有限公司、扬州米奇妙教玩具有限公司、扬州东方娃玩具有限公司等企业与相关高校院所建立长期产学研合作关系。（吴 冬）

中国汽车零部件制造基地　望直港镇/供稿

中国汽车零部件制造基地

■概况　中国汽车零部件制造基地位于宝应城东新城望直港镇工业新区，始建于2004年，其形成发展起始于望直港镇汽车配件产业园。该基地建设围绕“做强产业，做大总量”思路和打造规模100亿元特色生产基地目标，坚持“产品集聚、产业集群、接长链条”要求，加大项目建设推进力度，加快汽配产业转型升级。基地规划总面积666.67公顷，建成区面积66.67公顷，累计投入基础设施建设资金9000万元，基地内配套建成水、电、气、绿化、亮化、道路、污水管网等基础设施，能够承载各类汽配产业项目投资入户。2017年8月8日，宝应县获中国汽车工业协会命名“中国汽车零部件制造基地”。2020年被中国汽车工业协会授予“优秀基地”称号。截至2021年底，该基地累计入户汽车配件生产企业近200家，产业特色明显。基地内望直港汽配产业园连续多年被扬州市人民政府认定为扬州市“十强乡镇工业集中区”。2021年，该基地企业实现工业销售额100亿元、开票销售额62亿元，完成工业入库税收1.6亿元。（常晓舟）

■重点企业及产品　2021年，中国汽车零部件制造基地重点规模企业包括江苏明智车业有限公司、扬州宝鸿车业有限公司、扬州市中外汽配厂、江苏菲尔诺车业有限公司、江苏亚如捷车业有限公司、扬州市德尔玛车业有限公司、扬州宝裕车业科技有限公司、宝应县曙光汽车配件厂、江苏广捷新能源科技有限公司等，运行质态普遍良好。生产产品涵盖商用车车身、后视镜、新能源整车身、钣金件、内外饰件、塑料件、压铸件等近1000多个品种，广泛配套于特斯拉、大众、通用、福特、邦奇、现代等国内外知名汽车制造商。该基地在全国地市级以上城市拥有销售网点200多家，形成汽车零部件制造、销售集群。（常晓舟）

■产业科技创新　2021年，中国汽车零部件制造基地推进全县汽车汽配产业技术创新和高端发展，加强与武汉理工大学汽车工程学院、江苏大学汽车学院等高校院所合作，共同进行汽车汽配行业新产品、新技术、新成果创新研发，不断集聚汽车汽配产业创新资源和高端人才，形成企业为主体、政府为主导、高等院校智力支持、金融机构助力、中介服务为一体的“政产学研金介”创新体系。宝应县委、县政府与江苏大学共同决定，在望直港镇科技创业园建设宏蔚汽车产业研究院（含汽车产业重点实验室等附属设施）及汽车零部件产业创新服务综合体，规划项目总投资2亿元，新建3层标准化厂房面积1.3万平方米、汽车产业研究院研发中心面积1万平方米。至年底，宏蔚汽车产业研究院及配套标准化厂房设计方案及审图全部完成，进入项目许可证办理等施工前准备阶段。（常晓舟）

交　通
Jiao　Tong

■编辑:王天彬

综　述

■**概况**　2021年,全县交通基础建设完成投资额23.4亿元,其中重点项目建设投资10.9亿元,农村公路建设投资4亿元,公路养护投资2.5万元,物流建设完成投资6亿元。境内公路总里程1771.4千米,航道总里程590.32千米;公路客运量312万人次、公路货物运输量672万吨、水路货物运输量718.9万吨。宝应县交通运输局(以下简称“县交运局”)获扬州市委、市政府表彰“重大项目推进工作先进集体”。县交运局、扬州市公路事业发展中心宝应分中心分别获命名“2019—2021年度江苏省文明单位”。

(胡劲扬　罗　倩)

■**交通重点项目建设**　2021年,县交运局全力服务交通设施重大项目建设,实施东阳路跨宝射河大桥建设工程,年底前实现桥梁主体合龙;实施白田路南延工程、淮江大道南延工程,年底前竣工;实施完成S331射阳湖镇段连接线工程、鲁垛镇连接线工程,广洋湖镇段连接线工程主体项目建设竣工;东阳路县经济开发区段改扩建工程、沙汜线(郑渡河桥至老淮江段)改扩建工程建成通车。推进“四好农村路”建设,实施完成县道大中修长度32千米,农村公路提档升级长度54千米,改造农村公路危桥38座。服务江苏省重大交通建设项目——京沪高速公路G2扩容工程,协助拆除影响工程建设居民户房屋22户。东阳路跨宝射河大桥建设工程、淮江大道建设工程获评“江苏省平安工地”,东阳路跨宝射河大桥建设工程、淮江大道建设工程、S331广洋湖镇连接线工程、沙汜线(郑渡河桥至老淮江段)改扩建工程获评“扬州市平安百年品质工程”,高速铁路宝应站综合客运枢纽房建设工程获评琼花杯“扬州市优质工程”。

(胡劲扬　罗　倩)

■**农村道路品牌创建**　2021年,县交运局把交通基础设施建设当作重要民生大事,开展农村道路品牌创建活动,打造百姓“幸福路”,出台《宝应县路长制实施方案》,通过健全管理机制、明确工作目标、落实管理责任、严格管理考核,构建责任明确、管理协调有序、监督到位、保护有力的农村公路管理运行机制,为实施乡村振兴战略提供公路交通保障。以“打造良好公路质态、加强交通安全保障、提高路网服务水平”为目标,开展“漫道荷乡”农路品牌提升行动。宝应县创成江苏省“四好农村路”达标县,各镇(区)积极打造第二条一镇一环特色路长度共10千米。

(胡劲扬　罗　倩)

公　路

■**公路里程**　截至年底,宝应县境内公路总里程1771.4千米,公路密度每百平方千米120.8千米,其中高速公路长度40.3千米,为京沪高速公路宝应段;一级公路长度78.4千米;二级公路长度303.9千米;三级公路长度178.6千米;四级公路长度1170.2千米。

(胡劲扬　罗　倩)

2021年,京沪高速公路宝应段扩容工程加快实施　　小　品/摄

■公路客运 2021年，全县完成营业性公路客运量312万人次，客运周转量2.31亿人千米。道路客运经营企业1家、为宝应县汽车运输总公司，有营运客车45辆（不含城市公交、出租车）、客位2331个。全县开通长途客运班线19条，其中省际长途客运班线2条、市际长途客运班线17条，长途客运班线覆盖全省11个市及全国3个省（市、自治区）；开通县内客运班线55条。全县国家一级客运站1座，农村客运站10座，农村候车亭95对。推广公路客运网上售票模式，全年实现网络购票数4.8万张。（胡劲扬 罗 倩）

■公路货运 2021年，全县完成公路货运量672万吨，公路货运周转量12.25亿吨千米。全县专业道路货运企业212家，其中道路化学危险品货物运输企业2家；厢式货车91辆、集装箱货车31辆，总吨位1845.07吨；危险货物运输车辆18辆，总吨位39.9385万吨。（胡劲扬 罗 倩）

■农村公路建设 至年底，全县农村公路总里程1549.65千米，农村公路密度每百平方千米105.7千米，其中一级公路长度15.42千米；二级公路长度185.38千米；三级公路长度178.63千米；四级公路长度1170.22千米。县交通局组织实施农村公路改扩建项目23个、总长度48千米，改造农村危桥40座。

县道沙氾线建设工程。该工程路线起于柳堡镇郑渡河桥，经柳堡集镇、三横河桥、S264、芦村集镇，下穿G2京沪高速、连淮扬镇高铁后，与G233交叉，经氾水集镇终点止于老淮江公路，路线全长19.07千米，按二级公路标准建设，设计时速60千米/小时，总投资1.26亿元，5月开工建设，12月竣工交付使用。

县道机场路建设工程。该工程位于宝应县境内京杭运河西侧，北起安宜镇中港河，南至无名河，路线总长度5.2千米，建设内容包含道路、雨污水管道、绿化、路灯、交安设施等建设项目，按二级公路标准建设，总投资额3136万元，5月开工建设，12月竣工交付使用。

县道南山线建设工程。该工程位于山阳镇境内，北起山阳镇，南至万缘桥，路线全长5.9千米，按三级公路标准建设，总投资1522万元，5月开工建设，10月竣工交付使用。

（胡劲扬 罗 倩）

铁 路

■铁路里程 宝应县境内铁路1条，为连淮扬镇高速铁路宝应段，全长40.35千米，设计运行速度250千米/小时，总投资42亿元；沿途经过泾河镇、黄塍镇、宝应经济开发区、望直港镇、小官庄镇、氾水镇、夏集镇等7个镇（区）。连淮扬镇铁路宝应段于2015年7月正式进场建设，于2020年12月11日全部建成通车。

（胡劲扬 罗 倩）

■铁路宝应站综合客运枢纽 连淮扬镇高速铁路宝应站综合客运枢纽位于望直港镇火花村境内，包括高铁宝应站及配套设施、长途及城乡公交场站、社会停车场、周边道路、附属设施等，于2019年1月开工建设，于2020年11月竣工交付使用；项目建设总投资2.1亿元，建筑面积9000平方米。连淮扬镇高速铁路宝应站整体造型如浮现在水上的莲花，展现出宝应“江淮文化名城，八宝汇聚之地”独特魅力。宝应高铁站综合客运枢纽汽车客运站核定为三级站。（胡劲扬 罗 倩）

■铁路客运 连淮扬镇高速铁路宝应站乘坐列车主要为CR300BF型复兴号动车组列车，开行方向包括北京、广州、长沙、汉口、郑州、西安、济南、青岛、威海、淄博、荣成等华北、华南、华东、中原、西北方向，以及上海、南京、徐州、宿迁、盐城、衢州、温州、宁波、苍南、合肥、黄山、芜湖、安庆等长三角城市。2021年，铁路宝应站日均发送旅客人数4500人，全年发送旅客207万人；日均发车45班次，全年发车16425班次。

（胡劲扬 罗 倩）

水 路

■航道里程 截至年底，全县境内航道总里程590.32千米。其中，二级航道里程35.22千米，为京杭大运河宝应段；五级航道里程39.32千米，为盐（城）宝（应）线航道；六

连淮扬镇高速铁路宝应客运站　　小　品/摄

1 月 14 日，宝应船闸待闸锚地工程项目竣工交付使用　县交运局/供稿

级航道里程 4.58 千米，为金(湖)宝(应)线航道。全县境内河流规划五级航道里程 7.56 千米、七级航道里程 200.44 千米、等外航道里程 303.2 千米。　(胡劲扬　罗　倩)

■**通航船闸**　全县通航船闸 1 座，为宝应船闸。宝应船闸为四级船闸标准，全年完成过闸货运船队 107 个、轮船 4467 艘，总吨位 317 万吨，实现营运收入 114.5 万元。

(胡劲扬　罗　倩)

■**水路货运**　2021 年，全县实现水路货物运输量 718.9 万吨，水路货运周转量 31.6 亿吨千米。全县货运港口码头 12 个，码头泊位 21 个，码头总延长 1700 米，全年实现港口货物吞吐量 805 万吨，比上年增长 1%。

(胡劲扬　罗　倩)

公 共 交 通

■**概况**　2021 年，县交运局加快推进城乡公共交通优先发展，制订《宝应县城乡交通运输一体化建设实施方案》，城乡公交服务品质持续提升。新辟城市公交线路 1 条，晚间城市公交线路 3 条，优化调整城市公交线路 2 条、县城通往镇(区)农村公交线路 2 条。通往高铁站公交专线优化增至 10 条，比上年增加 6 条。至年底，累计城市公交线路 13 条、县城通往镇(区)农村公交线路 6 条。为方便城乡居民出行需求，增设宝应—淮安市淮安区平桥镇公交线路，开通宝应—扬州东、宝应—扬州西定制客运班线。县交运局立足新起点，展现新作为，为民办实事，圆满完成春运、清明、五一、小高考、高考等重要节假日和重大活动期间运输保障工作；会同县住建局、县公安局等部门做好公交停靠站点和出租车候客区设置工作；坚持“为民服务”宗旨，先后举办“推进部分乡镇公交班车直达宝应高铁站”项目新闻发布会、“我为群众办实事”项目新闻发布会。

(胡劲扬　罗　倩)

■**镇村公交**　2021 年，宝应县持续推进镇村公路建设，提升镇村客运服务水平，让广大农村居民享受出门就能乘公交的便利。全年新增镇村公交线路 2 条，累计镇村公交线路 37 条，镇村公交营运车辆共 39 辆，实现镇村公交村村通全覆盖。

(胡劲扬　罗　倩)

■**公交优待政策**　2021 年，宝应县继续实行军人、残疾人、70 周岁以上老人等特殊人群免费乘坐公交优待政策，累计持有优待卡、爱心卡等特殊人群人数 2892 人，全年免费乘坐公交车 8.8 万次，免收公交车费万 17.6 万元。　(胡劲扬　罗　倩)

交通运输管理

■**路政管理**　2021 年，县交运局开展交通干线沿线环境综合整治，实现铁路两侧 50 米范围内可栽植区域绿化全覆盖，扬州市政府下达的 26 处铁路沿线安全环境整治任务全部完成并销号。编制完成 S331 沿线 5 米范围内景观绿化设计方案，并与沿线各镇(区)进行对接，年内完成部分绿化任务。整治国道、省道周边环境，清除公路两侧非公路标志标牌 226 块、堆积物 378 立方米、边坡种植面积 1650 平方米，劝离移动摊点 65 个，修剪乔灌木 28.1 万株，设置启用 G344 王桥集镇段摊点集中经营区。整治县、乡公路周边环境，清除公路两侧非公路标志标牌 54 余块，拆除跨路广告牌 21 块，制止、拆除路边违章建筑 50 处，清理堆放物 280 立方米，整修边坡 118 处，组织开展广汜线贾桥段、老沿广线集镇段、中港运河大桥西首等路段非法占道经营专项治理。维修县道 5 条、镇村道路 30 多条，县镇公路优良中等路率 92.02%，镇村公路优良中等路率 96.82%。农村公路绿化率、路田分家率均达 100%，路域环境显著改善。

(胡劲扬　罗　倩)

■**海事管理**　2021 年度，县海事人员上港上航 2800 余人次，检查各类船舶 850 余艘次，纠正各类违章 277 艘次，接警 10 起，实施行政处罚案件 277 件。行政处罚案件采用简易程序案件 16 件、一般程序案件 261 件；其中处罚船舶超载运输货物案件 6 件，船舶不具备安全技术条件从事货物运输案件 17 件，船舶未遵守航行、避碰、信号显示规则(即未正常开启船舶自动识别系统)案件 7

件,船舶未按规定配备船员擅自航行案件 108 件,船舶不能提供本航次船舶污染物接收凭证案件 1 件,船舶未按规定办理进出港报告案件 113 件,船舶未按照规定开展自查案件 1 件,船舶未按规定实施封舱案件 19 件,船舶不满足零排放要求案件 3 件,罚没款共 96.35 万元。

(胡劲扬　罗　倩)

■航政管理　2021 年度,航政人员上航上线巡航计 350 人次,车、艇巡航里程计 2.12 万千米,清除碍航树木 16 棵、暗桩 13 根,清除航道边坡垃圾 50 吨、水上漂浮物 26 立方米;完成干线航道扫床 136.99 千米;收取航道赔(补)偿费 12.6 万元;检查维护航标 4 座/168 人次,航标发光率 100%;新增航道宣传牌 7 块、更新宣传牌 29 块;盐宝线航道完成三维实景数字建模;拆除废弃桥台 1 座;整治航道边坡长度 350 米、铺设草皮 2600 平方米;干线航道通航率 100%。航道安全生产形势稳定,实现航道全年安全无事故。

(胡劲扬　罗　倩)

■运政管理　2021 年,县交运局强化运输市场秩序治理,查处"黑车"57 辆、无证网约车 272 辆,大客车违章 38 辆,出租车不规范经营 46 辆,非法从事危险品运输案件 22 件,未按规定检测或年审案件 72 件,超限超载等行为案件 19 件,其他道路运输案件 63 件。开展联合治超行动,严查超限超载、"百吨王",查处超限超载车辆共 586 辆(其中"百吨王"3 辆),监督卸驳超限超载货物 5864 吨。开展无船名船号、无船舶证书、无船籍港"三无"浮吊船专项整治,查处取缔"三无"浮吊船共 11 艘。

(胡劲扬　罗　倩)

■安全监管　2021 年,县交运局深入开展交通安全生产三年专项整治行动,制订《"三年大灶"安全生产专项整治方案》,明确专项整治任务 38 项。宣传贯彻根据 2021 年 6 月 10 日第十三届全国人民代表大会常务委员会第二十九次会议决定修改的新版《中华人民共和国安全生产法》,压紧压实企业主体责任,开展安全生产"三位一体"执法检查,发现并督促整改安全生产问题隐患 217 条,予以立案查处 13 件。实施完成农村公路安全生命防护工程长度 103 千米,对所有列入保养期桥梁设置限载标志和桥梁公示牌,实施完成桥梁定检检测 1000 座,整治防护设施不足安全隐患桥梁 69 座,安宜镇渔港路创成"江苏省平安放心路"。根据县政府对于新冠肺炎疫情防控要求,重点做好长途汽车站、高铁宝应站、货运码头"两站一码头"疫情防控工作,织密扎牢交通疫情防控网。

(胡劲扬　罗　倩)

京杭大运河是宝应县沟通南北的水上货物重要运输线　　小　品/摄

水　　利
Shui　　Li

■编辑:唐善刚

综　　述

■**概况**　2021年,宝应县完成各类水利土方量1060.83万立方米,其中农田水利土方量85.23万立方米、加固堤防土方量1.5万立方米。组织实施里下河洼地治理工程、省级农村河道疏浚整治工程、泾河灌区续建配套与节水改造项目等项目工程,全县水利工程抗灾减灾能力得到增强。为确保全县安全度汛,县防汛抗旱指挥部组织开展汛前水利工程大检查,各镇(区)排查出险工患段14处,病险涵闸44座。县防汛物资储备中心新购编织袋12万只,共储备"三袋"(草包、编织袋、麻袋)22万只、木桩2478根、土工布1.5万平方米,委托代储钢管20吨,组建各类防汛抢险队伍324个、人数1.43万人。组织实施2021年城市河道疏浚工程,加强城市河道日常保洁,适时开启活水冲污,确保水清岸美。实施完成宝应县2021年度京杭运河汜水集镇段综合整治行动、京杭运河宝应段现代绿色航运建设项目。加强水法规宣传和水资源管理,实行取水计划管理,加强取水许可日常监督、地下水动态监测。加强河湖日常管护,开展河(湖)日常执法巡查680次,出动执法人员1200人次,清理行水障碍62处,及时打捞清理水葫芦等有害水生植物,有效保障水资源安全供给和水工程安全运行。开展幸福河湖创建活动,县域内省级骨干河道三阳河、建成区河道二横河、农村河道邵沟河分别建成省、市、县"幸福河湖"。

(苗兴祥)

■**水利建设规划编制**　2021年,县水务局完成《宝应县"十四五"水利发展规划》《宝应县水利基础设施空间布局规划》等水利建设规划编制和修改完善工作。11月26日,县水务局召开《宝应县"十四五"水利发展规划(送审稿)》专家审查会,扬州大学专家、扬州市水利局相关处室领导应邀参加会议,相关专家和领导在充分肯定基础上提出修改意见。会后,县水务局及时组织力量根据专家意见进行修改和补充完善。年底前,《宝应县"十四五"水利发展规划》正式定稿,报请县政府常务会议审议,获批准实施。

12月18日,扬州市水利局组织召开《宝应县水利基础设施空间布局规划(送审稿)》专家审查会,扬州市水利局、扬州市自然资源和规划局等部门专家和领导参加会议,相关专家和领导在充分肯定基础上提出修改意见。会后,县水务局及时组织力量根据相关专家和领导意见由规划编制单位进行修改完善。年底前,《宝应县水利基础设施空间布局规划》正式定稿,报送江苏省水利厅、扬州市水利局汇总。　(朱德勋)

■**水法规宣传**　2021年,县水务局采取多种形式开展水法规宣传活动,在《宝应日报》开设专栏,登载依法保护水资源工作纪实文章;运用身边的事例,拍摄视频在"法治荷乡"网络直播平台,深度解读涉水法律法规;依托运河法治文化走廊,宣传水法规建设新思想、新成就,扩大水法规宣传教育社会参与面,提升全社会爱水、惜水、护水意识。

(马鸿斌)

■**农业水价综合改革**　2021年,县水务局按照江苏省水利厅、省发展和改革委员会、省财政厅、省农业农村厅联合下发的《关于巩固深化农业水价综合改革成果的通知》要求,持续巩固深化农业水价综合改革成果,实现全县灌溉泵站计量设施全覆盖、用水计量设施完好率100%、用水计量数据齐全率100%。全年农村居民生活用水量1011万吨,农业灌溉用水量5.43亿吨,比上年增加1800万吨。上级下达2021年度宝应县农业水价综合改革资金共381万元,其中中央财政补贴资金252万元、省财政补贴资金67万元、市财政补贴资金62万元,另县财政自筹配套资金10万元,主要用于小型农田水利设施维修养护等。

(吴　枫)

■**水行政执法**　2021年,县水务局强化水行政执法巡查,共组织河(湖)日常执法巡查680多次,出动执法人员1200人次,清理行水障碍62处,有效保障水资源安全供给和水工程安全运行。全年办理涉水行政许可事项53件,水行政审批工作实现零差错、零延期、零投诉;接待并处理来电、来访及网上投诉涉水信访件20件、46人次,及时处理率、满意率均为100%。　(马鸿斌)

重点水利工程

■**里下河洼地治理第二期工程** 2021年，宝应县在省、市统一部署下，继续实施江苏省淮河流域重点平原洼地治理工程。该工程是国务院加快推进节水供水172项重大水利工程项目之一，主要治理范围包括里下河地区、黄墩湖地区、南四湖地区3片洼地，总治理面积6278万公顷，涉及江苏省7个地级市、18个县（市、区）。2021年，宝应县持续推进里下河洼地治理第二期白马湖下游引河及大三王河等4个标段工程建设进度。6月7日，宝应县承建的白马湖下游引河施工第Ⅰ标段、大三王河施工标段2个标段水下工程建设竣工，通过扬州市水利局组织的专家组竣工验收，同时完成白马湖下游引河施工第Ⅱ标段放水前检查验收。11月30日至2022年1月21日，大三王河施工标段、白马湖下游引河施工第Ⅰ、第Ⅱ、第Ⅲ标段，先后通过宝应县洼地治理工程建设处组织的完工验收。至此，宝应县承担的里下河洼地治理工程第二期工程建设任务按期全部完成。（朱德勋）

■**宝应大河建设工程** 2021年，宝应县组织实施宝应大河建设工程，该工程属于里下河洼地治理第三期建设工程重要组成部分。主要建设内容为：实施河道拓浚长度25.6千米，圩堤加固及培建长度3.29千米，驳岸防护长度4.94千米，建设水利配套建筑物32座、桥梁12座。11月10日，宝应大河建设工程完成工程施工招投标、项目用地报审工作，于12月18日正式开工建设。至年底，宝应大河建设工程搬迁安置居民户110户、拆除各类房屋1.55万平方米，占用养殖面积76.67公顷，电力及通信线缆长度24.4千米；完成工程建设临时道路填筑、河道工程河口线放样工作；部分配套水利建筑物完成围堰填筑、旧建筑物拆除及基坑开挖及底板水泥混凝土浇筑等工作；同步完成水利专项设施及西气东输管线迁改项目前期准备工作；累计完成工程总投资额5.9亿元，其中用于搬迁安置居民户及征地补偿资金总额2.96亿元。（朱德勋）

■**京杭运河宝应段现代绿色航运建设工程** 该项目是江苏省交通建设重点项目“京杭运河江苏段绿色现代航运综合整治工程（江北段）”重要组成部分，于2021年6月获江苏省发展改革委员会批准实施。该项目整治提升京杭运河江苏省江北段航道总里程475千米，主要建设内容包括护岸工程、土方工程、航标工程、船闸工程、桥梁工程、智慧运河工程，以及锚地、水上服务区功能提升、保障体系建设等配套工程，按二级航道标准整治，设计航行船舶等级为2000吨级，航道设计底宽不小于60米，航宽不小于90米，最小水深4米，最小弯曲半径540米。涉及京杭运河宝应段建设工程主要包括京杭运河宝应段整治生态修复工程、氾河集镇段改造提升工程、水源地保护瓦甸村生态复绿工程、水源地保护朱马闸生态复绿工程4个项目，以及计划于“十四五”期间开工建设的宝应运河大桥重建工程等。2021年，县水务局继续实施京杭运河宝应段整治生态修复工程，开展氾水集镇段综合整治行动，整治拆除违规建筑40户；实施完成水源地保护瓦甸村生态复绿工程，该项目位于氾水镇瓦甸村京杭大运河西岸，东西长600米，南北平均宽度100米，总面积6万平方米，建设内容包括土方整理，场地清障，河道疏浚，种植红枫，樱花，桃树，梨树等；开工建设水源地保护朱马闸生态复绿工程、氾河集镇段改造提升工程，施工内容为土方工程、绿化工程、廊榭工程、牌坊工程、驳岸工程、亮化工程、景观广场工程等。4个项目规划建设总投资2780万元，复绿面积16万平方米。

资料链接：京杭运河宝应段由北向南全境长度40.5千米。2016年以来，宝应县按照建设生态大走廊、大运河文化带要求，组织实施大运河综合整治工程，花大力气全面关闭和搬迁京杭运河岸线所有船厂、砂石厂，综合整治生态环境，先后组织实施运河航道整治工程、运西水环境整治工程、堤岸生态绿化修复工程、大运河风光带建设工程等，前后投入资金总额6亿多元，建成大运河风光带绿化总面积60万平方米。（李海峰）

京杭大运河宝应段现代绿色航道　　县融媒体中心/供稿

城乡水利建设

■**城区水环境治理工程** 2021年，县水务局为持续改善城市人居环境，组织实施城市河道疏浚工程，完成土方量2.6万立方米，疏浚河道长度8.35千米，工程总投资额749.36万元。主要建设内容为开展河道岸线集中整治行动，清运河道垃圾、清理河堤扒翻种植、拆除三支排河岸线违章建筑；实施完成城市河活水工程，新建城南一横河管道直径1米活水涵洞1座、装配式活水斗渠洞5座，拆改建南二支排河管道直径1米活水涵洞1座等。

（傅春雨）

■**农村河道疏浚工程** 2021年，宝应县组织实施年度农村河道疏浚整治工程，重点对西安丰镇、泾河镇、县经济开发区、鲁垛镇、柳堡镇、安宜镇、曹甸镇、氾水镇、望直港镇等9个镇（区）农村河道进行疏浚整治。工程总投资额1224.71万元，其中省财政补助资金730万元、市财政补助资金46万元、县镇财政配套资金448.71万元。建设内容为完成县乡河道疏浚20条、总长度42.5千米，总土方量85.23万立方米。其中，县级河道3条、长度9.91千米、疏浚土方量29.42万立方米；镇级河道17条，长度32.59千米、疏浚土方量55.81万立方米。该工程于3月1日开工建设，7月6日通过完工验收。

（傅春雨）

■**泾河灌区续建配套与节水改造项目** 该工程总投资额1亿元，其中省级以上财政补贴资金7585万元、县财政自筹资金2415万元。主要建设内容为疏浚护砌总渠长度1.31千米，干渠长度25.34千米，支渠长度7.19千米；拆建（改造）干渠首3座、支渠首23座、支渠分水涵（闸）41座、节制涵（闸）11座、过路涵4座、退水洞5座、倒虹吸1座、生产桥35座；新建固定量水设施26套等。工程分两期实施，第一期工程投资额4228万元、第二期工程投资额5772万元。第一期工程建设内容为实施疏浚护砌总渠长度1.31千米，干渠长度7.98千米，支渠长度5千米；拆建干渠首2座、支渠首5座、支渠分水涵（闸）33座、节制涵3座、过路涵4座、生产桥13座。2月26日，泾河灌区续建配套与节水改造项目第一期工程开工建设，至年底完成工程量90%，并顺利通过放水前检查验收，计划于2022年4月底全部竣工。12月3日，泾河灌区续建配套与节水改造项目第二期工程开工建设，计划于2022年4月底通过放水前检查验收，于2022年5月底全部竣工。

（吴 枫）

■**运西中心排河—中港河整治工程** 该工程位于宝应船闸西侧，经申报列为江苏省新一轮中小河流治理98个项目之一。主要建设内容为中港河疏浚长度5.9千米、中心排河疏浚长度10.8千米，加固河道堤防长度2.23千米，建设防汛道路长度1.8千米，改造相关水利建筑物26座。工程预算总投资额5343万元，其中省财政投资资金3676万元、县财政自筹资金1667万元。12月21日，运西中心排河—中港河整治工程完成项目建设施工、监理招投标工作，于2022年1月10日正式开工建设，计划于2022年12月30日前完工。

（朱德勋）

山阳镇长虹河　　山阳镇/供稿

城市建设与管理

Cheng Shi Jian She Yu Guan Li

■编辑:邱　群

城市规划

■**城市规划管控**　2021年,县自然资源和规划局持续推动"多规合一",强化规划管控。优化城区各类用地和设施布局的合理性、协调性,编制完成《宝应县国土空间规划近期实施方案》,申报江苏省人民政府获批准实施。加强城市重要区域、节点城市设计规划研究,编制道路工程设施用地控制规划。坚持依法行政,完善建设工程规划许可证正副本制度,局例会、专家审查论证会、县规划委员会三级会审制度,优化整合审批流程,简化程序,提高工作效率。全年组织编制完成和初步完成城市发展重点规划8项;受理各类建设项目申请,发放建设项目用地预审与选址意见书40件、建设用地规划许可证55件、建设工程规划许可证254件,办结率100%。

(陈　敏)

■**城市规划编制**　2021年,县自然资源和规划局先后组织编制完成和初步完成城市发展重点规划8项,分别是《宝应县安宜镇西北片区部分地块控规调整论证报告》《宝应经济开发区南部片区部分地块控规调整论证报告》《宝应县安宜工业园北园部分地块控规调整论证报告》《宝应县主城区N3－5、M3－1、M3－2控规单元部分地块控制性详细规划调整报告》《宝应县主城区N3－6－1规划管理单元部分地块控制性详细规划调整报告》《宝应县主城区M3－2－04地块控制性详细规划调整报告》《宝应经济开发区北部片区控制性详细规划局部调整(微调)》《宝应生态新城城南工业园区部分地块控规调整论证报告(微调)》等。

(陈　敏)

■**城市规划审批**　2021年,县自然资源和规划局强化规划引导和调控作用,完善规划监督管理制度。全年召开县规划委员会会议4次、局规划审批例会15次、项目方案扩初论证会议5次。全年发放建设项目用地预审与选址意见书40件、用地面积113.48公顷,发放建设用地规划许可证56件、用地面积133.22公顷;发放建设工程规划许可证254件、建筑面积154万平方米,完成项目批前公示85件、项目批后公示69件、划拨用地规划说明29件、用地面积77.91公顷。

(陈　敏)

城建重点工程

■**城市道路建设**　2021年,宝应县住房和城乡建设局强化项目思维,突出品质提升,推进路网建设,全年主要实施城区道路建设工程2项。

泰山路提档升级工程(运河路—画川路)。按照泰山路总体建设规划,实施泰山路(运河路至画川路段)主车道"白改黑"拓宽改造提升工程,项目总长度4.3千米,其中苏中中路至淮江路段主车道由4车道拓宽改造成6车道,设计道路宽度30～45米;同步实施道路雨污水管道改造维修项目,配套实施道路绿化、路灯、交安设施建设项目等。该工程总投资5500万元,于5月开工建设,12月底全部竣工。

北河路提档升级改造工程(安宜北路—画川路)。北河路作为城北区次干道,是人流、车流较为密集道路之一,原道路上下班时段极易产生车流拥堵,实施北河路提档升级改造工程是年度重要民生工程之一。该工程起点为北河路与画川路交叉口,终点为北河路与安宜北路交叉口,全长3.8千米,设计全宽22米,主要实施原道路两侧侧分带拆除改造、路灯迁移至道路一侧项目,主车道、人行道拓宽改造和"白改黑"项目;同步实施雨水管道改造维修项目,配套建设路灯、交安设施等。该项目总投资4000万元,于9月开工建设,12月底全部竣工。

(王先进)

■**城市亮化工程**　2021年,县住建局对城区部分主次干道路灯电缆和设施进行更换维护,消除安全隐患;对城区主次干道原钠灯光源进行升级,更换为LED节能光源,以及对路灯控制系统进行升级维护。

(萧　壮)

■**城区节点游园美化**　2021年,县住建局配合创建全国文明城市,提升城市品位,组织对京沪高速公路道口、县城管局东侧、五支渠、纬九路、新城路等城区11个节点、小游园和边角地进行绿化美化升级改造。同时,组织对城市绿色雕塑进行部分拆除和内容更新。

(郭　斌)

12 月 31 日，京沪高速公路宝应道口绿化工程项目全部竣工 小 品/摄

市政公用事业

■供用电 2021 年，宝应县境内设有 220 千伏变电站 4 座，110 千伏变电站 13 座，35 千伏变电站 7 座，总容量 232.76 万千伏安；35 千伏及以上送电线路 965.735 千米，10 千伏线路 4380.74 千米，400 伏线路 6932.25 千米。公用配电变压器 6876 台、容量 206.04 万千伏安。全县用电客户 43.36 万户。全年全社会用电量 28.08 亿千瓦时、比上年增长 11.43%，其中工业用电量 16.32 亿千瓦时，比上年增长 10.65%；完成供电量 27.08 亿千瓦时，比上年增长 11.48%，完成售电量 26.01 亿千瓦时，比上年增长 11.53%，线损率 3.95%，比上年下降 0.05 个百分点。国网江苏省电力有限公司宝应县供电分公司（以下简称“县供电公司”）坚持“稳中求进”总基调，全面促进公司高质量发展，为加快建设具有中国特色国际领先的能源互联网企业和服务“强富美高”新宝应现代化建设作出新贡献，获江苏省委、省政府命名“江苏省文明单位”。

电力安全管理。县供电公司坚持安全发展理念，强化安全教育培训，开展新修改《中华人民共和国安全生产法》《中华人民共和国刑法修正案（十一）》等法律法规宣传培训，全年结合案例警示教育，组织安全日活动 5 次、员工集中培训 11 场次、557 人次，员工安全意识和安全操作技能得到显著提升。有序推进安全巡查工作，各基层生产单位建立违章分析台账，整理出可能发生的典型违章情况 180 条，实现安全生产巡查及“回头看”工作全覆盖。开展安全生产达标创建工作，健全安全生产管理体系，接受上级公司对安全生产达标创建工作复评。开展安全生产风险隐患排查整治工作，通过全面排查，发现安全生产问题隐患 8 条，及时整改到位。加强作业现场安全监督，重点对实施 110 千伏宜白 817 线 16—18 号塔迁移工程作业现场进行安全生产管控，确保不发生作业现场安全事故。推进安全管控中心实体化运转，促进线上、线下督查机制有机融合。落实外包项目安全生产“双准入”工作要求，严把队伍、人员准入关，全年完成外包项目安全准入工作外包单位 36 家、外包人员 626 人。提升安全生产应急保障能力，密切关注气象变化，及时发布特殊气象条件预警通知 34 次。落实应急保供值班要求，组织消防、大面积停电演练，确保突发事件响应迅速、处置有序。成功应对夏季局部强对流等恶劣天气对电网安全考验，圆满完成县人代会、县政协会“两会”召开，庆祝建党 100 周年，国庆节、中秋节“两节”以及迎峰度夏、迎峰度冬等期间电力保障任务。

供电服务优化。县供电公司践行“人民电业为人民”的企业宗旨，全力优化电力服务，做好居民新装增容、减容、暂停、临时用电管理。切实做好线上“国网”APP 推广应用工作，线上国网微信公众号连通网上国网 APP，为市民提供线上费用查询、电费缴纳、用能分析、能效诊断、找桩充电、光伏新装等服务，满足不同群体客户全方位、个性化需求。加强营销与其他专业、生产建设等部门沟通，对照当地市民和企业单位投诉热点加强自查自纠，全面排查专业管理和服务短板，对发现突出问题和薄弱环节分析原因，落实整改措施，及时消除服务隐患。加强供电服务监督管控工作，全年 95598 热线受理投诉件 2 件，是上年接受投诉件 15 件的 13%。优化流程环节，压降接电时长，高压电力客户平均接电时长压降为 31.34 天，低压客户平均接电时长压降为 3.61 天。推进城乡电气化建设，各镇（区）建成全电景区、全电农场示范项目，县实验幼儿园、望直港幼儿园完成厨房电气化项目改造。宣传推广电能替代煤炭、燃气、石油清洁能源项目，与 11 个镇（区）签订《餐饮电气化推广合作协议》，完成工业电窑炉改造 11 家、餐饮电气化 50 家，实现电能替代电量共 1.8 亿千瓦时。组织撰写电能替代新闻报道稿件 50 余篇，其中省级以上报刊发表 28 篇。

电网建设工程。县供电公司滚动修编各级电网规划和电力专项规划，深入排查配电网运行实际问题，纳入单元制滚动规划，提高电网规划编制工作质量。开展宝应县电网“十四五”规划成效分析，完成年度电网裕度分析报告，紧贴地方经济社会发展步伐，动态修编各级电网规划和工业园区专项电网规划；滚动修编各级电网规划和专项电网规划，站址和通道建设规划纳入政府"国土空间规划"。加强与政府各级主管部门的沟通，争取政策支持，为新建项目前期工作创造良好外部环境。加强项目实施前期节点进度管控和考核，全面完成2023年宝应电网基建项目及重点工程前期准备工作。500千伏上河—高邮线路增容改造项目完成路径选址及路径批复文件。根据国网江苏省电力有限公司扬州供电公司要求，配合完成五峰山交流改直流项目电力路径选线工作。配合做好渔光互补发电、风力发电新能源项目接网工程服务工作，实施完成110千伏氾水输变电工程，加快推进110千伏山阳输变电工程、220千伏柳堡输变电工程。

（王玲玲）

■**燃气供应与管理** 2021年，全县瓶装液化石油气企业6家，分别是宝应县宝灶液化气有限公司、宝应县通宝燃气有限公司、宝应县金氾水液化石油气销售有限公司、宝应县宏达石油液化气有限公司、宝应县天平液化气有限公司、江苏宝元燃气有限公司，日常瓶装液化气总储存量700吨，年供气量8300吨；经营管道天然气企业6家，分别是宝应中石油昆仑燃气有限公司（安宜镇、宝应经济开发区、望直港镇），宝应路益通管道燃气有限公司（小官庄镇），宝应泰维燃气有限公司（夏集镇、柳堡镇、广洋湖镇、鲁垛镇），宝应奥德燃气有限公司（黄塍镇、曹甸镇、射阳湖镇、泾河镇），扬州华澳燃气有限公司（安宜镇运西片、山阳镇），宝应中油燃气有限公司（氾水镇）；建有天然气门站1座、液化天然气储配站1座，天然气汽车加气站4座，分别是中石油宝应经济开发区加气站、中石化宝应通宝加油加气站、扬州宝朝石化有限公司宝胜物流园加油加气站、扬州市宝德新能源有限公司加气站（夏集镇）；累计建成天然气高压管道长度28.16千米、中压管道长度511.14千米、低压管道长度141.24千米。城区新增天然气用户5561户、累计9.0898万户，天然气汽车数量394辆，全县日最大供气量30万立方米。

燃气安全宣传。县住建局利用电视、户外广告、微信公众号等平台，广泛开展燃气安全宣传工作，提升燃气用户安全使用燃气意识。全年在重要节日、重大活动或特殊天气期间运用滚动字幕进行燃气安全知识宣传50多天；先后开展广场大型燃气安全知识宣传4次，燃气安全进社区活动3次，走进农村乡镇宣传活动4次；通过微信公众号发布安全用气常识及燃气行业资讯156篇；户外广告大屏常年宣传餐饮场所安全用气知识，进入餐饮场所602家现场宣传安全用气知识；印发安全用气宣传手册1万余册，环保购物袋5000多只，有效防范燃气使用事故发生。

燃气安全管理。县住建局在组织燃气企业自查自改基础上，采取委托第三方专业机构，对照《江苏省城镇燃气安全检查标准》要求，按季度和重大节假日滚动排查整治燃气场站设施风险隐患，先后对全县燃气供应场站设施风险隐患排查5轮，查出并整治燃气供应安全风险隐患87条。根据省、市关于进一步加强城镇燃气安全监管工作文件精神，印发《关于进一步加强城镇燃气安全监管工作的意见》（宝政办发〔2021〕51号）文件，进一步明确部门、企业、用户燃气安全管理责任；完成液化气市场整合，实行液化石油气区域化统一配送服务。10月20日起，全县液化气实行实名制购气、统一配送；加强黑气市场整治，开展执法行动28次，移交交通局查处"外地向宝应县运输液化气"违法违规案件4件，移交公安局查处"非法储存"违法违规案件1件，整改清除违章建筑占压城镇燃气管道安全隐患31处。

（刘 文）

■**城市供水** 2021年，全县居民生活用水量3227万吨、比上年减少173万吨，其中城市居民生活用水量2216万吨。工业用水量1823万吨，比上年减少219万吨。建筑业用水量395万吨，比上年减少6万吨。服务业用水量827万吨，比上年增加212万吨。生态环境用水量400万吨，比上年减少196万吨。宝应县根据全国集中式饮用水源地环境保护专项行动要求，加快推进城区饮用水宝应湖备用水源地工程建设、老旧小区二次供水改造工作，全县居民生活用水安全性得到显著提升。

城区饮用水宝应湖备用水源地工程。宝应湖备用水源地工程于2020年11月开工建设，项目总投资2.24亿元。建设水源厂1家，设在氾水镇氾西村，设计应急日取水量21万立方米，输水管线出厂向东北敷设长度1.1千米，再沿江苏正润生态园东侧向北依次经过大窑河、槐楼河、黄泥塘、南闸河铺设至S331，沿S331南侧向东铺设至机场路东侧，与2018年实施的城区饮用水取水口迁址工程里运河氾水取水口工程预留三通接管，管线总长度7.8千米。4月30日，宝应湖备用水源地工程成功进行通水试运行，整个通水过程顺利有序，全程水压稳定，出水流量满足设计要求。宝应湖备用水源地工程成功通水，标志着《江苏省长江经济带沿江取水口排污口和应急水源布局规划实施方案》涉及宝应县项目完成，从根本上消除宝应城区饮用水供水安全隐患，城区饮用水安全供水保障水平迈上新台阶。

老旧小区二次供水。县政府高度重视老旧小区二次供水改造工作，规划从2019年开始，在5年时间内，总投入资金6000万元，按照"一次立项，分步实施，先易后难"原则，分步实施完成城区63个老旧小区二次供水泵房达标改造任务。2021年,完成香格里拉、润和国际、凯润金城、中央商城、茗园天府5个老旧小区泵房二次供水达标改造任务,新(改)建泵房15个。

(马鸿斌　傅春雨)

■城市桥梁管护　2021年,县住建局重视城市桥梁维修改造、栏杆维修工作,完成城区68座桥梁常态化安全检测,各座桥梁设置铭牌、限载标牌,桥梁护栏、盲道、供电井等安全防护设施完好率100%。

(魏启明)

城市管理

■概况　2021年,县城市管理局全面推行城市精细化管理,全国文明城市创建、城乡生活垃圾分类和资源化利用、民生实事工程、新冠肺炎疫情防控、综合行政执法等各项重点工作取得显著成效,城市形象、城市品位明显提升。按照县委、县政府关于新冠肺炎疫情防控相关部署,做好疫情防控保障工作,完成医学观察点废弃口罩收运、医疗废弃物收运处理、全员核酸采集、社区卡口管理等工作任务。发挥文明城市创建主力军作用,开展城市市容环境综合整治行动,为创建全国文明城市作出突出贡献。推进城乡生活垃圾分类和资源化利用,垃圾分类集中处理率85%,城区生活垃圾分类投放覆盖率90%。加大环卫保洁力度,城区道路机械化清扫率82%。有序开展餐厨废弃物收运处理工作,城区餐厨废弃物收运率90%。开展渣土车辆智能监管,强化渣土运输日常管理,城区范围内道路扬尘污染明显减少。“数字化城管”高效运转,为推动城市精细化管理提供强有力技术支撑。推进城市管理民生实事项目建设,制订城区120座老旧公厕分步改造计划,实施完成老旧公厕改造6座、旱厕改造提升29座;在城区邮政大楼、吾悦广场、宝应中学、苏源岗亭等十字路口新建非机动车行人等候区遮阳棚4处;实施完成泰山西路流动摊点集中疏导点建设工程。县城市管理局、县城市管理行政执法大队获命名“扬州市文明单位”。县城市管理局、县城市管理行政执法大队、县环境卫生管理处、县渣土管理大队获评“全国文明城市提名城市创建工作先进单位”。

(王向荣　徐　飞)

■文明城市创建行动　2021年,县城市管理局根据县委、县政府关于创建全国文明城市、开展庆祝建党100周年系列活动等工作要求,更新设置公益宣传广告14处,发放《致广大经营户的一封信》8000份,增发《市容环卫责任告知书》1620份。根据《全国文明城市创建迎测实施方案》工作要求,持续开展“小广告”、广告标牌、校园周边、马路市场、流动商贩、“门前四包”、杂物乱堆乱放、非机动车停放秩序、违法建设等9项治理工作,扣押、清理各类乱堆乱放违章物品200多立方米。县城建局、县城市管理局、县水务局、县市场监管局等多部门联合开展城区重点路段、背街小巷综合整治专项行动,对背街小巷、次干道、住宅小区“脏乱差”区域进行精准整治,有效提升城市形象;拆除临时摊位疏导点亭棚47座,回收电话亭棚1座;涂料同色覆盖清理小广告879处。整治非机动车停放秩序,组织修补、新增白田路、苏中路、泰山路、叶挺路等路段非机动车停车线长度3.1万米。规范城市公厕管理,落实公厕保洁人员责任,每日对公厕进行消毒除臭,及时维修、更换公厕设施和标识标牌,全年维修更换公厕便池等设施30处、水电设施126处,安装公厕指示牌15个。

(李　晏　王洋洋)

■新冠疫情防控　2021年,县城市管理局按照县疫情防控工作指挥部统一部署,常态化开展新冠肺炎疫情防控工作。7月下旬,扬州市新冠疫情持续爆发,县城市管理局联合多部门开展野生动物屠宰专项巡查,有效阻断疫情传播风险。全局上下主动担责,迅速行动,全员投入动员居民积极参与核酸检测“敲门行动”,参与“敲门行动”人数共500人次。全力以赴协助“世纪园”社区、“泰山东村”社区做好卡口防疫值班执勤工作,为广大居民“守好家门”“站好岗”,累计参与值勤人员200人次。成立具有病毒污染风险垃圾专业收集队,每日对城区23个医学观察点、73个居家隔离点位、全县医疗单位产生的生活垃圾和医疗废弃物采取专人收运、专车装载、专线运输、专用通道、专项监管“五专”方式进行“收运处”,并与光大生活垃圾焚烧发电厂对接,开通快速焚烧通道,有效预防二次污染。　(徐　飞　孙志鹏)

■市容秩序管理　2021年,县城市管理局围绕创建“扬州市美丽宜居城市”要求,健全完善网格路段长负责制,常态化开展市容环境治理;推进店铺“门前四包”,明确市容环卫责任区;优化建筑工地标准化管理,加强建筑垃圾临时堆放管理和资源化利用;定期清除不规范户外标牌、“牛皮癣”小广告、乱拉乱挂横幅等。围绕店外经营、流动摊点、车载占道经营、马路市场、“牛皮癣”招贴画、露天烧烤等群众反映强烈的热点、难点问题,组织开展专项集中整治行动,全年开展集中整治行动144次,取缔出店经营违法行为5705件,拆除各类不规范户外广告108处、乱拉乱挂横幅428处,清除占道灯箱戗牌265块、“牛皮癣”、招贴画3.28万处,暂扣各类物品2029件。

(李　晏　王洋洋)

■违建监察管理　2021年,县城市管理局按照违建“控新增、减存量”

工作目标，加强与各职能部门之间执法联动，形成防违、控违、拆违有效合力；完善防违、控违、拆违责任网络，推进违法建设专项整治行动，查处既成事实违法建设。建立快速拆除机制，对“市政别墅”小区东侧、“泰山东村”小区历史遗留违法建设3户，采取“即查即拆”联合执法，有效遏制违法建设。全年查处违法建设案件252件、面积2.02万平方米，拆除违法建设480件、面积1.19万平方米。（李　晏　王洋洋）

■城管行政执法　2021年，县城市管理局拓展行政执法工作思路，推进城管队伍建设，坚持依规执法、文明执法、公正执法。全年完成行政处罚案件1300件，其中适用一般程序处罚案件413件、适用简易程序处罚案件887件，下达一般程序处罚案件处罚决定书315份，在政府网站上“双公示”行政处罚案件413件。强化执法队伍建设，全年组织城管队伍执法培训12期、执法考试12批次，有效帮助城管工作人员提升依法行政能力，全系统执法人员的执法证件年审合格率100%。举办新招录人员法治教育培训，帮助新招录人员尽快掌握执法技能，熟悉执法实务，新入职城管行政执法岗位人员38人经培训合格获得行政执法证件。组织参加全省行政执法案件卷宗质量评比，县城管局查办的《未取得许可擅自占用城市道路摆摊设点案卷》获评“2021年度江苏省住房城乡建设行政执法优秀案卷”。（杨华荣　郝　强）

■城区环卫保洁　2021年，县城市管理局路面保洁员356人、公厕保洁员66人、垃圾清运工131人、保洁车辆驾驶员36人、粪便抽排工3人、垃圾中转站操作工8人；各类环卫车辆184辆，其中保洁车19辆、电动三轮垃圾清运车112辆、拖拉机垃圾清运车5辆，车厢可卸式垃圾收集车5辆、垃圾中转车22辆、垃圾吊桶压缩车3辆，吸污汽车2辆、吸污拖拉机1辆、机械化作业特种车辆15辆。城区环卫可机械化扫地面积288万平方米，可机扫面积288万平方米，机械化作业面积225万平方米，城区道路机械化清扫率78%。（吕　华　生佳丽）

■生活垃圾清理清运　2021年，县城市管理局围绕“深度保洁”要求，加大环卫机械化作业投入，道路卫生状况明显改善。开展主干道路边垃圾桶“撤减移”行动，撤除主干道路边垃圾桶16处24只，合理退移路边垃圾桶30处85只，喷涂出新拉臂式垃圾箱20只。开展卫生死角清理行动，清理卫生死角计1600处、清运垃圾1350车次。城乡生活垃圾转运工作平稳运作，生活垃圾日产日清，规范收集、无害化处置城乡生活垃圾14.42万吨、生活垃圾无害化处理率100%。（吕　华　生佳丽）

■餐厨废弃物处理　2021年，县城市管理局环卫处成立环卫监察队，重点对餐厨垃圾乱倒、生活垃圾偷倒等违法行为进行制止和劝阻，联合县市场监管局等职能部门开展餐饮商户乱倒餐厨垃圾、生活垃圾行为专项整治行动，取得显著成效。光大环保能源（宝应）有限公司与餐饮商户657家签订餐厨垃圾收运协议，向餐饮商户发放餐厨收集桶1285只，城区范围内餐厨废弃物收运率90%，合计收运处理餐厨废弃物及油脂共1.57万吨。加强对不规范收集处置餐厨废弃物行为行政执法，向相关餐饮商户下发执法提示单620份，对违法当事人下达责令改正通知书346份，予以行政处罚案件110件。（孙爱华　张佩云）

■建筑垃圾运输管理　2021年，县城市管理局加强建筑垃圾规范有序管理，持续推进拆迁地块建筑垃圾专项整治，强化行业自律，加大建筑垃圾运输企业监督。城区建筑垃圾运输企业7家，完善建筑垃圾运输企业核准制度，严格实行“八统一”管理，即要求有固定的办公场所、有停车场地、有与经营相适应的配套设施、有健全的经营管理制度，有财务和统计等相关管理人员、有当地号牌运输车辆、必须购买机动车交通事故责任强制保险、不少于保险金额150万元的第三者责任险等。对不符合要求的公司不予发放准入证。全面实行部门执法联动，形成整治合力，有力提升建筑垃圾治理水平。全年核查建筑工地450个次，督促装饰装修企业整改217家，清理长期积存及乱倒建筑渣土垃圾4000吨、建筑装饰装修垃圾3100吨。（徐　盛　颜　超）

■生活垃圾分类治理　2021年，县城市管理局按照《扬州市城乡生活垃圾分类和治理攻坚战新三年行动计划（2020—2022）》，推进垃圾分类规范化管理，新建成居民小区生活垃圾投放站8座，创成“江苏省垃圾分类达标小区”10个。至年底，全县居民小区共97个，实行生活垃圾分类小区92个、垃圾分类覆盖率94.8%。开展多种方式垃圾分类宣传活动，县城管局宣传员走进乡镇、社区、学校开展垃圾分类教育活动，全面提升垃圾分类知晓率、参与率。（徐　飞　赵诗雨）

■空气污染攻坚　2021年，县城市管理局围绕露天烧烤、食品摊点油烟污染、建筑工地噪声污染等空气污染开展攻坚战，先后对城区主次干道烧烤经营门点262户进行全面检查，扣押存在空气油烟污染情况食品经营车266辆、烧烤炉具8台。加大建筑工地扬尘污染管控，定期对夜间施工扰民行为开展巡查监管，为市民群众营造清洁、安宁、宜居生活环境。（徐　飞　王洋洋）

乡村振兴

Xiang Cun Zhen Xing

■编辑:王天彬

综 述

■概况 2021年,宝应县贯彻落实党中央“乡村振兴”战略部署,以产业振兴为核心,深化农业农村改革,突出农村一二三产融合发展、农村基础设施建设、农村人居环境整治、乡村治理和公共服务等方面重点任务,实现由农业大县向农业强县跨越,加快乡村振兴步伐。围绕拓宽农村富民路径,畅通农民增收渠道,不断培育壮大优质粮油、荷藕种植、有机农业、蔬菜生产、水产养殖等特色产业,提高农业生产综合效益。全年建成江苏省水稻绿色高质高效创建示范片14个、面积2000公顷,新增设施农业面积1137.23公顷,完成养殖池塘生态化改造面积1020公顷;全县累计特种水产养殖面积2.26万公顷,设施农(渔)业面积8667公顷,推广应用菱鳖鳝池塘生态种养模式44.27公顷。至年底,全县实现农林牧渔业增加值95亿元,比上年增长6.72%。宝应县加快推进乡村振兴战略,获评2020年度江苏省乡村振兴实绩考核县级综合排名第1等次。 (姚从彬)

■县乡村振兴局成立 6月8日,宝应县乡村振兴局在县农业农村局正式挂牌成立。县委常委、县委组织部部长魏建,县政府副县长张倩桦共同为县乡村振兴局揭牌。魏建指出,推进乡村振兴战略是县委、县政府全局工作的重中之重,县乡村振兴局要切实把握重心,提升能力本领,认真落实《中华人民共和国乡村振兴促进法》要求,以“产业兴旺、生态宜居、乡风文明、治理有效、生活富裕”为目标,敢闯敢试、奋发有为,在完成既定目标任务的基础上,实现宝应县乡村振兴工作在全市领先、全省率先、全国争先。 (崔巍娜)

■村集体经济增收 2021年,宝应县围绕推动农业农村高质量发展走目标,提升村级集体服务功能,挖掘村级资源潜力,拓宽村级经济收入来源。推进农业招商引资,发挥乡贤人脉链、务工牵引链作用,吸引和鼓励有技术、有资金乡贤返乡创办企业,助力村级集体经济发展。落实税收地方留成奖励到村政策,推进土地经营权规范流转,提升土地升值空间。培育新产业、新业态,发展特色农产品,以村级组织为主导,联合工商企业、供销社等各类市场主体,促进农村产业集聚。继续开展“百企联百村、共走振兴路”活动,持续深化村企合作、利益共享发展新模式。强化村级资产、资源、资金“三资”管理,定期开展资产资源清查,推进经营性资产股份合作制改革,壮大村集体实力。通过多项措施综合运用,村级集体增收成效明显,全县村集体经营性收入实现2.6亿元,比上年增长8.9%,全县283个村(社区)平均实现村集体经营性收入91.87万元、比上年增长8.8%,所有村集体经营性收入稳定在45万元以上。 (李伶俐)

产业融合发展

■概况 2021年,宝应县围绕构建现代农业产业体系,加快推进农村产业融合发展。围绕重点区域、重点产业开展农业招商活动,提升“互联网+农业”发展水平,发展生态农业观光旅游,做大做响宝应农业品牌,扩大优质农产品销售,逐步形成以主导特色产业为依托,以示范园区创建为载体,不断拓展农业多种功能,加快培育多元化产业主体,健全完善多元利益主体联结机制,实现区域农村产业融合发展新模式。 (黄丽艳)

■农业产业园区 2021年,宝应县利用当地资源优势,重点打造“国家现代农业产业园”“国家农村产业融合发展示范园”“江苏省现代农业产业示范园”等省级以上农业产业园区集群。宝应县“国家现代农业产业园”依托科技创新、加工增值,加快建设“五大中心、六大基地”,建成绿色发展先导区、出口创汇功能区、休闲旅游示范区。在安宜工业园有机食品产业园,中粮面业(扬州)有限公司投资新建面业加工项目、粤海永顺泰(宝应)麦芽有限公司投资新建中高档啤酒麦芽项目,借助行业旗舰品牌影响力,围绕产业链延伸,丰富园区企业类型,优化产业结构,逐步形成集粮食深加工、中央厨房以及粮食流通和贸易于一体的综合性产业集群。宝应县现代农业产业园获入选“第四批国家现代农业

6月24日，宝应县成功创成“国家农村产业融合发展示范园”

射阳湖镇/供稿

产业园认定名单”，江苏兰馨园林有限公司获批“江苏省休闲旅游农业三星级企业”，宝应湖国家湿地公园、子婴河果园场入选2021年江苏省休闲旅游农业农耕实践基地名单。（黄丽艳）

■宝应县“国家农村产业融合发展示范园” 该园区位于射阳湖镇，总面积6666.67公顷。园区以荷园、玫瑰园为依托，深挖荷藕文化、芳香文化，全力发展荷藕、玫瑰产业，确立以荷园、湿地公园为文化旅游观光地，形成以传统特色产业荷藕为主体的全产业链条，有效带动区域农村一二三产业融合发展，促进农业增效、农民增收、农村繁荣。2021年，宝应县“国家农村产业融合发展示范园”培育各类农业新型经营主体459家，实现农业总产值33.4亿元，其中荷藕产业总产值20亿元。（黄丽艳）

■“荷乡振兴”金色工程 2021年，县人民银行加大金融支持服务全县实施乡村振兴力度，制订下发宝应县“荷乡振兴”金色工程实施方案，充分运用央行政策工具，支持全县实施乡村振兴战略，实现对农村小微企业信贷增量扩面，推进农村信用体系建设；通过“党建+业务”形式，引导银行业机构加大涉农贷款投入。组织银行机构在各镇（区）召开“荷乡振兴”金色工程系列银企对接活动，参与企业近200家，达成贷款授信总额35.6亿元。宝应农商银行与氾水镇加强战略合作，制订“荷香金融、银在氾水”结对助力乡村振兴工作实施方案，加大对该镇实施乡村振兴项目信贷投放额度。县农发行、县农业银行合计投入贷款7.5亿元，支持宝应县创建“国家荷藕产业农业产业化园区”项目。县农业银行发放高标准农田项目贷款2亿元，重点支持射阳湖镇农业产业化园区“荷之源”项目。（石晓倩）

镇村设施建设

■镇村规划 2021年，县自然资源和规划局落实乡村振兴战略，推进镇村建设规划编制工作。按照省自然资源厅要求，完成对《宝应县镇村布局规划（2019版）》修改完善工作；指导11个镇分别完成《宝应县氾水镇工业片区控制性详细规划》《宝应县夏集镇工业园区控制性详细规划》《宝应县柳堡镇军民融合工业产业园控制性详细规划调整》《宝应县广洋湖镇工业集中区控制性详细规划》《宝应县鲁垛镇镇区控制性详细规划》《宝应县小官庄镇镇区控制性详细规划调整报告》《宝应县射阳湖镇镇区控制性详细规划》《宝应县曹甸镇工业区控制性详细规划》《宝应县西安丰镇水晶产业园及西南片区控制性详细规划》《宝应县泾河镇镇区控制性详细规划调整论证》《宝应城西工业园区控制性详细规划规划调整报告》详细规划编制工作。11月，经积极申报争取，江苏省自然资源厅“共绘苏乡”规划师下乡工作站落户西安丰镇太仓村。该项活动以“美好规划，美丽乡村”为目标，发挥省厅规划师聪明才智，服务保障实施乡村振兴战略，在提高村庄规划建设水平、发扬当地特色地域文化、传承农村历史文脉、保护传统村落等方面发挥积极作用，为实现“美丽宝应建设”走在全省前列提供有力支持。（陈 敏）

■基础项目建设 2021年，全县加大镇村基础设施建设力度，实施镇村基础设施建设项目52个，总投资3.28亿元，项目建设内容涉及规划建设、生态环境、产业发展和文化建设等多个方面。通过项目建设，镇村基础设施配套、环境和公共服务体系逐步完善，人民群众生活幸福指数进一步提升。对照实施乡村振兴战略，全建设高水平小康社会要求，加强被撤并乡镇集镇区域人居环境建设和整治工作，落实被撤并乡镇集镇区域专项整治实施方案，明确责任部门和责任人，严格项目资金管理，保证整治工作有序开展。至12月底，年初制订的被撤并乡镇集镇区域环境整治工作全部完成，各集镇区配套基础设施逐步完善、环境和公共服务体系得到进一步提升。按照“三整治、两提升、一规范”的整治要点，完成全县16个被撤并乡镇集镇区环境整治，原被撤并乡

镇集镇区公共配套进一步完善、环境面貌得到显著提升。（莫振宇）

■美丽乡村创建 2021年，县住建局将改善农村人居环境，建设美丽宜居乡村，作为推进乡村全面振兴的一项重要任务，在全县农村继续分期分批推进“美丽宜居村庄”建设，新创成“扬州市美丽宜居村庄”11个，受益村民1000户，累计建成“扬州市美丽宜居村庄”110个。射阳湖镇射南村、射阳湖镇冲林村和柳堡镇仁里村获命名“江苏省特色田园乡村”，累计创成“江苏省特色田园乡村”5个。（莫振宇）

表28 2021年宝应县获命名“扬州市美丽宜居村庄”一览表

镇	行政村	村庄名称	镇	行政村	村庄名称
柳堡镇	清元村	中心	西安丰镇	朱郭村	刘家片
广洋湖镇	兰亭村	一、二组	曹甸镇	茆舍村	李庄
	三联村	四、五组		黄家村	桥南片
望直港镇	仲墩村	洼地治理安置区	山阳镇	杨河村	杨庄
	大树村	树南		中南村	光荣
射阳湖镇	赵勤村	南庄	—	—	—

（莫振宇）

农村公共服务

■乡镇机构优化 2021年，宝应县巩固2020年开展乡镇机构优化成果，各镇“一办八局”党政机构运行平稳高效（即党政办公室、党群工作局、经济发展局、农业农村局、建设和生态环境局、社会事业局、社会治理局、行政审批局、综合行政执法局），党的领导全面加强，各镇实行全要素网格化管理，推进党建引领下的网格化社会治理机制，打通为民服务“最后一公里”；审批服务进一步优化，各镇行使行政审批及公共服务类事项清单30项，当地企业和群众在镇为民服务大厅实现“一口受理、一窗办结”各类审批服务事项，“群众跑腿”换代为“数据跑路”；执法更加灵活高效，行政执法类事项随审批服务事项同时下放，常见、多发、简易事项由镇综合行政执法局负责行政执法；网格治理更加精细，扩容网格内涵，把文明创建、公用设施、建设管理、市（村）容环卫、卫生健康、社保医保、民政民宗事务、自然资源保护、纠纷调解、社会治安、安全生产、道路交通、生态环保等领域内的事项全面纳入综合网格建设管理内容，落实网格长负责制，以村（社区）为单位，明确专职联络员1人负责网格日常运行工作；健全完善县镇村三级指挥协调机制，县级社会治理现代化指挥中心主要负责建设运营县域统一、集中管理、分级使用的“县域社会治理现代化管理平台”，镇级中心主要负责受理解决上级派单、综合行政执法，巡查发现及受理社区网格上报各类社会治理问题，村（社区）网格工作站按照分级分类处置原则，及时反映和协调人民群众利益诉求等。乡镇机构优化改革为全县实施乡村振兴战略提供坚强组织保证。（周　静）

■便民服务中心建设 2021年，宝应县各镇（区）实现便民服务中心全覆盖，各部门行政审批事项分散办公为集中办公，提高办事效率，打造群众满意的基层服务之家。建立健全便民服务中心规章制度，明确各办事窗口工作人员的岗位职责，推行诚信服务；设置公示栏，张贴办件须知；强化服务理念，增强服务大局意识，全面提升服务水平和服务质量，充分发挥便民服务中心便民、利民、惠民的作用，让群众少跑路，让群众更满意，推进高效廉洁政府建设。全年各镇（区）便民服务中心办理行政审批服务事项共30万件。（项婉萍）

■高素质农民培育 2021年，县农业干部学校围绕培育更多高素质农民，组织对新型农业生产经营主体带头人、专业种养加能手和农业经理人等三类学员，开展理论培训、示范观摩、跟踪指导3个阶段的培育工作，列入培育对象高素质农民330人。举办各类农业实用技术专业培训班，参加培训人数共2223人，其中举办农资经营人员能力提升、农村妇女创业、现代农艺技术3个专业培训班，参加培训农民1573人；举办林业技术、水产养殖、农产品电商等5个专业培训班，参加培训学员650人。县农业干部学校分别与扬州大学、江苏农林职业技术学院、扬州职业大学等高校开展提升培训能力校际活动，共同制订“三维度高素质农民培育模式”实施计划，探索新的培训模式，提高培训质效。

（黄丽艳）

■**镇村文化服务** 2021年，全县14个镇（区）推进公共文化体系建设，提升镇（区）文体活动中心、村（社区）综合文化服务中心阵地设施水平，开展丰富多彩的文化活动，满足人民群众日益增长的精神文化需求。围绕组织文艺演出、读书看报、广播电视、电影放映、文体活动、展览展示、教育培训等活动，实现农村文化服务“软件”与“硬件”相适应、服务与设施相配套。各镇（区）文体活动中心、村（社区）综合文化服务中心逐步成为人民群众心目中的精神家园、文化乐园，为实施乡村振兴战略持续贡献文化力量。

乡村文化阵地建设。全县各镇（区）文化体育活动中心、村（社区）综合文化服务中心正常对外开放，着力发挥文化乐民、文化育民、文化富民服务效能。推进实施各镇（区）文化场馆设施升级改造工程，实现281个村（社区）综合文化服务中心全覆盖，累计建成农村大舞台120家、比上年增加40个。县文化馆、县图书馆总分馆体系运行质态优良，14个镇（区）分馆、281个村（社区）支馆全部纳入总分馆运行体系，实现城乡文化、图书服务“县级总馆+镇区级分馆+村级支馆”运行模式，全县累计分编入库图书总量86.24万册。

乡村文化活动。县文体广旅局以培特色、扩影响、做精品为目标，坚持连续打造和培植乡村特色文化活动。举办“欢乐荷乡”宝应县文化旅游节开幕式演出及系列活动、宝应县群众文艺新作调演、“幸福宝应、舞动荷乡”宝应县第九届广场舞比赛、红领巾读书征文及演讲比赛等重点文化活动，参与举办宝应县庆祝中国共产党成立100周年、2021年宝应县“中国农民丰收节”文艺演出等全县重大活动，全县城乡参与线下线上观众200余万人次。开展文化下乡活动，县文化馆开展“贺新春”民俗文化城乡联动展演、“荷乡大舞台”业余淮剧社团文化惠民基层巡演、“倡导移风易俗弘扬时代新风”群众文艺巡演等送演出下乡活动45余场，县淮剧团开展送戏下乡105场，县图书馆开展“百阅千读进农家”主题阅读系列活动进镇区40场，覆盖全县各镇区和重点村（社区）。县博物馆开展送展览、送公教活动进乡村、进景区33场次。各村（社区）“农家书屋”定期组织开展读书活动。落实农村电影放映保障措施，全年为村民提供数字电影放映2160场，其中国产新片（院线上映不超过2年）比例30%。安宜镇、汜水镇、广洋湖镇完成“江苏省乡村电影进影院”试点工作。

至12月31日，全县实现各镇（区）便民服务中心全覆盖。图为黄塍镇便民服务中心 黄塍镇/供稿

乡村文化队伍建设。各镇（区）社会事业局根据省市要求，组织镇（区）范围内公共文化服务机构从业人员参加业务培训，每人参加培训时间5天，基层文化工作者业务素质得到有效提升。各镇（区）配备专门公共文化服务人员。镇（区）综合性文化站、村（社区）综合文化服务中心组织开展志愿服务活动，累计镇（区）文化志愿者服务队5支、村（社区）文化志愿者服务队3支，为开展农村基层文化活动提供人才队伍保障。

（李 博）

乡村生态文明

■**概况** 2021年，宝应县以高质量推进乡村振兴战略、打造美丽宜居农村人居环境为目标，继续开展农村人居环境整治行动，巩固实施《宝应县农村人居环境整治行动实施方案2019—2020》成果，容村貌持续改善，人民群众幸福感不断提升。县农业农村局牵头定期召开农村人居环境整治联席会议，集中会办农村环境整治中存在矛盾和问题。明确各镇（区）政府主要负责人为农村人居环境整治工作第一责任人，具体负责辖区内农村人居环境整治工作。全县各行政村实现生活污水处理设施全覆盖，农村生活垃圾集中收集率和转运处理率均达100%，全县农村饮用水卫生合格率100%，规模化禽畜养殖粪污治理率100%。按照，整治生活垃圾、脏乱环境、黑臭水体，提升基础设施建设和公共服务水平，规范日常管理“三整治、两提升、一规范”要求，完成全县16个被撤并乡镇集镇区环境整治，原被撤并乡镇集镇区公共配套进一步完善、环境面貌得到显著提升。全县集中清理村庄各类垃圾数量共

26.3万立方米。继续开展“宝应县农村人居环境整治综合示范村”创建活动，至年底累计创成“宝应县农村人居环境整治综合示范村（河道）”29个（条）。（姚从彬）

■农村生活垃圾处理 2021年，宝应县农村“户投放、组保洁、村收集、镇转运、县处置”生活垃圾处理体系有序运转，村组垃圾池、垃圾筒、保洁车、保洁船等保洁设施完好率100%，累计配备垃圾分类桶2.6万组，垃圾池管理达标率100%。开展村庄清洁整治行动，打捞清理水葫芦等有害水生植物2020吨；清理乱堆乱放5.4万处。（姚从彬）

■农村环境长效管护 2021年，县农业农村局完善村庄环境管护常态化、长效效管理机制，根据县政府印发的《宝应县农村环境长效管理办法》《宝应县农村环境治污设施长效管理办法》等文件，落实管理人员、管理经费。全县各村（社区）村庄环境管护均做到“有制度、有标准、有人员、有经费、有督查、有问责”，实现农村环境长效管护村（社区）比例100%。加强村庄环境管护队伍建设，各镇（区）配有环境管理办公室专职工作人员、合计镇（区）环境管理工作人员102人，招聘环境管理保洁员2177人。全县创成“扬州市村庄环境长效管护示范村庄”36个，全年筹集长效管护专项资金共2754万元，主要用于保洁员工资、奖补费用等。（姚从彬）

■农业面源污染治理 2021年，县农业农村局健全畜禽养殖废弃物资源化利用常态化管理机制，先后下发《2021年宝应县畜禽粪污资源化利用巩固提升行动方案》《关于进一步规范畜禽粪污处置和利用的通知》《关于切实加强小规模散养户畜禽粪污治理工作的通知》等文件，建立畜禽规模养殖场、非规模养殖场和规模养殖场整治提升3个清单，明确目标任务和养殖主体提升内容。强化技术指导，各养殖场（户）全面开展粪污治理整治提升行动，完善粪污收集、处理、储存、和资源化利用设施设备。至年底，全县畜禽规模养殖场45个、非规模畜禽养殖场户80个，治理达标率分别为100%、96%；规模养殖场粪污处理设施装备配套率100%。全县纳入年度整治提升行动规模养殖场21个，全部通过县农业农村局、扬州市宝应生态环境局联合验收。推进有机农业、绿色农业发展，推行种植业与畜禽养殖业有机结合，发展循环生态农业，减少农药化肥施用量。开展耕地测土配方施肥示范应用，促进化肥减量增效，全年化肥施用量3.4万吨，化肥施用量比上年下降0.7%。创建病虫绿色防控示范区，示范推广病虫绿色防控技术，全年农用农药使用量630吨，比上年下降8.87%。（李登中）

老区帮扶开发

■概况 2021年，宝应县老区扶贫开发促进会、宝应县扶贫开发协会、宝应县老区扶贫基金会（简称县老区“三会”）克服新冠肺炎疫情带来的不利影响，坚持奋发进取，砥砺前行，各项工作取得新成绩。助力县委、县政府实施乡村振兴战略，调研总结农村脱贫攻坚先进典型，组织撰写《聆听杨蒋兴村的脚步声》调查报告获县委主要负责人批示，并在《扬州老区》简报刊发。加强老区宣传工作，精心组织开展党史学习教育、庆祝建党100周年、老区红色资源调查等系列活动。县老区“三会”、县委党史编修中心联合开展红色资源调研普查，形成调研普查汇总资料；推进《宝应革命老区发展史》进机关、进学校、进社区、进农村、进军营活动，到镇（区）组织宣讲8个场次。办好《宝应老区》简报，宣传宝应老区的红色文化和发展变化，传承和弘扬宝应老区人民无私奉献精神。举行红色纪念地现场教学活动，组织县老区“三会”全体党员和各镇（区）老促会会长到淮阴刘老庄烈士陵园，凭吊革命烈士，重温入党誓言。

资金管理。2021年，县老区“三会”加强资金管理，管好用活县扶贫基金、镇（区）扶贫资金、民间大病救助基金“三金”。年初，县老区“三会”召开理事监事会议，报告上年度扶贫基金使用情况和效果，讨论制订当年扶贫基金使用计划方案，年底接受财政部门审计监督。县老区扶贫基金会扶贫基金总量保持基本稳定，主要用于助村、助学、助业、助特支出占基金收入90%以上。14个镇（区）实现设立镇级扶贫资金全覆盖，引导动员民营企业、爱心人士助力解决因病致贫返贫问题。倡导建立民间大病救助基金，共筹集扶贫资金345.4万元。镇级扶贫资金及大病救助基金在接受镇级政府审计监督同时，将资金筹集使用情况在年底上报县老区“三会”，接受县老区“三会”考核检查，并将其列入镇（区）老促会百分考评内容。（张爱东）

■老区产业帮扶 2021年，县老区“三会”运用江苏省老区开发促进会、省扶贫基金会、省扶贫开发协会扶贫示范项目借款资金共120万元，扶持县域农村经济产业化发展，全年帮扶产业化龙头企业和专业合作社4家，增加农村劳动力就业185个，带动脱贫后低收入边缘户8户自主创业，通过发展经济增收致富。各镇（区）老促会通过牵线搭桥，组织民营企业理事大户扶持创办小微企业和加工点24个、实现年销售额3345万元、实现利税426万元，吸纳当地劳动力就业161人；组织理事69人，结对帮助低收入边缘户84户，为低收入边缘户创业提供种养加工技术、产品市场销路、临时资金调剂，通过发展项目增加收入，实现共同富裕。（张爱东）

■老区助学帮扶 2021年，县老区“三会”继续开展对农村困难家庭学子助学帮扶工作，把帮助困难家庭学子顺利完成学业作为巩固拓展脱贫成果，用知识改变命运，促进社会和谐共富的重要举措。全年运用江苏省扶贫示范项目借款资金扶持中小微企业4家，在企业获得发展同时，引导企业筹措助学资金共4.8万元，资助困难家庭在读高中生24人，每人获助学金2000元；县老区“三会”联合县农商银行，通过“滴水筑梦”扶贫助学工程，出资6万元资助曹甸高级中学家庭困难在读高二学生20人。年底前，县老区“三会”筹集慰问金2万元，慰问家庭困难在校学生；各镇（区）老促会运用镇级老区扶贫资金，以及组织民营企业、在外乡贤和离退休老干部捐款，筹集助学资金共50多万元，资助家庭困难学生共300多人，让孩子们安心在校读书，顺利完成学业。

（张爱东）

■老区挂钩帮扶 2021年，县老区“三会”继续实行挂钩帮扶联系村制度，将小官庄镇南场村作为市、县老区“三会”挂钩帮扶联系村。帮助制订《南场村五年发展规划》，提出到2025年村级集体经营性收入达100万元目标。在省、市老区“三会”关心帮助下，通过财政一事一议项目，帮助该村向上争取专项资金，新建排灌泵站1座、安装路灯46盏；争取省财政专项资金35万元，新建硬质化水泥路1条，解决村民出行难和农副产品外运问题；筹集资金为有62年党龄的村老支书戚殿章改造危房，使其在建党百年之际住上新房；积极筹建村级增收物业厂房项目。2021年，南场村实现村集体经营性58.6万元，比上年增加12.8万元。

（张爱东）

■农村危房改造 2021年，县住建局开展全县农村危房全面排查，共排查15.88万户，其中用作经营自建房2791户，存在安全风险隐患15户，全部督促整改到位；未用作经营农村自建房和非自建房16万户，其中鉴定为C级局部危险住房651户，经帮扶整改46户，鉴定为D级危险房1116户，经帮扶整改118户。继续实施农村贫困户危房改造项目，完成农村贫困户危房改造30户。

（莫振宇）

“江苏省美丽乡村”射阳湖镇魏荡村　　射阳湖镇/供稿

生态环境

Sheng Tai Huan Jing

■编辑:唐善刚

综　述

■概况　2021年,宝应县生态环境持续向好,全年空气环境质量达二级标准以上天数296天,空气优良天数比例81.1%;细颗粒物$PM_{2.5}$平均浓度每立方米32.1微克,比上年下降3.4微克/立方米;地表水断面质量列入国家及省考核点10个,检测优Ⅲ级比例100%、水质达标率100%,以及2个饮用水源地水质达标率均为100%,完成2021年度污染物总量减排目标任务;区域环境噪声符合相应功能区要求。扬州市宝应生态环境局(以下简称"宝应生态环境局")加强环境保护行政执法监管,全年依法受理审批项目建设环评事项77件,其中审批环评报告书5件、审批环评报告表72件;办理网上登记备案项目建设环评事项145件,完成项目用地会办事项27件。宝应县经济社会发展利用区域自然生态优势,建立健全生态文明保护制度,加强生态文明建设,实施生态文明基础设施工程,实现污染物总量减排、污染防治、环境监测、人居环境、环保宣传等方面绩效显著,区域环境质量保持总体稳定。继续开展生态文明示范创建活动,宝应县顺利通过省级生态文明建设示范县复核命名,泾河镇灶户村、望直港镇马垛村创成"江苏省生态文明建设示范村",累计创成"江苏省生态文明建设示范村"8个。宝应生态环境局围绕生态环境质量持续改善目标,奋力打好蓝天、碧水、净土三大保卫战,圆满完成年度目标任务,为全县经济社会高质量发展筑牢绿色本底。　(居　静)

■生态环境保护宣传　2021年,宝应生态环境局加强与报刊、网站、电视台衔接、协调,对生态环境保护新闻稿件、政务信息报送、通报等实行规范化管理。年初,宝应生态环境局与宝应电视台合作,在县电视台"宝应新闻""百姓关注"栏目中分别开辟"推进生态文明建设"和"环保在线"专栏,每月采编播出两期,着重报道全县推进生态文明建设工作动态和与民生相关联的环保知识、相关措施,全年采编播出共46期。宝应生态环境局与宝应日报社签订协议,开展生态环境保护整版深度宣传,公开公示年度环境质量,全年报道生态环境保护新闻稿件30篇。积极做好生态环境保护政务信息和新闻稿件报送工作,全年向县委、县政府,扬州市生态环境局报送信息200余篇。

生态环境保护系列宣传。宝应生态环境局利用春节、中秋节、"六五"世界环境日、"节能宣传周""宪法日"等节点,组织开展生态环境保护宣传到广场、进社区、赴工业园区等系列宣传活动,深入企业开展环境保护法律法规和企业信用评价宣讲活动。宝应生态环境局与移动公司合作,全年向市民群发燃信(超级彩信、超级短信、视频短信)30万条;举办广场、公园宣传活动,在白田广场开展"世界环境日"宣传咨询活动,组队参加扬州市生态环境局举办的"六五"文艺汇演活动,选送生动有趣的生态环境保护小品《老公去哪了》,获得好评;编印散发《环保新法律法规汇编》1000册,生态环境保护《以案说法》100册等。　(居　静)

■环境行政执法　2021年,宝应环境执法局以"提升执法能力,加大执法力度,改善环境质量"为重心,采取多项措施,增强环境执法效能、提升执法水平。加强环境行政执法学习培训,先后组织相关人员参加行政执法学习培训21期,参加培训人数650人次,重点学习培训《中华人民共和国环境保护法》(2015年1月1日起施行)、生态环境执法、危化品废品规范化处置等常用法律法规。开展重点行业领域深化安全生产专项整治、秸秆禁烧禁抛专项行动、生态环境部臭氧帮扶督查工作、国考省考断面水环境质量保障专项行动、六类污染防治设施专项排查等各类专项行动,按照"双随机"要求,常态化开展环境行政执法夜查、突击检查、错时检查、暗查暗访、节假日检查。全年出动环境执法人员1278人次、检查企业单位639家,发现存在环境保护问题单位312家,其中要求予以整改单位206家、予以立案查处单位106家。　(刘　杰)

■河长制工作　2021年,宝应县继续实行"河(湖)长制",强化水污染治理,细化工作举措,落实工作责任,突出重点、精准施策,创建省、市、县“幸福河湖”工作取得阶段性成效。全县“河(湖)长制”工作队伍共1049人,其中设置县级河长15人,县级总河长由县委、县政府主要领导担任,副总河长由分管领导担任;镇(区)级河长234人,由各镇(区)党政负责人担任;村级河长800人。建立健全县、镇(区)、村三级河长制责任体系,明确各级河长认河、巡河、治河、护河工作职责,做到“河长全覆盖、责任无盲区”。推动县、镇(区)河长制工作办公室正常化开展工作,落实经费保障,及时通报河湖巡查情况,传达落实河湖长工作要求。全年县级总河(湖)长巡河、巡湖10次,副总河(湖)长巡河、巡湖11次,其他县级河(湖)长巡河、巡湖61次,镇(区)级河(湖)长巡河、巡湖2800次,村级河(湖)长巡河、巡湖1万多次,累计解决水污染问题100多个。开展清剿水葫芦、改善水环境专项行动,合计出动船舶149只次、车辆107辆次、人员502人次,打捞清理水葫芦等有害水生植物2020吨。实行河湖长公示制度,在重要点位设置县级以上河湖长公示牌111块、河湖长网格化公示牌32块、镇级河长公示牌223块、村级河长公示牌339块。三阳河创成“江苏省幸福河湖”,二横河创成“扬州市幸福河湖”,农村河道邵沟河创成“宝应县幸福河湖”。 (冯爱国)

2021年,宝应县开展“幸福河湖”创建活动。图为县城二里干渠北河公园段 小 品/摄

生态环境质量

■概况 2021年,宝应县生态环境持续向好,全年空气环境质量达二级标准以上天数296天,空气优良天数比例81.1%;细颗粒物$PM_{2.5}$平均浓度每立方米32.1微克,比上年下降3.4微克/立方米;全县国省考断面水质达到或好于Ⅲ类水体比例为100%;全县饮用水源地水质达标率100%。土壤环境状况良好,受污染耕地和污染地块安全利用率均达100%。主要污染物减排完成省市下达任务,区域环境噪声符合相应功能区要求。 (陈 敏)

■空气环境质量 2021年,全县环境质量状况与上年相比,总体保持稳定,县域空气环境质量达二级标准以上优良天数296天,空气优良天数率81.1%,超标天数69天,占总天数18.9%,其中轻度污染58天、占15.9%,中度污染8天,占2.2%,重度污染3天,占0.8%。二氧化硫年平均值每立方米8微克、二氧化氮年平均值每立方米22微克、可吸入颗粒物(PM_{10})年平均值每立方米60微克、细颗粒物($PM_{2.5}$)年平均值每立方米32微克,对照《环境空气质量标准》(GB3095-2012)中的二级标准,二氧化硫、二氧化氮、臭氧1小时平均浓度、一氧化碳4项指标年均值均达到标准要求。全年对城区降水pH值(酸碱度)监测29次,pH值范围为5.83~7.69,平均值6.73,没有发生酸雨现象。 (陈 敏)

表29 2021年城区环境空气主要污染物年平均值一览表

单位:毫克/立方米

污染物指标	浓度范围	年平均值	达标率	国家二级标准(年平均)
二氧化硫(SO_2)24小时平均	0.004~0.020	0.008	100.00	0.06
二氧化氮(NO_2)24小时平均	0.003~0.070	0.022	100.00	0.08
可吸入颗粒物(PM_{10})24小时平均	0.009~0.280	0.060	97.50	0.15
细颗粒物($PM_{2.5}$)24小时平均	0.005~0.127	0.032	91.50	0.075
一氧化碳(CO)24小时平均	0.350~2.850	0.735	100.00	10.00
臭氧(O_3)日最大8小时平均	0.009~0.192	0.075	100.00	0.20
臭氧(O_3)24小时平均	0.019~0.269	0.103	89.30	0.16

(陈 敏)

■水环境质量 2021年，全县地表水断面质量列入国家及省考核点10个，分别为大运河船闸、大运河八浅、大运河平桥、宝射河獐狮大桥、黄沙港黄土沟、大溪河朝阳大桥、大三王河蒋堡村、潼河夏集、宝应湖湖心、白马湖洪金，其中大运河船闸、黄沙港黄土沟、潼河夏集为国家考核断面。全年10个国省考断面水质均达到Ⅲ类考核标准，年度达标率100%。其中，大运河八浅断面、大运河平桥断面达标率100%，其他断面水质均出现不同程度超标现象，各断面达标率分别为大运河船闸断面91.7%、宝应湖湖心断面75%、潼河夏集断面91.7%、宝射河獐狮大桥断面83.3%、大溪河朝阳大桥断面83.3%、大三王河蒋堡村断面91.7%、黄沙港黄土沟断面83.3%、白马湖洪金断面66.7%。经宝应环境监测站对县域内其他主要河流断面监测，水环境质量介于Ⅲ～Ⅳ类之间，与上年相比基本持平。另外，东阳河、城市河水质改善不明显，为轻度黑臭水体。

（陶书峰）

■声环境质量 2021年，宝应县区域环境噪声符合各功能区域要求，交通噪声达到国家相关标准要求，昼间区域环境噪声平均等效声级为55.3分贝、为三级（一般）。道路交通噪声平均等效声级为63.7分贝，声环境质量等级均为一级（好），无超标路段。各类功能区昼、夜间声环境质量达标率均为100%。

（陈　敏）

■土壤环境质量 2021年，全县有土壤环境质量监测点15个，畜禽养殖场周边土壤均达《土壤环境质量标准》（GB 15618－2018）要求，土壤背景点环境质量总体良好，污染等级为Ⅰ级，清洁安全。（陈　敏）

■生态环境质量 5月，宝应生态环境局发布《宝应县2020年度生态环境状况指数报告》，宝应县生态环境状况指数为70.0，植被覆盖度较高，生物丰度性较丰富，基本适合人类生存，生态环境状况指数与上年相比持平。（陈　敏）

水资源管理

■用水管理 2021年，县水务局加强深层地下水取用水总量控制，年初对所有自备水源用水单位和非居民自来水用户下达取用水计划。开展取水许可日常监督，每月对取水单位进行抄表、巡查；开展地下水动态监测，每月定期采集全县15眼地下水监测点数据。组织开展创建“节水型单位”“节水型学校”“节水型社区”活动，全县创成省市节水型单位和工业技改示范项目企业8家，其中泾河镇政府被授予“江苏省节水型机关”称号，宝应县望直港镇中心初级中学被授予“江苏省节水型学校”称号。11月22日，江苏省水利厅公布2021年度全省“国家级县域节水型社会”达标建设验收通过县（市、区）名单，宝应县名列其中，江苏省水利厅向水利部推荐宝应县作为“国家级节水型社会达标县”。（杨志斌）

■河湖常态化管理 2021年，宝应县全面贯彻《扬州市河道管理条例》，常态化开展省级骨干河道市场化管护工作。全年宝应县境内省管湖泊宝应湖、高邮湖、白马湖实现“零”新增违章，里下河湖泊管理工作获江苏省水利厅表彰“综合管理先进管理单位”。提升全县湖泊管理装备水平，涉湖管理单位添置平板电脑、无人机等现代化装备。编制完成《宝应县河湖保护规划》，并获县政府批准颁布实施。开展重要河湖生态环境整治行动，拆除广洋湖保护区范围内粮食烘干房1100平方米，拆除芦氾河柳堡镇境内荷藕加工企业19家。加强河湖行政执法管理，河湖圩堤扒翻种植现象得到有效遏制，S331射阳湖接线洛龙路穿越獐狮荡获市级行政许可，完成宝应地涵安全鉴定工作，潼河管理所创建“江苏省三级管理单位”通过省水利厅复核，全年河湖管理规范化水平显著提高，水环境质量显著改善。（冯爱国）

■潼河水厂里运河取水工程 2021年，宝应县根据全国集中式饮用水源地环境保护专项行动要求，实施完成潼河水厂里运河取水工程。该工程总投资2亿元，位于氾水镇、夏集镇境内。工程建设内容为新建水源厂1座，包含新建规模日取水量10万立方米泵房（第一期安装设备为每天取水5万立方米泵房），以及给排水设施、消防设施，道路、绿化、门卫、围墙、办公用房等附属设施，同时配套建设供用电设施、自动化控制设施、监控设施等；铺设取水泵房至潼河水厂浑水管线长度25.5千米。7月，潼河水厂里运河取水工程正式开工建设，至12月25号，主体工程竣工，并进行试通水。

（傅春雨）

■饮用水源地保护 2021年，宝应生态环境局完成里运河氾水饮用水源地、潼河饮用水源地环境状况评估报告并上报。加强饮用水源地保护，拆除里运河氾水水源地二级保护区内宝应正旺新型建材有限公司、扬州正兴物流有限公司，同步完成拆除地块复绿，完成里运河氾水水源地达标建设任务。11月，宝应湖备用水源地建设工程竣工，同步编制完成备用水源地保护区划分方案。加强汛期水质监测监控，新设水源地上游来水断面监控，关注上游水质状况。加强水源地日常巡查，保障县自来水厂有效运行，确保汛期饮水安全。（陶书峰）

■省管湖泊退圩还湖工程 2021年，宝应县继续推进境内省管湖泊湖荡退圩还湖工程，涉及县境内高邮湖、宝应湖、白马湖、广洋湖、兰亭荡、大凹子圩等6个湖荡，项目区涵盖广洋湖镇、射阳湖镇、柳堡镇、鲁垛镇、安宜镇、氾水镇、山阳镇等7个镇，规划实施湖泊保护面积1.19万公顷，资金总投入25.2亿元，规划用4年时间，建设泵站、桥梁等水利建筑物64座，开挖土方量3300万立方米，新建、加固堤防长度66千米，恢复自由水面面积6666.67公顷，增加有效防洪库容量2200万立方米，形成排泥场面积2106.67公顷。2018年12月18日，《宝应县境内省管湖泊湖荡退圩还湖实施方案》PPP项目（政府与社会资本合作项目）通过江苏省政府采购中心组织的招标资格预审，正式挂网招标。2019年初，南水北调东线江苏水源有限责任公司、江苏省农垦集团有限公司、江苏省沿海开发集团有限公司等3家企业通过投标资格审查，并接受江苏省委巡视组专项检查。2020年初，宝应县成立省管湖泊退圩还湖工程指挥部，县委、县政府主要负责人任总指挥，并在县水务局挂牌设立省管湖泊退圩还湖工程指挥部办公室，按照"一次规划、分步实施"原则，具体负责工程项目有序实施推进工作。截至2021底，省管湖泊退圩还湖工程累计投入资金3.2亿元，征收柳堡镇、射阳湖镇境内兰亭荡、广洋湖2个湖泊湖荡滞涝圩面积1666.67公顷，完成湖区土方清运量462.4万立方米、土方填筑量147.6万立方米，恢复滞涝区面积1333.33公顷。（冯爱国）

■地热水资源管理 宝应县在地质构造上位于下扬子地块建湖隆起和金湖盆地，地热资源条件优越，地下蕴藏静态地热水资源储量约300亿立方米。截至年底，全县设置地热采矿权企业1家，为宝应县金源置业有限公司。县自然资源和规划局依据《矿业权人勘查开采信息公示办法》，对"金源温泉"地热水采矿权及开采、利用、环境恢复治理等基本情况进行监管并在自然资源部矿业权人勘查开采信息网站进行公示，接受社会监督。"金源温泉"获批准允许开采温泉量5万立方米/年。

（陈 敏）

■养殖池塘生态化改造 2021年，宝应县贯彻落实绿色发展理念，生态化利用水资源，推进水产品绿色健康，加快实施养殖尾水生态净化工程，新增池塘生态化改造面积1020公顷，列扬州市各县市区第1名。江苏省宝应现代渔业产业园区启动的养殖尾水生态净化项目，覆盖面积70.67公顷，其中水域面积57.67公顷，项目建设内容包括养殖小区构建工程、池塘改造工程、净化区升级改造工程、净化区生态构建工程等。（陈天兄）

■污水处理设施建设 2021年，宝应县加大生态环境保护基础设施投入力度，工作重点立足于镇（区）、村污水处理设施建设强弱项、补短板，全年完成城乡污水管网建设长度55千米。氾水污水处理厂日处理污水量1万吨第二期工程竣工投入运行。射阳湖镇污水处理厂及配套管网建设工程、望直港镇獐狮社区食品行业污水预处理池污水管网建设工程进展顺利。安宜镇城北片区污水处理厂建设项目、小官庄镇污水处理厂提标改造及扩容建设工程完成开工前各项准备工作。加快村（社区）污水处理设施建设，全年实施完成18个行政村污水处理设施建设项目，实现全县行政村生活污水处理设施全覆盖。

（陶书峰 李登中）

土地资源管理

■概况 2021年，全县土地总面积14.62万公顷，其中耕地面积7.77万公顷、城镇村及工矿用地面积1.73万公顷、水域及水利设施用地面积4.29万公顷、交通运输用地面积4188公顷。宝应县自然资源和规划局（以下简称"县自然资源和规划局"）全年工作围绕自然资源"两统一"职责（统一行使全民所有自然资源资产所有者职责，统一行使所有国土空间管制和生态保护修复职责），履行对全县自然资源综合管理、促进生态文明建设、保障经济社会协调可持续发展综合职能，实现部门各项工作高质量发展。

（陈 敏）

■土地征收利用 2021年，县自然资源和规划局贯彻执行新修订的《中华人民共和国土地管理法》，实施土地征收成片开发审批制度，先后编制土地征收成片开发方案共2批、33个片区、土地面积467.89公顷，主要为中粮面业（扬州）有限公司投资新建面业加工项目、粤海永顺泰（宝应）麦芽有限公司中高档啤酒麦芽项目、韵达物流园（江苏）总部基地第二期项目、宝胜集团有限公司扩建项目等重大项目落地建设提供土地要素保障。全年宝应县实际获省批准土地征收项目16个批次43个项目、合计获批土地征收面积190.12公顷，征地量是上年267.21%，其中农用地面积161.49公顷、建设用地面积22.13公顷、未利用地面积6.5公顷；涉及被征地农民2401人，其中16周岁以上参保人员2079人。至年底，全县农村集体经济组织累计被征地农民人数1.92万人，其中16周岁以上被征地农民1.61万人全部纳入社会保障体系、参保率100%。全县供应土地面积243.57公顷，比上年增加15%，其中出让土地面积164.37公顷、划拨土地面积79.2公顷。从用途看，商业服务业用地面积1.32公顷、住宅用地面积100.57公顷、工业用地面积69.65公顷、公共设施用地面积14.09公顷、交通运输用地面积57.94公顷。全县把盘活存量低效利用土地纳入政府考核指标，全年盘活处置存量低效用地174宗、土地面积236.91公顷。其中，收购储备9宗、面积30.56公顷，通过技术改造实现高效利用117宗、面积107.04公顷，实施土地流转盘活利用土地48宗、面积99.31公顷。通过盘活存量低效利用土地，工业新增厂房建筑面积30.47万平方米，实现追加投资61.42亿元。

（陈　敏）

■黏土资源开发管理　2021年，全县累计建成以粉煤灰、煤矸石、少量黏土为主要原料的新型砖生产企业2家，年产新型砖2.5亿块。

（陈　敏）

■耕地保护　2021年，宝应县全面落实耕地保护制度，守住耕地保护红线，以“零容忍”态度遏制耕地“非农化”、防止粮田“非粮化”，维护粮食安全大局。全县实施省、市财政投资土地整治项目5项、土地面积共2739.37公顷。其中，广洋湖镇东溪等村土地整治项目、曹甸镇甄庄村土地整治项目按规划设计要求完成项目建设并通过验收，其余3个土地整治项目按照实施方案有序推进。宝应县在江苏土地交易中心平台交易土地占补平衡调剂指标33.35公顷，交易额1.35亿元。宝应县和氾水镇分别获表彰“江苏省耕地保护激励单位”，6个镇、10个村获表彰“扬州市耕地保护激励单位”，获省、市下发“耕地保护激励单位”奖励资金共1800万元。

（陈　敏）

■湿地保护修复　2021年，县自然资源和规划局加强湿地保护小区建设，完善湿地监测与基础设施建设，对自然湿地和水生植被进行修复保护。全年修复湿地面积61.76公顷，新建成下引河、劳动河、三阳河湿地保护小区3个。至年底，全县湿地总面积2.68万公顷，其中河流湿地面积5779公顷、湖泊湿地面积1767公顷、人工湿地面积1.92万公顷，1000公顷以上连片大水面湿地总面积1.36万公顷；自然湿地面积4066.67公顷、自然湿地保护率53.77%。

（陈　敏）

■土地执法监察　2021年，县自然资源和规划局健全土地执法监管长效机制，开展农村乱占耕地建房问题专项整治、耕地保护督察整改、违法用地综合整治等专项行动，土地行政执法环境得到有效改善。通过卫星遥感监测执法、动态巡查、群众举报等多种途径强化对违法行为监管，及时发现、制止、报告和严肃查处违法用地行为。全年立案查处违法用地案件9件、面积5.79公顷，作出行政处罚案件9件、处以罚没款金额27.59万元，申请法院强制执行案件14件次，向县纪检监察部门提出责任人处分建议7人次，向县国有资产管理机构移交相关资产5宗、涉及国有资产金额7254.12万元。

（陈　敏）

■耕地质量提升　2021年，县农业农村局围绕提升耕地质量，开展测土配方施肥应用示范，推进全县化肥使用减量增效。召开全县水稻侧深施肥技术推进会，参会培训人数100多人，发放科学施肥明白纸5000多份；委托扬州大学举办全县化肥减量增效与耕地质量提升培训班，参加培训人数48人；在各镇（区）主要交通要道，悬挂科学施肥宣传条幅260条。全县化肥施用量折纯为3.4万吨，比上削减0.7%，主要农作物采用数字化测土配方施肥面积10.8万公顷，占全县主要农作物种植面积97.51%，其中配方肥应用示范面积3.95万公顷、农户按方施肥面积6.85万公顷。开展县域耕地质量等级检测，先后对全县36个耕地质量监测点开展督查2轮次；组织耕地质量变更调查，采集和分析耕地质量变更调查土壤样品150个。按照《全国耕地质量等级评价指标体系》中长江中下游平原丘陵农畜水产区评价指标体系测评，宝应县耕地质量等级为2.61等，比上年提升0.2等级，属优等地。

（夏　伟）

森林资源管理

■概况　2021年，全县完成成片造林面积210.97公顷，栽植各类树木54.9万株，新建和完善农田林网面积3400公顷，建设较大面积绿化造林亮点工程10多处，其中射阳湖大溪河南圩绿化造林工程、三阳河南圩堤防更新造林工程面积均达“百

宝应湖国家湿地公园水杉林　　董　杰/摄

亩”以上。开展“百村千庄”绿化提升行动，建成“江苏省绿美村庄”8个、“宝应县绿化提升村”30个。截至年底，全县林木覆盖面积2.81万公顷，林木覆盖率21.21%，主要树种有杨树、女贞、红叶石楠、榉树等。（陈　敏）

■森林资源安全管理　2021年，县自然资源和规划局加强森林病虫害防治，重点做好美国白蛾等食叶害虫虫情监测、预报、防治工作。落实防治责任，综合采取物理、生物、化学等措施，美国白蛾等重大林业有害生物监测覆盖率100%，成灾率低于1.5%，林业有害生物防治作业面积7670.5公顷，全年未发生大面积虫害现象。开展春季调入林木种苗复检工作，复检调入苗木20多批次，开具检疫证书近4000份，全年未发生染疫林木违规调运事件。加强森林防火工作，制订落实《森林防火工作方案》《2021年度宝应县森林防火重点工作任务清单》，多形式开展森林防火知识宣传。加强防火队伍建设，严格野外火源管控，组织森林防火培训演练、隐患排查、林下可燃物清理。在秋、冬、春季森林防火关键阶段，强化巡查指导，建立每日零报告制度，年内全县未发生森林火灾和人员伤亡事故。全年立案查处滥伐林木案件1起，处以罚没款3.8万多元。（陈　敏）

■野生动物保护　2021年，县自然资源和规划局加强野生动物保护工作，组织开展“世界湿地日”“爱鸟周”主题宣传活动。开展珍稀濒危野生动物保护，全年救助国家一级保护野生动物东方白鹳8只，国家三有保护野生动物鹭科3只、刺猬1只、蓝孔雀1只、猫头鹰1只。强化野生动物疫源疫病监测防控，加强对动物园的日常监管和隐患排查，指导野生动物养殖场（所）开展防疫和日常消毒工作。（陈　敏）

■城市绿化　2021年，宝应县新增城市绿地面积30.32万平方米。推进城市公园体系项目建设，先后实施完成宝射河休闲体育公园、海棠园、文津园、宝曹河风光带、宝南湖公园、花城公园、纵棹园、中沟河公园、三横河滨河公园、花庄公园等10个城市公园景观设施及绿化提升项目。

城市绿道建设。县园林处围绕改善人居环境，提升城市品质，实施城市道路周边环境绿化提升整治工程，先后完成宝胜西路、“盛世嘉园”小区周边道路、奥体路等道路及周边景区苗木栽植、修剪工作，累计完成土方量1.1万立方米，栽植乔木425棵、花灌木2.1万棵、球类植物118棵、绿篱31.8万株，原道路周边“脏、乱、差”面貌得到根本改善。宝应大道新建南边坡绿道1条、长度2.2千米，累计建成城市绿道长度38.23千米。城区新增林荫路长度5千米，累计建成城区林荫路长度91.13千米，城区林荫路推广率74.9%。

城市绿化管理。县园林处加强城市绿化监察管理，明确城市园林绿化管护主体责任和养护职责，有效保护城区绿化成果。全年完成城区绿地全面循环锄草清杂15轮次，累计锄草面积2320万平方米，清除绿地杂质约1600吨，完成城区草花品种更换5次、种植草花240万株。宝应大道、白田路两条城市形象路草花品质大幅提升。加强绿化行政执法，全年处理损坏城市绿化事件46件，完成居民住宅小区绿化方案评审7家，组织居民住宅小区绿地率验收3家。（郭　斌）

环境整治

■概况　2021年，宝应县加强生态环境安全保障工作，推进污染防治实施，落实污染减排措施，完成清洁生产审核企业10家。组织实施氾水镇污水处理厂、鲁垛镇污水处理厂2个减排项目，全年实现减排化学需氧量1270.2吨、氨氮107.68吨、总氮123.19吨、总磷25.65吨。建立环境综合治理联席会议和联合执法制度，加大环境违法案件查处力度和执法频次；开展网格内排污企业环保措施落实情况检查，保持环境保护行政执法高压态势，对恶意违法行为依法从严从重处罚。建立健全环境应急管理体系，有效防范和处置各类环境突发事件，全年未发生环境污染事故。

（刘雪峰　陶书峰）

2021年，宝应县实施完成宝射河休闲体育公园绿化提升项目

小　品/摄

■水环境整治 2021年，宝应生态环境局加强污水综合治理，实施重点断面达标攻坚，持续推进宝射河、宝应湖等断面达标实施方案，编制完成《潼河夏集断面水质达标提优实施方案》《大溪河朝阳大桥断面水质达标实施方案》，清单化、项目化落细落实各项水环境整治任务。继续开展全域全河（湖）达标行动，制订出台《宝应县水环境区域补偿方案（试行）》，设置补偿断面28个，同时对国、省考断面沿线、支流以及闸站、泵站水质溯源监测，实际布设监测断面共41个，每月定期监测，及时掌握水质变化情况。开展“工业企业”排水整治行动，完成城南达标区、城北达标区范围内70余家工业企业排水情况排查。在污水集中处理设施进水口、出水口安装水质自动监控设备，全县日处理污水量500吨以上13家污水集中处理设施全部安装水质自动监控设备，并与省生态环境部门监控平台联网。开展涉水企业事故排放及应急处置设施专项督查整治，完成涉水企业清单排查，会同监测部门对部分企业开展工业排水及雨水排口水质监测，重点检查涉水企业38家，发现存在环境问题6条，全部监督完成整改任务。（陶书峰）

■大气污染防治 2021年，宝应生态环境局推进重点行业、重点企业开展大气污染预防和治理工作，全县完成挥发性有机化合物（VOCs）治理重点企业18家，完成企业锅炉整治及“回头看”183台，完成“散乱污”整治企业20家。建立污染天气县、镇两级预警响应机制，制订执行污染天气强制性应急防控措施，有效减少污染天气天数。加强部门协作，落实监管责任，对照工作任务，细化保障计划，强化重污染应急处置工作，有效维护经济社会稳定，城区烟花爆竹实现“零燃放”。继续推进秸秆禁烧和综合利用，实行全天候、全覆盖巡查督查。全县夏、秋两季秸秆禁烧实现卫星监测零火点、零通报。

建筑扬尘防治。宝应生态环境局重视建筑扬尘污染防治，加强源头管理，联合县住建局、县城管局、县水务局对全县各类建设工程施工、房屋拆迁、物料运输与堆放、道路保洁、养护绿化、因泥地裸露产生的扬尘污染等实施联动监管，引导全县建设单位规范建设和“绿色施工”。（郑一芳）

■土壤污染防治 2021年，宝应县扎实推进土壤地下水污染防治工作，县政府办公室制订印发《宝应县2021年土壤污染防治工作计划》，推进《土壤污染防治法》执法检查、土壤专项审计反馈问题整改。宝应生态环境局加强遗留污染地块风险管控，指导开展全县关闭化工企业遗留地块调查和拆除活动等工作，督促、指导关闭化工企业遗留地块用途变更为住宅、公共管理与公共服务的地块开展土壤污染状况调查。全面加强土壤污染重点监管单位土壤环境管理，完成重点行业企业用地调查行政验收工作，完成重点建设用地安全利用率核算。组织开展地下水污染防治分区划分工作，完成部分重点监管单位和集中式污水处理设施周边土壤和地下水监测，做好土壤和地下水污染协同监管，完成地下水年度评估报告。（刘　庆）

■固体危险废物污染防治 2021年，宝应生态环境局全面推进危险废物全生命周期系统网上运行工作，指导督促辖区内343家企业纳入江苏省危废全生命周期监管系统，实现全县危险废物全过程信息化监管。配合市、县人大开展危化品专项巡视整改，督促指导全县产废单位做好新旧危废名录环境管理衔接，完成市、县人大提出固体废物执法检查交办问题整改工作。开展铅蓄电池、小量产废企业危废集中收贮试点和分级分类管理工作，在扬州市率先完成小微企业危险废物集中收集贮存试点工作。推进实施“危险废物等安全专项整治三年行动”，深入排查风险源头，开展危险废物贮存设施排查整治行动，实现污染风险源头管控。开展废矿物油污染专项整治，突出废矿物油产生源头、转移和利用处置过程监管，严厉打击非法转移倾倒和利用处置废矿物油违法行为。组织开展危险废物“减存量、控风险”专项行动，全年共产生危险废物5235.2吨，实际完成危险废物处置量5150.9吨、贮存量288.7吨，超量完成上级下达宝应县“减存量、控风险”目标任务。继续开展危险废物规范化整治，通过省、市相关部门对宝应县产废单位危险废物规范化抽查考核，抽查合格率在扬州市名列前茅。新冠肺炎疫情防控期间，宝应生态环境局牵头开展全县医疗废物应急处置工作，组织应急处置单位光大环保能源（宝应）有限公司实现全县医疗废物转运和处置日产日清。全县开展全员核酸检测期间，组织编印《宝应县疫情防控医疗废物管理工作要点》手册，指导全县各核酸采集点、医疗废物归集点规范做好全员核酸采集期间产生的医疗废物收集、转运工作。截至应急响应终止，全县共安全、有序、高效转运处置医疗废物108吨，未发生防控风险事件。（刘　庆）

■核与辐射污染防治 2021年，宝应生态环境局组织全县48家核技术利用单位完成上年度辐射安全年度评估工作，并上传国家核技术利用辐射安全管理系统。严格辐射安全监管，联合县公安局、县卫健委，组织开展全县核与辐射安全重点风险单位联合检查专项行动，对辖区内核技术利用单位进行监督检查，确保检查率、达标率均达100%。组织核与辐射涉源单位在“春节、国庆”等重点节假日期间严格执行日报制度，以及新冠肺炎疫情防控期间医疗机构辐射安全监管服务保障工作。开展辐射安全行政许可服务工作,完成220千伏输变电工程1个、110千伏输变电工程1个、探伤项目1个、加速器项目1个环评审批预审工作,核技术利用单位12个辐射安全许可证申领、延续、注销工作。协助相关部门做好涉及输变电项目和移动基站的群众信访工作。（刘　庆）

■地质灾害防治　2021年,县自然资源和规划局加强地质灾害预防环境保护工作,完善群测群防网络,强化汛期地质灾害隐患点摸排和值班值守,提高应急处置能力。全年无地质灾害事故发生。（陈　敏）

环 境 监 测

■概况　2021年,宝应环境监测站完成地表水、环境空气、噪声等各类环境监测任务,编制完成《2021年宝应县环境质量报告书》,及时编发《环境质量监测季度简报》《饮用水源监测月报》《水质污染源监测月报》等各类分析报告。在完成日常例行监测任务同时,紧贴全县中心工作完成污染源监测、突发性污染事故应急监测任务。全年产生有效数据8300多个,发布环境质量季报4期,编制年度环境质量报告书1份、年度质量简报1份。（陈　敏）

■监测能力建设　2021年,宝应生态环境局组织环境监测人员参加江苏省环境监测中心站组织的2021年能力验证IERM T21－22水中挥发酚检测,实验结果为满意;组织参加长三角"三省一市"水中砷检测能力考核,实验结果为满意;组织参加省、市环境监测中心实验室比对降水中pH值、水中高锰酸盐指数检测,实验结果为合格;组织实验室内部盲样考核,全年组织盲样考核26项次,均一次性通过、一次性达标率100%。宝应环境监测站坚持常态化开展对每位工作人员、每个项目进行标样考核,有效提升监测人员监测水平和能力,确保监测数据完整性、准确性。（陈　敏）

■大气自动监测站点建设　2021年,宝应县境内省控空气自动监测站2座,分别位于宝应生态环境局(宝应县城叶挺路76号)和宝应经济开发区国际学校内。城区空气自动监测站经度为119°19′46″、纬度为33°14′31″,主要监测指标为二氧化硫(SO_2)、二氧化氮(NO_2)、臭氧(O_3)、一氧化碳(CO)、可吸入颗粒物(PM_{10})、细颗粒物($PM_{2.5}$)。宝应经济开发区空气自动监测站设在开发区国际学校小学部综合楼五楼,高度17.5米、东经119°21′54″、北纬33°14′10″,主要监测指标为二氧化硫(SO_2)、二氧化氮(NO_2)、臭氧(O_3)、一氧化碳(CO)、可吸入颗粒物(PM_{10})、细颗粒物($PM_{2.5}$)。（陈　敏　杨娟娟）

■环境应急管理　2021年,宝应生态环境局全面推进环境应急管理,研究部署环境突发事件应急处置适用范围及应急管理年度工作内容。加强全县环境应急管理组织领导,完善应急管理工作网络,成立由局相关科室、县环境监察大队、县环境监测站等15人(均具备工程师以上职称)组成的专业环境应急队伍。县政府办印发《全县突发环境问题应急管理预案》,要求相关应编制企业按规定做好环境应急管理预案并备案且完成网上录入,督促县经济开发区、氾水工业园区编制完成环境应急管理预案。组织开展环境应急管理相关知识培训,加强环境事故应急管理业务知识宣传,组织重点企业3家开展环境应急事件演练。全年企事业单位34家主动完成环境应急演练资料收集整理工作,企事业单位52家督促完成突发环境事件环境应急预案备案,并录入江苏省应急管理平台。针对组织环境应急事件演练中发现存在问题,及时修订相关预案,全面提升企业环境应急事件管理能力水平。（刘　杰）

■环境信访　2021年,宝应生态环境局加强环境信访工作,实行"阳光信访"工作机制,严格执行信访接待24小时值班制度,畅通"12369"环保举报热线,对涉及人民群众切身利益的环境问题高度重视并及时加以解决。开展生态环境信访领导"大接访"活动;落实领导接访、领导包案、带案下访、信访回访制度,及时就地解决环境信访突出问题,以及"12345"政府公共服务平台转交办理环境信访投诉。全年受理环境信访件1132件,处理满意率和基本满意率100%,对一些关注度较高环境信访,在第一时间和信访人取得联系,尽可能在较短时间内进行调处,对信访中存在的环境违法行为一查到底,最大程度维护人民群众合法权益。（刘　杰）

科学技术

Ke Xue Ji Shu

■编辑:乔福祥

综 述

■概况 2021 年,宝应县科学技术局(以下简称“县科技局”)围绕产业技术创新和区域创新能力提升,推进科技创新,服务经济高质量发展。全年向上争取各类科技创新工作补助资金 2301 万元,申报获批国家、省、市科技计划项目 6 项,获省、市财政科技扶持资金 195 万元。培育创新型企业,获批国家高新技术企业 54 家。高新技术产业加快发展,全县高新技术产业产值占规模以上工业总产值比重 52.3%。全年完成技术合同交易额 26.13 亿元。科技型企业 59 家与高校院所 51 家签订产学研合作项目 75 项。突出招才引智工作,全年获批江苏省“双创团队”1 项、“双创计划”人才项目 1 项,江苏省“科技副总”人才项目 33 项。

(李庆芳)

■科技创新优惠 2021 年,宝应县落实国家和省、市科技优惠政策,减免企业税收金额 6000 多万元。县委、县政府下发《关于加快全县创新型经济发展的实施意见》(宝委发〔2021〕41 号),明确提出促进科技创新型经济发展 16 条政策。2022 年 2 月 14 日,县委、县政府下发《关于奖励 2021 年度全县科技创新项目的决定》,对 2021 年度全县高新技术企业、省科技型上市培育企业等科技型企业、标准兴企、产学研合作、“科技副总”人才、科技创新大赛、企业技术研发、省科技奖、专利、创新平台及载体、商标质量及品牌等项目给予奖励,合计奖励金额 2122.275 万元、受益企业 200 多家。

(李庆芳)

■科技服务 2021 年,县科技局深入开展各类科技服务活动,通过专题培训、会议、上门宣传、发放资料等形式,大力宣讲各级各类科技创新政策,详细解读创建国家高新技术企业申报、研发费用加计扣除、科技金融办理等业务知识,让企业负责人做科技创新的“明白人”。县科技局、县税务局联合举办高新技术企业税收政策宣讲会,普及高新技术企业税收优惠政策。11 月 10 日,科学技术部火炬高技术产业开发中心、江苏省科学技术厅、扬州市人民政府共同主办第六届中国创新挑战赛(扬州)现场赛,县科技局组织县内相关企业参赛,取得良好成绩。赛前,县科技局深入县内 20 家企业收集企业技术创新需求 16 项,在第六届中国创新挑战赛(扬州)现场张榜公布,寻求高校院所揭榜合作攻关。

(李庆芳)

科技创新

■概况 2021 年,县科技局强化创新型企业培育,推动科技型小微企业加快成长为创新型企业。全年获批“国家高新技术企业”54 家,累计 157 家;获批“江苏省科技企业上市培育计划入库企业”1 家,累计 21 家;获批“江苏省农业科技型企业”3 家,累计 20 家。江苏兴洋管业股份有限公司参与实施的“大尺寸金属回转体构件连续局部塑性成形技术与应用”项目获评“江苏省科学技术奖”二等奖,江苏荷仙食品集团有限公司参与实施的“莲新品种选育和产业化关键技术创新与应用”项目获评“江苏省科学技术奖”三等奖。

(李庆芳)

■“国家高新技术企业”创建 2021 年,县科技局引导企业加大研发投入,加强科技攻关,不断提升技术创新能力,高新技术企业队伍不断壮大。全年组织申报“国家高新技术企业”150 家,获批 54 家,全县累计拥有“国家高新技术企业”157 家。国家高新技术企业成为全县科技创新主力军和高新技术产业发展主阵地。

(李庆芳)

表 30 宝应县 2021 年获批“国家高新技术企业”一览表

企业名称	认定机构	认定时间	企业名称	认定机构	认定时间
扬州市宜楠科技有限公司	科技部	2021 年	宝应亿力源绳网有限公司	科技部	2021 年
宝胜高压电缆有限公司	科技部	2021 年	江苏建鼎工程塑料有限公司	科技部	2021 年

续表

企业名称	认定机构	认定时间	企业名称	认定机构	认定时间
扬州爱斯派电器有限公司	科技部	2021 年	扬州市天海滑线电气有限公司	科技部	2021 年
宝应安的电子技术有限公司	科技部	2021 年	扬州市诚信涂装设备有限公司	科技部	2021 年
冠立科技扬州有限公司	科技部	2021 年	扬州晨光特种设备有限公司	科技部	2021 年
江苏果米文化发展有限公司	科技部	2021 年	扬州宝玛电子有限公司	科技部	2021 年
江苏凯博防爆电气有限公司	科技部	2021 年	九力绳缆有限公司	科技部	2021 年
江苏朗丰科技有限公司	科技部	2021 年	扬州市优珂电气有限公司	科技部	2021 年
江苏鑫都管业有限公司	科技部	2021 年	扬州同发机车电器有限公司	科技部	2021 年
扬州市华宇电器设备有限公司	科技部	2021 年	扬州金鑫管业有限公司	科技部	2021 年
扬州市皇宙塑粉有限公司	科技部	2021 年	扬州京柏自动化科技有限公司	科技部	2021 年
扬州腾飞电缆电器材料有限公司	科技部	2021 年	宝应县鑫龙铸造有限公司	科技部	2021 年
江苏菲达宝开电气股份有限公司	科技部	2021 年	奥斯龙泵业江苏有限公司	科技部	2021 年
江苏爱尔特实业有限公司	科技部	2021 年	江苏新城耀久输送科技有限公司	科技部	2021 年
江苏四明工程机械有限公司	科技部	2021 年	扬州宝杰新型节能建材有限公司	科技部	2021 年
扬州汇翔精密冲件有限公司	科技部	2021 年	扬州嘉恒机械制造有限公司	科技部	2021 年
扬州鑫润新材料有限公司	科技部	2021 年	扬州润友复合材料有限公司	科技部	2021 年
扬州市苏中电力设备有限公司	科技部	2021 年	华宝科技有限公司	科技部	2021 年
江苏红华电气设备有限公司	科技部	2021 年	江苏同辉管业有限公司	科技部	2021 年
宝应县光华陶瓷有限公司	科技部	2021 年	江苏宇宝橡塑制品有限公司	科技部	2021 年
扬州华明科技有限公司	科技部	2021 年	尚宝罗江苏节能科技股份有限公司	科技部	2021 年
宝应县荣泰电子有限公司	科技部	2021 年	扬州金晟华线业有限公司	科技部	2021 年
江苏练塘绝缘材料有限公司	科技部	2021 年	扬州神龙绳业有限公司	科技部	2021 年
扬州市苏尔电气有限公司	科技部	2021 年	扬州兴轮绳缆有限公司	科技部	2021 年
扬州市管件厂有限公司	科技部	2021 年	江苏福安特纺织机械制造有限公司	科技部	2021 年
江苏五洲管业有限公司	科技部	2021 年	宝应县富康医疗器械有限公司	科技部	2021 年
扬州市兴盛印染设备制造有限公司	科技部	2021 年	扬州森蓝流体科技有限公司	科技部	2021 年

（李庆芳）

■科技创新平台建设 2021 年，宝应县强化科技创新平台建设，构建和维护科技创新创业新生态，获批“江苏省众创空间”2 家。全年获批“扬州市工程技术研究中心”企业10 家。江苏科达车业有限公司申报获批“江苏省（科达）汽车装饰件工程技术研究中心”。宝胜科技创新股份有限公司“江苏省特种电缆材料及可靠性研究重点实验室”，获评2021 年度江苏省企业重点实验室绩效评估良好等次，扬州腾飞电缆电器材料有限公司“江苏省工程技术研究中心”在江苏省科学技术厅组织的2021年度绩效考评中获评优秀等次。宝应荷藕产业星创天地获命名“江苏省星创天地”。

（李庆芳）

■**科技项目** 2021年，全县获批实施科技计划项目6项，其中江苏省重点研发计划（社会发展）项目1项、江苏省重点研发计划（产业前瞻与关键核心技术）项目1项、扬州市科技计划项目3项，其他重点项目1项等。全年争取省、市财政科技扶持资金195万元。（李庆芳）

2021年，扬州中宝药业股份有限公司抗心律失常新药申报获批省级科技计划项目 任 平/摄

表31 2021年宝应县获批国家、省、市科技计划项目一览表

项目类型	项目名称	承担单位
江苏省重点研发（产业前瞻与共性核心技术）计划	新型阻燃/隔热液态硅胶泡棉关键技术研发	扬州然创新材料科技有限公司
江苏省重点研发（社会发展）计划	国家一类抗心律失常新药硫酸舒欣啶注射液的研究	扬州中宝药业股份有限公司
扬州市科技成果转化计划	5G移动通信基站天线与滤波器一体化单元（AFU）研发及产业化	扬州市宜楠科技有限公司
扬州市重点研发（产业前瞻与共性关键技术）计划	超低NOx燃烧系统关键技术研发	江苏汉威燃烧科技有限公司
扬州市政策引导类（国际科技合作）计划	固液混合纸浆泵送关键技术合作开发	尚宝罗江苏节能科技股份有限公司

（李庆芳）

产学研合作

■**概况** 2021年，宝应县推进技术创新所需各种生产要素有效组合，着眼创新资源集聚，组织开展县内重点企业“牵手”高校院所活动，签订产学研合作项目75项。举办“烟花三月”国际经贸旅游节产学研对接、科技合作签约活动，百名专家（教授）联百企活动，北京化工大学新材料产业（宝应专场）成果推介会，机械装备、电子信息产业科技成果集中路演等活动，100多家科技型企业与四川大学、电子科技大学、中南大学、湖南大学等高校院所达成战略合作意向协议；组织企业参加江苏科技大学焊接专场产学研对接活动、江苏省科研机构创新大赛、江苏——韩国智能制造领域技术对接交流及生物健康领域成果推介会。系列产学研活动有效促进县内科技型企业与高校院所加快形成创新联合体。（李庆芳）

■**产学研合作项目** 2021年，县科技局组织县内企业与国内知名高校和科研院所开展科技合作，先后达成产学研合作项目75项，其中重点合作项目8项，分别是扬州市宜楠科技有限公司与东南大学合作的“5G基站天线与滤波器一体化关键技术研究及产业化”项目，扬州兴轮绳缆有限公司与四川大学合作的“深远海生态养殖用UHMWPE新材料抗污绳网的研发和产业化”项目，江苏美霖铜业有限公司与江苏大学合作的“高铁用高强高导铜合金材的研发与产业化”项目，江苏辰骐车辆科技有限公司与西安科技大学合作的“智能矿用井下无轨人车及在线监测系统研发及产业化”项目，江苏坚威防护工程科技有限公司与西安工程大学合作的“应急救援相变储能温控技术的研发”项目，江苏亚宝绝缘材料股份有限公司与西南交通大学合作的“多组分高分子复合材料强韧化功能化关键技术及应用”项目，扬州尼尔工程

塑料有限公司与哈尔滨工业大学合作的“高承载超耐磨高速电梯MC尼龙传动轮的研发及产业化”项目，扬州英奥车业有限公司与武汉科技大学合作的“高强度、高刚度、高精度框架式前门钣金总成研发”项目等。

（李庆芳）

■**科技成果转化项目** 2021年，县科技局加速科技成果转化，申报省市级科技成果转化项目9项。其中，扬州宜楠科技有限公司5G通信天线科技转化项目申报获批“2021年扬州市科技成果转化项目”。扬州宜楠科技有限公司位于安宜工业园智能终端产业园，是专业从事5G通信滤波器和天线研发生产科技型企业，主要为国内及美国、瑞典、芬兰、韩国等各国客户提供通信滤波器和天线从设计到交付的一站式服务。2021年，扬州宜楠科技有限公司与国内顶尖科研院校开展深度产学研合作，组建具有国际领先水平5G射频通信、光通信科技研发团队。通过合作研发，5G通信滤波器和天线新产品性能得到提升，产品重量从原100千克降至2千克，更便于在微波通信铁塔安装使用，有效提升产品市场竞争力。（李庆芳）

科技人才

■**概况** 2021年，宝应县坚持党管人才原则，持续完善人才工作体制机制。1月18日，印发《宝应县委领导结对联系专家人才实施方案》（宝委办发〔2021〕1号），加强对各类人才政治引领。4月16日，印发《关于确定2021年度全县人才工作“一把手项目”的通知》（宝组发〔2021〕25号），确定33项人才工作“书记项目”，强化“一把手”抓“第一资源”工作责任。4月19日，印发《2021年全县人才工作要点》（宝人才〔2021〕1号），明确60项人才工作重点项目。5月18日，召开全县人才工作领导小组会议，研究部署全年人才工作。5月27日，印发《关于印发〈宝应县人才工作领导小组成员单位主要职责〉的通知》（宝人才〔2021〕4号），健全完善人才工作体制机制。5月31日，下发《关于印发〈县领导联系拜访在外乡贤人才实施方案〉的通知》（宝委办发〔2021〕31号），加强对在外乡贤人才拜访力度。10月9日，召开重点人才工作推进部署会，学习传达中央人才工作会议精神，部署重点人才工作。全年召开县人才工作领导小组成员单位联席会议7次，研究资金拨付、人才补贴、项目申报等事项。

（吕祥泉　马昌科）

■**人才招引** 2021年，宝应县常态开展“产业、人才、科技、金融”合作对接会，加大高端人才招引力度。组织赴成都、西安、上海、长沙等地高校院所开展人才拜访对接活动，推动四川大学、北京化工大学、合肥工业大学等高校专家教授到宝应考察洽谈，促成县内相关产业与江苏省新材料产业协会、扬州国有资本投资集团有限公司、桂林电器科学研究院等建立合作联系。4月23日，中国工程院院士、四川大学教授王琪率队到宝胜科技创新股份有限公司考察交流，达成校企合作意向。8月，江苏省委组织部、江苏省人才工作领导小组办公室等部门联合发文公布2021年江苏省“双创计划”资助对象，宝应县获批江苏省“双创团队”项目1项、“双创人才”3人。10月21—22日，宝应县组织2021年“绿扬金凤”人才金融路演暨“宝地英才集聚计划”项目评审，评选资助“宝地英才集聚计划”项目12项。11月2日，宝应县在江苏师范大学建立青年学子工作站，举行“大学生走进宝应骄傲”、在扬高校大学生“三进三看”“心心‘向应’·‘菁才’有你”和“邂逅桃源·缘来是你”青年人才联谊等活动，为县域发展集聚优秀青年人才。11月，县委组织部（县人才办）、县人社局组织23个项目参加扬州市“绿扬金凤”高层次人才创新创业决赛，获大赛三等奖2项。2022年2月，中共扬州市委组织部、扬州市人才工作领导小组办公室等部门联合发文公布2020年扬州市“绿扬金凤计划”资助名单，宝应县双创团队1个、领军人才11人、优秀博士2人成功入选。

（吕祥泉　马昌科）

■**县域人才培育** 2021年，县委组织部推进乡村振兴“三带”人才示范点、“三带”技艺展示馆、专技人才“名师工作室”、技能人才“工匠学苑”建设，强化县域人才集聚培养。1月11日，举办2021年第一期“乡村振兴·乡土人才网络直播带货”专题培训，组织乡土人才40余人赴高邮通邮电商产业园等地参观学习。2月，江苏四明工程机械有限公司赵国普获国务院批准为享受政府特殊津贴人员。3月，江苏省乡土人才大师工作室名单公布，宝应县汤祝萍乡土人才技能大师工作室、李永政乡土人才技能大师工作室、周必胜乡土人才技能大师工作室入选，至此宝应县拥有江苏省乡土人才大师工作室5个、江苏省乡土人才示范大师工作室1个，省级乡土人才大师工作室数量在扬州市各县（市、区）位列第1名。5月24日，印发《2021年宝应县加快乡村人才振兴行动计划》（宝办〔2021〕11号），加大乡村人才振兴推进力度。6月，根据省委办公厅、省政府办公厅下发《关于实施江苏省第六期“333高层次人才培养工程”的意见》（苏办发〔2021〕17号）要求，县委组织部、县人才办启动申报推荐工作，经组织推荐、资格预审、现场评审和公示等环节，宝应县获批江苏省第六期“333高层次人才培养工程”培养对象共11人。11月2日，扬州市委常委、组织部部长焦庆标调研走访宝应乱针绣人才艺术馆，听取乱针绣“工匠学苑”情况介绍。12月27日，第三届江苏技能大奖新闻发布会在常州举行，全国人大代表、江苏省乡土人才“三带”名人莫元花入选“江苏工匠”表彰名单。

（吕祥泉 马昌科）

■科技镇长团服务管理 2021年，县委组织部围绕对科技镇长团“团队协同管理、党建协同推进、工作协同落实”务实开展科技镇长团对接选请和服务管理工作。4月25日，县委常委、组织部部长魏建参加江苏省科技镇长团“高校行”系列活动，在江苏大学选派科技镇长团成员座谈会上，作为县（市、区）常委部长代表作交流发言。6月8—11日，县委组织部赴中南大学、湖南农业大学等高校开展“两访三对接”（即回访新老科技镇长团团员、拜访团员派出单位，开展产业、人才、科技合作对接）活动，围绕校地校企合作进行深度座谈交流。9月22日，宝应县召开江苏省第十三、十四批科技镇长团宝应团轮换暨“三长联动”工作推进会。江苏省第十四批科技镇长团宝应团共有团长1人、团员14人，实现团员“镇（区）全覆盖、一镇一博士”。9—10月，县委组织部举办江苏省第十四批科技镇长团宝应团任前培训，并组织科技镇长团宝应团党员、团员成员到红枫园、苏中革命历史纪念馆、《苏中报》纪念馆等红色纪念地开展党性学习教育活动。

（吕祥泉 马昌科）

■人才生态环境营造 2021年，县委组织部、县人才办在宝应电视台、《宝应日报》开辟“宝地英才·乡村振兴”“爱国奋斗·人才强县”人才专栏，定期展示宝应创新创业人才典型。1月，县委组织部、县人才办、宝应农商银行联合推出“宝地英才卡”，为创新创业人才提供低息信贷、景点游览、交通出行等增值服务。2月，县委组织部制订县领导结对联系高层次人才机制，走访慰问国家重大人才工程专家、科技镇长团在任团员、省乡土“三带”人才等27人。3月，组织开展县级以上人才登记，按照行业分类建立本土人才信息库。4月，宝应县“莲花嘉苑·人才公寓”建成人才书房、人才公园，配备图书通借通还设备，配套政治、经济、文学、历史等书籍3500余册。7月9日，宝应县举行县人才公寓分配仪式，采用“电脑摇号”方式为机关新入职人才29人现场分配房源。7月，县委、县政府兑现2020年度县人才政策资助奖励资金1029.55万元。7—8月，县委组织部、县人才办看望慰问坚守“疫”线的专家人才、青年人才以及滞留宝应的暑期实践博士等人才30人，并向他们提供口罩、消毒液、矿泉水、八宝粥等防疫和生活物资。

（吕祥泉 马昌科）

气象服务

■概况 2021年，宝应县气象局地面观测仪器运行保持稳定，气象测报质量较好，无重大差错及系统性误差发生，报表出站错情0条，错情率为0‰，各项数据传输准确及时，各项预报、测报质量达标，无责任事故发生。有人自动站维护及时，仪器运行稳定率100%、资料上传到报率100%。2020年11月至2021年10月，宝应县国家气象观测站和气象观测区域站探测数据及时率、到报率、可用率以及设备运行稳定率均超过99%，高于全国县（市、区）气象局平均水平。

（王春晖）

■重要气候事件评估 2021年，县气象局加强对极端气候事件调查评估，为防灾减灾以及灾后恢复重建提供重要参考依据。

大风冰雹。4月29日，受高空冷涡影响，宝应县部分地区出现雷雨天气。4月30日18时30分到19点30分，受高空冷涡阵风锋天气系统影响，宝应县大部分地区出现偏北大风天气，风力达8～9级，瞬时最大风速22.4秒米；宝应城区、泾河镇、西安丰镇出现直径1.5～3.5厘米冰雹，部分地区树木倒伏，但未发生人员伤亡。

梅期暴雨。全县入梅略早于常年，6月13日入梅（常年6月19日）；出梅期正常，7月11日出梅（常年7月10日）；梅雨期偏长、共29天；梅雨量301.6毫米，比常年（225.2毫米）偏多3成。6月13—15日，随着副高增强，宝应地区频繁出现大到暴雨。7月5日，宝应县普遍出现大到暴雨。24小时内，安宜镇、射阳湖镇、望直港镇、夏集镇降水量突破100毫米，氾水镇降水量154.6毫米，部分地区出现田间积水涝灾，全县各部门、镇（区）迅速组织防汛排涝工作。

“烟花”台风。7月23—29日，

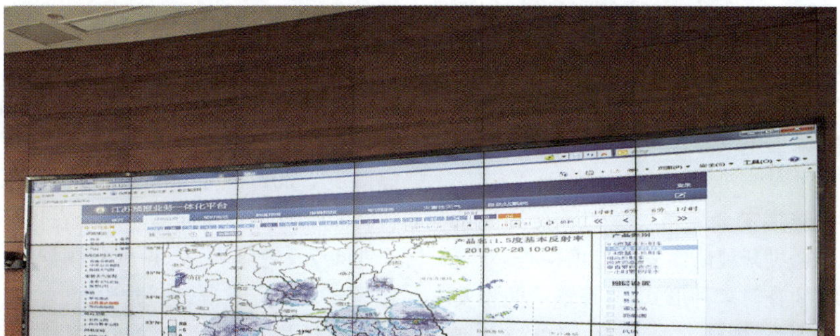

宝应气象台“气象服务一体化平台” 县气象局/供稿

受第6号台风“烟花”影响，宝应县连续多日出现大到暴雨，7月23日14时到7月29日14时全县气象观测站累计平均降水150毫米以上，最大降水出现在泾河镇，累计雨量294.1毫米；全县偏东风5—6级阵风7～8级，最大风速出现在小官庄镇和黄塍镇新丰村，风力均为19.4米/秒(8级)。受此影响，全县多条河流水位超警戒水位，城区出现河水倒灌及内涝现象。

寒潮天气。全年冷空气活动频繁，全县出现寒潮天气共6次。1月5—8日，全县出现6～7级偏北大风，降温幅度大，极端最低气温出现在1月8日，最低气温-12.1度，强降温和严重冰冻对部分农作物造成灾害。进入11月后，全县先后出现寒潮天气5次，每次降温幅度较大。

（王春晖）

■气象预报服务 2021年，县气象局工作坚持把气象预报服务作为首要工作，提升气象灾害预警发布和防灾减灾能力，共发布重要天气报告28期，报送气象应急材料9期，启动气象应急响应3次，报送气象决策总结4期，各类农业气象专报30期。全年通过电视、手机短信、微信公众号、电子显示屏、微博等向社会公众发布各类灾害天气预警信号94次，手机短信气象服务7万多人次，接受县电视台采访18次，成功为高考、中考、夏集镇桃花节、射阳湖镇荷园电竞节、县第十四届运动会等多项重大活动提供气象保障服务。（汪　丽）

■防雷安全监管 2021年，县气象局通过开展防雷安全专项检查、双随机抽查等多种形式，排查整治防雷安全隐患，依法对全县66家单位开展防雷安全监管，对存在安全隐患单位，下发要求及时整改通知，确保消除安全隐患。县气象局下属防雷安全检测站承担全县企事业单位防雷安全装置常规检测任务，全年检查企事业单位300多家，对存在防雷安全隐患单位及时下发整改意见书，督促及时整改。与此同时，继续强化事中事后信息化监管，完成全县防雷安全重点监管单位的信息收集整理以及江苏省防雷监管平台数据录入工作。通过建立健全防雷隐患排查治理长效机制，明确防雷安全生产监管主体责任，提升防雷重点单位及场所防雷安全能力。（汪　丽）

■气象规划编制 2021年，县气象局编制完成《宝应气象第十四个五年规划》。同时，《宝应县国民经济和社会发展第十四个五年规划和二〇三五年远景目标纲要》列入关于基于物联网的农业气象综合观测体系和开展生态气象要素监测等内容，对此，《中国气象报》于4月21日作专题报道。（汪　丽）

■气象灾害综合风险普查 2021年，宝应县贯彻落实《国务院办公厅关于开展第一次全国自然灾害综合风险普查的通知》文件精神，扎实推进气象灾害综合风险普查工作，成立宝应县气象灾害综合风险普查工作领导小组，按照“分工负责、协同推进”工作模式，细化工作任务，责任落实到人，明确时间进度，有序推进。10月中旬，全县自然灾害综合风险普查相关调查数据质检、审核和上报工作基本完成。（汪　丽）

科学知识普及

■概况 2021年，宝应县科协加大科普宣传工作，面向青少年、农民、产业工人、老年人、公务员和领导干部等五大重点人群，通过举办“全国科技活动周暨江苏省第33届科普宣传周”等形式多样科学知识普及载体，开展科普活动进镇村、进校园活动，促进全民科学素质提升。3月26日，扬州市科普工作会议在宝应县召开，扬州市科学技术协会主席王友芳、副主席王德平、各县（市、区）科学技术协会主席、分管副主席、科技普及部部长及扬州市科技馆、扬州市青少年科技教育协会等相关人员参会，会议组织与会人员参观宝应县新能源科技馆、位于山阳镇的江苏一莓阳光现代农业有限公司、小官庄镇中心学校科普馆、望直港镇兴港社区党建科普馆等4个科普示范基地，宝应县科普宣传工作得到王友芳等与会人员一致赞誉。10月21日，扬州市科协科普讲师应邀为宝应县新录用公务员举办“航空发展简史”科普讲座。县科协服务全县领导干部和机关公务员普及战略性新兴产业科普知识，全年向领导干部和机关公务员推荐发放由武汉文献情报中心所著科普图书《新材料》400多本，该书曾荣获2016年中国科学院优秀科普作品。

科普宣传周活动。5月21日，宝应县“全国科技活动周·江苏省第33届科普宣传周”启动仪式在县文化馆举行，县委常委、组织部部长魏建，副县长、科技镇长团团长陆杰，副县长、县全民科学素质工作领导小组组长丁子建等参加活动。会议发布宝应县“全国科技活动周暨江苏省第33届科普宣传周”活动安排；魏建等县领导为获表彰全县“最美科技工作者”10人和“最美科技工作者”提名奖10人颁奖，工业、农业、医疗教育领域“最美科技工作者”依次登台向大家讲述他们坚持科技创业的感人事迹；组织与会人员观看无人机表演节目等。

科普进镇村活动。9—10月，县科协开展“党建引领——‘四长’科普进村居”活动，发动以“四长”（学校校长、医院院长、农技站站长、科技型企业董事长）为代表的各领域科技工作者，以党群服务中心为阵地，开展“送健康科普”“送农技科普”“送育儿科普”“送创新科普”活动等，带动医疗、农业、教育等各领域科技资源向农村社区倾斜。同时，县科协争取上级资源支持，助推村（社区）科普体验馆建设，为基层群众提供形式

6月2日，宝应县"科普大篷车"开进县城兰郡实验幼儿园开展科普普及活动　　县科协/供稿

多样、内容丰富的科技类公共服务产品。全年举办下基层各类科普讲座14场次，发放科普宣传材料1万余份，直接服务群众1000多人次。根据基层党员群众需求，普及推广农业实用技术、健康知识和新冠肺炎防疫知识，先后举办《特种水产养殖技术》《粮食作物主要病虫害防治》《中老年人心脑血管健康》等公益科普讲座，在宝应e发布、宝应电视台、今日宝应网、县科协公众号等各类媒体线上宣传防疫视频、防疫知识，同时组织科技志愿者深入安宜镇各社区（村）及卡口张贴防疫科普挂图，发放防疫宣传折页1万余份等。9月28日，县科协在射阳湖镇荷藕产业融合发展示范园举办"江苏省院士专家科普乡村行"活动，江苏省淡水水产研究所严维辉应邀作"藕田养殖小龙虾技术"讲座，并到藕田养殖现场进行实地指导。射阳湖镇种养殖大户、各村经济合作社社长等50多人参加培训。

科技活动进校园活动。5月23日，"飞鲨杯"第十八届扬州市青少年科技模型竞赛"七巧科技"系列竞赛活动宝应县两个分赛点分别在县经济开发区国际学校和氾水镇中心小学两个赛场举行，全县12所学校选手210人分别参加个人赛和团体赛。11月19日，氾水镇中心小学开展"小小飞行家"科普系列活动，扬州市科普讲师团成员刘烨为该校航模社团全体学生作"我是小小飞行家"专题讲座，一起放飞航模小飞机，普及航空知识，让孩子们了解航空在军事、国防和经济建设中的重要地位和作用，培养孩子们国防意识和爱国意识。12月12日，"飞鲨杯"第十八届扬州市青少年科技模型竞赛暨宝应县第三届中小学生"无人机"大赛分别在县实验小学、县实验初级中学、县经济开发区国际学校、氾水镇中心小学4个分赛点举办，全县37所中小学校、168支队伍参加比赛。这次大赛为四旋翼无人机挑战赛，主要考察参赛选手航模编程、无人机操控和空间判断能力，培养青少年实践创新能力和科学素养。　（卢秋琳）

■科普基地建设　2021年，县科协推进科普场馆建设，联合安宜镇、县发改委建成新能源科技馆，馆址位于县城南软件信息产业园内。9月，华东地区唯一的中国流动科技馆区域换展项目走进宝应科普站。宝应科普站第一批展品名称为"'遇见更好的你'——心理学专题展"，共设置展项37个，年底前在新能源科技馆二楼布展到位。推进基层科技展馆建设，全年先后建成安宜镇莲花社区建成科普体验馆、望直港镇兴港社区建成党建科普馆、氾水镇牌坊村建成消防安全体验馆、县青少年活动中心流动科技馆、小官庄镇中心学校科普馆、氾水初级中学科普馆、县实验小科普馆等馆。新增光大环保能源（宝应）有限公司、宝应县荷藕产业融合发展示范园创成"扬州市科普教育基地"，全县累计获命名"省、市科普教育基地"10家。　（卢秋琳）

■社科知识普及活动　2021年，县社科联加强社会科学知识宣传普及活动，通过编印资料、专题讲座、志愿宣讲等载体，组织宣讲队走进机关、企业、村（社区）开展各类社科普及宣讲活动100多场，表彰优秀宣讲员30人；举办"宝应大讲坛"，全国政协委员、南京大学历史学院教授、博士生导师贺云翱，上海市委讲师团党史学习教育专家宣讲团成员、中国浦东干部学院党史党建教研部主任董德兵到宝应作党史学习专题辅导报告。9月，县社科联组织各镇（区）、部门单位、各级社科普及示范基地及社科类社团参加江苏省第十八届社会科学普及宣传周网上主题知识竞答活动。这届网上主题知识竞答活动紧扣"庆祝中国共产党成立100周年"，以"普及党史知识、传承红色基因"为主题，结合普及《中华人民共和国国民经济和社会发展第十四个五年规划和2035年远景目标纲要》、现代化建设、党史学习教育、民法典实施等社会科学知识，通过寓教于乐方式，将社会科学知识融入人民群众的实际生活中，增强社会科学普及吸引力、感染力和辐射力，提升社会科学普及公共服务能力，提高公民人文社会科学素质。宝应县参加全省网上答题竞赛总成绩位列扬州市各县（市、区）第2名、获表彰全省先进集体，1人获表彰全省先进个人。

（朱岳沁）

教　　育

Jiao　　Yu

■编辑:王天彬

综　　述

■**概况**　2021 年,全县各类学校 125 所、在校学生 8.03 万人、班级数 2146 个、在职在编教职员工 8181 人、专任教师 6896 人。全县定点幼儿园 55 所,其中民办幼儿园 4 所,其他部门和单位自办幼儿园 3 所,在园幼儿 1.44 万人、班级数 521 个、教职员工(含保健医生、保育员) 1892 人、专任教师 1100 人。定点小学 38 所,在校学生 3.27 万人、班级数 866 个、教职员工 2506 人、专任教师 2344 人。初级中学 24 所,在校学生 1.72 万人、班级数 409 个、教职员工 2158 人、专任教师 1927 人。普通高级中学 6 所,在校学生 1.28 万人、班级数 271 个、教职员工 1323 人、专任教师 1241 人。特殊教育学校 1 所,在校学生 222 人、班级数 16 个、教职员工 32 人、专任教师 28 人。职业教育学校 1 所,在校学生 2351 人、教职员工 316 人、专任教师 273 人。全县学前三年幼儿入园率 99.8%;义务教育入学率 100%、巩固率 99.85%,初中毕业生升学率 99.1%;三类残疾儿童入学率 100%;普通高中招收新生 4172 人,县内中等专业学校(含综合高中班)招生 939 人。落实教育惠民政策,做好教育困难群体资助工作。全年资助学前教育阶段经济困难家庭儿童 1508 人次、金额 75.4 万元;资助义务教育阶段经济困难家庭学生 6008 人次、金额 352.0625 万元;资助高中教育阶段经济困难家庭学生 1590 人次、金额 159 万元,高中免除学费资助 527 人次、金额 44.09 万元,发放中职教育阶段国家助学金 414 人次、金额 41.4 万元;中职免除学费资助全日制学生 2808 人、金额 617.76 万元;资助非全日制学生 2196 人、金额 263.52 万元。地方政府资助建档立卡低收入农户(含农村低保)免保育教育费、伙食费、书本费、住宿费、高一校服费 2265 人次、金额 310.58 万元。宝应县学生资助绩效评价连续第 8 次获评全省优秀等次。2021 年,宝应县实施"十四五"规划、开启全面建设社会主义现代化新征程,贯彻落实义务教育阶段学生"双减"(有效减轻义务教育阶段学生过重作业负担和校外培训负担)政策,办学品质继续向好,实现全县教育事业高质量发展。(刘立成)

■**教育基础设施建设**　2021 年,县教育局围绕实现教育现代化,继续加强城乡教育基础设施建设,不断改善城乡中小学、幼儿园办学条件,积极实施"校安工程"、改善和提升义务教育薄弱学校基本办学条件,顺利完成西安丰中心幼儿园改扩建工程、曹甸高级中学体艺馆工程、安宜高级中学教学楼修缮工程、小官庄中心小学实验综合楼新建工程、宝应县安宜实验学校食堂改造工程等;加快推进实施城南新城九年一贯制学校、宝应县文教综合体、碧桂园天悦公馆幼儿园、泾河镇城北幼儿园、射阳湖镇水泗幼儿园、山阳镇城西实验学校第一期工程等项目建设,全年完成教育基础设施建设投入资金近 1 亿元。加快推进义务教育学校标准化建设,全县义务教育阶段学校标准化建设基本达标达 100%。(朱　俊)

■**教育信息化建设**　2021 年,县教育局持续推进信息化建设应用工

宝应县城西实验幼儿园　　山阳镇/供稿

作，全县中小学校实现无线网全覆盖，城乡幼儿园全部接入教育城域网；全县新创成“江苏省智慧校园学校”4所、“扬州市智慧校园学校”6所，累计创成“江苏省智慧校园学校”53所、“扬州市智慧校园学校”50所，江苏省智慧校园建成率76.8%；组织开展无人机、3D打印、网络安全、智慧学堂应用、开源硬件、实验管理等培训活动20余项、竞赛活动20余项。中小学生信息化素养展示活动成效显著，组队参加全省“创客”“数字创作”等项目大赛获一等奖项目7项、二等奖项目8项，其中4个项目(作品)晋级取得参加全国大赛资格；组队参加扬州市中小学信息化竞赛获得中小学生电脑制作、网上结对等活动组织奖；组队参加江苏省金钥匙科技竞赛获“江苏省科技教育先进集体”。宝应县申报获批国家级中小学信息化建设课题项目1项。　（徐春进）

■**中小学生素质教育**　2021年，县教育局以立德树人为根本，加强中小学生仪式教育和榜样选树活动，组织举行中小学校开学仪式、10岁成长仪式、14岁青春仪式、18岁成人仪式、中考“暖行”仪式；培树先进典型，开展评选推荐省市县“三好学生”“优秀学生干部”“十佳文明好少年”活动，寻访2021年度扬州市“最美中学生”“最美中职生”活动。推进“体艺2+1”工程，促进中小学生素养全面养成，组织开展广播操、跑操、大课间活动视频展评活动。持续开展扬州市“十佳百优”特色社团展评活动，10个社团获评扬州市中小学精品社团。组队参加扬州市第八届“中国梦·运河情”中小学生才艺大赛，宝应县中小学生150多人获奖，多个获奖作品获推荐参加艺术展演活动，县教育局、县实验小学、县泰山小学、县桃园小学、县叶挺桥小学等9家单位获优秀组织奖。组队参加江苏省第七届中小学生艺术展演活动，县教育局获优秀组织奖。县白田小学获表彰“扬州市高品质教育先进单位”，被命名为“中国陶行知研究基地”。组织小学生参加扬州市小学生核心素养展示活动，氾水镇中心小学、泾河镇中心小学等4所学校获评先进集体，县教育局获优秀组织奖。县实验小学参加扬州市珠心算比赛获4个级别第1名，获评2021年度扬州市珠心算实验学校综合考评一等奖。推进中小学生德智体美劳全面建设，组建劳动教育校外实践基地48个，小学生体质健康测试评分位列扬州市小学阶段学生第1名，宝应县劳动教育成果获省市主流媒体报道。　（刘立成）

■**教育创建活动**　2021年，全县各级各类学校加强校园文化建设，开展各类创建活动，建成“普通学校融合教育资源中心”45个，其中获评“扬州市优秀普通学校融合教育资源中心”30个、优秀率67%；推进足球特色学校建设，创成中小学“全国青少年校园足球特色校”38所、“全国足球特色幼儿园”6所；创成“扬州市智慧校园学校”6所、“扬州市实验教学先进校”3所，“江苏省文明校园”5所。县教育局获命名“江苏省文明单位”“江苏省脱贫攻坚和对口帮扶支援合作先进集体”等荣誉称号。　（刘立成）

■**招生考试**　2021年，县教育局贯彻落实《江苏省2021年普通高校招生考试安排和录取工作实施方案》，认真做好高考组织工作。全县报名参加普通高校招生考试4265人，普通高校对口单独招生报名614人，成人高考报名2151人，高等教育自学考试在学人数954人。全县初中毕业生报名参加中考6393人，其中被普通高中录取人数4219人、被县内中等专业学校(含综合高中班)录取人数690人，被扬州市五年制师范高职学校等录取人数463人。全年各项招考工作安全规范、平稳顺利。县招生考试委员会成员单位深入开展“护考行动”，在考务管理、安全保密、诚信应考、疫情防控、防暑降温、食宿卫生、噪音管控、道路交通疏导、极端天气应对等方面通力合作，贴心服务，实现“平安招考”“健康招考”。　（杨建刚）

■**教育科研**　2021年，全县申报获立项“江苏省教育科学规划课题”18项，其中重点课题6项；获立项“扬州市教育科学规划课题”67项。全年获“2021年江苏省基础教育类教学成果奖”特等奖项目1项，获“扬州市教科研成果”一等奖项目1项、二等奖项目4项、三等奖项目4项，创成“扬州市教育科研优质校”4

6月7日，2021年普通高校招生全国统一考试拉开帷幕　　小　品/摄

所、“扬州市‘十四五’首批教育科研特色学校”4所。组织全县教师参加“黄浦杯”优秀论文竞赛，获一等奖论文17篇、二等奖论文45篇；组织参加江苏省“师陶杯”论文竞赛，获一等奖论文1篇、二等奖论文7篇。全县获评“扬州市优秀学校教科室主任”3人。（乔锦全）

■**教师队伍建设** 2021年，全县教育系统人才队伍建设围绕“稳队伍、扬正气、优结构、提素养、激活力、聚人心、促发展”总体目标，开展“扎实组织工作强党建、端正师德师风树形象、做好评优评先靓典型、强化师能发展提素养、精准师资需求优结构”活动，为办好人民满意的高品质宝应教育，决胜教育现代化提供强有力人才支撑。至年底，全县累计建成江苏省特级教师领衔的“名师工作室”10个、“扬州市乡村骨干教师培育站”2个、“宝应县学科名师工作室”13个。分学段、分学科开展骨干教师“带教、送教、支教”结对共建活动，组建教师结对共进组31个，新增正高级教师3人。全面落实国、省、市、县关于中小学（园）教师（校长）继续教育各项指标任务，加大“研”“训”融合度，将单一“教研”“培训”活动，向合作教研、横向互动、边培边研发展。充分用好教育信息化平台，拓宽研训路径，突破研训时空，优化研训方式。全年组织教师参加国家级培训1人，省级培训53个项目1.55万人次，市级培训169个项目3509人次，县级培训335个项目3.25万人次；组织教师参加各类网培活动，其中参加县级网培8488人次，参加市级网培2期233人，参加省级网1.68万人次。全县专任教师参加县级以上培训课时达标率82.65%，教职工参加县级以上培训课时达标率78.68%。开展教师先进典型“选树学”活动，全年教师获县政府嘉奖10人、被县政府表彰为“十佳班主任”10人、“优秀教育工作者”137人；县教育局表彰师德先进个人40人、师能先进个人50人、优秀班主任50人、素质教育先进个人39人、安全工作先进个人10人。召开“百年华诞颂党恩·立德树人做先锋”庆祝建党100周年主题党日活动暨表彰大会，表彰全系统“优秀共产党员”80人、“先进基层党组织”11个、“优秀党务工作者”9人。（陈燕生）

■**教育督导** 2021年，宝应县教育督导工作以办人民满意教育为宗旨，以促进义务教育优质均衡发展为目标，采用随机督导、专项督导相结合方式，扎实推进全县教育重点工作顺利开展。持恒推进责任督学挂牌督导工作，组织第三届责任督学选聘，配齐配优督学驻校联络员，完成新聘督学和联络员省级督导平台注册和业务培训，组织开展年度责任督学案例征集、评选和汇编工作，正常开展重点工作挂牌督导。宝应县教育督导工作获得省市督导部门肯定。督导中小学生作业、睡眠、手机、读物、体质“五项管理”，贯彻落实教育部《关于进一步减轻义务教育阶段学生作业负担和校外培训负担的意见》“双减”文件精神，明确教育部门主要领导工作责任，各学校开展“五项管理”“双减”自查自纠，责任督学进校挂牌督导，局领导班子带队督查。全县“五项管理”“双减”专项督导工作顺利通过省市“双减”专项督导专家组检查验收。完成2021年度“义务教育教师工资”专项督导工作，县政府追加2600万元用于义务教育阶段教师绩效考核及奖励性绩效工资发放，实现全县义务教育阶段教师工资不低于公务员工资目标。组织督导飞检，强化对非中心校（园）飞检力度，督促各中小学高质量做好教育考试、疫情防控、校园安保等重点工作。督导教育部门统筹做好义务教育优质均衡发展、学前教育普及普惠两项工作数据监测、存在问题整改，以及提交部分存在问题未能及时整改达标情况说明。宝应经济开发区国际学校、县叶挺桥小学创成“江苏省红十字示范学校”，宝应经济开发区国际学校经申报获江苏省红十字会批准实施“学校生命健康安全体验教室项目”。（鲁衍龙）

学前教育

■**概况** 2021年，全县定点幼儿园55所，按区域划分，城区幼儿园（含安宜镇）24所、农村幼儿园31所。宝应县爱丁堡顿幼儿园由县经济开发区回购转为公办，新增普惠性民办幼儿园1所（宝应县宝楠幼儿园）。至年底，全县民办幼儿园5所，其中普惠性民办幼儿园2所（氾

宝应县实验幼儿园新园　　董　杰/摄

水镇中心幼儿园、县宝楠幼儿园），营利性民办园3所。全县在园幼儿人数1.45万人，比上年减少1079人，学前三年幼儿入园率99.8%；幼儿园教职工人数1892人，专任教师人数1100人；公办幼儿园在园幼儿人数1.26万人，民办普惠性幼儿园在园幼儿人数922人，民办营利性幼儿园在园幼儿人数880人；省、市优质幼儿园数量占全县幼儿园总数87%，在省、市优质幼儿园就读适龄儿童1.4万人，占在园幼儿总人数97%。（朱寿芸）

■课程游戏化项目创新　2021年，宝应县实施“幼儿园课程游戏化区域推进”内涵建设项目，召开课程游戏化区域推进现场会，构建“协同联动、整体优化”全区域幼儿教育教研机制，优化片区幼儿教育教研网络。县教育局出台《宝应县第二轮幼儿教育课程游戏化共同体实施意见》，建立幼儿教育课程游戏化共同体5个，明确各个共同体领衔园和成员园。建立共同体内幼儿园结对帮扶机制，发挥名园、基地园示范辐射作用，实行共同体领衔项目研究，围绕项目主题，每月开展观摩、研讨、进阶阅读等形式多样的研修活动。宝应县多所幼儿园课改过程性通讯稿件被国、省、市教育媒体宣传报道。通过幼儿教育各共同体课程游戏化项目创新推进，全县幼儿教师专业化水平、各级各类幼儿园课程建设与实施能力得到显著提升。

（朱寿芸）

■学前教育优质资源提升　2021年，县教育局稳步实施《宝应县“十四五”学前教育发展规划》。宝应经济开发区实验幼儿园（原茗园幼儿园）搬迁至原宝应县爱丁堡顿幼儿园所在地，园舍面积及硬件设施全面升级。启动实施碧桂园天悦公馆幼儿园新建工程、泾河镇城北幼儿园新建工程、射阳水泗幼儿园异地新建工程、山阳镇城西实验学校第一期工程建设，其中碧桂园天悦公馆幼儿园占地面积5670平方米，建筑面积3300平方米，设计招收学前教育阶段儿童9个班、入园适龄儿童人数270人；城北幼儿园设计招收学前教育阶段儿童6个班、入园适龄儿童人数180人。

（朱寿芸）

表32　2021年宝应县幼儿教育情况表

幼儿园	类别	性质	班级数（个）	在园幼儿人数（人）	负责人	地址
宝应县叶挺桥幼儿园	省优质幼儿园	公办	15	456	裴龙琴	县城邗沟南路1－1号
宝应县叶挺桥幼儿园北园区	市优质幼儿园	公办	15	448	刘婷婷	县城叶挺东路
宝应县安宜镇金湾幼儿园	县合格幼儿园	公办	4	103	刘婷婷	安宜镇金湾村
宝应县兰郡实验幼儿园	省优质幼儿园	公办	11	336	殷娟娟	县城苏中北路
宝应县安宜镇中港幼儿园	省优质幼儿园	公办	3	32	朱碧云	安宜镇机场南路13号
宝应县安宜镇沿河幼儿园	省优质幼儿园	公办	3	40	史元元	安宜镇沿河集镇
宝应县安宜镇三里幼儿园	县合格幼儿园	公办	4	69	何　媚	安宜镇三里村
宝应县氾水镇中心幼儿园	省优质幼儿园	民办	25	741	招永东	氾水镇跃胜南路
宝应县氾水镇托幼中心	省优质幼儿园	公办	4	89	殷红云	氾水镇江宝村
宝应县氾水镇韦镇幼儿园	省优质幼儿园	公办	3	71	吴艳艳	氾水镇韦镇集镇
宝应县氾水镇氾光湖幼儿园	市优质幼儿园	公办	1	28	周月芬	氾水镇牌坊村
宝应县夏集镇中心幼儿园	省优质幼儿园	公办	6	127	徐志香	夏集镇胜利路2号
宝应县夏集镇郭桥幼儿园	省优质幼儿园	公办	2	27	姜　莉	夏集镇郭桥集镇
宝应县夏集镇子婴河幼儿园	省优质幼儿园	公办	2	23	刘春梅	夏集镇虹桥路
宝应县柳堡镇中心幼儿园	省优质幼儿园	公办	6	162	冯秀华	柳堡镇拥军路
宝应县柳堡镇芦村幼儿园	省优质幼儿园	公办	3	48	苗瑞云	柳堡镇清元村
宝应县柳堡镇郑渡幼儿园	省优质幼儿园	公办	3	10	徐　萍	柳堡镇郑渡村

续表

幼儿园	类别	性质	班级数（个）	在园幼儿人数（人）	负责人	地址
宝应县鲁垛镇中心幼儿园	省优质幼儿园	公办	4	64	章佩花	鲁垛镇学府路
宝应县小官庄镇中心幼儿园	省优质幼儿园	公办	9	201	梁　珍	小官庄镇官中街
宝应县广洋湖镇中心幼儿园	省优质幼儿园	公办	7	175	华学健	广洋湖镇兴洋路
宝应县望直港镇中心幼儿园	省优质幼儿园	公办	18	451	李　娟	望直港镇集镇
宝应县望直港镇蛤拖幼儿园	县合格幼儿园	公办	1	19	李　娟	望直港镇集镇
宝应县望直港獐狮荡幼儿园	省优质幼儿园	公办	3	29	朱丽君	望直港镇牌楼村
宝应县射阳湖镇中心幼儿园	省优质幼儿园	公办	6	146	陈秀珍	射阳湖镇互润路
宝应县射阳湖镇天平幼儿园	市优质幼儿园	公办	5	129	王文柳	射阳湖镇天平集镇
宝应县射阳湖镇水泗幼儿园	市优质幼儿园	公办	3	80	朱玉梅	射阳湖镇水泗集镇
宝应县射阳湖镇林上幼儿园	县合格幼儿园	公办	1	11	朱玉梅	射阳湖镇水泗集镇
宝应县射阳湖镇钱沟幼儿园	县合格幼儿园	公办	1	9	朱玉梅	射阳湖镇水泗集镇
宝应县西安丰镇中心幼儿园	省优质幼儿园	民办	8	193	朱如静	西安丰镇集镇
宝应县西安丰镇托幼中心	省优质幼儿园	公办	3	32	赵志萍	西安丰镇南窑村
宝应县曹甸镇中心幼儿园	省优质幼儿园	公办	15	402	郝名兰	曹甸镇中南路
宝应县曹甸镇下舍幼儿园	省优质幼儿园	公办	3	64	邵鹤兰	曹甸镇下舍集镇丰泽路
宝应县泾河镇中心幼儿园	省优质幼儿园	公办	3	55	房婵娟	泾河镇黄浦集镇
宝应县泾河镇泾河幼儿园	省优质幼儿园	公办	5	135	房婵娟	泾河镇驸马营路
宝应县泾河镇张桥幼儿园	县合格幼儿园	公办	1	4	房婵娟	泾河镇张桥
宝应县黄塍镇中心幼儿园	省优质幼儿园	公办	7	149	葛文梅	泾河镇黄塍镇广场路
宝应县山阳镇中心幼儿园	省优质幼儿园	公办	3	64	周　婵	山阳镇集镇
宝应县实验幼儿园城西分园	省优质幼儿园	公办	5	90	郭　燕	山阳镇长沟集镇
宝应县实验幼儿园	省优质幼儿园	公办	28	990	郃文宇	县城园丁园内
宝应县实验幼儿园新园	市优质幼儿园	公办	14	485	郃文宇	县城中路西侧（荣泰苑小区内）
宝应县教育幼儿园	省优质幼儿园	公办	10	285	夏建军	县城县南街 67 号
宝应县托幼中心	省优质幼儿园	公办	16	513	高　琴	县城泰山西路 100 号
宝应县世纪园幼儿园	省优质幼儿园	公办	16	477	郭红萍	县城世纪园小区内
宝应县城区幼教中心	市优质幼儿园	公办	15	436	胥　丽	县城东升路 82 号
宝应县第二实验幼儿园	市优质幼儿园	公办	15	491	胥　丽	县城苏中北路
宝应县开发区实验幼儿园	省优质幼儿园	公办	30	478	潘爱民	县城茗园天府小区内
宝应县实验幼儿园新区分部	省优质幼儿园	公办	27	944	潘爱民	县城曙光小区内
宝应县新城实验幼儿园	省优质幼儿园	公办	15	496	易海燕	县城锦绣江南小区内
宝应县县直机关第一幼儿园	省优质幼儿园	公办	29	997	陈　蕾	县城泰山路

续表

幼儿园	类别	性质	班级数（个）	在园幼儿人数（人）	负责人	地址
宝应县县直机关第二幼儿园	省优质幼儿园	公办	27	911	梁　静	县城工农路
宝应县县直机关第三幼儿园	省优质幼儿园	公办	17	569	叶艳秋	县城白田路
宝应县盛世嘉园幼儿园	省优质幼儿园	民办	13	375	蔡曼莉	县城盛世嘉园小区内
宝应县阳光锦城幼儿园	市优质幼儿园	民办	9	237	李海梅	县城阳光锦城小区内
宝应县宝楠幼儿园	县合格幼儿园	民办	6	181	柏　阳	宝应县城南河路（宝楠学校内）
宝应县锦绣新都艾乐幼儿园	省优质幼儿园	民办	13	268	严　娟	县城锦绣新都小区内

（朱寿芸）

义务教育

■概况　2021 年，全县定点小学 38 所，其中“江苏省实验小学”27 所。小学在校学生 3.3 万人，比上年减少 316 人；招收新生 5356 人，比上年减少 32 人；毕业班学生 5420 人，比上年减少 265 人。全县小学入学率、巩固率、毕业率均达 100%，残疾儿童入学率 99%。全县初级中学 24 所、初中班级 409 个、在校学生 1.7 万人，比上年减少 713 人；初级中学招收新生 5478 人，比上年减少 136 人；初级中学在校学生巩固率 99.47%，初级中学毕业班学生毕业率 100%，初级中学毕业生升学率 99.1%。全县初级中学教职员工 2218 人，其中专任教师 1959 人。全县义务教育围绕落实立德树人根本任务，加强小学特色文化建设，促进学校内涵提升。7 月，安宜实验学校小学部“‘宝应棋院’课程促进学校文化发展的实践探索”项目成功申报江苏省基础教育内涵发展项目。10 月，宝应经济开发区国际学校小学部“新博雅课程建设”项目通过省级结项。12 月，宝应县教育局申报的“融合教育资源中心”建设项目、叶挺桥小学申报的“新时代贤智少年品格习养行动”品格提升项目、县特殊教育指导中心申报的“区域推进个别化教育实践研究”前瞻性课程项目顺利通过省级中期检测。县实验初级中学“敦实至仁”自主养德品格提升工程被评定为全县第三批品格提升精品工程，宝应中学“‘真恒’新青年厚植家园情怀的自主养德行动品格提升工程”申报获批立项 2021 年江苏省基础教育内涵建设项目。叶挺桥小学墨叶书社、桃园小学“丝竹神韵”竹笛社、泰山小学爱梦舞蹈队等 10 个社团项目获评扬州市中小学精品社团。全县中小学校大力推进学生体质健康训练工作，实施“青少年苗壮成长工程”“学生身心健康发展工程”取得显著成效。全面实施《国家学生体质健康标准》，规范各中小学校学生体质测试工作流程，确保测试数据准确性并及时上报。3 月，扬州市组织全市小学生体质健康抽测，宝应县获小学总排名第 1 名。　（沈怀军　窦爱强）

■“五育”线上课堂　2021 年，宝应县教育局面对因防控新冠肺炎疫情，小学生在家上网课时间增加特殊情况，指导各小学校制订线上“五育”校本实施方案，强化对小学生居家生活指导、线上学习指导，打造“五育”融合发展精彩线上教育课堂。坚持“德为先，抗‘疫’育人”，为学生录制防疫微视频，深入浅出讲解新型冠状病毒的传播过程和科学预防方法；举行“云端”升旗仪式，实现战“疫”期间升旗仪式不“掉线”；组织学生创作手抄报、绘画、征文、书法等作品，向奋战在疫情防控一线的党员志愿者致敬。坚持“智为基，‘课’不容缓”，抗疫期间停课不停学，通过在线直播课堂，按学期课程表完成教学进度，并组织开展师生共读活动、线上心理健康主题班会课等，让学生汲取更多精神营养和力量。坚持“体为本，以‘练’强身”，明确线上学习作息时间，科学设置课间操、眼保健操时间，指导学生进行居家体育锻炼，增强体质，提高自身免疫力。坚持“美为魂，以‘艺’传情”，结合中秋佳节，引导小学生开展版画、剪纸制作，美丽宝应图片、微视频分享活动，讴歌时代英雄，表达抗疫必胜信念和决心。坚持“劳为根，以‘劳’创新”，加强劳动教育，开展“劳动小达人”系列评选活动，引导学生与父母共同进行大扫除、种植花草、学做家常菜，坚持打卡，让学生在劳动中成长，在成长中收获。　（胡华杰）

■劳动教育创新　2021 年，县教育局贯彻“五育并举”教育方针，创新推进劳动教育，以劳动教育场域多样化、课程校本化、社团精品化、评价多元化“四化”助力“双减”政策贯彻落实，促进中小学生快乐学习、健康成长。各学校因地制宜实现劳动教育场域多样化，利用校内空置区域，开辟“种植角”“小农场”“乐耕园”等劳动教育实践基地，发挥传统劳动育人功能，县教育局通过评选命名“夏集桃花源”等校外劳动教

2021 年，宝应县贯彻“德、智、体、美、劳”五育并举方针。图为小学生上手工制作课　　县教育局/供稿

育与社会实践基地48个，形成“校校有基地、个个有特色”劳动教育场域建设新格局；劳动教育课程校本化，各中小学开展劳动教育课程校本建设，将劳动教育与学校特色整合，形成涵盖学校、家庭、社会多维度劳动教育校本课程，推动全县劳动教育课程“个性化”建设；劳动教育社团精品化，发动各个学校组建多个劳动特色社团，引导学生深刻体悟劳动价值，培养勤于实践的良好品质；各个学校结合学生年龄特点和个性差异制订《中小学生劳动素养评价手册》，将劳动素养纳入学生综合素质评价体系。通过劳动教育成长记载册、劳动成果展示袋等方式记录学生劳动教育活动情况，举行“劳动形象大使”“劳动勋章”等评优评先活动，激励学生热爱劳动，提升劳动素养。　（胡华杰）

■身心健康发展工程　2021 年，县教育局贯彻落实教育部关于义务教育阶段学生减轻作业负担和校外培训负担“双减”政策，制订印发《宝应县落实“双减”要求，进一步办好人民满意教育的实施方案》，成立“双减”工作领导小组，设立专项考核奖励，组织全体教师积极参与“双减”工作。通过“严抓规范办学，严抓课业管理，打造高效课堂，提升课后服务水平”4个方面工作，突破“双减”工作重点难点。经过充分调研，印发《宝应县中小学“5＋2”课后延时服务工作指南（试行）》《宝应县关于进一步做好中小学生课后服务工作的意见》《关于做好“双减”背景下宝应县义务段学生作业管理的通知》《“双减”背景下宝应县中小学作业管理规范》等文件，细化中小学校贯彻落实“双减”政策的“规定动作”和改革方向。县教育局于10月组织开展“双减”背景下的学校管理、高效课堂、作业设计等主题案例分享活动；于11—12月举办各学科“双减”背景下的研讨展示课，为各校在“双减”背景下各学科教育提供更精致、可借鉴的教学模板。　（窦爱强）

表33　2021 年宝应县小学教育情况表

学　校	学校性质	班级数（个）	学生数（人）	校　长	地址
宝应县叶挺桥小学	公办	41	1643	王久洪	县城叶挺东路60号
宝应县安宜实验学校小学部	公办	90	3821	李金荣	县城城南新城
宝应县安宜镇沿河小学	公办	6	74	骆明星	安宜镇沿河集镇
宝应县安宜镇中港小学	公办	2	20	赵宝元	安宜镇中港集镇
宝应县白田小学	公办	32	1296	陆　香	县城白田北路
宝应县泰山实验学校小学部	公办	6	134	刘　明	安宜镇三里村
宝应县曹甸镇中心小学	公办	29	1092	李寿芹	曹甸镇楚甸路
宝应县曹甸镇下舍小学	公办	7	196	仲怀国	曹甸镇下舍集镇丰泽路
宝应县氾水镇中心小学	公办	49	2083	张宏军	氾水镇文化路
宝应县氾水镇石桥小学	公办	2	13	刘兆祥	氾水镇戈店村

续表

学　校	学校性质	班级数（个）	学生数（人）	校　长	地址
宝应县氾水镇韦镇小学	公办	6	66	姚昌盛	氾水镇韦镇集镇
宝应县广洋湖镇中心小学	公办	15	543	刘国锐	广洋湖镇向阳路
宝应县黄塍镇中心小学	公办	12	321	张为民	黄塍镇通和路
宝应县泾河镇中心小学	公办	11	312	陈书军	泾河镇泾农村
宝应县泾河镇黄浦小学	公办	8	165	刘艾勤	泾河镇黄浦居委会
宝应县柳堡镇中心小学	公办	12	417	纪廷才	柳堡镇雍尹村
宝应县柳堡镇芦村小学	公办	6	78	相华东	柳堡镇郑渡村
宝应县鲁垛镇中心小学	公办	9	175	胡安帝	鲁垛镇镇北路 8 号
宝应县山阳镇中心小学	公办	11	213	薛金成	山阳镇集镇
宝应县射阳湖镇中心小学	公办	12	386	张秀宏	射阳湖镇射陂路 49 号
宝应县射阳湖镇水泗小学	公办	8	219	钱文泉	射阳湖镇水泗集镇芙蓉路
宝应县射阳湖镇天平小学	公办	14	460	林洪春	射阳湖镇天平集镇项伯路 8 号
宝应县望直港镇中心小学	公办	32	1180	沈宗剑	望直港镇港城路东首
宝应县望直港镇獐狮荡小学	公办	2	28	徐　伟	望直港镇獐狮荡村
宝应县西安丰镇中心小学	公办	19	664	王德友	西安丰镇兴安路南首
宝应县西安丰镇南窑小学	公办	5	60	梁永阳	西安丰镇花亭村
宝应县夏集镇中心小学	公办	12	319	王爱宏	夏集镇东岳路 1 号
宝应县夏集镇郭桥小学	公办	5	74	华九广	夏集镇虹桥路 1 号
宝应县夏集镇子婴河小学	公办	6	78	赵荣华	夏集镇子婴河集镇
宝应县小官庄镇中心小学	公办	15	518	郭　军	小官庄镇创业路
宝应县桃园小学	公办	52	2229	陈军洪	县城安民路 75 号
宝应县桃园小学北校区	公办	31	1306	沈志彬	县城安宜北路
宝应县泰山小学	公办	27	1049	陈　林	县城泰山路 1 号
宝应县城中小学	公办	26	1086	李红松	县城军民街 19 号
宝应县城南小学	公办	11	228	臧丽华	县城南城根路 140 号
宝应县实验小学	公办	101	4402	贾元荣	县城白田路
宝应县开发区国际学校小学部	公办	96	4143	陆永虎	宝应经济开发区
宝应县宝楠学校小学部	民办	44	1774	张　元	县城城南新城

（沈怀军）

表 34　2021 年宝应县初中教育情况表

学校名称	毕业生数（人）	招生数（人）	在校学生数（人）	班级数（个）	教职工数（人）	专任教师（人）	校　长	学校地址
宝应县广洋湖镇中心初中	120	107	349	9	56	48	徐益林	广洋湖镇式丹路 1 号
宝应县夏集镇中心初级中学	108	107	309	9	70	52	戚成明	夏集镇胜利路 1 号
宝应县射阳湖镇天平初级中学	113	115	325	8	36	35	胡　军	射阳湖镇天平社区镇南桥西首
宝应县泰山实验学校	113	89	317	12	99	70	王绍楼	县城泰山东路 57 号
宝应县氾水镇中心初级中学	391	331	1058	25	147	127	卢　健	氾水镇文化路 122 号
宝应县柳堡镇中心初级中学	132	94	337	9	86	54	古建顺	柳堡镇迎宾西路 1 号
宝应县鲁垛镇中心初级中学	34	10	73	3	27	20	张玉军	鲁垛镇三新路
宝应县小官庄镇中心初级中学	154	107	375	12	75	69	任　健	小官庄镇创业路
宝应县望直港中心初级中学	264	202	694	17	108	108	李正清	望直港镇中心路
宝应县射阳湖镇中心初级中学	109	75	271	7	50	40	仲跻健	射阳湖镇项侯路
宝应县射阳湖镇水泗初级中学	35	25	95	3	24	20	姜文钧	射阳湖镇水泗文曲路 1 号
宝应县西安丰镇中心初级中学	176	134	474	12	59	54	吕锦洲	西安丰镇水晶大道东首
宝应县曹甸镇中心初级中学	245	219	687	18	84	68	杨　坤	曹甸镇中桥北路 38 号
宝应县曹甸镇下舍初级中学	69	44	178	6	31	30	鲁加新	曹甸镇下舍路
宝应县泾河镇中心初级中学	56	45	143	5	52	41	童成荣	泾河镇仲南路
宝应县泾河镇黄浦初级中学	31	17	73	3	24	20	尤永康	泾河镇黄浦集镇桥南街 4 号
宝应县黄塍镇中心初级中学	93	69	221	6	52	37	张新远	黄塍镇通和路 100 号
宝应县山阳镇中心初中	59	41	140	6	64	44	何学正	山阳镇兴阳路 195 号
宝应县城北初级中学	605	432	1578	37	199	183	杨正顺	县城泰山西路 4 号
宝应县实验初级中学	1105	1381	3754	78	329	325	沈寿鸿	县城叶挺中路 13 号
宝应县安宜初级中学	169	92	400	11	98	88	郝　冬	安宜镇南园路 61 号
宝应县宝楠国际学校初中部	727	525	1882	40	192	170	张　元	县城姜圩路东
宝应县开发区国际学校初中部	587	660	1856	39	136	136	陆永虎	县城工农路 111 号
宝应县安宜实验学校初中部	501	557	1570	34	120	120	李金荣	县城新宝射路生态新城

（窦爱强）

普通高中教育

■概况　2021 年，全县普通高级中学 6 所、高中班级 270 个，比上年增加 11 个；普通高级中学在校学生 1.28 万人，比上年增加 100 人；全年招收新生 4172 人，比上年减少 125 人；普通高级中学教职员工 1455 人，比上年增加 159 人，其中高级中学专任教师 1357 人。　（窦爱强）

■班主任队伍建设　2021 年，县教育局贯彻落实《中小学德育工作指南》，以建设“师德高尚、专业自觉、敬业爱生、无私奉献”的班主任队伍为目标，通过组织教师学习培训、提供展示平台、加强教学督查等形式，实现班主任队伍专业素养显著提升。全年先后举办班主任基本功大赛、班级文化建设评比、主题班会课方案评比、德育主题方案评比等活动，促进班主任工作创先争优；筹集开展班主任活动资金，对获奖班主任进行表彰和奖励；邀请省市教育界知名专家到宝应，对全县班主任进行专业技能及工作技巧业务培训；提高班主任工作补助金，从每月每人发放补助金200元提高至每月每人发放补助金500元。 （窦爱强）

江苏省宝应中学 县教育局/供稿

■**“真恒”品格提升工程** 2021年，宝应中学组织全校学生围绕厚植家园情怀、自主养德行动主题，实施“真恒”新青年品格提升工程。该项目获批立项“江苏省基础教育内涵建设项目”。项目建设主要内容包括：“提升育人品质”，明确培养“真恒”新青年路径，为各类德育活动赋能，为德育活动注入时代特征，丰富“真恒”新青年特色内涵。“丰富育人路径”，整合德育课程资源，建构新时代德育课程体系，让培养“真恒”新青年路径更为丰富，更有针对性。“强化育人特色”，通过开展特色德育活动，促进通德育活动校本范式建设，为培养具有该校鲜明特色的人才奠定基础。“推进三全育人”，坚持把立德树人作为教学中心环节，推进全员育人、全程育人、全方位育人“三全育人”改革；坚持以问题为导向，聚焦重点任务、重点群体，进行德育教育内容和形式创新探索；整合宝应红色文化、运河文化和校史故事、经典建筑、红色地标、文博藏品、大师精神等，实现宝应中学多元文化教育与宝应地方特色文化教育深度融合。 （窦爱强）

表35 2021年宝应县普通高中教育情况表

学校名称	毕业生人数（人）	招生人数（人）	在校生人数（人）	班级数（个）	教职员工人数（人）	专任教师人数（人）	校 长	学校地址
江苏省宝应中学	1082	1085	3257	66	360	347	刘 俊	宝应县安宜镇白田南路1号
宝应县氾水高级中学	540	492	1559	34	146	135	李秋荣	宝应县氾水镇文化路
宝应县曹甸高级中学	506	488	1506	32	137	133	谢祝邦	宝应县曹甸镇曹中路
宝应县安宜高级中学	1220	1183	3617	76	377	336	朱 兵	宝应县南园中路
宝应县画川高级中学	734	698	2165	45	243	236	王久祥	宝应县叶挺路290号
宝应县宝楠学校	198	226	655	17	192	170	张 元	宝应县姜圩路1号

（窦爱强）

特殊教育

■**概况** 2021年，全县特殊教育学校1所，分为14个年级，其中智障学生职业高中班2个年级2个班，职业高中班招收新生11人（学籍在宝应县中等专业学校）；启智部一年级正常招生，招收新生12人。义务教育阶段在籍学生223人，其中包括送教上门学生13人。全校教职员工34人，其中专任教师30人。实施特殊教育提升计划，加强普通中小学残疾儿童随班就读融合教育资源中心建设，累计建成普通学校融合教育资源中心45个。宝应县特殊教育指导中心设在县特殊教育学校内，围绕保障残疾儿童接受公平、有质量的教育目标，加强对特殊教育业务指导，全县残疾儿童入学率100%。县特殊教育学校坚持"让每个孩子享受合适的教育"理念，打造"私人订制课"教学品牌。县特殊教育学校职业高中部暨宝应县残疾人职业技能培训基地顺利挂牌，新建职业高中部教学楼，建筑面积840平方米，特色职业教育工作坊建成启用。县特殊教育学校加强教师业务能力和师德师风建设，获评"扬州市最美教师"1人、"扬州市教育系统优秀党务工作者"1人，"宝应县三八红旗手标兵"1人，当选宝应县第十七届人民代表大会代表1人。

（沈怀军）

■融合教育资源中心建设 至年底，全县累计建成普通学校融合教育资源中心45个，在扬州市各县（市、区）率先实现学前教育、小学、初级中学，以及职业教育阶段普通学校融合教育资源中心全覆盖，其中获评扬州市优秀等级融合教育资源中心30个，优秀率67%。推进普通学校融合教育资源中心师资建设，县教育局、县特殊教育指导中心多次开展对普通学校融合教育资源中心教学活动巡回指导，组织相关教师参加省市县各级各类培训，委托江苏省特殊教育师资培训中心对全县各融合教育资源中心专职教师进行分批分期上岗业务培训，首批学前教育阶段、小学阶段融合教育资源中心参加培训教师共28人。

（沈怀军）

■特殊教育研究项目 2021年，宝应县全面开启"江苏省特殊教育发展工程"资源中心建设项目，获批立项"江苏省基础教育前瞻性教学改革实验——区域推进个别化教育实践研究"项目。宝应县特殊学生个别化教育区域平台上线运行，获国家版权局计算机软件著作权登记证书，能够为全县特殊教育学生提供在线评估、档案管理、教学记录等个别化教育服务，实现特殊教育学生日常教育、康复训练网络线上管理。

（沈怀军）

职业教育

■概况 2021年，江苏省宝应中等专业学校（宝应县职业教育集团，以下简称"宝应中专"）包括宝胜路、泰山路（原江苏宝应农村商业银行股份有限公司大楼）两个校区，占地总面积12.4万平方米，固定资产总值2.8亿元，各类实验实训设备总价值6000多万元。学校设置财经商贸、机电化工、电子信息等5个系部，开设机械、财会等16个专业；学历教育在籍学生人数2351人，全日制在校学生人数3012人，其中全日制大专学生人数448人、普通高中人数41人；招收新生人数939人，应届毕业人数732人；专任教师人数316人，其中在编教师人数273人、自聘教师人数25人、外聘教师人数18人。全年组织各类培训累计培训近万人次。学校先后获得"江苏省四星级中等职业学校""江苏省高水平示范性职业学校""江苏省紧缺人才培养培训基地""江苏省文明单位""江苏省文明校园""江苏省职业教育与社会教育先进单位""江苏省平安校园"等荣誉称号。

（周　超）

■对口高考 2021年，宝应中专围绕提升对口单招质量，成立教学质量提优部，开设机械、化工、财会等10个对口单招专业，为广大学生提供多渠道升学途径。全年参加对口高考学生人数426人，其中本科达线人数20人、大专达线人数385人，本科大专达线人数位居扬州市县区同类学校前列。

（周　超）

■办学专业群建设 2021年，宝应中专推进"政校企""校校企"合作平台建设，深化校企融合发展，推行现代企业学徒制。努力实现办学专业设置与地方产业结构相契合，初步形成机电技术应用、数控技术应用等6个办学专业群，各专业均有配套的校内实训基地和校外实训基地，校内实训基地设备总价值6000万元。学校高等职业教育设立财会、数控等4个专业，先后建成电气、汽车运用与维修、计算机网络技术等"江苏省高水平示范性实训基地"6个、"江苏省现代化实训基地"1个、"江苏省现代化专业群"2个、"江苏省标准化考点"3个，校企共建项目开发工作室1个，校外实训基地20个。9月，县委、县政府领导先后多次到宝应中专调研指导，支持该校申办江苏省联合职业技术学院宝应分院，并就推动学校提质升格、县内职业教育与主导产业对接、培养紧缺人才等提出指导性意见。

（周　超）

■教学管理 2021年，宝应中专推

江苏省宝应中等专业学校电子商务实训中心　　董　杰/摄

进“活力课堂”教学模式，立足学校特点，加强实践性教学，完善专业课和课程教学评价体系，推广线上线下混合式教学、理论与实践一体化教学等新型教学模式。深化教学管理改革，构建多元化评价框架，以社会、企业、师生和家长作为评价主体。推进校企合作办学，县职教集团与台湾地区皇裕集团合作办学，开设“皇裕班”，以订单培养模式，为皇裕集团新建的皇裕电子科技(扬州)有限公司提供生产专业人才；组织学生150多人赴骏升科技(扬州)有限公司、江苏菲达宝开电气股份有限公司、扬州市宜楠科技有限公司等企业实习。宝应中专是获人社部门批准的职业技能等级认定第三方评价机构，可认定职业(工种)及等级专业证书19个，全年通过工学双线培养提升学生技能等级水平，学生中级工合格率97%。 (周　超)

■师资能力提升　2021年，宝应中专编制出台《宝应中专“十四五”教师队伍建设规划》，按照“招、聘、培、育、引”思路，多措并举优化教师队伍结构。学校名师骨干队伍建设成效显著，全年晋升正高级讲师1人、江苏省特级教师1人、扬州市特级教师1人，晋升县级骨干教师12人，晋升中学高级职称9人。加强职业教育教学科研，组织教师参加“扬州市千名骨干课堂教学展示活动”，宝应职教集团5人获奖；申报获批“江苏省职业教育学会课题”立项3项、申报获批扬州市“庆祝中国共产党成立100周年思政课题”立项3项，结题扬州市“十三五”规划课题3项。全年在市级以上各类期刊发表论文42篇，获“扬州市教学成果奖”2个，获扬州市政府记功表彰老师5人，合计获表彰县级以上“优秀共产党员”“优秀教育工作者”“教科研先进个人”“优秀班主任”等荣誉称号22人。 (周　超)

■五年制高职教育　2021年，宝应职教集团推动江苏省联合职业技术学院宝应办学点升格为江苏省联合职业技术学院宝应分院。江苏省联合职业技术学院宝应中专办学点开设高等职业专业5个，在籍学生448人。该校贯彻《江苏省职业技能提升行动实施方案》，在高等职业教育阶段落实集团化办学和现代学徒制模式，加强学生思想政治教育、雅行教育，倡导学校高雅、教师儒雅、学生文雅“三雅”教育模式，推行校企双师带徒、工学双线并轨式人才培养方式。2021年，县委组织部、县人社局在宝应中专组织“乡村振兴青年人才”专场招聘考试，五年制高职毕业生3人获聘，顺利走上服务“乡村振兴”的工作岗位。此外，组织五年制高职毕业生参加江苏菲达宝开电气股份有限公司应用型技术团队人才选拔4人获聘，五年制高职毕业生4人获晋升进入本科阶段深造学习。 (周　超)

社区教育

■概况　2021年，全县乡镇社区教育中心14所、社区培训学院1所，其中全国社区教育示范乡镇2个、江苏省社区教育示范乡镇2个、江苏省标准化社区教育中心14个。持续开展申报江苏省“社区教育品牌项目”“百姓学习之星”“社区教育先进工作者”“社区教育优秀志愿者”等“四项评比”工作，宝应县获评江苏省“百姓学习之星”3人，获评江苏省“社区教育优秀志愿者”3人，获评江苏省“社区教育先进工作者”1人。泾河镇社区教育中心创成“扬州市社会教育名师工作室”。柳堡镇社区教育中心“二妹子”青少年德育基地获命名“江苏省社会教育学习体验基地”。望直港镇社区教育中心获表彰江苏省“优质服务示范单位”。安宜镇、氾水镇、望直港镇申报创建省级“老年大学”。 (周　超)

■社区教育富民工程　2021年，宝应县扎实推进社区教育富民工程，持续推进新型职业农民“技能学历双提升”事业，成人中专在籍学员1041人。服务实施乡村振兴战略，继续举办荷藕种植、西瓜种植、特种水产养殖、生猪养殖等特色品牌培训项目，组织新型职业农民和各类技能类培训1万多人次。开展争创“扬州市社教富民先进单位”“扬州市社教富民精品项目”活动，推动全县社区教育高质量发展。安宜镇社区教育中心创成“扬州市社教富民先进单位”，氾水镇社区教育中心创成“扬州市社教富民精品项目”。 (周　超)

■校外培训机构压减　2021年，县教育局落实教育部关于义务教育阶段学生减轻作业负担和校外培训负担“双减”政策，规范全县校外培训机构办学行为，实现校外培训机构大幅压减。引导学科类校外培训机构转型发展，全年申请营改非学科类培训机构74家。至年底，全县义务教育阶段校外培训机构4家，比上年减少76家，压减率94.59%。结合新冠肺炎疫情防控要求，实施对校外培训机构视频监控与县教育局管理平台专网专线联结，实现办学场所重点区域全覆盖、无死角实时监控，提升监管效能。全年联合多部门开展对校外培训机构“双随机、一公开”督查5个批次，促进校外培训机构规范办学行为、完善管理制度，加强安全管理。11月，县政府办公室召开全县校外培训机构疫情防控及监管工作会议，下发《关于调整宝应县校外培训机构管理联席会议成员单位和职责的通知》，进一步明确相关部门监管职责。 (周　超)

文　化

Wen　Hua

■编辑:唐善刚

公共文化服务

公共文化设施

■概况　2021 年,县文体广旅局面对新冠肺炎疫情冲击,克难求进,奋勇争先,持续推进公共文化事业高质量发展。加快推进县、镇、村三级公共文化体育阵地建设,完善公共文化服务体系,新建、改造镇(区)文体中心 2 家,实现 281 家村(社区)综合文化服务中心全覆盖。县宝淮大剧院建设有序推进。县文化馆、县图书馆、宝应博物馆完善功服务功能,加大数字化建设投入,实现服务项目"线下线上"同步发展良好态势。县文化馆、县图书馆总分馆体系运行质态优良,14 个镇(区)分馆、281 个村(社区)支馆全部纳入总分馆运行体系。宝应县文化、图书服务"县级总馆 + 镇级分馆 + 村级支馆"运行模式,实现基本公共文化服务城乡互联互通。至年底,全县累计总分馆体系藏书量 99.71 万册。县文化馆全年接待群众 30 万人次、艺术普及培训学员 3000 人次,县图书馆、城市书房接待读者 35 万人次。全年组织举办重大文化活动 12 场,线下线上观众 200 余万人次,举办各类文化讲座、书画摄影展览 60 场,惠及群众 3 万人次。

(李　博)

■图书馆　宝应县图书馆始建于 1958 年。2015 年 1 月,县图书馆新馆在县体育场东侧建成启用,建筑面积 5369.6 平方米,设有外借室、阅览室、视障阅览室、少儿阅览室、展览厅、报告厅、古籍修复室、古籍资料室、报刊基藏室等,是向大众传播文化知识和实现终生学习教育重要场所。宝应县图书馆秉持读者至上服务理念,遵守平等、开放、共享原则,围绕读者与社会发展需求,常年免费对外开放。2021 年,宝应县图书馆加强安全开放和疫情防控常态化管理,采取线下线上相辅相成的阅读服务方式,确保全年安全运行。馆内征订报刊 620 种,增购图书 20455 册,全县总分馆体系藏书量达 99.71 万册,累计发放有效期内读者证 6.5 万张;持续向农家书屋和社区分馆调拨更新图书 4 万多册,安排业务骨干到分馆对全县农家书屋管理员 200 人进行系统化培训,全年提供借书服务 100 万余人次。县图书馆助力义务教育阶段学生减轻作业负担和校外培训负担(简称"双减")政策落地,全年少儿阅览室在寒暑假和节假日期间接待未成年人共 25 万人次,其中周末日平均接待量 1000 余人次。全年举办各类阅读推广活动 200 多场,其中未成年人阅读推广活动 80 余场,图书展览活动 6 场,专题讲座 4 场;丰富图书阅读线上活动内容,依托县图书馆网站、微信公众号等网络平台,全年组织线上活动 100 场、线上图书展览 13 场、线上讲座 500 余种,参与线上活动读者 8 万余人次,线上读者关注人数 17 万人次。2021 年,宝应县图书馆获得"中国首届文化助盲志愿服务项目专项赛优秀组织奖""长三角地区公共图书馆阅读马拉松大赛优秀组织奖""全省红领巾读书征文活动组织奖",蝉联"扬州市文明单位"荣誉称号。

(陈　楠)

宝应博物馆"宝应历史文化"展厅　　小　品/摄

■**博物馆** 宝应博物馆位于宝应县城安宜东路89号，于2001年6月28日建成对外开放，占地面积5000平方米、建筑面积3800平方米，是扬州市爱国主义教育基地、扬州市社会科学研究基地、华侨华人文化交流基地，全县中小学德育教育基地，是集文物收藏、研究、展示、教育、休闲等功能为一体的综合型历史文化类博物馆。宝应博物馆馆藏丰富、功能齐全，具有鲜明地域特色，收藏文物4000余件（套），其中三级以上国家珍贵文物300多件（套）。博物馆一楼为青少年活动中心，二楼设“宝地流韵——宝应历史文化要览基本陈列”，三楼设“水主沉浮——宝应运河文化纵览”“宋风雅韵——宝应宋墓出土文物精品展”2个专题展厅和“百花竞妍”多功能展厅。全年宝应博物馆、周恩来少年读书处、朱氏家祠等全县主要文博场馆免费对观众开放，接待全国各地游客共5180批次，其中提供免费讲解3128批次，接待游客总人数8.3万人次、比上年增加3000多人次。宝应博物馆着力提升高质量发展服务水平，坚持“让文物活起来”理念，持续开展“博物馆游学之旅”“七彩假日”“我和博物馆有个约会”等文物惠民活动共62场次，服务青少年学生8730人。其中，“绘精品文物、传家乡神韵”社教活动获批“2021年度江苏省社科重点资助项目”；以“文物复活”“文物法规”“运河文化”“红色文化”等主题，策划举办系列流动展览，走进校园、社区、军营、农村进行巡回展览28场，受惠群众8万人次。“方寸之间展清凉——宝应博物馆馆藏扇面展”“荷乡莲韵、清风有痕——馆藏廉政文物展”两个展览走进南京、连云港等省内多家博物馆巡回展览，吸引县外观众近3万人次。宝应博物馆“‘荷乡莲韵、清风有痕’馆藏廉政文物展”申报获批江苏省馆藏文物巡回展巡展项目，“创新传播途径、让文物走进千家万户”获评全省妇联优秀融媒体工作案例。（倪学萍）

■**文化馆** 宝应县文化馆位于县城安宜北路1号，建筑面积4100平方米，设有报告厅、展览厅、非遗展示厅、电子阅览室、视听室、录音棚、舞蹈房、排练厅、培训室、社团活动室、票友活动室等25个功能区。其中，多功能厅面积337平方米，设座位206个，是演出、报告、讲座、排练等多功能为一体的综合性场所。“非遗展厅”面积90平方米，是融展示、传承、发展等多功能为一体的综合性非物质文化遗产保护展示中心。报告厅面积220平方米，可举办讲座及小型演出，容纳观众200人。馆内数字化设施完备，实现无线WiFi全域覆盖。全年总服务人次41万余人次，其中文化馆总馆阵地服务人数26.59万人次，流动服务人数14.4万人次；开展文化演出活动40余场，其中大中型演出活动28场；“市民大学堂”全年免费办班进行艺术培训73个班次、参加培训1500多人、2万多人次。县文化馆获评2020－2021年度江苏省文明单位，2019—2020年度扬州市文明单位，扬州市第六届“绿杨人家”社区艺术节优秀组织单位。（李 慧）

■**烈士纪念馆** 国家AA级旅游景区，是宝应县社会主义、爱国主义德育教育基地。宝应县是苏中地区著名革命根据地之一，早在1927年底就有早期的党组织活动。烈士纪念馆始建于1976年，2001年6月重建，占地面积4公顷，分为纪念瞻仰区、烈士墓区、青少年教育活动区、综合服务区4个功能区，设有革命烈士纪念碑、纪念馆，华克之纪念馆，烈士墓区，祭扫凭吊广场等场所设施，总建筑面积3200平方米。革命烈士纪念馆陈布展分为“宝应县革命历史斗争史图片简介（1927—1949）”“宝应县革命烈士展”两个部分，运用革命人物、文物、遗址旧址、文献档案图片和烈士简介122篇形象生动展示中共宝应地方组织领导宝应人民为推翻旧社会，建立新中国浴血奋斗的光辉历程。

（县文体广旅局）

公共文化活动

■**概况** 2021年，县文体广旅局组织开展全民阅读活动、全民艺术普及活动，大力实施艺术生产精品工程、非物质文化遗产保护与传承工程，努力满足全县人民日益增长的美好生活需求。以“培特色、扩影响、做精品”为目标，连续打造和培植特色文化活动，组织开展系列高层次、有影响重点品牌文化活动。全年先后举办“欢乐荷乡”宝应县文化旅游节开幕式演出及系列活动、宝应县群众文艺新作调演、“幸福宝应、舞动荷乡”宝应县第九届广场舞比赛、红领巾读书征文演讲比赛等重点文化活动，参与举办宝应县庆祝中国共产党成立100周年、宝应县“中国农民丰收节”文艺演出等重大活动，线下线上观众200余万人次。县图书馆、县文化馆每年开展各类文化讲座26场，书画摄影展览24场，惠及群众3万余人次。开展文化下乡活动，全年组织送文化下乡活动190场，覆盖全县各镇（区）和重点村（社区）。县文化馆开展“贺新春”民俗文化城乡联动展演，“荷乡大舞台”业余淮剧社团文化惠民基层巡演，“倡导移风易俗、弘扬时代新风”群众文艺巡演等送演出下乡活动45场。县淮剧团开展送戏下乡活动105场。县图书馆开展“百阅千读进农家”主题阅读系列活动进镇（区）40场。推进文化志愿者队伍建设，全县文化志愿者注册文艺团队31个、志愿者人数6813人，为开展群众性文化活动提供人才保障。（李 博）

■**第九届广场舞比赛** 4月28日，县委宣传部、县文明办、县文体广旅

4 月 28 日，“红心向党、舞动荷乡”2021 年宝应县第九届广场舞比赛决赛在县体育馆举行　　县文体广旅局/供稿

局主办，县文化馆、县体育馆、县退休职工管理服务中心承办的“红心向党、舞动荷乡”宝应县第九届广场舞比赛决赛在县体育馆举行。这次比赛共有 38 支代表队 700 多名选手参加预赛，20 支代表队进入决赛。为提高活动的社会关注度，促进广场舞项目普及，特别开设微信投票。镇（区）组决赛望直港镇姐妹舞蹈队、氾水镇金氾水艺术团获一等奖，获二等奖代表队 3 支，获三等奖代表队 5 支。城区组决赛风采艺术团、红梅艺术团获一等奖，获二等奖代表队 3 支，获三等奖代表队 5 支。曹甸镇古塔俏夕阳艺术团、西安丰镇社区艺术团、百荷之声艺术团获最佳人气奖。（李　慧）

■扬州市民日（宝应）广场演出活动　5 月 8 日，县委、县政府主办，县委宣传部、县文明办、县文体广旅局承办，氾水镇党委、政府协办的“永远跟党走、筑梦好地方”第十六届扬州市民日宝应县新时代文明实践志愿服务广场活动暨邻居节开幕式在氾水镇人民公园举行。活动中举办精彩文艺演出，演出节目多为宝应县文艺团队自编、自导、自演的优秀文艺节目，紧扣市民日活动主题，结合全县党史学习教育活动，形式多样，内容丰富。演出现场穿插举行知识问答环节，带领现场群众共同回顾党的光辉历程，营造全民学习浓厚氛围。（李　慧）

■祭孔大典　10 月 7 日，县文体广旅局主办，县博物馆承办的宝应县文化旅游节第六届祭孔大典活动在宝应博物馆线上平台和宝应各文博场馆圆满落幕。这次活动为期 10 天，通过线上答题、线下打卡、景区互动等方式进行，全方位展示宝应科举文化、家学文化、运河文化、儒学文化、自然景区等多元化人文资源及旅游特色元素，将宝应县重要旅游资源串珠成线，推出 5 条特色旅游线路，扩大宝应文化旅游业影响力。活动期间，宝应博物馆接待游客 2000 多人，学宫、周恩来少年读书处、朱氏家祠等文博景点接待游客 5500 人、现场打卡盖戳游客 500 多人，参与学宫汉服体验游客 130 人，参加“宝应学宫祭孔研学游网络知识竞答”4000 多人、1.3 万人次，在各文博景点拍照发朋友圈人数 500 多人、参加抖音大赛人数 30 多人。2021 年是孔子诞辰 2572 周年，宝应学宫是江淮之间著名的儒学文化教育基地，江苏省文物保护单位。这次活动在为宝应县营造热烈、祥和的国庆节日氛围同时，能够更好帮助广大市民了解宝应儒学文化、传承弘扬中华优秀传统文化，认识全县各主要旅游景点，促进全县文化旅游业多层面、多形式融合发展。（倪学萍）

■省“百年百场”巡演走进宝应　11 月 3 日、11 月 22 日，江苏省文化和旅游厅主办，扬州市文化广电和旅游局、宝应县文体广电和旅游局、宝应县氾水镇党委政府、宝应县夏集镇党委政府协办，江苏省文化馆承办的江苏省庆祝建党 100 周年“百年百场”优秀群众文艺作品巡演宝应专场分别在氾水镇文体中心、夏集镇文体中心举办。参加巡演的节目由江苏省近年来获得全国“群星奖”、江苏省“五星工程奖”优秀文艺节目以及为此次主题教育活动新创作的群众文艺作品组成。演出节目讴歌党带领人民进行革命、建设、改革的光辉历程和丰功伟绩，表达广大人民群众传承红色基因、奋斗新征程的坚定信心。演出通过宝应文化馆微信公众号、江苏文化云平台进行现场直播，点击人数 9.78 万人次。（李　慧）

文艺创作

■概况　2021 年，宝应县文艺创作坚定文化自信，坚持“为人民服务、为社会主义服务”方针，凝聚全县文艺创作骨干力量，实施文艺精品创作工程，繁荣文艺精品创作，实现全县文艺精品创作新突破。围绕举办庆祝建党 100 周年系列文艺活动，组织召开全县文艺创作题材规划会、群众文艺新作调演创作研讨会。推进文艺创作人才队伍建设，先后组织举办“线上线下”文艺创作骨干培训班 13 个，国家一级编剧专家 2 人应邀到宝应进行小戏小品创作专题讲座，文艺创作骨干 80 余人参加培训。全县申报入选扬州市第 5 期

"英才培育计划"优秀文艺人才培养对象2人。 （柏 芸）

■**作品创作** 2021年，全县文艺、文学、书法作品创作成果丰富，3件书法作品入选"江苏省群文书法精品邀请展"，2件书画作品入选"庆祝中国共产党成立100周年江苏省群众美术书法摄影作品展"，2幅摄影作品入展"记录·辉煌"庆祝中国共产党成立100周年全省艺术摄影大展，多幅书画作品入选扬州市书画展。为备战2022年江苏省第十五届五星工程奖，全面展示宝应县群文创作风采，推出更多优秀群文作品，县文体广旅局高度重视，以参评2022年第十五届"江苏省五星工程奖"为目标，组织县内文艺创作团队积极创作参评作品，先后创作完成音乐类、舞蹈类、小戏小品类优秀原创舞台类文艺精品9个，其中参加第十五届"江苏省五星工程奖"初评作品6个。12月，扬州市文化广电和旅游局举办扬州市第四届"绿杨风"群众文艺新作评比活动，宝应县群众文艺新作舞台类作品9件、静态类作品13件获奖。 （柏 芸）

■**民歌收集整理** 5月，《宝应民歌》集由上海文化出版社出版发行。县文体广旅局于2018年启动《宝应民歌》集征集出版工作，历时3年，共收录宝应地方民歌537首，其中栽秧号子161首、小调264首、器乐曲14首、民间歌谣73首、新创作民歌25首，另收录关于宝应地方民歌理论研究文章9篇。 （柏 芸）

戏 剧

■**概况** 2021年，县淮剧团贯彻落实习近平"以人民为中心、以精品奉献人民"讲话精神，振兴传统地方戏曲，丰富群众文化生活。全年完成"送戏下乡、惠民巡演"100场，积极参与和承办县、镇举办的各类文艺演出活动。围绕抗击新冠肺炎疫情、庆祝建党100周年，创作演出淮歌作品《众志成城丹心献》、志愿者之歌《一路同行》、小淮戏《村里的呼噜声》等节目。宝应县大型原创现代淮剧《浪起宝应湖》获2021紫金文化艺术节"优秀剧目奖"等多个奖项。 （陶建秋）

■**淮剧特色学校** 2021年，县淮剧团坚持与泾河镇中心小学校开展结对帮扶活动，定期选派骨干演员到该校淮剧社团为孩子们授课，把培养和实践社会主义核心价值观融入对学生的文化教育中，培养孩子们对淮剧的美好情感和兴趣爱好。县淮剧团骨干演员先后辅导孩子们创排淮剧节目《金禾娃淮腔诗文》《淮剧联唱·古诗文》在全县小学"新华杯"五个一百工程展评活动中获得好评。 （陶建秋）

■**《浪起宝应湖》展演获奖** 宝应县原创红色教育现代大型淮剧《浪起宝应湖》，以解放战争时期党领导宝应湖地区人民投身中国人民解放事业真实历史故事为基础，经艺术加工成为新时代红色文化教育的生动淮剧剧目。该剧由县委宣传部、县文体广电和旅游局出品，是江苏省艺术基金2020年度资助项目，于2020年8月16日在县行政会议中心举行首场演出，于2020年9月参加江苏省第八届淮剧艺术节展演评比获优秀剧目奖。2021年1月，《浪起宝应湖》入选"江苏省庆祝中国共产党成立100周年舞台艺术精品创作工程"，于4月24日在县行政会议中心进行"学党史、庆华诞、跟党走"淮剧精品工程展演，于6月14日在镇江市所辖句容市的句容大剧院参加"江苏省庆祝中国共产党成立100周年优秀舞台艺术作品展演剧目"展演。9月27日，《浪起宝应湖》以2021年新创舞台剧目参加在江苏大剧院举办的2021年度江苏省紫金文化艺术节展演，获评"优秀剧目奖"，县淮剧团团长姜春梅获2021紫金文化艺术节"优秀表演奖"。 （陶建秋）

红 色 文 化

■**概况** 2021年，县委党史编修中心创新拓展党史宣传教育工作方式，加大红色文化宣传教育力度，传承红色基因，赓续革命精神，扩大红色教育受众群体。突出地方党史教育，助力全县面上党史教育。以宝应当地历史名人、风土人情、英雄故事和重要事件为主要素材，推出红色文化重点项目，讲好宝应红色故事，激励基层广大党员干部继承革命传统，坚定理想信念；加强基层党员干部红色文化教育，利用新媒体信息平台，多渠道开展地方党史宣传，明确专人对"中共宝应县委"网党史模块、"宝应档案史志"网党史工作、"宝应党史"微信公众号、"宝应记忆"微博定期进行内容更新，全年推出党史宣传信息稿件58篇，向"学习强国"平台供稿2篇，红色文化宣传教育成效显著。 （姚 燕）

■**"回望百年"专题电视片** 2021年，县委组织部、县委宣传部、县融媒体中心、县委党史编修中心为庆祝中国共产党成立100周年，联合组织拍摄"回望百年"专题电视片。该专题片分为《薪火传承》《湖荡雄狮》《水乡变迁》等10集，通过照片展示、人物采访、讲述故事、现场拍摄等形式，运用点面结合、情景再现等手法，回顾100年来全县党的组织建设，以及经济发展、城市建设、交通事业、社会事业及人民生活发生的巨大变化，该专题片在全县主流媒体推出后得到全县党员、群众一致好评，转载、转发量4.6万次，参与讨论受众人数2.4万人次。 （姚 燕）

■**《荷乡溯初心》出版发行** 2021年，县委组织部、县委党史编修中

9月23日，县委组织部、县委党史编修中心组织编纂的红色书籍《荷乡溯初心》正式出版　　姚　燕/摄

心为庆祝中国共产党成立100周年，配合全县开展党史学习教育活动，组织编纂红色书籍《荷乡溯初心》。该书近10万字，内容分红色战斗、红色遗址、红色地名3个篇章，主要收录宝应地区抗战时期发生的重要战斗，全县红色遗址及红色地名，讲述以粟裕为代表的苏中抗日根据地共产党人、新四军将士与老区人民生死相依、鱼水情深的故事。该书被纳入全县党史学习教育重要参考书籍，基层党务工作者评价此书是具有浓郁地方特色党史红色文化教材。（姚　燕）

■"红色有声专线"音频节目　2021年，县融媒体中心、县委党史编修中心为配合全县开展党史学习教育活动，联合推出"红色有声专线"音频专题节目，主要内容为宣传党在不同时期形成的红船精神、井冈山精神、长征精神等革命精神，讲述中共党史小故事、宝应地方党史知识，播放红色革命歌曲等。节目通过宝应人民广播电台（宝应之声FM88.9）音频专线播出，每周1期，每期节目时间长度5～10分钟，并在"宝应先锋""宝应最新闻""宝应党史"等微信公众号上同步推送，日平均收听人数8000人次。（姚　燕）

■《宝应日报》党史学习教育专栏　2021年，县融媒体中心、县委党史编修中心联合在《宝应日报》开设100期"建党100周年，宝应党史大事回眸"党史学习教育专栏，选取百年来在党的领导下，宝应地区发生的重要事件、重大战役，宣传党的光辉业绩，引导全县人民通过回望历史，坚守初心，牢记使命，投身新时代，建设"强富美高"新宝应。该节目日平均阅读人数1.1万人次。（姚　燕）

■红色文博活动　2021年，宝应博物馆组织开展庆祝建党100周年活动，聚焦党史学习教育主题，全面梳理县域不可移动革命文物资源、挖掘馆藏可移动革命文物内涵，打造周恩来党史学习教育主阵地。通过举办"革命文物巡回展"、打造"红色地标打卡地"、开展"红色故事宣讲会"、开辟"革命文物小课堂"、推广"线上红色故事会"等方式，组织开展"弘扬抗战精神、践行初心使命"为主题的苏中宝应地区革命文物图片展，"百年芳华、初心如磐——红色藏品展""永不磨灭的丰碑——周恩来红色故事宣讲会""弘扬周恩来精神、争做新时代少年"研学体验，"红色基地我代言"等具有地方特色、形式多样的系列红色文化主题活动，推动党史学习教育深入群众、深入基层、深入人心。（倪学萍）

■红领巾读书征文演讲比赛　6—11月，县委宣传部、县文体广电和旅游局、县教育局等单位共同主办，县图书馆、县教育局电教站、县实验小学等联合承办2021年度"宝应县红

宝应日报

加快推进疫苗接种
大力构筑免疫屏障

安宜：突出重点 争创高质量发展新业绩

积极接种疫苗 守护防控成果

宝应日报　第一版:要闻　2021年04月08日

编者按

阅读量：477

今年是中国共产党成立100周年，为庆祝中国共产党成立100周年，传承红色文化，建设"强富美高"新宝应，宝应县委组织部、县委宣传部、县档案馆、县委党史编修中心、宝应日报联合推出《建党100周年·宝应党史大事记》。

《建党100周年·宝应党史大事记》专栏将刊发中国共产党建党100年来，在宝应地区发生的大事件，展现宝应地区党走过的光辉历程和取得的伟大成就。

每一次向历史回眸，都是一次精神洗礼。让我们在回眸党的历史中，汲取前行的力量，以昂扬的状态开启全面建设社会主义现代化国家新征程，以优异的成绩谱写宝应发展的新篇章。

1919年

6月13日五四运动爆发后，宝应商界职工举行罢市，县城各小学师生上街游行，表示声援。

建党100周年
宝应党史大事记
庆祝中国共产党成立100周年

《宝应日报》党史学习教育专栏　　县融媒体中心/供稿

领巾读书征文演讲比赛”。这次比赛以“我心向党庆百年”为主题，引导广大青少年在阅读经典中传承红色精神、赓续红色基因，争做德智体美劳全面发展的社会主义建设者和接班人。大赛面向全县中小学生，收到全县14个镇（区）51所中小学校征文稿件共239篇；各镇（区）学校推举参加预赛的演讲选手109人，通过选拔进入决赛演讲选手43人。11月18日，2021年度宝应县红领巾读书征文演讲比赛决赛在县实验小学报告厅举行，决赛现场同步进行网络直播，在线实时关注人数7.74万人，经过激烈角逐，获特等奖选手4人，获一等奖选手13人，获二等奖选手18人，获优秀指导老师奖教师35人，获优秀组织奖单位23个。（陈　楠）

■“庆百年、颂党恩”文艺新作调演　11月21日，县委宣传部、县文体广电和旅游局、夏集镇党委政府主办，县文化馆、夏集镇社会事业局承办的“庆百年、颂党恩”宝应县2021年度群众文艺新作调演在夏集镇文体中心举行。各镇（区）14个优秀原创节目参加演出。参加演出节目内容丰富、形式多样，涵盖音诗画、小品、小淮剧、歌伴舞等多种艺术形式，展示宝应人民奋进新时代、启航新征程的豪情壮志。6个作品获最佳剧目奖，8个作品获优秀剧目奖。

（李　慧）

大众传媒

融媒体中心

■概况　县融媒体中心是集电视、报纸、广播、新媒体四大平台为一体的现代传媒体系。宝应电视台开设开办时政新闻栏目“宝应新闻”和民生新闻栏目“百姓关注”，每周六档，每期20分钟；开办“法在宝应”“荷乡党建”等法制、党建类专题栏目每周一档，每期20分钟，开办时政新闻栏目“宝应新闻”和民生新闻栏目“百姓关注”，每周6档，每期20分钟；开办“法在宝应”“荷乡党建”等法制、党建类专题栏目每周1档，每期20分钟；《宝应日报》每周出版6期，每期4开4版。新媒体平台开办“宝应发布”APP，“宝应最新闻”“水韵宝应”微信公众号，“宝应发布”“宝应融媒体娱乐场”官方抖音号。依托江苏省“荔枝云”技术平台，形成“统一策划、共同采集、分类编辑、多种生成、多端发布、立体传播”全媒体新闻信息传播矩阵。2021年，县融媒体中心坚持正确政治方向、舆论导向、价值取向，加快推进媒体融合发展，提升融媒宣传的传播力、引导力、影响力、公信力，促进新闻宣传、创收增收、内部管理、队伍建设等领域取得长足进展，县融媒体中心工作影响力不断增强，各项工作再创新佳绩，获命名“2019—2020年度市文明单位”、获表彰“江苏省县市新闻中心系统先进单位”。（夏永刚）

■媒体融合　2021年，县融媒体中心围绕“建设在苏中、苏北地区有一定影响力的县级融媒体中心”目标定位，开拓创新、锐意进取，加强优质新闻产品策划和生产，努力做优做强网络宣传平台。确定“四个加大”（即加大直播力度、加大圈粉力度、加大即时发布力度、加大服务社会力度）工作要求，坚持移动优先、网络为主、内容为王，全新打造“宝应e发布”APP，为市民提供全新的“媒体＋服务＋政务”党政融媒体客户端，用户注册量7万多人，日活量突破5000人次，总浏览量达2200万人次。新媒体“宝应发布”APP、微信公众号、抖音号先后推送各类公告、通告以及短视频等4500余条，向中央、省、市媒体上传和报送重要专题报道350余篇（次），利用城乡户外大屏、游动字幕等媒介播放播出各类公益宣传、公告、通告855万多条（次）。全年县融媒体中心新闻作品115篇被上级媒体采用，其中中央媒体采用3篇，省级媒体采用23篇。加强向“学习强国”平台报送稿件力度，全年“学习强国”平台采用稿件399篇，其中“学习强国”全国平台采用稿件15篇、“学习强国”江苏省平台采用稿件77篇，其他平台采用稿件307篇。“宝应最新闻”“水韵宝应”微信公众号在“扬州市新媒体（微信、微博）影响力榜单”新闻资讯类微信公众账号综合排名分别位列第7位和第11位，比上年提升8个位次。“宝应发布”

2021年，县融媒体中心与江苏省“荔枝云”平台技术系统实现全面整合

小　品/摄

"宝应观察"抖音平台粉丝量14万多人，总关注度2200万人次，推出《宝应对商家霸占公共停车位说"不"》《嘣！宝应成功引爆一枚抗战时期日军投掷的废旧航弹》抖音短视频，推送量分别达172.8万人次、411.6万人次，成为全网有影响力爆款短视频产品。 （夏永刚）

■**产业经营** 2021年，县融媒体中心始终坚持"产业+""活动+""商业+"创收模式，多渠道抢占广告蛋糕市场。主要是整合媒体资源，纸媒、广播、电视等各部门携手合作，发挥各自宣传的特长和优势，承接各种形式广告、新媒体短视频、大型直播活动以及教育培训等新型业务；联合相关单位策划举办主题活动，先后成功举办春节拜年讲话、"3·15"诚信单位颁奖活动、线上掼蛋比赛活动、电动车展销活动、"美丽乡村行——主播带你看变化"网络直播活动等，在获得经济效益同时，有效扩大社会影响力；打造媒体宣传阵地，城乡设置电子大屏17块、党报宣传栏42块，在宣传县委县政府重大活动、文明城市创建、党风廉政建设及各类惠民信息的同时，与部分商业宣传、形象宣传有机融合，实现社会效益与经济效益双提升；加强组织领导，坚持创收工作主要领导亲自抓，分管领导直接抓，通过每周创收条线汇报会、每月通报会、每季分析会对创收工作鼓劲加压，创新创收管理模式，科学精准考核，有效引导激励，形成全员抓创收、促发展的良好局面。县融媒体中心全年中心完成创收1100万元，比上年增长16%。 （夏永刚）

报 纸

■**概况** 2021年，《宝应日报》为双面彩印，四开四版，每周出版6期，全年共出版《宝应日报》282期，日发行量1.2万份。《宝应日报》坚持宣传贯彻习近平新时代中国特色社会主义思想，党中央和省、市、县委重要决策，以专栏专版为重点，创新宣传理念，改进宣传方式；依托县融媒体中心平台，实现时政新闻报道更具权威性、时效性、可读性，及时准确报道党和政府各项施政举措，顺利完成全年舆论宣传目标任务。围绕庆祝中国共产党成立100周年，贯彻落实习近平"七一"重要讲话精神、县"两会"精神、县第十三次党代会精神、县强化税源培植促进高质量发展大会精神，助力推进全县新冠肺炎疫情常态化防控工作，全国文明城市创建和招商引资工作，开设专题宣传专栏10多个，组织相关报道，将中央的精神和县委县政府重大部署准确及时地传递给全县干部群众。组织《宝应日报》记者深入基层开展日常宣传报道，开设"亮点工作回眸""特别贡献奖""新年新思路""培税源、促发展""疫情常态化防控""加快建设五个宝应""用实绩向党诉说、庆祝建党100周年"等专栏和专版，回顾2020年重点工作成绩，宣传报道2021年重点工作举措；开设"创建文明城市在行动"等专栏，做好常态化创建全国文明城市工作宣传报道；开设"庆祝建党100周年之党员风采""岗位先锋"等专栏，对创先争优活动进行追踪报道，对各行各业先进基层党组织和优秀共产党员先进事迹进行宣传。全年被上级主流媒体采用稿件109篇、其中国家级媒体采用2篇、省级媒体采用11篇、市级媒体采用96篇。 （夏永刚）

■**重大活动宣传** 2021年，县融媒体中心聚焦全县重大活动宣传，坚持早策划、细策划，认真研究分析县委、县政府有关文件和会议精神，确定宣传报道重点、方式、阶段性目标，以及记者重点联系单位、稿件具体要求等，制订详细宣传报道方案。围绕新冠肺炎疫情防控、推动创新转型、统筹城乡发展、乡村振兴、增进民生福祉和全面从严治党工作，加快高水平全面建成小康社会步伐，《宝应日报》开设"我为群众办实事""聚焦三农、振兴乡村""推进社会治理现代化"等专栏10多个，对全县各部门、各单位推动各项工作取得的显著成绩进行动态性报道；开设"走向我们的小康生活""坚决打赢脱贫攻坚战"等系列专栏，宣传报道全面建成高水平小康社会、"十三五"取得的辉煌成就；开设"亮点工作回眸"专栏，从小处着眼，以小见大，以点代面，写出基层百姓的愿望、诉求和幸福感，写出基层工作亮点和特色，写出基层干部勤政为民情怀。 （夏永刚）

■**抗疫新闻报道** 2021年，《宝应日报》全面宣传县委、县政府抗击新冠肺炎疫情重要决策部署，全县人民众志成城抗击新冠肺炎，开设"疫情常态化防控""'疫'线故事""战'疫'进行时"等专栏、专版，全方位报道全县疫情防控工作。全年报道展示宝应县及各部门、各镇（区）在疫情防控中好的做法、先进典型等稿件120篇，其中相关报道被市级以上媒体采用30篇。 （夏永刚）

■**新闻作品参评** 2021年，县融媒体中心（宝应日报社）组织报纸类作品参加扬州市2020年度好新闻评比，共14件作品获奖。其中，通讯类作品获一等奖2件、二等奖3件、三等奖作品6件；消息类作品获二等奖1件；摄影图片类作品获三等奖1件；网络类作品获三等奖1件。《宝应日报》10件新闻作品获评"江苏省年度好新闻奖"。 （夏永刚）

广播电视

■**概况** 2021年，县融媒体中心所属宝应电视台开设电视频道两个，全年播出自办电视节目时间1460小时；所属宝应人民广播电台开设广播频率1个（FM88.9），播出广播节目时间8760小时。新媒体平台开办“宝应发布”APP,“宝应最新闻”“水韵宝应”微信订阅号,“宝应发布”“宝应融媒体娱乐场”官方抖音号。县融媒体中心全年工作贯彻落实中央和省市有关广播电视安全播出工作文件和会议精神,牢记“安全播出工作事关政治稳定,事关国家形象,是一项政治任务”要求,建立健全机房安全播出值班制度,完善广播电视安全播出应急预案,做好日常安全播出和监管工作。在重要时期、敏感时段,坚持领导带班制度和巡查制度;实行节假日值班“零报告”制度。做好新技术新知识推广应用,落实各种“人防、技防、物防”措施。全年在县人大、政协“两会”召开、庆祝建党100周年期间实现安全播出工作“零差错、零报告”,圆满完成上级布置的年度各项任务。 (夏永刚)

■广播电视作品参评 2021年,融媒体中心组织参加扬州市优秀广播电视节目奖新闻、社教、文艺、播音主持、学术论文、新媒体作品等六大类奖项评选,报送参评作品共44件、获奖作品35件,其中获一等奖作品6件、二等奖作品12件、三等奖作品17件,2件广播电视作品获市推荐参加江苏省优秀广播电视节目评选;报送参加扬州市第五届电视文艺奖评选作品4件全部获奖,获得获一等奖1件、获二等奖1件、获三等奖2件;报送参加扬州市广播电视技术质量奖的评比作品5件全部获奖,获二等奖2件、三等奖3件。组织报纸类作品参加扬州市2020年度好新闻评比,14件作品获奖,其中通讯类作品获一等奖2件、二等奖3件、三等奖作品6件;消息类作品获二等奖1件;摄影图片类作品获三等奖1件;网络类作品获三等奖1件。报送2件作品参加扬州广电视和网络视听季度奖评选,获广电新闻作品三等奖1件、网络视听作品三等奖1件。县广播电台选送的广播栏目“红色档案”获评2021年第三季度江苏省广播电视创新创优节目。 (夏永刚)

■电视设施建设 2021年,县融媒体中心投入资金50万元,实施电视播出信号源系统、信号异态侦测告警系统、动环系统等提升完善项目。同时,加强广播电视播出安全技防手段,提高系统安全等级,有效降低广播电视信号停播率,全年实现广播电视安全播出无责任事故。(夏永刚)

有线网络

■概况 2021年,江苏有线网络发展有限责任公司宝应分公司(以下简称“江苏有线宝应分公司”)完成营业收入6501万元,实现利润1053万元。至年底,全县有线数字电视用户13.45万户;新增高清互动用户1万户,累计在线高清互动用户4.33万户;新增宽带用户9160户,累计宽带用户5.27万户。全年工作坚持“党建引领、安全保障”两轮驱动,强化政治建设,以传播优秀先进文化、服务社会民生、丰富大众娱乐生活为目标,实现社会效益与经济效益“双丰收”,各项业务工作平稳发展。根据宝应县委、县政府印发的《关于做好2021年民生幸福工程的通知》(宝委发〔2021〕1号)文件精神,江苏有线宝应分公司牵头推进“高清宽带互动村”建设,确定全年建设“高清宽带互动村”15个工作目标。截至年底,实际新建成“高清宽带互动村”18个,累计建成“高清宽带互动村”29个。加强新冠肺炎疫情防控工作,组织党员干部参加疫情防控志愿者活动,落实挂钩包干单位疫情防控措施,党员58人、100多人次轮流参加新冠肺炎疫情防控志愿者活动。(周 莉)

■网络设施建设 2021年,江苏有线宝应分公司投入资金520万元,实施有线网络“网改网优”工程,对全县14个镇(区)有计划进行网络改造;配合市政、供电、通信部门实施城区“三地入线”工程,铺设基础管道长度3千米。继续推进“广电光纤宽带入户”工程,城区完成7个新建居民小区广电宽带配套工程,农村新增广电网络光纤入户行政村11个。 (周 莉)

■政企有线网络业务 2021年,江苏有线宝应分公司坚持“服务地方、服务民生、服务经济”理念,推进有线网络、数据宽带等智能软件开发工作。围绕实施乡村振兴战略及支持地方实体经济发展,建成乡镇政府机关、企业系统集成项目413个,其中系统集成项目75个,数据专线项目330个,以及相关设施配套项目8个,实现服务政企业务经营收入2176万元、比上年增长70%。同时,突击完成扬州市社会治理视频会议系统派出所终端安装调试项目18个、镇(区)社会治理视频监控平台建设项目9个等。 (周 莉)

■“智慧广电”项目建设 2021年,“智慧广电”乡村工程被列为江苏省民生实事工程,射阳湖镇入选宝应县“智慧广电”乡村工程示范点。江苏有线宝应分公司承担“智慧广电”射阳湖镇点建设任务,克服资金约束、时间紧、任务重等困难,采取协调建设、同步推进方法,于12月初按时完成项目签约、线路改造、终端供给、平台建设工作任务。12月23日,江苏有线网络发展有限责任公司专家组到宝应县,对射阳湖镇“智慧广电”示范点项目进行竣工验收,获评90.6高分。 (周 莉)

■数字电视安全传输 2021年,江苏有线宝应分公司以高站位、高标准部署落实数字电视安全播出和优质传输任务,全年实现数字电视安全播出“时间衔接不间断,人员保证不脱位”和安全播出“零差错”发生。为提高数字电视安全播出保障水平,实施完成中心机房UPS(不间断电源)、大口径卫星信号接收天线、5G 干扰滤波器等设备更新项目。同时,完善中心机房动力环境监控系统建设,有效增强数字电视安全播出监测能力。全年实现春节、五一劳动节、庆祝建党 100 周年、党的十九届六中全会召开等重大节日和活动期间安全播出“零事故”。 (周 莉)

史志档案

党史编修宣教

■**概况** 2021 年,县委党史编修中心贯彻落实习近平在党史学习教育动员大会上的讲话和中共中央《关于在全党开展党史学习教育的通知》文件精神,围绕县委、县政府中心工作和发展大局,在积极应对新冠肺炎疫情的同时,积极担当作为,调整工作节奏,开拓党史编研宣传教育工作新局面,实现全县党史工作绩效显著提升。2 月,县委党史编修中心对全年党史做出部署安排,明确党史宣传教育工作指导思想、基本原则、主要任务、保障措施,细化党史工作职责和任务,要求各基层党委把党史工作纳入年度工作计划,做到党史工作“组织、人员、经费”到位,将任务逐项落实到人,为全年开展党史工作打下坚实基础。全年党史工作围绕庆祝建党 100 周年等党史重要时间节点、重大党史事件和重要党史人物纪念日组织开展系列党史宣传教育活动,亮点纷呈、成果丰硕。《有声档案》音频获评“2021 年度第三季江苏省广播电视创新创优节目”。 (姚 燕)

■**党史队伍建设** 2021 年,县委党史编修中心积极履行部门职责,推进全县基层党史工作队伍建设,构建基层党史信息网络,要求各基层党委明确党史工作分管负责人和联络员各 1 人,支持和配合县有关部门开展党史宣传教育、征集编研等基础性工作,做到全年基层党史工作有人抓,年度党史资料征集工作有人做。建立全县党史领域意识形态工作联席会议制度,明确县党史领域意识形态工作联席会议成员单位职责,严格执行党史阵地管控制度,加强审读审查涉及党史题材出版物、影视作品、场馆布展相关工作。每月定期对相关风险隐患点进行排查,实行一事一报,急事急报制度,全年未发生党史领域内意识形态问题。 (姚 燕)

■**党史宣传教育** 2021 年,县委党史编修中心助力全县开展党史宣传教育活动,加大党史宣传教育力度,扩大受众群体,党史宣传教育工作成效显著。组织全县广大党员干部学习习近平关于党的历史重要论述,习近平《论中国共产党历史》《毛泽东邓小平江泽民胡锦涛关于中国共产党历史论述摘编》,《习近平新时代中国特色社会主义思想学习问答》和《中国共产党简史》等书籍,帮助基层党员干部通过党史学习教育做到学史明理、学史增信、学史崇德、学史力行,学党史、悟思想、办实事、开新局,高标准、高水平、高质量完成党史学习教育各项任务。坚持党史学习教育“久久为功”理念,以传承党史红色文脉为目的,深化安排全县党史学习教育活动内容。县委党史编修中心、县机关工委联合在县人才公寓设立红色党史固定展牌;组织清明节纪念革命烈士宣传活动、春季“党史教育进公园主题宣传”活动、暑假中小学校青少年学党史活动、国家公祭日党史教育流动展进烈士陵园活动、开展双拥模范党史餀牌展活动等。全年累计组织宣讲 60 多场次、受教育人数 1 万多人次。县委组织部、县交运局、县文体广旅局、县档案馆(县委党史编修中心)共同创新打造 4 条“红色旅游公交专线”,将周恩来少年读书处、《苏中报》纪念馆、二妹子模范民兵连活动中心、夏凤山纪念馆、宝应工委诞生地、苏中公学纪念馆、苏中革命历史纪念馆等红色地标串联起来,在专线公交车上滚动播放宝应红色故事视频。3 月,县委党史编修中心按照扬州市委党史学习教育小组要求,联合有关部门组织申报“百年初心 传承扬州红色教育基地(首批)”,宝应周恩来少年读书处、红枫园、忆思园、夏凤山纪念馆入选扬州市有代表性 15 个红色教育基地。6 月,县委党史编修中心、县民政局以宝应县红色人物为导向,开展县域红色地名征集活动,共征集确定县域红色地名 23 处,其中柳堡镇团庄村、

3 月 17 日,县公安局特警大队举办党史学习教育讲座　　姚 燕/摄

西安丰镇"苏中革命历史纪念馆"入选全省100个红色地名。

（姚 燕）

■党史重点项目 2021年，县委党史编修中心发挥党史资政育人作用，采用多种传播方式，充分利用报纸、电视、互联网、手机客户端、微信公众号、视频号等新媒体矩阵优势，实现党史宣传教育全方位、多渠道、广覆盖。组织实施地方党史和红色文化宣传8个重点项目，全县通过各种渠道接受地方党史和红色文化宣传教育人数20多万人次。8个重点项目分别是：录制红色"有声档案"20期音频节目、拍摄"回望百年"10集专题电视片、出版《荷乡溯初心》红色书籍、制作"红色有声专线"音频专题节目、在《宝应日报》开设100期党史宣传教育专栏、制作全县红色场馆系列宣传推介片、组建党史学习教育宣讲团、举办红色历史知识竞赛答题活动等。

（姚 燕）

■党史编研成果 2021年，县委党史编修中心地方党史编研工作成果丰硕。《中共宝应地方党史》（第三卷）编修完成第三稿修改任务进入终审阶段，全书共15章、45万字。书稿编写历经3年，经专家评审，全书内容政治观点正确，资料翔实可靠。完成《中共宝应县党史大事记（2021）》基础资料汇编工作，并打印成册。《追寻——忆宝应峥嵘岁月》回忆录编纂完成初稿，全书共73篇、24万字。该书内容以苏中军民在革命战争时期经历者的口述稿为主，集中体现苏中军民精忠报国，勇于担当的英雄气概和勇往直前的铁军精神，是对全县广大党员干部尤其是青年干部进行理想信念教育的生动教材。按照省委党史工办关于组织编纂《雨花台烈士传丛书》要求，县委党史编修中心组织编纂《成贻宾传》正式出版发行，书稿共7.5万字，着重讲述成贻宾走上革命道路，反对国民党反动统治，牺牲在新中国成立前夕的英雄事迹。按照省市组织编辑出版《江苏扶贫实录》、扬州市编辑出版党史书籍《初心之旅》《初心之铭》《初心之志》要求，完成相关宝应地方党史20个红色村镇故事和夏凤山、华克之等7位宝应籍英雄人物史料征集编撰、文字修改和相关图片资料报送工作等。推进全县各镇（区）红色资源普查工作，完成《宝应红色资源汇编》编纂出版工作。发挥宝应革命根据地资源优势，开展"宝应革命精神课题项目"研究等。

（姚 燕）

■党史征集布展 2021年，县委党史编修中心加强党史征集布展工作。组建党史资料征集专业队伍，继续收集新民主主义革命时期党史资料，深入挖掘社会主义革命和建设时期党史资料，集中开展改革开放和社会主义现代化建设新时期党史资料征集工作，重点开展中国特色社会主义新时代党史资料整理工作。抢救党史"活"资料，做好领导干部个人留存党史资料收集整理工作，收集整理重要党史文献资料，加快征集改革开放、脱贫攻坚、援藏援疆援陕、新冠疫情防控等专题口述史料。依托红色教育基地，盘活红色基地资源，对全县革命文物和党史遗址遗迹整理备案，提出具体保护和利用建议、意见，形成调研普查汇总资料，整理出版《红色谱系》一书。推进红色纪念场馆建设，加强与西安丰镇、柳堡镇、射阳湖镇协作，加快推进红枫园（新四军文化园）布展审核工作，安排专人负责，全面对接指导西安丰镇实施红枫园（新四军文化园）建设、布展项目，全过程提供党史史料，参与外出调研、方案起草、内容审核等工作；指导柳堡镇"夏凤山烈士纪念馆"布展开馆工作，做好广洋湖镇"党建领航中心"布展审核把关、小垛村史馆文字布展工作等。经调查研究，选择全县有重大影响的党史纪念场馆、革命遗址遗迹作为全县党史教育基地，分批进行挂牌，组织申报省、市党史教育基地。加大红色场馆保护建设力度，根据不同主题红色资源分布情况，打造西安丰、射阳湖、柳堡等红色文化旅游集聚区，将红色文化资源与乡村生态旅游、市民休闲公园建设相结合，使红色资源与旅游融合发展，促进红色文化资源可持续发展。

（姚 燕）

档案工作

■概况 2021年，宝应县档案馆以服务大局、服务社会、服务民生为导向，积极履行国家综合档案馆职能，坚持新冠肺炎疫情防控和档案工作目标任务"两手抓"，推动各项工作有序开展，在红色档案资源开发、档案资源建设、信息化建设、档案安全管理等方面取得显著成效。提升查档利用服务中心窗口服务效能，全年为基层党组织提供规范性文件查找出证服务，为各镇（区）编史修志提供档案资料；拓展民生档案查档服务渠道，实现窗口接待查档、电话查档、信函查档、异地查档、"12345"政务服务热线转办查档等多渠道查档服务一体化。节假日和疫情防控期间，全面实行查档服务"绿色通道"，推行查档服务"网上办""掌上办"，实行电话咨询查档、网络预约查档、跨馆服务查档等健康安全查档模式，确保节假日和疫情防控期间查档服务优质便捷。全年接待各类民生档案查档人数4141人次，调阅档案5602卷（件）次，办理外地有关部门信函查档及"12345"热线转办的求助类服务9例，查档服务满意率100%，投诉率为零。加强档案宣传，利用"6·9"国际档案日、建党百年等重要时间节点举行档案宣传周系列活动，提高社会公众利用档案、保护档案的意识和能力。县委办公室、县融媒体中心、县档案馆联合举办"档案话百年"主题活动，组织开展档案广场宣传、专题展览、主题征文、档案法治宣传等系列活动，依托馆内“宝应历史文化暨中国共产党在宝应”展览馆，协助机关企事业单位和镇（区）、村（社区）党员干部、市民代表等开展爱国主义和清正廉洁等主题教育活动，全年接待中小学生、在校大学生、机关干部、在外乡贤等5000多人走进档案馆。开展新修订《中华人民共和国档案法》学习宣传活动，利用查档服务大厅、“宝应档案史志网”“宝应档案在线”微信公众号，以及印发宣传册，开展档案法规主题宣传活动6次、受众人数3000余人次。全年在各级网站发布档案工作信息90篇，其中市级网站录用22篇，省级网站录用10篇，微信公众号推送档案信息25篇。加大档案人才培养力度，县档案馆全年获评副研究馆员职称2人、入选江苏省档案专业技术资格评审专家库1人、入选扬州市档案专家1人。县档案馆宣传工作获评江苏省档案馆先进集体二等奖，获命名2019—2020年度“扬州市文明单位”、扬州市“工人先锋号”，获县委、县政府表彰“县机关部门综合考核一等奖”“县机关部门工作创新奖”。

（鲁艳秋）

■档案资源征集 2021年，县档案馆根据《中华人民共和国档案法》相关规定，强化档案资源建设，坚持常态化、制度化、规范化开展档案资源征集和接受工作，全县第一批新冠肺炎疫情防控档案共5729件全部接收进馆，并启动第二批疫情防控档案接收进馆工作。开展十三五期间精准扶贫档案进馆工作，收集进馆精准扶贫档案1065件，档案目录1112条，同步完成精准扶贫档案数字化挂接工作。加大全县红色档案、劳模档案、扶贫档案征集力度，全年征集进馆国家级书法家创作的红色书法作品12件，各类图书68本、疫情期间出入证58张、家谱8册，“1962年中共中央国家领导人毛泽东、刘少奇、周恩来、朱德、邓小平接见国庆节各民族参观团代表合影”、宝应县历代党代会老照片、淮剧《浪起宝应湖》影像作品、对越自卫反击战宝应籍战士照片等影像资料档案共30张，红色实物档案、江苏省劳模实物档案共102件。

（鲁艳秋）

■档案编研利用 2021年，县档案馆立足发挥馆藏档案“存史泽世，资政育人”作用，档案编研工作坚持“以利用为中心”指导思想，加大档案编研工作力度，提升档案编研工作社会效益。组织录制《有声档案》视频，以宝应县革命历史名人、风土人情、英雄故事和重要事件为主要素材，讲述宝应系列红色故事。《有声档案》视频共制作20个，每个时长5～9分钟。拍摄《回望百年》专题电视片。主要分为《薪火传承》《湖荡雄狮》《水乡变迁》等10集，每集10分钟、全长100分钟，通过照片展示、人物采访、讲述故事、现场拍摄等形式，运用点面结合、情景再现等手法，回顾100年来全县党的建设、经济发展、城市建设、交通事业、社会事业及人民生活发生的巨大变化。《回望百年》专题电视片在宝应县电视台黄金时间播放，同步在各大主流媒体推送，县委党史学习教育领导小组办公室专门印发文件组织全县党员干部学习，对助力全县党史学习教育发挥重要作用。

（鲁艳秋）

6月9日，宝应县举办“6·9国际档案日”系列活动启动仪式

县档案馆/供稿

■基层档案规范化 2021年，县档案馆有序推进基层档案规范化建设，组织基层单位参加江苏省档案工作等级评定。全年完成基层单位档案工作等级评定44家。其中，江苏有线网络发展有限责任公司、江苏飞宇建设工程有限公司、江苏天宇建设集团有限公司3家企事业单位，经评审获认定“江苏省档案工作二星级”；持续推进村级档案提档升级工程，41个村（社区）档案工作经评审获认定“江苏省档案工作二星级”、累计108个村（社区）档案工作达省二级标准，占全县村（社区）总数40%。创成档案工作省二级村（社区）档案规范化管理水平显著提升，均做到有档案室、有密集架、有规范整理实体档案、有专用档案软件管理、有专兼人员管理“五有”要求，为新农村建设提供档案支持。围绕基层档案规范化建设，开展档案规范化建设业务培训，按照《村级档案分类大纲》要求，对文书档案、会计档案、村民档案、乡村记忆档案、声像实物档案收集整理归档进行详细讲解，全年参加培训基层档案人员600多人次。

（鲁艳秋）

■档案信息化建设 2021年，县档案馆继续推进档案信息化建设。加快推进档案数字化扫描进度，全年完成档案数字化扫描54.5万页，其中完成馆藏档案数字化扫描51.3万页，完成县级机关、镇（区）机关2011年度、2012年度、2020年度文书档案数字化扫描3.2万页。同时，及时完成年度数字化档案数据库录入、格式转换、挂接及上网运行工作。至年底，县档案馆累计完成档案电子目录输入191.7万条、档案数字化扫描1581.3万页、占馆藏档案总数98%。启动创建“国家示范数字档案馆”准备工作，对照创建工作要求，逐项对照、量化指标，对馆藏档案目录数据、全文数据进行全面核查校对，及时处置数字化档案漏挂、错挂问题，全面提升档案数据库运行质量。开展建设县档案馆镇（区）档案查阅便民服务平台试点工作，首批试点单位望直港镇、西安丰镇2个镇，依托镇政府行政审批局政务服务中心建立档案查阅便民服务平台，为乡镇居民提供就近查档服务。（鲁艳秋）

■档案安全管理 2021年，县档案馆严守档案安全底线，建立健全档案管理责任制，将档案安全工作纳入各科室及相关岗位人员年度考核，明确专人每天检查记录各楼层安全情况。举办全员档案消防安全教育培训，加强日常安全管理，对库房消防、照明、门禁监控、精密空调等重点部位安全实行定期巡查、重要节假日专项检查相结合。加强实战应急演练，全年邀请县消防救援大队专业人员开展消防安全知识业务培训1期、实战应急演练1次。加强档案信息安全管理，加强数字化加工场地和加工系统安全防范，按规范要求进行物理和技术安全防护，与外包人员签订保密协议，各项制度张贴上墙。定期检查档案数字化存储数据，建立电子归档制度和文件管理记录系统，对重要档案数据实施异地异质备份。加强县档案馆网站和新媒体安全管理，制订网站和微信公众号等新媒体档案信息发布制度。加强档案安全防控体系建设，筹集专项经费120万元，安装库房气体灭火装备，并通过专业部门验收；加强档案馆“八防”设施设备建设，升级改造恒温恒湿、防盗与防火报警、视频监控等档案库房安全保护智能化综合管理系统，实现档案库房安全全方位、全时段监控，“一站式”保护管理，建成较高水平档案安全人防、物防和技防相结合的综合安全防控体系。（鲁艳秋）

■档案行政执法 5—6月，县委办公室、县档案局、县档案馆组成执法检查组，对全县86家机关、企事业单位、14个镇（区）和列入“双随机”抽查的28家村（社区）档案工作开展执法检查。检查分为自查互查、集中检查和问题整改3个阶段。在集中检查阶段，现场听取被查单位自查情况汇报，实地察看档案安全保管设施和综合档案室建设等情况，对照百分考核细则进行综合评议并当场打分。以执法检查结果看，全县各单位2020年度档案工作和档案数字化建设取得新进展，接受检查单位全部完成2011—2012、2020年度文书档案“永久”“30年”期限数字化扫描和挂接工作、完成率100%。针对部分档案管理不规范、数字化建设不力等问题，当场与单位分管领导对接，提出限期整改意见。县委办公室、县档案局、县档案馆联合印发《关于2021年全县档案工作执法检查结果的通报》，并表彰2020年度档案工作先进集体40家、先进个人63人。（鲁艳秋）

地方志编纂

■概况 2021年，县档案馆内设机构宝应县地方志编修中心（以下简称“县方志中心”）继续贯彻落实《江苏省地方志工作条例》（2018年12月1日起施行）精神，确定全年工作目标，加强绩效考核，统筹推进镇（区）志、名镇志、村（社区）志编修和《宝应年鉴（2021）》编纂工作。至年底，全县地方志编修工作绩效显著，《安宜镇志》等10部镇志全部进入印刷出版程序。全县村（社区）志编修工作有序推进，截至年底已正式启动102家。12月，《宝应年鉴（2021）》编纂成书，正式出版发行。县地方志编修中心重视开展地方志宣传工作，利用市、县档案史志网站、微信公众号等新媒体平台及时报道方志工作动态，进行地情研究宣传，全年被市级网站录用信息10篇、在县级网站、微信公众号发布信息32篇。助力全县开展庆祝中国共产党成立100周年和党史学习教育，利用宝应县红色地情文化开展地方党史宣传教育活动，取得显著社会效益。开展地方志工作学术研究，地方志特色创新项目“‘志’存高远谱新篇——镇村志编修助力乡村振兴”参加全省地方志创新项目大赛通过市级复赛。组织撰写论文《村志编修之思考》获评“2021年度江苏省地方志学术论文二等奖”。（乔福祥）

■镇志编修 2021年，县方志中心强化目标管理，针对镇志编修不同阶段，实行分时分段、差别化目标管理考核。全县镇（区）志编修第4年，在各镇（区）党委、政府及全县修志工作者共同努力下，镇（区）志编修工作取得显著成果。各镇（区）志办工作人员按照“时间服从质量”要求，对终审稿反复精细打磨，努力打造精品良志。地方志工作被纳入县委对镇（区）综合考核内容，县地方志编修中心提前规划，制订考核办法和细则，对各镇（区）从组织机构、队伍建设、办公条件、篇目设置、资料收集、初稿撰写等多方面进行全面考核。县地方志编修中心强化编修工作督查指导，将年度总体目标细化分解为月度目标，坚持编修质量和工作进度两手抓，分片召开镇（区）志编修工作会议，县志办负责人带队到各镇（区）进行业务督查指导，督查工作进度、帮助提升志稿质量，全年累计行程1.5万千米。12月，《安宜镇志》等10部镇志通过县级验收进入出版印刷程序，县地方志编修中心为保证志书印刷质量、方便全县统筹管理，分两批牵头做好镇（区）志出版印刷招标服务工作，按照招标相关文件要求，按序时完成项目前期审批、公告公示、开标中标、结果公示、签订合同等各项工作。（乔福祥）

■**名镇志编修** 2021年，县方志中心加快推进“江苏省名镇志”编纂工作。根据江苏省地方志办公室召开名镇名村志编纂研讨会提出编修全媒体志书要求，县方志中心指导曹甸镇志办、氾水镇志办对照全媒体志书标准，分别制订《曹甸名镇志》《氾水名镇志》修改方案，主要是精简志稿文字，将原文稿由30余万字压缩至10万字左右；收集高质量书内插图照片，在发动镇（区）机关部门提供照片同时，组织县摄影家协会成员帮助拍摄相关照片；收集音视频资料，积极与县广播电视台对接，列出音视频收集清单。曹甸镇志办、氾水镇志办按照全媒体志书要求，做到名镇志编修文字、图片、音视频等量齐观，分别形成独立叙事线索，相得益彰。至年底，《曹甸名镇志》编修进入排版印刷阶段，《氾水名镇志》编修完成初稿，进入上报初审阶段。（乔福祥）

■**村志编修** 全县村志编修工作于2020年5月正式启动，按照县政府办公室印发《关于加强全县村志编修工作的实施意见》，要求分期分批开展村志编修工作，按计划每个镇（区）首批启动编修村志2~4部，每部村志完成时间2年、字数20万字左右。2021年，县地方志编修中心与各镇（区）志办保持常态化联系，实时跟踪村志编修进展情况，对启动工作开展不顺利的镇（区），县地方志编修中心主要负责人多次带队与镇（区）党委、政府进行对接，帮助解决具体问题。县地方志编修中心加强业务指导，拟订村志篇目参考方案模板，深入相关村（社区）上门对接，指导村志篇目设置和修改完善工作，先后审核通过《小垛村志》《白鼠村志》《蒋庄村志》篇目设置，并向全县推广。至年底，全县正式启动村志编修工作村（社区）102个，占全县村（社区）总数35%。（乔福祥）

■**年鉴编纂** 2021年，《宝应年鉴》编纂工作秉承“质量第一，不断创新”理念，在纲目设置、条目撰写、装帧设计等方面努力突破旧模式，打造新亮点，提升年鉴编纂质量。优化纲目设置，学习参考其他县（市、区）年鉴编撰工作先进经验，立足《宝应年鉴》编纂实际情况研讨完善纲目设置，先后5次对纲目进行修改调整，努力实现纲目设置更加科学、规范、合理。加强业务指导，在组稿过程中，密切联系重点单位，特别是在条目撰写上，对相关撰稿人给以实时指导、帮助，让基层单位供稿人知晓年鉴条目写什么、怎么写，提高年鉴初稿质量。严把审读关口，对各单位年鉴稿件及时初审、复审，对不符合要求的年鉴稿件，提出修改意见，发回修正。在审稿时，严把政治关、史实关、体例关、文字关、逻辑关5个关口，特别是政治关和史实关，确保年鉴内容符合客观事实，紧跟时代主题，全面反映全县人民在新时代改革开放、经济建设及社会发展中取得的新成就、新发展、新理念。（潘 凤）

文化遗产保护

■**物质文化遗产** 宝应县历史文化深厚，物质文化遗产资源丰富。县域内考古发掘证明，新石器时代这里就有远古先民活动。印证宝应历史文化发展的物质文化遗产主要有宝应双琚商周文化遗址、汉代射阳县治所遗址、九里一千墩汉墓群、古邗沟东道码头遗址、臧陈旧址、八宝亭、孔庙大成殿、泰山殿遗址、刘氏五之堂、朱氏家祠、蒲松龄游幕宝应寓所、周恩来少年读书处、苏中公学旧址、纵棹园等，以及相继出土的包括有柄石刀、青铜宝剑、孔子见老子汉石门画像石、松烟铭文墨锭、陶器、漆器等文物数万件。至2021年底，全县被列为文物保护单位114处，其中江苏省文物保护单位7处、宝应县文物保护单位114处。

古菱齿象牙化石。于2003年9月16日在宝应县南水北调工程潼河段夏集镇万民村施工现场出土，全长4.2米、最大直径22.2厘米，呈月牙状，表面平滑，通体浅白色，夹少许棕色条纹，为国内出土同类化

宝应博物馆馆藏古菱齿象牙化石 县博物馆/供稿

古之最，被誉为“中国第一象牙”化石。据考古专家初步考证推断，该象牙化石属亚化石，为1万多年前更新世时期古菱齿象牙。古菱齿象牙化石的发现，对于研究古代里下河地区自然环境、生物状态、气候特点、地质演变等有重要意义。

双琚商周文化遗址。位于宝应县夏集镇双琚村南侧，占地面积6.24公顷，呈不规则方形，南北长260米，东西宽240米，南高北低，周边为凤凰沟所环绕，沟外是农耕区。2006年、2008年扬州市考古队和宝应博物馆两次组织对双琚商周文化遗址进行考古勘查调查，发现最早遗物为商周时期陶片，纹饰精美，做工精细，并有唐、宋、明、清时代陶瓷片，文化层内涵丰富。据初步推断，遗址处于岳石和湖熟两大文化过渡地带，是商周时期南北交流碰撞的重要区域，是古邗国所在地。该遗址的发现对于研究江淮地区当时人类活动踪迹等具有重要意义。

“九里一千墩”古汉墓群。从射阳湖镇西南赵家村起延伸至天平庄附近，东西长4.5千米，面积2000公顷，分布着大量人工封土墩，若悬盂覆釜，因其数量众多，俗称为“九里一千墩”汉墓群。据史书记载，项伯、陈琳等人坟墓就在此处。九里一千墩文物蕴藏非常丰富，曾出土“汉铜虎”“千斤镫”“双鱼铜洗”“孔子见老子石门画像石”等汉代以来陶器、青铜器、玉器、漆器文物数万件。其中，清乾隆五十年（公元1785年）出土的孔子见老子石门画像石极为珍贵，后因日寇侵占，该画像石下落不明，其拓片鲁迅曾收藏过，后为南京博物院珍藏。“九里一千墩”汉墓群因历史上平坟还田、取土烧窑、修路等破坏严重。1982年，江苏省人民政府公布祭墩、竹墩、畚墩为“江苏省文物保护单位”。

刘堡减水闸。位于宝应县城南8千米处、京杭大运河宝应段东岸西坡。2011年9月，宝应县水利部门在实施运河码头整治归并工程中发现该减水闸。经考古调查和结合文献资料研究证明，该减水闸系明代运河水利设施一处重要遗存。刘堡减水闸建于明万历十二年（公元1584年），后历经修缮，但仍于清乾隆年间淤塞废弃。该减水闸东西长14.24米，南北宽3.44米，涉及面积1244平方米，是研究明代水运史、运河水利工程史以及水闸构造工艺、明代堤防结构等重要实物依据，具有较高科学、艺术、历史研究价值。2014年6月，第38届世界遗产委员会宣布中国大运河成功入选世界文化遗产名录。其中，刘堡减水闸被列为大运河遗产点。2014年9月25日，县文物部门在刘堡减水闸树立“世界遗产”标志牌。

宝应学宫。始建于宋嘉定间，数次毁于兵乱。历经重葺、增建，至清中叶，形成一定规模。20世纪80年代，仅存大成殿、明伦堂，其他建筑均成遗迹。1992年重新修缮大成殿，2007年对照壁、迎秀桥、泮池、戟门、棂星门、大成殿、明伦堂、鼎甲坊等建筑进行较大规模维修复原。宝应学宫是千年古县文脉之根，其建筑富有浓郁的地方特色和丰富的历史信息、人文内涵。2019年以来，宝应学宫先后被评为“江苏省第八批省级文物保护单”“江苏省社科普及示范基地”。宝应学宫明清两代近500年时间内，从这里求学、起步走向科举之路，考中进士50余人，举人700余人，贡生500余人。是宝应历史上培育精英人才的摇篮，也是淮扬运河线上仅存比较完整的祀孔儒学建筑群。宝应博物馆连续第6年在学宫举办“颂圣德、扬儒风——祭孔大典”活动，向公众全面展示传统文化丰富历史文化内涵，充分发挥文化遗产展示在公共文化服务中“传承文明、教育人民、服务社会、推动发展”的现代功能。（倪学萍）

■文物保护 2021年，县博物馆完成全县“江苏省文物保护单位”7处的单体文物核定工作，做好县级文物保护单位114处基础信息系统录入及责任主体公示挂牌工作，明确各个文物结构、文物本体范围、文物管理责任人；联合南京大学考古所制订完成《射阳湖镇九里一千墩汉墓群及射阳古城考古调查勘探工作方案》，获江苏省文物局批复实施；藏品管理工作顺利通过省、市检查并获好评；实施馆藏陶瓷器修复项目和文物预防性保护项目通过省级验收。县博物馆积极开展文物征集工作，根据群众提供信息开展现场勘查、跟踪服务，全年入藏革命文物、民国家具、碑刻等文物83件。其中，周恩来表哥陈式周孙女捐赠革命文物21种77件，包括陈式周生前使用的生活用品、学习文具和各类书籍以及周恩来的珍贵相片等。县博物馆申报的“博物馆安防系统提升项目”“馆藏古字画修复项目”“宝应学宫防雷系统项目”等文物保护项目方案获江苏省文物局批准。（倪学萍）

表36 宝应县文物保护单位一览表

名称	级别	类别	地址	批准时间
周恩来少年读书处	省级	近现代重要史迹及代表性建筑	县南街水巷口3号	2002年
九里一千墩汉墓群	省级	古墓葬	射阳湖镇射南村	1982年

续表

名称	级别	类别	地址	批准时间
朱氏家祠	省级	古建筑	小石头街 8 号	2011 年 12 月
刘氏五之堂	省级	古建筑	姜家巷 13 号	2011 年 12 月
同松药店	省级	古建筑	南大街 54 号	2011 年 12 月
宝应学宫	省级	古建筑	小新桥 25 号	2019 年 3 月
双据遗址	省级	古遗址	夏集镇双据村	2019 年 3 月
蒲松龄供职旧址及住所	县级	古建筑	安宜镇原县政府大院	2008 年 6 月
孙荫亭故居	县级	古建筑	安宜镇磨子口 7 号	2008 年 6 月
安平驿站遗址	县级	古遗址	安宜镇北门外大街西	2008 年 6 月
关帝庙遗址	县级	古遗址	安宜镇北门外大街 109 号	2008 年 6 月
宝应故城遗址	县级	古遗址	安宜镇老城区	2008 年 6 月
御码头遗址	县级	古遗址	安宜镇老西门外运河堤坡南门大码头	2008 年 6 月
宋泾河遗址	县级	古遗址	安宜镇老城区	2008 年 6 月
运河故道遗址	县级	古遗址	安宜镇西门向北 100 米	2008 年 6 月
嘉定桥遗址	县级	古遗址	安宜镇叶挺路	2008 年 6 月
画川书院遗址	县级	古遗址	安宜镇枞棹园内	2008 年 6 月
一宿庵	县级	古遗址	安宜镇南大码头巷	2008 年 6 月
戚家汪遗址	县级	古遗址	安宜镇纵棹园西侧	2008 年 6 月
王式丹故居	县级	古建筑	安宜镇学宫西南多智桥 19 号	2008 年 6 月
王懋竑故居	县级	古建筑	安宜镇姜家巷 4－19 号	2008 年 6 月
王凯泰故居	县级	古建筑	安宜镇朱家巷 42－7	2008 年 6 月
高朗亭故居	县级	古建筑	安宜镇北门外	2008 年 6 月
毛家当铺	县级	古建筑	安宜镇保卫巷 8 号	2008 年 6 月
杜家大院	县级	古建筑	安宜镇北门外西灯笼巷内 6－6 号	2008 年 6 月
明清县署	县级	古遗址	安宜镇原县政府大院	2008 年 6 月
跃龙关	县级	古建筑	安宜镇南城根路与运河堤连接处	2008 年 6 月
圆通禅寺	县级	古建筑	安宜镇水门桥 46 号	2008 年 6 月
清真寺	县级	古建筑	安宜镇罗巷口	2008 年 6 月
成肇麟故居	县级	古建筑	安宜镇敬老院内	2008 年 6 月
朱氏兄弟三进士宅	县级	古建筑	安宜镇朱家巷 34 号	2000 年 5 月
得宝河遗址	县级	古遗址	安宜镇学墩巷附近	2000 年 5 月
泰山殿遗址	县级	古建筑	安宜镇立新巷 1～8 号	2000 年 5 月
蝴蝶厅	县级	古建筑	安宜镇叶挺路 115 号	2000 年 5 月
刘宝楠故居	县级	古建筑	安宜镇芦家巷 28 号	2000 年 5 月

续表

名称	级别	类别	地址	批准时间
纵棹园	县级	古遗址	安宜镇安宜东路 2 号	2000 年 5 月
张仙庙桥	县级	古遗址	安宜镇张仙庙桥	2000 年 5 月
广惠桥	县级	古遗址	安宜镇南门大街	2000 年 5 月
抗倭战场遗址	县级	古遗址	安宜镇小南门外运河东堤	2000 年 5 月
八宝亭遗址	县级	古遗址	安宜镇县南街	2000 年 5 月
北宋墓群遗址	县级	古墓葬	安宜镇原建筑公司院内	2000 年 5 月
泰山殿石狮	县级	石刻	安宜镇纵棹园门口	2000 年 5 月
卞家大院	县级	古建筑	安宜镇县南街 35 号	2017 年 3 月
宝塔根遗址	县级	古遗址	安宜镇跃龙关 12 号	2017 年 3 月
迎秀桥	县级	古遗址	安宜镇学墩社区小南门北侧	2017 年 3 月
宝应汽车站旧址	县级	近现代重要	安宜镇学墩社区运河路 270 号	2017 年 3 月
龟驼碑	县级	石刻	宝应学宫	2017 年 3 月
乔莱墓	县级	古墓葬	射阳湖镇射南村	2008 年 6 月
臧陈旧址	县级	石刻	射阳湖镇官巷口	2008 年 6 月
龙竿寺遗址	县级	古遗址	射阳湖镇西侧	2008 年 6 月
苏中军区暨新四军一师练兵场旧址	县级	近代史迹	射阳湖镇王坤村	2008 年 6 月
苏中军区后方总医院旧址	县级	近代史迹	射阳湖镇落潮村	2008 年 6 月
苏中银行旧址	县级	近代史迹	射阳湖镇油坊村	2008 年 6 月
新四军江淮印钞厂旧址	县级	近代史迹	射阳湖镇林上村村部	2008 年 6 月
《苏中报》报社旧址	县级	近代史迹	射阳湖镇射南村	2008 年 6 月
新四军华中军械处第一总厂旧址	县级	近代史迹	射阳湖镇油坊村	2008 年 6 月
新四军苏中榴弹厂旧址	县级	近代史迹	射阳湖镇戴堡村	2008 年 6 月
射阳故城遗址	县级	古遗址	射阳湖泊镇西侧	2000 年 5 月
水泗潘舍新石器文化遗址	县级	古遗址	射阳湖镇潘舍村	2000 年 5 月
双女岗及石门画像出土点	县级	古遗址	射阳湖镇平江村	2008 年 6 月
古邗沟	县级	古遗址	射阳湖镇北	2008 年 6 月
天宫寺	县级	古遗址	射阳湖镇槐树村	2008 年 6 月
双女冈汉墓	县级	古墓葬	射阳湖镇平江村	2008 年 6 月
射阳湖瞭望塔	县级	近现代	射阳湖镇臧陈社区射阳湖畔	2017 年 3 月
射阳湖镇革命烈士墓	县级	近现代	射阳湖镇臧陈社区	2017 年 3 月
陈丕显射阳居住旧址	县级	近现代	射阳湖镇王坤村吉家舍 65 号蔡新桂家	2017 年 3 月
张藩射阳居住旧址	县级	近现代	射阳湖镇王坤村吉家舍 65 号于敏扬家	2017 年 3 月
定善寺遗址	县级	古遗址	曹甸镇古塔村	2008 年 6 月

续表

名称	级别	类别	地址	批准时间
阎若璩墓	县级	古墓葬	曹甸镇古塔村	2008 年 6 月
药师庵	县级	古建筑	曹甸镇甄庄	2008 年 6 月
华中造纸厂原址	县级	近代史迹	曹甸镇李沟村	2008 年 6 月
曹甸汉墓	县级	古墓葬	曹甸镇古塔村	2008 年 6 月
曹甸革命烈士墓	县级	近代史迹	曹甸镇曹南村	2000 年 5 月
苏中公学旧址	县级	近代史迹	曹甸镇金吾村	2000 年 5 月
刘师恕墓	县级	古墓葬	曹甸镇古塔村	2000 年 5 月
定善寺石狮	县级	石刻	曹甸镇烈士陵园内	2000 年 5 月
古象牙化石出土点	县级	古遗址	夏集镇万民村	2008 年 6 月
潼口寺	县级	古遗址	夏集镇潼口村	2008 年 6 月
重修潼口寺碑记	县级	石刻	夏集镇潼口村	2000 年 5 月
董氏墓葬遗址	县级	古墓葬	望直镇蛤拖村	2008 年 6 月
衡家牌坊遗址	县级	古遗址	望直港镇牌楼村	2017 年 3 月
顾氏三举人墓	县级	古墓葬	望直港镇狮庄村二组	2017 年 3 月
祁书臣烈士墓	县级	近代史迹	望直港镇月蟾村杜廒组	2017 年 3 月
小官庄汉墓遗址	县级	古墓葬	小官庄镇天海大桥南	2008 年 6 月
乔可聘墓遗址	县级	古遗址	氾水镇柘沟村柘东组	2000 年 5 月
氾水汉墓遗址	县级	古墓葬	氾水镇胜利居委会	2000 年 5 月
宝应氾水涵洞	县级	近代史迹	氾水镇新农村	2017 年 3 月
宝应湖退水闸	县级	近代史迹	宝应湖大汕隔堤东段、氾水镇湖滨村与金湖县唐港镇交界处	2017 年 3 月
南运西闸	县级	近代史迹	氾水镇金宝渔业村	2017 年 3 月
祁家大院	县级	古建筑	氾水镇红旗居委会五一北路 145 号	2017 年 3 月
苗家大楼	县级	古建筑	氾水镇红旗居委会五一北路 144 号	2017 年 3 月
刘宝楠墓遗址	县级	古遗址	黄塍镇徐甸村	2000 年 5 月
苏中区党委驻地旧址	县级	近代史迹	西安丰镇太仓村	2008 年 6 月
苏中党校故址	县级	近代史迹	西安丰镇林溪村	2008 年 6 月
黄公正起义故址	县级	近代史迹	西安丰镇崔渡村	2008 年 6 月
西安丰烈士陵园	县级	近代史迹	西安丰镇兴安北路	2008 年 6 月
粟裕居住旧址	县级	近代史迹	西安丰镇太仓村 5 组 9 号乐夕之家	2017 年 3 月
陈丕显居住旧址	县级	近代史迹	西安丰镇太仓村 3 组 18 号乐恩达家	2017 年 3 月
叶飞居住旧址	县级	近代史迹	西安丰镇太仓村 5 组 31 号乐永康家	2017 年 3 月
苏中公学校部旧址	县级	近代史迹	西安丰镇太仓村	2017 年 3 月
华中印钞厂总管处旧址	县级	近代史迹	西安丰镇崔渡村兴中组	2017 年 3 月

续表

名称	级别	类别	地址	批准时间
江淮印钞厂旧址	县级	近代史迹	西安丰镇崔渡村兴中组	2017 年 3 月
首演甲申记大舞台旧址	县级	近代史迹	西安丰镇太仓村东首	2017 年 3 月
盐淮宝边区办事处旧址	县级	近代史迹	西安丰镇真武路 43 号镇校办室内	2017 年 3 月
中共苏中宝应县委县政府成立旧址	县级	近代史迹	西安丰镇虹桥路大巷口一号梁星洪家	2017 年 3 月
仲兰家族墓	县级	古墓葬	泾河镇钱庄村	2000 年 5 月
泾河小涵洞	县级	古建筑	泾河镇泾河村大运河东堤	2017 年 3 月
刘家潭红色交通站旧址	县级	近代史迹	泾河镇黄浦初级中学旧址	2017 年 3 月
古兰亭寺遗址	县级	古遗址	广洋湖镇兰亭村一组	2017 年 3 月
广洋湖镇革命烈士墓	县级	近代史迹	广洋湖镇广中路	2017 年 3 月
陶林粮仓	县级	近代史迹	鲁垛镇陶林村	2017 年 3 月
荡口石人像	县级	石刻	鲁垛镇荡口村石东组	2017 年 3 月
山阳大闸	县级	近代史迹	山阳镇杨河村双闸组	2017 年 3 月
宝应县烈士陵园	县级	近代史迹	大桥居委会南港组	2000 年 5 月

（倪学萍）

■非物质文化遗产 宝应县非物质文化遗产资源丰富、特色鲜明、类型多样。县文化部门于 2006 年 4 月至 2009 年 6 月通过全面开展非物质文化遗产普查工作，共收集非物质文化遗产线索 554 条，经加工整理形成资源项目 209 项，先后入选“江苏省非物质文化遗产名录”3 项，入选“扬州市非物质文化遗产名录”34 项，入选“宝应县非物质文化遗产名录”项目 54 项。

宝应淮剧。宝应历史悠久，文化积淀深厚，素有淮剧之乡美誉。淮剧有两大流派，分为东路淮剧和西路淮剧。宝应是西路淮剧早期发源地，起源于清道光至光绪年间，是当地群众喜闻乐见的唯一地方剧种，在中国戏剧史上占有重要地位。宝应淮剧是平民剧，剧情大多是以家庭悲欢离合构思出生动曲折情节内容，劝人为善。宝应淮剧具有很高的艺术价值，其唱腔早先源于世代流传的地方小戏香火戏中民间经典小调“香火调”“淮蹦子”“门叹词”等，地方特色浓郁。徽戏班进入县域之后，香火戏常与徽戏同台或合班演出，得以大量吸收徽戏艺术成就，被称为“徽夹可”“皮夹可”，曲调逐步增加“拉调”“自由调”“大悲调”“下河调”“兰桥调”“补缸调”“八段锦”等。表演形式从只唱不做到开始注重“一引、二白、三笑、四哭”等表演程式。同时，吸收徽戏武功，与其原有武术、杂技相融合，其间还出现一些以武戏见长的剧目和演员。宝应淮剧演出剧目部分移植徽剧剧目，许多由老艺人根据民间传说和历史故事编排积累而成，传统剧目有《秦香莲》《蔡金莲》等“九莲”，《王月英》《陈凤英》《苏凤英》等“十三英”，《孝灯记》《琵琶记》等“七十二记”；武打传统戏有“打瓦”“打店”等“十打”。20 世纪 60 年代主要演出革命现代样板戏《红灯记》

4 月 3 日，县文体广旅局牵头举办“宝应古戏台淮剧惠民展演”活动

王红霞/摄

《智取威虎山》《沙家浜》《杜鹃山》《龙江颂》《红嫂》等。20世纪80年代以来，主要演出传统剧目有《牙痕记》《莲花庵》《李三娘》《赵五娘》《三娘教子》《三女抢板》《白蛇传》《窦娥冤》等。20世纪90年代以来，宝应淮剧团改编创作和演出的古装淮剧《双玉蝉》，以及大型现代淮剧《杨柳湾》《月亮桥》《养蛇女》《悠悠柳河情》《湖畔风雨情》《浪起宝应湖》等多次在省、市、县获奖。宝应淮剧给全县人民带来极大精神享受，听淮剧、看淮剧、唱淮剧是宝应人民重要业余文化生活，在射阳湖镇、曹甸镇、西安丰镇、泾河镇、山阳镇等许多地方是远近闻名的"戏窝"。县淮剧团从1958年成立开始从未停止演出活动，全县各镇（区）均有农民淮剧团，淮剧爱好者自发成立多个淮剧票友协会。2011年，宝应淮剧入选"江苏省非物质文化遗产"。

宝应鹅毛雪片（藕粉）制作技艺。鹅毛雪片（藕粉）是宝应藕制品当家产品之一，它以独特的技艺在宝应民间世代传承，流传至今。据考证，宋元时期，宝应荷藕已成为大宗土特产品，藕粉生产技艺被千家万户藕农所掌握，中秋节吃团圆饭，饭桌上必有捶藕、藕夹、藕饼、藕粉圆等藕菜品。此风俗至今仍在宝应民间广为流传。明清时期，宝应地区技艺高超的藕农制作的藕粉，因其外形洁如霜雪、白似鹅毛，被称为"鹅毛雪片"，清代被列为朝廷贡品，又称"贡粉"。1931年《宝应县志》载："宝应贡纻布、淮白鱼、藕粉。"又载："他邑藕多红莲，独邑白莲，粉尤精洁，故采办作贡。每秋八九月，官发价，市新白莲藕，于常平仓设厂，雇夫督办，取藕去皮节，擦滤浆晒，削成粉，名鹅毛雪片，质轻粹，差可拟也。每岁正贡八十斤，装解知府衙门，照价给领，与民无与云。"乾隆四十九年（1784年），宝应干旱严重，数十万亩良田失收，干旱藕少，缺乏进贡藕粉，时任宝应知县、浙江钱塘进士吴春潆，从杭州调来藕粉应差，冒名顶替进献给皇上，方解宝应之困。他遍访民间制作藕粉高手，亲自钻研，加以归纳整理，写下专门介绍"鹅毛雪片"制作工艺的《藕粉记》。1933年《江苏全省物品展览会特刊》载："宝应植藕85000亩，亩产1500斤，年产藕12750万斤，藕粉2000担，品质纯真，性黏味美，富营养质。"此记载还见于当时《苏报》和《中国实业志》。时至今日，这种古老的传统技艺仍被宝应藕农所使用，"鹅毛雪片"仍是宝应享誉一方的地方特产。20世纪90年代，中国民主同盟中央委员会名誉主席费孝通曾到宝应县射阳湖镇考察，品尝用"鹅毛雪片"制作的藕粉圆，十分赞赏，称"藕粉圆形如弹丸，娇嫩肥泽，色似一颗颗没有去壳的鲜荔枝，入口着舌，甜而不腻，厚而不实，不脆不酥，非浆非固，嚼及其核，桂香满口。"鹅毛雪片（藕粉）制作工艺为清料、擦浆、吊浆、沉淀、捏团、刀削、晒干等过程。鹅毛雪片（藕粉）制作工艺过程古人总结为"捣藕于古臼中，以布滤其汁，及其澄清，取下淀之粉晒干之。食时和以糖，取沸水冲之。"其实这种技艺看似简单，做起来却并不容易，每个环节都有难以把握的"藕经"。2008年，宝应鹅毛雪片（藕粉）制作技艺被公布为江苏省非物质文化遗产。

黄塍跑马阵。又称跑马灯，流传于黄塍镇一带，是由纪念汉武帝时期江都王刘建之女刘细君远嫁乌孙国、元帝时期王昭君匈奴和亲的历史故事，演变形成由人配以马灯道具在广场表演的大型舞蹈。民国期间，广为流行。黄塍跑马阵气势宏大，舞蹈节奏欢快、动作粗犷，表现劳动人民团结和睦、勤劳勇敢、潇洒豪迈精神风貌。演出一般由40人组成，参与跑阵的28人分成两队，由头旗、二旗各领一队；马灯道具多样，马分五色，有赤兔马、黄骠马、白龙马、乌骓马和桃花马；演出时，将马灯扎在身子前后，马项系铃铛，马头戴红缨，表演者身着鲜艳服饰、手执各式马鞭进行表演；一场表演一般要跑10多个阵图，主要有元宝阵、一字长蛇阵、八门金锁阵、双龙出水阵、八卦太极阵、剪子股等。黄塍跑马阵音乐多以打击乐为主，主要有鼓、锣、唢呐等，唢呐主要吹奏马的嘶鸣声。黄塍跑马阵曾参加扬州地区文艺会演、扬州市首届琼花节民俗文艺演出、江苏省民间文艺会演，以独特的、特有的艺术魅力获得专家和观众的极高评价。2016年，黄塍跑马阵入选江苏省第四批非物质文化遗产名录。

曹甸十番锣鼓。源于宫廷昆曲音乐，集演奏、演唱、敲打为一体，经艺人改造融入里下河区域特有的民间乐曲，清末起在曹甸一带广为流传。1956年8月，十番锣鼓代表宝应县参加扬州专区民间舞蹈汇演，获优秀表演奖。曹甸十番锣鼓的演奏形式一般为"坐式""行式"2种。"坐式"为10多名乐师在司鼓指挥下，坐在扎有五彩绸绫、各色琉璃灯装饰的竹亭内演奏；"行式"为边走边演奏，由7位乃至36位壮汉抬起竹亭，乐师们在亭内演奏。曹甸十番锣鼓使用的乐器有各种型号班鼓、堂鼓、铜锣、钗、钹、号筒、碰铃、木鱼、搭板；笛、箫、笙、管、软弓、硬弓、琵琶、三弦。十番锣鼓旋律时而快如疾风骤雨，时而慢似行云流水，气势雄壮。演唱的词曲能贴近时代和生活，体现里下河区域民俗风情，具有丰富的文化内涵和较高的艺术欣赏价值，被列入"扬州市第一批非物质文化遗产名录"。

夏集车水号子。夏集车水号子已有千余年历史，又称"锣鼓车"号子，最早流行于郭氏桥、子婴河与夏集一带。夏插时，种田大户请壮汉小伙子踩"龙骨车"车水灌溉，4～6人1班，两班轮流，歇人不歇车。其中1人敲鼓，1人敲锣，边踩边唱，起到提神助力作用。明清至民国时期，夏集车水号子有显著发展，明冯梦龙时调集、清郑板桥《道情十首》均曾作为夏集车水号子歌唱内容。民国宝应名士冯立生曾赋诗赞颂夏集车水号子曰："水乡何处作巧手，戏漩涡，原是串串坠田歌，刚放眼线钓音出，又闻天籁摇鼓锣。"晚清至民国初期，夏集车水号子与秧歌号子对赛，成为夏集庙会上必演节目。1955年底，夏集镇文化站站长郑诚自编自演车水号子《绣兜兜》，参加在北京举办的全国第二届民间音乐舞蹈汇演，广受赞誉，并得到刘少奇、周恩来、朱德等党和国家领导人亲切接见。夏集车水号子与车水节奏密切吻合，一般仅用小锣小鼓伴奏，通常采用领唱加合唱形式，其旋律跌宕起伏，时而激昂高亢，时而婉转悠扬，时而粗犷奔放，时而情爱绵绵，内容丰富多彩。其中，用于调节劳动情绪，减除疲劳的歌曲如《绣兜兜》《二人花鼓》《叫我来我就来》《十劝郎》《四句头》《穿十字》《西凉月》《说头字》《锄头调》《凤凰调》等；用于漫录人间诙谐幽默，反映农民疾苦的歌曲如《唱唱有点难》《粮食全光》等；用于表达男女爱情，追求婚姻自由的歌曲如《宁死也要求自由》《送情哥》等；用于歌颂古今英雄，蔑视抨击敌人的歌曲如《唱段刘关张》《新四军不怕鬼子凶》等。夏集车水号子在当地世代口口相传，新中国成立后整理出车水号子歌曲120首，其中22首入选《扬州歌谣集》。郑诚在全国第二届民间音乐舞蹈汇演中演唱的《绣兜兜》《社会主义花开万年红》等曾被中央人民广播电台播放。后来，著名歌唱家雪飞演唱此曲，并灌成唱片。2008年，夏集车水号子被扬州市人民政府列入"扬州市第一批非物质文化遗产"。

（李 慧）

表37 宝应县市级以上非物质文化遗产代表性项目一览表

项目名称	名录等级	公布时间	项目名称	名录等级	公布时间
宝应捶藕与鹅毛雪片制作技艺	省级第二批	2009年6月	宝应德和酱油制作技艺	市级第二批	2010年6月
淮剧	省级第三批	2011年6月	氾水素鸡制作技艺	市级第二批	2010年6月
黄塍跑马阵	省级第四批	2016年1月	曹甸古塔庙会	市级第二批	2010年6月
曹甸十番锣鼓	市级第一批	2008年6月	宝应水乡婚俗	市级第二批	2010年6月
夏集车水号子	市级第一批	2008年6月	西安丰莲湘舞	市级第三批	2014年10月
宝应河蚌舞	市级第一批	2008年6月	广洋湖草编	市级第三批	2014年10月
宝应三人花鼓	市级第一批	2008年6月	曹甸小粉饺制作技艺	市级第三批	2014年10月
乱针绣	市级第一批	2008年6月	西安丰普济庵庙会	市级第三批	2014年10月
安丰卜页	市级第一批	2008年6月	柳堡福田庵庙会	市级第三批	2014年10月
小官庄玻璃吹制技艺	市级第一批	2008年6月	曹甸竹品扎制技艺	市级第三批	2014年10月
宝应"乔家白"酒酿造技艺	市级第一批	2008年6月	吉高的故事	市级第三批	2014年10月
夏集东岳庙会	市级第一批	2008年6月	沈拱山的故事	市级第三批	2014年10月
宝应民歌	市级第二批	2010年6月	宝应泰山殿传说	市级第三批	2014年10月
西安丰舞龙	市级第二批	2010年6月	乾隆与宝应故事	市级第三批	2014年10月
宝应全藕席烹饪技艺	市级第二批	2010年6月	戏剧脸谱	市级第四批	2019年9月
泾河大糕制作技艺	市级第二批	2010年6月	氾水长鱼面	市级第四批	2019年9月
宝应卢记烧饼制作技艺	市级第二批	2010年6月	梁氏保和堂黑药膏制作技艺	市级第四批	2019年9月

（李 慧）

■非物质文化遗产保护 2021年，宝应县通过实施平台建设、加强非物质文化遗产人才培养、活化项目传承等多措并举，全面系统化开展非物质文化遗产保护工作。参加省、市非物质文化遗产重点项目推广活动，组织小官庄玻璃吹制技艺、戏剧脸谱两个项目参加中国大运河博物馆开馆扬州非物质文化遗产项目展示活动；参加扬州市非物质文化遗产优秀案例评选，乱针绣扶贫项目入选市2020年度非物质文化遗产保护传承优秀实践案例；4月8日—10月8日，省级非遗项目"宝应捶藕与鹅毛雪片"、市级非遗项目

"宝应德和(康旺)酱油"在2021年扬州世园会"市井区域"展示;宝应淮剧、河蚌舞、莲湘舞、宝应民歌等多个项目亮相于5月3—5日扬州世园会宝应非遗专场演出;省级非遗项目"黄塍跑马阵"于10月8日参加扬州世园会闭园日非遗民俗展演活动。常态化开展非物质文化遗产保护宣传推广活动,举办2021年"文化和自然遗产日"非遗宣传展示活动。开展非物质文化遗产项目展示推广活动,于6月份举办"宝应古戏台"2021年传统经典淮剧惠民展演活动,业余淮剧社团9个在纵棹园古戏台演出9场大戏;组织开展"荷乡遗韵"非遗图片展进校园活动,分别在安宜实验学校、县经济开发区国际学校、宝楠国际学校、县桃园小学、县泰山小学校巡展。开展非物质文化遗产项目培训活动,先后免费开设宝应淮剧生角、旦角表演培训班,乱针绣技艺培训班,剪纸技艺培训班,戏剧脸谱绘画培训班等。舞龙、跑马阵、打莲湘等非物质文化遗产项目参加县第十四届运动会开幕式文艺表演。至年底,全县省级非遗代表性传承人2人,市级非遗代表性传承人28人,县级非遗代表性传承人34人。(李　慧)

表38　宝应县非物质文化遗产代表性传承人一览表

传承人姓名	项目名称	级别	命名时间	传承人姓名	项目名称	级别	命名时间
李德露	宝应捶藕与鹅毛雪片制作技艺	省级第五批	2020年9月	丁　娟	乱针绣	县级第一批	2011年4月
江兆友	黄塍跑马阵	省级第五批	2020年9月	付发才	乱针绣	县级第一批	2011年4月
陈鸿礼	宝应捶藕与鹅毛雪片制作技艺	市级第一批	2009年6月	姜国昌	宝应"乔家白"酒酿造技艺	县级第一批	2011年4月
梁连发	黄塍跑马阵	市级第二批	2011年6月	徐桂花	射阳湖秧号子	县级第一批	2011年4月
莫学春	乱针绣	市级第一批	2009年6月	叶春荣	山阳秧号子	县级第一批	2011年4月
朱军成	乱针绣	市级第一批	2009年6月	杨树秀	乱针绣	县级第二批	2014年4月
胡华兵	安丰卜页	市级第三批	2014年6月	筱　杨	戏剧脸谱	县级第三批	2016年5月
郭本宏	小官庄玻璃吹制技艺	市级第二批	2011年6月	周从春	曹甸古塔庙会	县级第三批	2016年5月
闵宽云	小官庄玻璃吹制技艺	市级第二批	2011年6月	郝名玲	沈拱山的故事	县级第三批	2016年5月
邵连云	宝应全藕席烹饪技艺	市级第二批	2011年6月	郭士英	宝应水乡婚俗	县级第三批	2016年5月
梁　鸽	西安丰舞龙	市级第三批	2014年6月	衡远来	西安丰普济庵庙会	县级第三批	2016年5月
卢廷彦	宝应卢记烧饼制作技艺	市级第三批	2014年6月	刁友伍	刁氏药膏	县级第三批	2016年5月
梁永清	宝应德和酱油制作技艺	市级第三批	2014年6月	刁桂华	刁氏药膏	县级第三批	2016年5月
朱　刚	氾水素鸡制作技艺	市级第三批	2014年6月	梁　岭	梁氏保和堂黑药膏制作技艺	县级第三批	2016年5月
吴春友	宝应河蚌舞	市级第四批	2017年1月	张爱民	宝应民歌	县级第四批	2018年10月
陈书元	泾河大糕制作技艺	市级第四批	2017年1月	张萍萍	宝应民歌	县级第四批	2018年10月
唐祖兴	广洋湖草编	市级第四批	2017年1月	周伏田	河蚌舞	县级第四批	2018年10月
柴阿满	曹甸小粉饺制作技艺	市级第四批	2017年1月	姜春梅	淮剧	县级第四批	2018年10月
杨长霞	乱针绣	市级第四批	2017年1月	张文俊	淮剧	县级第四批	2018年10月
王文兄	乱针绣	市级第四批	2017年1月	王丹丹	淮剧	县级第四批	2018年10月
汤祝萍	乱针绣	市级第四批	2017年1月	范秀华	淮剧	县级第四批	2018年10月
刘世昌	宝应泰山殿传说	市级第四批	2017年1月	万洪珍	淮剧	县级第四批	2018年10月

续表

传承人姓名	项目名称	级别	命名时间	传承人姓名	项目名称	级别	命名时间
汪士年	西安丰莲湘舞	市级第四批	2017 年 1 月	倪步全	淮剧	县级第四批	2018 年 10 月
柴菊喜	曹甸十番锣鼓	市级第四批	2017 年 1 月	徐永慧	乱针绣	县级第四批	2018 年 10 月
吉 杏	宝应全藕席烹饪技艺	市级第五批	2018 年 12 月	宋恩妹	乱针绣	县级第四批	2018 年 10 月
胡锡芳	宝应三人花鼓	市级第五批	2018 年 12 月	陈小华	乱针绣	县级第四批	2018 年 10 月
刘建强	淮剧	市级第五批	2018 年 12 月	杨泽军	山阳猪头肉腌制	县级第四批	2018 年 10 月
倪家凤	淮剧	市级第五批	2018 年 12 月	徐 龙	氾水长鱼面	县级第四批	2018 年 10 月
莫元花	乱针绣	市级第五批	2018 年 12 月	蒋春阳	柳堡泼糖画	县级第四批	2018 年 10 月
付 健	乱针绣	市级第五批	2018 年 12 月	季晓庆	吹糖人	县级第四批	2018 年 10 月
陈仁安	夏集车水号子	县级第一批	2011 年 4 月	钱学美	泾河捏面人	县级第四批	2018 年 10 月
蔡卫甫	乱针绣	县级第一批	2011 年 4 月	李洋甫	淮派中医术	县级第四批	2018 年 10 月

（李 慧）

文化创意产业

■概况 2021 年，宝应县加快文化产业发展步伐，基本形成以西安丰水晶、鲁垛乱针绣、曹甸教玩具、小官庄圣诞礼品产业集聚区和安宜镇软件信息产业园为代表的“四区一园”特色文化产业集聚区，以及涵盖文化娱乐业、文化旅游业、传媒广告业等在内的综合性文化产业体系。西安丰水晶、鲁垛乱针绣、曹甸教玩具、小官庄圣诞礼品 4 个文化产业集聚区均创成扬州市服务业集聚区，先后创成江苏省文化产业示范基地 1 个，扬州市文化产业示范基地 4 个。县文体广旅局加强对全县文化创意产业企业服务指导，企业申报各类产业发展资金项。帮助射阳湖玫瑰园申报获批实施省级文旅提档升级项目，获江苏省文化和旅游产业发展资金（第 5 批）20 万元。至年底，全县“三上”列统文化创意产业企业共 67 家，实现营业总收入 48.1 亿元；“三下”列统文化创意产业企业共 122 家，实现营业总收入 6.53 亿元。（张 婧）

■文化创意产业重点企业 全县各类文化创意企业 200 多家，其中规模以上企业 60 多家，主要包括文体教玩具、圣诞玻璃工艺品、水晶工艺品、乱针绣等四大类文化创意产品。重点文化创意企业扬州华瑞金属制品有限公司成为全球最大的家居用品零售商瑞典 IKEA 宜家家居指定供应商，专业生产风灯、烛台、圣诞礼品以及园艺工艺品，拥有专业冲压生产线 6 条、焊接流水生产线 4 条、德国进口全自动 3D 喷涂线 4 条等专业生产加工线；江苏宝乐实业有限公司是苏北地区最大的教玩具生产企业、中国玩具协会成员单位，主要产品文化用品、智力玩具、健身器材、教具学具、科教设施、橡胶地垫、塑胶跑道、水上船艇等，拥有注册商标 3 件、各项专利 43 件，先后获命名“江苏省明星企业”“江苏省优秀科技企业”等称号，连续多年获评“扬州市重合同守信用”单位；扬州美瑞华工艺礼品有限公司是国内工艺礼品生产行业龙头企业、国内

曹甸镇教玩具创意平台 小 品/摄

外最具影响力大型工艺礼品生产企业，是 LOWES、HOB、KSA、迪士尼、麦当劳等国际著名品牌指定供应商；江苏果米文化发展有限公司是国内计算机软件开发、游戏软件开发代理运营、电视竞技直播软件开发等业务明星企业，拥有互联网出版许可证网络文化经营许可证增值电信业务经营许可证等游戏运营等资质，是国家双软认定企业、国家高新技术企业、ISO 27001 国际信息安全认证企业、江苏省重点科技文化企业、江苏省企业贯标合格单位，先后获软件著作权产品 100 余项。

（张 婧）

■中国乱针绣文化产业园 该产业园位于宝应县鲁垛镇安大公路道口，由扬州市宝绣乱针绣品有限公司和扬州世华圆艺术投资有限公司投资建设，是集乱针绣研究设计、电子商务、产业发展、主题旅游、商务度假、教育示范为一体的多功能文化创意产业基地，致力于做响“中国乱针绣之乡”品牌。2021 年，中国乱针绣文化产业园顺利通过“江苏省工业旅游示范区”复评，获命名“江苏省华侨文化交流基地”“扬州市首批非物质文化遗产生产性保护示范基地”。产业园内乱针绣创客工坊获评“江苏省众创空间”。加强技艺创新和专利保护，全年围绕提升宝应乱针绣品美誉度、附加创新点、扩大品牌效应，累计申请获批专利 20 多项。

（张 婧）

■文旅产业招商活动 2021 年，县文体广旅局围绕进一步开发射阳湖荷园旅游项目、夏集桃花源旅游项目，邀请上海景域文化传播股份有限公司、深圳帕丁顿科教集团有限公司到宝应进行投资考察；推动宝应湖国家湿地公园与洛阳致展游乐设备有限公司签订合作协议，在宝应湖湿地公园景区投入轨道火车、萌宠园、演艺场等游乐项目。县文体广旅局联合其他部门多次赴上海市、杭州市、苏州市开展点对点招商推介活动，先后到江苏省文化投资管理集团有限公司、中能源建设华东建设投资有限公司、上海景域驴妈妈集团有限公司等大型文旅企业拜访和参观考察。

（张 婧）

文化市场管理

■文化市场执法检查 2021 年度，县文化市场综合执法大队围绕筑牢意识形态领域安全防线，打造安全、稳定、有序文化市场环境，加强组织领导，形成工作合力，推动任务落实，不断提升全县文化市场执法监管效能。加强文化娱乐场所常态化疫情防控工作不放松，始终保持“扫黄打非”高压态势，加强校园周边出版物市场管理，深入开展文旅行业安全生产专项整治、娱乐场所危化品专项整治、既有房屋安全隐患排查、消防安全培训，强化市场疫情防控宣传、严格落实常态化防控措施。规范文化市场经营秩序，确保文化行业安定有序。开展文化市场安全生产及无证无照娱乐场所整治行动，指导符合条件文化娱乐场所合法经营，取缔关停存在安全隐患文化娱乐场所。持续开展扫黑除恶“行业清源”行动，净化校园周边文化环境。全年组织对各类文化经营单位执法检查 870 家次，出动执法人员 1000 余人次，立案查处违法违规案件 19 件。

（李莹莹）

■出版物发行管理 至年底，全县出版物发行单位 90 家，其中出版物零售单位 80 家、分支机构 10 家。县委宣传部（县新闻出版局）加强对图书出版发行及电影发行放映行业管理，全年受理出版物经营单位设立等行政许可申请 6 件，予以行政许可 6 件。常态化开展出版物“扫黄打非”宣传活动、“护苗”专项行动，在全县中小学校开展“绿书签行动”，引导广大青少年树立绿色阅读、文明上网、抵制盗版文明理念。县委宣传部（县新闻出版局）组织开展 2021 年度扫黄打非“正道”“新风”集中行动，对全县出版物市场进行巡查，净化社会文化环境；督办“扫黄打非”案件，“扫黄打非”基层站点建设全部达标，全县创成江苏省“扫黄打非”进基层示范点 1 家，扬州市“扫黄打非”进基层示范点 3 家。

（许 静）

■电影放映行业监管 2021 年，县委宣传部（县新闻出版局）在常态化抓好新冠肺炎疫情防控条件下，组织全县各影院有序恢复运营。启动“百场红色经典电影进企业、进社区、进校园”活动，在社区、中小学校公益放映红色经典电影 100 场；开展“光影辉映百年路、砥砺奋进新征程”教育电影课活动，以电影课创新形式在全社会广泛开展党史、新中国史、改革开放史、社会主义发展史“四史”宣传教育，普及党史知识，推动党史学习教育深入群众、深入基层、深入人心，全年组织放映《建党伟业》《英雄儿女》《上甘岭》《永不消逝的电波》《红旗谱》等红色经典影片 22 场。常态化组织开展全县影院消防安全、疫情防控和放映专项检查，全年组织影院安全检查 20 轮。统筹落实农村电影放映保障措施，全年组织农村电影放映共 2160 场。安宜镇、氾水镇、广洋湖镇完成“江苏省乡村电影进影院”试点工作。全年新建成镇影院 1 家，累计城乡影院 9 家，分别是环球影院北河广场店、环球影院邻里中心店、环球影院氾水店、世纪影城宝应店、幸福蓝海宝应店、爱丁堡影院（五洲国际）、星轶 STARX 影院（吾悦广场）、广洋湖镇影院、金逸影城。全年进影院观看电影人数 64 万人次，电影放映行业实现票房总收入 2277 万元。

（许 静）

体　育

Ti　Yu

■编辑:乔福祥

综　述

■概况　2021 年,宝应县围绕全民健身国家战略,开展全民健身活动,提高公民身体素质,加快推进体育强县建设。全年组织举办具有较大影响力体育活动 20 余场。成功举办宝应县第十四届运动会暨第五届残疾人运动会;协助承办江苏省青少年足球精英联赛(女子 13—14 岁组)赛事;举办县级体育赛事 6 项,分别是宝应县第二十四届"县长杯"青少年校园足球联赛、宝应县第十四届运动会(学生部)中小学生篮球比赛、宝应县第十四届运动会(学生部)暨 2021 年阳光体育中小学生羽毛球比赛、宝应县第十四届运动会(学生部)中小学生围棋比赛、第十四届运动会(学生部)中小学生乒乓球比赛、宝应县第十四届运动会(学生部)中小学生象棋比赛等。组队参加省级体育赛事 8 项,分别是江苏省青少年田径锦标赛暨县组田径比赛、江苏省青少年跆拳道(县组)锦标赛、"省长杯"卡尔美江苏省青少年校园足球联赛暨全国青少年校园足球夏令营选拔赛、江苏省青少年足球(女子 U14 组)锦标赛、江苏省少年儿童体适能暨快乐体操锦标赛、江苏省青少年羽毛球县组锦标赛、"杜康原窖"杯江苏省青少年田径锦标赛、江苏省青少年"小巨人优苗"体能比赛等,获得省级体育赛事金牌 5 枚、银牌 2 枚、铜牌 6 枚;组队参加市级体育赛事 10 项。7 月,宝应县代表江苏省参加第十四届全运会群众比赛足球项目十一人制男子农村乡镇组竞赛。发展群众性体育运动,全年组织群众性体育活动 20 余场,提高人民健康素质和健身意识,丰富广大市民日常生活。县文体广旅局获表彰"2017—2020 年度全国群众体育先进单位",宝应县足球协会入选"江苏省足球试点县足协",宝应县老年人体育协会获评"2021 年度扬州市老体协组织奖"。

(严兆伟)

■体育队伍　2021 年,宝应县注重体育人才选拔培养和教练员队伍建设,组织各类运动员、教练员参加国家和省市集训、培训,提高运动员、教练员责任感、事业心和比赛训练水平。全年新增足球项目国家一级裁判员 1 人,柔道项目国家一级裁判员 1 人,累计足球项目国家一级裁判员 2 人、三级裁判员 31 人,田径项目国家二级裁判员 2 人,羽毛球项目国家二级裁判员 2 人,柔道项目国家一级裁判员 1 人、国家二级裁判员 2 人;新增中国足协 C 级教练员 2 人、D 级教练员 1 人,累计中国足协 A 级教练员 1 人、B 级教练员 1 人、C 级教练员 17 人、D 级教练员 19 人,E 级教练员 37 人。全县组建足球运动队、篮球运动队、乒乓球运动队、羽毛球运动队、象棋运动队、围棋运动队等各项目业余运动队,累计等级运动员 75 人,其中足球运动员 60 人、田径运动员 15 人,业余运动员共近 2000 人。

(吕　璐)

■体育文化宣传　2021 年,县文体广旅局致力于构建体育文化宣传大格局,探索舆论引导机制和措施,加强体育文化宣传队伍建设,为体育强县建设营造良好氛围。加强与扬

4 月 3 日,举办中国·宝应 2021 自行车邀请赛暨环宝应湖百公里自行车挑战赛　县文体广旅局/供稿

州日报社、县融媒体中心等主流媒体单位和具有一定影响力网络自媒体合作，利用报纸、电视、电台、微信公众号、网络直播平台等对外宣传窗口，宣传宝应体育文化丰富内涵，引导社会提升体育文化素质，树立科学、文明、健康体育理念。全年向省、市体育网站报送体育宣传稿件134篇，获表彰“2021年度扬州市体育系统信息宣传优秀单位”。

（严兆伟）

■国民体质测定与健身指导 2021年，宝应县国民体质测定与运动健身指导站持续推动“全民建设益站”建设，提升公共体育服务能力，修订完善国民体质测定与运动健身指导相关制度。国民体质测定与运动健身指导站全年对外开放，有序开展居民体质健康测试评估、运动功能能力测评、专家运动健身指导咨询、全民健身志愿服务（社会体育指导员志愿服务）、科学运动健身知识讲座等系列活动。至年底，该站累计免费为市民3000人进行体质测试，建档回访人数300余人。10月30日，扬州市体育局主办的2021年扬州市《国家体育锻炼标准》达标赛在扬州体育公园举行，宝应县参赛团队从6个县（市、区）、3个功能区9支代表队中脱颖而出，获得团体第1名。

（赵素梅）

■宝应县入选“全国县域足球典型” 5月27日，国家体育总局办公厅公布全国101个“首批全国县域足球典型”名单，宝应县入选其中。长期以来，宝应县青少年足球运动磅礴发展，名扬省内外。全县获命名“全国青少年校园足球特色校”4所，曾先后为江苏省足球队和各级国字号足球队输送过包括潘强、李志高、刘飞、吉翔、苗明、倪寅、倪梦婕、朱薇、张伟等众多足球人才，其中吉翔更成为江苏足球的一面旗帜。宝应籍足球裁判梁建萍是江苏省历史上第一位，以及唯一一位女足国际级裁判员，也是江苏省第一位执法国际足联旗下大赛决赛圈（女足世青赛和女足世少赛）比赛足球裁判。2019年，梁建萍退役后担任亚足联裁判监督。

（严兆伟）

体育设施

■概况 2021年，宝应县为满足群众多元化健身需求，加快实施健身步道提升工程，充分利用城乡空间，在古运河风光带、城市绿地公园、住宅小区等场所新建公共体育设施，统筹推进公共体育健身设施建设。至年底，全县累计建成高标准健身步道180千米，累计建成健身路径600多处，高标准建成5人制以上社会足球场22片，持续推进村级标准化篮球场建设，实现全县镇（区）全覆盖。

（卢　晓）

■健身设施管护 2021年，县文体广旅局重视做好县、镇（区）、村（社区）三级公共体育健身设施维修管护工作。针对体育健身器材使用频率较高、易损坏等问题，坚持执行公共体育设施管护制度，根据“谁受赠，谁维护”原则，明确体育器材设施属地单位责任，对辖区内体育健身器材进行定期巡查。同时，以政府购买服务方式委托第三方负责健身点器材管护工作，要求其建立健全定期巡查维护制度，如有健身设施损坏市民只需拨打维修电话，维修人员将在2小时内赶到现场查看实际情况及时修复。发布《县文体广旅局关于开展全县室外全民健身设施专项清理规范工作的通知》《县文体广旅局关于开展室外健身设施专项整治行动的通知》及《县文体广旅局关于开展全县室外体育设施完好率抽查的通知》，对全县室外体育设施完好率进行抽查，保障人民群众健身安全。全年投入县级公共体育健身设施维修管护资金8万元，维修公共体育健身器材60余台套。

（卢　晓）

群众体育

■概况 2021年，县文体广旅局针对不同年龄、不同人群，分层分类引导群众体育运动项目发展，丰富和完善全民健身活动体系，因时因地因需开展群众体育运动。全年组织体育活动20余场，其中影响力较大的群众性体育活动包括奔跑江苏·乐跑扬州2021宝应夏集四分马赛、2021年宝应县第十九届全民健身体育节、2021年第二届运河城市（中国·宝应）电竞足球嘉年华活动，以及承办2021年扬州市老年人体育节开幕式等。

（卢　晓）

■社会体育组织 2021年，宝应县发挥县体育总会组织作用，不断发展单项体育协会和健身俱乐部，年内新成立县钓鱼协会，完成县武术协会、县健身气功协会、县象棋协会换届工作，县健走协会、县健身气功协会创成4A级社团，累计登记注册县级体育协会32个、俱乐部7个，会员总人数6500多人，累计建成各级各类健身站点619个，拥有各级社会体育指导员3400多人，体育健身队遍布（全县）城乡每个角落。县文体广旅局为更好地指导群众科学健身，加强社会体育指导员管理和培训，发挥社会体育指导员其在全民健身活动中骨干作用；组织县太极拳协会等多家体育协会开展庆祝中国共产党成立100周年活动，举办群众性健身运动项目集中展示活动，为普及推广群众体育运动奠定良好基础。

（卢　晓）

■全民健身活动 2021年，县文体广旅局积极探索体育活动和旅游推介深度融合，做好“体育+旅游”文章，于4月3日在宝应县夏集镇桃花源乡村旅游区举办奔跑江苏·乐跑扬州2021宝应夏集四分马；于6

月11日在宝应荷园举办第二届运河城市(中国·宝应)电竞足球嘉年华活动,全国TP足球俱乐部8支、选手120人参加比赛,观看游客人数2000多人,形成较大社会影响。4—10月,组织举办"宝应农商银行杯"宝应县第十四届运动会暨第五届残疾人运动会各项赛事活动。这届县运动会按照省级赛事标准,通过公开招标引进专业体育赛事公司,精心组织高水平全县运动会,受到广大群众广泛好评。同时,县文体广旅局鼓励引导各镇(区)举办农民运动会、社区运动会,形成政府牵头、协会参与、城乡联动举办群众健身运动新格局。 (卢 晓)

竞技体育

■承办省级赛事 2021年,宝应县全年举办省级赛事1项,即10月30日承办2021年江苏省青少年足球精英联赛(女子13—14岁组)。比赛采用主客场单循环赛制,宝应赛场主场设在县宝楠学校,全省共7支球队参加比赛。 (吕 璐)

■参加省级赛事 2021年,宝应县全年组队参加省级赛事8项,分别是参加4月27—30日在张家港市举行的江苏省青少年田径锦标赛暨县组田径比赛,获3金1银3铜;参加6月12—16日在沛县举行的2021年江苏省青少年跆拳道(县组)锦标赛,获1金1银1铜及男子品势一等奖1人;参加江苏省"省长杯"卡尔美青少年校园足球联赛暨全国青少年校园足球夏令营选拔赛,即5月11—14日在宿迁市举行的小学女子甲组分赛区比赛、5月27日—6月3日在淮安市举行的初中女子组总决赛、5月29日—6月1日在如东市举行的小学女子乙组分区赛、6月20—25日在盐城市举行的小学女子甲组总决赛;参加7月6—13日在泰兴市举行的江苏省青少年足球锦标赛(女子U14岁组)获第7名;参加7月7—11日在常州市举行的2021年江苏省少年儿童体适能暨快乐体操锦标赛获个人1金1铜,团体1铜;参加7月22—25日在海安市举行的江苏省青少年羽毛球县组锦标赛;参加12月2—5日在常州市举行的江苏省青少年田径锦标赛;参加12月14—16日在常州市举行的江苏省青少年"小巨人优苗"体能比赛获第5名。 (吕 璐)

■参加市级赛事 2021年,宝应县全年组队参加市级赛事10项,分别是参加3月11—14日在仪征市举行的扬州市"市长杯"校园足球联赛中学组,获男、女初中组冠军,高中女子组亚军,高中男子组季军;参加3月25—28日在扬州市邗江区举行的扬州市"市长杯"校园足球联赛小学组,获小学女子甲组冠军,小学女子乙组亚军;参加4月9—11日在邗江区举行的扬州市阳光体育联赛中小学生排球比赛;参加4月16—18日在扬州市广陵区举行的扬州市2021阳光体育联赛中小学生乒乓球比赛,获2银3铜;参加5月1—2日在扬州市体育学校举行的扬州市阳光体育联赛少儿体适能比赛;参加5月7—9日在广陵区举行的扬州市阳光体育联赛中小学生田径比赛,获7金7银8铜;参加5月21—22日在宝应县举行的扬州市阳光体育联赛中小学生游泳比赛,获个人2金4银3铜,团体6金2银2铜;参加5月21—23日在扬州市江都区举行的扬州市阳光体育联赛中小学生羽毛球比赛;参加5月28—30日在扬州市广陵区举行的扬州市阳光体育联赛中小学生篮球比赛;参加6月6日在扬州市体育公园举行的扬州市阳光体育联赛中小学生速度轮滑比赛,获2金2银5铜;参加7月14—16日在高邮市举行的扬州市阳光体育联赛中小学生武术比赛,获3银3铜。 (吕 璐)

学校体育

■概况 2021年,宝应县持续推进实施扬州市"青少年茁壮成长工程",提升中小学生体质健康和体育运动水平。规范学校常态化体育工作,将体育教学、大课间活动、体艺2+1活动、阳光体育1小时、学校系列阳光体育竞赛等纳入全县中小学校体育工作年度综合考核。组织全县中小学校开展省市"健康促进学校"创建活动,实现"扬州市健康促进学校"创建率100%。推进"游泳进校园"试点工作,县安宜实验学校、宝应经济开发区国际学校、县城北初级中学等3所学校建成游泳

3月4日,宝应县第24届"县长杯"青少年校园足球比赛决赛在县城举办

县教育局/供稿

馆,实现正常开设游泳课,促进中小学生身心健康。全县义务教育段中小学生体质健康监测结果综合排名列扬州市各县(市、区)第1名。全年举办校园系列阳光体育竞赛6项,组队参加省级赛事9项、参加市级赛事10项。（吕 璐）

■**县内校园体育赛事** 2021年,宝应县举办县内校园青少年体育赛事6项,分别是2月27日—3月2日在安宜实验学校、县经济开发区国际学校、县实验初级中学举办的宝应县第二十四届“县长杯”青少年校园足球联赛,全县中小学共51支球队670人参加比赛;3月31日—4月3日在安宜实验学校、开发区国际学校、实验初级中学、画川高中举办的宝应县第十四届运动会(学生部)中小学生篮球比赛,全县共39支球队405人参加比赛;4月17—18日在宝应县体育馆举办宝应县第十四届运动会(学生部)暨2021年阳光体育中小学生羽毛球比赛,全县共8支队伍117人参加比赛;5月15—16日在实验小学举办宝应县第十四届运动会(学生部)中小学生围棋比赛,全县共12支队伍72人参加比赛;5月21—23日在城中小学举办宝应县第十四届运动会(学生部)中小学生乒乓球比赛,全县共41支队伍308人参加比赛;5月29—30日在城北初中举办宝应县第十四届运动会(学生部)中小学生象棋比赛,全县共19支队伍150人参赛。（吕 璐）

■**校园业余运动队** 2021年,县文体广旅局推进各项目校园业余运动队建设,全县各中小学累计建成青少年校园足球队73支、校园篮球队44支、校园乒乓球队41支、校园羽毛球队16支、校园象棋队19支、校园围棋队12支、校园武术队2支,校园业余运动员人数共1800人。（吕 璐）

宝应县城南新城生态体育休闲公园足球场　　安宜镇/供稿

体育产业

■**概况** 2021年,全县体育产业工作主要涵盖产业项目建设、体育场地建设、高质量体育指标等方面,重点完成体育场地监测统计、体育场地设施调研工作,坚持发展培育重点体育企业,积极帮助企业申报各类产业发展资金项目,2021年组织完成省体育服务综合体项目、国庆体育旅游精品项目等申报工作。截至年底,全县体育场地总面积217.7万平方米,人均拥有体育场地面积3.19平方米。发展培育重点体育企业,开展重点体育企业现状调研,关注体育企业发展动态,了解体育企业经营现状,帮助体育企业申报各类产业发展资金项目,推进体育产业重点品牌创建。全县体育产业实现开票销售额50亿元,实现利税4.6亿元。（张 婧）

■**体育产业基地建设** 2021年,宝应县继续推动曹甸体育产业园区专业化、规范化、一体化发展。宝应县曹甸镇青少年体育装备制造创意产业园于2019年4月被国家体育总局评为“国家体育产业基地示范项目”。该园区规划面积300公顷,建成区面积220公顷,园区基础设施总投入32.6亿元。拥有各类体育企业356家,入园企业134家,其中骨干企业45家、销售1亿元以上企业12家、从业人员超过1万人,拥有各类生产设备6000多台套。该产业园具有产业集聚度高、平台承载力强、品牌知名度响、科创研发度新、低碳发展较快等特点。产品以户外文体玩具、健身器材、游艇设施、塑胶草坪等四大门类为主,远销20多个国家和地区。（张 婧）

■**体育彩票销售** 2021年,县文体广电和旅游局加强体育彩票销售网点布局,实施体彩网点形象提升工程,以建设负责任、可信赖、健康持续发展的国家公益彩票为己任,加大营销宣传力度,促进体育彩票销售。至年底,全县体育彩票销售站点78个、从业人员160人,全年销售体育彩票金额6635万元,其中“乐透型”彩票销售金额3528万元、竞猜型彩票销售金额2501万元,体育彩票销售额排名列全省第53位。全年省下达体育彩票公益金395.15万元,主要用于社会体育公益事业项目,实际使用经费金额393.97万元。（梁小林）

卫生健康

Wei Sheng Jian Kang

■编辑:王天彬

综 述

■概况 2021 年,全县各级医疗卫生机构收治门急诊患者 302.52 万人次,比上年上升 2.12%;收治住院患者 12.52 万人次,比上年上升 5.51%;门(急)诊患者均次医疗费用 244.14 元,住院患者均次医疗费用 7961.32 元。全年医疗机构总收入 14.31 亿元,比上年增加 1.78 亿元,增长 14.21%,其中医疗服务收入 9.83 亿元。全年卫生健康工作贯彻新时代党的卫生与健康工作方针,坚持以人民健康为中心,推进健康宝应建设,深化医药卫生体制改革,健全新冠肺炎疫情防控常态化机制,完善卫生健康服务体系,提升医疗卫生服务能力,促进全县卫生健康事业高质量发展。 (王如峰 熊伟亮)

■新冠肺炎疫情防控 2021 年,全县卫生健康系统秉持“人民至上、生命至上”理念,按照“外防输入、内防反弹”常态化开展疫情防控工作要求,落实“人、物、环境”同防措施,持续完善机制,加快公共卫生应急管理体系建设,压实属地、部门、单位、个人“四方”责任,落实早发现、早报告、早隔离、早治疗“四早”要求,从严从紧采取各项防控措施,有序推进全员新冠病毒疫苗接种,坚决阻断疫情输入风险。全县卫生健康系统奋战在疫情防控一线,建立三级流调队伍人员 188 人、消杀专业队伍人员 122 人、集中隔离医学观察场所管理队伍人员 210 人、感控管理队伍人员 316 人、核酸采样检测队伍人员 1365 人、疫苗接种队伍人员 729 人;先后完成全县两轮大规模核酸检测共 116.4 万人次,开展重点人群核酸检测 24.93 万次,进行重点环境、进口食品、包裹等核酸检测 1.85 万份;先后组织医疗队人员 174 人,支援南京、扬州主城区开展疫情防控工作;调查处置疫情相关事件 206 件,及时处置境外返回宝应县确诊病例复阳事件 3 件,接驳转运境外及重点地区到宝应人员 318 车次 572 人次;规范设置集中隔离场所 30 家、房间 1383 间,接受隔离医学观察人员 6805 人次;落实存在疫情传播风险重点人员“五包一”健康管理 6781 人。建立精神卫生综合管理小组 14 个,组成社会心理服务队伍人员 773 人,开通新冠肺炎疫情心理援助咨询热线,为广大市民提供心理疏导服务。推进新冠肺炎疫情防控设施建设,规范建设标准化“发热门诊”8 个,在县疾病预防控制中心建成城市大规模核酸检测基地,全县单日最大检测能力达 4.5 万管、1∶10 混检能力 45 万人,顺利通过扬州市对宝应县核酸检测能力压力测试;新增救护车 13 辆,其中负压救护车 8 辆;宝应县疾病预防控制中心签约成为南京医科大学康达学院教学基地,宝应县人民医院、宝应县中医医院、宝应县妇幼保健院、宝应二圆医院成立公共卫生科,全县村(社区)均设立公共卫生委员会。全年举办新冠肺炎疫情防控应急演练、桌面演练 2 场(次),开展新冠疫情防控专项培训 9 场期(次)、参加培训人员 2969 人次。9 月 17 日,县委、县政府举行支援南京、扬州市区医疗队返回宝应欢迎仪式。

(王如峰 熊伟亮)

■卫生科研培训 2021 年,宝应县

5 月 14 日,县人民医院举办“5·12”国际护士节庆祝表彰活动

县人民医院/供稿

卫生健康委员会(以下简称“县卫健委”)推进医护人员继续教育,开展线上、线下继续医学教育14期,参加医护人员继续教育培训2700人次。县级医院申报获批江苏省医院协会科研课题1项、扬州市科技局科研课题1项。全年科研项目获扬州市医学引进奖4项、一等奖项目1项,获评扬州市医院协会优秀论文二等奖1篇、三等奖5篇。10—11月,全县组织开展二、三级医院医学科研诚信与作风学风建设专项教育和整治活动。

(王如峰　熊伟亮)

■**健康宝应建设**　2021年,宝应县继续推进“健康宝应”建设,县政府出台《全面推进健康宝应建设实施方案》,全面开展健康促进行动,实施健康干预、优化健康服务、强化健康维护、建设健康环境、完善健康保障、发展健康产业。围绕健康宝应建设36项考核指标、142项监测指标,推进“健康宝应”创建活动。12月28日,县政府办召开“健康宝应”建设新闻发布会,36项主要指标均达到年度目标要求,其中,全县人均预期寿命81.41岁,城乡居民健康素养水平28.2%,城乡居民达到《国民体质测定标准》合格以上的人数占94%;重大慢性病过早死亡率10.76%;每千常住人口执业(助理)医师数2.83人;个人平均卫生支出占卫生总支出23.48%;农村无害化卫生户厕普及率98.36%。

(王如峰　熊伟亮)

表39　2021年“健康宝应”建设主要指标一览表

指标名称	基期水平	2030年目标值	2021年完成指标
人均预期寿命(岁)	81.4	80以上	81.41
婴儿死亡率(‰)	0.75	<3	0.96‰
5岁以下儿童死亡率(‰)	2.26	<5	1.91‰
孕产妇死亡率(1/10万)	—	<5	—
城乡居民达到《国民体质测定标准》合格以上的人数比例(%)	93	≥95	94%
居民健康素养水平(%)	25.91	≥35	28.2%
经常参加体育锻炼人数比例(%)	40	≥46	45%
人均体育场地面积(平方米)	2.5	≥3	2.64平方米
每千常住人口执业(助理)医师数(人)	2.56	≥3.5	2.83人
个人卫生支出占卫生总费用的比重(%)	23.22	25左右	23.48%
重大慢性病过早死亡率(%)	10.76	≤10	10.76%
高血压患者规范管理率(%)	66.04	≥70	74.47%
糖尿病患者规范管理率(%)	62.18	≥70	71%
以乡(镇、街道)为单位适龄儿童免疫规划疫苗接种率(%)	98	≥95	99.02%
产前筛查率(%)	91.85	≥95	93.53%
新生儿遗传代谢性疾病筛查率(%)	99.19	≥98	98.76%
农村适龄妇女宫颈癌和乳腺癌筛查覆盖率(%)	100	≥95	100
国家学生体质健康标准达标优良率(%)	29.52	≥60	28.02
儿童青少年总体近视率(%)	69.9	新发近视率明显降低	66.73
符合要求的中小学体育与健康课程开课率(%)	—	100	100

续表

指标名称	基期水平	2030 年目标值	2021 年完成指标
中小学生每天校内体育活动时间(小时)	≥1	≥1	≥1 小时
寄宿制中小学校或600名学生以上的非寄宿制中小学校配备专职卫生专业技术人员、600名学生以下的非寄宿制中小学校配备专兼职保健教师或卫生专业技术人员的比例(%)	—	≥90	600 名以上：29.63%；600 名以下：100%
配备专兼职心理健康工作人员的中小学校比例(%)	—	≥90	100%
健康促进学校覆盖率(%)	80	≥98	97.06%
接尘工龄不足5年的劳动者新发尘肺病报告例数占年度报告总例数比例(%)	—	持续下降	—
二级以上综合性医院设老年医学科比例(%)	50	≥95	66.7%
护理型床位数占养老机构床位数比例(%)	60.4	≥65	67.3%
乡镇卫生院、社区卫生服务中心提供6类以上中医非药物疗法的比例,村卫生室提供4类以上中医非药物疗法的比例(%)	100,95	100,100	100%;100%
职工医保政策范围内住院医疗费用基金支付比例,居民医保政策范围内住院医疗费用基金支付比例(%)	80,70	85 以上,70 左右	85%左右;70%左右
食品安全评价性抽检合格率(%)	—	≥98	98.5%
设区市空气质量优良天数比(%)	81.1	持续改善	80%
地表水国考断面达到或优于Ⅲ类比例(%)	100	持续改善	100%
农村无害化卫生户厕普及率(%)	98.36	>98	98.36%
区域供水入户率(%)	100	100	100%
垃圾分类集中处理率(%)	82.25	≥95	97.76%
人均公园绿地面积(平方米)	14.17	≥15	14 平方米以上

（王如峰　熊伟亮）

医疗卫生机构

■概况　2021 年,宝应县登记注册医疗卫生机构354所,比上年增加3所。其中,公立三级医院1所、公立二级医院2所;县级公共卫生机构4所(含县疾病预防控制中心、县皮肤病防治医院、县卫生监督所、县卫生发展服务中心);社区卫生服务中心2所(含宝应县精神病防治院)、镇(中心)卫生院13所;民办二级医院1所、其他民办医院10所;护理院1所、体检中心1所,个体诊所85所;社区卫生服务站14所、村卫生室220所。编制医疗床位3441张,实际开放医疗床位3717张,平均每千人口拥有医疗床位5.04张。卫生技术人员4106人,其中执业(助理)医师1764人、执业护士1573人,注册全科医生323人,平均每千人口拥有卫生技术人员6.02人;在岗乡村医生767人,其中退休返聘医护人员272人。　(王如峰　熊伟亮)

■医护人才建设　2021 年,全县引进各类卫生技术人员177人,其中硕士研究生6人、本科生54人、专科生82人。继续实施农村订单定向医学生免费培养工作,招录定向委培医学生38人、累计529人,其中本科生58人、专科生221人、中专生250人,毕业后定向分配到基层医疗卫生机构工作278人。县人民医院医疗专家3人被扬州大学聘为硕士生指导教师。实施骨干人才和名医津贴补助制度,遴选省、市基层卫生骨干人才57人、选拔县级名医15人,分别给予每人每年工作津贴1万元、3万元;设立省、市拔尖卫生人才服务期奖励账户,每年每人发放特殊人才补助2万元。落实医护人员“上挂下派”培养制度,选派二级医院业务骨干7人到镇卫生院挂职指导。

完善岗位设置方案，基层医疗卫生机构高级职称岗位设置比例提高至20%，《宝应探索建立专业技术岗位聘用新模式》创新做法在《江苏医改动态》刊登。（王如峰　熊伟亮）

■县人民医院新院区投入使用　截至12月底，县人民医院新院区发热门诊、传染病疾病楼、住院楼先后建成启用。县人民医院异地新建项目，于2016年开工建设，项目总投资9.5亿元，占地面积11.1公顷，建筑面积13.5万平方米，规划设置床位1000张、设立临床科室和医技科室43个，门诊日接待病员人数能力3000人次。（王如峰　熊伟亮）

12月31日，宝应县人民医院新院区正式投入使用　小　品/摄

表40　2021年宝应县主要医疗卫生机构一览表

医疗卫生单位	地　址	联系电话
宝应县人民医院	县城新城路1号	88200280
宝应县中医医院	县城泰山西路4号	88223028
宝应县妇幼保健院(所)(县儿童医院)	县城安宜东路120号	88263587
宝应县卫生监督所	县城苏中中路639号	88260510
宝应县疾病预防控制中心	县城金湾路88号	88223568
宝应县皮肤病防治院	县城叶挺东路69号	88265516
宝应县卫生发展服务中心	县城健康路11号	88200518
宝应二圆医院	县城白田北路18号	88283695
宝应县博爱医院	县城中大街27号	88282382
宝应光明医院	县城宝应大道98号	18168669888
宝应仁德医院	县城白田北路北奥康城5号楼	80891278
宝应惠民医院	县城安宜北路121号	80891235
宝应天佑医院	县城车站北路302号	88888120
宝应颐康中西医结合医院	县城安宜东路99号	19975023999
宝应长安医院	县城大上海国际公寓府前路1号楼	88892999
宝应县第三人民医院(安宜镇社区卫生服务中心)	县城安宜东路74号	88224034
宝应县运西人民医院(安宜镇运西社区卫生服务中心)	县城中港路200号	88301012
宝应县氾水镇中心卫生院	氾水镇红旗路东侧	82659300
宝应县望直港镇中心卫生院	望直港镇健康路1号	88311123
宝应县射阳湖镇中心卫生院	射阳湖镇广陵中路68号	88524760

续表

医疗卫生单位	地　址	联系电话
宝应县曹甸镇中心卫生院	曹甸镇镇南路2号	88622302
宝应县夏集镇中心卫生院	夏集镇郭夏路79号	88721599
宝应县柳堡镇中心卫生院	柳堡镇迎宾西路25号	80901823
宝应县西安丰镇卫生院	西安丰镇兴安南路44号	88665077
宝应县泾河镇卫生院	泾河镇泾安西路96号	88383442
宝应县鲁垛镇卫生院	鲁垛镇拥军路15号	80909320
宝应县广洋湖镇卫生院	广洋湖镇向阳路58号	88851004
宝应县山阳镇卫生院	山阳镇兴阳路9号	88351343
宝应县小官庄镇卫生院	小官庄镇官庄北路47号	88801216
宝应县黄塍镇卫生院	黄塍镇宝塍路1号	80909355
宝应子婴医院	夏集镇王营路175号	88701020
宝应芦村医院	柳堡镇芦氾路33号	88461062
宝应中港医院	县城中港路90号	82659677
扬州海阳护理院	县城白田路县老年公寓主楼东侧	80891688
宝应美年健康体检中心	县城安宜东路8号商业广场商场部门2层	88801999

（王如峰　熊伟亮）

医疗服务

■概况　2021年，宝应县持续深化医药卫生体制改革，健全完善医疗服务体系，推进紧密型医联体、县域医共体建设，推动优质医疗资源扩容升级，强化医德医风建设，加大行业监管力度，不断提升医疗卫生服务水平，人民群众就医获得感、满意度持续提升。新建县第四人民医院（传染病医院）项目、山阳镇卫生院项目主体建筑封顶，异地新建县妇幼保健院、泾河镇卫生院、小官庄镇卫生院项目批准立项。县人民医院被确定为全国第二批符合县医院医疗服务能力推荐标准医院。柳堡农村区域性医疗卫生中心建成“江苏省农村区域性医疗卫生中心”，全县4家农村区域性医疗卫生中心全部获命名“江苏省农村区域性医疗卫生中心”。按序时推进县人民医院三级乙等医院、县中医医院三级中医医院、县妇幼保健院三级妇幼医院创建工作。新增扬州市临床重点专科4个、累计24个，创建江苏省临床重点专科1个，通过市级评估。提升基层医疗服务能力和水平，实施新入职医学生住院医师、全科医生及助理全科医生规范化培训，全年组织参加市级住院医师规范化培训7人，全科医生及助理全科医生规范化培训结业25人，全科医生转岗培训结业20人。推进优质护理

宝应县氾水人民医院　　氾水镇/供稿

服务，组织二、三级医院护理人员参加市级护理专科培训10人，县级护理岗位培训400人次。加强采血供血管理，全年采集全血6716人次，总量11693个单位。开展“优质服务基层行”活动，县第三人民医院、氾水镇中心卫生院、射阳湖镇中心卫生院、曹甸镇中心卫生院、柳堡镇中心卫生院、望直港镇中心卫生院达到全国乡镇卫生院服务能力推荐标准；夏集镇中心卫生院、西安丰镇卫生院、泾河镇卫生院、鲁垛镇卫生院、广洋湖镇卫生院、山阳镇卫生院、小官庄镇卫生院、黄塍镇卫生院达到全国乡镇卫生院服务能力基本标准。推进特色科室建设，新创成“江苏省基层医疗机构特色科室”2个、累计10个，累计创成“扬州市基层医疗机构特色科室”27个，基层医疗卫生单位省（市）基层特色科室覆盖率73.3%。射阳湖镇中心卫生院建成扬州市基层卫生人员实训基地。推进村卫生室标准化建设，全年实施村卫生室新建和改（扩）建项目4个，巩固村卫生室标准化建设全覆盖成效；推进甲级村卫生室建设，村卫生室4家达到江苏省村卫生室服务能力建设推荐标准。开展医疗卫生对口支援，选派医务人员4人支援陕西省榆林市定边县、1人支援新疆维吾尔自治区伊犁州新源县。落实低收入人口大病专项救治、先诊疗后付费、“一站式”结算等政策，全年实施30种大病专项救治2647人次，低收入人口住院个人自付费用控制在政策范围内费用的10%以内，政策范围外费用控制在总费用8%以内；计划生育特殊困难和低收入人口家庭医生签约服务应签尽签、免费健康体检应检尽检。（王如峰　熊伟亮）

■医药卫生体制改革　2021年，宝应县持续深化医药卫生体制改革，成立县卫生健康行业党委，县人民医院、县妇幼保健院成立党委。推进公立医院改革，完善现代医院管理制度，推进公立医院高质量发展。县人民医院接受扬州市卫生健康委员会大型医院巡查。推进医疗、医保、医药“三医”联动，卫健、医保部门联合出台医保定点医疗机构总额控制管理办法，推进分级诊疗制度建设，完善双向转诊协议和程序，建立双向转诊绿色通道，实现县级公立医院、镇卫生院分级诊疗信息系统建设全覆盖，年内县域就诊率94.1%、基层医疗机构就诊率76.5%。加强行业综合监管，开展不合理医疗检查专项治理行动、打击欺诈骗保专项整治行动。巩固基本药物制度，县级公立医院采购基本药物品种占基本药物品种总数37%、占采购总额27.2%；基层医疗卫生机构采购基本药物品种占基本药物品种总数66.4%，占采购总额60.8%。（王如峰　熊伟亮）

■医联体建设　2021年，宝应县持续推进医联体、医共体建设，县人民医院签约成为南京医科大学康达学院附属医院、扬州大学医学院宝应临床学院，成立宝应县妇幼健康医疗联合体，县人民医院与泾河镇卫生院、曹甸镇中心卫生院与西安丰镇卫生院分别建立医共体。柔性引进县外高层次医疗专家开设“专家工作室”7个、累计44个，其中新开设“国家名医工作室”1个，新开设联合病房1个、累计5个。县人民医院、县中医医院、县妇幼保健院在基层医疗机构开设“专家工作室”5个、累计14个，实现各镇（区）“专家工作室”全覆盖。市、县医联体牵头单位派出医疗专家到基层医疗机构驻点服务450人次，基层医疗机构选派医务人员28人到上级医院培训进修。3月25日，南京市第一医院与宝应县人民政府“院府”合作签约仪式暨南京市第一医院医疗集团宝应二圆医院医联体签约揭牌仪式成功举行。（王如峰　熊伟亮）

■家庭医生签约服务　2021年，宝应县推进家庭医生签约服务，累计签约服务人数28.69万人、覆盖率37.68%，老年人、慢性病人等重点人群签约人数22.76万人、签约率81.88%，个性化签约人数3.70万人、签约率16.13%。推进签约服务模式创新，曹甸镇中心卫生院被确认为“2021年度江苏省家庭医生服务模式创新单位”。新增家庭医生工作室10个，累计20个。开展“家庭医生 守护您健康的朋友”暨全县家庭医生工作论坛活动，各镇卫生院开展家庭医生签约服务咨询义诊活动48场次、服务群众2300人次。（王如峰　熊伟亮）

■卫生健康信息系统建设　2021年，宝应县推进全民卫生健康信息系统、基层卫生信息系统、人口和计划生育综合信息系统、传染病监测报告管理系统等卫生健康信息平台建设，实现网络运行畅通、数据传输及时。推进网络安全系统建设，实施居民健康档案“随身带”项目。射阳湖镇中心卫生院完成镇村一体化公共卫生服务体检系统建设。推进医疗收费电子票据改革，实现全县医疗机构电子票据全覆盖。县级医院全部推进互联网医院建设，实施门急诊电子病历系统结构化改造项目，推广应用网上挂号、预约诊疗服务，其中县人民医院、县中医医院取得互联网医院牌照。

（王如峰　熊伟亮）

疾病预防控制

■基本公共卫生服务　2021年，宝应县国家基本公共卫生服务项目人均经费补助标准由上年80元提高到88元，全年拨付补助经费6700.32万元，比上年增加1628.32万元。县政府充实调整国家基本公共卫生服务项目领导小组成员单位，建立基本公共卫生服务联席会议制度，实行基本公共卫生服务经费专账管理。制订《宝应县基本公

宝应县疾病预防控制中心　　小　品/摄

共卫生服务项目质量控制方案》，完善服务数量与服务质量相结合的绩效考核体系，依托县基本公共卫生服务技术指导中心，强化日常指导、季度督导和年度绩效评估，规范开展12大类基本公共卫生服务项目。全年建立居民电子健康档案69.16万份、建档率90.84%、动态使用率72.63%。加强医防融合，二级及以上医院设置慢性病诊治中心，镇卫生院设置慢性病门诊，新增慢性病自我管理小组10个，管理高血压病病人6.64万人、规范管理率74.06%，管理糖尿病病人2.04万人、规范管理率70.10%，管理严重精神障碍患者3364人、规范管理率99.32%。全年完成上消化道癌免费筛查1015人次，检出阳性病例5例，其中早诊病例4例；完成社区高危人群大肠癌筛查2000人次，检出阳性病例2例；完成中国居民心血管病及其危险因素项目检查1219人次；开展肿瘤康复指导与随访1201人次。全人群死因监测网络上报死亡病例数7619例、粗死亡率8.77‰。全县学生因病缺课上报覆盖率100%。开展中小学生近视综合防控工作，组织预防近视进校园宣传活动15场次。全年实施健康素养干预12.88万人。推广江苏省居民健康素养网上学习测评系统，完成网上学习测评4.63万人次。全县有3个镇6个监测点被确认为“扬州市城乡居民健康素养监测点”。宝应县创建国家慢性病综合防控示范区通过复审。

（王如峰　熊伟亮）

■**预防接种**　2021年，全县各类预防接种门诊均达到规范化建设要求，其中15家成人预防接种门诊、14家狂犬病暴露预防处置门诊完成备案管理，射阳湖镇中心卫生院儿童预防接种门诊创建示范化门诊通过市级验收。年度适龄儿童疾病预防接种建卡率100%，乙肝疫苗、卡介苗、脊灰疫苗、百白破疫苗、白破疫苗、麻风疫苗、麻腮风疫苗、乙脑减毒活疫苗、A群流脑多糖疫苗、A+C群流脑多糖疫苗、甲肝减毒活疫苗等基础和加强免疫接种率均达99%，并及时调查和规范处置所有预防接种疑似病例异常反应。加强免疫规划相关疾病监测，全县报告疑似麻疹病例22例；报告急性迟缓性麻痹（AFP）病例3例（所有15岁以下出现急性弛缓性麻痹症状的病例和任何年龄临床诊断为脊灰的病例均作为AFP病例）、腮腺炎病例8例，均规范采样送检；报告水痘病例932例，采样送检55例，其中阳性样本30例；全年无白喉、新生儿破伤风、百日咳、乙型脑炎和流行性脑脊髓膜炎病例报告。

（王如峰　熊伟亮）

■**新冠病毒疫苗接种**　2021年，宝应县全面推进新冠病毒疫苗接种工作，成立全县新冠病毒疫苗接种工作调度专班，制订各类人群新冠病毒疫苗接种实施方案，在城区新增新冠病毒疫苗临时集中接种点2个、流动接种点1个，为各镇新冠病毒疫苗接种点分别增设询问登记台2个、接种台1个，全县共设置新冠病毒疫苗接种点17个、询问登记台68个、接种台97个，单日最大接种能力3.4万剂次。扩容新冠病毒疫苗冷链储存仓位，增配储存专用医用冰箱25台；实施疫苗运输、储存24小时全程温湿度监控，温度监测率100%。组建新冠病毒疫苗接种备选人员队伍，开展预防接种专业新上岗人员培训580人次；优化接种服务措施，实施错峰接种、延时接种、上门接种；开展全县新冠病毒疫苗接种数据比对、人员排查2轮次。2月10日，宝应县在扬州市各县（市、区）率先完成重点人群新冠病毒疫苗接种工作，完成接种人数1.24万人；3月29日，启动18~59岁人群新冠病毒疫苗接种工作；6月29日，全县完成新冠病毒疫苗全程接种率40%；7月28日，启动12~17岁人群新冠病毒疫苗接种工作，于8月下旬在全市率先完成全程接种任务；10月22日，启动新冠病毒疫苗加强免疫接种工作；11月1日，启动3~11岁人群新冠病毒疫苗接种工作，设置学生专场接种点3个。全年接种新冠病毒疫苗131.74万剂次，其中3~11岁人群全程接种4.44万人、12~17岁人群全程接种3.76万人、18~59岁人群全程接种29.49万人、60岁以上人群全程接种16.14万人，完成加强免疫接种20.59万人。（王如峰　熊伟亮）

■传染病防控 2021年，全县一级及以上医疗机构完成医院信息系统(HIS)传染病监测和报告功能模块建设，全年报告乙类法定报告传染病10种813例，死亡5例，发病率为106.78/10万；报告丙类法定报告传染病169例，发病率为22.20/10万；确诊结核病病人207例，病原学阳性诊断率60.87%，系统管理率100%，累计发现耐药病例9例，耐药筛查率100%，均纳入耐药临床路径治疗。开展全人群人类免疫缺陷病毒(HIV)抗体检测16.19万人次，人群检测率23.73%。春、秋两季在5个血吸虫病流行镇、1个血吸虫病非流行镇共78个村开展钉螺查灭工作，完成查螺面积527.82万平方米，查出有钉螺环境12个、面积7.84万平方米，实施灭钉螺面积90.85万平方米。开展体温38.5度以上就诊病人血检，临床诊断为疟疾、疑似疟疾、不明发热原因等“三热病人”1526人次，规范处置输入性疟疾病例1例。加强麻风病监测，全年报告疑似麻风病病例16例，无确认病例，开展麻风病治愈病例随访497人、同住人员监测随访1200人。10月14日，国家卫生健康委员会疾病预防控制局、中国疾病预防控制中心性病艾滋病预防控制中心、中国医学科学院皮肤病医院到宝应县开展麻风村休养员慰问活动。（王如峰 熊伟亮）

■病媒生物监测 2021年，宝应县在城区、部分镇开展病媒生物监测工作，设立监测点37个，监测率100%。全年平均鼠密度0.685%，蚊密度0.342只/灯小时，蝇密度3.458只/笼，蟑螂密度0.208只/张，寄生蜱密度0.0125只/头，游离蜱密度0.093只/布旗100米。（王如峰 熊伟亮）

爱国卫生

■概况 2021年，宝应县爱国卫生运动委员会办公室(以下简称“县爱卫会”)深化健康教育与健康促进，组织开展城乡环境整洁行动，持续改善城乡环境卫生面貌，倡导健康文明生活方式，提高居民健康水平。印发《关于进一步加强爱国卫生运动筑牢织密新冠肺炎疫情防线的通知》，组织开展清理垃圾、清洁水体、清除死角“三清洁行动”，治理河塘沟1200条，打捞水花生、浮萍等漂浮物800吨，清理垃圾3000吨。开展“绿色家园齐守护”城乡环境卫生集中整治活动60场次，参与人数9000人。开展除“四害”专项行动，累计投放灭鼠药剂40万包、粘鼠板2万张，新建毒饵站5000个。全年城市饮用水监测采样32份、农村饮用水监测采样224份，样品合格率100%。全县建成“无烟党政机关”41个，实现“无烟学校”“无烟医院”全覆盖，新建成“无烟家庭”80户。（王如峰 熊伟亮）

4月6日，县卫健委开展爱国卫生月广场宣传活动 县卫健委/供稿

■健康知识宣传 2021年，县爱卫会开展“你点我讲‘点餐式’”健康知识进学校、进企业、进机关、进社区、进乡村“五进”宣传活动138场次，发放宣传单4.55万份、健康支持工具1.6万份，服务群众2.11万人次；组织线上线下健康知识有奖问答2场次；举办“健康扬州我行动”健康科普大巡演2场次。联合开展“世界无烟日”公共场所控烟专项督查和重点场所监督检查，组织参加第四届“健康江苏·我为控烟发声”公益接力活动，县爱卫会、县教育局联合开展“拒绝烟草危害 做健康青少年”集体签名、“家庭为控烟发声、做无烟健康家庭”宣传活动，组织开展“烟草危害”线上知识竞赛，印发禁烟标识1.2万张。（王如峰 熊伟亮）

■卫生健康镇村建设 2021年，宝应县通过创建“国家卫生县城”复审，射阳湖镇、山阳镇2个镇创成“国家卫生镇”，新增“江苏省卫生村”15个；广洋湖镇创成“江苏省级健康镇”，曹甸镇中心卫生院创成“江苏省健康促进医院”，新增“江苏省健康社区(村)”12个；新创“扬州市健康单位”13个、“健康家庭”150户，新建健康主题公园(广场)2个、新增健康步道4条。（王如峰 熊伟亮）

妇幼保健

■概况 2021年，宝应县持续完善妇幼健康体系建设，实施妇幼重大公共卫生服务项目，推进基层妇幼健康规范化门诊建设，实施母婴安

全行动，全面提升妇幼健康服务质量。县妇幼保健院开展儿童保健科提档升级建设，创成“国家流产后计划生育优质服务（PAC）医院”“江苏省国家分娩镇痛优秀试点医院”“国家儿童哮喘标准化门诊”，创建“江苏儿童早期发展教育基地”顺利通过验收。加强孕产妇危急重症救治中心、新生儿危急重症救治中心内涵建设，全年开展孕产妇和新生儿危急重症急救演练2次、病案讨论12次。全县孕产妇2264人，列入孕产妇保健管理2254人、保健覆盖率98.56%，早孕建卡2048人、建卡率89.55%；孕妇产前5次检查2124人、检查率92.87%，产前筛查2112人、筛查率93.29%；住院分娩2264人、住院分娩率100%，剖宫产994人、剖宫产率43.46%，筛查高危孕产妇1933人、住院分娩率100%，未发生孕产妇死亡病例；产后访视孕产妇2217人，访视率96.94%，孕产妇系统管理人数2112人、系统管理率92.35%。全县7岁以下儿童保健管理3.28万人、保健覆盖率99.3%，3岁以下儿童系统管理人数9836人、管理率99.87%；围产儿死亡率1.75‰，新生儿死亡率1.87‰，婴儿死亡率1.75‰，5岁以下儿童死亡率2.62‰。开展新生儿先天性疾病免费筛查，遗传代谢性疾病筛查率98.76%、听力筛查率99.0%、先天性心脏病筛查率99.62%，全年新生儿出生缺陷32例，出生缺陷发生率13.97‰。完成儿童健康体检1.56万人、体检率98.05%，新入园儿童健康体检率100%。完成儿童视力筛查人数3.26万人、0～6岁儿童视力保健覆盖率98.59%，完成在园儿童龋齿防治人数1.55万人、龋齿防治率97.12%。严格执行《出生医学证明》管理制度，助产机构办证及时率97.3%，实施新生儿“出生一件事”改革，在县妇幼保健院设立“五证联办”窗口，全年办理“出生医学证明”587件、办证率45.15%。（王如峰　熊伟亮）

■补服叶酸　2021年，全县开展农村孕产妇预防神经管缺陷免费增补服叶酸工作，及时将孕产妇增补服叶酸信息录入江苏省妇幼健康信息管理系统，全年补服叶酸人数3690人，孕产妇叶酸服用依从率97.81%、知晓率100%。

（王如峰　熊伟亮）

■农村妇女“两癌”检查　2021年，宝应县继续实施农村妇女乳腺癌、宫颈癌“两癌”免费检查，将城镇失业妇女纳入检查范围，加强“两癌”筛查项目宣传、培训和专项督导评估工作，落实筛查项目管理措施。全年完成“两癌”免费检查人数2.85万人，完成年度目标任务100.37%，发现宫颈癌9例、乳腺癌19例。

（王如峰　熊伟亮）

7月13日，宝应县出台出生缺陷综合防治工作规定。图为县卫健委举办的相关知识讲座　　县卫健委/供稿

■艾滋病、梅毒和乙肝母婴传播预防　2021年，宝应县对育龄妇女开展婚前检查、孕检，以及住院分娩阶段艾滋病、梅毒、乙肝等项目检测，实施分类分级管理。全县完成孕产妇艾滋病、梅毒和乙肝检测2264人、检测率100%；检出梅毒感染病例13例，均实行规范治疗和孕期管理；发现乙肝表面抗原阳性母亲所生儿童45人，及时予以免费接种乙肝免疫球蛋白、及时接种率100%。

（王如峰　熊伟亮）

中医中药

■概况　2021年，宝应县继续实施基层中医药服务能力提升工程“十四五”行动计划，推进中医药服务体系和人才队伍建设，提升基层中医药服务能力，推动中医药在新冠肺炎疫情防控中发挥积极作用。县中医医院推进中医经典病房、老年病科建设，开设专科门诊2个，开放床位32张。县人民医院成立中医科、康复科病区，推进综合医院康复医学科建设。县妇幼保健院与江苏省中医医院推拿科共建成立中医外治中心、小儿推拿中心，填补县级医院小儿推拿门诊空白。推进基层医疗机构中医馆服务能力建设，氾水镇中心卫生院、望直港镇中心卫生院通过五级中医馆省级评审；曹甸镇中心卫生院、射阳湖镇中心卫生院通过四级中医馆市级评审；11家镇卫生院（社区卫生服务中心）通过三级中医馆县级评审。全年新增“扬州市中医药示范村卫生室”4个；提供医疗服务的村卫生室（社区卫生服务站）中医阁建设覆盖率100%。（王如峰　熊伟亮）

■中医药人才培养　2021年，宝应县继续实施第二届扬州市名中医

“师带徒”项目，举办第二届全县中医师承教育活动，带教老师20人、继承人31人结对开展师承教育。组织参加扬州市基层卫生技术人员中医药知识与技能培训，通过结业考核20人次；组织参加扬州市中医经典大讲堂理论培训35人次。全年开展65岁及以上老年人中医药健康管理服务8.61万人、健康管理率77.99%；0～36个月儿童中医药健康管理服务8183人、健康管理率83.13%。（王如峰 熊伟亮）

■中医药参与新冠疫情防控 2021年，宝应县推进中医药防控举措全面融入新冠肺炎疫情防控工作，累计向集中隔离医学观察场所发放中医药预防汤剂8200剂次、服用人数1492人、服用率72%；免费发放中药辟秽香囊5000只，艾条熏蒸、香囊等中医药参与疫情防控率100%。加强集中隔离医学观察场所中医药应用，建立责任中医师巡诊制度，开展疗效分析、跟踪评估工作。营造中医药参与新冠肺炎疫情防控氛围，印发《服用中药倡议书》《中医药防治宣传册》4000份。（王如峰 熊伟亮）

■中医药宣传 2021年，宝应县加大中医药宣传力度，开展“中医中药中国行”暨中医药宣传月活动，组织中医药进机关、进企业、进校园、进军营、进社区、进农村、进家庭“七进”活动178场次，开展中医药养生保健讲座活动15场次。推进中医药健康文化建设，常态化维护北河公园、松龄园、北河社区公园等体育休闲公园中医药健康长廊，建成“养生在扬州”品牌旅游服务标准化试点——“宝应县宝射河体育休闲公园”。（王如峰 熊伟亮）

计划生育

■概况 2021年，宝应县出生人口2416人，其中一孩1236人、二孩1081人、三孩及多孩99人，出生政策符合率100%。实施三孩生育政策，推进生育登记网上办理，优化婚育情况承诺、首问负责、委托代办等便民措施，简化生育登记办理程序，办理生育登记2183例，其中网上办理1658例、网下办理525例，其中一孩生育登记1179例、二孩生育登记965例、三孩及多孩生育登记39例。实行禁止非医学需要胎儿性别鉴定和禁止选择性别人工终止妊娠“两禁止”，全县出生婴儿男女性别比114:100；严格执行政策内怀孕14周以上终止妊娠手术审批制度，全年实施怀孕14周以上终止妊娠手术登记备案3例。全县设置独立母婴室医疗机构22家，加强日常管护和使用工作。推动发展3岁以下婴幼儿照护服务，全县婴幼儿托位数（即享受国家补贴托育服务位数）1950个、比上年增长10%，每千人托位数2.8个；县妇幼保健院建成婴幼儿早期发展指导中心；托育机构3家通过备案，创成市级普惠托育机构1家。（王如峰 熊伟亮）

■计生服务优化 2021年，宝应县持续优化计划生育服务，实施免费孕前优生健康检查项目，为符合政策计划怀孕夫妇1855对提供免费孕前优生健康检查，检出孕前优生高风险因素445人、检出率13.11%。继续推行“互联网+”计划生育药具发放服务模式，开展免费避孕药具公共服务“进医院、进企业、进单位”活动，药具发放由村计划生育专职干部为主，村医为辅转换为村医为主，村计划生育专职干部为辅模式，全年发放免费避孕药具1.84万人次，接受咨询5047人次，随访4066人次。全县各定点医疗机构完成计划生育手术6353例，免费计划生育手术率60.34%。（王如峰 熊伟亮）

■计生惠民政策 2021年，宝应县全面落实人口计划生育奖励扶助政策，累计确认各类计划生育奖励扶助政策对象5.21万人，其中，农村奖扶对象4.37万人，独生子女伤残死亡家庭特扶对象2049人，企业退休职工、城镇非从业人员一次性奖励6348人。实施特殊家庭联系人制度、家庭医生签约服务、优先便利医疗服务“三个全覆盖”专项行动。落实结对联系人制度和困难家庭帮困举措，安排县财政资金为计划生育特殊扶助对象1974人办理住院护理补贴保险，镇、村出资为部分计划生育群众办理计划生育系列保险、城乡居民医疗保险、意外伤害保险。推进计划生育系列保险参保工作，全年参加计划生育投保人数3.67万人、保费总金额264万元，办理理赔手续1238人、获理赔总金额187万元。县人民医院、县中医医院、县妇幼保健院3家医院为计划生育特殊困难家庭开通就医绿色通道，发放优先诊疗卡，实行“先诊疗、后付费”优惠措施。（王如峰 熊伟亮）

公共卫生监管

■概况 2021年，县卫健委加强卫生监督和职业健康监管，理清卫生执法权限，完善“双随机一公开”监督机制，依法履行卫生监督行政综合执法职责，完成“双随机”执法检查198家单位，监督完结率100%。加强传染病防治与消毒产品卫生监督工作，组织全县一级医疗机构9个、个体诊所13个、村卫生室（社区卫生服务站）26个和县疾病预防控制中心等医疗卫生机构开展传染病防治分类监督综合评价和专项检查工作；开展消毒产品生产单位检查12户次，消毒产品经营单位检查60户次、产品数119个；开展餐饮具消毒服务单位监督检查4户次。加强居民生活饮用水卫生监督，对集中式供水单位2家、二次供水单位1家实行每季度卫生监测1次，对涉水产品生产企业实行全面常态化卫生监督、建档率100%。加强食品安全风险监测，采集食品样品48份，监测报告食源性疾病病例692例。建立8大类26项卫生行政执法全过程记录制度，添置全过程执法记录仪8台，实现实时在线审批。全年开展医疗机构、公共场所、企业单位、学校等各类单位、重点场所卫生监督检查3872户次。全年查处卫生违法案件96件，其中采用一般程序案件25件、简易程序案件71件；医疗类案件17件、传染病防治类案件17件、消毒产品类案件2件、职业卫生类案件59件、放射卫生类案件1件，累计罚没款48.41万元。推进卫生行政执法信息公开，公开卫生行政许可、行政处罚“双公示”信息686条，其中行政许可信息661条、行政处罚信息25条。县卫生监督所承办《某医院未经许可擅自配置使用大型医疗设备案》获评全国卫生健康行政执法优秀典型案例。

（王如峰　熊伟亮）

■卫生健康行政许可　2021年，县卫健委推进卫生健康“证照分离”改革，实行告知承诺制度，精简审批材料，法定审批时限压缩50%。全年办理卫生健康行政许可事项1452件、服务事项539件共1991件，期限内办结率100%，不见面审批事项1831件、不见面审批率92%，其中办理公共场所卫生许可事项459件，办结医疗机构执业许可校验延续事项350件，办结放射诊疗服务许可校验事项30件，办结医师注册及变更注册事项190人次，办结执业护士变更注册事项398人次，办理再生育一孩审批事项25件，办理婚育证明238件，办理抗菌药品使用备案43件。赋权乡镇卫生健康行政服务类许可事项9项。（王如峰　熊伟亮）

■放射卫生监督　2021年，县卫生监督所对全县放射诊疗机构32家开展监督检查，监督覆盖率100%，放射技术服务机构建档率100%。组织开展全县核与辐射安全重点风险单位专项检查行动、全县放射诊疗机构放射防护管理专项整治行动，完成放射诊疗机构放射防护性能抽检10家、抽检率31%。开展放射诊疗机构负责人、管理人员业务培训全覆盖。放射诊疗机构预防性从业人员健康体检1.97万人次，发放健康证1.88万份。全年开展放射卫生监督检查42家次。

（王如峰　熊伟亮）

■职业健康监管　2021年，县卫健委持续推进职业健康保护行动，强化职业健康监管监测队伍能力建设，开展企业职业健康“主体责任落实年”活动，全年新增职业病危害项目申报企业109家、累计完成申报企业1605家，重点企业申报率100%；完成职业病危害因素检测692家，现状评价3家，开展新建项目职业病防护设施与主体工程同时设计、同时施工、同时投入生产和使用“三同时”督查5家，完成职业健康检查计1.53万人次。开展粉尘危害专项整治集中攻坚行动，组织企业职业病危害因素检测30家，实行重点职业病监测5060人，实现接触有毒有害物质员工职业健康体检率100%。推进健康企业建设，创成“江苏省健康企业”14家、“扬州市健康企业”11家。开展第19个职业病防治法宣传周活动，组织职业健康知识进企业、进社区活动131场次，培训企业职业健康管理人员2317人次，发放宣传材料3万份。县卫健委、县总工会联合开展争做“职业健康达人”活动，评选企业“健康达人”143人。开展职业健康执法检查，全年实行企业职业健康执法检查109家，冶金、化工、建材等职业病危害重点行业企业覆盖率100%。（王如峰　熊伟亮）

■公共场所卫生监督　2021年，县卫生监督所结合宝应县迎接“国家卫生县城”复审、创建“全国文明城市”，开展公共场所单位基本情况调查、依法经营情况检查和规范经营状态督查。为美容美发业、住宿业、沐浴业、休闲娱乐等公共场所统一配置皮肤病专用工具箱、电子消毒柜、禁烟标识、禁浴标识、清洗消毒标识、公共场所卫生监督公示牌等设施和标识。加强公共场所单位卫生知识培训宣传，分别举办旅店业、游泳场馆、沐浴业、美容美发业、休闲服务等行业卫生知识培训班，在公共场所单位张贴、播放创建标语，营造创建“国家卫生县城”“全国文明城市”浓厚氛围。（王如峰　熊伟亮）

■医疗卫生监督　2021年，县卫生监督所加强对全县医疗卫生单位疫情防控、依法执业、传染病防治、医疗技术应用、放射诊疗等综合检查监督，全年制发卫生监督意见书549份。开展中医医疗机构监督检查21家，规范医疗机构“三伏贴”技术应用，完善“三伏贴”备案管理。开展医疗卫生“双随机”监督检查，抽查一级医疗机构9个、个体诊所12个、社区卫生服务站（村卫生室）23个。开展母婴保健和计划生育专项监督检查，实现全县一级医疗机构母婴保健和计划生育专项检查全覆盖。

（王如峰　熊伟亮）

■学校卫生监督　2021年，县卫健委围绕学校传染病防控重点，组织对全县114所中小学校、托幼机构开展全覆盖卫生综合监督检查；组织开展中、小学秋季开学前新冠肺炎疫情防控监督检查2轮次。10月，组织开展学校卫生“双随机”抽样检查，现场监督检查学校3所。全年完成学校卫生监督检查230户次，下发监督意见书228份。组织开展学校卫生管理及传染病防控培训，培训学校管理人员136人次。

（王如峰　熊伟亮）

■卫生监督协管　2021年，全县14个镇（区）设有卫生监督协管站点15

个、非法行医监测哨点231个，实行卫生监督月报制度，发现违法线索实时报告。规范卫生监督协管站点标准化建设，实现门牌标识、工作流程、工作职责、工作纪律、档案管理“五统一”。提升卫生监督协管员能力，每季度召开工作例会，开展业务技能、信息报送等业务培训。加强卫生监督协管项目全过程质量控制，每季度开展协管质量督查和电话回访，强化业务考核评估。（王如峰　熊伟亮）

■卫生应急体系建设　2021年，宝应县推进公共卫生应急体系建设，调整全县突发公共卫生事件应急领导小组，充实突发传染病疫情卫生应急处置救援队、卫生应急医疗救援队、中毒处置救援队，全年及时规范处置各类疫情突发公共卫生事件21件、疑似食源性疾病暴发事件3件。在县疾病预防控制中心建立宝应县卫生应急物资库，全年投入资金1437.72万元，主要用于应急物资储备。规范县级综合、中毒、烧伤类紧急医学救援基地建设，开展专项培训3场次。实施“全民自救互救素养提升工程”，开展卫生应急自救互救知识进机关、进企业、进校园、进军营、进社区、进农村、进家庭“七进”活动16场次，圆满完成县人代会、政协会“两会”召开，高考、中考等重要活动卫生应急保障任务10场次。（王如峰　熊伟亮）

医政药政管理

■概况　2021年，全县医疗机构持续推进“改善医疗服务行动计划”，提升医疗质量，改善医疗服务。深化医疗改革，全面推行实名制就诊；县级医院推行预约诊疗制度，开设号源紧张专家弹性门诊。落实高层次人才招引政策，建立高层次人才就医绿色通道；完善多学科疑难病会诊制度，县人民医院增设妇科多学科诊疗中心。二圆医院艾滋病初筛实验室、柳堡镇中心卫生院二级病原微生物实验室通过市级备案。加强医疗机构电子化证照管理，实现医疗机构电子证照申领使用全覆盖。加强医院重点部门和重点环节感染防控管理，县人民医院、县中医医院、县妇幼保健院、二圆医院建立可溯源追踪的医疗废物管理信息系统。加强行风、医德医风建设，开展“5·12国际护士节”“8·19中国医师节”表彰活动，表彰优秀护士70人、最美医师46人、优秀医师37人、优秀乡村医生15人。推进“平安医院”建设，全县一级以上公立医疗机构及村卫生室（社区卫生服务站）全部参加医疗责任保险，县医患纠纷第三方调处中心全年调解医患纠纷33例。（王如峰　熊伟亮）

■医疗机构质量管理　2021年，全县医疗机构建立全员参与、覆盖临床诊疗服务全过程医疗质量管理与控制工作制度，落实首诊负责、三级查房、分级护理、手术分级管理、抗菌药物分级管理、临床用血安全等各项医疗质量控制核心制度。健全完善护理、药事、院感、临床检验、病历、针灸推拿、新生儿科、产科等8个县级医疗专业质控中心体系建设，随机抽查医疗机构处方、病历，组织权威专家进行审阅，形成点评报告。开展医疗质量控制检查监督活动，举办医疗质量管理论坛，促进全县医疗机构提升医疗质量。加强医疗机构病原微生物实验室质量管理，定期开展室内、室间质量控制检测，推进病原微生物安全实验室规范化建设。11月23日，宝应县血液净化质量控制中心在县人民医院挂牌成立。截至年底，全县累计建立县级医疗质量控制中心8个，分别是依托县人民医院建成县护理质量控制中心、县医院感染质量控制中心、县医院药事质量控制中心、县临床检验质量控制中心、县病历质量控制中心，依托县中医医院建成县针灸推拿质量控制中心，依托县妇幼保健院建成县新生儿科质量控制中心、县产科质量控制中心。（王如峰　熊伟亮）

■药政管理　2021年，宝应县围绕加强全县药事管理和药学服务工作，先后成立县级药事管理与药物治疗学委员会和药师专家库。建立完善短缺药物四级监测预警机制，加强短缺药品的信息收集和分析，完善短缺药品采购制度，保证广大群众基本用药需求。开展基层家庭药师药学服务，组织药学人员18人参加全省家庭药师培训。推进“社区家庭药师工作室”建设，县人民医院在曹甸镇设立“药学工作室”，曹甸镇中心卫生院在下舍分院设立“家庭药师工作室”。（王如峰　熊伟亮）

■药品耗材采购管理　深化招采制度改革，切实减轻群众看病负担。组织全县公立医疗机构规范化维护机构信息和资金结算监管账户，现有18家公立医疗机构在省平台上阳光采购、公开交易，实现对招采全过程综合监管。目前公立医疗机构药品基本实现线上应采尽采；耗材线上采购金额占比从75%提升至85%。组织实施药品耗材联盟带量采购16批次，落地13批次，合计229种、316个品规药品纳入集采范围；耗材参与集采8批次，落地7批次，合计15类1812个品规耗材纳入集采。集采品种覆盖面和影响力进一步扩大，年节约采购支出6000余万元。根据省、市价格调整文件要求，及时调整190项医疗服务项目价格，新增124个医疗服务付费项目和18个耗材付费项目，完善医疗服务付费项目16个，取消医疗服务付费项目2个、耗材收费项目1个，暂停医疗服务付费项目1个。（冷爱国　刁海华）

社会保障

She Hui Bao Zhang

■编辑:唐善刚

社会保险

■**概况** 至年底,全县企业在职职工养老保险参保人数 11.05 万人,失业保险参保人数6.9 万人,机关事业单位养老保险参保人数 1.37 万人,城乡居民养老保险参保人数 22 万人,工伤保险参保人数 9.37 万人;全年征收各类社会保险基金 16.06 亿元,其中企业在职职工养老保险基金 12.01 亿元、失业保险基金 3939 万元、机关事业单位养老保险基金 1.71 亿元、城乡居民养老保险基金 1.71 亿元、工伤保险基金 2326 万元。2021 年,县人社局在确保各项养老金每月按时足额发放基础上,稳步提高社会保险待遇,城乡居民基础养老金标准调整到每月 205 元,实现“十一连涨”,惠及全县基础养老金领取人数 17.26 万人;企业退休职工养老金连续上涨,人均养老金调整到每月 2215 元。 (杨静波)

■**工伤保险** 2021 年,县人社局受理工伤认定申请事项 423 件,最终获认定 396 件,其中个人申报工伤认定事项 31 件;全年通过对 39 家企业事故现场进行调查,获因公死亡认定 7 件,不予认定 2 件;组织工伤人员劳动能力鉴定 3 批(次),纳入工伤鉴定人数 235 人次,其中达到劳动能力丧失鉴定等级人数 211 人,未达到劳动能力丧失鉴定等级人数 7 人。加强工伤停工留薪人员管理,确认在工伤停工留薪期人员 5 人,配置医疗康复辅助器具工伤人员 1 人,暂不定级工伤人员 8 人。执行工伤康复诊疗制度和规范,对经工伤康复专家评估确认,符合实施康复治疗规定的工伤人员 30 人分别安排在苏州瑞盛康复医院、扬州苏北人民医院进行康复治疗,实现康复指标完成率 100%。 (杨静波)

■**失业保险** 2021 年,县人社局充分发挥县、镇、社区(村)三级人社平台作用,指导符合条件的失业对象领取失业保险金和失业补助金,全年支付失业保险金 1.01 万人次、金额 1638.53 万元,支付失业补助金 3481.7 万元、惠及 8543 人。出台支持中小微企业稳定就业政策,将中小微企业失业保险稳岗返还政策裁员率标准由不高于上年度统筹地区城镇登记失业率放宽到不高于上年度全国城镇调查失业率控制目标,对参保职工 30 人(含)以下的企业,裁员率放宽至不超过企业职工总数 20%,对符合条件的企业将资金社会保险缴费账户予以返还,全年共有 1544 家企业享受稳岗补贴 620.44 万元,惠及职工人数 3.76 万人。 (杨静波)

■**被征地农民社会保障** 2021 年,县人社局开展 2020 年度被征地农民参保进保情况“回头看”工作,重点关注被征地农民外地参保情况、缴费时间等数据核实工作,防止漏缴情况发生,加快推进被征地农民参保整改。8 月,以灵活就业人员身份参加企业职工养老保险的被征地农民社会保险费征收切换至税务系统征收,自主缴费,按年退返。 (杨静波)

■**“省人社一体化平台”成功上线** 2021 年,县人社局根据省企业职工基本养老保险省级统筹和省人社一体化平台切换上线的统一部署,对省人社厅下发的问题数据按照规定序时进行集中清洗,反复多次对一体化平台各业务模块进行测试,同时会同税务部门进行“社税联测”,确保省人社一体化平台于 2021 年 8 月 11 日成功上线,顺利运行。县人社局原机关事业养老保险处根据省人社厅机关事业单位社会保险基金管理中心统一部署要求做好人社一体化平台切换上线工作,按照要求抽调骨干参加省中心举办的系统数据集中测试,后期组织部门全体人员反复多次对一体化平台各业务模块进行测试。组织参保单位进行业务培训工作,印发操作手册。确保省人社一体化平台 2021 年 5 月 11 日上线即可办理业务。 (杨静波)

■**医疗保险** 2021 年,全县城乡居民基本医疗保险参保人数 54.64 万人、职工基本医疗保险参保人数 17.94 万人,医保参保率 98.2%。全县城乡居民基本医疗保险成人缴费金额 400 元、未成年人缴费金额 240 元,各级财政负担人均金额 620 元。全年城乡居民基本医疗保险基金收入 58313 万元,城乡居民基本医疗保险基金支出 57669 万元,当期结余金额 644 万元、累积结余金额 31720 万元。全县职工基本医疗保险基金(含大病救助基金、公务员医疗补助基金)收入 81807 万元,支出 76671 万元,当期结余 5136 万元,累计结余 121488 万元。为应对新冠肺炎疫情,切实减轻企业负担,支持企业复工复产,宝应县贯彻省、市医疗保障局关于阶段性减征职工基本医疗保险费用相关文件精神,2021年7月至2022年6月,对参保单位的职工基本医疗保险单位缴费部分实行减1个点征收,每月共减免单位3925家,减免395万元;2021年9月至12月,对参保单位的职工基本医疗保险单位缴费部分再减3个点征收,减征期限为4个月,每月共减免单位3925家,减免1200万元。与此同时,县医保局努力提升医保经办人员服务水平,制订实施职工医保服务大厅"好差评"制度,实行现场服务"一次一评",服务对象通过现场扫码即可对医保服务进行评价。截至年底,服务对象参评率80%。11月,职工医保服务入驻县政务服务大厅,县医保局选派业务精、能力强、服务好的工作人员入驻医保分窗口,为企业和群众提供政策咨询、信息查询、业务受理等服务。至年底,现场接待业务咨询25人次,电话接待咨询67人次。

(廖文莉　刁海华)

■医保基金监管　2021年,县医保局将打击欺诈骗保、维护基金安全作为重点工作,通过加强医保基金源头监管,依法严厉查处欺诈骗保行为,开展"打击欺诈骗保,维护基金安全"宣传活动,组织医疗保险政策进机关、进企业、进社区、进学校、进农村"五进"宣传活动。组织开展打击诈骗医保基金专项整治行动,坚决查处医保领域"三假"(假病人、假病情、假票据)等违法行为。强化对定点医药机构监督管理,要求定点医药机构开展医保基金违规使用自查自纠行动,全县定点医药机构通过自查自纠上报违规使用医保金额共138.3万元。县医保局制订出台《宝应县医保基金监管工作方案》,加强医保基金监管行政执法检查,全年行政执法检查定点医药机构299家次,其中发现违规使用医保基金要求限期整改33家次、暂停医保结算服务权限2家、解除医保服务协议3家,追回医保基金1146万元,处以行政罚款2077万元。欺诈骗保案件移送市(县)纪委查处7件、移送县卫健委查办6件、具有构成刑事案件嫌疑移送公安机关侦办1件。　(华建芹　刁海华)

■异地医保结算　4月1日起,县医保局根据扬州市医疗保障局印发《关于完善和统一职工医疗保险异地就医待遇保障有关工作的通知》《关于印发〈扬州市职工医保门诊特殊病种经办工作实施方案〉的通知》《关于统一全市职工医疗保险二类门诊特殊病种有关政策的通知》文件精神,职工医保异地转诊备案和门诊特殊病种申请认定实行医院"一站式"办理,即直接在定点医院申请和办理,不再让参保人员"两头跑"。截至年底,全县实现医院办理转诊手续459人次,办理门诊特殊病种申请认定1164人次。全年办理职工基本医疗保险异地就医备案人数3423人次,其中办理省内异地联网结算备案人数2159人次、办理跨省异地联网结算备案人数1264人次;全县职工医保参保人员在省内通过全省异地联网结算平台住院就医人数3619人次,结算医疗费金额共8300万元。

(金蔚涛　刁海华)

2021年,宝应县全年实现城乡居民医保参保率98.2%

县医保局/供稿

社会救助

■民政救助　2021年,县民政局贯彻落实国务院《社会救助暂行办法》,扎实推进特困供养专项治理、低保专项治理"回头看"、低收入人口全面认定等各项救助工作,保障全县困难群众基本生活。推进分层分类社会救助体系建设,健全完善城乡低保、临时救助、特困人员供养、低收入人口认定规章制度,修订《宝应县城乡居民最低生活保障工作规程》,优化低保办理流程,拓宽特定残疾人、大重病"单人保"范围;修订《宝应县临时救助实施办法》,推动救助向低收入家庭和支出型困难家庭延伸,首次将家庭人均收入超过低保标准两倍、低于全体居民人均可支配收入的大病对象纳入救助范围;制订《宝应县低保对象就业成本抵扣实施办法》,对符合条件的对象,在核算家庭收入时,从本人实际收入中抵扣必要就业成本,最高可抵扣低保标准的全额,以鼓励困难对象自主就业;修订《宝应县特困人员认定办法》,拓展保障范围、完善"无生活来源"认定条件、优化办理流程;会同县司法、财政、行政审批、乡村振兴等13个部门按规范性文件要求，出台《宝应县低保边缘家庭和支出型困难家庭认定暂行办法》，明确认定范围、认定程序、日常管理等要求，授权各镇（区）做好低保边缘家庭和支出型困难家庭认定工作。全年强化低保对象动态管理，核查认定保障城乡低保对象3900户6539人，其中城市低保285户430人、农村低保3615户6109人。

最低生活保障。7月1日起，城乡低保标准从每人每月710元提高到740元，与扬州市区统一标准。提高城乡低保补差水平，城市月人均补差从436.8元提高到473.7元、农村月人均补差从445.4元提高到469.8元。全年发放城乡低保金3685万元，其中城市252万元、农村3433万元。开展最低生活保障专项治理“回头看”，巩固兜底生活保障成果，提升低保救助工作精准率。7月1日起，提高特困人员供养标准，按不低于低保标准1.3倍确定特困供养标准，城市特困供养人员月供养标准从1300元/人提高到1350元/人，农村特困供养人员月供养标准从825元/人提高到962元/人。全县保障特困供养人员4292人，其中城市特困供养人员63人，农村特困供养人员4229人。全年发放特困供养人员生活保障金4685万元，其中城市特困人员供养金98万元、农村特困人员供养金4587万元；提高特殊群体生活质量，落实散居特困半失能、失能人员照护服务制度，享受照护服务补贴人员231人，其中特困半失能人员144人、特困失能人员87人，分别按每人每月300元和600元标准发放照护补贴，全年发放照护补贴金110.7万元。

临时救助。发挥临时救助在社会救助体系中“拾遗补缺”“托底”“补漏”作用。全年救助临时困难对象8766人次、发放救助金515.4万元。建立支出型困难家庭救助制度，首次将家庭人均可支配收入超过低保标准2倍，但低于上年度全体居民人均可支配收入因病支出型家庭纳入救助范围，对特困供养家庭成员、最低生活保障家庭成员、支出型困难家庭成员个人承担刚性医疗费用情况，实施分类救助，最高救助金额达30个月低保标准；建立急难救助分类分档标准，根据困难家庭遭遇意外事件造成的财产损失、个人承担治疗费用、困难情形等综合因素确定9类救助标准，最高救助金额达4万元。

低收入人口认定。按照分层分类社会救助体系建设要求，全面启动全县低收入人口认定工作。开展困难群众摸底排查，以农村低收入人口为重点，同步开展城市低收入人口排查，获认定低保边缘对象583人、支出型困难对象41人。

流浪乞讨人员救助。加强全县流浪乞讨人员救助管理工作，6月迎接省、市对宝应县流浪乞讨人员救助管理服务质量大提升专项行动督查，受到上级好评。开展“寒冬送温暖”“夏季送清凉”专项救助行动，救助流浪乞讨人员37人次；7月举办“携手相助、让爱团聚”为主题的救助流浪乞讨人员广场宣传活动。7—8月，南京市、扬州市区新冠肺炎疫情发生，县流浪乞讨人员救助管理站全力做好疫情防控期间滞留在宝应生活困难群众服务保障工作，救助流浪乞讨人员15人次，为临时滞留在宝应困难群众提供生活保障6人次，协助到宝应务工无着落人员12人提供临时生活救助，春节前夕县流浪乞讨人员救助管理站为滞留宝应流浪人员送“年夜饭”5人次。全年救助流浪乞讨人员共142人，协助县外救助机构核定宝应籍走失人员身份20人，接收公安部门护送精神病走失人员18人次，接收宝应籍走失人员回乡安置20人，发布寻亲启示25人次；帮助外省精神病、智障等走失人员返乡14人，帮助流浪人员寻找到家人21人，为临时遇困外省籍困难对象提供返乡车票共82张。县民政局创新救助寻亲工作举措，与县社会治理现代化指挥中心合作，利用网格上报核查流浪乞讨人员信息12人次，帮助宝应县籍走失在外人员3人找到家人。宝应县网格寻亲成功事例被《中国社会报》刊登报道。推进救助管理机构规范化建设，新建县流浪乞讨人员救助管理站于年底前投入使用，新址位于县城北部同心路99号。

（陆爱东　李刚银）

■医疗救助　2021年，全县医疗救助工作围绕“保基本、可持续、惠民生、推改革”总要求，构建“全面覆盖、城乡统筹、保障适度、持续惠民”医疗保障新格局，扩大医疗救助范围，提升医疗救助精准性。县医保局确保困难群众资助参加医疗保险全覆盖，按照普通城乡居民400元/人、在校学生及未成年居民240元/人的个人缴费标准，全额资助最低生活保障家庭成员、特困供养人员、具有当地户籍的临时救助对象中的大重病患者、享受民政部门定期定量生活补助的20世纪60年代初精减退职职工、重点优抚对象（包括烈士遗属、因公牺牲军人遗属、病故军人遗属、在乡7～10级残疾军人、老复员军人、带病回乡退伍军人、参战涉核退役人员）、困境儿童、县总工会核定的特困职工、原建档立卡低收入农户、无固定收入重度残疾人等符合条件人员参加城乡居民医疗保险。全年资助参加城乡居民医保困难人员共26121人，支出金额1018.30万元。县医保局做好贫困人员“一站式”平台实时维护工作，及时更新贫困人员数据库信息，逐步完善救助平台系统功能，对进入“一站式”医疗救助平台人员同步实施医疗救助结算，确保重点医疗救助对象能够及时享受门诊和住院相关待遇。全年“一站式”医疗救助平台享受医疗救助贫困人员共5944人，实现医疗救助共35397人次，财政支出金额共2554.05万元。全面启动医疗救助补助程序，建档立卡低收入群众在县内公立定点医疗机构住院，个人自付医药费比例控制在总费用10%以内；建档立卡低收入群众入院即建立住院台账，跟踪其住院情况、结算情况。坚持实行贫困人员医疗救助费用手工报销及时结算，县医保局通过与县财政局协调申请困难群众医药费预拨付资金、优化报销流程、减少报销手续，让困难群众报销医药费只跑1趟，报销人员凭身份证、报支单、银行卡，实现报销医药费在14个工作日内到账。全年困难群众办理手工报销115人次，报销医疗救助金额共129.84万元。

（祁惠宇　刁海华）

■慈善救助　2021年，全县共发放慈善救助金2171万元，救助人数2.25万人次。其中，县慈善总会发放慈善救助金1171万元、救助人数1.26万人次，救助项目为助医628.15万元、3406人次，助学86.4万元、600人次，助残40万元、300人次，助孤25.4万元、202人次，助困78.7万元、804人次，助老33.02万元、5938人次，儿童大病救助141.19万元、76人次，定向救助58万元、232人次，疫情救助62.03万元、900人次，项目救助17.01万元、170人次；各镇（区）发放慈善救助金1000万元，救助人数9872人次。全县不断优化救助项目，提高慈善救助效果和社会获得感。坚持开展常规救助项目，对助学、助老、助残、助困、助医等六大类传统项目，做到项目不减，标准不低，只做加法，不做减法，努力扩大救助面；开展重点救助项目，对因病、因残造成医疗费用特大家庭十分困难的尿毒症、白血病患者做到应救尽救，对终身残疾、一家多人患恶性肿瘤等重大疾病对象进行重点救助、持续救助，对特殊困难家庭在校大学生进行持续救助，对孤儿从小学直至大学毕业在校生进行全程救助；开展应急救助项目，县慈善总会制订《宝应县慈善应急救助暂行办法》，对遭遇突发事件、意外伤害、重大疾病或其他特殊原因导致生活陷入困境者给予应急或过渡性救助；开展困难老人保险救助项目，设立全县60～79周岁脱贫低收入人口意外伤害保险和70周岁以上低保户、18周岁以上白血病患者“医惠保一号”保险，共为7321人投保，投入保险资金53.92万元；开展“梦想小屋”助孤项目，投入20万元，帮助成为事实孤儿困境儿童16户建成“梦想小屋”，解决这部分困境儿童学习、生活难题，同时开展“一对一帮扶”宏志行动，为困难儿童提供慈善助学金共13万元；开展慈善扶贫项目，按照县委统一部署，落实支援陕西省定边县扶贫资金20万元。

“5·19慈善一日捐”活动。全县通过开展“5·19慈善一日捐”活动共募集慈善资金4164万元，比上年增加1019万元，其中县慈善总会募集资金1051万元，各镇（区）募集资金3113万元（含筹集慈善基金1637万元）。县委、县政府成立“5·19慈善一日捐”活动领导小组，召开全县动员大会，表彰慈善活动先进典型，县“四套班子”领导带头参加集中捐赠，为全县“5·19慈善一日捐”活动开展带好头，树标杆，营造良好社会氛围。全县上下全面动员，形成人人参与、齐抓共募良好局面。西安丰镇、鲁垛镇、小官庄镇、柳堡镇、氾水镇、安宜镇、射阳湖镇、泾河镇、曹甸镇镇、县经济开发区10个镇（区）认真落实开展“5·19慈善一日捐”活动任务目标，全面完成慈善募捐工作计划。

网络慈善募捐。9月7—9日，宝应县积极组织“99公益日”慈善捐赠活动，上线项目是“挽救生命之源”，为尿毒症患者筹集救助金。通过广泛宣传，精心组织，共募集资金121.1万元，其中众筹资金114.22万元，腾讯配捐6.88万元。这是宝应县连续第3年开展慈善网络募捐活动，网络募捐金额首次突破100万元，全年各类慈善网络募捐316万元，位列扬州市各县（市、区）第1名，荣获全市网络募捐突出贡献奖。

抗击疫情募捐。7月底，扬州市区出现新冠肺炎疫情流传。全县各级慈善组织立即行动起来，积极组织抗疫慈善捐赠活动，共募集抗疫款物价值105.82万元。海沃机械（中国）有限公司捐赠价值20万元垃圾运输车1辆，支援垃圾消毒车1辆；宝应金源置业集团捐赠慈善款20万元、抗疫物资价值10万元；柳堡镇在外乡贤周才军向柳堡镇慈善分会捐赠慈善款20万元；扬州尼尔塑料公司捐赠慈善款10万元；泾河镇普通农户朱士顺（身患骨癌）夫妇两次专程到县慈善总会捐赠慈善款4000元；爱心人士李嘉龙通过银行

5月19日，县级机关党员、干部带头参加“慈善一日捐”活动　小　品/摄

捐赠慈善款1万元;中国好人刁伯辉动员女儿和身边的党员分别捐款3000元。县慈善总会从积余慈善款中拿出资金235万元用于抗疫核酸检测设备购置、支援南京和扬州市区医护人员慰问、困难学生上网课平板电脑购置、敬老院五保老人生活补助等。

“幸福家园”建设募捐。2021年,县慈善总会为贯彻省、市关于开展“幸福家园”村社互助工程建设通知要求,在射阳湖镇潘舍村、钱沟村开展“幸福家园”建设试点工作,阻力乡村振兴,造福村社群众;从村社需求、社情民意、注重实效出发,确定实施“路灯建设”“公厕建设”2个项目,共募集资金17万元。至年底,“幸福家园”路灯建设和公厕建设2个项目按序时顺利实施。11月9日,县政府召开全县“幸福家园”建设现场推进会,组织与会人员观摩试点建设现场,听取射阳镇政府和潘舍村经验介绍,对全面推进“幸福家园”建设进行动员部署,县慈善总会在全市率先组织所有村(社区)在“幸福家园”平台开通账号。

慈善文化宣传。县慈善总会牵头在县电视台、《宝应日报》等主流媒体开展慈善宣传专题专栏,加大慈善宣传力度,编印慈善工作简报29期,编发微信26条。各镇(区)利用宣传车、公开栏、倡议书、宣传单、工作简报、横幅、标语、微信等平台,开展形式多样慈善宣传,营造慈善捐赠舆论氛围。推进慈善文化阵地建设,制订慈善文化阵地建设三年发展规划,建成射阳湖镇慈善文化公园、夏集镇慈善文化广场,县国际学校慈善文化校园3个慈善文化阵地,为全县慈善文化阵地建设提供模板。11月9日,县政府召开全县慈善文化阵地建设现场推进会,观摩慈善文化阵地建设现场,听取了县教育局、射阳湖镇经验介绍,对全县加强慈善文化阵地建设进行动员部署。至年底,全县累计建成慈善文化阵地6个。 (冯晓碧)

■**红十字救助** 2021年,县红十字会持续开展助医、助困、助老、助学、助残、关爱留守儿童等博爱救助系列活动,惠及城乡各类困难家庭和群众。全年共募集款物(含定向捐赠及疫情防控捐款)折合人民币431万元,其中扬州市红十字会下拨救助款物折合人民币共计5.23万元,“博爱在宝应·人道万人捐”活动筹集资金87.13万元;发放救助款物(含定向捐赠及疫情防控捐款)折合人民币395万元,其中用于助医金额328.81万元、助困金额39.05万元、助金额老4.1万元、助学金额2.3万元、助残金额2.97万元、疫情防控金额3.55万元、对口支援陕西省定边县金额10万元、其他困难救助金额4.22万元。为白血病患儿7人向中国红十字基金会申报获批“小天使基金”共计21万元。实施“汤杨豪贫困大学生救助基金”项目,为贫困家庭大学生新生4人争取助学金共计1.2万元。实施“江苏省红十字博爱光明行”救助项目,连续第3年获批项目经费5万元,线上募集“99公益日”专项捐款8万元,全部用于项目实施单位开展健康用眼知识普及、眼科义诊和白内障患者复明手术补贴。

(何红春 刘 丽)

社会福利

■**困境儿童保障福利** 2021年,宝应县健全和完善困境儿童分类保障机制,对符合保障条件困境儿童实行应保尽保。全县孤儿71人、比上年减少7人,均为社会散居孤儿,困境儿童387人。7月1日起,社会散居孤儿基本生活供养标准,由平均每人每月1885元提高到1980元,按季度打卡发放,全年共发放社会散居孤儿基本生活费168.6万元;困境儿童全年共发放基本生活费140.89万元。做好留守儿童和未成年人关爱保护工作,开展“儿童关爱之家”创建活动,小官庄镇通过创建“江苏省儿童关爱之家”考评验收。

(殷书明)

■**残疾人两项补贴** 至年底,全县享受困难残疾人生活补贴人数8293人、护理补贴人数5750人,全年发放残疾人生活、护理两项补贴金额6121.21万元,其中生活补贴5491.09万元、护理补贴630.12万元。全面落实各项惠残助残政策,全县三、四级精神、智力残疾人共374人,每人每月按低保标准的20%发放残疾人生活补贴,累计发放生活补贴共57.2万元;一、二级言语、听力残疾人共361人,按城市每人每月130元、农村每人每月90元的标准,发放护理补贴共54.48万元。 (殷书明)

■**福利彩票销售** 2021年,全县有福利彩票销售站点74家、从业人员100人,全年销售福利彩票金额4291万元。其中,“双色球”“七彩乐”等电脑票销售金额3161万元;“刮刮乐”福利彩票销售金额833万元;“快3”福利彩票销售金额297万元。全年省下达福利彩票公益金403.35万元,主要用于孤儿、残疾人救助等社会福利和社会公益项目,其中用于临时救助30万元、养老机构建设330万元、乡镇公益性骨灰盒存放设施建设30万元、儿童重大疾病慈善救助3.67万元。 (宗 星)

住房保障

■**概况** 2021年,县住建局加大住房保障力度,实施多渠道住房保障工程,高质量完成省、市下达年度各项住房保障任务。全县新开工建设棚户区(城中村)改造保障性住房1324套。至年底,全县建成保障性住房1324套、总面积17.9万平方米;发放住房租赁补贴12户、金额2.43万元。县住建局向上争取国家

和省保障性安居工程引导资金共706万元。（杨　岭）

■**住房保障政策**　2021年，县住建局继续完善住房保障体系，切实做好城镇中等偏下收入家庭住房保障准入分配工作，做到应保尽保；调整公共租赁住房和经济适用住房保障相关政策，将原公共租赁住房人均月收入2100元及以下申请标准调整为2200元及以下；将经济适用住房申请标准从人均月收入2500元及以下调整为2600元及以下。（杨　岭）

■**保障性住房分配**　2021年，县住建局根据省、市相关要求，制订保障性住房常态化分配方案，对申请住房保障家庭实施动态申请、核查、分配工作，分别于3月、9月进行两次保障性住房摇号分配仪式，全年共分配经济适用房22套、公租房25套。（杨　岭）

■**人才公寓建设**　2021年，宝应县为改善人才生态环境，继续推进人才公寓建设，新建的“莲花嘉园·人才公寓”配套设施人才公园、人才书房项目竣工于4月份交付使用。7月9日，县住建局组织符合人才公寓入住条件新入职公务员、事业单位工作人员31人参加现场“电脑摇号”分房仪式，29人通过公开摇号入驻人才公寓，累计入住人才公寓人员142人。（杨　岭）

住房公积金管理

■**概况**　2021年，扬州市住房公积金管理中心宝应分中心（以下简称“宝应住房公积金分中心”）发挥住房公积金制度作用，支持配合房地产市场调控，扩大住房公积金制度覆盖面，提高住房公积金归集量，防范个人住房贷款使用风险。全县新增住房公积金开户单位181个、累计开户单位1723个，新增缴存职工人数4966人、累计实缴人数75050人，归集住房公积金7.92亿元、比上年增长9.09%，累计归集住房公积金62.13亿元，归集余额20.69亿元；发放个人住房公积金贷款2.8亿元，累计发放购、建房贷款37.05亿元，比上年增加4.87%；回收个人住房公积金贷款2.47亿元，贷款逾期率保持为零；个人住房公积金增值收益率1.76%。宝应住房公积金分中心获命名“扬州市文明单位”。（沈风华）

宝应住房公积金分中心服务大厅　　宝应住房公积金分中心/供稿

■**住房公积金归集使用**　2021年，全县住房公积金业务收入6678.04万元，业务支出3254.38万元，实现增值收益3423.66万元，个人住房公积金增值收益率1.76%，风险准备金充足率8.7%。坚持合规使用住房公积金增值收益，主要用于支付职工个人住房公积金存款利息、提取贷款风险准备金、住房公积金管理费用、承办银行手续费和城市廉租住房建设补充资金，其中用于城市廉租住房建设资金823.46万元。全年提取住房公积金5.52亿元，其中办理职工离退休支取金额0.65亿元、职工购建房及大修住房支取金额1.02亿元、偿还住房贷款支取金额3.44亿元、其他支取金额0.41亿元。年度住房公积金支取额占当年归集额的69.7%。截至年底，累计支取住房公积金41.21亿元，累计住房公积金归集余额20.69亿元。（沈风华）

■**住房公积金贷款政策**　参加缴存住房公积金职工在购买、建造、翻建自住住房时可以申请个人住房公积金贷款，购买商品房首付比例为房屋总价30%。夫妇双方都缴纳个人住房公积金者，贷款最高额度为50万元；只有一方缴纳个人住房公积金者，贷款最高额度为30万元。二套房贷款，贷款利率上浮10%。三套房贷款暂停，办理3次住房公积金贷款业务暂停。贷款偿还期限可延至借款人法定退休年龄后5年，最长贷款期限为30年。全年发放住房公积金贷款967户、金额2.8亿元，累计向职工家庭1.8万户发放购、建房贷款37.05亿元；当年回收贷款2.47亿元，贷款余额15.38亿元，贷款余额占归集余额74.33%，贷款逾期率保持为零。（沈风华）

社会事务

She Hui Shi Wu

■编辑:邱 群

基层自治组织

■概况 2021 年,全县居民委员会 61 个,村民委员会 222 个。县民政局加强基层民主建设,创新社会管理模式,按照增强社区服务功能总体要求,建立完善社区、社会组织、社工"三社联动"运行机制。对照《开展社区社会组织社会工作"三社联动"助推乡村有效治理的实施意见》下发《关于开展宝应县村(居)"三社联动"项目申报的通知》,开展"三社联动"项目征集活动。按照社区为平台、社会组织为载体、专业社工为支撑的要求,围绕养老服务、助残服务、青少年事务、妇女儿童服务、基层社会治理服务等方面引入社会力量,在全县范围内选择莲花、爱民等社区实施"三社联动"工作。投入 8 万元全面推动我县 2021 年"三社联动"项目实施。修订完善《全科社工服务指南》,加快推行"全科社工"(即能够全面掌握人社、医保、残联等各项社区工作职业技能的社区工作者)服务模式,举办"全科社工"培训班,全县 283 个村(社区)社工 300 多人参加培训。至年底,全县持证社会工作者 742 人,全部具备"全科社工"服务能力,"全科社工"覆盖率 100%,有效提升社工为民服务品质。(赵咏梅)

■基层民主管理 2021 年,县民政局全面深化"政社互动"治理模式,继续在全县所有村(社区)推行"两清单、一协议、双评估"工作,城乡社区双项评估落实率 100%、"政社互动"覆盖率 100%;持续减轻基层群众性自治组织工作负担,实现减负增效;推进社区协商民主机制,坚持以居民利益为导向,通过居民会议、议事协商、民主听证等形式广泛征求居民意见;全面打造"阳光村务",利用网上论坛、民情恳谈、社区对话等方式,鼓励社区居民参与社区事务协商决策,逐步形成党组织领导下的基层社会多元化共治新格局,有效提升全县村级事务民主化、规范化管理水平。(赵咏梅)

■基层换届选举 2020 年底,宝应县启动第十二届村委会、第七届居委会换届选举工作。2021 年 1 月 29 日、30 日,全县统一完成换届选举,选举产生村民(居民)委员会主任 283 人,副主任 357 人,委员 869 人。其中,选举产生村民委员会成员 1248 人,含主任 238 人、副主任 284 人、委员 726 人;选举产生居民委员会成员 261 人,含主任 45 人,副主任 73 人,委员 143 人。建立健全村民(居民)委员会组织配套体系建设,完善村民(居民)委员会工作机构,新一届村民(居民)委员会按照法定程序推选产生村民代表 12755 人、村民小组组长 3127 人。推选产生村民(居民)监督委员会 283 个、人民调解和治安保卫委员会 283 个。完善村民自治章程,制订《宝应县村(社区)五年发展规划》,实现以制度管人,以制度管事,规范推进村民(居民)自治。县民政局为全县各村(社区)统一发放《基层群众性自治组织特别法人统一社会信用代码证书》,配合县委组织部,对新当选村民(居民)委员会主任进行党性党风、法律法规、财务管理、文书档案等方面集中培训。(赵咏梅)

社会组织管理

■概况 2021 年,全县各类社会组织 511 个,其中社会团体 243 个、民办非企业单位 267 个,基金会 1 个。全年新登记各类社会组织 22 个,办理农村社区类社会组织备案登记 21 个,变更登记 33 个,注销登记 574 个。各社会组织及时进行网上年检,社会组织参加网上年检覆盖率 90.8%。县民政局加强对社会组织培育和监管,将所有新登记社会组织信息,严格按照信用信息管理制度在"双公示"系统录入,并要求社会组织在成立、变更前进行负责人任前公示。开展"双随机一公开"检查,通过"双随机"抽检审计 15 家社会组织 2020 年度财务情况。规范社会组织换届工作,对届满社会组织,督促规范换届程序,及时完成换届。开展对"僵尸型"社会组织清理行政执法专项行动,按照"谁主管、谁负责"原则进行分类整治,对长期不活动、内部矛盾较多、长期不年检的社会组织进行清退,共清退"僵尸型"社会组织 523 家。县民政局印发《关于在全县行业协会商会领域组织开展"我为企业减负担"专项行动的通知》,规范行业协会(商会)涉企收费行为,联合市场管理局对全县行业协会(商会)进行涉企收费抽查验收,重点验收各行业协会(商会)是否积极参与"我为企业减负担”专项行动，是否减免、降低、规范收费行为，是否为企业减轻不应有的费用负担。对收费较高的协会进行负责人约谈，要求尽可能降低会费标准，切实减轻企业负担，营造良好营商环境。5月，县民政局为提升社会组织财务管理能力，增强社会组织规范财务管理和防范风险意识，举办社会组织财务管理专题培训班，教育培训类、职业培训类、医疗卫生类、公益慈善类县属社会组织60多家参加培训。（陈永霞）

■**社会组织党建** 2021年，县民政局、县委组织部依托县“星火暖心”党建联盟平台，创新“党建+”的工作模式，联合开展“党建+公益”“党建+服务”“党建+融合”等一系列活动。推进社会组织党史学习教育，组织开展社会组织庆祝建党百年系列活动，增强社会组织党组织凝聚力。全县社会组织党组织开展重温入党誓词、回顾党领导人民开展社会主义建设的艰辛历程、领悟改革开放取得的伟大成就等学习教育活动。县太极拳协会、县特水乡情志愿者协会、县情满荷乡爱心协会等社会组织开展“庆百年华诞、展太极风采”“共庆百年华诞、畅想美好明天”“百年芳华、红心向党”等大型展演活动。县立责社工服务社、县惠泽社工服务社、县春晖社工服务社等社会组织深入多家社区承办庆祝建党百年华诞活动。县社会组织党建联盟在齐心村百姓大舞台开展“齐心永向党、阔步新征程”活动等。（陈永霞）

6月26日，宝应县太极拳协会举办“庆百年华诞，展太极风采”活动
县融媒体中心/供稿

■**公益创投活动** 2021年，县民政局组织实施“荷乡夕照”为老服务专项公益创投项目，投入资金22万元，对“莫道桑榆晚、起武正当时”“荷乡老伙伴”“暖心港湾”“爱心助学”等8个公益项目予以立项支持。该项目由宝应春晖社工服务社承办，项目实施全程以党建工作为引领，以为老、助老活动为核心，通过走访调研、策划主题活动、上门开展专项服务等形式展开，全面提升辖区老年人幸福感和获得感。（陈永霞）

表41 2021年宝应县新登记社会团体一览表

单位名称	统一社会信用代码	法定代表人	登记日期
宝应县曹甸镇商会	51321023MJ7741695W	倪云斌	20210105
宝应县夏集镇商会	51321023MJ7741708J	夏永贵	20210105
宝应县西安丰镇商会	51321023MJ7741716D	梁吉红	20210105
宝应县广洋湖镇商会	51321023MJ77417248	刘　峰	20210107
宝应县望直港镇商会	51321023MJ77417323	张爱臣	20210107
宝应县安宜镇商会	51321023MJ7741740X	简春国	20210113
宝应县泾河镇商会	51321023MJ7741759T	汪兆龙	20210114
宝应县鲁垛镇商会	51321023MJ7741767M	包立祥	20210115
宝应县乡贤民俗文化研究会	51321023MJ7741775G	于长荣	20210118
宝应县劳动模范协会	51321023MJ7741783B	祁萍萍	20210119
宝应县柳堡镇商会	51321023MJ77417916	华鹤章	20210129

续表

单位名称	统一社会信用代码	法定代表人	登记日期
宝应县钓鱼协会	51321023MJ7741804U	张　波	20210204
宝应县射阳湖镇荷美志愿者协会	51321023MJ7741812N	潘德忠	20210329
宝应经济开发区商会	51321023MJ7741839E	问林先	20211130

（陈东军）

表 42　2021 年宝应县新登记民办非企业单位一览表

单位名称	统一社会信用代码	法定代表人	登记日期
宝应县雄鹰救援队	52321023MJ77502337	王文田	20210129
宝应县春晖社工服务社	52321023MJ77502412	苗　霞	20210506
宝应县惠泽社工服务社	52321023MJ775025XR	赵晓潇	20210506
宝应县宝莲荷藕研究院	52321023MJ7750268R	张长法	20210511
宝应县优冠青少年足球俱乐部	52321023MJ7750276L	许　巍	20210528
宝应县益众社工服务社	52321023MJ7750284F	邵　刚	20210611
宝应县宝楠幼儿园	52321023MJ7750292A	张　元	20210908
宝应县颐健云享居家养老服务中心	52321023MJ77503050	陈　磊	20211112

（陈东军）

地名婚姻殡葬管理

■地名管理　宝应县域与淮安市淮安区、金湖县、洪泽区，盐城市盐都区、建湖县，以及泰州所属兴化市、扬州市所属高邮市交界，界线全长 157.51 千米。其中，市界长度 119.2 千米、县界长度 38.31 千米；设有界桩 31 块。2021 年，全县推进平安边界建设，落实界线管理责任，加强与邻县（市、区）界线、界桩日常管理，共同维护边界地区经济和社会和谐稳定发展。县民政局、江苏省测绘院联合完成曹甸镇、泾河镇、西安丰镇、广洋湖镇市际界线界桩勘测工作。县民政局、县委党史编修中心联合开展红色地名征集活动，确定县域红色地名 23 处，经申报苏中革命历史纪念馆、柳堡团庄入选首批江苏省 100 个红色地名。县民政局与《大运河地名·扬州篇》编写组开展合作，共同挖掘京杭大运河宝应段地名文化资源。加强县域地名管理，全年完成未命名道路 4 条正式命名工作，完成西安丰镇集镇社区更名为红枫社区审批工作。

（刘　翔）

■婚姻登记　2021 年，全县办理婚姻登记 10081 对，其中办理结婚登记 5675 对，补发结婚证 1634 对；办理离婚申请 1789 对，撤回离婚申请 18 对，办理离婚登记 861 对、补发离婚证 104 本。婚姻登记办理无有效投诉，办证合格率 100%。《中华人民共和国民法典》于 2021 年 1 月 1 日起正式施行，县民政局加强《中华人民共和国民法典》宣传工作，有效减少冲动离婚、草率离婚现象发生。开展婚姻危机干预服务，县民政局通过政府购买服务，聘请县鹊桥志愿者协会社会工作者定期开展婚姻家庭辅导和婚姻危机干预服务，全年帮助前往县婚姻登记处准备办理协议离婚夫妇重归于好 24 对。

（赵学玲）

■收养登记　2021 年，县民政局加强收养登记管理，完善收养评估流程，切实保障被收养人和收养人合法权益。全年办理收养登记 12 件，皆为县儿童福利机构收留抚养的弃婴，完成收养人的收养能力评估 12 件、评估率 100%。（陈东军）

■殡葬管理　2021 年，全县殡仪馆 2 家，分别是宝应县殡仪馆黄塍馆和县殡仪馆鲁垛分馆，全年殡仪馆火化遗体总数 7520 具。全面落实殡葬惠民政策，减免基本殡葬服务费用 1000 余万元，其中对 9 类特殊困难群体减免殡葬收费合计 54.88 万元。全县公益性公墓 126 个，总占地面积 78 公顷，14 个镇（区）实现镇级公益性安葬（放）设施全覆盖，新建镇级集中守灵点 2 个。县民政局开展全县殡葬领域价格秩序专项整治工作，持续推进公益性公墓规范化管理，加强公益性公墓价格成本核算，组织现场观摩会确定公益性公墓墓型和价格区间，为实行公益性公墓政府定价打下基础。广泛宣传节地生态葬模式，清明期间在松岗墓园举行县第二届生态葬集中安放仪式，营造绿色、生态、文明的殡葬新风尚。

文明低碳祭扫。推广文明低碳祭扫新理念，在清明节、冬至等集中祭扫期间，通过主流新闻媒体和互联网平台发布绿色文明祭扫倡议，要求墓区内不得焚烧纸钱，引导祭扫群众用绿色生态方式表达哀思。拓展网络祭扫和代理祭扫等线上线下渠道，方便群众满足祭扫需求。落实公墓、殡仪馆24小时领导带班值班制度，围绕“加强疫情防控、低碳文明祭扫”主题，做好殡葬场所新冠肺炎疫情防控工作，完善祭扫人流车流疏导预案、安全防火应急预案和突发事件处置预案。宣传现代文明殡葬理念，深化葬法改革，发挥红白理事会作用，推进移风易俗。

（刘　翔）

劳动就业

■**概况**　2021年，宝应县政府面对突如其来的新冠肺炎疫情，聚焦“六稳”“六保”工作，帮助企业积极落实援企稳岗政策，持续实施阶段性降低失业保险费率、稳岗补贴、技能提升补贴等政策，先后组织开展“就业援助月”“就业春风行动”等专项活动，线上线下相结合举办“新春网络招聘会”“中国·宝应荷藕节网络招聘会”“金秋就业招聘月”“退捕渔民专场招聘会”等专场招聘活动。全年举办网络招聘52场，累计采集发布就业岗位信息1.8万个，城镇新增就业人数7472人，新增转移农村劳动力1400人，扶持3619人自主创业，城镇登记失业率控制在3.5%以下。

（杨静波）

■**创业扶持**　2021年，县人社局联合县人民银行、县财政局、县妇联、县农商行等单位，加快贷款频次，由每季度1次（核查、联席会商、放款）调整为每月1次。2021年，为120名创业者发放富民创业贴息贷款2745万元。

（杨静波）

■**灵活就业社保补贴政策**　2021年，县人社局精心选择符合条件的就业岗位，优先推荐帮扶就业。对经帮扶确实不能实现就业的，鼓励其实现灵活就业，自行缴纳社保的，给予实际缴费基数缴纳的企业职工基本养老保险和医疗保险的50%社会保险补贴。2021年，发放困难人员灵活就业社保补贴323人次68.91万元。

（杨静波）

■**公益性岗位兜底安置**　2021年7月，县人社局联合财政局等13部门出台《关于宝应县公益性岗位开发管理实施细则的通知》（宝人社〔2021〕57号），优先用于就业困难人员、低收入农户、退捕渔民等相关人员安置。严格执行公益性岗位征集聘用过程“一公开两公示”制度，及时发放公益性岗位补贴和社保补贴。2021年我县提供公益性岗位并安置就业困难人员87人，发放岗位补贴和社保补贴77.06万元。

（杨静波）

■**欠薪整治**　2021年，县人社局坚持欠薪问题源头预防、基层化解，年初联合县住建局、水务局、交运局等部门在建筑领域开展保障农民工工资支付情况专项执法检查，提出指导建议24条，发出整改建议通知书3份；年底组织开展冬季根治欠薪专项行动，检查工程项目38个，全面梳理建筑工程农民工工资支付方面存在的问题和不足发出整改通知书5份，督促整改。坚持在第一时间主动应对、快速处理、接访即办，聚焦建筑工程、交通工程等农民工较多且极易发生群体性工资拖欠的工程建设领域，畅通拖欠农民工工资案件处理的“绿色通道”，有力维护全县劳动关系和谐稳定。

根治欠薪线索问题处置。2021年，县人社局受理“全国根治欠薪线索反映平台”案件线索185条，结案率100%，帮助264位劳动者解决被拖欠工资137万元。平台线索处理过程中，积极与当事人保持联系，全面翔实记录处理全过程，条条有回复，件件有根据。

（杨静波）

■**劳动仲裁“云庭审”**　2021年，县人社局积极配合疫情防控工作，减少

2月21日，县人社局举办女性就业专场招聘会　　县人社局/供稿

人员流动、聚集,妥善处理疫情防控期间劳动人事争议案件,及时推出劳动争议在线调解和开庭服务,引导当事人“在线”维护自身权益,庭审前,县仲裁院多次组织人员开展业务培训、调试设备、模拟庭审,保证正式庭审时的安全合规和便捷高效;庭审后,及时召开仲裁员会议,回放录像,对庭审情况进行总结,集思广益查找不足。全年在线调解案件 237 件,“云庭审”案件 16 件,受到当事人一致好评。 (杨静波)

■基层调解组织建设 积极指导、协助各镇区打造金牌调解组织,通过组织建设“实体化”、调解场所“规范化”、调解工作“制度化”,充分发挥基层调解组织在处理劳动争议中的作用。2021 年,县经济开发区调解中心被评选为江苏省“金牌劳动人事争议调解组织”。 (杨静波)

■工资集体协商 2021 年,县总工会坚定与广大职工“同舟共济,共克时艰”信念,先后组织企业职工工资集体协商春季、冬季要约行动,通过工资集体协商帮助职工和企业应对新冠肺炎疫情影响;指导各镇(区)开展创建工资集体协商示范点活动,推进工资集体协商规范化、制度化建设;组织重点企业职工 4 人参加扬州市劳动关系协调员培训考试,提升工资集体协商能力和水平。组织年度工资集体协商质效评估及确认,获确认“扬州市集体协商质效评估星级企业”49 家、“扬州市集体协商质效评估三星级企业”21 家,获评“江苏省优秀劳动关系和谐企业”2 家;组织规模以上、特别是产权改革试点企业探索建立能绩工资机制,签订《技术工人能绩专项集体合同》25 份,实现企业技术人员年度工资水平比上年增长 10% ~30%。10 月 22 日,扬州市集体协商健全产业工人薪酬激励机制现场观摩会在宝应县召开,参加会议的扬州市各县(市、区)工会负责人现场观摩江苏钧骋车业有限公司职工“能绩工资”集体协商演示。会议要求,全市各县(市、区)工会要明确时间表、路线图,全面推进“能绩工资”集体协商,健全技能型产业工人薪酬激励机制,让企业技术人才对企业贡献越大工资收入相应增加。 (宗 晓)

■工会法律维权 2021 年,县总工会切实维护职工合法权益,采取多种形式开展职工法律维权活动,成立县总工会“八五”普法领导小组、制订完成《宝应县工会组织“八五”普法工作规划》。动态开展劳动关系监测预报,对 4 家企业开展劳动用工风险专业评估。组织基层工会开展“五一”劳动法律法规宣传月系列活动,开展“与法治同行,为劳动护航”主题普法宣传咨询、教育培训、送法进企、网络直播、有奖竞答等活动 9 场次,编印散发“以案释法”宣传资料 6000 份。 (宗 晓)

退役军人事务

■概况 2021 年,县退役军人事务局以党史学习教育为载体,以服务保障体系建设为抓手,围绕“让退役军人和其他优抚对象成为全社会尊重的人,让军人成为全社会尊崇的职业”工作目标,严格落实上级决策部署,推进优待抚恤、接收安置、权益维护、拥军褒扬和就业创业等重点工作,实现退役军人事务各项工作高质量发展。推进退役军人志愿服务队建设,组建县、镇、村三级退役军人志愿服务队 300 余支、队员总人数 1500 余人;常态化组织开展政策宣讲、咨询服务、红色宣讲、文明创建、环境保护、疫情防控等各类志愿服务和新时代文明实践活动。开展示范型退役军人服务中心(站)创建活动,全县 16 家退役军人服务中心(站)创建“全国示范型服务中心(站)”完成省级点调验收。强化典型选树引领,举办第二届宝应“最美退役军人”“最美军嫂”“最美拥军人物”评选表彰活动,在全社会营造“尊崇军人、敬重英雄、关心国防、热爱部队”浓厚氛围。加强退役军人事务宣传报道工作,联合主流媒体宣传报道全县退役军人事务工作最新动态、重点工作推进情况、基层一线典型事迹等。《中国国防报》《国防教育》等全国核心期刊全年采用宣传报道宝应县退役军人事务工作信息 4 篇。 (王 丹)

■优抚政策 2021 年,全县国家规定的优抚对象 6169 人,其中伤残退役人员 483 人,烈士遗属、因公牺牲军人遗属、病故军人遗属“三属”56 人,在乡复员军人 149 人,带病回乡退伍军人 91 人,参战参核“两参”人员 705 人,60 周岁以上农村籍退役士兵 4544 人,60 周岁以上烈士子女 141 人。全年新增优抚对象 100 人,核减优抚对象 292 人。落实各项优抚政策,已故老军人遗孀生活补助费按每人每月 710 元标准发放;60 周岁以上农村籍退役士兵每人每月生活补助费按兵龄 ×45 +55 元(水电煤气补贴)标准发放;60 周岁以上烈士子女生活补助费按每人每月 610 元标准发放;全年发放优抚对象优待金、生活补助费金额共 4291 万元,发放优抚对象水、电、煤气、网络宽带等补贴金额共 407.5 万元。开展春节、“八一”建军节期间优抚对象慰问活动,对重点优抚对象按每人 500 元、一般优抚对象每人 200 元、企业参战退役人员每人 600 元标准发放节日慰问金共 361.8 万元。落实优抚对象免费游园、免费乘坐公交工具、免费体检“三免费”优待政策,全年向优抚对象 6169 人发放免费游园证、免费乘坐公交卡,组织优抚对象 6062 人参加免费体检。做好重点优抚对象医疗保障工作,为在乡老复员军人 7 级 ~10 级残疾军人“三属”、带病回乡及参战参试人员投保城乡居民基本医疗保险,并将其优抚身份

纳入“一站式”医疗救助平台，参保率100%。（王 丹）

■**接收安置** 2021年，县退役军人事务局认真做好退役军人接收报到、信息登记、档案审查、关系接转等工作，完成军队转业干部、军队转业士官、军队因病退休干部安置工作任务，安置率100%。完成秋、冬季退役士兵接收工作任务，接收率100%。开展2021秋季退役士兵报到“一站式”服务，在县退役军人服务中心设置退役军人“一件事”办理窗口，规范程序，精简流程，实现报到登记、落户、组织关系转移、档案接收等事项“一站式”办理，切实解决退役军人返乡报到多处跑、反复跑等问题。推进退役士兵就业创业，提升职业技能和创业能力，搭建就业创业平台，先后举办线上线下退役军人就业专场招聘会13场，参与招聘单位63家，提供招聘岗位863个，参加专场招聘会退役军人320人次，签订就业意向协议69人次。成立退役军人创业孵化基地暨就业创业示范基地，发挥基地示范带动效应，引导帮助退役军人就业和创业。11月19日，第二届全国退役军人创业创新大赛江苏选拔赛在南京市举办，宝应县优秀退役军人周必胜参赛获二等奖。全年发放自主就业退役士兵一次性经济补助金额共1131.77万元、大学生退役士兵奖励金共145.38万元、大学生退役士兵复学生活补助费共36.55万元。（王 丹）

■**双拥工作** 2021年，县退役军人事务局持续开展优抚对象走访慰问活动。春节前夕，县委、县人大、县政府、县政协领导分组到全县14个镇（区）走访慰问重点优抚对象。县委书记张晓辉走访慰问县人武部、武警中队、消防救援大队官兵。落实荣誉激励机制，县退役军人事务局会同县、镇相关部门和部队干部登门给28户立功受奖现役军人家庭送去喜报和奖励金。持续开展“情系边海防官兵”活动，走访慰问、帮扶军属12人次。年初，向优抚对象家庭送上双拥春联、年画6000套，组织企业和社会组织13家等走访慰问武警宝应中队官兵。县人武部、县退役军人事务局分别开展帮扶困难家庭活动，先后走访慰问柳堡镇困难群众家庭17户、西安丰镇困难群众家庭5户、安宜镇困难少数民族家庭2户。丰富社会化拥军内涵，在宝应美年大健康管理有限公司设立“双拥共建服务点”，为武警宝应中队全体官兵提供免费健康体检服务；组织县军歌社工服务社、阳光志愿者协会等社会组织开展节庆期间帮扶慰问烈属、老复员军人活动；设立拥军商铺，为现役军人、退役军人提供专属优惠服务等。宝应县启动争创新一轮“省级双拥模范县”工作，调整县双拥和全民国防教育领导小组成员，由县委主要领导担任组长；制作双拥创建宣传短片，修整双拥广场，打造双拥模范街，新建双拥主题公园和主题展馆。10月27—28日，扬州市双拥和国防教育领导小组办公室一行到宝应县模拟考评创建“江苏省双拥模范县”工作，实地检查宝应县双拥主题公园、双拥模范街道、县双拥主题广场，随机抽查部分镇（区）双拥建设现场，认真查阅宝应县双拥政策法规落实、宣传教育等相关双拥工作进展等相关台账资料，对宝应县创建“江苏省双拥模范县”工作给予充分肯定。（王 丹）

■**烈士褒扬** 2021年，县退役军人事务局围绕弘扬英烈精神，赓续红色血脉开展烈士褒扬活动。清明节前夕，县退役军人事务局开展烈士褒扬系统数据校核，完成全县416处烈士纪念设施校核工作；组织烈士纪念设施管护专项行动，修缮镇（区）烈士陵园（集中安葬点）10处、迁移散葬烈士墓27座、修缮散葬烈士墓11座，实施5家县镇烈士陵园无障碍设施改造项目；开展红色故事宣讲活动，组织红色老兵宣讲团进镇（区）、学校、社区、军营等开展各类宣讲20余场，会同多部门联合举办“清明铭记英烈”全县中小学生烈士家书诵读微视频大赛等。县委、县政府在县革命烈士陵园举行“9·30”烈士公祭仪式，县委、县人大、县政府、县政协领导，县直机关和部门干部职工，以及各界代表700余人参加烈士公祭活

2021年，宝应县累计组建县、镇、村三级退役军人志愿服务队300多支
县退役军人事务局/供稿

动，全县14个镇（区）组织举行各项烈士纪念日活动，参加烈士公祭人数共1.2万人。（王　丹）

老龄事务

■概况　至年底，全县60周岁以上老年人口21.82万人，占总人口25.44%，其中60～79周岁老年人口18.78万人、80～89周岁老年人口2.77万人、90～99周岁老年人口2728人、100周岁以上老年人口22人。全年发放尊老金共2305.89万元，其中80～89周岁老年人每人每月发放尊老金50元；90～94周岁老年人每人每月发放尊老金230元；94～99周岁老年人每人每月发放尊老金260元；100周岁及以上老年人每人每月发放尊老金500元。（李　蕊）

■养老机构管理　2021年，全县养老机构20家、其中民办养老机构5家，共有养老床位8902张，养老机构护理型养老床位占67.3%。县民政局加强养老机构规范运行，推进养老机构精细化管理，开展养老机构等级评定工作，全面提升养老机构管理服务水平，开展养老护理员培训350人。根据疫情防控要求，严格落实养老机构疫情防控措施，确保全县养老机构疫情零感染。全县敬老院开展思想品德好、清洁卫生好、团结互助好、自我管理好、勤俭节约好"五好院民"评选活动，通过民主推荐、评选，共评出"五好院民"37人。实施望直港镇敬老院区域性养老服务中心工程建设。安宜镇敬老院实施第二期公建民营工程。（李　蕊）

■特困老人供养　2021年，全县供养特困老人4292人，比上年减少182人。其中，供养农村特困老人4229人，比上年减少183人；供养城市特困老人63人，比上年增加1人。农村特困老人中集中供养729人、分散供养3500人。从7月1日起，农村特困供养人员基本生活月标准由825元/人提高到962元/人；城市特困供养人员基本生活月标准由1300元/人提高到1350元/人。全年发放农村特困基本生活保障资金4586.69万元，比上年增加502.23万元；发放城市特困基本生活保障资金97.94万元，比上年增加6.53万元。（陆爱东）

■老龄健康　2021年，宝应县推进老龄健康服务体系建设，加强老龄健康服务管理，提升老年健康服务质量水平，老年人在健康方面的获得感、幸福感和安全感不断提升。开展"老年友善医疗机构"创建活动，创成"江苏省老年友善医疗机构"12个；推进老年医学科室建设，县人民医院、县中医医院、宝应二圆医院设置老年医学科。推进医养融合发展，引导社会资本新建医养融合机构1个、累计3个，全县设置医养床位714张，实现各镇（区）医疗机构老年护理室建设全覆盖。全县15家基层医疗机构与镇（区）养老院签订新版医疗合作协议，实现各镇（区）养老机构基本医疗服务全覆盖。加强基层医疗卫生机构养老服务能力建设，15家基层医疗机构开展康复专科特色服务，全县基层医疗机构设有康复护理床位共203张，占基层医疗床位总数20%。加强老年人健康管理，全县65岁及以上老年人参加健康体检8.08万人、健康管理率72%，签约家庭医生10.54万人、签约服务率95.41%，实现老年人慢性病综合防控、管理干预全覆盖。开展老年人安康关怀行动，全年为80周岁以上老年人免费办理意外伤害保险人数2.75万人；为60周岁以上老年人免费办理"江苏省老年人优待证"258份；全县医疗机构设立老年人就医绿色通道，为80岁以上老年患者提供伴医服务。开展老年智能技术应用培训，参加培训人数6646人次。组织开展"老年健康宣传周""敬老月"关爱行动，举办老年健康知识讲座40场次、咨询义诊18场次，为老年人提供免费健康服务4000人次。（王如峰　熊伟亮）

至2021年底，全县养老机构共有养老床位8902张　小　品/摄

民族宗教事务

■概况　2021年，宝应县民族宗教事务局（以下简称"县民宗局"）贯彻中央和省、市委民族宗教工作会议精神，举办全县民族宗教工作行政执法培训班，组织学习新修订的《江苏省宗教事务条例》和行政执法实务，举办"政策法规学习月"活动，提升依法管理民族宗教事务能力和水平。

开展民族团结＋文艺演出“七进”活动，营造各民族团结和谐社会氛围，推进各民族共同进步。继续推进“红石榴家园”创建活动，实现各镇（区）“红石榴家园”全覆盖。加强新冠肺炎疫情防控工作，组织全县民族宗教界志愿者30余人组建“红石榴志愿者服务队”；发动民族宗教界人士参加疫情防控捐款捐物价值共8.7万余元，充分彰显全县民族宗教界人士无私大爱精神。建立完善民族宗教工作县、镇、村三级网络和镇、村两级责任制，实现全县民族宗教工作纳入网格化社会治理。县民宗局获表彰“扬州市民宗系统宣传信息工作先进单位”。（范方琴）

6月23日，全县宗教界“坚持中国化 同心永向党”演讲比赛在县城举办
县委统战部/供稿

■民族事务管理 2021年，县民宗局将民族团结进步创建工作纳入机关党建和镇（区）统战工作考核内容，印发《关于全面深入持久开展民族团结进步创建工作铸牢中华民族共同体意识的实施方案》，推动各部门、镇（区）深入持久开展民族团结进步创建工作。多方位、各层级推进“红石榴家园”建设，实现镇（区）全覆盖，新创成省、市级“红石榴家园”9个。泾河镇“飞来凤志愿者服务队”、县经济开发区“小埃村石榴籽巾帼志愿者队”、安宜镇“红石榴志愿服务队”成为少数民族群众志愿服务品牌队伍，为少数民族群众提供劳动就业、职业培训、子女入学、法律维权、语言文化、政策培训等方面服务，全年举办相关服务活动20次，受益少数民族群众800余人次。服务少数民族家庭，关心少数民族群众生活，全年为少数民族考生18人办理中考加分证明，将清真食品补贴、斋月慰问等经费纳入年度经费预算，保障少数民族群众合法权益。（范方琴）

■宗教事务管理 2021年，县民宗局依法管理宗教事务，深入开展宗教活动场所安全生产专项整治行动。强化对镇（区）、部门宗教工作考核，实行部分项目考核1票否决。各镇（区）在党群工作局增挂民族宗教事务局牌子，并全部配备民宗局局长。

宗教团体自身建设。县民宗局推进各宗教团体自身制度建设，坚持宗教团体季度例会制度，及时传达党和政府关于民族宗教工作政策法规、上级下发文件和召开会议精神；围绕党史学习教育和庆祝中国共产党成立100周年系列活动，举办全县宗教界“铭记百年史、永远报党恩”党史学习教育会，“坚持中国化、同心永向党”演讲比赛，“学党史、感党恩、听党话、跟党走”座谈会，选送少数民族节目参演全县统一战线庆祝中国共产党成立100周年文艺汇演活动等。完善宗教团体考核制度，考核结果与相关专项经费拨付直接挂钩；实行宗教团体领导班子民主测评和年终述职制度，推进重点场所事务、法务、财务管理制度完善，实行重大事项报告备案制度。

宗教场所管理。县民宗局推进宗教场所规范化建设，与宗教团体、重点宗教活动场所和文物保护单位签订安全责任状，落实安全工作主体责任。全县累计创成“四星级”宗教活动场所5家、“三星级”宗教活动场所8家、“二星级”宗教活动场所3家。开展开放宗教场所“四进”（即国旗、宪法法律法规、社会主义核心价值观、中华优秀传统文化进宗教活动场所）活动，实现所有开放宗教场所“四进”全覆盖。统筹做好安全生产和疫情防控工作，印发《宝应县宗教活动场所安全工作整治三年行动方案》，通过会议、微信群等方式，部署安全工作10余次。形成安全隐患大排查大整治常态化检查机制，全年开展各类重点时段、专项工作、常态化安全执法检查20次，其中开展人防、物防、技防“三位一体”消防执法检查10次；结合新冠肺炎疫情防控工作，组织对全县54家宗教活动场所实行全覆盖拉网式安全检查5轮，排查发现安全隐患71条，均已整改到位。7—8月，疫情防控形势紧张期间，按照上级要求，督促全县宗教活动场所严格落实疫情防控“双暂停”（暂停对外开放、暂停聚集性活动）要求；疫情防控形势好转，实行常态化防控期间，对进入宗教场所人员推广使用“扬城扫码通”平台，安装苏康码扫码一体机，所有场所均张贴“扬城扫码通”二维码。全年组织召开宗教活动场所安全专项整治行动动员会、部署会、推进会、培训会、协调会、宣讲会等各类会议20余次，组织安全宣讲培训2期，开展现场安全应急演练1次。全县宗教界人员安全生产意识和能力明显提升，全年没有发生宗教场所重大安全责任事故。（范方琴）

收入消费

Shou Ru Xiao Fei

■编辑:王天彬

居民收入

■**概况** 根据国家统计局江苏调查总队、江苏省统计局相关数据记载,2021年全县全体居民人均可支配收入32327元,比上年增长9.3%。其中,人均工资性收入18895元,比上年增长11.0%;人均经营性净收入5557元,比上年增长6.8%;人均财产性净收入2522元,比上年增长6.5%;人均转移性净收入5353元,比上年增长7.3%。 (杨宁静)

■**城镇居民收入** 2021年,宝应县城镇居民人均可支配收入38698元,比上年增长8.1%。其中,城镇居民人均工资性收入22102元,比上年增长8.5%;城镇居民人均经营性净收入5230元,比上年增长7.4%;城镇居民人均财产性净收入4375元,比上年增长6.5%;城镇居民人均转移性净收入6991元,比上年增长8.4%。 (杨宁静)

■**农村居民收入** 2021年,全县农村居民人均可支配收入25782元,比上年增长10.7%。其中,人均工资性收入15120元,比上年增长10.9%;人均经营性净收入6103元,比上年增长10.3%;人均财产性净收入670元,比上年增长9.3%;人均转移性净收入3889元,比上年增长10.8%。 (杨宁静)

■**居民收入结构** 2021年,全县全体居民人均可支配收入32327元,比上年增长9.3%。其中,城乡居民人均工资性收入18895元,比上年增长11.0%;城乡居民人均经营净收入5557元,比上年增长6.8%;城乡居民人均财产净收入2522元,比上年增长6.5%;城乡居民人均转移性净收入5353元,比上年增长7.3%。(杨宁静)

居民消费

■**概况** 2021年,宝应县人均居民消费支出为20326元,比上年增长19.3%。按常住地分,城镇居民人均消费22866元,比上年增长17.1%;农村居民人均消费17720元,比上年增长21.8%。以交通通信、医疗保健等为代表的发展型消费基本保持较快增长。2021年,全体居民人均医疗保健支出1120元,同比增长18.0%,两年平均增速3.9%;人均交通通信支出2522元,同比增长19.2%,两年平均增速7.1%;人均生活用品及服务支出1161元,同比增长20.2%,两年平均增速11.4%。 (杨宁静)

表43 2021年宝应县全体居民家庭人均消费支出情况表

指标名称	金额(元)	增速(%)	指标名称	金额(元)	增速(%)
人均消费支出	20326	19.3	交通通信	2522	19.2
食品烟酒	6079	19.1	教育文化娱乐	2916	20.3
衣着	1554	18.4	医疗保健	1120	18.0
居住	4358	19.4	其他用品和服务	616	17.8
生活用品及服务	1161	20.2	—	—	—

(杨宁静)

■**城镇居民消费** 2021年,宝应县城镇居民人均生活消费支出22866元,比上年增长17.1%。恩格尔系数(食品消费支出占消费支出的比重)29.9%。八大类消费中,食品烟酒消费支出6830元,占城镇居民生活消费支出的29.9%;衣着消费支出1795元,占城乡居民生活消费支出的7.9%;居住消费支出4911元,占城乡居民生活消费支出的21.5%;生活用品及服务消费支出1255元,占城乡居民生活消费支出的5.5%；交通通信消费支出2739元，占城乡居民生活消费支出的12.0%；教育文化娱乐消费支出3501元，占城乡居民生活消费支出的15.3%；医疗保健消费支出1118元，占城乡居民生活消费支出的4.9%；其他用品和服务消费支出722元，占城乡居民生活消费支出的3.2%。 （杨宁静）

■农村居民消费 2021年，宝应县农村居民人均生活消费支出17720元，比上年增长21.8%，恩格尔系数29.9%。八大类消费中，食品烟酒消费支出5295元，占农村居民生活消费支出的29.9%；衣着消费支出1293元，占农村居民生活消费支出的7.3%；居住消费支出3738元，占农村居民生活消费支出的21.1%；生活用品及服务消费支出1061元，占农村居民生活消费支出的6.0%；交通通信消费支出2320元，占农村居民生活消费支出的13.1%；教育文化娱乐消费支出2407元，占农村居民生活消费支出的13.6%；医疗保健消费支出1131元，占农村居民生活消费支出的6.4%；其他用品和服务消费支出475元，占农村居民生活消费支出的2.7%。 （杨宁静）

消费价格

■粮油市场消费价格 2021年，全县粮油市场消费价格略有上涨，其中面粉市场消费价格受进口小麦价格上涨因素影响，比上年上涨15%；大豆油、大豆调和油、花生油等食用油市场消费价格比上年上涨10%。 （县发改委）

■生猪及水产品消费价格 2021年，全县生猪出栏价格波动较大，一季度延续上年疫情防控与元旦、春节“双节”旺盛需求影响，猪肉消费价格在高价位运行。从3月底开始，受全国性生猪养殖数量大幅提升、达到出栏标准生猪数量逐渐增加等因素影响，生猪出栏价格持续下跌，从39元/每千克，跌至29元/每千克，到四季度生猪出栏价格下降至18元/每千克。猪肉消费价格随生猪出栏价格同步下降，四季度猪肉消费平均价格为34元/每千克。全年水产品监测品种5个，禁捕期间鲫鱼、草鱼、鳊鱼3个品种价格上涨明显，市场消费最高价格鲫鱼30元/每千克、草鱼22元/每千克、鳊鱼20元/每千克。 （县发改委）

■家禽市场消费价格 2021年，全县鸡蛋价格波动不大，节日前因农贸市场购买量增加，以及“三伏天”蛋鸡产能下降，鸡蛋价格出现小幅上涨。12月底，农贸市场鸡蛋零售价格为12～13元/每千克，与上年同期相比基本持平。 （县发改委）

■蔬菜水果市场消费价格 2021年，全县监测蔬菜品种31个，平均价格9.72元/每千克，与上年相比上涨11%。四季度，蔬菜平均消费价格有所下降，降至9.52元/每千克，降幅为2.35%。12月底，全国多地疫情小范围反弹，外地调入蔬菜运输困难，加上春节临近等因素影响，蔬菜价格保持在高价位运行。全年水果消费价格与上年相比有所上涨，但涨幅不大。脐橙、苹果、香蕉、西瓜、梨零售价格分别为14元/每千克、11元/每千克、6.6元/每千克、10元/每千克、7元/每千克。 （县发改委）

表44 2021年度宝应县城区主要蔬菜、副食品、水产家禽品种市场价格行情一览表

品种	市场价（元/500g）											
蔬菜类	1月	2月	3月	4月	5月	6月	7月	8月	9月	10月	11月	12月
青菜	3.50	2.50	1.50	1.50	1.50	2.00	2.50	3.00	2.50	2.50	2.00	2.00
土豆	2.50	3.00	3.00	2.50	2.50	2.50	2.50	2.50	2.50	2.50	3.00	3.00
青椒	8.00	6.00	4.00	3.00	3.00	2.50	2.50	4.00	4.00	4.00	5.00	5.00
西红柿	4.00	4.00	4.00	3.50	3.00	2.50	2.50	3.50	3.50	5.00	5.00	5.50
冬瓜	3.50	2.00	3.00	3.00	2.50	2.00	2.00	2.00	2.00	2.00	2.50	2.50
韭菜	5.00	3.50	3.50	3.50	3.00	2.50	2.50	4.00	4.00	4.00	5.00	5.00
黄瓜	4.00	4.00	3.50	3.50	3.00	2.50	2.00	3.50	3.00	4.00	5.00	5.50
茄子	4.00	4.50	4.00	4.00	4.00	3.00	2.00	3.00	3.00	2.50	5.00	5.00
丝瓜	7.00	6.00	5.50	5.50	4.50	4.00	3.50	3.50	3.00	5.00	7.00	7.00
四季豆	6.50	8.00	8.00	4.50	4.50	4.50	4.50	5.00	6.00	4.00	6.00	6.00
洋葱	2.50	3.00	3.00	3.00	2.50	2.50	2.50	3.00	2.50	2.50	2.50	3.00
花菜	3.50	4.00	4.00	4.00	4.00	4.00	4.00	5.00	5.50	5.50	6.00	6.00

续表

品种	市场价(元/500g)											
水产家禽类	1月	2月	3月	4月	5月	6月	7月	8月	9月	10月	11月	12月
精瘦肉	32.00	27.00	27.00	25.00	24.00	18.00	16.00	18.00	17.00	17.00	18.00	20.00
去骨后腿肉	28.00	25.00	25.00	23.00	22.00	16.00	15.00	16.00	15.00	15.00	15.00	18.00
肋条肉	26.00	23.00	23.00	21.00	20.00	14.00	13.00	14.00	13.00	13.00	13.00	15.00
洋鸡蛋	5.00	4.60	4.50	4.50	5.60	4.80	4.80	6.50	5.80	5.50	6.00	5.50
鲫鱼	10.00	10.00	13.00	13.00	13.00	14.00	15.00	15.00	15.00	13.00	13.00	10.00
草鱼	7.50	8.00	8.00	8.00	8.00	10.00	11.00	11.00	11.00	9.00	9.00	8.50

说明:采价时间为2021年每月10日上午8:30

(县发改委)

表45　2021年度宝应县城区水、电、气价格行情一览表

品名	单位	价格(元)
一、自来水价格	元/吨	民用水2.80元[第一阶梯:216吨以内2.80元;第二阶梯:216—264吨(含)3.53元;第三阶梯:264吨以上5.72元]
		工商业用水3.55元;特种用水4.05元
对不具备一户一表条件而无法抄表到户的合表户居民和执行居民水价的非居民用户到户价执行3.00元/吨		
二、居民生活用电	元/千瓦时	不满1千伏0.5283元
		居民分时(不满1千伏):高峰(8:00—21:00)0.5583元;低谷(0:00—8:00,21:00—24:00)0.3583元第一档为230度及以内,维持现行电价标准;第二档为231度—400度,每度加价0.05元;第三档为高于400度部分,每度加价0.30元。对城乡"低保户"和农村"五保户"家庭每户每月给予15度免费用电基数。对未实行"一户一表"的合表居民用户,电价每度提高0.02元
三、一般工商业及其他用电	元/千瓦时	不满1千伏1—11月0.6664;12月0.7168
四、居民生活天然气价格	元/立方米	2.64元[第一档:0—300(含)2.64元;第二档:300—600(含)2.88元;第三档:600以上3.60元]
机关、部队、医院、学校、养老福利机构等执行居民气价的非居民用户,其气价不执行阶梯价格,按2.75元/立方米价格执行。城区特困户和低保户家庭,实行每户每月免收5立方米的优惠		

(县发改委)

公共安全

gong gong an quan

■编辑:唐善刚

应急管理

■概况　2021 年,宝应县应急管理局、县公安局、县水务局、县自然资源和规划局、县民政局、县住建局县气象局等相关职能部门协同作战,贯彻落实习近平关于安全生产、应急救援方面重要论述,国家和省、市应急管理工作决策部署,以及中共中央办公厅、国务院办公厅印发的《地方党政领导干部安全生产责任制规定》等重要文件精神,各各级党政领导干部层层签订责任状,压实安全生产和应急管理责任,推进应急管理体系和能力现代化建设,深化应急管理体制改革、健全理顺应急管理工作机制,履行防灾减灾、应急救援基本职能,为全县统筹抓好疫情防控和经济社会发展,营造安全稳定社会环境。加强安全生产和应急管理舆论宣传,组织开展"安全生产宣传教育突破年""安全生产月"系列活动,在全社会营造"关注安全、关爱生命"良好氛围,落实安全生产、应急救援属地管理、部门监督和企业主体责任。拓展公共安全宣传教育渠道,邀请县内抖音网红通过网络举办安全生产、应急管理宣传现场直播,举办公共安全文艺演出,用群众喜闻乐见方式传播公共安全发展理念,普及应急救援安全知识,扩大广大市民参与面,提升应急救援宣传活动影响力。组织开展宝应县"最美应急人"选树学活动,展示应急救援队伍新作为、新形象。县应急管理局重视安全生产、应急管理宣传报道,全年被扬州市应急管理局网站录用稿件 546 篇、应急管理部网站录用稿件 2 篇、《中国应急管理报》录用稿件 4 篇。县应急管理局被江苏省应急管理厅表彰为"全省应急管理新闻宣传暨学报用刊先进单位"。　(兰　云)

■应急救援体系建设　2021 年,宝应县持续推进应急管理体系建设,建立健全覆盖城乡应急救援体系。至年底,全县建成应急救援队伍 50 支、应急救援队伍人数 1316 人;全年组织应急救援队伍脱产轮训演练活动 14 期(次)、参训人数 140 人。推进安全生产、应急管理信息化、智能化建设,重点工业企业 602 家视频监控接入县应急管理局指挥中心。按照江苏省人民政府办公厅印发的《关于印发江苏省突发事件总体应急预案的通知》(苏政发〔2020〕6 号)等相关文件精神,编制完成县级专项应急预案 36 件,实现全县 14 个镇(区)、辖区内村(社区)应急预案编制全覆盖,重点危险化学品生产、使用企业应急预案应编尽编。县应急管理局组织开展实战演练,提升应急预案实用性、可操作性,全年累计指导各镇(区)开展应急演练活动 14 场次、指导危险化学品生产、使用重点企业开展应急演练活动 623 场次。

(兰　云)

■应急救援设施建设　4 月 27 日,县应急管理局、县消防救援大队联合召开全县大型商业综合体消防安全管理试点示范创建现场观摩会,全面推进开展大型商业综合体消防安全"1234 + N"标准化建设(即一是完善消防安全制度和操作规程,二是确定消防安全责任人和管理人、确定消防安全重点部位,三是规范灭火和应急救援预案、消防档案、消防安全标识,四是落实防火巡查、检查,落实消防设施、器材定期检验、维修,落实消防演练,落实员工教育培训 4 个方面工作,以及推进落实消防安全资金保障、投保火灾公众责任保险、加强单位消防队站建设、提升火灾防范等级、落实务实管用工作措施等消防安全职责措施),全县大型商业综合体、医疗建筑、商场市场的消防安全责管理人以及相关运营管理团队代表参加会议。全体与会人员实地观摩吾悦广场日常管理、消防设施维护保养、消防培训演练等消防安全管理示范创建工作成果。推进县城"5 分钟"消防圈建设;结合县内灾害发生频次及实际影响范围,组织开展自然灾害综合风险普查;做好全县救灾物资储备工作,编制完成《宝应县本级救灾物资储备规划》和年度救灾物资采购计划。至年底,全县累计建成应急物资装备储备库(点)13 个,储备编织袋数量 56 万只、木桩 2500 根、土工布面积 2.5 万平方米;建成避难场所 8 处,有效避难面积 31.7 万平方米,可容纳避难群众 7.3 万人;配备应急救援车辆 25 辆。

(兰　云　徐文文)

■安全 VR 体验馆建成开馆　12 月 31 日,县住建局、县应急事务管理局江苏捷才教育集团联合建成的全县安全 VR 体验馆正式开馆,是扬州市

12 月 31 日，宝应县安全 VR 体验馆建成开馆　　县应急管理局/供稿

首家集展示、体验、演练为一体的体验式安全教育基地。安全 VR 体验馆项目投资 400 万元，占地面积 600 平方米，建有 VR 党建体验区、VR 安全体验区、安全急救体验区、消防标识认知区、综合用电体验区、爬梯对比体验区、逃生知识学习区等，通过情景体验、VR 模拟、图片展示、案例警示、影像视频等现代安全教育模式，将作业现场常见的危险源、危险行为与事故类型具体化、实物化，以视觉、听觉、触觉来体验作业危险行为的发生过程和后果，感受事故发生瞬间的惊险，广大市民、生产工人通过参加实景教育，进一步提高安全意识，降低安全风险。

（兰　云）

生产安全管理

■概况　2021 年，宝应县委、县政府牢固确立安全发展理念，强化风险防控，坚守安全底线，为全县经济社会高质量发展提供安全保障。坚持安全生产“双降双控一杜绝”（即生产安全事故总量和死亡人数双下降，各类事故死亡人数和一般生产安全事故双控制，杜绝较大及以上或有影响的事故）目标，全年发生各类生产安全事故 13 件、死亡人数 9 人，分别比上年下降 13.3% 和 10%，未发生较大及以上生产安全事故。加强安全生产行政执法，全县上下贯彻落实《宝应县安全生产专项整治三年行动工作方案（2020—2022 年）》，纵深推进安全生产专项整治和“小化工”百日整治，坚决遏制各类安全事故发生。县应急管理局组织开展“行政执法深化年”“行政执法能力提升年”，优化执法方式，提升执法效能。县应急管理局、宝应经济开发区安监局、望直港镇综合行政执法局“三位一体”组织对工矿领域重点单位开展行政执法，全年开展“三位一体”执法检查 245 次，全县开发园区工矿企业安全生产形势持续向好。县应急管理局印发《全县开展安全生产执法“大练兵、大比武”活动实施方案》，组织举办全县安全生产行政执法培训班 5 期，镇（区）行政执法人员 40 人参加培训。推进“推磨式”交叉执法机制建设，贯彻落实行政执法“三项制度”（即行政执法公示制度，行政执法全过程记录制度，重大行政执法决定法制审核制度），组织部分执法人员赴扬州市邗江区参加全市“行政执法百日行动”交叉执法。至年底，全县累计查处安全生产违法违规案件 2869 件，处以罚款金额 1279 万元；受理群众举报安全生产违法违规案件 53 件，发放奖励金额 11.55 万元。

（兰　云）

■安全生产专项整治　2021 年，县应急管理局联合相关部门统筹推进安全生产专项整治工作，细化全县 20 项、重点行业领域 93 项和镇（区）74 项安全生产专项整治任务目标；坚持每月召开联席会议，每周汇总安全生产专项整治工作进度，重点跟踪督查新增加的 5 项专项整治内容落实情况。做好重点领域安全隐患排查工作，采取明查暗访、突击检查、随机检查等多种方式，对全县 27 个重点行业领域持续开展地毯式大排查、大整治，全年派出安全生产专项整治检查组共 5964 个，检查各类相关企业 9638 家次，排查出各类安全生产隐患 1.26 万条，完成整改 1.25 万条，整改率 99.7%。突出重点隐患集中整治，排查燃气设施 162 处，检查燃气阀门井和管沟 1828 次、燃气调压装置 2355 次、燃气管线长度 1520 千米。引导全县燃气行业吸取“6·13”湖北省十堰市燃气爆炸事故教训，开展人员密集场所天然气泄漏事故应急演练。开展涉水施工企业和水上游览企业安全生产监督检查，督促及时整改检查中发现的问题。按照水上交通领域联防联控机制要求，开展防止船舶碰撞桥梁专项整治行动，全年查处水上交通违法违规案件 241 件，处以罚款金额 87.31 万元。实施农村桥梁安全专项整治行动，排查安全隐患，落实整改措施，完善“一桥一档一策”管理制度，全年排查农村桥梁 1529 座，整治危旧桥梁 310 座。开展城区危房专项整治工作，排查城区房屋 4.48 万幢、面积 941 万平方米，查出存在疑似危险隐患房屋共计 11 幢、面积 747 平方米，完成泰山东村 8 幢、原车辆厂宿舍 2 幢共 348 户危房维修解危工作。加强实验室安全管理，召开全县实验室领域安全管理工作推进会，部署开展实验室安全隐患排查整治行动。县政府组成巡查督导组 14 个，按照 10 项重点内容，组织对全县 131 家实验室安全运行进行专项督导，督促各实验室落实安全管理规章制度。

（兰 云）

■**安全生产巡查督导** 2021年，县应急管理局配合省、市安全生产巡查督导组相关工作，针对江苏省安全生产第十九巡查督导组交办的16项问题和扬州市安全生产第一巡查督导组交办的12项问题，逐项研究制订整改措施，逐项落实整改责任，明确整改要求和期限，年内上级交办安全生产整改任务全部整改到位。开展全县安全生产巡查督导，制订《宝应县2021年安全生产巡查督导工作方案》，细化安全生产巡查督导工作目标任务；明确每季度巡查安全生产督导工作重点，形成“一对一”巡查督导工作清单，全年各巡查督导组累计交办安全隐患问题43项，均按期完成整改销号。开展重要时段安全生产专项督查，县应急管理局、县消防救援大队抽调专业人员成立专项督查组6个，组织对全县14个镇（区）和27个相关部门实施安全生产专项督查，并将督查专项整治完成情况纳入年度安全生产目标管理考核。

（兰 云）

■**安全生产教育培训** 2021年，县应急管理局组织开展“百团进百万企业”安全生产宣讲活动，重点宣讲《中华人民共和国安全生产法》（2021年修订版）、安全生产专项整治成果，以及工业企业安全风险报告等内容。县委、县政府主要领导和县安全生产委员会成员单位主要负责人以及各镇（区）领导班子等党政主要负责人参加安全生产宣讲活动86场次，覆盖各类企业991家、参加听讲企业员工8411人次。各镇（区）党政主要负责人深入企业开展新春安全宣讲活动365场次、受教育员工人数4891人（次），免费赠送《中华人民共和国安全生产法》（2021年修订版）单行本1986册。县应急管理局举办安全生产警示教育活动281场次，举办各类安全培训班31期，参加安全培训人数3519人。服务企业安全生产，全年组织行政执法人员498人次、邀请专家342人次，深入重点骨干企业835家、排查发现安全生产隐患1586条，督促完成整改1541条、安全生产隐患整改率98%。

（兰 云）

消防安全管理

■**概况** 2021年，宝应县消防救援大队（以下简称“县消防救援大队”）积极履行职责，认真做好机关、团体、企事业单位防火监督检查工作，督促整改火灾隐患，消除消防违法行为，做好火灾预防工作；强化消防安全演练，提升灭火、抢险救援工作能力，抢救和保护人民生命和财产安全，最大限度减少火灾危害；加强应急救援工作，维护社会公共安全，减轻各类灾害损失；组织开展消防救援宣传培训，提升全社会消防救援意识。全年工作以“保稳定、创先进、破新高”为目标，聚焦主责主业，推进消防治理体系和治理能力现代化，实现消防救援工作高质量发展，有效维护火灾形势和队伍管理稳定，圆满完成以防火灭火、抢险救援为中心的各项任务。全年县消防救援大队共接警1262件（含社会救助、增援等），出动消防官兵8198人次，出动车辆2750车次，抢救财产价值5466万元。成功处置“3·16”G233宝应大桥槽罐车泄漏、“5·25”安宜镇亿丰商贸城火灾、“10·14”增援淮安富强新材料有限公司火灾等紧急任务。支援地方政府抗击新冠肺炎疫情工作，承担县疫情集中隔离点安保工作，受到县委、县政府表扬和社会群众好评。加强队伍政治建设，先后组织全体指战员赴宝应县烈士陵园开展祭扫革命烈士活动，赴县廉政教育基地“谨园”开展“学党史、强信念、跟党走”主题党日活动，举办“百年英烈”红色故事巡回宣讲活动，坚定理想信念，打造“对党忠诚、纪律严明、赴汤蹈火、竭诚为民”革命队伍。深入校园开展消防进校园活动、消防进军训活动，增强广大师生消防安全意识，提高校园抵抗火灾事故的能力，筑牢校园安全防线。做好中国消防救援学院校园招生宣传活动，增强师生对消防救援队伍光荣使命了解，吸引应届高中优秀学生积极投身消防救援事业。4月27日，县消防救援大队组织召开全县大型商业综合体消防安全管理试点示范创建现场观摩会，全面推进开展大型商业综合体消防安全管理标准化、规范化建设。县消防救援大队连续第3年获评

10月15日，全县安全生产巡查督导反馈问题整改交办工作会议在县城召开

县应急管理局/供稿

7 月 15 日，县消防救援大队开展商业综合体安全消防救援演练

县消防救援大队/供稿

"宝应县三服务满意执法大队"，荣磊获评宝应县"十大优秀青年"。

（冯　杰　徐文文）

■高速公路消防安全演练　1 月 21 日，县消防救援大队，京沪高速公路交警大队、宝应路产大队、宝应收费站，县人民医院在京沪高速公路宝应道口路段联合举行消防安全应急演练。演练模拟 1 辆货车与 1 辆小轿车发生追尾起火事故，现场小轿车内有人员被困，货车司机紧急向收费站工作人员求助。宝应收费站外勤人员迅速引导货车司机靠边停车，设置警戒区域，并进行初期灭火。与此同时，宝应收费站值班员立刻拨打 119 报警电话，并及时通知京沪高速公路交警大队、宝应路产大队到场协助处置事故。8 分钟后，救援力量相继到达事故现场，高速公路交警对下车道车辆实施交通管制，预防二次事故发生。路产大队工作人员扩大安全区域，指挥消防车辆从下车道逆行至火灾现场。县消防救援大队人员到达现场后，运用城市主战消防车灭迅速压制扑灭车辆大火，运用抢险救援车救出车辆被困人员。随后，被困人员送往医院抢救，起火车辆被拖离现场，该路段恢复正常通行。演练过程中，各部门密切配合，协同作战，把人民生命财产损失降到最低，充分展示良好的专业素质和严明的组织纪律。此次应急演练基于实战出发，有效检验京沪高速公路宝应段应急救援联动机制，提升县消防救援大队，京沪高速公路交警大队、宝应路产大队、宝应收费站，县人民医院 5 个部门之间联动协作效能。县消防救援大队总结此次演练经验，建立完善公路交通消防安全应急联动机制，守护人民生命财产安全。

（冯　杰　徐文文）

■疫苗接种点消防安全指导　2 月 25 日，县消防救援大队为支援地方政府打赢疫情防控阻击战，对辖区内新冠肺炎疫苗接种点开展消防安全检查和技术服务指导。重点检查疫苗接种点消防安全工作措施，包括临时用电和取暖设备使用情况、消防设施和消防器材配置情况、工作人员消防安全培训情况、安全出口通畅情况等，检查组对疫苗接种点消毒液、酒精等易燃物资储存作出消防安全提示，对发现的火灾隐患立即指导整改，强化对接种点工作人员消防安全教育，确保新冠肺炎疫苗接种点消防安全。3 月 30 日，宝应县安宜消防救援站为助力辖区学校安全有序复学，主动对接内艾乐幼儿园，帮助学校开展预防新冠肺炎疫情洗消杀毒工作。

（冯　杰　徐文文）

■"五一"节前消防安全检查　4 月 29 日，县政府办公室、县应急管理局、县商务局、县公安局、县消防救援大队组成消防安全联合检查组，开展"五一"节前消防安全检查，副县长张倩桦参加活动。联合检查组实地检查吾悦广场商业综合体、五琼浆大酒店等单位消防安全主体责任是否落实，消防安全出口、疏散通道是否保持畅通，用火用电用气管理是否规范，建筑内部装饰装修材料是否符合防火性能要求，消防设施是否完好有效等。针对检查中发现的问题，联合检查组责令单位负责人进行整改。张倩桦强调，各单位要高度重视节日期间消防安全工作，严格落实消防安全主体责任和岗位责任，积极开展单位内部安全隐患自查自纠，及时发现整改各类安全隐患苗头，特别是要加强重点区域、重点部位消防安全管理，严防严控，死看硬守，坚决杜绝各类安全事故发生。　（冯　杰　徐文文）

■疫情集中隔离点安全检查　8 月 2 日晚，县消防救援大队组成安全检查组，对全县 26 处疫情集中隔离点开展安全专项检查。安全检查组认真听取疫情隔离点负责人关于疫情防控期间安全工作汇报，实地检查疫情隔离点建筑结构、特种设备、用电设施、燃气设施、消防设施等是否完好有效，安全出口、疏散通道是否保持畅通，特种设备是否定期检查，燃气管路是否正常，隐患排查是否严格履行，要求隔离点负责人高度重视疫情防控期间安全防范工作，严格落实安全制度，加大安全宣传教育，切实把各项安全防控措施抓细抓实抓到位，确保特殊时期全县安全形势持续稳定，并对检查出的问题提出限期整改要求。　（冯　杰　徐文文）

■企业人员消防跟班轮训 10月26日，县消防救援大队为提高全县重点企业人员灭火救援能力，促进企业消防人员管理正规化和执勤规范化，以“拉得出、打得赢”为目标，确保发生灾害事故时能第一时间有效处置，组织全县重点企业人员到县消防救援大队开展跟班轮训。跟班轮训坚持“全员轮训、全员考核”原则，组织骨干人员采取理论与实战演练相结合的教学模式，合理安排训练内容、时间和强度，帮助参训队员掌握消防管理职责、内容，消防灭火基本理论常识、消防设施器材使用方法和维护、检查、保养知识等。通过轮训，参训人员的业务素质得到提升，县消防救援大队官兵和重点单位参训人员协同作战能力得到增强。 （冯 杰 徐文文）

■全县“119”消防宣传月活动启动仪式 11月7日，县消防救援大队在金源生活广场举行以“落实消防责任·防范安全风险”为主题的“119”消防宣传月启动仪式。各镇（区）、县消防安全委员会成员单位、部分消防安全重点单位负责人等100余人参加启动仪式。启动仪式上，县消防救援大队大队长周磊宣读《宝应大队2021年“119”消防宣传月活动方案》，呼吁广大人民群众积极参与消防，共同防治火灾，构建平安家园，并宣布宝应县2021年“119消防宣传月”活动正式启动。与会领导与社会各界群众共同参观全县消防工作成果和消防器材展，共同参加体验消防趣味活动。活动现场，县消防救援大队指战员为群众发放消防安全宣传资料，现场为咨询群众解惑答疑，让广大群众懂得防火、灭火、逃生自救等消防基本常识，进一步提高群众安全意识和自防自救能力。

（冯 杰 徐文文）

■全县专职消防队伍统一管理协调会召开 12月22日，县政府召开全县专职消防队伍统一管理协调会，县政府办相关负责人，县应急管理局、县消防救援大队、氾水镇、曹甸镇主要负责人和宝应经济开发区、县财政局分管负责人参加会议。会上，县消防救援大队主官从队站建设、队伍管理、经费保障方面对全县二级政府专职消防队统一管理工作实施方案进行详细说明。会议要求，宝应经济开发区、曹甸镇、氾水镇按照建设二级政府专职消防队要求配齐车辆器材装备；从2022年1月起，3个全县二级政府专职消防队保障经费由县财政局统一代扣划拨至县消防救援大队，由消防部门统一管理；建立稳定的二级政府专职消防队，县消防救援大队与3个镇（区）消防救援人员重新签订录用合同，同时根据缺配人数由消防部门统一面向社会按照法定程序招录。

（冯 杰 徐文文）

■消防工作评议活动 12月23日上午，县消防救援宝应大队为推进全县消防工作和加强队伍建设，开展“向人民报告、请人民评议、让人民满意”评议活动。辖区消防安全重点单位、消防执法服务对象等100余位代表参加评议活动。会上，县消防救援大队主官报告2021年消防工作情况，向企事业单位对消防工作的支持和关心表示感谢，同时希望与会代表为大队消防工作和队伍建设积极建言献策。参加会议代表对全体监督员和消防工作意见进行现场测评。县消防救援大队通过举行“向人民报告、请人民评议、让人民满意”专题评议活动，拓展消防工作信息公开途径，增进全县广大群众对消防救援工作和消防救援队伍理解与支持。县消防救援大队以开展消防工作评议活动为契机，贯彻落实习近平总书记关于消防救援工作重要讲话，对标新定位、新使命、新职能，加强班子建设，保持政治定力，积极履行好党和人民赋予的神圣职责。 （冯 杰 徐文文）

■水域救援专项训练 2021年，安宜消防救援站为切实做好水域救援备战工作，加强抢险救援中指战员个人保护意识，组织全体指战员开展水域救援装备实操授课活动。队站干部重点讲解水域救援过程中的安全防护和水域救援舟艇运用等知识。通过现场讲解和队员实际操作结合，对水域救援舟艇拆卸组装、舷外机构造、水上救援注意事项等进行详细讲解，并对定点救援、活饵救援等专项水域救援进行针对性训练。通过实操授课，指战员水域救援基本技能和舟艇驾驶技术明显提高，安全防护意识显著增强，为成功处置抗洪抢险和突发性灾害任务打下良好基础。 （冯 杰 徐文文）

防灾减灾

■防汛抗旱 2021年，宝应县立足防大汛、抢大险、救大灾，做好防汛防旱各项准备工作。年初，按照“分级管理、分级负责”和“即查即改、立行立改”要求，县水务局加强防汛抗旱除险加固工作，深入各镇开展汛前大检查，排查险工患段和薄弱环节，各镇排查出险工患段14处，病险涵闸44座，其中涉及流域性险工患段6处、河道病险涵闸5座由省、市水利部门统筹实施除险加固工程；县水利部门组织实施险工患段除险加固项目8处、病险涵闸维修加固39座，均在汛期到达之前竣工，确保各级各类水利设施安全度汛。组织防汛物资储备工作，县防汛物资储备中心新购编织袋12万只，自储草包、编织袋、麻袋“三袋”22万只、木桩2478根、土工布1.5万平方米，委托代储钢管20吨。县防汛防旱指挥部成立督查组4个，分别到各镇（区）专项检查防汛防旱责任制落实、险工患段排查处理、防汛防旱物资储备、水旱灾害预案制订完善、县属骨干河道违章设障清除、灾害应急处理及灾后重建等工作。落实防汛防旱责任制，修订完善《宝应县防汛工作手册》，调整充实县、镇两级防汛防旱指挥机构组成人员，建立健全镇村防汛组织网络；明确圩段防汛责任人258人，登载于5月22日《宝应日报》，接受全社会监督。强化防汛防旱责任意识，压实各级领导责任，县防汛防旱指挥部调整3个灌溉区管委会、7个总干渠联管组成员，成立防汛精干突击抢险队伍和防汛抗旱抢险技术指导小组，全县组建各类防汛抢险队伍324支、总人数1.43万人。提高防汛抗旱工作水平，在县委党校举办全县防汛知识培训班1期，参加培训人数260人。（黄晓庆）

■防震减灾 2021年，宝应县住房和城乡建设局积极组织编制防震减灾规划，加强地震宏观预报和地震灾情速报，先后开展“5·12”“7·20”“7·28”防灾周宣传活动，宣传防震减灾知识、地震观测环境保护相关法律法规等，加强地震观测环境保护工作。组织修订《宝应县地震灾害应急预案》，开展应急避难演练，持续推进群测群防网络建设、地震应急避难场所建设。目前，全县地震测报共有国家级数字化强震动、数字化深井测震、数字化电磁扰动3项观测项目，能够及时向省、市地震局提供监测数据和震情趋势分析资料，地震监测预报能力显著提高。

地震监测预报。监测发现，江苏省辖区内中小震活动总体频次、震级增强，全年发生≥里氏2.0级地震38次，≥里氏3.0级地震12次，海域最大震级为11月17日江苏盐城市大丰区海域发生的里氏5.5级地震，陆地最大震级为12月22日江苏常州市天宁区发生的里氏4.5级地震，扬州市辖区内共发生小震活动12次，最大震级为1月21日高邮市发生的里氏2.4级地震，其中宝应5月15日、6月1日两次里氏1.9级地震。

宏观观测网络。2021年，县住建局合理运用前期建立的全县群测群防工作网络体系，通过江苏地震灾情应急速报系统开展模拟演练6次。系统通过短信将地震灾情发送到各乡镇地震灾情速报员手机上，地震灾情速报员通过回复数字，将所在地受灾情况及时传递给地震监测部门，为精准及时救灾提供第一手讯息。

监测设备运行维护。2021年，宝应县地震台坚持观测资料连续性、及时性、可靠性，认真做好日常仪器故障鉴别和维修工作，确保仪器运行率、数字电磁扰动采集不中断，全年监测数字年采集率99.9%，数字观测网络宝应测震台深井测震观测运行率99.9%，强震动观测运行率100%，均符合地震观测规范要求。（成丽媛）

■气象减灾 2021年，宝应县气象局坚持把气象减灾放在重要位置上，提升气象灾害预警发布和防灾减灾能力。县突发事件预警信息发布中心切实做好春节、清明节、端午节、“五一”国际劳动节、国庆节等重大节日，以及高考、中考、夏集桃花节、射阳湖荷园电竞节、宝应县运动会等重大活动期间气象保障服务。发挥气象对工农业、建筑业、交通运输业等行业社会经济发展防灾减灾第一道防线作用，全年发布重要天气报告28期，各类农业气象专报30期，报送决策总结4期，报送应急气象材料9期，启动气象应急响应3次。全年通过电视、手机短信、微信公众号、电子显示屏、微博等向社会公众发布各类灾害天气预警信号94次，手机短信气象服务7万多人次。开展防雷安全专项检查，通过双随机抽查等多种形式排查整治防雷安全隐患；建立健全防雷隐患排查治理长效机制，明确防雷安全生产监管主体责任，全县防雷重点单位及场所防雷安全能力进显著提升，促进全县安全生产形势持续向好。编制完成《宝应气象十四五规划》，其中完善基于物联网的农业气象综合观测体系和开展生态气象要素监测等内容被列入《宝应县国民经济和社会发展第十四个五年规划和二〇三五年远景目标纲要》。推进气象灾害综合风险普查，成立宝应县气象灾害综合风险普查工作领导小组，按照“分工负责、协同推进”的工作模式，细化工作任务，落实到人，明确时间进度，确保气象灾害风险普查工作按时完成。梅雨时节及时发布连续降雨、雷暴、大风等灾害性天气预警，县农业农村局、各镇（区）及时组织排涝降渍，减轻天气灾害对农业生产影响，保障粮食生产丰收。7月28日早晨6时许，受台风“烟花”影响，宝应地区风大雨大，S264公路沿线多处行道树被大风刮断后倒伏在公路上，影响车辆安全行驶。7时，宝应公路部门机械化抢险突击队迅速赶往行道树被刮断路段，顶着大风大雨展开清障行动。经过1个多小时的连续奋战，刮倒在公路上的40多棵行道树被全部清除，公路交通得到恢复。上午9时开始，G233宝射河大桥以南路段出现100多米长的路面积水。宝应公路部门快速调集两部洒水车前往排水，组织公路养护人员6人清理积水路段所有洞口杂质、保证排水顺畅，该段公路路面积水被排除。台风“烟花”造成宝应县24小时内累计降雨量达100毫米以上，其中6个乡镇达到150毫米以上、2个乡镇达到200毫米以上，运东地区许多河道水位超过警戒线，防汛形势极其严峻。7月28日8时开始，南水北调宝应站全力投入到里下河地区排涝工作中，4台大型机组，除1台处于保养检修状态，其余3台机组24小时满负荷投入排涝运行，日排涝量1000万立方米以上。至8月1日，宝应里下河水位逐渐下降。

（汪　丽）

各镇建设

Ge Zhen Jian She

■编辑:邱　群

安　宜　镇

■**概况**　安宜镇是宝应县城关镇,镇域面积1.53万公顷,其中耕地面积3817公顷、林地面积1200公顷、水面面积2552公顷,辖18个行政村、5个行政村和社区合一单位、19个社区、1个渔场,年末总人口19万人。2021年,全镇实现地区生产总值303.76亿元、比上年增长11.18%,一般公共预算收入8.29亿元,城乡居民人均可支配收入分别比上年增长9%和11%。

（曹吉勇）

■**经济发展**　2021年,安宜镇新增省级绿色优质水稻种植面积1267公顷、高效设施渔业面积67公顷、扣蟹培育面积280公顷、生猪出栏2.4万头。完成农村产权交易201宗2176万元、土地流转交易面积267公顷。新注册农业技术企业6家、市级农业龙头企业3家、县级农业龙头企业2家。申报家庭农场3家,清理空壳农业合作社25家。基本完成农村房地一体不动产权登记,累计发证8148本。完成成片造林面积40公顷、植树4.22万株,改善农田林网面积100公顷,创成省级绿化整体推进村2家。扎实开展路长制工作,维修农路1450平方米、沥青灌缝10公里,完成机场北路和中一路提档升级工程,打造"一镇一环"特色环线14公里,创成扬州市长效管护示范村2家。全面落实河长制和防汛防旱责任制,完成汛前急办工程10处,新建泵站1座,疏浚并打造样板河道3条、生态河道8条,清理扒翻杂草面积6.5万平方米、黑臭河道2条,完成二纵河专项治理。城镇污水处理提质增效"333"行动有序推进,运西污水处理厂即将投入运行;整治"散乱污"企业3家、生物质成型燃料锅炉23家、VOCs综合污染42家、砂石堆场5处;秸秆禁烧实现卫星"零监测";定向挖潜重点交办问题全部整改清零。

全年完成工业开票销售额130亿元、增长9.2%,工业入库税收4.3亿元、增长55%,外资到账金额2500万美元,外贸出口额7500万美元。培育10亿元以上企业1家、5亿元以上企业1家、1亿元以上企业3家、规模以上企业8家。新签约工业重特大投资项目1个、重大投资项目5个、投资1亿元以上项目3个,新开工建设工业重大项目5个、投资1亿元以上项目5个,新竣工工业项目2个。粤海永顺泰(宝应)麦芽有限公司年产25万吨麦芽项

城南新城夜景　　安宜镇/供稿

目达产后预计年开票销售额5.5亿元、税收2500万元,中粮面业(扬州)有限公司投资10亿元年产60万吨面粉生产线和6万吨仓储设施项目为全县唯一获批的省重大项目。宝应中众合农产品物流园被列为省级重点物流基地,6000平方米冷链物流区投入使用。新增"国家高新企业"13家,签订企业与高校院所产学研合作协议7项,新增授权发明专利27件、技术合同交易额2.6亿元;组织申报国家"启明计划"4项;获批建设"扬州市工程技术研究中心"企业2家;申报获批江苏省"双创计划"2项、"科技副总"人才项目4人、扬州市"绿杨金凤"计划创业人才项目5项;获认定三星级工业互联网上云企业5家、四星级工业互联网上云企业3家。省高新区创建取得显著成效,省生态环境厅、自然资源和规划厅、发改委、商务厅等部门先后出具支持筹建意见。

全年完成建筑业施工总产值197亿元、建筑业入库税收4600万元,安宜建设集团有限公司与央企子公司中城创展集团有限公司实现混改合作。全年实现服务业税收2.5亿元。新增税收千万元以上服务业企业4家、百万元以上服务业企业5家;新签约千万元以上服务业项目6个;新开工建设服务业重大项目2个、投资1亿元以上服务业项目3个、投资千万元以上服务业项目3个;新竣工1亿元以上服务业项目5个、1千万元以上服务业项目2个;奥园·老东门文化街区项目被列为省服务业重大项目,万佳大酒店项目开工建设。

(曹吉勇)

■精神文明建设 建立完善结对、交流、激励、督查等工作机制,全面疏排城区及城乡接合部边角地、闲置地118处,总面积14.4万平方米,排定三年工作计划,项目化、清单化推进实施;开展文明创建专项行动1200多次;在背街小巷、无物业小区施划停车线1.3万多米、停车位2000多个、文明经营"一米线"1.3万米,改造老旧小区23.2万平方米,升级城区公厕29座。

新增健身步道5千米、健身点6个,建成标准化篮球场23个。新建3A级旅游厕所2座、百姓大舞台1家,组织开展各类文体活动42场次。新建、改造村(社区)党群服务中心各1家,建成标准化居家养老服务中心1家、颐养社区4家。全面执行农家宴"六统一"管理制度,指导备案农家宴1200多起。积极开展爱国卫生运动,规范化建设村卫生室3家、社区卫生服务站1家,助力宝应县顺利通过国家卫生县城复审。申报全国示范性老年友好型社区1家。荣获扬州市"十佳社区"1家。新成立和改选小区业委会9个,协调安装天然气1700户。农村道路提档升级、平安安宜"雪亮工程"、城乡人居环境整治等一大批民生实事工程相继建成并投入使用。

(曹吉勇)

■镇村建设 积极推行自愿搬迁、协议搬迁,圆满完成运河路172户改造征收任务;宝化楼、泰山西路沿线等区域签约143户;全面完成东升西湾区域拆迁扫尾工作;配合完成泰山东村、铁桥车辆厂宿舍楼203户解危任务;累计搬迁征收总面积约5万平方米。改造提升中小街巷道路97条、面积2.6万平方米;新建或维修雨污水管网5334米、窨井1120座。齐心荷香华庭三期265套安置房圆满交付,安置小区不动产权证办理缴纳契税1535套、出证1272本。积极做好北河路、泰山路提档升级以及白田南路、东阳路和淮江大道南延工程矛盾协调、帮办服务。强化土地要素保障,累计征地2107亩、供地1396亩。扎实做好城区及农村既有房屋安全排查整治工作。持续开展拆违控违专项行动,查处违建行为56起,拆除违章建筑36处、1700平方米。

(曹吉勇)

表46 2021年安宜镇主要经济社会指标实绩表

项目	单位	数量	比上年增长(%)	项目	单位	数量	比上年增长(%)
地区生产总值	亿元	303.76	11.18	工业销售收入	亿元	126.00	5.80
第一产业	亿元	6.68	11.36	工业利润	亿元	17.65	5.30
第二产业	亿元	169.58	13.58	工业技改投入	亿元	25.98	2.60
第三产业	亿元	127.50	8.13	工业从业人数	人	46230.00	7.40
财政收入	亿元	8.29	-6.80	建筑业产值	亿元	197.00	7.40
农业总产值	亿元	4.52	0.97	建筑业从业人数	人	2673.00	4.99
粮食总产量	万吨	5.76	1.19	当年引进(实施)项目数	项	32.00	-15.80
棉花总产量	吨	—	—	当年到账域外资金	万美元	2831.00	4.10

续表

项　目	单位	数量	比上年增长(%)	项　目	单位	数量	比上年增长(%)
油料总产量	吨	803.00	-1.20	外贸出口额	万美元	4893.00	-6.90
生猪饲养量	万头	1.90	35.70	第三产业从业人数	人	46856.00	3.20
家禽饲养量	万羽	32.00	-28.80	学校	所	24.00	—
水产品产量	吨	11258.00	0.36	在校学生数	人	51832.00	4.30
农业从业人数	人	7898.00	-2.47	外出劳务人数	人	8932.00	6.00
工业企业数	家	2008.00	-0.25	外来劳务人数	人	21023.00	4.30
工业总产值	亿元	211.00	2.40	农民人均可支配收入	元	27246.00	6.00

（安宜镇）

表 47　2021 年安宜镇重点企业一览表

企业名称	主要产品	2021 年实绩			地址
		产值(万元)	销售额(万元)	利税(万元)	
物易宝(江苏)再生资源科技有限公司	铝废料加工处理	148531	148531	22805	安宜工业集中区 188 号
江苏迅达电磁线有限公司	电磁线、电缆制造	69070	83097	1854	安宜镇南唐路 36 号
江苏立中新材料科技有限公司	通讯电子用铝合金材料生产	67424	57315	877	安宜镇苏中北路 188 号
艾能光伏扬州有限公司	光伏设备及元器件制造	60026	60026	606	安宜镇苏北北路东
江苏苏美达车轮有限公司	铝轮毂加工	52991	41104	1129	安宜镇创业路
扬州凯翔精铸科技有限公司	汽车配件制造	49125	48399	-7520	泾河镇刘家潭村刘家潭路
江苏迅达电工材料股份有限公司	电线电缆制造	45792	44854	356	安宜镇南唐大街 36 号
康而富精密电子(宝应)有限公司	电子元件加工	33990	29186	466	安宜镇苏中北路 108 号
江苏正帆华东净化设备有限公司	通用设备制造	33854	15568	606	安宜工业园金宝西路
江苏润扬管件有限责任公司	管件制造	32157	27018	1428	安宜镇宝泰路 10 号
扬州市宜楠科技有限公司	电子元器件	27974	11207	444	安宜镇三里村
扬州华金纸品有限公司	办公打印纸加工	27150	22402	300	安宜镇苏中北路 28 号
扬州腾飞电缆电器材料有限公司	电缆电器制造	24874	20548	2300	安宜镇安宜北路安宜嘉苑东门往北 50 米
宝应中石油昆仑燃气有限公司	天然气供应	24428	24428	4563	安宜镇宝应大道 77 号
扬州华瑞金属制品有限公司	金属制品制造	23261	21057	452	安宜镇苏中北路 58 号
扬州华展管件有限公司	石油管道配件制造	19854	16985	905	安宜镇盛南路 10 号
威科德金属有限公司	合金制造	19132	12212	2038	安宜镇苏中中路 673
扬州华瑞家居用品有限公司	金属框架家具加工	18255	11381	339	安宜镇金源路 9 号
江苏润扬重工有限公司	设备制造	17436	14829	434	安宜镇苏中北路 100 号
江苏东方电缆材料有限公司	电缆屏蔽材料生产	16720	13180	552	安宜镇苏中北路 108 号
江苏永一泵业科技集团有限公司	水泵制造	16248	11518	2292	安宜镇苏中北路 28 号
江苏康宝医疗器械有限公司	一次性医疗器械生产	15866	13532	832	安宜镇苏中北路 78 号

续表

企业名称	主要产品	2021 年实绩			地址
		产值(万元)	销售额(万元)	利税(万元)	
扬州派斯特换热设备有限公司	换热器制造	12238	10375	1489	安宜镇金源路 3 号
宝应县永佳米业有限公司	大米加工	11582	10874	77	安宜镇 331 省道附近
扬州杰特沈飞车辆装饰件有限公司	列车内装饰件制造	11295	8568	1470	安宜镇宝泰路 8
宝应协鑫生物质发电有限公司	其他电力生产	11281	9496	-2327	安宜镇齐心路 2 号
宝应县新华纸业有限公司	办公打印纸加工	10524	8613	192	安宜镇安宜工业园金宝西路

注:表中企业均为实现开票销售额 1 亿元以上企业

(安宜镇)

表 48　2021 年安宜镇村、村和社区(场)合一单位基本情况表

村、社区	党支部书记	村(居)委会主任	会计	村(居)民小组数(个)	户数(户)	总人口(人)	农业面积(公顷)	工业企业(家)	社会总产值(万元)	人均年纯收入(元)
东升村、社区	孙纯平	孙纯平	张　超	29	4516	19543	32	121	32594	23564
齐心村、社区	许　浩	许　浩	张　强	30	1698	7569	150	103	47146	22698
花庄村、社区	陆红霞	衡伟栋	朱春华	14	1346	5692	99	44	75689	22655
三里村、社区	杨学刚	杨学刚	殷　芳	13	2930	10355	112	108	15183	23265
大桥村、社区	张少华	张少华	卢　娟	7	673	3456	190	125	13980	21656
北港村	骆洪发	顾　娟	周　超	7	550	2204	59	2	13370	14369
船闸村	候　俊	候　俊	徐　静	11	1150	3860	40	68	615522	15239
西刘堡村	杨国清	杨国清	李文超	10	796	3288	390	1	5620	18663
北闸村	刘爱民	刘爱民	吴建忠	10	726	3566	360	17	10606	16500
西港村	薛彭辉	薛彭辉	杨　兵	6	587	2067	93	7	3924	13747
白田村	王　斌	王　斌	苗长兵	11	910	3521	184	3	2775	11395
官沟村	施　兵	卢之鸣	韩　娟	10	771	3026	220	2	4934	22860
陈家村	朱文龙	朱文龙	徐传梅	14	930	3382	306	—	2300	12500
西郊村	许　泉	高品超	周福忠	6	512	1988	132	6	8345	18223
潘桥村	谭桂顺	谭桂顺	房　辉	12	801	2765	245	12	6698	13213
渔业村	段广春	段广春	李兆凯	7	425	1687	78	2	15269	16223
刘庄村	梁传龙	梁传龙	张　健	12	832	3206	243	—	5003	13445
南闸村	房启源	房启源	陈继干	9	660	2143	25	9	8623	18335
郑河村	弓志成	周德新	刘　超	10	678	2651	173	18	5658	13469
刘堡村	徐启娣	徐启娣	赵启年	14	998	4236	249	9	4582	12598
贾桥村	居春国	陈晓军	张启年	12	701	3591	189	11	3235	14236
郭庄村	陈　健	朱汝成	郭永龙	9	809	3982	136	16	29872	23545
三团村	陈坚强	华长宝	何　彬	10	987	3994	156	102	35688	24587
渔场	刘元志	刘元志	刘林海	1	108	386	34	3	6276	10133

(安宜镇)

表 49　2021 年安宜镇社区概况一览表

社区	党支部书记	社区主任	居民小组数(个)	户数(户)	总人口(人)
爱民社区	方云芹	方云芹	19	4707	13503
刘沟社区	沈彩虹	沈彩虹	8	2987	7038
北河社区	匡红霞	匡红霞	120	7998	33156
白田社区	刘艳成	刘艳成	70	5066	14486
安民社区	王久芳	王久芳	16	3418	11963
南窑社区	吕万荣	吕万荣	4	617	2009
桃园社区	王桂琴	王桂琴	20	2256	5875
东门社区	邱　娟	邱　娟	5	1577	4927
世纪园社区	李　新	李　新	87	4080	11617
罗巷社区	杨怀宇	杨怀宇	59	3015	7737
牌楼社区	戴学志	戴学志	19	1213	2903
泰山东村社区	刘　凯	邱家翠	9	3654	9715
铁桥社区	秦业平	秦业平	75	2501	6881
学墩社区	周士梅	周士梅	16	3680	5143
苏中社区	张士和	张士和	28	1840	5400
南园社区	吴晓燕	吴晓燕	8	7233	21427
画川社区	陈　洁	陈　洁	29	1996	5780
莲花社区	郭红艳	郭红艳	31	18072	29808
安宜社区	陈　萍	陈　萍	85	4768	12237

（安宜镇）

氾　水　镇

■概况　氾水镇位于宝应县城南 18 千米处,G2 京沪高速、连淮扬镇铁路、G233、京杭大运河穿境而过。全镇行政区划面积 1.72 万公顷,耕地面积 7394 公顷。年末总户数 2.7 万户、总人口 10 万人,辖 20 个行政村、5 个社区、2 个村和社区合一单位。氾水镇先后被命名为“全国重点镇”“全国绿化造林百佳乡镇”“江苏省百家名镇”。2021 年,全镇实现地区生产总值 57.59 亿元、比上年增长 19.28%,其中,第一产业 7.67 亿、第二产业 27.36 亿元、第三产业 22.56 亿元,三次产业结构调整为 13.32∶47.51∶39.17;综合财政收入 3.35 亿元。农民人均可支配收入 34390 元。　　（鲁　言）

■经济发展　2021 年,氾水镇农业招商引资签订农业投资项目协议 3 个;新开工农业重大投资项目 3 个;新竣工投入运行农业重大项目 2 个。江苏包天下食品有限公司获命名“国家重点农业产业化龙头企业”,新增“扬州市农业产业化龙头企业”1 家、“宝应县农业产业化龙头企业”5 家。宝应氾水庆丰收割机跨区作业专业合作社入选“中国农民合作社 500 强”,位列第 147 名。全年创成“国家级健康养殖示范场”1 家、“江苏省示范家庭农场”1 家、扬州市“市级农民合作社示范社”1 家、宝应县“县级农民合作社示范社宝应县农业示范合作社”7 家。完成一横地龙改造,实施高标准农田面积 1333.33 公顷、池塘生态化改造面积 100 公顷,新增土地流转面积 733.33 公顷,建设面积

“千亩”以上示范片2个。发展农产品电商产业，全年实现农产品线上销售1.5亿元。增加村集体收入，全镇村集体平均经营性收入115万元。氾水镇获表彰“江苏省耕地保护激励单位”、获命名“江苏省绿色优质农产品基地”。

全年实现工业开票销售额72.5亿元、工业入库税收1.7亿元、规模工业总产值72亿元，分别比上年增长9%、4.3%、23%。完成外贸出口1.7亿美元，外资到账1000万美元。全社会固定资产投资达30亿元，新增销售5亿元以上企业1家、1亿元以上企业3家、规模以上企业8家。加强招商引资工作，签订工业重特大投资项目协议1项、重大投资项目1项、投资1亿元项目2项。海沃国际集团与江苏银宝专用车有限公司签订扩大投资，合作生产新能源汽车底盘整车项目意向性协议。全年新开工建设工业重大投资项目2项、投资1亿元项目2项、投资5000万元项目2项；新竣工投产投资1亿元项目3项、投资5000万元项目2项。推进企业科技创新，新增“国家高新技术企业”1家，扬州市“绿扬金凤计划”项目1项，引进科技副总人才4人，组织参加扬州市创新创业大赛获三等奖项目1项，申报获批宝应县“宝地英才集聚计划”项目2项，科技成果转化完成江苏省重点推广应用新技术新产品项目2项，申报入选科技型中小企业备案10家。全镇新增发明专利14件、发明专利授权53件；建成江苏省乡土人才“大师工作室”1家、扬州市“名师工作室”2家。强化企业要素保障，新增110千伏变电站1座，帮助企业招聘员工2000人次，盘活存量和低效土地面积13.73公顷。

全年完成建筑业总产值26亿元、入库税收1000万元、县外“双包”60万平方米，创成省优质工程1个、市优质工程2个、省文明工地1个、市文明工地3个。完成服务业入库税收3320万元，比上年增长10%；完成服务业营业收入5.6亿元，比上年增长25%。服务业招商引资，新签订现代服务业投资项目协议1项；新开工建设服务业投资5000万元项目1项、投资1000万元项目2项；新竣工投入运营服务业投资1000万元项目1项。新增限额以上服务业企业16家、规模以上企业3家、税收过100万元企业6家。（鲁　言）

氾水镇工业集中区　　氾水镇/供稿

■精神文明建设　2021年，氾水镇常态长效推进文明城市创建，制订《全国文明城市创建三年行动方案》，深入开展停车秩序、集镇卫生、违章违建、流动摊贩、店外店经营等专项整治行动，新增停车位300多个，新改建集镇公厕5座，修缮垃圾池8个，查处各类违建7处320平方米，新建农村无害化户厕136座，通过市食品安全示范镇复审。加强群众文化体育设施建设实施，开展群众性文化活动，完成党群服务中心提档升级5家，新改建村级篮球场23个，实现居家养老服务中心和互联网服务站建设全覆盖；开展“水韵氾水·众享节”系列活动80余场，承办省、市文艺演出活动2场。开展氾水好人“选树学”活动，发挥正向示范效应，加大好人推荐力度，优化选树先进典型，形成学习好人、争做好人、关爱好人的浓厚氛围。氾水镇中心卫生院获命名“江苏省基层特色科室”1个。（鲁　言）

■镇村建设　2021年，氾水镇推进镇村基础设施建设，编制完成镇域国土空间规划，调整优化镇村建设布局。实施完成芦氾路与跃胜路升级改造工程，背街小巷维修、污水接管工程。启动实施通村路灯、出入道路口改造、老镇区停车场、镇史馆建设工程，镇污水处理厂第二期工程竣工投入试运行，新增排污接管企业5家。推进管道天然气工程建设，新增使用天然气企业8家、居民天然气用户620户。实施完成农村公路提档升级长度12千米，改造农村道路危桥1座。加强集镇管理，建立集镇管理志愿者队伍，提升住宅小区物业管理水平，推进垃圾分类和治理工作，制止偷倒乱倒垃圾行为。持续推进农村人居环境整治，拆除废弃猪圈3259座、厕所2193座、废旧房屋176户，改厕416户，新建农村公厕25座，完成46个庄台、24个高铁沿线庄台、11条河道整治并通过县验收。全镇新增绿化造林面积40公顷，新增“口袋”公园和节点小游园5个；新创成“江苏省绿美村庄”1个、“扬州市绿化提升村”2个、“扬州市人居环境示范村”1个。（鲁　言）

表50 2021年氾水镇主要经济社会指标实绩表

项　目	单位	数量	比上年增长(%)	项　目	单位	数量	比上年增长%
地区生产总值	亿元	57.59	19.28	工业销售收入	亿元	80.00	11.11
第一产业	亿元	7.67	13.13	工业利润	亿元	3.12	10.12
第二产业	亿元	27.36	24.31	工业技改投入	亿元	3.36	—
第三产业	亿元	22.56	15.75	工业从业人数	人	42437.00	12.36
财政收入	亿元	3.35	-1.25	建筑业产值	亿元	26.00	-10.34
农业总产值	亿元	7.65	-7.00	建筑业从业人数	人	3792.00	9.53
粮食总产量	万吨	10.33	-1.24	当年引进(实施)项目数	项	—	—
棉花总产量	吨	—	—	当年到账域外资金	万美元	1000.00	25.00
油料总产量	吨	683.00	0.29	外贸出口额	万美元	17000.00	15.00
生猪饲养量	万头	2.62	0.77	第三产业从业人数	人	23265.00	2.12
家禽饲养量	万羽	14.28	0.42	学校	所	4.00	—
水产品产量	吨	17030.61	1.89	在校学生数	人	3207.00	-35.84
农业从业人数	人	13253.00	2.40	外出劳务人数	人	19530.00	5.20
工业企业数	家	2531.00	5.00	外来劳务人数	人	9200.00	3.37
工业总产值	亿元	75.90	30.86	农民人均可支配收入	元	34390.00	1.74

（高中华）

表51 2021年氾水镇重点企业一览表

企业名称	主要产品	实绩			地址
		产值(万元)	销售额(万元)	利税(万元)	
骏升科技(扬州)有限公司	智能遥控器制造	105992	103843	6789	氾水工业园区
江苏银宝专用车有限公司	汽车车身、挂车制造	26998	26998	1790	氾水工业园区
宝胜系统集成科技股份有限公司	金属结构制造	44173	44173	5257	氾水工业园区
江苏维尔电器有限公司	配电开关控制设备制造	8523	8523	362	氾水工业园区
江苏亚洛科技有限公司	电线、电缆制造	53056	53056	4235	氾水工业园区
扬州亚龙钢业有限公司	冷弯型钢制造	4243	3590	21	氾水工业园区
宝应县启华帆布有限公司	鞋用帆布制造	2783	28875	28	氾水工业园区
宝应县帆洋船舶电器配件有限公司	汽车零部件及配件制造	4161	4161	319	氾水工业园区
江苏华宝电气有限公司	配电开关控制设备制造	4626	4626	141	氾水工业园区
扬州瑞铖钢业有限公司	钢材	4683	4123	9	氾水工业园区

续表

企业名称	主要产品	实绩			地址
		产值（万元）	销售额（万元）	利税（万元）	
宝应县成庄肠衣厂	肉制品及副产品加工	37492	37492	619	氾水镇成庄村
扬州聚元电子科技有限公司	电子元件及组件制造	3170	3170	70	氾水镇东园社区
扬州众如金属制品有限公司	汽车零部件及配件制造	2972	2972	316	氾水工业园区
江苏包天下食品有限公司	食品加工	4417	4417	99	氾水工业园区
扬州云致汽车零部件有限公司	汽车零部件	3122	3052	439	氾水工业园区
江苏坚威防护工程科技有限公司	人防工程	6673	6791	210	氾水工业园区
环讯电子（扬州）有限公司	智能遥控器制造	23131	21767	651	氾水工业园区
扬州续笙新能源科技有限公司	光伏设备及元器件制造	116848	116848	8896	氾水工业园区
恒道包装材料江苏有限公司	木制品制造	3006	3006	97	氾水工业园区
江苏晶科天晟能源有限公司	光伏设备与元器件制造	30960	30960	-1632	氾水工业园区
江苏腾江科技有限公司	汽车零部件及配件制造	1094	1094	84	氾水工业园区
扬州鑫润新材料有限公司	塑料零件及其他塑料制品制造	2644	2644	32	氾水工业园区
扬州盛雅工艺品有限公司	其他工艺美术及礼仪用品制造	2103	2103	51	氾水工业园区
江苏世盛建材工贸有限公司	其他建筑材料制造	16238	16238	926	氾水工业园区
扬州阿尔达工贸有限公司	其他基础化学原料制造	57114	57114	2067	氾水工业园区
扬州彬诚兴达木制品厂	木质家具制造	2892	2892	71	氾水工业园区
扬州通惠建筑材料有限公司	水泥制品制造	10219	10219	573	氾水工业园区
扬州润禾钢业科技有限公司	金属结构制造	3366	3366	179	氾水工业园区
江苏晟熙能源科技有限公司	光伏设备及元器件制造	23395	23395	84	氾水工业园区
宝应县隆之昌电气机械厂	变压器、整流器和电感器制造	2852	2852	214	氾水工业园区
扬州六如新能源科技有限公司	光伏设备及元器件制造	14467	14467	267	氾水工业园区
江苏众如金属科技有限公司	汽车零部件及配件制造	10080	10080	972	氾水工业园区
扬州宝扬米业有限公司	粮食加工	39078	39078	1082	氾水镇韦北村
扬州灿灵机电有限公司	电工器材制造	2006	2006	116	氾水工业园区
宝应县西园粮食加工厂	粮食加工	2388	2388	-437	氾水镇牌坊村
扬州浩翔系统集成有限公司	商品混凝土	2308	2308	190	氾水镇长沙村
宝应鑫艺玻璃工艺品厂	玻璃工艺品	2481	2481	186	氾水镇江宝村
宝应县超裕建材有限公司	商品混凝土	2048	2048	17	氾水镇石桥村
宇翔生物科技（扬州）有限公司	肉制品及副产品加工	2296	2296	165	氾水镇石桥村
江苏海创集成系统有限公司	无人机安全预警系统	2088	2088	59	氾水镇红旗村

（高申华）

表 52　2021 年氾水镇村、社区基本情况表

村、社区	党支部书记	村(居)委会主任	会计	村(居)民小组数(个)	户数(户)	总人口(人)	农业面积(公顷)	工业企业(家)	年人均纯收入(元)
成庄村	杨发友	杨发友	郑　莉	13	823	2921	4084	11	35291
郎儿村	华玉荣	华玉荣	李家军	15	833	2772	5317	5	30321
长沙村	任祥松	任祥松	刁含玲	15	1064	3523	5678	9	28749
戈店村	刘春景	刘春景	居爱萍	12	795	2552	3286	3	35100
石桥村	高丙勋	高丙勋	周　君	13	870	3161	3745	8	32273
龙河村	葛永军	葛永军	朱　燕	12	898	3109	3665	13	28825
太平村	陈　刚	陈　刚	王　鑫	12	738	2607	5871	7	28419
江宝村	冀文兵	冀文兵	刘来丽	6	562	1885	2048	8	31351
高阳村	孙金华	孙金华	徐　婷	19	1302	4384	8079	3	29203
新阳村	谢新顺	谢新顺	李　斌	15	1078	3693	6292	7	28695
韦北村	柏宗华	柏宗华	朱春娣	12	737	2752	4563	6	32399
柘沟村	徐宏顺	徐宏顺	王　倩	13	1010	3088	4232	5	28826
京杭村	潘　杰	杨发荣	叶文婷	6	497	1672	4466	5	30584
瓦甸村	华悦名	华悦名	周玲玲	8	512	1873	4520	3	28684
牌坊村	王　洋	王　洋	王　芹	11	846	3218	9032	9	30701
氾西村	陈　文	陈　文	华　芹	6	416	1680	5002	6	29068
新荡村	胡敬会	华　中	房　娟	8	756	2560	6800	4	31821
金宝渔业村	崔维斌	崔维斌	董大林	8	630	2289	4260	3	29419
西园社区	高荣国	高荣国	刘　军	3	500	1434	2526	4	29315
新民村	王华兵	王华兵	张　燕	13	1018	3446	5231	6	32849
苏律村	李方伟	李方伟	葛　荣	12	836	2955	4600	4	27801
迎丰村	高　明	高　明	侯树云	6	564	1772	2113	5	34455
宋埠村	刘桂栋	刘桂栋	潘久玲	21	1535	5298	7443	7	28194
东园社区	潘中贤	潘中贤	夏　云	7	4490	11832	679	7	37646
红旗社区	崔　春	崔　春	张　璐	6	1840	4472	1240	8	36092
胜利社区	孟亚莹	孟亚莹	王美廷	3	1297	2541	121	3	30697
东风社区	纪明芳	纪明芳	陆莉莉	4	751	1719	—	—	33432

（秦龙婷）

夏 集 镇

■概况　夏集镇位于宝应县东南部，镇南、东南、西南分别与高邮市、兴化市、金湖县交界，是宝应县南大门。京杭大运河、南水北调潼河穿境而过，京沪高速公路、连淮扬镇高速铁路、淮江公路、安大公路、金宝南线公路形成对外主要交通网络；全镇总面积1.25万公顷，辖14个行政村、2个行政村和社区合一单位、1个社区、1个果园场，总人口5.19万人，先后获命名“全国环境优美镇”“国家卫生镇”“江苏省文明镇”“江苏省新型示范小城镇”“江苏省安全文明乡镇”“江苏省健康镇”等荣誉称号。全年实现地区生产总值38.29亿元、比上年增长8.8%；实现财政收入1.69亿元、比上年增长2.37%，农民人均可支配收入比上年增长6%。（王艳芝）

■经济建设　2021年，夏集镇大力发展现代农业，保障粮食安全，全年完成粮油种植面积9640公顷，粮食生产连年丰收，水稻实测单产平均每公顷1.22万千克，位居扬州市前列。新增有机农业面积64.6公顷，完成池塘生态化改造面积105.33公顷，创建省级绿色优质农产品基地3106.67公顷。培育农村经济新型主体，创成“国家级水产健康养殖示范场”1家、“扬州市农民示范合作社”3家、“扬州市示范家庭农场”2家。推进农业社会化服务，全镇新增智能农机装备41台套，建成扬州市单体面积最大集中育供秧基地1个，实现农业生产综合服务面积1.33万公顷。多措并举推进村集体经济增收，实现村集体平均经济收入100余万元、比上年增长8%。夏集镇成功承办扬州市农机安全网格化监管现场会，获省委、省政府表彰“乡村振兴工作先进集体”。

全年完成工业开票销售额17.9亿元，比上年增长21.8%；入库税收5600万元，比上年增长24.2%；规模以上工业企业实现工业总产值13.3亿元，比上年增长41.5%；完成工业固定资产投入18亿元，比上年增长20%；实现外贸出口金额1290万美元，比上年增长17.3%。新增销售1亿元以上企业3家、规模以上工业企业3家、外贸出口企业1家。坚持“项目为王”理念，加强招商引资工作，完善招商引资目标考核办法，实行党政主要领导AB角带头招商制度，通过委托招商、乡贤招商、以商引商、产业招商等形式，收集招商信息百余条，成功引进智能化健康装备项目、高档气流纺棉纱项目、金属精密制品项目、高强度板材制造项目、辊毯轴等项目到夏集镇落户，新增市场主体200余户。鼓励企业扩大技术改造投入，全镇重点企业实现技改投入共2000万元。服务企业发展，帮助企业招收职工280人。全年新开工建设工业投资1亿元项目1个、投资5000万元项目2个，新竣工投产工业投资1亿元项目1个、投资5000万元项目3个。推进工业科技创新，申报获批江苏省“双创”人才计划项目1个、扬州市“绿扬金凤计划”项目2个、引进科技副总人才2人，获批新建“扬州市企业工程技术研究中心”1家、“扬州市企业技术中心”，申报实施扬州市科技成果转化项目1项、扬州市科技计划项目2项，申报获认定科技型中小企业9家，助推企业与高校院所达成产学研合作项目5项。

全年实现建筑业施工总产值55亿元，完成县外“双包”（包工、包材料）建筑面积125万平方米，完成建筑业税收400万元。实现服务业入库税收2730万元、比上年增长5%。新开工建设投资1000万元服务业项目3个，新增服务业税收过100万企业3家、限额以上批零商业和住餐企业16家。（王艳芝）

夏集镇集镇中心广场　　夏集镇/供稿

■精神文明建设　2021年，夏集镇常态化开展精神文明建设创建活动、“夏集好”选树学活动，提升“夏集好人”品牌效应，学好人、做好人蔚然成风，入选“宝应好人”40人。推进文化设施建设，开展群众性文化活动，高标准建成院线数字化影院1座，成功举办“百年芳华，初心如磐”建党100周年文艺汇演和“我把歌儿献给党”主题演出活动。成功举办宝应县第四届乡村桃花旅游节，举行“嗨跑夏集醉美桃源”省级四分马比赛，放大夏集旅游特色优势。开展文明镇、村创建活动，推进镇村公共卫生设施建设，创成“江苏省卫生村"1个、"江苏省健康村"1个开展红十字志愿者公益活动，参加无偿志愿献血人数300人、实现志愿造血干细胞采样人数11人。组织开展助医、助学、助困、助老、助残等志愿慈善救助活动，通过政府购买居家养老服务照顾独居老人1462人次，全年发放照护服务费68万元。 （王艳芝）

■镇村建设 2021年，夏集镇加大镇村建设力度，中心集镇双塘安置小区原住户6户完成拆迁安置，通过农村散居农户集中改造，安置农户进中心镇集中居住30户、进王桥安置小区集中居住32户。实施完成子婴河社区、郭桥社区集镇整治项目，王桥村公路沿线居住区第二期附属项目建设。开展建"美丽乡村路"创建活动，高标准建成"美丽乡村路"长度58千米，农村公路管护保养工作考核获评全县一等奖。投资1.2亿元，实施完成夏集桃花源产业融合示范园第二期项目，第二期项目占地面积24.8公顷，新建游客中心、人工湖，栈桥栈道、码头驳岸、连廊景观、观景亭、渔翁小榭、水榭平台等景观。推进美丽宜居村庄建设，蒋庄村申报获批"江苏省特色田园乡村"项目，双琚村申报获批"扬州市传统村落"项目。开展镇村环境专项整治行动，集中清理垃圾乱倒10多处，清运各类垃圾20多吨；加大对集镇主次干道沿线乱停乱放、乱绑乱挂、占道经营等行为整治力度，新建停车场1处，划定停车位72个，设立临时摊位疏导点面积2000平方米；新建污水主管网长度1.76千米，镇污水处理厂年处理污水51万吨；依法依规推进综合执法工作，对违章搭建、占道经营、拖欠工资等违法行为立案查处10件。加强绿化造林工作，完成绿化造林面积25.33公顷、植树6.36万株。 （王艳芝）

表53 2021年夏集镇主要经济社会指标实绩表

项目	单位	数量	比上年增长（%）	项目	单位	数量	比上年增长（%）
地区生产总值	亿元	38.29	8.80	工业销售收入	亿元	18.10	18.78
第一产业	亿元	7.81	5.20	工业利润	亿元	0.50	12.00
第二产业	亿元	19.65	14.00	工业技改投入	亿元	5.20	15.33
第三产业	亿元	10.83	8.40	工业从业人数	人	6882.00	13.86
财政收入	亿元	1.69	2.37	建筑业产值	亿元	55.00	-12.73
农业总产值	亿元	11.82	3.55	建筑业从业人数	人	4720.00	11.97
粮食总产量	万吨	7.22	3.19	当年引进(实施)项目数	项	7.00	42.86
棉花总产量	吨	—	—	当年到账域外资金	万美元	100.00	-12.78
油料总产量	吨	1637.00	-1.77	外贸出口额	万美元	1290.00	14.73
生猪饲养量	万头	1.80	—	第三产业从业人数	人	7351.00	-25.17
家禽饲养量	万羽	27.00	3.70	学校	所	8.00	—
水产品产量	吨	6948.00	-10.75	在校学生数	人	1220.00	-8.21
农业从业人数	人	9708.00	5.01	外出劳务人数	人	13010.00	-3.13
工业企业数	家	480.00	-2.00	外来劳务人数	人	1480.00	0.11
工业总产值	亿元	14.10	33.33	农民人均可支配收入	元	31778.00	6.00

（王艳芝）

表54 2021年夏集镇重点企业一览表

企业名称	主要产品	实绩			地址
		产值（万元）	销售额（万元）	利税（万元）	
江苏金夏纺织有限公司	棉纱、羽毛纱	14233	13948	166	夏集镇东岳路
江苏光启新能源科技有限公司	灯具、电缆夹块	2712	2658	68	夏集镇郭夏路

续表

企业名称	主要产品	实绩			地址
		产值（万元）	销售额（万元）	利税（万元）	
扬州钰祥电工材料有限公司	铜拉丝	11038	10707	29	夏集镇迎宾路
扬州市凤鸣电缆有限公司	电线电缆	199771	19376	307	夏集镇迎宾路
扬州市德友线缆有限公司	电线电缆	8277	8029	162	夏集镇郭夏路
扬州银鹭纺织有限公司	棉纱	1097	1064	9	夏集镇迎宾路
科创扬州环境工程科技有限公司	油烟除尘器	1344	1317	89	夏集镇郭夏路
江苏杰特隆电缆科技有限公司	电线电缆	4446	4357	187	夏集镇塘北村
扬州市宝余光电有限公司	光学镜片	3920	3842	354	夏集镇郭夏路
扬州市凤鸣电缆厂	电线电缆	7224	7007	106	夏集镇迎宾路
扬州三和化工有限公司	乙醚	3329	3262	99	夏集镇工业集中区
扬州市飞鹰电子科技有限公司	电子点火器	5359	5198	179	夏集镇郭夏路
扬州沪宝化学试剂有限公司	化学试剂	2044	2003	53	夏集镇工业集中区
江苏安胜电缆有限公司	电线电缆	3980	3900	77	夏集镇工业集中区
江苏凤武铝业有限公司	铝型门窗	4642	4549	26	夏集镇范夏路
江苏润集科技有限公司	电线电缆	4002	3922	277	夏集镇范夏路
大唐宝应新能源有限公司	风力发电	5205	5049	15	夏集镇双塘村
扬州市烽飞金属制品科技发展有限公司	金属制品	9318	9132	78	夏集镇工业集中区
宝应森源木业有限公司	高强度板材	2789	2733	85	夏集镇子婴河社区
扬州兴诚达精密制冷设备有限公司	制冷设备	2616	2564	31	夏集镇王桥村
凤武铝科技（江苏）有限公司	铝型门窗	5688	5517	40	夏集镇创业园

（梁　健）

表 55　2021 年夏集镇村、社区基本情况表

村、社区	党支部书记	村（居）委会主任	会计	村（居）民小组数（个）	户数（户）	总人口（人）	农业面积（公顷）	工业企业（家）	年人均纯收入（元）
夏集村	张　健	张　健	郭立强	13	1132	3699	241	21	33579
郭桥村	赵学军	赵学军	谢存年	13	1492	3778	369	15	33464
子婴河社区	仇　飞	刘　翔	于海霞	9	649	2688	69	20	32770
双琚村	沈建军	沈建军	姜小鞭	14	785	2489	427	1	32424
苏雅村	朱国祥	朱国祥	夏恒富	13	760	2600	381	1	33695
双塘村	杨晓林	杨晓林	苗　巍	17	1063	3452	363	11	29651
蒋庄村	孙　玫	孙　玫	张　红	21	1216	3470	409	3	32194

续表

村、社区	党支部书记	村(居)委会主任	会计	村(居)民小组数(个)	户数(户)	总人口(人)	农业面积(公顷)	工业企业(家)	年人均纯收入(元)
赵雍村	颜士彦	颜士彦	相咸祥	12	728	2332	285	5	33464
潼口村	黄德龙	陈荣定	相春松	15	983	3116	353	1	32770
塘北村	刘　乾	李映高	周　萍	14	838	2625	309	5	32738
相庄村	陈士新	陈士新	吴　轩	17	1018	3137	243	2	31153
三洋河	蔡青松	蔡青松	戚秀娟	12	911	2829	344	6	30460
王营村	陈启刚	陈启刚	朱　静	14	728	2218	145	2	31268
卫星村	朱春阳	朱春阳	韩　亮	18	1145	3400	351	1	30311
王桥村	鲍继宏	鲍继宏	杨长春	15	934	3124	168	1	30080
丰收村	胡桂林	胡桂林	张　杰	12	703	2401	98	6	30196
万民村	魏玉林	魏玉林	翟培桂	12	865	2710	179	3	30196
果园场	沈益明	—	尤　伟	4	183	715	50	1	31582

（丁　荔）

柳　堡　镇

■概况　柳堡镇位于宝应县东南部，东靠兴化市沙沟镇，南临夏集镇，西傍氾水镇，北接小官庄镇、鲁垛镇、广洋湖镇，镇域面积1.2万公顷，其中耕地面积4907公顷、水面面积2323公顷，辖16个行政村、2个社区、1个行政村和社区合一单位，年末总人口5.03万人，是“国家卫生乡镇”“全国环境优美镇”“江苏省文明镇”“江苏省卫生镇”“江苏省社会治安管理先进镇”“江苏省发展工业先进乡镇”“江苏省健康镇”“扬州市环境优美乡镇”。2021年，全镇实现地区生产总值45.79亿元、比上年增长8.17%，其中第一产业8.39亿元、比上年增长4.61%，第二产业17.72亿元、比上年增长10.68%，第三产业19.68亿元，比上年增长7.54%。农村居民人均可支配收入25788元、比上年增长10.70%。（张纯章）

“扬州市特色田园乡村”——柳堡镇团庄村　　柳堡镇/供稿

■经济发展　2021年，柳堡镇实现粮食丰产丰收，建成省级绿色优质农产品基地面积1400公顷、绿色粮食生产示范基地面积333.33公顷，新增有机农业面积21.73公顷，实施渔业养殖池塘生态化改造面积35.33公顷。培育发展新型农业主体，新增江苏省农业产业化龙头企业1家、扬州市农业产业化龙头企业1家、扬州市农民示范农场3家、扬州市农民示范合作社1家、宝应县农民示范家庭农场1家、宝应县农民示范合作社3家，建成“互联网+农产品”出村进城示范农场5家，初步形成以高效农业、特色农场、专业合作社为主导的现代农业产业布局。提升农业生产机械化水平，新增大中型农机具199台(套)、植保机械65台，“农机监理员、农机协管员、网格员三员共管农业机械，县级、镇级、村级三级共治安全隐患”的农机安全监管“柳堡模式”被写进江苏省委“一号文件”，向全省推广。推进村级集体经济增收，通过盘活村集体资产、扩大土地经营流转规模、实行扶贫厂房租赁，实现全镇村级集体经营性收入1800万元、比上年增长14%，各村平均集体收入均达100万元以上，建成经济强村5个。

全年实现工业开票销售额32.5亿元、比上年增长19.4%、工业入库税收7500万元、比上年增长3.3%。新增销售额1亿元以上工业企业4家、规模工业企业6家。推进电子新材料产业聚集发展，规划建设电子新材料产业园。渔光互补发电、风力发电等新能源产业规模持续扩大，位于柳堡镇郑渡村江苏国源新能源科技集团有限公司投资建设的158兆瓦风力发电项目建成并网发电。招商引资聚焦长三角地区转移产业，分别在苏州市在吴江区举办净化设备产业招商推介会，在常熟市举办亚胺薄膜产业招商推介会，先后40批次外地客商应邀到柳堡镇进行投资考察，签订意向性投资协议10份。围绕在谈项目早签约、签约项目早开工、开工项目早投产、投产项目早达效总体要求，建立项目帮办机制，及时化解项目建设过程中难题，推进签约项目加快建设。4月16日，2021年扬州"烟花三月"节柳堡镇项目集中开工仪式成功举办，参加集中开工仪式项目6个，其中投资1亿元项目4个、投资5000万元项目2个，分别是江苏驰扬新材料科技有限公司玻纤管制造项目、扬州市邦驰新材料有限公司绝缘薄膜生产项目、扬州华若金属制品有限公司金属制品项目、扬州卓健金属材料有限公司金属材料生产项目、扬州市威可特索具科技有限公司投资项目、扬州新广辉电工器材有限公司制造项目等。至年底，4个项目建成投入生产。推进企业科技创新，承办宝应县"产业·人才·科技·金融"合作推介会、桂林·宝应产业人才科技推介恳谈会，协助扬州一水科技有限公司、江苏亚宝绝缘材料有限公司等企业与高校科研院所达成产学研合作协议，全镇新增国家高新技术企业7家，累计发明专利保有量70件，申报获批江苏省"双创"项目1项、扬州市"绿扬金凤计划"项目1项、"宝地英才集聚计划"项目1项，引进省科技副总人才1人，获批建设扬州市企业"三站三中心"（博士后科研工作站、院士工作站、研究生工作站和工程技术研究中心、企业技术中心、工程研究中心）2家。

全年完成建筑业施工产值1.25亿元，实现建筑业税收350万元、比上年增长134%。加快服务业发展，实现服务业税收1600万元，比上年增长25%。新增服务业税收过100万元以上企业2家，新增规模以上服务业企业1家，新增批零住餐限额以上企业16家。新开工建设投资1000万元以上服务业项目3个，新竣工投入运营投资1000万元以上服务业项目2个，建成AAA级旅游公厕1座。（刁品林）

■精神文明建设 2021年，柳堡镇加强精神文明建设，围绕开展庆祝建党百年开展"我们的节日"等群众性主题宣传活动，举办"今天我向党表白"网络主题宣传活动，相关视频在"学习强国"刊发；组织党员举办"学党史，守党纪"知识竞赛，"学党史、跟党走、强信念"演讲比赛，"最美的歌声献给党"红色经典歌曲演唱会、"百年风华、薪火相传"庆祝中国共产党成立100周年表彰颁奖暨文艺汇演；党员干部冬训举办十九届六中全会、省市县党代会精神宣讲报告会，组织"二妹子"民兵连红色宣讲团进村入户宣传党的路线方针政策，党员冬训工作获评扬州市党员冬训工作示范集体；利用"学习强国"《新华日报》"宝应e发布"等报刊媒体，用通俗易懂的语言、群众喜闻乐见形式讲好柳堡故事，传递柳堡最强音，全年县级以上媒体用稿150多篇；持续开展"柳堡好人""十星文明户""文明家庭"推荐评选活动，2人获评"宝应好人"，二妹子民兵连战士朱旦丹入选"中国好人""江苏好人"；对标全国文明城市创建测评体系，开展文明单位、文明楼道、美丽庭院创建活动，柳堡镇获命名"扬州市文明镇"、2个村获命名"扬州市文明村"。全年依托道德讲堂、志愿服务站、农家书屋等阵地，全面推进新时代文明实践工作，协商完善村规民约，推动村级红白理事会、道德评议会建设，全年开展文明实践活动100余场、志愿活动537次，参加活动志愿者人数6187人，累计服务时长16.6万小时。夏凤山烈士纪念馆新馆先后入选扬州市首批红色教育基地、宝应县红色教育基地。7月，柳堡镇"二妹子"民兵连赴北京参与央视《追寻电影中的印记》节目录制，著名演员陶玉玲参加活动，讲述自己与电影《柳堡的故事》中"二妹子"角色的相遇经历。（刁品林）

■镇村建设 2021年，柳堡镇加强镇村建设规划引领，相继编制完成《柳堡镇国土空间总体规划》《柳堡镇工业集中区控制性规划》，以及村庄建设规划等。申报土地复垦项目8.67公顷，实施土地增减挂钩项目回头看地块124个，市财政投资建设芦东村土地综合整治项目有序推进。开展集镇边角地整治提升项目，完善集镇中心停车场基础设施，全面疏通集镇下水管网，新建更换雨污水井盖、电井盖211个；镇村公路增设桥梁限高标志、道路防护栏等；县道芦氾公路全线通车；实施完成镇村道路水戴路（清元、联丰）、范更路（塘新）、范仑北路（团庄）提档升级工程。加大镇村人居环境整治力度，整治自然村庄55个、最差庄台12个、黑臭河塘22条，拆除废弃猪（禽）舍750间、旱厕780座，新建农村公厕14座、垃圾池及分类亭22座。实施镇村绿化行动，植树4.9万株，成片造林16.13公顷。仁里村姜庄创成"江苏省特色田园乡村""江苏省传统村落"，清元村中心组创成"扬州市美丽宜居村庄"。加强环境监测管理，巩固秸秆禁烧禁抛成果，秸秆综合利用率95%；编制完成17家企业大气管控应急预案；推广清洁能源应用，23家企业完成煤炭锅炉改为清洁能源电锅炉；完成排污许可证申领企业110家；加强水污染防治，拆除水污染问题严重的芦氾河沿线荷藕加工点14处，新建邬阳村污水处理设施，实现藕加工行业污水处理设施覆盖全镇。（刁品林）

■**夏凤山纪念馆入选市红色教育基地** 坐落于宝应县柳堡镇团庄村，为纪念宝应县早期革命党组织领导人夏凤山烈士而兴建。夏凤山，原名祯聚，号奉三，1907年8月出生，宝应县柳堡镇团庄村人，土地革命时期，曾以教书为名在团庄村开展地下组织活动，1927年入党，是宝应县第一位中国共产党党员，夏凤山组织成立宝应地区第一个党支部，是宝应县中共党组织早期领导人之一。他先后辗转于东台、泰州、上海等地从事革命活动，历任东台溱潼特支书记、高邮县委常委和上海浦东区委宣传部部长等职。1930年8月因叛徒出卖被捕入狱，1931年底，英勇牺牲于江苏第二监狱。2019年，柳堡镇移址重建夏凤山烈士纪念馆。2021年，夏凤山烈士纪念馆入选扬州市有代表性红色教育基地。（刁品林）

表56　2021年柳堡镇主要经济社会指标实绩表

项目	单位	数量	比上年增长（%）	项目	单位	数量	比上年增长（%）
地区生产总值	亿元	45.79	8.17	工业销售收入	亿元	27.70	1.00
第一产业	亿元	8.39	4.61	工业利润	亿元	1.17	0.01
第二产业	亿元	17.72	10.68	工业技改投入	亿元	12.38	2.40
第三产业	亿元	19.68	7.54	工业从业人数	人	17147.00	1.42
财政收入	亿元	1.58	4.63	建筑业产值	亿元	13.51	1.63
农业总产值	亿元	4.48	1.00	建筑业从业人数	人	—	—
粮食总产量	万吨	7.70	1.05	当年引进（实施）项目数	项	23.00	9.50
棉花总产量	吨	—	—	当年到账域外资金	万美元	600.00	200.00
油料总产量	吨	941.00	12.02	外贸出口额	万美元	550.00	10.00
生猪饲养量	万头	0.63	93.00	第三产业从业人数	人	3726.00	17.94
家禽饲养量	万羽	17.94	123.00	学校	所	3.00	—
水产品产量	吨	26888.00	8.95	在校学生数	人	946.00	-1.66
农业从业人数	人	9543.00	0.40	外出劳务人数	人	15156.00	4.00
工业企业数	家	594.00	1.37	外来劳务人数	人	566.00	7.60
工业总产值	亿元	33.94	4.75	农民人均可支配收入	元	25788.00	10.70

（柳堡镇）

表57　2021年柳堡镇重点企业一览表

企业名称	主要产品	实绩			地址
		产值（万元）	销售额（万元）	利税（万元）	
宝应县永健米业有限公司	大米加工	27979	27979	16	柳堡镇廷柏村
扬州艳阳天能源有限公司	太阳能发电	15152	15152	4129	柳堡镇仁里村
宝应县电子陶瓷厂有限公司	电子陶瓷	2483	2479	129	柳堡镇郑渡村、社区
扬州市苏中电力设备有限公司	电力测试设备	4611	4611	223	柳堡镇工业集中区

续表

企业名称	主要产品	实绩			地址
		产值（万元）	销售额（万元）	利税（万元）	
江苏江鹤滑线电气有限公司	滑线桥架	5456	5656	418	柳堡镇工业集中区
扬州华电电气有限公司	电力测试设备	2835	2835	120	柳堡镇雍尹村
江苏亚宝绝缘材料股份有限公司	聚酰亚胺薄膜	7900	7794	388	柳堡镇工业集中区
扬州市天宝电气有限公司	滑线桥架	3737	3737	438	柳堡镇仁里村
扬州希塔尔电气设备有限公司	绝缘制造	2845	2845	223	柳堡镇工业集中区
江苏江鹤包装机械有限公司	包装专用设备制造	1924	1924	222	柳堡镇工业集中区
宝应天禧嘉福旅游用品有限公司	宾馆酒店用品	938	938	12	柳堡镇新安村
扬州市祥丰电器有限公司	滑线制造	1571	1571	117	柳堡镇工业集中区
宝应县永丰米业有限公司	大米加工	41657	41657	783	柳堡镇工业集中区
江苏金鹰绝缘管业有限公司	复合陶瓷钢管制造	5294	5222	406	柳堡镇工业集中区
扬州联胜电气有限公司	母线槽制造	3068	3068	327	柳堡镇工业集中区
宝应县华明陶瓷有限公司	电子陶瓷制造	3316	3316	24	柳堡镇郑渡村、社区
宝应县精工绝缘材料有限公司	绝缘材料	10642	10557	1241	柳堡镇芦村社区
宝应县光华陶瓷有限公司	电子陶瓷	8004	8014	660	柳堡镇郑渡村、社区
扬州巨神绳缆有限公司	绳缆	2326	2144	83	柳堡镇工业集中区
扬州荣发滑线电气有限公司	滑触线制造	2261	2261	358	柳堡镇工业集中区
宝应县华源电器有限公司	电子陶瓷	3265	3261	266	柳堡镇工业集中区
江苏练塘绝缘材料有限公司	绝缘材料	3490	3376	272	柳堡镇工业集中区
扬州品格新材料有限公司	绝缘制品加工	5474	5474	318	柳堡镇工业集中区
江苏恒恒金属科技有限公司	金属线加工	2309	2309	49	柳堡镇工业集中区
宝应县鸿盛光伏电力有限公司	太阳能光伏发电	4880	4880	4016	柳堡镇工业集中区
扬州尊御电子科技有限公司	塑胶塑料产品加工	1292	1034	73	柳堡镇工业集中区
中广核太阳能科技宝应有限公司	光伏发电	5809	5809	1877	柳堡镇迎湖村
江苏毅宇金属材料有限公司	金属制品加工	10001	10001	279	柳堡镇工业集中区
江苏森梦源木制品有限公司	生态板加工	2684	2684	68	柳堡镇工业集中区

（柳堡镇）

表 58 2021 年柳堡镇村、社区基本情况表

村、社区	党支部书记	村(居)委会主任	会计	村(居)民小组数(个)	户数(户)	总人口(人)	农业面积(公顷)	工业企业(家)	年人均纯收入(元)
迎湖村	郝春平	郝春平	王　娇	10	652	2282	172	20	25552
郑渡村、社区	章　维	章　维	殷万祥	17	1600	4898	331	65	27394

续表

村、社区	党支部书记	村(居)委会主任	会计	村(居)民小组数(个)	户数(户)	总人口(人)	农业面积(公顷)	工业企业(家)	年人均纯收入(元)
柳堡村	陈　彬	陈　彬	周晨雨	11	848	2144	347	24	25149
团庄村	昌文建	昌文建	杨　杰	14	1095	3473	281	24	24975
雍尹村	王庆尧	王庆尧	祁若权	15	1211	3463	408	35	25767
廷柏村	顾立仁	顾立仁	江玉勤	10	693	2303	294	25	25598
寿林村	潘企荣	潘企荣	胡定梅	10	826	2536	281	24	24929
王通河村	高文兵	高文兵	沈秀秀	9	735	2351	214	30	27114
建设村	刘万林	刘万林	陈　默	9	646	1982	200	22	25463
仁里村	唐有德	唐有德	曹增芳	12	892	3172	298	28	25928
张袁村	雍有华	雍有华	姚　莉	12	1046	3323	279	26	25862
亚宝社区	王秉元	王秉元	陈顺珠	8	1904	4758	—	101	29988
新安村	赵永余	赵永余	韩颖浩	12	916	3028	376	12	25358
联丰村	刁仁贵	刁仁贵	薛福祥	11	738	2417	291	18	25219
清元村	蔡　军	冯有兰	朱　宁	12	731	2381	294	25	25264
芦东村	郑有顺	郑有顺	经育燕	10	721	2250	298	18	25605
邬阳村	朱长青	朱长青	胥元顺	7	492	1523	217	12	25461
塘新村	薛桂友	薛桂友	于　伟	10	633	2025	268	10	25638
芦村社区	蔡锦马	蔡锦马	芦　娟	4	978	1869	49	15	26204

（柳堡镇）

鲁垛镇

■**概况**　鲁垛镇位于宝应县城东南20千米县域中心位置，镇域总面积6148公顷，其中耕地面积3106公顷，有效灌溉面积3025公顷，水面滩地面积800公顷。境内安大公路、沿广公路、S331“三路”，向阳河、三横河、宝沙河“三河”穿境而过，水陆交通便捷，是闻名遐迩的“中国乱针绣之乡”。全镇辖12个行政村、1个社区，年末总人口3.4万人。2021年，全镇实现地区生产总值27.31亿元，比上年增长11.3%；一般公共预算收入3731万元，比上年增长21.5%；完成一般公共预算中税收收入3731万元，比上年增长21.5%；固定资产投资13.8亿元，比上年增长31.4%；城镇居民人均可支配收入31479元，农村居民人均可支配收入24863元，分别比上年增长9.3%和10.5%。　（华家栋）

■**经济发展**　2021年，鲁垛镇粮食生产实现连年丰收；改善农业基础设施，优化农业产业结构，建成高标准农田建设633.33公顷、高效设施农(渔)业面积53.33公顷，新增池塘生态化改造面积39.2公顷、稻(鱼)综合种养面积66.67公顷；发展农业绿色有机产业，落实水稻绿色高产示范方建设333.33公顷，新增农业产业化龙头企业自建绿色基地面积466.67公顷，荷藕种植建成有机藕转换认证基地面积60公顷，鲁垛镇成为“北京菜篮子工程”指定荷藕生产供应基地。提升农业生产机械化水平，全年新增新型机械24台(套)，实现机插、机条面积2200公顷，创成扬州市粮食生产全程机械化达标镇。加大土地执法监管力度，实施土地增减挂钩面积20.73公顷、土地占补平衡面积8.27公顷。加强集体资金管理，落实村账村管制度，完成村(社区)会计委派工作。

全年实现工业开票销售额15.95亿元、比上年增长24%，实现工业入库税收金额3592万元，规模以上工业增加值比上年增长21.6%，新增规模以上工业企业5家，实现外资到账金额400万美元。实施“工业强镇”工程，加大招商引资工作力度，通过园区型招商、产业链招商、乡贤招商、委托招商、以商引商等多种形式拓展招商路径，促进工业经济提档升级、提质增效。工业产业结构由传统的食品加工、低质低效项目逐步向五金制造、汽车配件、出口家具等高效行业发展，工业经济运行质态持续向好，全年新增私营企业161家，新增个体工商户74户。鼓励企业科技创新，落实企业技改投入奖励政策，全年申报新增国家高新技术企业4家，获认定科技型中小企业7、“江苏省众创空间”1家、“扬州市企业工程技术研究中心”1家；助力企业与高校院所签订产学研合作协议5项；组织企业开展“招才引智”活动5次，拜访高校6所、教授10余人次，获批引进省“科技副总”人才3人，完成科技服务业税收120万元，新增发明专利授权8件。

建筑业发展突出“市场开拓、资质升级、创优夺牌、人才兴业”，扩大建筑业规模总量和综合经济效益，全年完成建筑业施工产值14亿元、比上年增长27%。完成建筑业税收1500万元，比上年增长328%。全年新增服务业规模以上企业2家，限额以上批零住餐企业7家，实现服务业税收1856万元；新增服务业固定资产投资3.03亿元，比上年增长8.2%，新开工建设投资1000万元服务业项目1个；乱针绣展厅、乱针绣人才艺术馆建成投入使用，加快实施宝绣园工业旅游示范区改造提升项目，完善旅游标识、游客服务中心等配套设施。宝绣园工业旅游示范区顺利通过省级复审，乱针绣创客工坊获认定“江苏省众创空间”。乱针绣文化产业园获批“江苏省华侨文化交流基地”“扬州市首批非物质文化遗产生产性保护示范基地”。

（华家栋）

■精神文明建设 2021年，鲁垛镇持续开展“三和六好”“鲁垛好人”“群众文明之星”等评选活动，在全镇开展“选树学”孝老敬老、和睦邻里、热心公益先进人物活动，弘扬真善美、传播正能量。全年获评季度“文明之星”群众共112人。围绕举办中国共产党成立100周年系列活动，举办“把歌献给党”主题党日活动，开展文艺、展览、培训活动40余次，组织新时代文明实践活动160余次。鲁垛镇成功承办全县广场舞大赛南片区初赛。常态化开展文明镇、村创建活动，鲁垛镇获命名“扬州市文明镇”，鉴青村获命名“扬州市文明村”。

（华家栋）

“中国乱针绣之乡”——鲁垛镇　　鲁垛镇/供稿

■镇村建设 2021年，鲁垛镇围绕实施年度十大民生实事，推进基础设施建设，S331连接线工程竣工交付使用，建成“四好农村路”长度6千米，实施完成集镇道路亮化、绿化、黑色化等提升工程。县第四人民医院建设项目、垃圾中转站项目、交警中队（行政服务中心）项目、国省财政投资里下河洼地治理项目、省财政投资土地整理项目等工程有序推进。13个村（社区）建成标准化篮球场和互联网服务站。持续推进镇村环境整治，新建污水管网长度1.74千米，提升改造拥军路雨水管网长度500米；拆除废弃猪圈2779间、旱厕2801间、危房118间，户改厕1463户，新建公厕93座；疏浚县级河道长度3.4千米，整治河塘沟渠11条、重点庄台26个；完成绿化造林任务面积12.17公顷，完善农田林网面积266.67公顷，创成“江苏省绿美村庄”1个，获表彰“扬州市村庄环境长效管护示范村”2个。

（华家栋）

■鲁垛刺绣产业园 建成于2011年，位于鲁垛镇安大公路道口，占地总面积2.4公顷，建筑面积1.4万平方米，规划建成刺绣产业文化创意设计中心、精品展示中心、生产中心、技师能力提升培训中心、工艺流程观光销售中心“五大中心”。产业园内建有“中国乱针绣艺术馆”，建筑面积500平方米，馆内主要展出全镇刺绣大师的艺术精品，成为展示交流刺绣技艺的公共平台。截至2021年底，鲁垛刺绣产业园入园刺绣企业12家、刺绣技艺研究所2家、乱针绣创意设计中心1家、企业刺绣展厅5个，从事刺绣工作绣娘680人。鲁垛产业园先后获命名“江苏省文化产业示范基地”“江苏省工业旅游示范区”“扬州市现代服务业集聚区”。“鲁垛乱针绣”于2015年获批国家地理标识商标。鲁垛镇刺绣产品销售国内及欧洲、美国、日本、韩国等20多个国家和地区，在国际国内享有较高声誉。2018年宝应县创成“中国乱针绣之乡”、鲁垛镇获命名“中国乱针绣文化产业园”。2019年，宝应乱针绣非物质文化遗产技艺传承“工匠学院”在刺绣产业园揭牌。

（华家栋）

表 59　2021 年鲁垛镇主要经济社会指标实绩表

项目	单位	数量	比上年增长(%)	项目	单位	数量	比上年增长(%)
地区生产总值	亿元	27.31	11.30	工业销售收入	亿元	49.70	3.10
第一产业	亿元	5.11	18.10	工业利润	亿元	2.94	3.60
第二产业	亿元	10.74	12.50	工业技改投入	亿元	7.50	15.00
第三产业	亿元	11.45	7.40	工业从业人数	人	6459.00	-5.30
财政收入	亿元	1.06	-7.90	建筑业产值	亿元	2.07	1.00
农业总产值	亿元	5.81	0.94	建筑业从业人数	人	324.00	-9.50
粮食总产量	万吨	4.30	4.20	当年引进(实施)项目数	项	5.00	25.00
棉花总产量	吨	—	—	当年到账域外资金	万美元	—	—
油料总产量	吨	1190.00	7.70	外贸出口额	万美元	1960.00	-49.10
生猪饲养量	万头	0.18	-81.30	第三产业从业人数	人	6867.00	4.90
家禽饲养量	万羽	38.80	2.10	学校	所	2.00	—
水产品产量	吨	7582.00	5.60	在校学生数	人	946.00	-0.50
农业从业人数	人	4015.00	-6.00	外出劳务人数	人	6296.00	-2.50
工业企业数	家	178.00	-17.60	外来劳务人数	人	328.00	-8.60
工业总产值	亿元	7.60	1.30	农民人均可支配收入	元	24863.00	10.50

（鲁垛镇）

表 60　2021 年鲁垛镇重点企业一览表

企业名称	主要产品	实绩			地址
		产值（万元）	销售额（万元）	利税（万元）	
江苏宝南木业制造有限公司	中密度纤维板	17108	16253	—	鲁垛镇工业集中区
江苏奥新科技有限公司	工程机械	7052	6700	93	宝应县经济开发区
扬州驰航纺织有限公司	棉纱	5202	4942	14	鲁垛镇工业集中区
扬州中矿机械有限公司	耐热钢	5315	5050	64	鲁垛镇工业集中区
扬州恒海机械设备有限公司	耐热钢	4357	4140	45	鲁垛镇工业集中区
扬州天成食品有限公司	保鲜蔬菜	4466	4242	—	鲁垛镇振兴西路 12 号
扬州贝斯特电器有限公司	电缆桥架	4153	3946	—	鲁垛镇振兴西路 21 号
江苏兴达高温合金科技有限公司	高温合金	3892	3698	55	鲁垛镇工业集中区
扬州星航米业有限公司	大米加工	4515	4290	—	鲁垛镇镇东首
宝应洪祥金属制品有限公司	金属制品	3134	2978	4	鲁垛镇工业集中区
扬州明都玻璃制品有限公司	玻璃制品	2281	2167	11	鲁垛镇工业集中区
宝应县冠祥金属材料有限公司	金属制品	2532	2406	61	鲁垛镇工业集中区

续表

企业名称	主要产品	实绩			地址
		产值（万元）	销售额（万元）	利税（万元）	
扬州宝利泰橡胶科技有限公司	胶辊	3007	2857	63	鲁垛镇工业集中区
扬州市宝鑫玻璃制品有限公司	玻璃制品	2242	2130	7	鲁垛镇工业集中区
扬州天润纺织有限公司	棉纱	5494	5220	8	鲁垛镇工业集中区
扬州聚和祥纺织有限公司	棉纱	4808	4567	22	鲁垛镇工业集中区
扬州昌泰纺织有限公司	棉纱	4402	4182	20	鲁垛镇工业集中区
扬州洁顺纺织有限公司	棉纱	4004	3804	19	鲁垛镇工业集中区
江苏普莱德电气有限公司	电气设备	3556	3379	170	鲁垛镇工业集中区
扬州威森船舶配件有限公司	船舶配件	3528	3352	112	鲁垛镇工业集中区

（鲁垛镇）

表 61　2021 年鲁垛镇村、社区基本情况表

村、社区	党支部书记	村（居）委会主任	会计	村（居）民小组数（个）	户数（户）	总人口（人）	农业面积（公顷）	工业企业（家）	年人均纯收入（元）
鲁垛集镇社区	朱　明	朱　明	陈永果	12	1318	3706	2127	85	29875
陶林村	陶春华	张在云	吴　俊	11	953	3560	6958	6	29457
贾林村	蒋邦喜	蒋邦喜	姚　璐	8	659	2405	3969	4	29324
三新村	陈光华	仲怀绯	张寿兰	13	1047	3596	5650	2	29945
鲁垛村	李　强	张　红	许　华	9	649	2419	3284	3	28012
朱斗村	吉咸友	胡丰文	弓有华	8	545	2042	2665	2	26601
鉴青村	张文亮	吴兆兄	李　磊	12	777	2675	3905	—	27459
五顷村	高　将	徐　峰	周钦权	11	717	2574	4312	3	28457
荡口村	蔡玉章	李成裕	蔡华一	5	463	1746	2950	—	28112
崔王村	王士红	程维玉	莫青松	11	430	1489	2456	—	27102
鲁庄村	苗登松	仲怀瑜	葛文玉	11	744	2760	3515	3	26783
陈幸村	华继玉	蒋春红	徐学宝	8	469	1589	2710	—	26489
何家村	高兴梅	祁金荣	刘玉峰	8	514	1827	2638	—	26799

（鲁垛镇）

广洋湖镇

■概况　广洋湖镇是宝应县“东大门”，距县城39千米，与盐城市盐都区、泰州市兴化市两区、市交界。全镇总面积9200公顷，其中耕地面积5506公顷、水面滩地面积2500公顷。全镇辖13个行政村、1个社区，128个村民小组，年末总人口3.4万人。该镇先后获命名“全国环境优美乡镇”“江苏省科技工作先进乡镇”“江苏省有机莲藕示范基地”“江苏省教育现代化先进乡镇”“扬州市管件之乡”“国家卫生镇”“江苏省卫生镇”等称号。2021年，全镇实现地区生产总值24.53亿元、比上年增长6.79%，其中第一产业6.31亿元，比上年增长0.32%，第二产业6.64亿元，比上年增长14.48%，第三产业11.58亿元，比上年增长6.43%，三次产业比例为2.6∶2.7∶4.7。实际税收收入

7283.1 万元,农民人均可支配收入 25788 元。（许 超）

■经济发展 2021 年,广洋湖镇粮食生产连年丰收,粮食种植面积 5120 公顷、粮食总产量 4.07 万吨;依托宝应县国家级现代农业产业园,实施完成荷藕现代种业改良繁育基地建设项目,建成绿色莲藕生产基地面积 1333.33 公顷;创成"江苏省绿色优质水稻基地",总面积 1066.67 公顷,建成水稻绿色高质高效示范片面积 66.67 公顷,新增绿色食品品牌 4 个。培树农村新型经济主体,新注册家庭农场 4 家,创成"江苏省示范农场"2 个、"扬州市示范农场"1 个、"扬州市示范农民合作社"1 个。加强村集体资金、资产、资源"三资"管理,完成土地交易 686.67 公顷,增收资源管理服务费 62 万元。发展村级集体经济,推进村企联建工作,实现村集体经营收入总额 1889 万元,村集体平均收入 130 多万元,比上年增长 12.3%,建成集体经济强村 8 个。广洋湖镇农产品质量安全监管站在全县率先创成市四星级监管机构。全面落实夏秋两季秸秆禁烧禁抛工作,实现市、县督查巡查零通报。

全年实现工业开票销售额 21.7 亿元,完成工业入库税收金额 5524 万元;完成工业固定资产投入 12.9 亿元;实现外贸出口额 850 万美元。加强招商引资工作,通过提速项目建设,高质量推进工业强镇,全年落户广洋湖镇投资 10 亿元区镇共建工业项目 1 个、镇镇共建投资 5 亿元项目 1 个、投资 1 亿元项目 1 个、投资 5000 万元项目 3 个;落实项目建设领导帮办制度,扬州和创新材料科技有限公司投资通信新材料及高分子膜生产项目、江苏斯科琦高分子科技有限公司年产 20000 吨电缆辅助材料生产项目、江苏盈顺环保材料科技有限公司全生物降解树脂及制品项目、扬州禾田丰微粉科技有限公司年产 5000 吨水滑石粉末材料项目加快推进,年内建成投产。鼓励企业扩大生产规模,3 家企业增加投资,实施厂房改造扩建项目,全年新增规模以上工业企业 4 家。帮助企业解决用工困难,镇政府相关部门组织省内外招工招聘活动 10 场次,招录各类技术用工 100 多人。

全年实现建筑业增加值 7000 万元,分别比上年增长 16.7%。招引落户三级资质建筑企业 3 家。加强建筑施工安全监管和建筑扬尘治理,全年建筑业安全生产无事故,质量报监率 100%。全镇完成服务业税收 1695 万元,占全年目标 100.3%。广洋湖镇融悦酒店创成三星级酒店;江苏荷仙食品集团开发旅游系列休闲食品 1 个,组织赴广州、武汉开展旅游商品推介活动。（许 超）

位于广洋湖镇的融保达(宝应)风力发电场　　广洋湖镇/供稿

■精神文明建设 2021 年,广洋湖镇开展庆祝中国共产党成立 100 周年系列活动,建成党建领航中心、荷乡文化客厅。开展"广洋湖好人"选树学活动,入选"中国好人"1 人,入选江苏省道德模范提名奖 1 人,获评宝应"十佳好人"1 人。常态化开展文明镇村创建活动,获命名宝应县"十星文明标兵户"4 户、"宝应县文明家庭"4 家。巩固成功创建"国家卫生镇"成果,开展集镇道路秩序、沿街商户店外经营集中整治活动,集镇管理规范有序,镇村人居环境、文明卫生状况持续改善。（许 超）

■镇村建设 2021 年,广洋湖镇加强镇村基础设施建设,实施完成工业集中区兴洋西路、兴业路、德金路和镇西北公路黑色化改造提升工程;实施完成广中路北延提档升级工程,S331 与广洋湖集镇连接线工程竣工交付使用,同步实施完成绿化提升项目。推进镇村污水处理设施建设,实施完成江苏荷仙食品集团污水接管工程。推进村(社区)党群服务中心功能室配套设置建设,实现村(社区)篮球场、互联网服务站全覆盖。加强里下河湖泊生态环境监测管理,建成里下河湖泊湖荡管控站。持续推进农村环境集中整治,按期完成"最差庄台"、村内主干道以及河塘沟渠集中整治任务,农村环境长效管护工作被市、县主管部门作为先进典型推广。全年建成"江苏省绿美村庄"1 个、"江苏省绿化整体推进村"4 个、"扬州市长效管护示范村"3 个;新增市、县美丽宜居村庄 6 个,全镇 13 个村实现"美丽宜居村庄"全覆盖。白鼠村、蒯家村创建"江苏省特色田园乡村"通过市级验收。（许 超）

表 62　2021 年广洋湖镇主要经济社会指标实绩表

项目	单位	数量	比上年增长(%)	项目	单位	数量	比上年增长(%)
地区生产总值	亿元	24.53	6.79	工业销售收入	亿元	46.65	11.80
第一产业	亿元	6.31	0.32	工业利润	亿元	2.75	5.00
第二产业	亿元	6.64	14.48	工业技改投入	亿元	1.30	154.15
第三产业	亿元	11.58	6.43	工业从业人数	人	9952.00	30.23
财政收入	亿元	1.00	65.05	建筑业产值	亿元	4.86	21.55
农业总产值	亿元	3.98	-5.69	建筑业从业人数	人	3034.00	-1.62
粮食总产量	万吨	3.80	-3.12	当年引进(实施)项目数	项	18.00	-10.00
棉花总产量	吨	—	—	当年到账域外资金	万美元	100.00	-77.78
油料总产量	吨	549.05	-14.75	外贸出口额	万美元	800.00	0.00
生猪饲养量	万头	1.03	-6.50	第三产业从业人数	人	4725.00	-1.81
家禽饲养量	万羽	3.53	-37.74	学校	所	4.00	0.00
水产品产量	吨	23848.00	14.85	在校学生数	人	885.00	-7.43
农业从业人数	人	4361.00	-8.59	外出劳务人数	人	12747.00	0.39
工业企业数	家	221.00	-8.68	外来劳务人数	人	307.00	-3.30
工业总产值	亿元	45.71	12.28	农民人均可支配收入	元	25788.00	10.70

（广洋湖镇）

表 63　2021 年广洋湖镇重点企业一览表

企业名称	主要产品	实绩			地址
		产值（万元）	销售额（万元）	利税（万元）	
江苏兴洋管业股份有限公司	管件	41248	41248	4038	宝应经济开发区荷香路 299 号
扬州市管件厂有限公司	管件	32192	30518	2480	宝应经济开发区泰山东路 66 号
江苏金友电气有限公司	光伏	20201	20201	753	广洋湖镇
扬州天禾食品有限公司	莲藕	13813	13813	1089	广洋湖镇严桥村
扬州市富田食品有限公司	莲藕	3969	3969	266	广洋湖镇严桥村

（广洋湖镇）

表 64　2021 年广洋湖镇村、社区基本情况表

村、社区	党支部书记	村(居)委会主任	会计	村(居)民小组数(个)	户数(户)	总人口(人)	农业面积(公顷)	工业企业(家)	年人均纯收入(元)
鹤湾村	夏　群	夏　群	董小玉	12	781	2891	312	6	26070
严桥村	费长宏	费长宏	刁含秋	11	816	2828	376	—	28325

续表

村、社区	党支部书记	村(居)委会主任	会计	村(居)民小组数(个)	户数(户)	总人口(人)	农业面积(公顷)	工业企业(家)	年人均纯收入(元)
葛庄村	仲济浩	仲济浩	王智跃	11	785	2608	306	—	28270
桥头村	董门锦	董门锦	王　锐	11	877	2930	230	—	24860
白鼠村	徐乃华	徐乃华	张海梅	9	633	2554	253	—	27720
蒯家村	杨君武	杨君武	许　靖	7	423	1608	131	—	30688
西溪村	卞海波	卞海波	王　萍	12	705	2710	103	—	29095
东溪村	侯月赟	侯月赟	王晶晶	8	608	2342	173	—	28600
三联村	沈文亚	沈文亚	张　昊	5	368	1374	72	—	24200
肖家村	陈新育	陈新育	王　威	10	830	2943	324	—	29150
兰亭村	陈中汉	陈中汉	高　静	8	595	2115	196	—	30800
东进村	陈家华	陈家华	费兆香	12	827	2987	366	—	29480
万新村	房立青	房立青	王　霞	6	356	1447	118	—	23800
兴洋社区	刘桂明	刘桂明	陈银珍	6	1221	2912	146	7	31900

（广洋湖镇）

小官庄镇

■概况　小官庄镇位于宝应县城东南15千米处，西近京杭大运河，东接安大公路，G2京沪高速公路、S331、连淮扬镇高速铁路穿境而过，沿广公路横贯东西，交通便捷。镇域面积4600公顷，辖9个行政村、1个社区，107个村民小组，年末总人口2.98万人。2021年，全镇完成地区生产总值27.24亿元、比上年增长8.47%，其中第一产业2.89亿元、第二产业9.36亿元、第三产业14.99亿元，实现财政总收入6772万元。小官庄镇获评“国家生态镇”“中国玻璃水晶出口基地”“江苏省文明镇”“江苏省卫生镇”“江苏省电子商务示范镇”，素有“玻璃文创小镇”美誉。（包全义）

■经济发展　2021年，小官庄镇实现粮食生产连续第17年丰收。发展有机生态农业，新增“省级绿色优质农产品(水稻)基地”面积666.67公顷，粮油生产新品种、新技术应用率占总种植面积90%。培植新型农村经济主体，新增“扬州市农民合作社示范社”1家、“扬州市示范家庭农场”2家、“扬州市农业产业化重点龙头企业”2家。扩大土地流转规模，新增土地流转面积333.8公顷。扬州丰瑞源农业科技发展有限公司发展有机绿色蔬菜种植，种植蔬菜获认定“绿色食品A级产品”，创成“出口食品原料种植场”。开展粮食生产农机农艺融合示范点建设，小官庄镇种粮大户杨东山建成扬州市粮食生产农机农艺融合示范点。江苏水之韵生态农业发展有限公司投资建设的龟鳖智能设施生态繁育基地第二期工程开工建设，基本建成现代渔业精品园区。扬州湖双鲜食品有限公司特种水产养殖基地创成“绿色食品大闸蟹养殖基地”

小官庄镇集镇　　小官庄镇/供稿

"国家级健康示范养殖场"。小官庄镇农业农村局被江苏省委、省政府表彰为"脱贫攻坚先进集体"。

全年实现工业开票销售额18.03亿元、比上年增长22.7%,实现工业入库税收4000万元、外贸自营出口3300万美元。其中,主导产业玻璃工艺品产业实现开票销售额5.5亿元、比上年增长14.5%,新材料产业开票销售额3.8亿元。投资1亿元,完成珍旭产业园第二期扩建项目,新建标准化厂房1万平方米。招商引资新开工建设投资1亿元项目2个、投资5000万元项目4个,签订投资意向性协议项目2个,投资1亿元的扬州腾康环保科技有限公司智能设备项目竣工投产,全年实施投资500万元以上技改项目6个。推进工业企业科技创新,新增国家高新技术企业4家、国家科技型中小企业8家,完成企业科技研发费用投入9996万元,实施引进省"科技副总"人才1人、扬州市"绿扬金凤计划"项目1个,获批新注册商标81件。

全镇完成建筑业总产值5.1亿元、增加值1.2亿元,实现建筑业税收382万元,建筑工程质量安全报监率达100%,获表彰"扬州市优质工程奖"1项,获命名"扬州市建筑施工文明工地"1个。实现服务业税收额1430万元、比上年增长5.5%,新开工投资1000万元服务业项目3个;新增服务业规模以上企业2家、限额以上批零住餐企业5家、税收过100万元企业1家。打造特色农业旅游示范点,推进旅游配套设施建设,成功举办第四届"红桃园"采摘旅游节。（包金义）

■精神文明建设 2021年,小官庄镇弘扬社会主义核心价值观,开展送文化下乡、移风易俗专题演出、庆祝建党100周年等各类文艺活动近20场次;县委组织部、县委宣传部、县文明办主办,小官庄镇协办宝应县第二届"弘陶杯"红色故事宣讲暨讲解员风采大赛,参加决赛选手13人声情并茂地讲述一个个精彩红色故事,弘扬先辈先烈革命精神;开展志愿者活动,创建省级"儿童之家",为"事实孤儿"改造居住环境筑起温暖"梦想小屋";关爱独居老人,针对独居老人的生活照料、康复护理、医疗保健、精神文化等需求,创新做法,实施"1+10+N"独居老人心连心项目,覆盖五保独居老人96人,通过多元、及时服务,为老人提供健康服务保障,被省市县媒体广泛报道。小官庄镇退役军人服务站创成"国家示范型退役军人服务站"。开展志愿慈善捐赠活动,完成慈善捐款金额103万元。小官庄镇2个村获命名"扬州市文明村"。（包金义）

■镇村建设 2021年,小官庄镇镇村建设坚持规划引领,编制完成产业发展规划和道口经济产业园专项规划。推进镇村基础设施建设,官中路实施完成提升改造工程,同步实施弱电线路入地、路灯安装配套项目;沿广线集镇段实施完成整治改造提升工程,集镇对外形象显著提升;二横河路实施完成提档升级长度3千米,新增集镇段高杆路灯18盏,拆除重建二横河大桥;小官庄派出所综合楼及多功能消防站建成交付使用,新增市政消防栓5个、感烟探测报警器56只、电气火灾监控系统5套;农民安置小区实施完成道路管网、水电气等配套设施;投资500万元,在集镇创业路北侧建成劳模主题公园,内设劳模精神宣传区、儿童游乐场地、健身区和阳光草地休闲区、立体展牌、立体雕塑、宣传廊架、节点小品等。加强生态文明建设,按照"一村一盆景、一村一亮点"要求,持续推进农村人居环境整治,拆除猪圈、旱厕1382座,整治村庄41个、乱堆乱放2285处,新建公厕5座,南场村创成"扬州市人居环境长效管护示范村",诚忠村创成"扬州市美丽宜居村庄"。（包金义）

表65 2021年小官庄镇主要经济社会指标实绩表

项目	单位	数量	比上年增长(%)	项目	单位	数量	比上年增长(%)
地区生产总值	亿元	27.24	8.47	工业销售收入	亿元	18.02	32.60
第一产业	亿元	2.89	8.83	工业利润	亿元	2.70	32.60
第二产业	亿元	9.36	11.57	工业技改投入	亿元	0.49	10.50
第三产业	亿元	14.99	5.39	工业从业人数	人	2847.00	-6.50
财政收入	亿元	0.67	0.14	建筑业产值	亿元	5.20	-6.70
农业总产值	亿元	10.18	0.77	建筑业从业人数	人	3041.00	38.20
粮食总产量	万吨	4.51	1.72	当年引进(实施)项目数	项	3.00	—
棉花总产量	吨	—	—	当年到账域外资金	万美元	400.00	—

续表

项目	单位	数量	比上年增长(%)	项目	单位	数量	比上年增长(%)
油料总产量	吨	469.00	-8.30	外贸出口额	万美元	3300.00	—
生猪饲养量	万头	1.03	36.65	第三产业从业人数	人	5311.00	3.65
家禽饲养量	万羽	25.16	4.90	学校	所	4.00	—
水产品产量	吨	1589.00	-11.48	在校学生数	人	893.00	-15.60
农业从业人数	人	1838.00	-15.50	外出劳务人数	人	7089.00	-2.60
工业企业数	家	442	0.68	外来劳务人数	人	2012.00	45.30
工业总产值	亿元	21.62	32.60	农民人均可支配收入	元	25788.00	9.64

（胥善霞）

表66　2021年小官庄镇重点企业一览表

企业名称	主要产品	实绩			地址
		产值（万元）	销售额（万元）	利税（万元）	
江苏振才实业集团有限公司	桥梁安全监测	20301	20301	2212	小官庄镇工业集中区
江苏鑫凌威电工材料有限公司	电工材料	2873	2873	177	小官庄镇工业集中区
宝应县东风圣诞礼品有限公司	玻璃工艺品	8742	8538	923	小官庄镇工业集中区
宝应宝邮米业有限公司	粮食	9786	9176	659	小官庄镇工业集中区
扬州玖丰电子科技有限公司	铜锭	2073	2006	95	小官庄镇工业集中区
宝应县艺闻玻璃工艺品有限公司	玻璃工艺品	7698	7195	719	小官庄镇工业集中区
扬州美瑞华工艺礼品有限公司	玻璃工艺品、铁丝件	8067	8067	924	小官庄镇工业集中区
江苏博鑫泰光电科技有限公司	压延、涂锡铜带	2081	2051	116	小官庄镇工业集中区
宝应艺博工艺品有限公司	玻璃工艺品、铁丝件	10004	10004	1016	小官庄镇工业集中区
江苏礼瀚圣诞文化创意产业有限公司	玻璃工艺品	3211	3211	216	小官庄镇工业集中区
扬州宝成特种玻璃材料有限公司	玻璃棒管	20149	20149	3047	小官庄镇工业集中区
扬州众鑫特种玻璃有限公司	玻璃棒管	20995	20995	3097	小官庄镇工业集中区
扬州佳宝圣诞工艺礼品有限公司	玻璃工艺品	7205	6862	643	小官庄镇工业集中区
宝应县冠每玻璃工艺品有限公司	玻璃工艺品	7942	7942	584	小官庄镇工业集中区
扬州市天海滑线电气有限公司	滑触线、丙纶长丝	22673	21787	3162	小官庄镇工业集中区
江苏易元新材料科技有限公司	尼龙轮	2013	2013	-457	小官庄镇工业集中区
扬州腾康智能设备有限公司	智能基础制造装备	2016	2016	146	小官庄镇工业集中区
扬州鑫润工艺品有限公司	玻璃工艺品	2029	2029	19	小官庄镇工业集中区
江苏建鼎工程塑料有限公司	工程塑料	2216	2216	28	小官庄镇工业集中区

（高　霞）

表67 2021年小官庄镇村、社区基本情况表

村、社区	党支部书记	村(居)委会主任	会计	村(居)民小组数(个)	户数(户)	总人口(人)	农业面积(公顷)	工业企业(家)	年人均纯收入(元)
小官庄集镇社区	高玉香	—	—	—	564	1268	—	—	—
小官庄村	闵信涛	—	姚　鹏	11	993	3315	212	20	—
诚忠村	胥善富	陆才银	徐莉莉	12	769	2761	264	—	—
祖全村	徐加亮	徐加亮	谢玉莲	13	974	3326	381	7	—
南场村	吴　涛	陈　青	成永云	9	720	2370	322	—	—
范沟村	杨泽民	杨泽民	谢玉清	11	721	2613	267	16	—
石先村	董有良	董有良	葛文秀	11	828	3003	357	6	—
王圩村	生学余	生学余	孟芳芳	14	820	2959	348	8	—
双闸村	陆才进	乔善波	薛忠爱	13	991	3415	255	2	—
杨蒋村	李春宏	李春宏	蔡倩倩	13	919	3300	347	7	—

（胥善霞）

望直港镇

■概况　望直港镇位于宝应县城东郊，G233、京沪高速、S264（安大公路）贯穿南北，S331横穿东西，连淮扬镇高铁宝应站坐落望直港镇境内；镇域面积9080公顷，辖19个村、2个社区，年末总人口5.92万人；集镇面积240公顷，居民总户数6400户、人口2.1万人；先后获得“国家卫生镇”“江苏省卫生镇”“江苏省文明镇”和“江苏省健康镇”“中国汽车零部件制造基地”等称号。2021年，全镇实现地区生产总值42.74亿元，比上年增长15.38%；完成一般预算收入7202万元；农村居民人均可支配收入25620元，比上年增长3.8%。（常晓舟）

■经济发展　2021年，望直港镇围绕实施乡村振兴战略，以粮食增产、结构调优、农业增效、农民增收为目标，推进农村经济稳步发展。全年新增土地流转面积237.67公顷，发展设施农业面积17.2公顷、设施渔业面积100公顷、有机农业面积62.6公顷，落实稻田套养面积29.13公顷，获批有机农业转换面积54公顷。提升农业机械化水平，新购置各类农用大型机械43台套，完成机插秧面积639.07公顷，小麦机条播面积1200公顷，犁耕深翻面积507.13公顷。按序时推进洼地治理项目望直港宝应大河工程。牧原实业集团有限公司投资2亿元，在望直港镇建设10万头现代化养猪场项目，被认定为扬州市新开工农业重大项目。扬州绿色美依莲食品有限公司年产3800吨藕制品深加工项目建成投产，通过扬州市农业重大项目竣工验收。扩大发展生态绿色有机农业，申报获认定有机荷藕种植面积133.33公顷，创建江苏省绿色优质农产品（水稻）生产基地1000公顷；新增设施农业面积24公顷，有机农业面积54公顷，完成池塘生态化改造面积69.33公顷。推进新型农业主体建设，新创成“江苏

望直港镇集镇俯瞰　　望直港镇/供稿

省农民合作社示范社"1家、"扬州市示范家庭农场"1家。全年组织培训各类职业农民、高素质农民420人次。

全镇工业经济稳中向好,工业经济总量持续扩大,全年实现工业开票销售额34亿元,比上年增长28.8%,完成工业入库税收9000万元、比增长24.7%,实现外资到账金额500万美元,完成外贸自营出口金额7400万美元,实现全社会固定资产投资金额25.86亿元,其中完成制造业投资金额16.09亿元,新增工业开票销售额1亿元以上企业3家,新增规模以上工业企业9家。坚持领导带头招商,出台招商引资工作考核奖励办法,全民招商氛围浓厚,经济发展后劲持续增强,新签订投资工业重大项目协议3项、投资1亿元以上项目4项、投资5000万元项目8项;新开工建设重大项目2项、投资1亿元项目1项、投资5000万元项目1项;新竣工投产投资1亿元以上项目1项、投资5000万元项目1项。全面完成招商引资和项目建设任务,资源循环利用及再制造项目、汽车电子元件制造项目、汽车内饰件生产项目、智能触摸玻璃项目、精密制造项目、新能源微型车车身制造项目、汽车模具高铁配件生产、高端电磁线生产项目等重点项目正式签约落户;南京格洛特环境工程股份有限公司、扬州态华环境有限公司共同签订合作框架协议。加快推进项目建设,江苏艾格盛金属制品制造有限公司投资1.5亿元高端智能厨具项目竣工试生产;扬州宝玛电子有限公司投资1.2亿元智能发热线圈项目厂房辅助基建和设备安装同步推进;投资2.1亿元钛合金制品项目顺利推进;投资1亿元户外健身器材项目竣工投产。加快实施产业园区项目建设,投资3000万元,实施宝应县汽车零部件产业创新创业中心项目;投资2亿元,实施礼瀚LED光电产业园项目工;规划实施循环经济产业园项目,建设宝应汽车零部件产业创新服务综合体暨汽车研究院完成项目设计。全年申报获批江苏省"双创计划项目"2项、江苏省"科技副总"项目1项、个扬州市"绿扬金凤计划"项目1项、宝应县"宝地英才聚集计划项目"2项;新增"国家高新技术企业"6家、"国家科技型中小企业"10家。全年完成技术合同成交额1.2亿元,申请发明专利28件,实现发明授权专利12件;申请注册商标116件,其中注册国际商标3件。推进企业工业化、信息化"两化"融合,获认定国家"两化"融合示范贯标企业1家,"江苏省星级上云企业"3家。

全年完成建筑业总产值27.14亿元,实现建筑业税收1100万元,引进建筑类施工资质企业1家,新增环保三级施工资质1项。强化建筑工程监管,建筑工程质量安全报监率达100%,全年建筑业无重大质量安全事故。全年完成服务业税收2602万元。推进金融、科技研发设计、文化创意等新兴服务业发展,引导当地服务业提档升级;新开工建设投资1000万元服务业项目2个、新竣工投入运营投资1000万元服务业项目1个,新增规模以上服务业企业3家,新增限额以上服务业企业8家,新增税收过1000万元企业1家,新增税收过100万元企业5家。 (常晓舟)

■精神文明建设 2021年,望直港镇大力开展文明创建活动,入选"十佳扬州好人"1人、"十佳宝应好人"1人,获"十佳宝应好人"提名奖1人。常态化做好"学习强国"平台管理工作,不断提高学习覆盖率和活跃率,省级以上平台用稿12篇,市级平台用稿28篇。开展亲子阅读、红色经典阅读活动,组织"书香望直港朗读大赛"评选活动,参加宝应县朗读大赛获特等奖1人。广泛开展全民阅读知识宣传活动,组织志愿者走村入户宣传,号召广大党员干部和群众参加微信公众号有奖答题。组织开展"我们的节日"春节、中秋、重阳等文化惠民活动30余场,实施完成农家书屋21个提档升级项目,创作文艺作品歌伴舞《小康的日子唱着过》获扬州市"绿杨风"新作调演一等奖第1名。围绕开展庆祝建党100周年系列活动,举办"百年党史励我心"朗读大赛、"翰墨丹青颂党恩·和谐发展谱新篇"书画大赛、"初心如磐向未来·使命在肩谱新篇"庆祝建党100周年图片展等活动;承办宝应县"红心向党、舞动荷乡"广场舞大赛,望直港镇参赛节目广场舞《山笑水笑人欢笑》获一等奖。 (常晓舟)

■镇村建设 2021年,望直港镇加快城乡融合发展布局调整,推动镇村同步建设,实施完成北河路升级改造工程,规划实施集镇园区道路升级工程完成前期准备工作;新建小游园6处、停车场3个,投资150万元实施完成晓庄桂花园建设项目,投资350万元实施完成为民生态廊道建设项目,投资180万元实施完成四季园建设项目,投资200万元实施完成獐狮荡社区供销社环境整治项目;军师村、马垛村实施完成一事一议财政奖补田间道路和现代农业产业园基础设施建设项目;新建马垛村、大树村水利涵洞3座;建设"四好农村路",修补破损公路面积400平方米,常态化专业养护镇村公路长度74千米,实现路面洁净、路肩边坡无非法种植,沿线无垃圾、绿化管理有序。加强绿化造林工作,全年完成绿化造林面积22.33公顷,道路绿化补植600余株。建设生态宜居人居环境,围绕打造水清、岸绿、河畅、景美的生态河道,投资210万元实施完成大官河望直港段疏浚整治工程,投入200万元实施完成河道驳岸工程长度1千米。开展镇村环境改善整治项目,新建村级污水处理设施2个,新增建筑垃圾临时堆放点3个,实施完成村污水处理设施改造项目3个，完成8条重点河道集中整治行动；加快实施推广无害化卫生户厕项目，镇村所有公共厕所水冲式改造项目，新建公厕12座；整治最差庄台12个、一般村庄35个，创成生态河道7条；开展集镇集中整治50余次，清理流动摊贩和占道摊点，制止各类占道经营违章行为160件，拆除违章建筑2处，制止占路打谷晒场6件。加强环境监测管理，望直港镇建成区域空气质量环境微型监测站，实施江苏省“绿岛”项目獐狮食品园区污水预处理池及配套管网主体工程竣工。大树村、仲墩村创成“扬州市美丽宜居村庄”。北河村创成“扬州市绿美村庄”。

（常晓舟）

表68　2021年望直港镇主要经济社会指标实绩表

项目	单位	数量	比上年增长(%)	项目	单位	数量	比上年增长(%)
地区生产总值	亿元	42.74	15.38	工业销售收入	亿元	111.20	4.22
第一产业	亿元	7.19	22.28	工业利润	亿元	6.57	13.28
第二产业	亿元	20.61	8.30	工业技改投入	亿元	1.70	-3.95
第三产业	亿元	14.94	23.17	工业从业人数	人	11000.00	-28.37
财政收入	亿元	2.23	11.50	建筑业产值	亿元	23.00	12.20
农业总产值	亿元	4.14	16.35	建筑业从业人数	人	10466.00	2.83
粮食总产量	万吨	5.25	-8.43	当年引进(实施)项目数	项	25.00	13.63
棉花总产量	吨	—	—	当年到账域外资金	万美元	500.00	354.55
油料总产量	吨	1208.00	-9.78	外贸出口额	万美元	4600.00	1.84
生猪饲养量	万头	4.51	47.13	第三产业从业人数	人	16140.00	3.20
家禽饲养量	万羽	33.49	1.01	学校	所	4.00	—
水产品产量	吨	8676.00	-0.74	在校学生数	人	2475.00	6.27
农业从业人数	人	7521.00	-2.04	外出劳务人数	人	15727.00	2.70
工业企业数	家	304.00	9.75	外来劳务人数	人	3883.00	9.00
工业总产值	亿元	125.43	11.00	农民人均可支配收入	元	25620.00	3.80

（望直港镇）

表69　2021年望直港镇重点企业一览表

企业名称	主要产品	实绩			地址
		产值（万元）	销售额（万元）	利税（万元）	
扬州宝玛电子有限公司	电子信息	15612	14116	630	望直港镇耿耿工业园区
扬州尼尔工程塑料有限公司	新材料	16792	14088	452	望直港镇耿耿工业园区
九力绳缆有限公司	新材料	16715	11418	232	望直港镇耿耿工业园区
扬州礼瀚工艺礼品有限公司	文化创意	10686	10515	403	望直港镇耿耿工业园区
江苏摩恩电工有限公司	电力装备	10413	10413	27	望直港镇集镇
江苏亚如捷实业有限公司	电力装备	10223	9470	63	望直港镇耿耿工业园区
光大环保能源(宝应)有限公司	电力装备	6122	6293	—	望直港镇和平村
扬州晨光特种设备有限公司	高端装备	5592	6013	165	望直港镇耿耿工业园区

续表

企业名称	主要产品	实绩			地址
		产值（万元）	销售额（万元）	利税（万元）	
江苏彩虹新材料有限公司	新材料	6650	5389	168	望直港镇耿耿工业园区
扬州市优珂电气有限公司	电力装备	5287	5340	184	望直港镇耿耿工业园区
江苏奕铭新型建材有限公司	新材料	5246	4956	34	望直港镇耿耿工业园区
扬州市中宝银鹏合成材料有限公司	新材料	9174	4552	164	望直港镇耿耿工业园区
江苏中益特种纤维有限公司	新材料	4867	4510	109	望直港镇耿耿工业园区
扬州宝裕车业科技有限公司	汽车汽配	16044	4350	163	望直港镇耿耿工业园区
宝应县众威模具有限公司	汽车汽配	7234	4241	113	望直港镇耿耿工业园区
江苏亚邦新材股份有限公司	电力装备	8082	4187	143	望直港镇耿耿工业园区
江苏亚如捷车业有限公司	汽车汽配	7930	4001	121	望直港镇耿耿工业园区
扬州宏孚电磁线有限公司	电力装备	5445	3888	34	望直港镇耿耿工业园区
扬州百世特绳索科技有限公司	新材料	7366	3746	45	望直港镇耿耿工业园区
江苏创汇电气科技有限公司	电力装备	10974	3650	154	望直港镇耿耿工业园区
宝应裕和纺织有限公司	新材料	4589	3583	38	望直港镇耿耿工业园区
江苏群利铝业有限公司	新材料	8591	2721	53	望直港镇耿耿工业园区
江苏金轮车辆设备有限公司	新材料	9075	2566	113	望直港镇耿耿工业园区
江苏亚电新材料有限公司	新材料	6620	2411	161	望直港镇耿耿工业园区
江苏明智车业有限公司	汽车汽配	11026	4137	－533	望直港镇耿耿工业园区
江苏诚悦电气有限公司	电力装备	11823	748	3	望直港镇耿耿工业园区

（望直港镇）

表70　2021年望直港镇村、社区基本情况表

村、社区	党支部书记	村（居）委会主任	会计	村（居）民小组数（个）	户数（户）	总人口（人）	农业面积（公顷）	工业企业（家）	年人均纯收入（元）
北河村	黄红兵	黄红兵	吕开萍	8	623	2167	216	10	26956
国强村	陈春红	陈春红	吴　丽	14	930	3778	180	8	27650
火花村	侯　勇	侯　勇	许丽萍	9	654	2387	192	8	25365
张楼村	周瑞林	周瑞林	郭培华	10	637	2311	251	2	24698
兴旺村	朱兆忠	朱兆忠	华　香	9	452	1822	169	5	24562
军师村	—	—	仲　艺	8	581	2048	178	5	24566
大树村	仲伟扣	仲伟扣	施根志	12	617	2455	302	2	35654
和平村	吴广良	吴广良	张　艳	7	505	1912	171	6	26998
马垛村	吴兆刚	吴兆刚	李维霞	15	1010	3375	426	1	34800
蛤拖村	汤寿忠	汤寿忠	杨　莎	11	676	2717	222	5	23560
吴堡村	黄金友	黄金友	梁　云	10	538	2096	191	1	24128

续表

村、社区	党支部书记	村(居)委会主任	会计	村(居)民小组数(个)	户数(户)	总人口(人)	农业面积(公顷)	工业企业(家)	年人均纯收入(元)
月蟾村	李金良	李金良	伍丽丽	14	1039	4146	225	6	24150
西荡村	潘启锋	潘启锋	万宝林	17	858	3243	251	2	24623
望直村	陈习车	陈习车	衡成瑛	9	638	2489	22	5	25614
仲墩村	傅大梅	傅大梅	张文祥	10	593	2172	314	1	26002
狮庄村	唐兆春	唐兆春	陶泽其	13	936	3328	467	4	27500
牌楼村	徐启元	徐启元	张　丽	9	621	2360	249	10	24103
南沙村	吴义勇	吴义勇	刘　霞	10	665	2580	234	3	24851
北沙村	范方林	范方林	李　伟	9	666	2367	387	1	22000
兴港社区	弓有干	弓有干	陈莉萍	8	2897	9198	—	17	24873
獐狮社区	姜元来	姜元来	张　妍	9	729	2723	95	17	22600

（望直港镇）

射阳湖镇

■**概况**　射阳湖镇位于宝应县城东30千米处，东与建湖县恒济镇隔湖相望，南与广洋湖镇接壤，北与建湖县九龙口镇毗邻，距京沪高速宝应出口处20千米，东行可达盐淮高速，S233安大公路和S331分别为南北向、东西向穿境而过。镇域总面积1.98万公顷，全镇辖30个行政村、3个社区，年末总人口8.4万人。2021年，全镇实现地区生产总值35.31亿元，比上年增长10.38%，完成一般公共预算收入4500万元，农民人均可支配收入26095元，比上年增长0.5%。　（林晓妍）

■**经济发展**　2021年，射阳湖镇实现粮食生产稳产丰收，新增高标准农田面积466.67公顷、累计高标准农田面积7333.33公顷，新增有机农业面积45.71公顷，新建粮食绿色高质高效示范片1个，新增获认定绿色有机农产品3个；完成养殖池塘生态化改造面积100公顷。发展生猪生态规模养殖，全年出栏生猪2.4万头，比上年增长65.5%；加强农业基础设施建设，实施完成国、省财政补贴里下河洼地治理大三王河治理工程、生态保护退圩还湖工程。培树新型农业主体，新增“扬州市示范家庭农场”2个、实现农田托管面积4000公顷。拓宽村级集体增收渠道，完成农村产权进场交易总额8659万元，持续巩固全镇村集体债务“清零”成果。提升农业机械化水平，新增大型智能农机装备14

射阳湖镇集镇鸟瞰图　　射阳湖镇/供稿

台，完成水稻机插秧面积4200公顷、生态犁耕深翻还田面积1333.33公顷、三麦机条播面积2000公顷、水稻侧深施肥示范方面积133.33公顷，秸秆综合利用率98%。发展特种水产养殖业，全镇水产养殖面积5733.33公顷，比去年增长20%，其中大闸蟹养殖面积3333.33公顷，稻田套养小龙虾面积1200公顷，优质水产苗种培育面积366.67公顷。全年实现水产品总产量2.77万吨，比上年增长2.1%。射阳湖镇风车头荷藕集中加工区建成投入使用。射阳湖荷藕产业园先后获命名“全国绿色食品一二三产融合发展示范园”“江苏省现代农业产业示范园”“国家农村产业融合发展示范园”，纳入国家产业强镇示范建设单位。

全年完成工业开票销售金额22亿元、规模工业产值17亿元，分别比上年增长21.5%、18.9%；完成工业入库税收5042万元；地区生产总值持续稳定增长，达到154亿元，完成全社会固定资产投资138亿元，新增工业规模企业5家，实现外贸出口金额5350万美元，外资到账金额428万美元。加强招商引资工作，新竣工投入运营投资1亿元工业项目1个、投资5000万元项目2个。推进新能源、新材料等新兴产业发展，累计完成渔光互补光伏发电装机规模200兆瓦、风力发电装机规模50兆瓦，全部建成并网发电。促进企业科技创新，引导企业加大技术改造投入，全年完成技术改造项目3个，实现技改投入8.63亿元，实现技术合同成交额1.3亿元，新增发明专利授权7件，新建“江苏省众创空间”1家，获批引进江苏省“科技副总”人才2人。

全年完成建筑业施工总产值19.5亿元，比上年增长21.88%，实现建筑业入库税收1000万元；建筑业从业人员2605人，比上年增长13.21%。全年完成服务业企业营收16.5亿元，实现服务业增加值13.67亿元，完成服务业入库税收2276万元，比上年增长9.95%，超额完成年度目标任务。现代服务业蓬勃发展，实现服务业固定资产投资11亿元，新增服务业规模以上企业1家，限额以上批零住餐服务业企业15家。加快推进创建“江苏省荷荡温泉风情小镇”工作，荷园实施完成改造提升工程，申报创建国家AAAA级景区，努力将荷园景区打造成荷荡花海、芦荡野趣、红色文化体验、温泉度假为特色，集荷藕美食、有机采摘、水上游乐、度假休闲、科普研学、商务会议等多功能于一体的高品质荷荡温泉休闲度假旅游区。（林晓妍）

■精神文明建设 2021年，射阳湖镇加强精神文明建设，深入开展党员干部党史学习教育活动，动员党员干部积极参与同人民想在一起、干在一起，风雨同舟、同甘共苦“两在两同”建新功行动，“我为群众办实事”实践活动，继续推进党政机关能力作风建设，倡导“马上就干·争做标杆”工作作风，推行干部“工作周记”制度，提升行政服务效能，为奋力谱写现代化建设新篇章贡献力量。持续开展“射阳湖好人”选树学活动，好人群体不断涌现，“射阳湖畔好人多”品牌效应日益彰显。丰富群众文化生活，先后成功举办“我和玫瑰园有个约定”、全民阅读活动、第二届运河城市电竞足球嘉年华、“荷美射阳湖、湖畔嘉年华”、第4个中国农民丰收节等系列文旅活动。深入实施“新梦想工程”，加强村级后备干部培养。打造红色地标，4月23日，“吴运铎暨华中军械处第一总厂”纪念馆正式开馆，该馆位于宝应县射阳湖镇油坊村，是宝应县对广大党员干部、人民群众，特别是青少年进行爱国主义教育和革命传统教育的新基地。常态化开展文明卫生镇村创建工作，射阳湖镇创建“国家卫生镇”通过省级验收，潘舍村创成“江苏省健康村”，平江村、泗河村创成“江苏省卫生村”，柳树村获命名“扬州市文明村”，镇中心卫生院创成“扬州市健康单位”。（林晓妍）

■镇村建设 2021年，射阳湖镇优化集镇建设布局，做好国土空间规划编制工作，调整完善《射阳湖镇工业集中区控制性详细规划》，并通过专家评审。加快实施集镇停车场、文化公园、公厕改造等基础设施建设项目，设施完成陈琳路、大槐路、南塘路提档升级工程，荷枫路新建工程；实施完成水泗幼儿园移址新建工程，新建成村卫生室1家；新S331沿线6个村成功打造“十公里循环线”；推进村（社区）标准化篮球场建设，实现33个村（社区）标准化篮球场全覆盖。加强土地执法，严格控制耕地“非粮化”“非农化”，查处土地违法行为，开展“大棚房”整治工作回头看。推进人居环境综合整治，完成30个“最差庄台”综合治理；推进大气污染防治，夏秋两季实现秸秆禁烧工作实现卫星监测“零焚烧、零火点”，集镇实施洒水降尘、燃煤管控措施；加强黑臭水体治理，有序村（社区）污水处理设施建设。射南村、冲林村创成“江苏省特色田园乡村”，赵勤村创成“扬州市美丽宜居乡村”，150户获评“人居环境示范户”。（林晓妍）

■荷园创建AAAA级景区 荷园景区地处射阳湖畔，始建于2001年，规划总面积1066.67公顷，建成区面积233.33公顷，其中水域面积占70%以上。射阳湖镇累计投入荷园景区基础设施建设资金5000万元，先后创成“全国农业旅游示范点”“江苏省湿地公园”“江苏省水利风景区”“江苏四星级乡村旅游区”。园内河湖纵横，景观独特，水陆交通便利，环境优美；遍植荷藕、睡莲、芦苇、蒲草、芡实、菱角等湿地植物，栽培荷花品种达380多种；建成烟柳长堤、农趣岛、荷文化体验基地、芦荡迷宫、音乐草坪广场、荷品种园、百莲好荷园等景点。近年来，射阳湖镇党委、政府实施全域旅游战略，荷园于2020年7月申报获批国家AAA级旅游景区，于2020年底申报创建国家AAAA级景区。11月17日，江苏省文化和旅游厅在南京召开全省15家景区创建国家AAAA景区专家评审会，荷园以第1名成绩通过初审。荷园坚持按照国家AAAA级景区标准，以打响“荷品牌”、传播“荷文化”为目标，推进“一廊一心五区”建设，全面升级景区的软件，硬件设施，整修和完善服务中心、景区道路，丰富景区的业态，打造湖畔文化，提升荷园服务游客能力水平。

（林晓妍）

表71 2021年射阳湖镇主要经济社会指标实绩表

项目	单位	数量	比上年增长（%）	项目	单位	数量	比上年增长（%）
地区生产总值	亿元	35.31	10.38	工业销售收入	亿元	22.00	-27.89
第一产业	亿元	10.75	1.03	工业利润	亿元	1.10	6.70
第二产业	亿元	10.64	29.76	工业技改投入	亿元	8.63	180.99
第三产业	亿元	13.93	5.93	工业从业人数	人	12546.00	-39.11
财政收入	亿元	2.43	3.86	建筑业产值	亿元	19.50	21.88
农业总产值	亿元	16.40	-5.85	建筑业从业人数	人	2605.00	13.21
粮食总产量	万吨	11.01	-15.89	当年引进（实施）项目数	项	—	—
棉花总产量	吨	—	—	当年到账域外资金	万美元	—	—
油料总产量	吨	—	—	外贸出口额	万美元	5350.00	89.85
生猪饲养量	万头	2.40	—	第三产业从业人数	人	13986.00	-0.20
家禽饲养量	万羽	19.17	—	学校	所	9.00	—
水产品产量	吨	27663.00	5.57	在校学生数	人	2135.00	-17.06
农业从业人数	人	14432.00	-1.47	外出劳务人数	人	22568.00	1.46
工业企业数	家	1037.00	65.39	外来劳务人数	人	3950.00	-0.70
工业总产值	亿元	18.57	-5.69	农民人均可支配收入	元	26095.00	0.50

（射阳湖镇）

表72 2021年射阳湖镇重点企业一览表

企业名称	主要产品	实绩			地址
		产值（万元）	销售额（万元）	利税（万元）	
江苏美霖铜业有限公司	铜阀及铜制品	33741	30046	1730	射阳湖镇工业集中区
江苏安益钢瓶制造有限公司	钢瓶	6890	8356	-145	射阳湖镇工业集中区
江苏德格莱斯科技股份有限公司	户外烧烤炉设备	20950	13596	546	宝应经济开发区
扬州智汇水蛭科技有限公司	水蛭加工	15907	13568	396	射阳湖镇工业集中区
扬州新世纪蔬菜食品有限公司	水煮藕、咸莲藕	4408	4292	157	射阳湖镇工业集中区
扬州华贵食品有限公司	盐渍藕、水煮菜	3405	3280	45	射阳湖镇油坊村
宝应兴能可再生能源有限公司	光伏太阳能	3182	3267	1185	射阳湖镇天水路
江苏钧骋车业有限公司	汽车配件	8337	6614	208	射阳湖镇工业集中区

续表

企业名称	主要产品	实绩			地址
		产值（万元）	销售额（万元）	利税（万元）	
宝应县华立电器厂	电热器	1658	1987	81	射阳湖镇刁夷村
扬州旭阳春玻璃制品有限公司	玻璃灯饰	4384	3462	252	射阳湖镇天平社区
扬州市新天河绳业有限公司	船用绳缆	4349	4185	339	射阳湖镇工业集中区
江苏得宝食品有限公司	盐渍藕、水煮菜	2920	2827	153	射阳湖镇集镇南首
扬州申沁变压器配件有限公司	变压器油箱	2703	2612	16	射阳湖镇天平社区
扬州荣光高科玻璃有限公司	玻璃工艺品加工	4885	3990	188	射阳湖镇工业集中区
扬州天马绳缆制品有限公司	化纤绳缆	2427	2574	94	射阳湖镇天平社区
扬州市金绿维食品有限公司	蔬菜食品加工	2500	2552	128	射阳湖镇水泗社区
宝应县奇丽水晶工艺品有限公司	水晶、玻璃工艺品	1021	842	75	射阳湖镇天平社区
宝应县润华静电涂装工程有限公司	涂装设备、离子膜	3057	2745	218	射阳湖镇集镇北
扬州宜拓金属有限公司	铜阀及铜制品	15125	14999	2334	射阳湖镇工业集中区
南团科技（江苏）有限公司	电缆及附件	4395	3096	306	射阳湖镇工业集中区

（射阳湖镇）

表 73　2021 年射阳湖镇村、社区基本情况表

村、社区	党支部书记	村（居）委会主任	会计	村（居）民小组数（个）	户数（户）	总人口（人）	农业面积（公顷）	工业企业（家）	年人均纯收入（元）
桥南村	庄义俊	庄义俊	刘中凯	11	1346	4001	54	1	26000
油坊村	徐洪源	徐洪源	陈金晶	14	1111	3640	433	—	24000
王坤村	张端美	张端美	董洪镇	9	829	2806	278	—	36000
高夏村	刘良中	刘良中	胡冰淼	15	1064	3401	380	—	32390
四联村	胡定胜	胡定胜	朱治红	7	590	2298	139	—	23860
廖徐村	吴礼贵	吴礼贵	纪　燕	9	725	2503	176	—	25100
射渔村	全国华	全国华	杨士干	7	926	3010	26	—	22350
戴庄村	陆成军	陆成军	徐雄飞	10	893	3165	276	11	25000
平江村	梅　荣	梅　荣	衡芳云	9	691	2561	686	—	26000
风车头村	王启海	王启海	王企舟	8	647	2433	38	—	31200
姬风村	王圣树	王圣树	谷　静	7	680	2443	367	—	26000
马墩村	徐广志	徐广志	江　丽	9	628	2329	598	1	22000
泗河村	徐启兵	徐启兵	任高鸽	6	403	1440	136	1	23000
大槐村	卞泉友	卞泉友	刘学文	13	961	3425	280	6	23000
柳树村	姚广玉	姚广玉	周　义	7	460	1680	120	—	28000
赵勤村	衡　旺	衡　旺	吕　洁	8	534	1843	113	—	22000
平南村	蔡忠顺	蔡忠顺	潘建标	6	402	1328	92	—	30000

续表

村、社区	党支部书记	村(居)委会主任	会计	村(居)民小组数(个)	户数(户)	总人口(人)	农业面积(公顷)	工业企业(家)	年人均纯收入(元)
射南村	曹金牛	曹金牛	周旭琳	15	1226	4286	307	1	25000
蒋堡村	倪洪华	倪洪华	胥　琳	14	791	2768	270	—	24500
林上村	沈宗汇	沈宗汇	朱　颖	15	1054	3604	556	—	23000
落潮村	尤尚洲	尤尚洲	周　洁	12	1135	3730	336	—	22000
姜庄村	徐春明	徐春明	王　波	6	502	1645	231	—	28950
鹅村村	胡安恒	胡安恒	赵素英	8	604	2231	285	1	21000
钱沟村	王兆丹	王兆丹	姜海伦	15	1166	4210	354	—	28000
黄荡村	何延春	何延春	朱红霞	4	395	1392	273	—	22000
潘舍村	吕响名	吕响名	杨　勇	13	568	2001	282	—	22300
戴堡村	祁寿华	祁寿华	马红艳	12	586	2137	309	—	28546
刁夷村	夷大珊	夷大珊	李晶晶	17	1402	4830	980	3	25000
冲林村	李　磊	李　磊	余　伟	6	713	2613	223	1	23500
魏荡村	蔡吕友	蔡吕友	邢亮亮	6	344	1267	159	—	22000
天平社区	刘　斌	刘　斌	朱风云	4	708	1275	—	—	—
水泗社区	潘德忠	潘德忠	沈宗银	4	182	320	—	8	34200
臧陈社区	袁洪广	袁洪广	张　群	12	902	1733	—	—	26000

（射阳湖镇）

西安丰镇

■**概况**　西安丰镇位于宝应县东北部，距离县城30千米，处于扬州、盐城、淮安3市交界处，镇域面积5839公顷，其中耕地面积1695公顷、养殖水域面积1226公顷。全镇辖10个行政村、1个社区，年末总人口3.2万人。2021年，全镇实现地区生产总值27.47亿元，比上年增长2.42%，实现综合财政收入0.58亿元，比上年增长9.98%，完成税收收入3300万元，比上年增长13%。农村居民人均可支配收入25013元，比上年增长6.5%。　（俞杨晓）

■**经济发展**　2021年，西安丰镇粮食生产连年丰收。发展高效、有机、绿色现代农业，新增土地流转面积33.8公顷、新建有机农业基地面积32.4公顷、绿色企业自建基地面积200公顷、新建水稻绿色高质高效示范方1个、新建高标准农田面积800公顷、新增“江苏省绿色优质农产品（水稻）基地”面积800公顷；新增高效设施农（渔）业面积33.33公顷，新增生态化改造养殖池塘面积60.67公顷。加强农业基础设施建设，镇域内里下河洼地治理工程列为国务院确定的172项重大水利工程之一，工程建设有序推进。发展新型农业主体，组建家庭农场32家，创成“江苏省示范家庭农场”1家、“扬州市示范家庭农场”2家，新增县级以上“示范农民专业合作社”2家。申报获认定“扬州市农业产业化龙头企业”1家、“宝应县农业产业化龙头企业”1家、获认证绿色食品、有机农产品“两品”2个，“安丰卜页”获批中国地理标志商标。加强村级资产、资源管理，全年完成村级集体产权交易191宗，交易总额1.6亿元。发展农村“淘宝”电商，新增农业电商5家，实现网上农产品销售金额7200余万元。

全年实现工业开票销售额8.5亿元，完成工业入库税收2500万元，工业固定资产投资总额13亿元，外资到账金额400万美元，外贸出口金额1600万美元；新增开票销售金额1亿元以上工业企业1家，新增工业规模企业6家。加大招商引资力度，设置苏州招商办事处，聘请招商大使8人，收集有价值项目信息60条，跟踪洽谈有投资意向项目20个，其中重大项目5个、投资1亿元以上项目11个、投资5000万元以上项目4个。推进签约项目建设，全年新开工投资1亿元项目1个、投资5000万元项目2个；新竣工投资1亿元项目2个、投资5000万元项目2个。加快南窑金属产业园和水晶产业园项目招引力度，招引落户通用铝型材生产项目、自动化体育器材生产项目、金属管件项目等相继建成投产。

全年完成建筑业施工总产值27亿元，入库税收2600余万元。江苏丰祥建设工程有限公司持续发展壮大，进入“扬州市建安企业”30强，获评“江苏省标准化建筑工地”省1个、“扬州市优质工程”3个、“扬州市文明工地”1个，获表彰“扬州市保障农民工工资支付先进单位”称号。全年完成服务业税收1440万元，比上年增长10%，营利性服务业营收比上年增长25%；完成服务业固定资产投入1.21亿元，比上年增长10%，新增规模以上服务业企业1家、限额以上服务业企业5家；新开工建设服务业投资1000万元以上项目1个，新竣工投入运营投资1亿元服务业项目1个、投资1000万元以上服务业项目1个。（俞杨晓）

■精神文明建设 2021年，西安丰镇常态化开展文明镇、村创建工作，划分创建工作网格7个，组织镇、村干部全力参与；全镇增设社会主义核心价值观和公益广告265处、劝导标语200余处，发放文明创建手册5000余份。为打赢新冠肺炎防疫“主动仗”，镇党委、政府联合团县委面向社会集中招募志愿者，开展全民排查工作，重点摸排筛查中高风险地区来宝人员和全民疫苗接种情况，受到了社会各界的广泛支持，共招募防疫志愿者110人。丰富群众文化活动，加强文化志愿者队伍建设和业余文化团队建设，全年群众性文体活动丰富多彩，举办送文艺下乡活动30余场。5月18日，西安丰镇在全县率先启动“慈善一日捐”活动，在红枫园募捐现场，机关部门干部、企业和村（社区）负责人、种养殖大户、热心市民等纷纷举牌认捐，现场募集善款102万元，线上募集善款12万元。发挥红枫园红色教育基地作用，助力党员干部党史学习教育活动。红枫园（苏中革命历史纪念馆）入选“扬州市红色教育研学线路”“苏中公学党性研修学院现场教学点”，全年接待参观团体400余个、游客学员5万人次，原国家行政学院副院长周文彰、中国印钞造币总公司副总经理杨问田、原苏中公学教育长夏征农后代等先后到红枫园参观指导。（俞杨晓）

■镇村建设 2021年，西安丰镇推进镇村基础设施建设，累计投入资金550万元，先后实施安钱路、西崔路、建材路、兴安后路、水晶大道改造提升工程，以及朱庄桥重建工程；投入资金305万元，维修更换集镇破损路灯，完善镇村公路交通安全设施，对南坝桥、林溪桥、祝丰桥、包湾桥安装安全护栏，以及新西苗路两侧加装波形防撞护栏；投入资金80余万元，完成土方量4万立方米，奠定实施高桥休闲广场、新农贸市场、新客运站建设工程基础。镇、村建成标准化篮球场11座、七人制足球场1座，实现镇、村（社区）标准化篮球场全覆盖。实施完成红枫园停车场项目、集镇景观河升级改造项目。推进美丽乡村建设，朱郭村创成“扬州市美丽宜居乡村”。加强人居环境保护，持续推进“蓝天、碧水、净土”三大保卫战，排查整治“散乱污”企业2家；完成卫生环境集中整治自然村庄16个，整治最差庄台6个，清理河沟塘5条。加强大气污染监测管控，全镇大气监测设备安装并投入使用，完成生物质锅炉限值排放及燃气锅炉低氮改造“回头看”工作，全年夏、秋两季实现秸秆禁烧“双零”目标。镇、村生活污水处理设施运转正常，编制完成全镇污水管网设计规划，建成污泥池1座，污水处理设施进出口水质监测设备全面安装到位

西安丰镇集镇新貌 西安丰镇/供稿

并投入使用。“6·5世界环境日”期间，组织开展环境保护宣传活动，悬挂过街宣传横幅20余条，发放宣传资料2000余份。（俞杨晓）

■红枫园第三期工程竣工交付使用 西安丰镇发挥苏中抗日根据地核心区红色资源优势，按照打造全省乃至全国红色基因传承地、党性教育新基地、红色旅游核心地目标，分步实施江苏红枫园新四军文化园建设项目。其中，于1995年，集资实施红枫园建设第一期工程，建成苏中革命历史纪念馆，展厅面积65平方米的；2018年，实施红枫园第二期工程，重建苏中革命历史纪念馆，建筑面积1500平方米，室内展厅布展面积1300平方米，室外景观面积1.2万平方米，于2019年11月新馆建成对外开放；2020年9月11日，开工建设红枫园新四军文化园第三期工程，项目总投资1.6亿元，占地面积5.33公顷，建筑面积2.6万平方米，新建党员干部培训教育基地，恢复粟裕故居、甲申记舞台、新四军战地后方医院旧址等红色遗址，于2021年底竣工交付使用。（俞杨晓）

表74 2021年西安丰镇主要经济社会指标实绩表

项目	单位	数量	比上年增长(%)	项目	单位	数量	比上年增长(%)
地区生产总值	亿元	27.47	2.42	工业销售收入	亿元	14.80	11.00
第一产业	亿元	3.34	1.49	工业利润	亿元	13.60	12.00
第二产业	亿元	9.32	5.62	工业技改投入	亿元	2.70	15.00
第三产业	亿元	14.82	0.72	工业从业人数	人	8764.00	5.36
财政收入	亿元	0.58	9.98	建筑业产值	亿元	27.00	8.00
农业总产值	亿元	4.66	11.89	建筑业从业人数	人	4782.00	0.91
粮食总产量	万吨	3.39	1.20	当年引进(实施)项目数	项	3.00	—
棉花总产量	吨	—	—	当年到账域外资金	万美元	400.00	33.00
油料总产量	吨	0.45	1.37	外贸出口额	万美元	1200.00	—
生猪饲养量	万头	0.70	-9.60	第三产业从业人数	人	14816.00	0.72
家禽饲养量	万羽	10.65	1.86	学校	所	3.00	—
水产品产量	吨	6557.00	4.02	在校学生数	人	1294.00	-18.97
农业从业人数	人	4429.00	-0.18	外出劳务人数	人	11032.00	-1.04
工业企业数	家	273.00	12.00	外来劳务人数	人	934.00	0.61
工业总产值	亿元	15.20	12.00	农民人均可支配收入	元	25013.00	6.50

（西安丰镇）

表75 2021年西安丰镇重点企业一览表

企业名称	主要产品	实绩			地址
		产值(万元)	销售额(万元)	利税(万元)	
江苏史蒂文生物科技有限公司	食品及饲料添加剂制造	11792	11556	2046	西安丰镇水晶大道
扬州恒鑫冶金科技有限公司	钢压延加工	14552	14261	1519	西安丰镇水晶大道

续表

企业名称	主要产品	实绩			地址
		产值（万元）	销售额（万元）	利税（万元）	
扬州市华烨金属制品有限公司	铜压延加工	13519	12845	323	西安丰镇南窑金属产业园
扬州伏尔特工业滤材有限公司	绝缘制品制造	11997	11757	1490	西安丰镇水晶大道
扬州东安管件有限公司	建筑装饰及水暖管道零件制造	12406	12158	1918	西安丰镇水晶大道
扬州市金轮泵阀有限公司	水轮机及辅机制造	13689	13416	2149	西安丰镇水晶大道
扬州舜天玻璃工艺品有限公司	日用玻璃制品制造	13804	13528	2247	西安丰镇兴安路
扬州星汉玻璃工艺品有限公司	日用玻璃制品制造	13855	13578	1694	西安丰镇兴安路
宝应县鑫龙铸造有限公司	黑色金属铸造	11714	11654	983	西安丰镇南窑金属产业园
宝应金驰能源科技有限公司	光伏设备及元器件制造	17290	16945	1177	西安丰镇水晶大道
宝应县宝丰达新能源发电有限公司	太阳能发电	2936	2936	968	西安丰镇水晶大道
扬州市青山环保科技有限公司	玻璃纤维及制品制造	1910	1916	246	西安丰镇水晶大道
江苏扬园金属制造有限公司	铜冶炼	1884	1884	56	西安丰镇南窑金属产业园

（西安丰镇）

表76　2021年西安丰镇村、社区基本情况表

村、社区	党支部书记	村（居）委会主任	会计	村（居）民小组数（个）	户数（户）	总人口（人）	农业面积（公顷）	工业企业（家）	年人均纯收入（元）
西安丰集镇社区	杜　颖	杜　颖	梁小芹	7	372	2230	—	—	—
集丰村、社区	梁永正	梁永正	倪长兰	13	1118	3610	88	10	26936
天亭村	祁忠国	祁忠国	侯　静	9	589	2571	161	3	25155
朱郭村	王　军	—	胡长林	12	820	3185	228	11	25304
崔渡村	黄灵军	黄灵军	许　强	18	1024	3985	270	1	25634
南舍村	徐晓和	徐晓和	宋相勇	20	1196	4886	337	5	25133
花亭村	黄　民	—	梅莲莲	10	717	2623	205	4	24347
林溪村	朱大广	朱大广	华国波	12	799	2803	194	4	24699
张吉村	郝达平	—	刘　丹	7	541	2086	119	5	23399
苗圃村	王家顺	王家顺	戴清妍	9	611	2288	194	11	25633
太仓村	黄俭祥	黄俭祥	徐金燕	12	754	2661	181	4	23035

（西安丰镇）

曹 甸 镇

■概况　曹甸镇位于宝应县城北部，与淮安市毗邻，镇域面积9990公顷，耕地面积4195公顷，年末总人口6.5万人，常住人口6.3万人，辖22个村、3个社区，是“全国重点镇”“国家园林城镇”“全国环境优美镇”“中国教玩具生产基地”“江苏省重点中心镇”“江苏省卫生镇”“江苏省园林镇”“江苏省生态文明建设示范乡镇”“江苏省电子商务示范镇”，入选创建“江苏省教玩具特色小镇名”单。2021年，全镇实现地区生产总值53.21亿元，比上年增长7.43%。其中，第一产业7.1亿元、第二产业22.65亿元、第三产业23.46亿元，分别比上年增长2.60%、10.65%、5.96%。

（吴　冬）

■经济建设　2021年，曹甸镇粮食生产实现连年丰收，推进高效有机农业发展，新增高标准农田面积400公顷、设施农业面积13.3公顷、设施渔业养殖面积30公顷、生态化改造养殖池塘面积30公顷稻田综合种养面积86.7公顷、有机农业面积51.4公顷，申报获认定绿色有机农产品2个。强化农业基础设施建设，投资5700万元，实施完成国、省财政补贴里下河洼地改造下引河疏浚整治工程。加大农业招商引资和项目建设力度，招商引资新开工建设“扬州市农业重大项目”2个、新竣工投入运营“扬州市农业重大项目”1个；新增“扬州市农业产业化龙头企业”1家，宝应县农业产业化龙头企业5家。发展农产品“淘宝”电商，全年实现农产品网上销售金额2.4亿元，比上年增长20%。

全年完成工业销售金额54.02亿元，比上年增长7.2%。新开工“扬州市重大工业项目”1个、投资1亿元工业项目2个、投资5000万元项目4个；竣工投产1个亿元工业项目1个，投资5000万元工业项目4个。彩虹集团旗下扬州虹运电子新材料有限公司投资3.5亿元，新建高端电子银浆生产线项目竣工投产，实现开票销售额1亿多元，并通过扬州市“三新”项目竣工认定。推进企业科技创新，全年新增国家高新技术企业2家，获批入库江苏省科技型中小企业11家，签订企业与高校院所产学研合作协议8件；获授权发明专利11件，获批江苏省“双创计划”项目1项、获批江苏省“科技副总”计划2人，获批建设“扬州市企业工程技术研究中心”2个，扬州虹运电子新材料有限公司申报获批省、市重大科技成果转化项目。

全年完成建筑业施工产值14.5亿元，增加值3.3亿元，实现税收948万元、比上年增长35%。加强建筑工地管理，创成“扬州市文明工地”1个。全年实现服务业税收3464万元，新增规模以上服务业企业2家，限额以上批零住餐企业15家，新增税收100万元以上服务业企业3家。

（吴　冬）

■精神文明建设　2021年，曹甸镇积极开展文明城市创建，实施文体惠民工程，新建农村大舞台3家，实现村级农村大舞台全覆盖。丰富全镇文化生活，全年开展春节文艺大篷车联动、淮剧团送戏巡演、新时代文明实践等大型活动62场次。创成省级卫生村2家，开展职业健康场所检测75家、职工体检2400人，完成无偿献血310人和造血干细胞采集15人。曹甸高级中学推进学生德智体美劳全面发展，投资1000万元，新建成曹甸高级中学体艺馆。曹甸镇规划建设镇文体中心。发挥忆思园（含苏中公学纪念馆、曹甸战役纪念馆、农耕文化博物馆3个部分）红色教育基地作用，助力开展全镇党员干部党史学习教育活动，建成智慧农业实验室和恒温人工气候实验室，进一步提升红色旅游研学功能。曹甸镇忆思园入选“扬州市

中国教玩具制造基地——曹甸镇　　曹甸镇/供稿

有代表性15个红色教育基地”。

（吴　冬）

■镇村建设　2021年，曹甸镇推进镇村基础设施建设，实施完成路灯升级改造工程、四环路与三圩路黑色化改造提升工程、苏圩桥改造工程、集镇南片区整治工程、周西路景点工程；先后实施完成下舍社区集镇农贸市场建设项目、污水处理设施项目、绿化池改造升级项目；实施完成改造扩容嘉东花园、福缘花园停车场项目。投资1000万元，实施完成邵沟河清淤及驳岸提升工程长度3.7千米。加强镇村人居环境监测管理，曹甸镇区域环境空气质量监测站建成投入运行；实施完成畜禽养殖场6家粪污资源化改造利用项目；建成7个村农村生活污水治理设施。实施完成樱花大道延伸项目，滨河花园周围建成林木观赏园面积近5公顷。全年新增成片造林面积13.33公顷，实现庄旁、路旁、水旁、道路两旁“四旁”植株5.7万株，新建、完善农田林网面积200公顷。加强环境卫生综合整治，清理村庄各类垃圾堆放1800立方米，疏浚河塘沟渠312条、河堤乱堆乱放1085处，拆除废弃猪圈、厕所4200座。

（吴　冬）

■“宝应慈姑”获批国家地理标志商标　曹甸镇慈姑种植历史悠久，种植经验丰富，自然条件得天独厚，种植面积居于全县之首。以曹甸镇紫圆慈姑为代表的“宝应慈姑”是地方特色优良农产品，具有个头小、肉质紧、耐贮藏、产量高等特点，长期受到消费者青睐。2021年，宝应县“宝应慈姑”申报国家地理标志商标。2022年1月，国家知识产权局发布，“宝应慈姑”申报地理标志商标初审公告期限届满，成功获批“中华人民共和国地理标志商标”。国家地理标志商标是标示某商品来源于某地区，并且该商品的特定质量、信誉或其他特征主要由该地区的自然因素或人文因素所决定的标志。通过申请地理标志证明商标，能够有效提升当地特色产品附加值，促进特色行业发展。“宝应慈姑”申报获批地理标志商标的，将进一步打响“宝应慈姑”知名度，在帮助当地农民实现增收致富同时，促进“宝应慈姑”种植、加工向产业化、品牌化、高端化发展。（吴　冬）

表77　2021年曹甸镇主要经济社会指标实绩表

项目	单位	数量	比上年增长(%)	项目	单位	数量	比上年增长(%)
地区生产总值	亿元	53.21	7.43	工业销售收入	亿元	54.02	7.20
第一产业	亿元	7.10	2.60	工业利润	亿元	40.02	6.50
第二产业	亿元	22.65	10.65	工业技改投入	亿元	15.04	-19.60
第三产业	亿元	23.46	5.96	工业从业人数	人	16863.00	-4.10
财政收入	亿元	1.21	-8.40	建筑业产值	亿元	14.50	-14.50
农业总产值	亿元	12.12	2.20	建筑业从业人数	人	8200.00	5.13
粮食总产量	万吨	7.22	-7.20	当年引进(实施)项目数	项	10	—
棉花总产量	吨	—	—	当年到账域外资金	万美元	500.00	—
油料总产量	吨	1659.80	69.37	外贸出口额	万美元	6000.00	—
生猪饲养量	万头	0.18	-60.20	第三产业从业人数	人	10729.00	-12.70
家禽饲养量	万羽	5.00	-21.50	学校	所	7.00	—
水产品产量	吨	4060.00	3.70	在校学生数	人	4120.00	12.60
农业从业人数	人	6026.00	-23.60	外出劳务人数	人	—	—
工业企业数	家	1486.00	-7.60	外来劳务人数	人	35156.00	—
工业总产值	亿元	50.00	5.70	农民人均可支配收入	元	35239.00	9.80

（曹甸镇）

表 78　2021 年曹甸镇重点企业一览表

企业名称	主要产品	实绩			地址
		产值（万元）	销售额（万元）	利税（万元）	
扬州嘉华管业有限公司	焊管、电力工具	9148	8632	999	曹甸镇工业集中区
扬州瑞欣羽绒制品有限公司	羽绒制品	4254	3993	517	曹甸镇郝舍村
江苏爱贝尔玩具有限公司	教玩具产品	4330	3573	167	曹甸镇工业集中区
扬州晨化新材料服务有限公司	专项化学用品制造	100449	84598	12023	曹甸镇工业集中区
扬州新奇特电缆材料有限公司	绝缘制品	23325	24128	925	曹甸镇工业集中区
扬州天自然羽绒制品有限公司	羽绒制品	4505	4315	466	曹甸镇工业集中区
扬州发运电气有限公司	导电橡胶、压敏电阻	7893	7511	453	曹甸镇工业集中区
扬州吉山津田光电科技有限公司	电子产品	7950	5749	886	曹甸镇工业集中区
扬州宏讯电子科技有限公司	电子产品	4099	3616	80	曹甸镇工业集中区
江苏金阳光游乐设备有限公司	教玩具产品	15573	14272	1878	曹甸镇工业集中区
江苏康乐玩具有限公司	教玩具产品	19320	18137	2697	曹甸镇工业集中区
扬州东方娃玩具有限公司	教玩具产品	2002	2435	151	曹甸镇工业集中区
江苏宝乐实业有限公司	教玩具产品	24505	23207	3097	曹甸镇工业集中区
扬州巨业耐磨复合材料有限责任公司	钢压延加工	2687	2015	129	曹甸镇工业集中区
扬州米奇妙教玩具有限公司	教玩具产品	25784	24255	3982	曹甸镇工业集中区
江苏玉河教玩具有限公司	教玩具产品	5516	5484	400	曹甸镇工业集中区
扬州金鑫管业有限公司	钢压延加工	3152	3688	391	曹甸镇工业集中区
扬州奇娃教玩具有限公司	教玩具产品	20203	19140	3412	曹甸镇工业集中区
扬州梦工坊科教设备有限公司	教玩具产品	7506	6791	894	曹甸镇工业集中区
江苏日新米业有限公司	稻谷	7274	6728	877	曹甸镇新南村
江苏万源人造草坪有限公司	人造草坪	2435	2435	110	曹甸镇工业集中区
扬州市辰申健身器材有限公司	健身器材制造	1156	1153	129	曹甸镇工业集中区
扬州京柏自动化科技有限公司	系统自动化设备	5276	5520	123	曹甸镇工业集中区
扬州鑫瑞源羽绒制品有限公司	羽绒制品	2595	6528	94	曹甸镇工业集中区
扬州绿宝人造草坪有限公司	人造草坪	6200	6017	74	曹甸镇工业集中区
江苏羽泉羽绒制品有限公司	羽绒制品	5111	5110	209	曹甸镇工业集中区
宝应隆茂包装有限公司	木制品加工	6789	6528	629	曹甸镇康庄村
中广核新奇特（扬州）电气有限公司	绝缘制品	23325	24128	925	曹甸镇工业集中区
扬州虹运电子材料有限公司	电子材料及元器件生产	16993	16991	742	曹甸镇工业集中区
扬州市紫苑铸造有限公司	铸件制造	2905	3652	226	曹甸镇工业集中区

（曹甸镇）

表79　2021年曹甸镇村、社区基本情况表

村、社区	党支部书记	村（居）委会主任	会计	村（居）民小组数（个）	户数（户）	总人口（人）	农业面积（公顷）	工业企业（家）	年人均纯收入（元）
曹甸村	谢荣雷	谢荣雷	冯素健	14	1067	3932	253	—	30976
曹南村	吕幼宏	吕幼宏	华庆林	10	918	3224	122	—	43824
溪北村	沈豹生	沈豹生	陈　露	10	722	2584	185	—	34225
茆舍村	徐成佳	徐成佳	史承付	12	832	3123	246	—	37078
金吾村	吴业清	吴业清	顾夕祥	15	1216	4435	310	—	34182
李沟村	张守明	张守明	吉和林	12	956	3478	296	—	35569
康庄村	郝　兵	郝　兵	—	10	674	2390	212	—	39665
屈舍村	唐寿亮	唐寿亮	张蓉蓉	10	915	3333	243	—	36431
舍新村	陈运彪	陈运彪	王　珏	6	485	1739	155	—	34304
下舍村	林文兵	林文兵	古　军	10	672	2468	169	—	35182
官河村	丁荣生	丁荣生	杨同年	7	490	1761	140	—	34274
夏庄村	张庆友	张庆友	王星星	7	516	1951	152	—	34664
甄庄村	杨同奇	杨同奇	仲　健	13	936	3453	441	—	39427
梁沙村	王维军	王维军	陆方全	8	580	2211	155	—	33559
三元村	顾秋林	顾秋林	杨海艳	15	1089	4012	293	—	34934
新南村	张学高	张学高	马永军	11	739	2547	175	—	34206
郝舍村	单学军	顾洪雷	—	8	489	1759	161	—	33519
崔堡村	于文家	于文家	韩大国	8	633	2269	162	—	39606
周管村	董玉龙	董玉龙	谢成超	5	488	1824	71	—	43804
陆庄村	高晓辉	高晓辉	陈维东	8	564	2152	181	—	39643
黄家村	吴鹤勤	吴鹤勤	季正龙	10	739	2744	270	—	39739
古塔村	费元亮	蔡玉喜	郝　盼	11	742	2548	198	—	35479
下舍社区	万子兵	万子兵	林　宵	8	877	1899	39	—	37139
曹甸社区	张长琴	张长琴	朱士臣	7	1068	2186	—	—	—
滨河花园社区	邵　君	邵　君	张晓凤	—	1226	5500	—	—	—

（曹甸镇）

泾 河 镇

■概况　泾河镇位于宝应县城北郊，东与曹甸镇接壤，西临京杭大运河，北与淮安市淮安区平桥镇相邻，京沪高速公路、G233 和连淮扬镇高速铁路南北向贯穿全境，是苏中与苏北地区信息流、资金流、项目流交汇点。镇域总面积 8200 公顷，耕地面积 4479 公顷，辖 19 个行政村、2 个社区，年末总人口 5.42 万人，先后获命名"国家生态镇""全国环保优秀镇""江苏省卫生镇""江苏省新型示范小城镇"。2021 年，全镇实现地区生产总值 28.43 亿元、比上年增长 7.28%，其中第一产业 5.08 亿元、第二产业 11.51 亿元、第三产业 11.84 亿元，分别比上年增长 13.14%、8.89%、5.48%。完成一般公共预算收入 1.15 亿元，比上年增长 9.52%，农民人均可支配收入 27835 元、比上年增长 12.65%。

（林永亮）

■经济发展　2021 年，泾河镇粮食生产连续丰收，全年实现粮食总产量 7.22 万吨，其中夏粮 3.41 万吨，秋粮 3.81 万吨。发展有机绿色农业，新增有机农业转换面积 24.3 公顷、池塘化改造面积 21.7 公顷、企业自建绿色基地面积 66.13 公顷。发展生猪规模养殖，完成生猪饲养量 2.3 万头，其中出栏生猪 1.37 万头，年底存栏生猪 0.94 万头。培树新型农业主体，新增农业经营主体 4 家，培育高素质农民 154 人，创成"扬州市典型规范化示范社"1 家。"泾河西瓜"（中果型、小果型）参加 2021 年江苏"好西（甜）瓜"品鉴推介活动分别获金奖和特等奖。招商引资新开工建设获认定"扬州市农业重大项目"1 个、投资 3000 万元农业项目 1 个，建成"江苏省绿色优质农产品（水稻）基地"面积 1013.33 公顷。持续开展绿化造林，新增植树造林面积 42 公顷、植树 8 万株。推进生态环境建设，全镇实现行政村长效管护率 100%，秸秆综合利用率 98.08%。

全年实现工业开票销售额 21.05 亿元，比上年增长 14.7%，工业入库税收 6100 万元，比上年增 20.2%，完成工业固定资产投资额 13.89 亿元，比上年增长 348%，外资自营出口额 1081 万美元、比上年增长 104%。新增开票销售额 1 亿元以上工业企业 1 家、规模以上工业企业 6 家、个体工商户 560 户，培育专精特新企业 7 家、战略性新兴产业企业 5 家。招商引资新签约工业重大项目 2 个、投资 1 亿元工业项目 2 个、投资 5000 万元工业项目 2 个，新开工建设投资 1 亿元工业项目 1 个、投资 5000 万元工业项目 2 个，完成工业技改项目 4 个。新竣工投产投资 1 亿元以上项目 2 个、投资 5000 万元项目 1 个。推进工业企业科技创新，新增"国家高新技术企业"4 家，新建"扬州市企业工程技术研究中心"1 个，申报引进"江苏省科技副总人才"2 人，新增商标注册 55 件，签订企业与高校院所产学研合作项目协议 5 份。

全年实现建筑业总产值 16.2 亿元、比上年增长 9.45%，完成建筑业入库税收 2356 万元，获评"江苏省安全文明工地"1 项、"扬州市安全文明工地"2 项、"扬州市优质结构工程"2 项。全年完成服务业税收 3327 万元，完成固定资产投资总额 6.1 亿元、比上年下降 17.1%。服务业招商引资新签约现代服务业重大项目 1 个，新开工建设投资 1000 万元服务业项目 3 个，全年通过竣工认定服务业项目 4 个。新增服务业纳税过 100 万企业 1 家、规模以上服务业企业 2 家，净增批零住餐企业5 家。

（林永亮）

■精神文明建设　2021 年，泾河镇常态化开展文明单位创建活动，全年获命名"县文明村"8 个、"县文明单位"3 家、"县文明乡镇工业"2 家，"县文明校园"3 家。开展"泾

泾河镇集镇一隅　　泾河镇/供稿

河好人”评选和“十星文明户”“文明家庭”创建评比活动，上报县委宣传部“宝应好人典型”60人，开展群众性文化活动30多场次、全民阅读活动4场、淮剧演出活动8场，举办“讲文明、讲科学”移风易俗活动3场。举办庆祝中国共产党成立100周年系列活动，组队参加全县城乡联动文艺汇演、广场舞大赛、群众文艺新作调演，选送节目参加“宝地繁星”宝应县首届戏剧演唱短视频大赛获得一等奖1个，选送节目参加“我们的节日”民间文艺表演短视频展播获得作品奖1个；编排节目歌伴舞《最亲的人》参加“庆百年、颂党恩”宝应县2021年度群众文艺新作调演获得优秀创作奖和优秀剧目奖，并代表宝应县参加扬州市“绿扬风”群众文艺新作评比。泾河镇成功承办宝应县第4个“中国农民丰收节”庆祝活动、宝应泾河第八届西瓜旅游节。

（林永亮）

■**村镇建设** 2021年，泾河镇持续加强基础设施建设，投入1000多万元新建驸马营公园、御码头遗址公园及配套设施；投入80多万元，推进实施黄浦集镇整治提升工程；投入800多万元，实施泾陈路、台陈路黑色化升级改造工程；对镇村公路桥梁22座浇筑防撞护栏，对泾陈路北段临河地段、安泾路南段临河地段长度3.5千米安装双波钢护栏；实施新建城北新城幼儿园东、南两侧道路、雨污水管网、亮化、自来水工程，泾松路、泾蔡路等公路进行绿化提升工程等，完成道路绿化长度16千米；新建左堡村生活污水处理设施，全镇新建污水管网长度2200米。

御码头遗址公园建设工程 位于泾河社区闸北组、京杭大运河东堤，即泾河粮库码头所在处，始建于明朝景泰年间，是京杭大运河漕运码头之一。该工程总投资680万元，建筑面积7500平方米，主要施工内容为土方工程、绿化工程、廊榭工程、牌坊工程、驳岸工程、亮化工程、景观广场工程等。御码头遗址公园建设工程于2021年8月开工建设，规划于2022年2月建成竣工投入使用。

驸马营公园 位于泾河集镇东侧，东临泾河镇中心小学，西靠龙腾雅苑小区，南接驸马营路，北倚金龙路，为纪念明代朱元璋驸马梅殷统率40万大军驻守在泾河关、黄浦关所命名。该项目总投资300多万元，占地面积3公顷，建设内容将绿化造景和群众休闲相结合，主要建有巨石景墙、假山、八柱青石白龙亭，以及健身步道、儿童游乐功能区等，并栽植香樟、池杉、黑松、粉红乱籽草、佛甲草等珍贵花木。驸马营公园建设工程于3月下旬正式开工建设，5月底竣工投入使用。

（林永亮）

■**韵达江苏总部基地第一期工程竣工** 韵达（江苏）总部基地项目由上海韵达集团（上市公司）全资投资兴建，总投资30亿元，占地46.67公顷，总建筑面积约60万平方米。第一期工程总投资15亿元，占地20公顷，主要建设智能化分拣中心、智能云仓中心、电商中心、结算中心、综合办公楼及其他附属配套设施。5月4日，韵达（江苏）总部基地项目第一期工程竣工正式投入运行。

（林永亮）

表80 2021年泾河镇主要经济社会指标实绩表

项目	单位	数量	比上年增长（%）	项目	单位	数量	比上年增长（%）
地区生产总值	亿元	28.43	7.28	工业销售收入	亿元	36.74	11.67
第一产业	亿元	5.08	13.14	工业利润	亿元	2.19	11.05
第二产业	亿元	11.51	8.89	工业技改投入	亿元	6.80	0.90
第三产业	亿元	11.84	5.48	工业从业人数	人	7745.00	10.31
财政收入	亿元	1.06	1.05	建筑业产值	亿元	14.55	0.35
农业总产值	亿元	6.35	-7.82	建筑业从业人数	人	8887.00	11.37
粮食总产量	万吨	7.01	-4.15	当年引进（实施）项目数	项	10.00	67.00
棉花总产量	吨	—	—	当年到账域外资金	万美元	1081.00	—
油料总产量	吨	613.00	-3.16	外贸出口额	万美元	500.00	—
生猪饲养量	万头	1.37	-31.15	第三产业从业人数	人	4003.00	-2.96
家禽饲养量	万羽	6.39	-57.82	学校	所	4.00	—

续表

项目	单位	数量	比上年增长(%)	项目	单位	数量	比上年增长(%)
水产品产量	吨	3039.00	-31.21	在校学生数	人	693.00	-16.81
农业从业人数	人	3090.00	-36.91	外出劳务人数	人	18769.00	1.19
工业企业数	家	256.00	-3.40	外来劳务人数	人	2885.00	7.09
工业总产值	亿元	37.87	10.92	农民人均可支配收入	元	27835.00	12.65

(徐专新)

表 81　2021 年泾河镇重点企业一览表

企业名称	主要产品	实绩			地址
		产值（万元）	销售额（万元）	利税（万元）	
江苏宝珠电器科技有限公司	水泵电器元件制造	8925	4772	264	泾河镇城北工业园区
江苏同辉管业有限公司	塑料板、管材制造	4365	2014	242	泾河镇集镇工业园区
宝应博瑞混凝土有限公司	混凝土	22403	22403	1448	泾河镇运河堤边
扬州宝隆混凝土有限公司	混凝土	21960	21960	1465	泾河镇集镇工业园区
扬州市一诺节能科技有限公司	保温材料	4157	4157	262	泾河镇集镇工业园区
江苏华谊管件有限公司	管件	2846	2846	79	泾河镇城北工业园区
江苏天毅环保科技有限公司	防尘布袋	6280	6252	260	泾河镇城北工业园区
扬州鑫元混凝土有限公司	混凝土	15137	15137	728	泾河镇运河堤边
宝应县宏维电工有限公司	电线电缆	12429	12429	741	泾河镇城北工业园区
扬州嘉恒机械制造有限公司	机械加工	6544	6455	485	泾河镇城北工业园区
扬州宇新管业有限公司	管件	5099	5099	314	泾河镇道口工业园区
江苏宇通特种管业有限公司	管件	4896	4896	435	泾河镇城北工业园区
扬州市天龙电缆材料有限公司	电缆材料生产	5247	5247	164	泾河镇黄浦集镇
扬州高立达科技产业有限公司	石化设备	2042	2257	99	泾河镇集镇工业园区
扬州宝珠电器有限公司	热保护器	11526	8576	1431	泾河镇城北工业园区
扬州天成水处理设备工程有限公司	水处理设备制造	3428	3428	248	泾河镇城北工业园区
扬州缘扬米业有限公司	粮食加工	3915	3915	26	泾河镇道口工业园区
宝应县吉宇新型建材有限公司	混凝土	11782	11782	1233	泾河镇东红村
江苏绿创新材料科技有限公司	铝压延加工	11242	5910	21	泾河镇城北工业园区
扬州润恒建设工程有限公司	路面施工材料	18891	14775	295	泾河镇集镇工业园区
扬州欣金禾钢业科技有限公司	金属制品加工	6176	6176	323	泾河镇城北工业园区

(张　童)

表 82　2021 年泾河镇村、社区基本情况表

村、社区	党支部书记	村(居)委会主任	会计	村(居)民小组数(个)	户数(户)	总人口(人)	农业面积(公顷)	工业企业(家)	社会总产值(万元)	人均年纯收入(元)
泾河村	马锦明	马锦明	谢万园	9	577	2165	167	2	4520	25579
泾农村	朱建刚	朱建刚	周良全	11	728	2701	208	13	10120	28101
钱庄村	陈玉宝	陈玉宝	赵鹏飞	11	696	2487	265	10	11230	28116
大同村	常其忠	常其忠	杨梅娟	8	452	1560	182	3	4510	25075
黄浦村	童宝祥	童宝祥	陈玉凤	13	989	3383	303	12	11240	26875
刘家潭村	鲁日久	鲁日久	王　鹏	9	710	2666	194	15	13450	27969
曹坝村	刘永洪	刘永洪	董　雪	11	843	3383	232	57	50140	28463
刘上村	陈　勇	陈　勇	吉　燕	12	766	2955	279	7	7812	27836
陈东村	许久宽	许久宽	付登健	6	574	2346	109	6	5120	28613
台许村	何　军	何　军	李群飞	11	692	2432	222	9	5641	27776
东红村	吴宝杰	吴宝杰	徐秀林	7	570	2177	199	8	8012	27456
虹桥村	孙建彬	孙建彬	陈　丽	9	676	2598	272	8	5814	26822
松竹村	欧必林	欧必林	李　武	8	623	2360	218	3	6120	25534
灶户村	邵旭东	邵旭东	陈志广	8	736	2693	300	5	6740	26462
左堡村	陈春鸣	陈春鸣	王庆明	11	736	2436	292	3	5120	25523
蔡桥村	杨益辉	杨益辉	陈正松	15	967	3748	357	9	5430	26232
陈桥村	夏金龙	夏金龙	刘晓东	13	760	2920	281	3	4524	25354
张北村	潘俊峰	潘俊峰	王　玲	8	398	1547	179	3	4425	25815
张桥村	张俊国	张俊国	鲁忠君	9	549	2011	161	9	6245	27488
泾河社区	王宝军	王宝军	李　娟	7	1553	3380	38	21	20143	28089
黄浦社区	刘越先	刘越先	吉梅燕	4	1336	3156	24	22	12548	28565

（金　萍）

山　阳　镇

■概况　山阳镇位于京杭大运河西，是宝应县在运西地区唯一完全镇，周边与淮安市金湖县、洪泽县、淮安区接壤，总面积 1.25 万公顷，其中耕地面积 5168.07 公顷。年末总人口 5.34 万人，辖 16 个行政村、2 个社区、1 个水产养殖总公司。2021 年实现地区生产总值 51.16 亿元，比上年增长 77.64%。其中第一产业 8.77 亿元、第二产业 19.85 亿元、第三产业 22.54 亿元。实现财政收入 1.3 亿元。农民人均可支配收入 28106 元，比上年增长 11%。

（徐克礼）

■经济发展　2021 年，山阳镇全年新增绿色农产品基地面积 400 公顷、有机农业面积 13 公顷，共创建省级绿色优质农产品基地 3200 公顷。全年分别获批省、市、县示范家庭农场 1 家、2 家和 5 家，江苏一莓阳光现代农业有限公司精品主题园获省乡村休闲旅游农业“一园两基地”推介。创成省级农业产业化重点龙头企业 1 家、市级 5 家、县级 1 家；江苏羽艺家纺制品有限公司获评省农业科技型企业。新签约开工农业重大项目 2 个，城西工业区羽绒产业园获批江苏省农产品集中加工示范区，并入选全国农村创业园（基地）目录。“山阳羽绒”获国家地理标志证明商标；宝应湖大闸蟹

中国羽绒名镇——山阳镇 山阳镇/供稿

获省“金蟹奖”、“最佳口感奖”、“优质生态养殖基地奖”；宝应县西湖米厂生产的“竹西”牌大米荣获第21届中国绿色银奖、第二届江苏绿色有机农产品交易洽谈会畅销产品金奖、扬州首届“好地方、好味稻”特等奖。全镇特色农业机械化率78%以上，其中：设施农业机械化率84.3%，畜牧业机械化率63.27%，渔业机械化率74.6%，林果业机械化率70.2%，农产品初加工机械化率97.82%。

全年实现工业开票销售额47.8亿元，工业入库税收1.26亿元，固定资产投资25亿元，外资到账630万美元。年开票过亿元企业8家，规模以上企业44家。新签约重大工业项目3个、1亿元工业项目6个、5000万元工业项目3个；新开工重大工业项目1个、1亿元目工业项目1个、5000万元工业项目1个；新竣工重大工业项目1个、1亿元工业项目1个、5000万元工业项2个。全年净增亿元企业2家，净增规模以上企业6家。坚持创新引领，“产学研”结合，成功申报获批国家高新技术企业6家、市科技创业大赛项目3个，获批“宝地英才”人才项目2个，江苏省“科技副总”2项，入围扬州市“绿扬金凤”项目2个；获批建设市级工程研究中心1个、市级技术中心2个、省级乡土人才大师示范工作室1个，创成全镇首家院士工作站。深圳市富安娜家居用品股份有限公司与山阳镇长期合作，为提升山阳羽绒产业层次、促进羽绒产业集聚发展，征地6.03公顷，新建3.78万平方米标准化厂房，项目投产达效后，年入库税收1500万元以上。为切实缓解用地难问题，加大力度盘活企业低效用地，通过重组、合作、转租、拍卖等方式，盘活10宗低效用地21.69公顷。

注重拓展县外建筑业市场，鼓励县外建筑企业落户山阳。全年实现县外施工总产值9.8亿元，完成税收1560万元。服务业发展围绕富安娜电商产业园、芦雁码头文化风光带打造，实现税收1499万元。大力推进“四上”企业培育，新增开工和竣工1000万元项目各1个。全年招引服务业企业2家；新增税收过100万元服务业企业1家；新增规模以上企业1家；限额以上贸易企业4家。（徐克礼）

■精神文明建设 2021年山阳镇常态化开展文明创建活动，紧抓建党一百周年契机，举办“七一”建党系列活动，评选十佳模范共产党员，98名党员获市、县、镇“两优一先”表彰，颁发“光荣在党50年纪念章”112枚。9月30日，山阳镇党委政府在兴同村党群服务中心举办第四届“中国农民丰收节”暨第三届“水乡文化旅游节”活动，展现当代农民别样风采。活动对山阳镇2021年度“十佳农民致富能手”颁奖，组织该镇农产品企业、农户自选代表性特色农产品现场展销。全年推荐40人参加“宝应好人”评选，申报“最美扬州人”2人。山阳镇机关干部徐堂飞捐献造血干细胞事迹多次被省市县主流媒体报道。扎实开展十星文明户、示范户、标兵户评选活动。（徐克礼）

■镇村建设 2021年山阳镇坚持规划引领，加快城镇化建设进程。规划编修《山阳镇2021～2035年空间发展规划》和成片开发方案，其中：空间规划初出成果，成片开发方案包含12个工业项目，分成2个片区，总面积72.17公顷。投资1.2亿元新建宝应县第五人民医院；投资7000万元新建城西实验学校，同宝应县实验幼儿园、实验小学、实验初中实现深度融合办学。建成融旭·春阳城住宅面积3.3万平方米。提升改造S311富安娜西延至万缘桥路段，完成道路两侧绿化、亮化和美化工程4千米；对204县道实施大中修长度8.8千米，提升改造北线循环路长度6千米；新建与金湖县、淮安区、运河二桥3处镇标设施；增设实验幼儿园、裕兴桥、万缘桥、胜利桥、镇东大桥、山南路等6处红绿灯；新建110千伏变电所；改造交通桥5座；新安装主要交通道路路灯915盏。实施杨河、徐庄等4个村（居）万亩土地整理项目。新建2个市级美丽乡村和5个县级美丽村庄。启动沿湖、兴同、颂阳3个生态墓园建设。围绕污水治理，新铺设长沟集镇和园区污水管网1.5千米；提升改造集镇荷花污水处理厂（达到一级A排放标准）；配齐城西和荷花污水处理厂进出水监测设备；完成生态河道建设11.8千米。（徐克礼）

表83　2021年山阳镇主要经济社会指标实绩表

项目	单位	数量	比上年增长(%)	项目	单位	数量	比上年增长(%)
地区生产总值	亿元	51.16	77.64	工业销售收入	亿元	97.54	0.60
第一产业	亿元	8.77	0.20	工业利润	亿元	5.32	0.77
第二产业	亿元	19.85	106.78	工业技改投入	亿元	4.10	—
第三产业	亿元	22.54	196.58	工业从业人数	人	8186.00	0.37
财政收入	亿元	1.30	12.23	建筑业产值	亿元	9.80	180.00
农业总产值	亿元	2.59	0.04	建筑业从业人数	人	1605.00	14.40
粮食总产量	万吨	7.47	4.96	当年引进(实施)项目数	项	—	—
棉花总产量	吨	—	—	当年到账域外资金	万美元	630.00	—
油料总产量	吨	815.00	0.05	外贸出口额	万美元	1800.00	—
生猪饲养量	万头	0.80	—	第三产业从业人数	人	4421.00	1.02
家禽饲养量	万羽	29.46	0.23	学校	所	3.00	—
水产品产量	吨	20692.00	1.18	在校学生数	人	785.00	-2.80
农业从业人数	人	7920.00	-0.10	外出劳务人数	人	26460.00	-11.13
工业企业数	家	335.00	-23.17	外来劳务人数	人	370.00	2.21
工业总产值	亿元	91.00	0.94	农民人均可支配收入	元	28106.00	11.00

（徐克礼）

表84　2021年山阳镇重点企业一览表

单位：万元

企业名称	主要产品	实绩			地址
		产值（万元）	销售额（万元）	利税（万元）	
江苏宝杰隆羽绒制品有限公司	羽绒加工	16577	16539	2238	城西工业集中区二桥西首
江苏宏腾电力装备有限公司	高低压开关柜配件制造	13885	10413	484	城西工业集中区创业路
江苏亚峰纺织品有限公司	床上用品生产	246	246	-3	城西工业集中区创业路
扬州大宇体育用品有限公司	蹦床加工	18698	14211	709	城西工业集中区二桥西首
江苏羽艺家纺制品有限公司	羽绒制品加工	7401	5651	100	城西工业集中区二桥西首
扬州晨琳家用纺织品有限公司	羽绒制品加工	10696	10696	437	城西工业集中区二桥西首
扬州神龙绳业有限公司	绳缆制造	5509	5509	692	城西工业集中区创业路
扬州易达利机械科技有限公司	农业机械制造	2588	2588	192	城西工业集中区
江苏翔宇纺织品有限公司	纺织品制造	43082	42572	4324	城西工业集中区二桥西首
江苏万峰铝业有限公司	铝型材加工销售	6606	5981	113	城西工业集中区创业园
扬州三善电气有限公司	绝缘制品制造	2126	2126	103	城西工业集中区创业园
江苏苏隆水泥有限公司	水泥生产	32155	31340	5097	城西工业集中区

续表

企业名称	主要产品	实绩			地址
		产值（万元）	销售额（万元）	利税（万元）	
江苏金禧塑业新材料有限公司	特种电缆制造	4199	3200	169	城西工业集中区
扬州英奥车业有限公司	汽车配件加工	4226	4226	269	城西工业集中区创业路 8 号
扬州裕兴纸品包装有限公司	办公打印纸加工	14329	11551	137	城西工业集中区盐金路边
扬州协力传动科技有限公司	电工机械专用设备制造	10828	9478	191	城西工业集中区裕兴路 2 号
江苏远阳服饰有限公司	针织羊毛衫生产	10368	10064	325	城西工业园区
宝应县新桥米厂	大米加工	4705	4611	208	山阳镇新桥
江苏王牌电机制造有限公司	电机制造	8914	8265	309	城西工业集中区 331 省道附近
尚宝罗江苏节能科技股份有限公司	工业泵制造	14986	10938	711	城西工业集中区尚宝路 1 号
宝应县助成包装制品有限公司	塑料印刷品制造	2024	2370	30	城西工业集中区
江苏环宇起重运输机械有限责任公司	输送机械制造	13125	12125	－84	城西工业集中区盐金路 1 号
扬州润友复合材料有限公司	绝缘材料制造	3173	3173	126	城西工业集中区二桥西首
扬州市南洋混凝土有限公司	混凝土生产	23664	23835	1006	城西工业集中区
扬州市顺驰电气有限公司	滑线生产	10349	10348	821	城西工业集中区
江苏大成羽绒科技有限公司	羽绒制品加工	45077	36962	3874	城西工业集中区大成路 1 号
江苏拉曼德新材料科技有限公司	起重设备配件	2193	2290	128	城西工业集中区二桥西首
江苏晟亿兴科技有限公司	汽车零部件制作	5102	3531	－270	城西工业集中区创业园
江苏天歌羽绒制品有限公司	羽毛制品加工	4727	4726	51	城西工业集中区盐金路
江苏宁晟金属材料有限公司	铜棒加工	3414	3414	97	城西工业集中区
江苏莱美家纺制品有限公司	枕套加工	2275	2255	－65	城西工业集中区二桥西首
江苏速连鑫建筑材料有限公司	建筑材料制造	12245	9464	123	城西工业集中区
江苏鹏盛羽绒制品有限公司	羽绒制品加工	15235	11064	517	城西工业集中区盐金路
江苏四季馨羽绒制品有限公司	羽绒制品加工	18828	14591	1522	城西工业集中区盐金路
江苏贤峰新材料有限公司	铝压延加工	5038	5038	212	城西工业集中区
江苏富安娜家居用品有限公司	床上用品加工	35843	30550	5363	城西工业集中区创业园西侧

（徐克礼）

表 85　2021 年山阳镇村、社区基本情况表

村、社区	党支部书记	村（居）委会主任	会计	村（居）民小组数（个）	户数（户）	总人口（人）	农业面积（公顷）	工业企业（家）	年人均纯收入（元）
山阳社区	赵　林	赵　林	董正祥	9	565	2279	88	10	33872
万缘社区	卢学干	卢学干	朱　雨	4	185	882	38	6	35827

续表

村、社区	党支部书记	村(居)委会主任	会计	村(居)民小组数(个)	户数(户)	总人口(人)	农业面积(公顷)	工业企业(家)	年人均纯收入(元)
兴同村	孙久翀	孙久翀	常书周	28	1023	3880	525	3	39007
龚陈村	杨玉龙	杨玉龙	陈伏强	21	635	2270	221	5	30033
沿湖村	房连华	房连华	蒋龙乔	25	916	3768	296	2	33872
金庄村	杨伏昌	杨伏昌	高文翔	14	598	2438	148	14	33311
春光村	龚广洋	龚广洋	刘　丹	35	1261	4699	370	14	39501
杨河村	王艾洪	王艾洪	段　玉	24	1112	4033	252	2	32312
徐庄村	郑生怀	郑生怀	杨　晗	28	1026	3811	311	—	35138
合心村	董大军	董大军	黄文秀	18	697	2648	220	10	34236
吴坝村	周纯翠	周纯翠	骆　翔	16	605	2264	180	1	36870
大东村	杨正顺	杨正顺	董新盛	27	854	3659	271	2	33519
徐杨村	季长洲	季长洲	朱正剑	15	513	1879	194	1	33261
中南村	高天明	高天明	王　雨	21	697	2560	227	3	32068
顺河村	侯忠武	侯忠武	刘林文	23	866	3232	208	—	30361
光辉村	朱正洪	朱正洪	肖　晓	19	765	2990	309	—	34351
颂阳村	侯承延	侯承延	龚　丽	22	812	3029	252	—	34553
公民村	陈　勇	陈　勇	王先柱	16	703	2531	201	1	31985
养殖总公司	于志生	—	童乃嵩	3	118	563	26	—	30033

（徐克礼）

黄　塍　镇

■**概况**　黄塍镇位于县城东北郊，处于县城经济圈内，南与江苏宝应经济开发区连为一体。镇域面积4260公顷，其中生态园区面积1660公顷，耕地面积1400公顷。全镇辖8个行政村、1个社区，年末总人口4万人。2021年，黄塍镇党委、政府结合党史学习教育主题深入开展“我为群众办实事”实践活动，江跳村卫生室完成扩建投入使用，村级食品安全工作站建设实现全覆盖，各村居篮球场、互联网服务站、居家养老服务室全部建成。全年村级经营性收入1513万元，比上年增长7%，全镇农民人均可支配收入33774元、比上年增长13.4%。　（陈全凯）

■**农业农村工作**　2021年，黄塍镇粮食生产实现连年丰收，小麦平均每公顷产量7065千克，水稻平均每公顷产量9690千克；新增设施农业面积10公顷，建设“江苏省水稻绿色创建千亩示范片”1个，获认定“江苏省绿色优质农产品（水稻）基地”面积733.33公顷，徐甸村获表彰“宝应县耕地保护先进村”。发展生猪规模养殖，全年出栏仔猪38万头。“宝应核桃乌”青菜获认定国家地理标志商标。培树新型农业主体，创成“扬州市示范农民专业合作社”1家、“扬州市示范家庭农场”2家、“宝应县示范家庭农场”1家。规范村集体资产、资源、资金“三资”管理，全年农村产权交易进场交易率100%，交易额共2364万元，其中完成土地流转交易面积147.2公顷。推进农业基础设施建设，立足防大汛、抗大旱，维修泵站涵洞4座，全镇27道圩口闸全部实施完成闸改涵工程。加大植树造林力度，新增成片造林面积14.13公顷，完善农田林网面积133.33公顷。

（马　宏）

■**精神文明建设**　2021年，黄塍镇围绕庆祝建党100周年，开展“送戏下乡”“全民运动会”“文艺巡演巡展”等文体活动100多场次。组织党员志愿者活动，以举办“主题党日”活动为平台，开展环境整治、免

开发区(黄塍镇)鸟瞰图　　黄塍镇/供稿

费义诊、法律法规宣传等新时代文明实践活动130次。弘扬社会正能量,常态化开展精神文明创建活动,评选表彰“学习强国百姓学习之星”“十星文明户”“文明家庭”,大陆村获命名“江苏省文明村”。加强党组织对意识形态工作领导,开发利用宝应县工委诞生地、小垛村村史馆等红色资源,助力全镇深入开展党史学习教育活动。投入40余万元,更新、增设“社会主义核心价值观”等公益广告牌、宣传栏、文化墙。加强抗击新冠肺炎疫情舆论宣传,推送公众号信息动态100余条,悬挂横幅34条,在县级以上媒体、村(社区)微信群宣传抗疫先进典型和经验做法,引导群众增强防护知识、凝聚防控共识,实现全镇疫情防控和经济建设“两手抓、两手硬”。

(金　陵)

资料链接:2017年3月17日,县委、县政府决定黄塍镇与宝应经济开发区“镇区合一”,实行统一领导、统一规划建设、统一经济发展、统一干部调配、统一财政预算、统一考核奖励“六个统一”。为此,《宝应年鉴(2022)》中“黄塍镇”分目重点记载该镇农业经济和精神文明建设有关情况,其他内容在“江苏宝应经济开发区”分目中予以记载。　(周　智)

表86　2021年黄塍镇村、社区基本情况表

村、社区	党支部书记	村(居)委会主任	会计	村(居)民小组数(个)	户数(户)	总人口(人)	农业面积(公顷)	工业企业(家)	年人均纯收入(元)
黄塍社区	韩春梅	韩春梅	—	5	810	1525	7	16	33612
徐甸村	马兴龙	马兴龙	吉俄玲	12	963	3548	34	5	33485
小垛村	郭银红	郭银红	王　洁	13	932	3420	284	0	33784
新丰村	周兆志	刘洪年	张国杰	14	855	3158	280	3	33410
联合村	陈瑞军	陈瑞军	胥　蓉	11	799	3011	323	33	33583
江跳村	吴乃友	吴乃友	蔡华香	10	835	3278	190	3	33307
大陆村	刘金洪	刘金洪	王　萍	11	945	3965	190	14	34421
大李庄村	梅友军	梅友军	王　巧	13	810	3022	208	4	33610
鱼桥村	蒋　林	蒋　林	左　磊	10	840	3350	228	53	33294

(陈金凯　郭　莹)

人 物

Ren Wu

■编辑:潘 凤

先进模范

江苏省劳动模范

■**于笔钧** 男,1962 年 3 月出生,江苏宝应人,汉族,中共党员,大学专科学历。现任江苏菲达宝开电气股份有限公司总经理、党总支书记,高级工程师。他于 1982 年从扬州工学院机械制造专业毕业。2003 年,宝应县开关厂改制为江苏菲达宝开电气股份有限公司,他被聘任为总经理。他心系广大群众、负重前行,改制时带领企业员工整体加入江苏菲达宝开电气股份有限公司,实现改制后企业员工不减员、不降薪,有力维护社会和企业稳定。面对 1956 年建立的地方老国企技术过时、设备落后、产品滞销、资金匮乏、人浮于事等困难局面,他一直在探寻企业摆脱困境、加快发展的新方向、新途径。他慎密布局、潜心谋划,提出“产品与时代同行”发展思路,有计划、有步骤实施企业转型升级。2001 年,他抓住机遇,使公司与全球最大的工程机械制造商、世界 500 强企业美国卡特彼勒公司建立良好合作关系,并成为卡特彼勒、沃尔沃、科勒、西门子、JLG 等世界 500 强和国内行业龙头企业供应商。同时,学习借鉴跨国公司成功经验,内抓管理,外强服务,创立独特的公司管理体系。注重调动员工参与安全、环保、生产等管理积极性,提升企业效率,实现降本增效。此举被《工人日报》作为企业管理“六小”样本进行详细报道。他坚持科技引领,将世界先进制造业模式植入企业自身生产制造和现场管理中,提升智能化制造水平;加强人才引进,为企业高质量发展先后引进高层次人才 40 多人。他紧盯科技和产业发展前沿,重视科技创新和新品研发,带领公司技术人员先后研发新品 20 多个,获发明专利授权 7 件、实用新型专利授权 20 件。他主持研发的“医药仓储自动化输送分拣系统”产品获评“江苏省优秀新产品”,被授予扬州市科学技术进步二等奖。该公司获评“国家高新技术企业”,公司技术中心获评“江苏省认定企业技术中心”。他牢固树立绿色发展理念,加强清洁生产改造,彻底摒弃落后工艺,不遗余力推动企业全方位控减污染。该公司绿色环保全员治污做法被列入扬州市企业十佳绿色发展优秀案例和江苏省绿色发展优秀案例。20 多年来,在他带领下,该公司从 1995 年仅实现销售额 1800 万元、利润为负数的困难局面,逐步转变为年年盈利良好态势。2020 年,该公司实现销售额 5.15 亿元,全年实现年利税 8000 万元;实现国有资产增值 2.53 亿元,为 1995 年资产总额 18 倍。公司也由此成为江苏省明星企业,连续 5 年获得“宝应县功臣企业”称号,多次荣获宝应县“县长质量奖”、扬州市“市长质量奖”。

于笔钧思维敏捷,热爱学习,清正廉洁,连续当选 4 届扬州市人大代表,先后荣获 2018 扬州市优秀经济新闻人物、2019 年度扬州市科创名城建设先进个人、2020 年江苏省企业“七五”普法先进个人、宝应县劳动模范、扬州市优秀共产党员、扬州市劳动模范等荣誉。(县总工会)

■**刘艳成** 女,1972 年 5 月出生,江苏宝应人,汉族,中共党员,大学专科学历。现任宝应县安宜镇白田社区居民委员会党委书记、居委会主任。作为社区领头人,刘艳成工作中始终将群众需求放在首位,切实为民办实事、解难事。在她管辖的小区由于下水道、房屋维修等问题,物业与业主之间产生纠纷,双方各不让步剑拔弩张,矛盾激化一触即发。对此,她放弃晚上休息时间到小区做工作,动之以情、明之以事。在她的努力下,终于使双方平心静气,达成一致。多年来,她一直关爱弱势群体、贫困母亲和留守儿童。在她领导下,白田社区晴雨伞妇女儿童工作站、吴老师巧手工作室、故事妈妈兴趣小组成为白田社区工作亮点,受到各级领导和广大群众一致好评。白田社区先后获评扬州市文明社区、扬州市十佳社区、扬州市基层党建工作先进社区等荣誉。作为县政协委员,利用工作岗位优势及时访民生、询民意,将群众所需、群众所求、群众所困通过合理渠道和方式方法帮助解决。老旧小区改造是居民关注最多的民生工程之一。近几年,白田社区改造面积 15 万平方米,面广量大、矛盾频出。面对这些矛盾和问题,刘艳成反复思量,带领社区一班人多次上门收集民意、了解民情,坚持实事求是原则,做好宣传解释工作,实现拆违工作“零上访”。2020年初，面对突如其来的新冠肺炎疫情危机，刘艳成身先士卒，带领社区一班人严防死守。针对社区内开放式小区多且分散的特点，刘艳成与社区工作人员经过研究分析，组织力量仅用一晚时间就完成7个独立小区封闭和6个开放式小区整合成3个封闭小区的任务，有效落实社区居民家庭5000多户、人口1.6万多人防疫防控措施。在组织对疫情重点地区相关人员上门排查时，刘艳成总是冲在第一线；在防控卡口执勤时，她也总是与在岗人员同进退。作为“领头雁”，刘艳成始终牢记为民服务宗旨，切实为百姓解难事、做实事、办好事，她以真情赢得了社区居民的心，受到广大群众交口称赞。

（县总工会）

■王　哲　男，1991年6月出生，江苏宝应人，汉族，中共党员，大学本科学历，宝应县润华静电涂装工程有限公司技术开发部主任、信用管理师。于2015年获得扬州市科学技术进步一等奖、2017年获得江苏省科学技术进步二等奖。2020年，他被授予“扬州市劳动模范”，他所在的班组被授予“江苏省工人先锋号”。2014年，王哲从南昌航空大学毕业，他本可以在大城市找一份更好的工作。经过思考，他觉得自己的专业更适合在企业发挥作用，便毅然回到家乡成为宝应县润华静电涂装工程有限公司一名普通的工人。他从公司生产车间流水线上每个工种、每道工序开始摸索，虚心请教、埋头钻研、学用结合、学用相长。不到一年工夫，他就对公司生产流程和产品工艺熟稔于胸，成长为公司技术型、学习型、技能型优秀员工，于2016年走上公司技术员岗位。面对公司技术比较薄弱现状，更高层次的技术人员匮乏，他大胆建议公司领导加大引进技术和人才力度，先后从上海交通大学、中国科学院大连化学物理研究所、长春工业大学等高校院所引进多名高层次柔性技术人才和与公司相关联的新产品、新技术。同年，公司投资兴建的PVDF太阳能背板膜项目成为他主持的第一个技改项目。由于该项目生产设备及工艺在国内没有案例可以参照，他就多次赴北京、上海虚心请教业内著名专家教授和专业技术人员。经过3个月的分析试验，终于攻克多项技术难题，其技术国内先进，产品达到国际先进水平，并通过6项技术专利申请。PVDF薄膜项目研发成功，给王哲增添了信心。接着，他主持并制订全氟磺酸离子膜项目主要技术要求。他先后赴北京化工大学、中国科学院大连化学物理研究所10多次，最终完成该项任务。该项目申报获批江苏省重点研发项目支持，关键技术国内领先、国际先进。2020年，王哲主持积放式静电喷涂线项目开发，相关技术得到业内人士一致认可。经过几年来技术研发工作，他的专业知识突飞猛进，专业技能得到显著提升。注重团队技术创新建设，他所主持建立的研究生工作站被列入“江苏省研究生工作站”。作为一名中共党员，王哲曾多次向困难群体献出援助之手；在疫情防控工作中也表现不俗。2021年，他被授予“江苏省劳动模范”。

（县总工会）

■刘吉荣　男，1978年7月出生，江苏宝应人，汉族，大学专科学历，现任江苏一莓阳光现代农业有限公司总经理。1997年7月，他从江苏省高邮师范学校毕业，被安排在宝应县黄塍中心小学任教。他于2000年2月辞职下海经商。2010年6月，他承包了山阳镇春光村实施流转的土地面积23.33公顷，投入资金450万元，开始新建设施农业产业园区，建成宽8米标准钢架大棚260个，并成立宝应县格林蔬菜种植专业合作社。后来，他又在山阳镇沿湖村、吴坝村承包部分流转土地新建智能设施农业产业园区。于2018年3月注册成立江苏一莓阳光现代农业有限公司，先后建成智能温室大棚面积3万多平方米；公司推广应用草莓架式无土栽培、水肥一体化、自动控温、二氧化碳施肥等多项新技术，实现每公顷土地效益100万元以上。经过多年的奋斗，公司发展初具规模，主要产品“一莓阳光”草莓通过国家绿色农产品认证，并获得中国精品草莓擂台赛金奖；2019年获评江苏省十佳草莓园，2020年获评江苏省园艺作物生产标准园区。中央电视总台第7频道对该公司草莓生产新技术应用进行为期5天的专题拍摄。刘吉荣致富不忘家乡农民、不忘回报社会，公司先后带动周边4个村、110多家农户种植蔬菜。为解决生产技术和销售难题，他想农户所想、急农户所急，帮助农户集中育苗，定期提供技术指导，形成“春红椒＋秋甘蓝”等一系列高效种植模式，同时利用公司开拓的销售网络，帮助农户销售产品，取得良好的经济效益和社会效益。刘吉荣于2011年被共青团江苏省委员会表彰为“江苏省农村创业青年致富带头人”，2014年被扬州扬州市人才工作领导小组办公室列为“扬州英才培育计划”第一期培养对象，2017年1月当选为扬州市第八届人大代表，2017年4月被授予“扬州市劳动模范”，2021年被授予“江苏省劳动模范”。

（县总工会）

江苏省先进工作者

■朱　宇　男，1979年9月出生，汉族，大学本科学历，中共党员，现任宝应县公安局刑警大队大队长。他于2002年参加工作，一直战斗在公安工作第一线。从办事员到副所长、指导员、所长、大队长，他以自己的实际行动诠释了人民公安为人民的初心。朱宇严格要求自己，思想上始终与党中央保持高度一致，工作上更是高标准，严要求，主动承担大要案件和复杂的疑难案件侦办工作。无论是在农村、还是在城区，他对每一起警情或案件、每一件群众求助、每一项上级交办的任务，都能克服一切困难去认真完成，成为全县公安机关办案能手、执法标兵。2019年，他担任刑警大队大队长后，全力以赴投身到打击各类刑事犯罪和扫黑除恶专项工作中。他既是战斗员、也是指挥员，自己的言行举止影响、感染着身边的其他干警，带动队伍整体素质提高。从警以来，他所带领的队伍都能团结向上，满腔正能量、工作劲头足；遇到难事、麻烦事抢着上，遇到立功受奖都争着让。朱宇先后获评2017年度“全省优秀人民警察”，2019年度“江苏省扫黑除恶先进个人”；2020年度入选江苏省扫黑除恶专家库人选，2021年4月获表彰江苏省先进工作者。

（县总工会）

扬州市“五一劳动奖章”获得者

表87 2021年宝应县获扬州市“五一劳动奖章”者一览表

姓 名	工作单位	称 号
王建荣	宝应县水利建筑安装工程处	扬州市“五一劳动奖章”
相 建	宝应县汜水高级中学	扬州市“五一劳动奖章”
沈文辉	宝应县总工会	扬州市“五一劳动奖章”
宋玉军	江苏钧骋车业有限公司	扬州市“五一劳动奖章”
庄红军	扬州宝珠电器有限公司	扬州市“五一劳动奖章”
林 茂	江苏晶科天晟能源有限公司	扬州市“五一劳动奖章”
邱 峰	中国电信股份有限公司宝应分公司	扬州市“五一劳动奖章”
房兆华	江苏永一泵业科技集团有限公司	扬州市“五一劳动奖章”
徐为民	京沪高速公路宝应段扩建工程服务指挥部	扬州市“五一劳动奖章”
丁国平	宝应县泾河镇韵达项目帮办服务办公室	扬州市“五一劳动奖章”
朱士银	宝应县安宜企管站	扬州市“五一劳动奖章”

（县总工会）

宝应县受上级表彰先进个人

表88 2021年宝应县受上级表彰的先进个人一览表

姓名	工作单位	授予称号	授予单位
于笔钧	江苏菲达宝开电气股份有限公司	2021年江苏省劳动模范	中共江苏省委、省人民政府
刘艳成	宝应县安宜镇白田社区	2021年江苏省劳动模范	中共江苏省委、省人民政府
王 哲	宝应县润华静电涂装工程有限公司	2021年江苏省劳动模范	中共江苏省委、省人民政府
刘吉荣	江苏一莓阳光现代农业有限公司	2021年江苏省劳动模范	中共江苏省委、省人民政府
朱 宇	宝应县公安局	2021年江苏省先进工作者	中共江苏省委、省人民政府

续表

姓名	工作单位	授予称号	授予单位
郭红艳	宝应县安宜镇莲花社区	江苏省优秀党务工作者	中共江苏省委
沈伯宏	宝应县委	2020 年全省防汛抗洪工作先进个人	中共江苏省委、省人民政府
戚立俊	宝应县氾水高级中学	最美扬州教育人	中共扬州市委、市人民政府
陈　林	宝应县泰山小学	江苏省特级教师	江苏省人民政府
李秋华	宝应县氾水高级中学	江苏省特级教师	江苏省人民政府
王强国	宝应县实验小学	江苏省特级教师	江苏省人民政府
徐兆林	江苏省宝应中等专业学校	江苏省特级教师	江苏省人民政府
蔡　喧	宝应县政府办公室	2020 年度全省政务信息工作先进个人	江苏省人民政府办公厅
鲁发红	江苏天宇建设集团有限公司	2020 年度扬州市建筑业先进个人	扬州市人民政府
姜大喜	江苏华轩建设工程有限公司	2020 年度扬州市建筑业先进个人	扬州市人民政府
陈坤阳	安宜建设集团有限公司	2020 年度扬州市建筑企业优秀班长	扬州市人民政府

（县委办公室、县政府办公室）

道德典范

“中国好人”荣誉获得者

■**许天成**　男，1937 年 8 月出生，宝应县广洋湖镇原农机厂退休工人。82 岁时的许天成孤身一人居住在面积只有 40 平方米的农村老屋，尽管患有听觉障碍，但能始终清晰记着父亲临终前要求他为自己代缴党费的叮嘱。为完成父亲遗愿，老人省吃俭用，从不乱花一分钱。2014 年，他终于攒齐 1 万元钱为父亲缴纳党费，其中既包含之前党费和利息，还包含一部分“预交”党费。之后，许天成又以父亲名义向当地党组织捐赠关爱基金 1000 元、活动经费 4000 元。2020 年初，他向广洋湖镇新冠肺炎疫情防控指挥部捐款 5000 元。许天成获评 2019 年度“十大扬州好人”“十佳宝应好人”，入选 2020 年 11 月“江苏好人榜”，入选 2021 年 5 月“中国好人榜”。（王　莹）

■**朱旦丹**　女，1993 年 5 月出生，宝应县爱蒙幼儿园园长。2019 年 7 月，朱旦丹牵头成立宝应县蓝天救援队。同年 12 月，她成为一名光荣的“柳堡二妹子”民兵连战士。2021 年 7 月，河南省发生特大暴雨洪灾，朱旦丹带领宝应县蓝天救援队队员星夜驰援河南，先后辗转河南省郑州市、新乡市、卫辉市等地方，连续多日超负荷工作。她平均每天只休息 3 个小时，因长时间浸泡在水里，引起脚部溃烂，局部出现发炎症状，但她仍坚持在抢险救灾第一线。经她和同伴的共同努力，宝应县蓝天救援队共救出受灾群众 800 多人。朱旦丹入选 2021 年 9 月“中国好人榜”。（王　莹）

江苏年度人物

■**刁人贵**　男，1944 年 1 月出生，宝应县鲁垛镇人民政府退休干部。1999 年退休后，刁人贵一直担任村老龄协会会长和计生协会常务副会长，创办留守儿童校外教育辅导站，成立“三和”个人调解室，组织村红白理事会等；倡议并组织开展鲁垛镇品牌“三和杯”评比活动，推进和谐社会建设，在全县产生积极影响。刁人贵先后获评全国老亲敬老之星、江苏省精神文明建设先进个人、江苏省优秀人民调解员、扬州市“十佳老人”、扬州市关心下一代先进工作者等荣誉称号、2019 年度“十佳宝应好人”。刁人贵获评“2020 感动江苏·江苏年度人物”热心助人奖。（王　莹）

“江苏好人”荣誉获得者

■**陈学英**　女，1962 年 12 月出生，宝应县氾水镇石桥村村民。陈学英的丈夫常年在外打工，陈学英挑起照顾一家老小的重担。20 多年来，公公长年因病卧床不起，生活不能自理，吃饭、喝水、洗澡、梳头、理发、捶背、剪指甲全由她伺候。叔公肢体残疾，孤身一人，晚年无人照顾，陈学英也定时定点前去侍奉。两位老人生病住院，也是她日夜守护，在病床前端茶倒水、洗衣擦身。经历多年生活的磨砺，她还学会中医按摩，每天坚持给老人做按摩。多年来，陈学英不但要抚养两个儿子长大成人，还要细心照看卧床的公公和残疾的叔公。两位老人体弱多病，不管风里雨里，每次陈学英都骑上小三轮载着老人去看病，她还自学中医按摩，每天坚持给老人做按摩，用实际行动践行"百善孝为先"的传统美德。陈学英入选2021年1月"江苏好人榜"。（县文明办）

■季寿山　男，1955年1月出生，宝应县博物馆原副馆长。1974年从事家乡文化遗产发掘保护工作以来，季寿山先后参加宝应县博物馆筹建和古象牙、夏集双琚遗址、刘堡减水闸（世界文化遗产）等文物的发掘、修复和保护工作。2008年，全县开展文物普查，他带领同事走乡串户搜集第一手资料，5年登记不可移动文物168处，为全县文物保护工作奠定基础。2014年退休至2019年10月去世，他一直从事县古城保护工作。2020年，季寿山获评2019年"十佳宝应好人"；2021年2月入选"江苏好人榜"。（县文明办）

■刁人贵　参见《人物》类目《道德典范》分目（第357页）

■朱旦丹　参见《人物》类目《道德典范》分目（第357页）

■金朝琴　女，汉族，1977年10月出生，中共党员，本科学历，宝应县妇幼保健院儿科主任、新生儿科主任，副主任医师。2021年7月，扬州市区发生新冠肺炎疫情，她作为宝应新冠肺炎诊治专家组成员，第一时间递交驰援扬州市主城区抗疫请战书。7月28日至9月中旬，她夜以继日地奋战在抗疫一线，不仅承担20多名隔离病区患儿救治工作，还负责病区组织管理工作。她每天穿着白色的隔离服，被隔离病区的孩子们亲切称为"大白妈妈"。金朝琴入选2021年8月"江苏好人榜"。

（县文明办）

■韩　兵　男，1965年10月出生，宝应县氾水镇成庄村村民。多年前他儿子患急性淋巴肿瘤不幸离世，2019年妻子也因患梗去世，只留下韩兵和小女儿相依为命。为给妻子治病，他曾通过众筹平台募集医药费。妻子去世时，他募集到的爱心捐款还剩1900多元。尽管生活依然艰难，但韩兵没有再动一分钱，决然将剩下的捐款凑成整数，通过相关媒体转赠给一名患病学生。韩兵重信讲义的高尚品格，让爱心和温暖在小城赓续传递。韩兵获评2020年度"十佳宝应好人"，入选2021年11月"江苏好人榜"。（县文明办）

■刁人珍　男，1954年11月出生，宝应县鲁垛镇贾林村村民。2014年，他的儿子突发疾病去世，留下他与脑瘫的孙子、幼小的孙女相依为命。他承包农田13.33公顷，为孙子、孙女种下希望。2016年，宝应县鲁垛烈士陵园扩建。他虽然惜地如命，还是及时腾让出种有庄稼的部分土地；2018年，S331扩建改造需要征地，他二话没说主动让出土地。2019年，刁人珍罹患胃癌，但他抹去泪水重新振作，拼尽全力为孙子、孙女撑起一个家。刁人珍入选2021年11月"江苏好人榜"。

（王　莹）

"十大扬州好人"荣誉获得者

■蔡洪发　男，群众，1948年出生，望直港镇牌楼村村民。2021年5月25日，一村民家中突发火灾，年逾七十的蔡洪发毫不犹豫直奔火场，一边扯着嗓子高喊救火，一边奋不顾身引水灭火。经过20多趟往返于火场与河边，20分钟的奋力扑救，大火被成功扑灭，但蔡洪发却因劳累过度轰然倒地。3天后，蔡洪发经抢救无效不幸去世。他面对大火毫不畏惧，在危急时刻挺身而出，献出宝贵的生命，堪称大勇。蔡洪发获评2021年度"十大扬州好人"。

（王　莹）

"十佳宝应好人"荣誉获得者

■李　陵　男，1980年10月出生，中共预备党员，李陵盲人保健按摩所按摩师。他是视障人士，也是创业典型，通过传、帮、带，先后为60多名残障人士提供就业岗位。他的妻子是需要照顾的"渐冻人"，但在疫情期间，他舍小家为大家，主动投身抗"疫"战斗，贡献自己的一份力量。他自2018年加入社会爱心组织以来，累计捐款捐物达10万余元。获评2021年度"十佳宝应好人"。

（县文明办）

■宋顺元　男，1955年11月出生，中共党员，原夏集镇万民村村委会主任。他有30多年的农村工作经历，对家乡和村民有着深厚情感。退休后，他不仅义务担任协管员，还担负起照顾万民、丰收、王桥3个村散居空巢老人的工作。他每天巡回到空巢老人家中看望，帮助打扫卫生、测量血压，与老人聊天谈心，用责任和爱心让"空巢"变"暖巢"。宋顺元获评2021年度"十佳宝应好人"。

（县文明办）

■张怀军　男，1969年10月出生，县城北初中体艺处副主任。2002年，他妻弟的爱人突发事故去世，张怀军和妻子主动承担起照顾侄子侄女的责任。哪怕自己家中生活十分拮据，他还坚持协助妻弟偿还债务。2015年，张怀军岳母患急性胰腺炎，为不让在外地打工的小舅子和岳父分心，他和妻子又毅然承担照顾岳母的重担。张怀军获评2021年度"十佳宝应好人"。

（县文明办）

■周长珍　女，1953年5月出生，氾水镇郎儿村村民。周长珍的小儿媳年幼时父亲去世，亲家母独自抚养她长大。5年前，她小儿媳因车祸去世，儿媳70岁的母亲深受打击精神失常。周长珍把亲家母接到自己家中同吃同住，主动担负起照顾亲家母的责任。5年来，她悉心照顾亲家母，谱写出一曲感人至深的亲情颂歌。周长珍获评2021年度“十佳宝应好人”。（县文明办）

■刘　俊　男，1970年9月出生，中共党员，县城市管理行政执法大队大队长。25年来，他坚持“人民城管为人民”理念，用“管理+服务”提升城市管理执法水平，用心用情服务群众。他牵头泰山西路农贸疏导点建设，妥善安置240余户经营户，切实解决市民“菜篮子”问题。他积极参加疫情防控、志愿服务，全力助推文明城市创建。刘俊获评2021年度“十佳宝应好人”。（县文明办）

■谷家平　男，1977年7月出生，县益民公交公司镇村公交驾驶员。多年前，他放弃外地的高薪工作，毅然返回家乡当起镇村公交驾驶员。他说：“政府推行镇村公交是一项惠民善举，能成为其中一员，我觉得非常有意义”。8年间，他安全行驶50万千米，用自己的坚守诠释着对家乡的热爱。谷家平获评2021年度“十佳宝应好人”。（县文明办）

■徐鸿鸽　女，1969年12月出生，县机关幼教中心第一幼儿园教师。徐鸿鸽18岁进入幼儿园工作，35年间一直坚持带班教学，无论执教哪个年龄班，都会根据孩子的年龄特点和学习兴趣，精心设计教学课程，用心呵护孩子们健康快乐成长。35年如一日辛勤耕耘，她在平凡的岗位上做出不平凡的成绩。徐鸿鸽获评2021年度“十佳宝应好人”。（县文明办）

■蔡兴无　男，1966年5月出生，县公安局交警大队安宜中队辅警。他针对岗点交通流量大、交通秩序复杂的情况，自备小红旗、宣传牌、功放机3件套，自创花式执勤法，极大地提高交通管理效率。他快乐工作的情景被群众拍成微视频，引发10余万人观看点赞，央视以“花式执勤，乐在其中”为题，推出了“小岗位也有大作为”的人物专题片。蔡兴无获评2021年度“十佳宝应好人”。（县文明办）

■朱旦丹　参见《人物》类目《道德典范》分目(第357页)

■蔡洪发　参见《人物》类目《道德典范》分目(第358页)

百岁寿星

表89　2021年宝应县百岁寿星一览表

姓　名	性别	年龄	出生年月	家庭住址
沈桂芬	女	104	1917年12月	泾河镇松竹村委会大李组
徐兆镛	男	103	1918年5月	射阳湖镇戴庄村街东组4号
张谢氏	女	102	1919年4月	安宜镇中港北闸新河组
陈凤英	女	102	1919年10月	安宜镇南园路26-14号
吴瑞芝	男	102	1919年11月	曹甸镇新民村渔场组
王学珍	女	102	1919年12月	小官庄镇祖全村委会
陈进兰	女	101	1920年6月	安宜镇运河路249-3号
李徐氏	女	101	1920年10月	安宜镇学墩社区运河路228号
潘朝臣	男	101	1920年12月	安宜镇罗巷社区
顾洁青	女	101	1920年6月	安宜镇李沟村委会东村组
陈学兰	女	101	1920年12月	射阳湖镇射渔村迎福组73-1号

续表

姓　名	性别	年龄	出生年月	家庭住址
杨潘氏	女	101	1920 年 12 月	小官庄镇杨蒋村委会杨庄组
杜德景	女	100	1921 年 5 月	安宜镇花城路 3－22 号
朱献銮	女	100	1921 年 8 月	安宜镇齐心村莫东组
孟玉兰	女	100	1921 年 2 月	曹甸镇陆庄村委会西沟组
吴秀英	女	100	1921 年 8 月	曹甸镇夏庄村委会一组
候文英	女	100	1921 年 11 月	曹甸镇梁沙村委会良沙组
卞花粉	女	100	1921 年 8 月	广洋湖镇东进村委会二组
张洪付	男	100	1921 年 6 月	泾河镇松竹村委会三姓组
崔炳祥	男	100	1921 年 8 月	泾河镇泾河居委会闸北组
崔凤英	女	100	1921 年 7 月	柳堡镇联丰村合义组
沈潘氏	女	100	1921 年 7 月	射阳湖镇林上村九组 15 号
潘久钦	男	100	1921 年 10 月	射阳湖镇潘舍村三组 20 号
高瑞珍	女	100	1921 年 11 月	小官庄镇祖全村委会西顷组
汪仲云	女	100	1921 年 2 月	安宜镇健康路 2－1041 室
华秀英	女	99	1922 年 1 月	安宜镇陈家村吴庄组 79－5 号

（陈永霞）

宝应湖风光旖旎　　朱明俊/摄

附 录
Fu Lu

■编辑:潘 凤

党政社团组织机构及其负责人名录

中共宝应县委员会

书 记 王逍霄(7 月免)
张小辉(7 月任)
副 书 记 张小辉(7 月免)
沈伯宏(4 月任,9 月免)
胡晓峰(7 月任)
常 委 王逍霄(7 月免)
张小辉
胡晓峰(7 月任)
沈伯宏(9 月免)
王梅峰(7 月免)
吴建志(7 月免)
周正威
陆安亚(4 月免)
闫 伟(4 月免)
顾锡芳(女)
魏 建
于祝君
郝 骥
陈 坚(4 月任)
王元顶(7 月任)
赵 宇(7 月任)
姚绍瑜(女,7 月任)
张倩桦(女,12 月任)

县纪律检查委员会

书 记 闫 伟(4 月免)
陈 坚(4 月任)
常务副书记 刘 健(11 月任)
副 书 记 吴 珍(女,7 月免)
刘 健(11 月自然免除)
王国运(7 月任)
常 委 闫 伟(4 月免)
陈 坚(4 月任)
吴 珍(女,7 月免)
刘 健
王国运(7 月任)
郑金怀(7 月免)
高立新(3 月免)
徐顺林(7 月免)
郭洪亮
赵小平(女,7 月任)
汤 杨(7 月任)
叶名振(7 月任)

县监察委员会(与县纪律检查委员会合署办公)

主 任 闫 伟(4 月免)
陈 坚(4 月任)
副 主 任 吴 珍(女,7 月免)
刘 健
王国运(7 月任)
委 员 高立新(3 月免)
郭洪亮(9 月免)
赵小平(女,9 月任)
汤 杨(9 月任)
专职委员 章 东(7 月免)
王国运(7 月免)

县委办公室

主 任 周军家
副 主 任 刘 松
朱庆瑶(3 月免)
范方红(3 月免)
蒯义邦(3 月任)
蒋振宇(3 月任)

县委组织部

部 长 魏 建

常务副部长　胡安祥
副 部 长　王觉媛(女,4 月免)
　　　　　张　斌(3 月免)
　　　　　朱士礼
　　　　　耿海军(4 月任)
　　　　　蔡晓华(女,4 月任)

县委宣传部

部　　长　吴建志(7 月免)
　　　　　赵　宇(7 月任)
常务副部长　周晓晖
副 部 长　郑从容
　　　　　郎海燕(7 月免)
　　　　　邓　剑
　　　　　张大庆(4 月免)

县委统一战线工作部

部　　长　顾锡芳(女,7 月免)
　　　　　魏建(7 月任,12 月免)
　　　　　姚绍瑜(女,12 月任)
常务副部长　姜文明
副 部 长　郁忠浩(12 月免)
　　　　　王　建
　　　　　张　剡(女)

县委政法委员会

书　　记　周正威(7 月免)
　　　　　顾锡芳(女,7 月任)
常务副书记　许　凌(3 月免)
　　　　　高春红(3 月任)
副 书 记　高春红(3 月自然免除)
　　　　　杨广新(1 月免)
　　　　　章　东(7 月任)
　　　　　钱文峰(1 月任)
政治处主任　钱文峰(1 月免)
　　　　　金升东(1 月任)

县委机构编制委员会办公室

主　　任　刘宇峰
副 主 任　吕祥泉(9 月任)

县委老干部局

局　　长　王觉媛(女,4 月免)
　　　　　耿海军(4 月任)
副 局 长　陈　新

县委巡察工作办公室

主　　任　郑金怀(9 月免)
　　　　　郭洪亮(9 月任)
副 主 任　倪志文
　　　　　郝达军

县委研究室

主　　任　朱庆瑶(3 月免)
　　　　　蒯义邦(3 月任)
副 主 任　蒋振宇(3 月免)
　　　　　蓝春华(9 月任)

县委机要局

副 局 长　李晓红

县国家保密局

副 局 长　潘建俊

县政务信息网络管理中心

主　　任　李晓红
副 主 任　谢　敏(1 月免)
　　　　　胡　仲(1 月任)

县档案局

副 局 长　谢　敏(1 月任)

县委全面深化改革委员会办公室

主　　任　周军家
副 主 任　(空缺)

县委国安办

副 主 任　万　平(4 月任)

县非公有制企业和社会组织工作委员会

书　　记　张　斌(3 月免)
副 书 记　(空缺)

县党建工作领导小组办公室

副 主 任　蔡晓华(女,4 月免)
　　　　　章　婷(女,9 月任)

县公务员局

局　　长　胡安祥

县级机关工作委员会

书　　记　朱士礼
副 书 记　赵小平(女,7 月免)
　　　　　董　雷(9 月任)
纪监工委书记　董　雷(9 月免)

县考核工作委员会办公室

副 主 任　耿海军(4 月免)
　　　　　季　栋(4 月任)

县精神文明建设指导委员会办公室

主　　任　邓　剑
副 主 任　徐志国

县新闻出版局

副 局 长　肖章凤(女,11 月免)

县政府新闻办公室

副 主 任　唐晓丽(女)

县网络安全和信息化委员会办公室

副 主 任　杨文祥(12 月免)

县委台湾工作办公室

主　　任　张　剡(女)

副 主 任　陈　阳

县民族宗教事务局

局　　长　王　建(12 月免)

副 局 长　周　佳(12 月免)

县侨务办公室

副 主 任　潘　春

县法学会

副 会 长　张德国

县社会治理现代化指挥中心

主　　任　杨广新(1 月任)

副 主 任　夏永平(1 月任)

　　　　　董竹青(9 月任)

县事业单位登记管理局

副 局 长　刘　强

县委离退休干部工作委员会

书　　记　王觉媛(女,4 月免)

　　　　　耿海军(4 月任)

副 书 记　张娟娟(女)

县委党校

校　　长　魏　建

常务副校长　夏兴丹(1 月免)

　　　　　杨启波(3 月任)

副 校 长　孙　翔(4 月免)

　　　　　周欢贤

县行政学校

校　　长　魏　建

县档案馆

馆　　长　王天彬

副 馆 长　杨素娟(女,11 月免)

　　　　　苗　茜(女,11 月任)

县委党史编修中心

副 主 任　杨素娟(女,11 月任)

县融媒体中心

主　　任　郑从容

总 编 辑　张大庆(4 月任)

副 主 任　姜春华

　　　　　赵玉海

　　　　　许仁峰

　　　　　赵　平

县新时代文明实践服务中心

主　　任　(空缺)

副 主 任　赵晶晶(女)

　　　　　陈　曦

　　　　　潘　浩(3 月任)

*县农村党员干部现代远程教育办公室

主　　任　朱卫玲(女,1 月任)

*扬州市苏中公学党性研修中心

院　　长　杨启波(4 月任)

*县机构编制评估中心

主　　任　梁家友(1 月任)

宝应县人大常委会

主　　任　陈金荣

副 主 任　翟士高

　　　　　吴建志

　　　　　谢存道

县人大常委会办公室

主　　任　刘泽洪

副 主 任　王　忠

　　　　　王楚坤

县人大常委会研究室(与县人大常委会办公室合署办公)

主　　任　王　忠

县人大常委会财政经济委员会

主　　任　刘春贵

副 主 任　戴维军

县人大常委会农村经济委员会

主　　任　沈德华

副 主 任　朱志泉

县人大常委会环境资源城乡建设工作委员会

主　　任　刘忠民

副 主 任　夏寿华(9 月免)

县人大常委会教育科学文化卫生工作委员会

主　　任　谭炳才

副 主 任　吴　垚(女,9 月任)

县人大常委会内务司法委员会

主　　任　郭　萍(女,1 月免)

　　　　　夏兴丹(1 月任)

副 主 任　高　斌

县人大常委会人事代表联络委员会

主　　任　吉咸斌(4月免)
　　　　　万丽莉(女,7月任)
副 主 任　万丽莉(女,7月自然免除)
　　　　　生小鹏(11月任)

宝应县人民政府

县　　长　张小辉(7月免)
　　　　　胡晓峰(7月任)
副 县 长　陆安亚(常务,4月免)
　　　　　沈伯宏(4月免)
　　　　　周正威(常务,4月任)
　　　　　张倩桦(女)
　　　　　杨洪国
　　　　　金　陵
　　　　　王辉森(挂职,4月免)
　　　　　陆　杰(挂职,9月免)
　　　　　梅灯昌
　　　　　丁子建(4月任)
　　　　　张绍文(挂职,9月任)

县政府办公室

主　　任　谢存道(3月免)
　　　　　张　斌(3月任)
副 主 任　夏清华(11月免)
　　　　　王　萌(11月免)
　　　　　蒋骏超(1月免)
　　　　　卢之翔
　　　　　周厚梅(女,11月任)
　　　　　魏　强
　　　　　肖章凤(女,11月任)
　　　　　周安平(3月任)

县发展和改革委员会

主　　任　殷卫东
副 主 任　王明祥(9月免)
　　　　　季立中
　　　　　汤智扬
　　　　　王觉先
　　　　　孙芸霞(女)
　　　　　马国强
　　　　　吕　兵(1月免)
党组书记　王明祥(9月免)
　　　　　殷卫东(9月任)
党组副书记　殷卫东(9月自然免除)

县教育局

局　　长　朱葆荣
副 局 长　王文教(12月免)
　　　　　朱　兵
　　　　　陆　钰(女,3月免)
　　　　　杨启波(3月免)
　　　　　朱　慧(女,3月任)
党委书记　朱葆荣

县科学技术局

局　　长　程　霞(女)
副 局 长　姚立新(1月免)
　　　　　韩立清(11月免)
　　　　　朱　慧(女,3月免)
　　　　　朱晓峰
　　　　　盖　勇(11月任)
党组书记　程　霞(女)

县工业和信息化局

局　　长　周川苏
副 局 长　王　成
　　　　　王治龙
　　　　　姚荣俊
党委书记　王　成

县公安局

局　　长　梅灯昌
副 局 长　周林海
　　　　　王永庭(11月免)
　　　　　唐明荡
　　　　　叶红亮
　　　　　孙海峰
　　　　　丁创卫(11月任)
督 察 长　梅灯昌(1月任)
政　　委　潘殿国
党委书记　梅灯昌(1月任)
副 书 记　潘殿国
　　　　　周林海
政治处主任　曹元泉

县民政局

局　　长　徐　文(3月免)
　　　　　许　凌(3月任)
副 局 长　衡相贵(3月免)
　　　　　成　就
　　　　　周宏海

崔　荣(11 月任)
党委书记　徐　文(3 月免)
许　凌(3 月任)
副 书 记　衡相贵(3 月免)

县司法局

局　　长　吴　斌
副 局 长　陈　敏(女)
吴　琴(女,1 月免)
朱　彤(12 月免)
陈　江(1 月免)
卢毅慧(女)
党组书记　吴　斌

县财政局

局　　长　沈龙广(4 月免)
杨　猛(4 月任)
副 局 长　石庆旺
张朝银(女)
姜　维(9 月免)
袁其同(9 月任)
党组书记　沈龙广(4 月免)
杨　猛(4 月任)

县人力资源和社会保障局

局　　长　王尧岭
副 局 长　季晓云
杜晓鸣
孔凌霄
唐爱平
梁海涛
党委书记　王尧岭

县住房和城乡建设局

局　　长　殷九高(4 月免)
秦玉华(4 月任)
副 局 长　吴　斌(7 月免)
陈朝阳
宁玉峰
单　亮
王海军
张维新
黄文海
衡　峰
吴　俊
党委书记　吴　斌(7 月免)
秦玉华(7 月任)
副 书 记　殷九高(4 月免)
秦玉华(4 月任,7 月自然免除)
人武部部长　陈朝阳
工会主任　冯　华(女)

县城市管理局

局　　长　徐加龙
副 局 长　郑强容
谈凤杰
潘　强
张　雷
党委书记　徐加龙

县交通运输局

局　　长　屠春荣
副 局 长　夏存金(3 月免)
刘　杰
郤　强
杨友林(3 月任)
党委书记　屠春荣

县水务局

局　　长　高步顺(4 月免)
罗　健(女,4 月任)
副 局 长　雍友和(1 月免)
潘永华
刘　杰
党委书记　高步顺(4 月免)
罗　健(女,4 月任)
总工程师　胡永春(11 月任)

县农业农村局

局　　长　吴爱平
副 局 长　徐迎春(女,3 月免)
仲纪忙
王金淦
陈　军
韩洪锦(1 月免)
高明冬
张　强
陈　强
徐松华(1 月免)
党委书记　徐迎春(女,3 月免)
吴爱平(3 月任)
副 书 记　吴爱平(3 月自然免除)
杨　明
总畜牧兽医师　黄永军

县商务局

局　　长　郝大明(1月免)
　　　　　吴志平(1月任)
副 局 长　王文胜(11月免)
　　　　　朱存龙
　　　　　傅红军
　　　　　章卫东
　　　　　王颖森
党组书记　郝大明(1月免)
　　　　　吴志平(1月任)

县文体广电和旅游局

局　　长　罗国军
副 局 长　朱雪梅(女,3月免)
　　　　　朱峻岭
　　　　　崔　荣(11月免)
　　　　　徐　宝
　　　　　高　俊(11月任)
党组书记　罗国军
总工程师　周　佳(12月任)

县卫生健康委员会

主　　任　强建华(3月免)
　　　　　徐迎春(女,3月任)
副 主 任　沈新华
　　　　　鲁加香(女,1月免)
　　　　　戴红军
　　　　　张正军
　　　　　蔡美斌
党委书记　强建华(3月免)
　　　　　徐迎春(女,3月任)

县退役军人事务局

局　　长　杨爱成
副 局 长　徐　斌
　　　　　郑　浩
　　　　　蔡士铭(挂职)
党组书记　杨爱成

县应急管理局

局　　长　范敬春
副 局 长　周洪山(1月免)
　　　　　房素明(11月免)
　　　　　任宗保(1月免)
　　　　　马中林
　　　　　范芳萍(女)
　　　　　张　杰(11月任)
党委书记　范敬春(11月党组改党委)
总工程师　陈书勇(1月任)

县审计局

局　　长　王其龙(7月免)
　　　　　吴　斌(7月任)
副 局 长　张明玉
　　　　　李　湘
　　　　　钮铭钢
党组书记　王其龙(7月免)
　　　　　吴　斌(7月任)

县行政审批局

局　　长　胡文忠
副 局 长　王民霞(女)
　　　　　曹志刚
党组书记　胡文忠

县市场监督管理局

局　　长　陈　洪
副 局 长　郭林山
　　　　　施积仁
　　　　　雍　虹
　　　　　王长春
　　　　　施　静(女)
党委书记　陈　洪
食品安全总监　杨书凯

县统计局

局　　长　汤文武
副 局 长　钮文猛
　　　　　韦建军(4月免)
　　　　　陈玉亮(11月任)
党组书记　汤文武
总统计师　黄建东(3月任)

县医疗保障局

局　　长　夏心明(3月免)
　　　　　朱庆瑶(3月任)
副 局 长　王立新(1月免)
　　　　　周　凌
　　　　　吕　兵(1月任)
党组书记　夏心明(9月免)
　　　　　朱庆瑶(9月任)

信访局

局　　长　顾剑平
副 局 长　昌　丽(女)
　　　　　王康东

杨爱民(挂职)
党组书记　顾剑平
督查专员　黄　飞(女)
雍自生(1 月任)

县地方金融监督管理局

局　　长　陈　勇
副 局 长　王　冰
唐丽萍(女)
党组书记　陈　勇

江苏省宝应经济开发区

党工委书记　顾长荣
副 书 记　苗培俊
唐炳早(1 月任,11 月免)
管委会主任　苗培俊
副 主 任　唐炳早(1 月免)
刁品辉
吴志平(1 月免)
吉沐平
朱　峰(4 月免)
陆国政(1 月任)
纪工委书记　陆国政(1 月免)
高立新(3 月任)
纪工委副书记　胡志成

江苏省宝应经济开发区党政办公室

主　　任　周　信

江苏省宝应经济开发区招商局一局

局　　长　夏金星

江苏省宝应经济开发区招商局二局

局　　长　姜承军

江苏省宝应经济开发区经济发展局

局　　长　张　霞(女,1 月免)
李　洲(1 月任)

江苏省宝应经济开发区规划建设局

局　　长　(空缺)

江苏省宝应经济开发区安全生产监督管理局

局　　长　范　军

江苏省宝应经济开发区农村工作局

局　　长　(空缺)

江苏省宝应经济开发区社会事务局

局　　长　衡　萍(女)

江苏省宝应经济开发区综合执法局

局　　长　(空缺)

江苏省宝应经济开发区监察室

主　　任　胡志成

江苏省宝应经济开发区便民服务中心

主　　任　苗建华

宝应湖旅游度假区(宝应湖有机农业开发区)

党工委书记　蔡汉民(3 月免)
于祝君(3 月任)
副 书 记　陈启忠
管委会主任　陈启忠
副 主 任　邵　祥
张永祥

县商贸物流园区管理委员会

党工委书记　郝　骥(11 月免)
王国成(11 月任)
副 主 任　徐家卫(4 月任)
徐文祥(1 月任)

县生态新城管理委员会

党工委书记　蔡汉民(3 月免)
于祝君(3 月任)
副 主 任　(空缺)

县现代农业产业示范园管理委员会

党工委书记　王辉森(4 月免)
副 书 记　吴爱平
管委会主任　吴爱平
副 主 任　杨　明
马伟东

县供销合作总社(县商贸总公司)

主　　任　庄义宽
副 主 任　唐寿海
监事会主任　何永锦(女)
党委书记　庄义宽

县政府研究室

副 主 任　周安平(3 月免)
朱　雨

县政府外事办公室

副 主 任　周厚梅(女,11 月免)

县大数据管理局

副 局 长　王　刚(7 月任)

县粮食和物资储备局

局　　长　殷卫东
副 局 长　朱晓海

县委教育工作委员会(与县教育局合署办公)

书　　记　朱葆荣
副 书 记　徐　斌

县政府教育督导室

副 主 任　姜连涛(3 月任)

县职业教育集团

校　　长　顾毓宏
副 校 长　王　震
　　　　　姜华东(3月免)
　　　　　姜连涛(3月免)
　　　　　朱卫东
　　　　　孙　斌
　　　　　万　顺(3月任)
　　　　　徐兆林(3月任)

江苏省宝应中学

校　　长　刘　俊
副 校 长　张广银
　　　　　朱　静(女)
　　　　　夏林奎
　　　　　詹崇明
　　　　　魏玉成
　　　　　成用军
党委书记　刘　俊
党委副书记　张广银
纪委书记　王开俊

县委全面依法治县委员会办公室

副 主 任　潘永超

县政府国有资产监督管理办公室

副 主 任　张思意

县人民防空办公室

副 主 任　戴汝新(12月免)

县地震局

副 局 长　(空缺)

县综合行政执法局

局　　长　徐加龙

县扶贫工作办公室

主　　任　吴爱平
副 主 任　顾　峰

县委农村工作领导小组办公室

主　　任　吴爱平
副 主 任　郭仁军
　　　　　姚春萍(女)

县农业技术推广中心

主　　任　杨　明
副 主 任　衡如红(女)
　　　　　李国军
　　　　　顾锡荣
　　　　　陆　艳(女)

县人民医院

院　　长　张荣善
副 院 长　丁　浩
　　　　　钟广俊
　　　　　张新苗
　　　　　顾爱红(女)
党委书记　强建华(3月任)
党委副书记　张荣善(3月任)
　　　　　宋德宽(3月任)

县安全生产委员会办公室

副 主 任　华吉勇

县委审计委员会办公室

副 主 任　陈方波

县政务服务管理办公室

副 主 任　徐　刚

知识产权局

副 局 长　(空缺)

***县机关事务管理服务中心**

主　　任　朱旭东

***县经济协作委**

主　　任　李　军

***县实验小学**

校　　长　贾元荣

***县科技发展服务中心**

主　　任　盖　勇(11月免)

***县财政国库集中收付中心**

主　　任　于　莉(女)

***县退休干部服务中心**

主　　任　史晓媛(女)

***县城市管理行政执法大队**

大 队 长　刘　俊
教 导 员　陈　强

***县数字化城市管理监督指挥中心**

主　　任　管　舒(1月免)

***县环卫处**

主　　任　王德亮

***县交通运输综合行政执法大队**

大 队 长　杨友林

***县综合运输服务中心**

主　　任　施春华

***县公共交通事业发展中心**

主　　任　陈云飞

***县京杭运河管理处**

主　　任　马洪海

*县农业综合行政执法大队

大 队 长 顾 斌

*县文化市场综合执法大队

大 队 长 赵毓刚(4 月任)

*县卫生发展服务中心

主 任 王 森(9 月任)

*县疾病预防控制中心

主 任 陈志勇

*县妇幼保健院

院 长 陈 超

*县安全生产行政执法监察大队

大 队 长 梁协智(1 月任)

*县扬州市公共资源交易中心宝应分中心

主 任 (空缺)

*县市场综合执法大队

大 队 长 唐亚平

*县产品质量综合检验检测中心

主 任 朱海康

*江苏省统计局宝应调查局

局 长 昌 松

政协宝应县委员会

主 席 顾长荣

副 主 席 王松年

傅春景

周新华

姜海峰

秘 书 长 居殿功

县政协办公室

主 任 居殿功

副 主 任 卢志云

钱民才

县政协研究室

主 任 卢志云

县政协提案委员会

主 任 姚云成(4 月免)

孙 翔(4 月任)

副 主 任 高 俊(11 月免)

韩立清(11 月任)

县政协农业农村和经济科技委员会

主 任 吴 霆

副 主 任 傅华锋(3 月免)

朱洪敢(3 月任)

县政协教卫体和法制人口资源环境委员会

主 任 曹惊雷(女)

副 主 任 仲明珉(女,3 月免)

傅华锋(3 月任)

县政协文化文史和学习委员会

主 任 赵 进(1 月免)

朱雪梅(女,3 月任)

副 主 任 何 洪

县政协委员联络和港澳台民族宗教委员会

主 任 赵锦秀(女,11 月免)

王 萌(11 月任)

副 主 任 朱洪敢(3 月免)

仲明珉(女,3 月任)

法院 检察院

县人民法院

院 长 陈国俊

副 院 长 薛 梅(女,1 月任)

王 驹(11 月任)

陶 健(4 月免)

高晓军(女,9 月免)

党组书记 陈国俊

副 书 记 陶 健(4 月免)

政治部主任 王 驹(1 月免)

相 明(4 月任)

专职委员 陈志刚(11 月免)

薛 梅(女,1 月免)

王 驹(1 月任,11 月免)

县人民检察院

检 察 长 茆小松

副检察长 朱正平

华 永

党组书记 茆小松

副 书 记 朱正平(3 月任)

政治部主任 邱 甜

专职委员 吴文斌

陈 浩(3 月任)

*县人民法院执行局

局 长 葛海滨

垂直管理部门

县税务局

局　　长　周光炜（2月免）
　　　　　管冬军（2月任）

县自然资源和规划局

局　　长　王文庆

宝应生态环境局

局　　长　陈　勇（6月免）
　　　　　周志刚（6月任）

县气象局

局　　长　顾　晶

县供电公司

总 经 理　李　培

县邮政公司

总 经 理　孙　新（1月任）

县电信公司

总 经 理　乔　飞（10月免）
　　　　　黄　嵘（10月任）

县烟草专卖局（公司）

局长（经理）　陈劲松（11月免）
　　　　　赵玉庆（11月任）

县盐业公司

经　　理　吴　琳

中国人民银行宝应县支行（外汇管理局）

行长（局长）　董学文

中国工商银行股份有限公司宝应支行

行　　长　袁永锋（4月免）
　　　　　唐桂军（4月任）

中国银行股份有限公司宝应支行

行　　长　宋林荣（9月免）
　　　　　方　亮（9月任）

中国农业银行股份有限公司宝应支行

行　　长　程　明（7月免）
　　　　　梁晓辉（7月任）

中国建设银行股份有限公司宝应支行

行　　长　袁洪涛（7月免）
　　　　　杨　智（7月任）

中国农业发展银行宝应县支行

行　　长　严　峰

江苏银行股份有限公司宝应支行

行　　长　黄晓海

中国邮政储蓄银行宝应县支行

行　　长　董三山

江苏宝应农村商业银行股份有限公司

董 事 长　郑寿霞（5月免）
　　　　　顾金标（5月任）
行　　长　刘国裕

中国人寿保险股份有限公司宝应支公司

经　　理　周　兵

中国财产保险股份有限公司宝应支公司

经　　理　沙小永（7月免）
副 经 理　成　亮（7月主持工作）

中国移动通信集团江苏有限公司宝应分公司

经　　理　季明祥

中国联合网络通信有限公司宝应分公司

经　　理　洪　军

扬州市住房公积金管理中心宝应分中心

主　　任　卢　海

江苏有线网络发展有限责任公司宝应分公司

总 经 理　吉沐和

群众团体

县总工会

主　　席　刁端明
副 主 席　沈文辉
　　　　　鲁　洁（女）
党组书记　刁端明

共青团宝应县委员会

书　　记　周　伟（12月免）
副 书 记　洪玲艳（女，11月免）
　　　　　吴海超
　　　　　蒋　磊（女，11月任）

县妇女联合会

主　　席　韩　群（女）
副 主 席　孙　娅（女）
　　　　　张丽玲（女）
党组书记　韩　群（女）

县妇女儿童工作委员会办公室

主　　任　顾小蓉（女，1月任）

县直机关幼教中心

主　　任　房雯荃（女，1月免）

县工商业联合会

主　　席　姜海峰

副 主 席　郁忠浩(12 月免)
王　建(12 月任)
周庆军(12 月免)
沈振业(12 月任)
明九君
党组书记　郁忠浩(12 月免)
王　建(12 月任)

县科学技术协会

主　　席　程卫国
副 主 席　潘加林
昌文梅(女)
党组书记　程卫国

县归国华侨联合会

主　　席　韩　灵(女)

县文学艺术界联合会

主　　席　郎海燕(7 月免)
副 主 席　曹文阳

县哲学社会科学界联合会

主　　席　钱永健(1 月免)
乔永华(4 月任)
副 主 席　乔永华(4 月自然免除)

县残疾人联合会

理 事 长　陈爱萍(女)
副理事长　贝玮亚
夏莉莉(女)
许淑君(女,3 月任)
党组书记　陈爱萍(女)

红十字会

会　　长　查爱国
副 会 长　闵　莉(女,4 月任)

各镇

安宜镇

党委书记　蔡汉民(3 月免)
于祝君(3 月任)
副 书 记　李彦锋
徐宝林(1 月免)
张　勇
蒋俊超(1 月任)
杨海林(科技镇长团成员,7 月免)
张利军(科技镇长团成员,8 月任)
人大主席　徐宝林(12 月免)
张　勇(12 月提名)
人大副主席　陈　健(1 月提名)
镇　　长　李彦锋
副 镇 长　顾军亚(女)
王一玉(女,11 月免)
王金余(12 月免)
张晓红(女)
成玉洪
陈　林(1 月提名)
朱宣波(11 月提名)
卢玉年(12 月提名)
纪委书记　陈　林(1 月免)
王焱明(4 月任)
组织委员　苏宏赋(1 月任)
宣传委员　苏宏赋(1 月免)
陆红霞(女,1 月任)
政法委员　卢玉年
人武部长　杨学刚
统战委员　吴加珍(女,4 月免)
徐　得(4 月任)
党委委员　顾军亚(女)
党政办主任　蒋德益(7 月任)

氾水镇

党委书记　杨　猛(4 月免)
吴　斌(4 月任)
副 书 记　邹　恺(3 月免)
范方红(3 月任)
华来军
柏明荫
蔡星伟(科技镇长团成员,7 月免)
人大主席　刘伟美(女)
镇　　长　邹　恺(3 月免)
范方红(3 月提名)
副 镇 长　彭万鸿(12 月免)
吴　华(女)
郭风婷(女)
胡　进
陈　凯
李　军(7 月提名)
杨发友(12 月提名)
牟春竹(女,科技镇长团成员,8 月任)
纪委书记　王　磊
组织委员　赵维荣

宣传委员　傅泽群
政法委员　徐柏新(4月免)
　　　　　鲁鹏飞(4月任)
人武部长　李学云(1月免)
　　　　　焦　阳(4月任)
统战委员　李菊生(女)
党委委员　彭万鸿(4月免)
　　　　　吴　华(女,4月任)
行政审批局局长　刘春景(7月任)

夏集镇

党委书记　于祝君(3月免)
　　　　　陆宝华(女,3月任)
副 书 记　侯　荣
　　　　　王晓峰(4月免)
　　　　　徐柏新(4月任)
　　　　　王春雷(科技镇长团成员,8月任)
人大主席　曹家宏
人大副主席　胡天平(4月提名)
镇　　长　侯　荣
副 镇 长　郭　琴(女)
　　　　　房福余(12月免)
　　　　　陈　程
　　　　　胡天平(4月免)
　　　　　朱素高(4月提名)
　　　　　万继春(12月提名)
纪委书记　肖衡波(4月免)
　　　　　赵　青(女,4月任)
组织委员　夏　鑫(3月免)
　　　　　张鸿伟(4月任)
宣传委员　赵　青(女,4月免)
　　　　　沈日明(4月任)
政法委员　万继春
人武部长　张鸿伟(4月免)
　　　　　符　鹏(4月任)
统战委员　夏　鑫(3月免)
　　　　　沈日明(4月任)
党委委员　徐庆荣(1月免)
　　　　　郭　琴(女,1月任)

柳堡镇

党委书记　王桂元
副 书 记　王剑波
　　　　　姜贵山(1月免)
　　　　　夏心祥(3月任)
人大主席　乔先明(1月免)
　　　　　姜贵山(1月提名,12月免)
　　　　　夏心祥(12月提名)
镇　　长　王剑波
副 镇 长　夏心祥(3月免)
　　　　　蔡　雨(5月免)
　　　　　闫卫卫
　　　　　郭炜剑
　　　　　包　健(3月提名)
　　　　　夏永盛(12月提名)
　　　　　徐晓东(科技镇长团成员,7月免)
　　　　　刘　霞(女,科技镇长团成员,8月任)
纪委书记　问雷凌(3月免)
　　　　　苗　欣(3月任)
组织委员　相咸平(女)
宣传委员　陈志超
政法委员　雍有宏(4月免)
　　　　　夏永盛(4月任)
人武部长　郭　峰
统战委员　陈志超(4月任)
党委委员　夏心祥(3月免)　闫卫卫(5月任)
党政办主任　翟晓文(女,7月任)
行政审批局局长　陶　婧(女,7月任)

鲁垛镇

党委书记　吉　庆
副 书 记　陈婷婷(女)
　　　　　张　华(4月免)
　　　　　昌荣伟(4月任,12月免)
　　　　　徐志龙(12月任)
　　　　　沐年国(科技镇长团成员,8月任)
人大主席　陆成刚(12月免)
　　　　　昌荣伟(12月提名)
镇　　长　陈婷婷(女)
副 镇 长　昌荣伟(4月免)
　　　　　李　彬
　　　　　郭文平(4月免)
　　　　　赵　光
　　　　　陶香阳(4月提名)
　　　　　杨　洁(女,11月提名)
纪委书记　佘　彪
组织委员　朱国俊
宣传委员　段　莹(女)
政法委员　周维康

人武部长 陈 杰(4月任)
统战委员 陈 银(女,3月免)
段 莹(女,4月任)
党委委员 李 彬(4月任)

广洋湖镇

党委书记 姚绍瑜(女,12月免)
高 峰(12月任)
副书记 高 峰(12月免)
蒯义邦(3月免)
高春和(4月任)
周 伟(12月任)
黄光法(科技镇长团成员,8月任)
人大主席 陆伟炽(12月免)
高春和(12月提名)
镇 长 高 峰(12月免)
周 伟(12月提名)
副镇长 陈鸣军(12月免)
潘敬军
高春和(4月免)
徐长俊
潘 军(4月提名)
杨小军(12月提名)
纪委书记 刘卫中(3月免)
简永辉(4月任)
组织委员 潘 军(4月免)
周振华(4月任)
宣传委员 周振华(4月免)
郝宇婷(女,4月任)
政法委员 刘亚林
人武部长 吴 超
统战委员 潘 军(4月免)
郝宇婷(女,4月任)
党委委员 陈鸣军
党政办主任 邱 凡(女,7月任)

小官庄镇

党委书记 梅高亮
副书记 潘加才
金明义(3月免)
郭文平(4月任)
王 香(女,科技镇长团成员,8月任)
人大主席 闵宽宝(12月免)
方 春(12月提名)
镇 长 潘加才(12月免)
郭文平(12月提名)
副镇长 方 春(12月免)
陶香阳(4月免)
吴玉林
孙 军
夏本龙(4月提名)
高海洁(女,12月提名)
纪委书记 夏本龙(4月免)
毛 源(5月任)
组织委员 高海洁(女)
宣传委员 王 艳(女)
政法委员 胡 泽
人武部长 苗宝权
统战委员 毛 源(5月免)
吴 涛(5月任)
党委委员 吴 涛(4月任,5月免)

望直港镇

党委书记 苗健国
副书记 郝帅平
金晓扬(女)
张二林(科技镇长团成员)
人大主席 马国驷(11月免)
马伟东(11月提名)
镇 长 郝帅平
副镇长 李树彬
杨 健
张仁友(12月免)
吴海宏(1月提名,12月免)
朱志勇(12月提名)
王 骏(12月提名)
纪委书记 朱志勇
组织委员 房玉龙(3月免)
殷连军(3月任)
宣传委员 杨泗凤(女)
政法委员 王国春(4月免)
衡德华(4月任)
人武部长 季风平(4月免)
王 骏(4月任)
统战委员 王 骏(4月免)
房海伟(4月任)

射阳湖镇

党委书记 王 敏
副书记 姜 勇

马伟东(11 月免)
朱树松
洪玲艳(女,11 月任)
管东波(科技镇长团成员,8 月任)
人大主席 庄义祥
镇　　长 姜　勇
副 镇 长 朱义彪
王成全
王正林
张红明(4 月免)
徐友国(12 月提名)
纪委书记 田瑞祥(3 月免)
刘　旭(3 月任)
组织委员 苗　凯
宣传委员 何广才
政法委员 徐友国
人武部长 尤培宇
统战委员 蒋　磊(女,11 月免)
苗　凯(11 月任)
综合执法局局长 庄义俊(7 月任)

西安丰镇

党委书记 陆宝华(女,3 月免)
邹　恺(3 月任)
副 书 记 鲁　军
卞风军
汪献伟(科技镇长团成员,8 月任)
人大主席 曹仲平(9 月免)
叶志文(9 月提名)
镇　　长 鲁　军
副 镇 长 叶志文(9 月免)
郭卫国(11 月免)
徐志龙(12 月免)
徐增兵
郝　峰
钱锦锦(女,11 月提名)
翟仁斌(12 月提名)
纪委书记 丁德良(3 月免)
陈　银(女,3 月任)
组织委员 梁　诚
宣传委员 吉　煜
政法委员 翟仁斌
人武部长 姜　飞
统战委员 张永宏(3 月免)
王　军(4 月任)
党政办主任 俞杨晓(7 月任)

曹甸镇

党委书记 许　杰
副 书 记 肖　宇
卞鹤春
强凤彬
蔡星伟(科技镇长团成员,8 月任)
人大主席 仲　跃(1 月免)
徐　坤(9 月提名)
镇　　长 肖　宇
副 镇 长 莘柏林(7 月免)
朱安林(4 月免)
徐　坤(9 月免)
柴继双
郭　君(女)
周重宇(4 月提名)
柏　涛(11 月提名)
于文家(11 月提名)
陈莹婷(女,11 月提名)
纪委书记 周重宇(4 月免)
郑晓娟(女,4 月任)
组织委员 胡振军
宣传委员 于文家(11 月免)
李　晶(11 月任)
政法委员 柏　涛(11 月免)
人武部长 周长海
统战委员 高晓辉(4 月任)
党委委员 朱安林(4 月任)

泾河镇

党委书记 郝　骥(11 月免)
王国成(11 月任)
副 书 记 童旭春
王大永
倪纪恒(科技镇长团成员,8 月任)
人大主席 陈　超
镇　　长 童旭春

副 镇 长　陆书永(3 月免)
丁国平
王志敏
徐家卫(4 月免)
潘　伟(3 月提名)
王文安(4 月提名)
瞿小俊(11 月提名)
纪委书记　潘　伟(3 月免)
胡　庆(女,3 月任)
组织委员　殷　镭(1 月任)
宣传委员　张新明
政法委员　郑中华(4 月免)
雍国利(4 月任)
人武部长　王文安(4 月免)
俞　洋(4 月任)
统战委员　周秀丽(女,11 月免)
殷　镭(11 月任)
党政办主任　林永亮(7 月任)

黄塍镇

党委书记　王国成(11 月免)
苗培俊(11 月任)
副 书 记　成　海
张春芳(女,1 月免)
杨成军(1 月任)
人大主席　江洪举(1 月免)
张春芳(女,1 月提名)
镇　　长　成　海
副 镇 长　陈立时(1 月免)
朱成祥(12 月免)
张　霞(女,1 月提名)
梁兆瑜(1 月提名)
韩　兵(11 月提名)
张　虎(12 月提名)
纪委书记　胡志成
组织委员　戴　倩(女)
宣传委员　徐建花(女)
政法委员　杨成军(1 月免)
华忠超(4 月任)
人武部长　张　虎
统战委员　徐建花(女,4 月任)
党委委员　陈立时(1 月免)
周　信(4 月任)

山阳镇

党委书记　吴　斌(4 月免)
朱国平(4 月任)
副 书 记　朱国平(4 月免)
王晓峰(4 月任)
宗荷君(女)
人大主席　王春城(9 月免)
刘泽波(9 月提名)
镇　　长　朱国平(4 月免)
王晓峰(4 月提名)
副 镇 长　冯森林
刘泽波(9 月免)
朱正祥(12 月免)
胡伟伟(女,3 月提名)
金章军(11 月提名)
钱　莹(12 月提名)
王宝杰(科技镇长团成员)
纪委书记　戴　云(女,3 月免)
艾红涛(3 月任)
组织委员　钱　莹(1 月任)
宣传委员　钱　莹(1 月免)
李　杰(4 月任)
政法委员　季秀梅(女,4 月免)
施　伟(4 月任)
人武部长　徐堂飞
统战委员　钱　莹(1 月任,4 月免)
李　杰(4 月任)
党委委员　冯森林
行政审批局局长　高云洪(7 月任)
综合执法局局长　王守国(7 月任)

江苏省宝应经济开发区

党工委书记　顾长荣
副 书 记　苗培俊
唐炳早(1 月任,11 月免)
管委会主任　苗培俊
副 主 任　唐炳早(1 月免)
刁品辉
吴志平(1 月免)
吉沐平
朱　峰(4 月免)
陆国政(1 月任)
王淑良(科技镇长团成员)
纪工委书记　陆国政(1 月免)
高立新(3 月任)
纪工委副书记　胡志成

江苏省宝应经济开发区党政办公室

主　　任　周　信

江苏省宝应经济开发区招商局一局

局　　长　夏金星

江苏省宝应经济开发区招商局二局

局　　长　姜承军

江苏省宝应经济开发区经济发展局

局　　长　张　霞(女,1月免)
　　　　　李　洲(1月任)

江苏省宝应经济开发区规划建设局

局　　长　(空缺)

江苏省宝应经济开发区安全生产监督管理局

局　　长　范　军

江苏省宝应经济开发区农村工作局

局　　长　(空缺)

江苏省宝应经济开发区社会事务局

局　　长　衡　萍(女)

江苏省宝应经济开发区综合执法局

局　　长　(空缺)

江苏省宝应经济开发区监察室

主　　任　胡志成

江苏省宝应经济开发区便民服务中心

主　　任　苗建华

宝应湖旅游度假区(有机农业开发区)

党工委书记　蔡汉民(3月免)
　　　　　　于祝君(3月任)
副 书 记　陈启忠
管委会主任　陈启忠
副 主 任　邵　祥
　　　　　　张永祥

商贸物流园区

党工委书记　郝　骥(11月免)
　　　　　　王国成(11月任)
副 主 任　徐家卫(4月任)
　　　　　　徐文祥(1月任)

生态新城

党工委书记　蔡汉民(3月免)
　　　　　　于祝君(3月任)

(县委组织部)

重 要 文 献

县委工作报告

坚持稳中求进 加快绿色发展
奋力开创“强富美高”新宝应现代化建设新局面

——在中共宝应县委第十三届第二次全体(扩大)会议上的讲话(节选)

张小辉

(2021年12月31日)

这次全会的主要任务是,以习近平新时代中国特色社会主义思想为指导,深入贯彻落实党的十九届六中全会、中央经济工作会议精神,按照省市县党代会、省委经济工作会议、市委八届二次全会部署要求,回顾总结全年工作,研究确定明年任务,动员全县上下进一步统一思想、开拓创新,奋力开创“强富美高”新宝应现代化建设新局面,以优异成绩迎接党的二十大胜利召开。

一、务实奋进求突破,“十四五”发展和“五个宝应”建设实现良好开局

2021年,是中国共产党成立100周年,也是全面建设社会主义现代化、推动“十四五”高质量发展的开局之年。一年来,我们坚持高举旗帜、定向领航。始终以习近平新时代中国特色社会主义思想为统领,认真学习贯彻党的十九届六中全会和省市党代会精神,高质量开展党史学习教育和建党百年系列庆祝活动,引领全县上下勇担新使命、奋力开新局。一年来,我们坚持攻坚克难、砥砺前行。县委充分发挥总揽全局、协调各方作用,群策群力应对扬州突发疫情,实现了人员无感染、县内无疫情;聚焦聚力加快实体经济发展,实现了招商引资再发力、项目建设再提速;尽心尽力满足人民美好生活需要,实现了人民群众获得感更足、幸福感更强、安全感更高。一年来,我们坚持凝心聚力、团结奋进。在中央和省市委的坚强领导下,县委团结带领全县各级党组织和广大党员干部,聚精会神、真抓实干,坚持稳中求进工作总基调,全面贯彻新发展理念,推动高质量发展,"十四五"实现良好开局,"五个宝应"和党的建设取得新进展。

一是实力宝应迈上新台阶。预计全年实现地区生产总值840亿元、增长6.5%;完成一般公共预算收入25.1亿元,其中税收收入19.5亿元;全社会固定资产投资增长6.5%;社会消费品零售总额增长6%。完成工业开票销售945亿元、增长16.8%,新增工业开票10亿元企业1家、5亿元企业3家、亿元企业37家、规模企业89家。国家现代农业产业园通过省级验收,新增国家级农业龙头企业1家、省级3家,入围全国农业全产业链典型县创建名单,荣获省农产品质量安全县、绿色蔬菜产业特色县称号,农机安全"柳堡模式"在全省推广。服务业增加值占比提高1个百分点,获批全国电子商务进农村综合示范县。完成建筑业施工产值700亿元,增长7.5%。

二是开放宝应增创新动能。招商引资更加注重高质量导向,全年新签约极兔物流产业园、巨丰复合线等各类产业项目142个,其中工业重大项目27个;星瑞科技、永顺泰麦芽、虹途电子等一批项目开工建设,锡洲电磁线、伟恒玻璃等在建项目顺利竣工,韵达仓储一期、宝胜系统集成等一批省市重大项目相继投产。参与制订国家标准7项,新增发明专利授权151件、国家地理标志商标4件,建成省市级工程技术研究中心12家,新增国家高新技术企业54家、专精特新"小巨人"企业4家,获批省"双创团队"1项、"双创人才"3项,入选国家科普示范县创建名单。实际利用外资1.5亿美元、增长48.8%,实现外贸进出口总额9.2亿美元、增长20.1%。全力推进"拿地即开工"、"一件事"改革等重点任务,跻身全国营商环境百强县。

三是美丽宝应展现新形象。提档升级泰山路、北河路、宝胜路等城市主干道路,整治老旧小区23.2万平方米,改造棚户区及危旧房1324套,新增城市绿地30万平方米。实施集镇建设"三个一""五个一"项目52个,建成特色田园乡村4个、美丽宜居村庄10个。京沪高速扩容顺利推进,东阳路跨宝射河大桥主体合龙,完成省道331射阳湖镇、鲁垛镇连接线建设,改造提升农村公路51公里、危桥10座。持续开展蓝天、碧水、净土保卫战,空气优良天数比例达80.8%,国、省考断面水质优Ⅲ比例达100%。盘活存量土地2832亩,获批省自然资源节约集约利用模范县、耕地保护激励县。

四是幸福宝应提升新品质。城乡居民人均可支配收入分别增长9.8%、12%。新增城镇就业7100人。稳步提高基本养老、城乡低保、医保等各类保障标准,区域性养老服务工作扎实推进。县文教综合体、新城九年一贯制学校建设有序实施,义务教育和普通高中教育质量持续向好。新人民医院建成投用,第四人民医院主体封顶。农房安全隐患排查整治和不动产权确权登记工作全面实施。《浪起宝应湖》获省紫金文化艺术节"优秀剧目奖"。获评全国首批县域足球典型县。

五是和谐宝应取得新成效。社会治理现代化建设不断深化,建成县镇村三级联动指挥调度体系。全国文明城市创建三年行动计划深入实施,34个专项整治行动有力推进,高标准完成省测相关工作。持续开展风险隐患排查化解攻坚行动,圆满完成建党百年、十九届六中全会等重大活动安保维稳工作。安全生产专项整治三年行动进入全面攻坚,持续实现"双降"目标,全县本质安全水平进一步提升。

六是党的建设得到新加强。牢牢把握意识形态工作领导权,理论武装、舆论宣传等工作扎实有效。圆满完成县镇村三级党组织换届,绘出了好蓝图、配出了好班子、形成了好气象。村级党群服务中心"四常两聚"机制在全市推广,苏中公学研修中心成立运行。深入开展政法队伍教育整顿,有力锻造了过硬的政法队伍。一体推进党风廉政建设和反腐败工作,不敢腐、不能腐、不想腐的体制机制系统构建,风清气正的政治生态持续巩固。人大认真依法履职,为服务发展大局发挥了重要作用;政协积极参政议政,"有事好商量"协商议事工作影响扩大。人武、双拥工作成效明显,统战、民宗、老干部、群团等工作取得新进步。

一年来取得的成绩,是党中央举旗定向、省市委坚强领导的结果,也是全县上下同心同德、奋力拼搏的结果。在此,我代表县委,向为全县经济社会发展作出重要贡献的广大干部群众,表示衷心的感谢和崇高的敬意!

在肯定成绩的同时,我们也要清醒地看到发展中存在的困难和问题,主要是:产业发展的基础还不厚实,主导产业质效和层次还不高,带动能力强、规模效益好的大项目好项目比较少,财政收支矛盾较为突出;城乡环境的面貌还需改善,农村人居环境建设还比较薄弱;民生领域的短板还有不少,城乡居民长效增收难度加大,教育、卫生、文化等发展水平与群众期盼仍有一定差距,维护社会安全稳定的任务较重;干部队伍的能力作风还要提升,少数干部担当作为的"精气神"还不足,创新突破的"才识能"还不高。对此,我们必须高度重视,采取有效措施,切实加以解决。

二、把握大势谋全局,奋力开创"五个宝应"建设新局面

省第十四次党代会提出加快推动江淮生态经济区建设,着力打造江苏发展的"绿心",建设江苏"生态大公园";支持里下河地区发展绿色低碳产业、提升生态碳汇能力。市第八次党代会提出沿河地区要坚定在苏中地

区率先绿色崛起的决心，加快打造里下河地区绿色转型发展的示范。市委八届二次全会也对我县提出打造低碳产业发展基地和生态碳汇试验区的目标要求。这些都为我们做好明年以及今后一段时期工作指明了方向、提供了遵循。我们既要看到宝应地处江淮生态经济区核心地带，具有良好的生态资源禀赋，也要看到上级赋予我们率先推动绿色崛起、打造江苏"绿心"的更高要求；既要看到我县"3+5"现代产业体系已初步构建，也要看到产业总量不大、层次不高、质态不优仍是我们亟待破解的难题；既要看到宝应加速融入长三角一体化、要素流动更加畅通的发展大势，也要看到城市吸纳和留住人才人力人口的能力还不强，将持续面临人口净流出的严峻形势。深入分析当前的形势目标任务以及长板短板底板，我们必须抓住战略重点，始终坚持"生态立县、产业强县、人才兴县"，努力在现代化建设新征程中开辟新境界、构筑新优势、展现新气象。

一要始终坚持"生态立县"。牢固树立"绿水青山就是金山银山"理念，确立更高的生态自觉，加强生态建设，持之以恒打好蓝天、碧水、净土保卫战，系统推进环境治理、生态修复、功能完善；发展生态经济，加强节能减排、清洁生产等绿色环保技术推广，加快淘汰退出落后产能，积极探索"旅游+""康养+"等新模式新业态；放大生态价值，力争宝应更多特色生态资源进入国家和省生态产品价值实现机制试点，提高生态资源"溢价"和变现能力。

二要始终坚持"产业强县"。聚焦产业培强，强化先进制造业主导地位，立足"3+5"现代产业体系，出台相应扶持政策，一个产业明确一名牵头领导、建立一支招商分队、结对一批科研机构或研发基地、全面落实"1+N"专业园区，引导主导产业向产品链、创新链、价值链高端迈进。聚焦企业培育，鼓励宝胜"十四五"冲刺500亿级企业目标，"一企一策"支持10亿级企业做强做优、裂变发展，深入实施亿元企业培育计划，支持企业产品升级、技术改造、设备更新，提升对小微企业、初创企业的承载能力和服务水平，构建"乔灌草"结合和优势互补的企业体系。聚焦税源培植，制订税源导向的项目招引、企业培育、产业发展专项政策，坚持"以亩均论英雄、以税收定奖补"，不断增强管税治税稳税的精准性。

三要始终坚持"人才兴县"。壮大人才队伍，制订落实更加精准和便利的人才政策，优化"宝地英才集聚计划"支持对象和力度，采取直接引进、柔性引进、项目引进等方式，延揽一批科技领军人才、技术技能人才和创新创业团队。集聚人力资源，围绕产业发展需求，制订人力资源发展规划，办好具有宝应特色的职业教育，持续深化产业工人队伍建设改革，促进"产业吸附人力、人力支撑产业"的良性互动。引导人口回流，优化集成相关奖励激励政策，着力健全薪酬福利、子女教育、社会保障、住房保障等制度，吸引在外宝应人"凤还巢"、外地毕业生"来宝地"，不断推动人才落地、人力集聚、人口回流。

三、聚焦重点创优势，全面落实明年高质量发展关键举措

2022年是党的二十大召开之年，也是贯彻省市县党代会精神、加快"十四五"发展的关键之年，做好明年工作意义十分重大。明年全县工作的总体要求是：以习近平新时代中国特色社会主义思想为指导，全面贯彻党的十九大、十九届历次全会和中央经济工作会议精神，认真落实省市县党代会决策和省委经济工作会议、市委八届二次全会工作部署，坚持稳中求进工作总基调，全面贯彻新发展理念，加快融入新发展格局，聚焦"五个宝应"建设，突出"生态立县、产业强县、人才兴县"，在争当里下河地区高质量发展排头兵上迈出坚实步伐，以优异成绩迎接党的二十大胜利召开。

重点要做好"一突破""两提升""三强化"各项工作。

1. 着力突破招商引资和项目建设

围绕重点产业抓招商。进一步强化"重质量、重落地、重实效"的导向，扎实突破一批龙头型、基地型、平台型重大项目和产业地标，力争50亿元以上重特大产业项目取得突破，项目开竣工数量位居全市前列，工业总量迈上千亿级台阶。培大育强先进制造业。新型电力装备要围绕"全链条、集聚式"发展目标，以高端化、特色化、智能化为主攻方向，重点对接苏南地区产业转移，做好"以商引商、以企引企"文章，确保引进亿元项目10个以上；电子信息产业要按照"龙头带动、项目集聚、创新协同、全链发展"的思路，积极承接上海、深圳等地区产业溢出，继续强化"驻点招商、敲门招商、靶向招商"，加大头部企业招引力度，加快突破百亿量级；新材料产业要借力成长性好的高质态项目，更多专注细分市场，引建上下游关联企业，延长壮大产业链条，集聚规模企业100家以上。汽车汽配、新能源、高端装备、有机食品等特色产业，要积极推行模式创新、工艺更新，不断提升产品附加值和核心竞争力，打造更多产业集群。优化提升现代服务业。依托高铁新城、高速道口、运河港口，集聚更多物流企业，加快极兔物流产业园落地建设，推动韵达仓储二期、富安娜电商物流园建成运营，努力打造长三角北翼现代物流枢纽基地。加快推动生产性服务业向专业化延伸，生活性服务业向高品质升级，引进培育一批优质工业设计、文化创意、软件服务等外包企业，鼓励发展总部经济、楼宇经济、办公室经济，加快形成新的经济增长点。加快发展现代农业。以农业重大项目为龙头，紧盯精深加工、综合利用方向，实施农业规模项目20个，培育省级以上农业龙头企业3家，打造与宝应优势农产品相匹配的农业全产业链。高标准建设国家现

代农业产业园，加快园区实质化运行，充分发挥示范辐射效应。

围绕项目落地抓载体。宝应经济开发区要发挥项目建设主阵地作用，进一步优化区镇共建相关政策，扎实抓好增量带动、存量提升，加快升和电机、欣晨雅新材料等一批新签约项目开工建设，确保完成全县新开工项目任务数一半以上。安宜工业园要进一步优化功能布局，提升承载服务能力，持续推进省高新区创建工作，放大软件信息产业园"孵化效应"，推动产学研深度融合。其他乡镇工业集中区要依托产业基础，做优做特教玩用具、羽绒家纺、玻璃制品等"一镇一品"，不断扩大产业规模。充分发挥开发园区科创园"众创空间""孵化器""加速器"等功能，加快完善以信贷、创投、风投为主体的多元化科技投融资机制。持续推进低效闲置土地盘活，科学实施绿电标准化厂房建设，力争盘活存量土地2000亩以上，全面提升园区项目承载力和综合竞争力。

围绕企业壮大抓培育。深入实施企业梯度培育计划，强化头部企业重点扶持力度，"一企一策"支持大企业突破关键技术、研发拳头产品，培育形成拥有行业话语权、具有较强核心竞争力的龙头企业，新增税收过千万元企业3家以上。坚持以亿元企业为重点、规模企业为主体，引导企业加大技改投入、提升装备水平，全年实施500万元技改项目40个以上，新培育省级以上专精特新"小巨人"企业5家。健全完善"小升规"企业培育库，强化资金奖励力度，促进小微企业提档升级，全年新增规模工业企业70家以上。

围绕投产达效抓服务。扎实抓好项目帮办队伍建设，进一步强化协商会办推进机制、挂钩帮办服务机制、定期观摩评比机制、督查督办考核机制，加快推进摩恩智能产业园、维之恩精密轴承等43个在建项目竣工投产，确保项目引进顺、落地快、达效早。健全完善达产达效评价体系，严格落实竣工项目三年达标验收标准，紧盯实质开工、结构封顶、设备安装、运行投产四个关键节点，落实相关奖励政策，带动项目投资额、到资率全面提升。

2. 着力提升新型城镇化和城乡建设水平

高质量建设宜居城市。推动新城提档升级。加快城南新城以及金源、文峰、时代等城市商圈集聚人气商机，实现错位发展。城南新城着力完善学校、农贸市场、停车场、垃圾转运等功能性设施，加快周边商业地块、高品质住宅上市步伐，积极招引总部经济、科技研发等新业态，推动与高铁片区联动发展。加快老城改造更新。全面推行房票安置政策，加快推进船闸片区、东升片区等区域更新改造，同步实施绿化景观提升，力争城市更新面积20万平方米以上。有序实施古城保护和修缮，恢复历史风貌，延续历史文脉。完善城市基础设施。建成东阳路跨宝射河大桥，加快推进省道331乡镇连接线工程，启动实施锦城路、新城路、奥体路延伸工程。统筹谋划电力、通信、给排水等地下管网设施建设。扎实做好盐宝线航道整治和宝应港建设等重大工程前期工作，保障和推进京沪高速扩容、京杭运河绿色航运示范区建设。

全方位推进乡村振兴。夯实农业基础。扎实推进粮食生产绿色高质高效，建设示范片10个以上，改造提升高标准农田2.4万亩，粮食综合单产水平持续保持全省前列。改善农村环境。进一步推进农村基础设施完善，建设美丽宜居村庄，实施农村人居环境整治提升五年行动，健全市场化管护机制，创成特色田园乡村3个、新型农村社区14个。促进农民增收。继续实施"农村收入新增万元工程"，完善农民增收长效机制，确保农民收入增幅与经济增长同步。深入推进"富民强村帮促行动"，村集体经营性收入增长7%以上。深化农业农村改革。加大新型经营主体扶持力度，新培育市级以上示范家庭农场10个、示范农民合作社5个。强化农村"三资"监管，确保村组集体债务无新增。

大力度加强生态文明建设。优化生态空间布局。一体推进运河风光带和南水北调输水廊道建设，系统加强宝应湖、宝射河等重点河湖水质保护。科学推进国土绿化行动，新增绿化造林2000亩以上，积极探索水面提升碳汇能力的有效措施。坚决遏制"两高"项目盲目发展，分类限产高能耗企业，确保重点行业企业能耗下降2.5%。加快生态产业发展。深挖本土产业优势，促进生态与产业融合发展。重点支持有机大米、有机蔬菜、荷藕林果精深加工等产业，培育一批本土农产品品牌，提升有机食品产业知名度。围绕打造农旅融合发展新业态，建设一批健康养生、休闲农业、湿地观光等生态旅游示范项目，积极推进宝应湖国家湿地公园、射阳湖荷园、西安丰红枫园等重点旅游项目建设，打造宝应特色生态旅游品牌。强化生态环境治理。完善"测管治"一体推进模式，建立污染防治"全天候"监测平台，确保环境风险精准可知；实施分级分区管理，大力推进饮用水源地保护、扬尘污染控制、农业面源污染防控、土壤环境质量等级划定等工作，持续遏制污染源；强化工业废水、废气、黑臭河道、固体废物等重点污染防治，确保提升治理实效。

3. 着力提升社会治理水平和社会文明程度

全面提升社会治理现代化水平。夯实基层治理之基。健全完善县镇村三级联动指挥调度体系，加快建成社会治理现代化指挥中心、网格化服务管理中心融合平台，不断提升联动实战效能。持续深化"大数据+网格化+铁脚板"工作机制，划细做强基层"微网格"，激活精细化管理新动能，全面提升网格化服务管理的质量和水平。走好多元共治之路。聚焦社会治理与基层党建融合发展，全力做好人员配备、载体搭建、机制完善等工作,真正把基层党建的政治优势、组织优势转化为社会治理效能。建立健全志愿服务激励保障、社会组织协同配合等机制,加快构建政治、法治、德治、自治、智治“五治合一”的社会治理新模式。织密智慧城市之网。围绕社会治理智能化、集成化、信息化发展方向,加快5G、光纤网络等新型城市基础设施建设和提升,推动建立“共享、开放、融合”的大数据平台,加速实施社会治理“一网通办”“一网统管”。

全面提升社会文明程度。深化文明创建成果。以文明创建统领文明实践、文明培育,广泛开展市民素质提升行动,加快改善城市基础设施条件,持续加强点评点调、交办督办、“奖红颁黄”等工作机制,落实属地责任,加强专项整治,引导文明养成,推动全国文明城市创建工作常态长效,力争测评成绩进入省内全国文明城市提名城市前12名。提升文明实践质效。统筹推进县新时代文明实践中心、镇(区)实践所和村(社区)实践站“五有”达标建设,常态开展理论宣讲、文艺汇演、卫生健康、法治宣传等文明实践活动,广泛开展志愿服务关爱行动,打造具有宝应特色的文明实践工作品牌,打通联系、服务、引导群众的“最后一公里”。拓展文明培育内涵。以培养时代新人、培育时代新风为着力点,挖掘用好宝应丰富的红色资源,坚持全民行动,强化教育引导、实践养成、制度保障,培养选树更多先进典型,倡导弘扬更好文明风尚,真正让好人善举充盈宝应、让文明新风吹遍荷乡。

4. 着力强化民生保障和共同富裕工作

夯实共同富裕的就业创业基础。大力开展全民创业辅导和职业技能提升行动,建立健全常态化援企稳岗帮扶机制,突出抓好高校毕业生、农村转移劳动力、城镇困难人员和退役人员等重点群体的就业帮扶,不断增强乡村旅游、电商直播等行业就业吸附能力,全年新增城镇就业6000人以上、创业带动就业1500人以上。

优化共同富裕的公共服务供给。坚持教育优先发展,全面落实“双减”政策,加快新城九年一贯制学校、县文教综合体等项目建设,推动学前教育普惠优质均衡、职业教育提质扩容升格、义务教育和普通高中教育稳步走在全市前列。提升医疗卫生服务水平,推动县人民医院加快创建三级乙等医院,建成县第四人民医院。完善城乡文体设施,规划建设新城大运河文化展示中心,有序推进镇(区)文体中心、城市书房和农家书屋建设改造。健全居家养老、社区养老等多层次养老体系,建成标准化居家养老服务中心11个、市级颐养示范社区3个。

健全共同富裕的社会保障体系。巩固扩大全民参保成果,稳步提高城乡居民养老金、最低生活保障、特困人员和困境儿童供养标准,持续做好失地农民、退捕渔民等群体参保登记,强化低收入居民、生活困难家庭、重病重残人员救助帮扶,不断完善应急医疗救助机制,推动基本医保、大病保险和医疗救助有效衔接,大力发展慈善事业,织密兜牢社会保障底线。

5. 着力强化重点领域改革和营商环境建设

聚力改革攻坚。深入推进“一区多园”改革,建立健全扁平化管理、市场化运营、专业化服务的体制机制,进一步理顺分配机制和工作职能,推动形成龙头园区承接大项目、其他乡镇工业园区提供上下游配套的园区发展格局。抓好国资国企改革,优化国有资产监管模式,引导平台公司在守牢资金安全底线基础上,加快实体化、市场化转型,由单纯投融资功能向综合经营功能转变,更好发挥民生改善、城市建设等支撑作用。深化财政改革,构建全面规范、约束有力的预算机制,有效保障重点项目和民生领域资金需求。

突出创新赋能。发挥企业创新主体地位,支持企业与上下游、高校院所结成创新联盟,鼓励引进转化一批前瞻性、标志性科技创新成果,全年新增国家高新技术企业40家、科技型中小企业120家,签订重点合作项目70个以上。大力实施企业研发机构提升行动,构建国家级为龙头、省级为重点、市级为基础的企业研发创新体系,推进腾飞电缆院士工作站建设,全年新增市级以上企业研发机构20家、省级众创空间2家。深入实施“宝地英才集聚计划”,打造更具吸引力的人才创新创业服务环境,发挥科技镇长团人才资源富集效应,全年引进培养各类高层次人才100名以上。

提升营商环境。紧扣营商环境进入全省前列目标,以“一件事”为牵引提升服务效能,基本实现“一件事一窗口一次办”。建立帮办代办服务中心,发挥“店小二”“1+e”服务联盟作用,切实化解“拿地即开工”中的矛盾问题。严格落实知识产权保护制度,强化企业信用体系建设,探索推行“首违警示”等容错机制。坚决兑现减税降费、金融支持等各项惠企政策,积极招引县外劳动力,全年新增制造业贷款10亿元以上,有效解决土地、资金、用工等难题。

6. 着力强化风险防范化解和处置能力建设

抓好常态化疫情防控。坚决克服麻痹思想、松劲心态,按照平急结合、联防联控、群防群治要求,持之以恒抓好“外防输入、内防反弹”。不断强化应急处置能力建设,从严做好人员排查、社区防控和闭环转运等工作,切实以精准防控成效营造安全社会环境。进一步加强疫苗接种,全力做好不同对象、不同剂次接种工作。积极宣传公共卫生知识,引导群众做好自我防护,筑牢社会防护网。

提升本质安全水平。全面落实“党政同责、一岗双责”要求,压紧压实属地管理责任、行业主管部门监督责任和企业主体责任,积极构建从源头到末端的安全生产责任体系。狠抓安全生产隐患治理,扎实推进安全生产专项整治三年行动,着力解决突出问题和薄弱环节。持续加强应急管理体系和能力现代化建设，加快创建安全发展示范城市。

守牢平安稳定底线。全力推进“平安宝应”“法治宝应”建设，持续深化接访下访、包案化解等机制，着力化存量、防增量，切实做到矛盾化解在基层、问题解决在一线。持续加强“雪亮技防工程”“智慧公安”建设，创新打造立体化信息化社会治安防控体系。深入实施“八五”普法工作。纵深推进政法队伍教育整顿“回头看”，始终保持扫黑除恶高压态势。统筹做好政府和企业债务管理，严控新增债务，化解隐性债务。

四、牢记使命强党建，坚决扛起“五个宝应”建设的时代重任

事业兴衰，关键在党。全县各级党组织要深入贯彻新时代党的建设总要求，弘扬伟大建党精神，持之以恒推进全面从严治党，为“五个宝应”建设提供坚强保证。

1. 突出思想政治建设，筑牢信念之魂。坚持以政治建设为统领，深刻领悟、自觉捍卫“两个确立”的伟大意义和实践要求，增强“四个意识”，坚定“四个自信”，始终把“两个维护”贯穿到宝应现代化建设的各领域全过程。坚决执行党的政治路线，严格执行党的政治纪律和政治规矩，胸怀“两个大局”、牢记“国之大者”，不断提高政治判断力、政治领悟力、政治执行力，确保中央和省市委决策部署在宝应落地生根。认真落实意识形态工作责任制，加强新闻舆论、互联网等阵地建设和管理，牢牢把握意识形态工作领导权。

2. 突出干部队伍建设，提升发展之能。按照构建素质培养、知事识人、选拔任用、从严管理、正向激励“五大体系”要求，着力建设高素质专业化干部队伍。高标准选用干部。坚持新时期好干部标准，严把政治关口，突出事业为上，完善干部考核评价和选拔任用机制，切实将有本事、重实干、敢担当、善作为的德才兼备型干部选出来、用起来，做到以事择人、人岗相适。精心做好县镇人大、政府和县政协换届工作，选优配强领导班子。大力度培养干部。建立健全干部教育锻炼培训体系，选派优秀年轻干部到信访维稳、乡村振兴、项目建设、急难险重“四个一线”摔打锤炼，多当几回“热锅上的蚂蚁”、多接几回“烫手的山芋”，着力培养一批能谋善断、能征善战的开拓型、实干型干部。严要求管理干部。把对干部的经常性管理监督放在重要位置，注重掌握了解干部平时表现情况，用好各类检查考核、评优评先结果，真正让“吃苦者吃香、优秀者优先、有为者有位”成为鲜明导向。

3. 突出基层组织建设，夯实执政之基。以提升基层组织力为重点，统筹政治功能和服务功能，推动基层组织全面进步、全面过硬。强化基层基础保障。加强和改进各领域基层党建工作，推动农村党建突出富民强基，社区党建突出治理创新，非公党建突出企业转型，机关党建突出改进作风，更好发挥示范引领作用，打造一批综合型基层党建品牌。建强基层骨干力量。拓宽选人视野，打破地域、行业、身份界限，健全“县招镇聘村用”机制，完善“星级化”管理激励，进一步强化基层组织带头人队伍建设，拓展村（社区）干部选用渠道，培养储备基层党员干部年轻力量。提升基层服务水平。深化“四常两聚”机制，加强服务型基层党组织建设，推动党员干部、服务资源“双下沉”，促进服务能力、服务效率“双提升”，把服务群众“最后一公里”打造成“最实一公里”。

4. 突出能力作风建设，锤炼实干之功。当前宏观形势严峻复杂、改革发展挑战重重、区域竞争日趋激烈，这尤其需要我们提振担当作为的“精气神”、增强创新突破的“才识能”。要锤炼奋勇争先、善于作为的能力作风。强化“答卷意识”，克服“本领恐慌”，善于把握发展趋势、政策形势、产业走势，做到心中有思路、手中有招数，着力在“干”字上发力，在“快”字上用心，在“好”字上突破，打造更多“宝应特色”“宝应品牌”。要锤炼攻坚克难、敢于担当的能力作风。聚焦“五个宝应”建设的各项重点工作，积极主动研究新情况、解决新问题、化解新矛盾，决不允许当“太平官”“躺平官”，鼓励各级干部以担当负责、克难求进的实际行动，诠释对党的忠诚、对人民的赤诚、对宝应发展的热诚。要锤炼久久为功、勇于落实的能力作风。对县委研究定下的事，既要立即执行、身体力行，更要项目化、节点化、责任化抓落实，着力提升真抓的实劲、敢抓的狠劲、善抓的巧劲、常抓的韧劲，努力让真抓实干、善作善成的良好能力作风成为新时代宝应干部队伍的最鲜明特质。

5. 突出党风廉政建设，弘扬清正之风。始终坚持全面从严治党管党，严格落实党风廉政建设责任制，一体推进不敢腐、不能腐、不想腐的体制机制。高举惩腐利剑。坚定不移惩治腐败，精准运用“四种形态”，强化对党政“一把手”的刚性监督，无缝隙覆盖“工作圈”“生活圈”“朋友圈”，大力惩治滥用职权、以权谋私、侵害群众利益等腐败和作风问题，促进领导干部恪守纪律规矩底线。绷紧纪律之弦。始终坚持把纪律和规矩挺在前面，深入贯彻落实中央八项规定及其实施细则精神，持之以恒正风肃纪，持续发力纠治“四风”，融合推进纪律监督、监察监督、派驻监督、巡察监督、审计监督，主动接受各方监督，着力养成在纪律和规矩约束下从政干事的行动自觉。深化廉政教育。把反腐倡廉教育贯穿于干部培养、使用、管理各个环节，深入开展廉政示范教育、廉政警示教育和廉政岗位教育，推进荷乡清风廉政文化建设。健全完善及时提醒、诫勉谈话等预防机制，常吹“廉政风”、常敲“警示钟”、常打“预防针”，保持全县上下党风政风持续向好的良好态势。

6. 突出民主政治建设，凝聚奋进之力。充分发挥县委总揽全局、协调各方的领导核心作用，支持县人大及其常委会依法行使职权，更好发挥“四个机关”的职能作

用；支持县政协积极履行职能，推动“有事好商量”协商议事工作提质增效；发挥民主党派、工商联和无党派人士参政议政作用，激发工会、共青团、妇联等群团组织活力，强化党管武装，深化双拥共建，调动一切积极因素，凝聚起宝应现代化建设的强大合力。

同志们，新的形势催人奋进，新的征程任重道远。让我们更加紧密地团结在以习近平同志为核心的党中央周围，高举习近平新时代中国特色社会主义思想伟大旗帜，在中央和省市委的坚强领导下，团结拼搏、锐意进取，扎实工作、勇毅前行，奋力开创“强富美高”新宝应现代化建设新局面，以优异成绩迎接党的二十大胜利召开！

政府工作报告

——在宝应县第十七届人民代表大会第一次会议上(节选)

代县长 胡晓峰

(2022年1月18日)

2021年及过去五年工作回顾

2021年是“十四五”开局之年，也是本届政府收官之年，更是宝应发展经受大战大考、取得崭新业绩的一年。一年来，我们坚持以习近平新时代中国特色社会主义思想为指导，全面贯彻落实党的十九大和十九届历次全会精神，在中共宝应县委的正确领导下，紧紧依靠全县人民，扎实推进高质量发展，“强富美高”新宝应建设取得积极进展。预计全年实现地区生产总值840亿元、增长6.5%；完成一般公共预算收入25.14亿元，其中税收收入19.48亿元；全社会固定资产投资增长6.5%，消费品零售总额增长6%；城乡居民人均可支配收入分别增长9.8%和12%。

一年来，我们坚持做大增量、做优质量，产业结构持续优化。工业经济提质增效。完成工业开票销售945亿元，规模工业产值730亿元。新型电力装备、电子信息、新材料产业开票销售分别增长14.6%、13.2%、18.8%。新增10亿元企业1家、5亿元企业3家、亿元企业38家、规模企业90家，获评国家级“专精特新”小巨人企业4家、国家两化融合贯标企业4家。建筑业施工总产值达700亿元、增长7.5%。现代农业提标扩量。粮食综合单产水平全省领先，获评全国粮食生产先进集体。新建高标准农田2.9万亩。新增有机农业面积5722亩、绿色有机农产品13个。生态化改造池塘1.5万亩。实施农业规模项目20个。国家现代农业产业园通过部级认定公示。培育国家级农业龙头企业1家、省级3家。入围全国农业全产业链典型县建设名单。农村产权进场成交5.8亿元。农产品网上销售增长20.5%。现代服务业提档升级。完成服务业增加值344亿元、增长7%，韵达物流园一期建成运营，极兔速递签约落地。新增省级重点物流基地1家。获批全国电子商务进农村综合示范县。华夏银行宝应支行挂牌设点。新增服务业规上企业26家、税收过千万元企业8家、过百万元企业81家。创成省乡村旅游重点村1个，射阳湖荷园通过4A级景区资源评审。

一年来，我们坚持项目为王、开放为先，发展后劲不断增强。招商引资全面加强。出台制造业及生产性服务业招商引资项目引进奖励办法，全民招商的活力进一步激发。开展小型务实招商活动36场、“云签约”活动12场，新签约重大项目27个、亿元项目52个。项目建设卓有成效。维之恩精密轴承、虹途电子等11个重大项目开工建设，锡洲电磁线、国人5G射频滤波器等15个重大项目顺利竣工，宝胜系统集成、鼎钰玻璃等14个重大项目实现达产。新开工亿元以上工业项目21个、新竣工24个。工业企业追加技改投入5亿元以上。开发开放步伐加快。安宜工业集中区综合评价全市第一。盘活存量土地2832亩。实现外贸进出口9.2亿美元、增长20.1%。完成直接对外投资3469万美元。推动中粮面业等3家企业增资扩股，全县外资到账1.5亿美元。

一年来，我们坚持改革赋能、创新驱动，发展活力加快释放。重点改革较好落实。工程建设项目实现全流程线上审批，十个“一件事”一窗办常态化运行，重点行业准入许可实行“一业一证”，跻身全国营商环境百强县。农村不动产权登记基本完成。减税降费3.08亿元。新增制造业贷款21.2亿元、小微企业贷款14亿元，创成省金融生态达标县。向上争取非普惠制资金16.5亿元。获评省自然资源节约集约利用模范县、省级耕地保护激励县。推进机制得到优化。重大项目代帮办服务联盟成功组建，中粮面业项目实现“六证联办”。开办企业政银合作模式启动实施。政府投资项目、国企投融资和借款担保行为进一步规范，政府性债务管控持续加强。国企改革“三年行动”稳步推进，行政事业单位经营性资产有效盘活。创新驱动持续加强。获批国家高新技术企业 54 家、科技型中小企业 211 家、省农业科技型企业 3 家。实施省级科技项目 2 项。新创省级众创空间 2 家、研发机构 4 家。第十四批科技镇长团实现“镇镇通名校、一镇一博士”。获批省“双创团队”1 项、“双创人才”3 项、“科技副总”33 项。新增发明专利授权 151 件。参与制订国家标准 7 项。

一年来，我们坚持完善功能、提升品质，城乡建设统筹推进。生态环境质量不断提升。新建镇级空气自动监测站 12 个，空气优良天数比率达 81.1%、$PM_{2.5}$年均浓度降至 32 微克/立方米。宝应湖备用水源地建成通水，打造幸福河湖 2 条，国省考断面水质优Ⅲ比例 100%。完成氾水污水处理厂二期扩建、运西污水处理厂提标改造，铺设城乡污水管网 55 公里。国家级县域节水型社会达标创建通过省级验收。关闭退出化工企业 5 家。城市建设管理不断加强。国土空间规划近期实施方案编制获批。先后完成泰山路、宝胜路、北河路、运河路中段黑色化改造。改造老旧小区 23.2 万平方米、棚户区及危旧房 1324 套。新改建各类公园 11 个。东阳路跨宝射河大桥主桥合龙，白田路、淮江大道南延工程主体完工。餐厨废弃物处理中心全面投运，垃圾分类集中处理率达 85%。全国文明城市创建工作扎实推进。镇村功能设施不断完善。实施乡镇“三个一”“五个一”工程 52 个，创成省级特色田园乡村 2 个、市级美丽宜居村庄 10 个。里下河洼地治理二期、泾河灌区改造一期工程基本竣工。整治疏浚农村河道 20 条。射阳湖、鲁垛省道 331 连接线建成通车，完成县道大中修 32 公里，新建农村公路 51 公里，改造危桥 10 座。林长制全面推行，绿化造林 3100 亩，修复湿地 800 亩，建成省级绿美村庄 8 个。110 千伏氾水变竣工投运。

一年来，我们坚持共建共享、惠民利民，民生福祉日益增进。社会事业全面进步。新改建普惠制幼儿园 3 所、义务段学校 2 所、高中 3 所。有效落实“双减”政策，中高考成绩继续保持全市第一方阵。改造提升镇文体中心 2 个，建成文化大舞台 13 个、健身步道 60 公里。荣获首批全国县域足球典型称号。成功举办十四届县运会。国家卫生县城通过复审。疫情防控应急处置能力显著加强，建成 PCR 实验室 5 个，单日最大检测能力达 4.5 万管，启动 8 个标准化发热门诊建设。镇村志编修全面推进。入围全国科普示范县创建名单。保障体系更趋完善。新增城镇就业 7100 人，医疗、工伤、失业等保险基金减征 1.24 亿元，扶持自主创业 3119 人。新增职工“四险”参保 1.77 万人次。归集住房公积金 7.8 亿元，贷款支取 8.2 亿元。建成颐养示范社区 4 个，适老化改造 300 户。实现低收入人口和经济薄弱村“双增收”，在全市率先实现村企联建全覆盖。社会治理切实加强。安全生产专项整治“三年行动”攻坚战扎实开展，生产安全事故起数、死亡人数实现“双下降”。市级食品安全示范镇（区）全覆盖。政法队伍教育整顿扎实推进，扫黑除恶常态化开展。化解涉法涉诉纠纷 3314 件，办理法律援助案件 806 件。持续攻坚化解风险隐患，一批突出信访问题得到妥善处置。建党 100 周年大庆等重大活动安保维稳任务圆满完成。对口协作工作得到新加强，科协、档案、工会、文联、社科联、工商联、妇女、儿童、青少年、老龄、慈善、残疾人、红十字等事业取得新进步，人武双拥、外事侨台、民族宗教、审计、邮政、通信、气象等工作有了新提升。

各位代表，大战大考显本色，越是艰险越向前。去年以来，面对复杂严峻的国内外疫情，我们始终坚持人民至上、生命至上，毫不放松抓好常态化疫情防控，全面落实“外防输入、内防反弹”措施，让防控工作始终跑在疫情前头。南京、扬州突发疫情后，第一时间激活应急响应机制，“一办十三组”高效运转，“大数据 + 网格化 + 铁脚板”精准管控，“两在两同”深入践行，广大医务人员、公安干警逆行迎战，党员干部、志愿者冲锋一线，全县人民自觉服从疫情防控大局，将涓滴之力汇聚成磅礴伟力，两轮全员核酸检测圆满高效完成，实现了零传播、零感染、零病例，展现了宝应人民团结奋斗、守护家园的责任与担当，每个人都很了不起，每个人都是英雄！

各位代表，2021 年各项工作的顺利完成，为本届政府工作画上了圆满句号。回首过去五年，这是宝应发展史上极不平凡的五年，五年风雨兼程，五年砥砺前行，面对复杂严峻考验，经受困难风险挑战，我们体会到了奋斗的艰辛，也收获了成功的喜悦。

这五年，是综合经济实力迈上新台阶的五年。聚焦聚力实体经济，创新推进服务机制，县域经济总量和质量实现“双提升”。预计地区生产总值、固定资产投资、消费品零售总额年均增幅分别达 6.2%、10.2%、5.1%，人均地区生产总值突破 12 万元。财政收入结构得到进一步优化，财政重点工作绩效考核获省表彰激励。金融机构存贷款余额较 2017 年初分别增长 29.3%、68%。实际利用外资 3.8 亿美元、实现外贸进出口 52.4 亿美元。国资国企改革全面开展，五大国有公司成功组建。民营经济持续健康发展，市场主体活力进一步增强，新增“四上”企业 710 家。

这五年，是内生动力活力实现新迸发的五年。坚持调结构、推创新，转型升级取得明显进展。二、三产业占比分别提高至 49.2%、40.5%，战略性新兴产业产值占工业总产值比重达 28%。获批国家级光伏领跑示范基地、中国汽车零部件制造基地。新增国、省两化融合示范试点企业 180 家。企业创新主体地位进一步凸显，创新创业人才引培力度不断加大，新增省“双创团队”2 个、科技成果转化项目 5 个。新增中国驰名商标 2 件。参与制修订国家、行业标准 34 项。创业板上市 1 家，“新三板”挂牌 6 家。宝胜集团获评省长质量奖。获批国家农村产业融合发展示范园。

这五年,是城乡颜值气质展现新风采的五年。宜居宜业城市建设、美丽田园乡村建设双驱并进,入选全国首批新型城镇化建设示范县。“多规合一”国土空间规划体系初步建立,新城开发建设加快推进,城市框架进一步拉开,建成区面积扩展到47.2平方公里,常住人口城镇化率达58%。建成省级传统村落18个、特色田园乡村5个。交通强县战略深入推进,历史性跨入高铁时代,国道233、省道331宝应段等一批重点交通工程建成投运,创成省级“四好农村路”达标县,县域“30分钟交通圈”初步形成。农村人居环境整治、“263”、江淮生态大走廊建设等一系列专项行动有效开展,创成省级生态文明建设示范县。

这五年,是群众幸福指数攀升新高度的五年。坚持财力向民生、向基层倾斜,民生重点领域财政支出年均增长10%以上,全面小康综合实现度95%以上,老百姓的“幸福指数”更有质感、更有温度。居民人均可支配收入增速跑赢经济增速。荣获全省脱贫攻坚组织创新奖,在全市率先实现无债村全覆盖。义务教育中小学全部创成省义务教育现代化学校,高考拔尖人才培养保持全市第一方阵优势,创成国家级职业教育和成人教育示范县。医药卫生体制改革持续深化,疫情防控能力建设显著增强,新县人民医院、疾控中心、运西人民医院和4个农村区域医疗卫生中心建成投用,创成省基层卫生十强县。县镇村三级公共文化服务体系更加完善,城区“15分钟文体圈”全面建成。荣获全省最具影响力慈善组织。获评省社会治安综合治理先进县。

这五年,是政府自身建设得到新加强的五年。深入学习贯彻习近平新时代中国特色社会主义思想和总书记对江苏、扬州重要指示精神,“两学一做”、“不忘初心、牢记使命”、党史学习等主题教育入脑入心,意识形态工作责任制全面落实。严格规范政府行政行为和权力运行,完成新一轮政府机构改革,基层审批服务执法力量实现整合。“七五”普法全面完成,获批全省首批法治政府建设示范县。自觉接受巡视监督、人大法律监督和工作监督、政协民主监督,办理人大代表建议1033件、政协委员提案987件。严格执行党风廉政建设责任制,坚决纠治“四风”、为基层减负,良好的政治生态持续巩固。

各位代表,五年来,宝应的变化明显,进步有目共睹,全县经济社会发展取得的每一个成绩,最根本就在于习近平总书记、党中央的掌舵领航、科学指引,靠的是上级党委政府和县委的坚强领导,以及县人大、县政协和社会各界的监督支持,离不开历届县领导班子打下的坚实基础和老领导、老同志的关心帮助,得益于全县干部群众的共同打拼、团结拼搏。在此,我谨代表县人民政府,向全县人民,向人大代表、政协委员和离退休老同志,向各民主党派、工商联、无党派人士、各人民团体、驻宝各单位,向所有关心、支持和参与宝应发展的各界人士,表示衷心的感谢!

各位代表,过去皆为序章,发展永无止境。在前进的道路上,我们也清醒地认识到还面临着不少短板和不足:高质量发展压力较大,GDP总量、财政收入、工业产值等指标的匹配程度有待优化,财政收支矛盾突出,县镇两级政府财政自给率较低;产业层次整体偏重偏低,龙头型、旗舰型项目缺乏,园区集聚效应、产出效益不够,难以带动县域经济转型升级、跨越发展;区域间、县域间竞争更趋激烈,我们吸附资源、吸纳资本、吸收人口的手段更少、成本更高、难度更大,面临着前方标兵越来越远,而后方追兵越来越少的艰难发展局面;城乡建设水平有待提升,城市管理较为粗放,文明城市创建常态长效不够,农贸市场建设、占道经营、小区物业管理、农村环境整治等群众反映强烈的问题未能有效解决;产业支撑不足,就业创业空间狭窄,百姓在家门口难以找到心仪的工作,与群众的期盼有不小差距;政府自身建设有待加强,政府工作的推进机制、制度设计、流程安排等需要进一步适应经济社会发展的新变化,改进和转变的压力较大,等等。面对困难和问题,我们绝不回避,将以勇于担当的态度,采取积极有效的措施,切实加以解决。

新一届政府工作思路

今后五年是实现“十四五”发展目标,推动现代化新宝应开好局、起好步的重要阶段。做好新一届政府工作,我们将团结协作、担当实干,以优良的工作业绩回报各位代表的信任和期望。本届政府工作的指导思想是:更加紧密地团结在以习近平同志为核心的党中央周围,坚持以习近平新时代中国特色社会主义思想为指导,全面贯彻习近平总书记系列重要讲话特别是视察江苏、视察扬州重要讲话指示精神,立足新发展阶段,贯彻新发展理念,融入新发展格局,以推动高质量发展为主题,以深化供给侧结构性改革为主线,以改革创新为根本动力,以满足人民群众日益增长的美好生活需要为根本目的,聚焦“强富美高”总目标,紧紧围绕“争当表率、争做示范、走在前列”三大光荣使命,按照县第十三次党代会的总体部署,坚持稳中求进工作总基调,统筹抓好稳增长、调结构、惠民生、防风险、保稳定各项工作,加快建设“五个宝应”,在社会主义现代化建设新征程上谱写宝应发展新篇章,奋力争当里下河地区高质量发展排头兵。

今后五年的奋斗目标是:全面完成“十四五”经济社会发展目标;地区生产总值突破千亿大关;一般公共预算收入增幅高于同期GDP增幅;常住人口城镇化率62%以上;全社会研发投入占GDP比重达2.6%;生态环境持续优化,治理效能全面提升,民生福祉更加殷实,共同富裕扎实推动,城乡居民人均可支配收入年均增长6.5%以上。

——聚焦产业强县，大力发展实体经济，加快项目引建，狠抓企业培育，推动“实力宝应”发展质量更高。坚持产业强县战略，推动重点优势产业集群补链强链扩链，促进数字经济、先进制造业、现代服务业深度融合，战略性新兴产业产值占工业总产值比重达35%，生产性服务业占服务业增加值比重提高5个百分点，工业开票销售1300亿元以上，形成1个600亿元、2个200亿元、3个百亿元以上的产业梯队。扎实开展企业定向培育计划，新增税收过5000万元企业5家、过千万元企业20家、上市公司2家以上。围绕“农业融合示范”，加强区域公共品牌创建，推动一二三产业融合发展，实现由农业大县向农业强县转变。

——聚焦动能转换，加快开发开放步伐，突出科技创新，优化营商环境，推动“开放宝应”格局水平更高。主动融入新发展格局，接轨“小三角”、深耕“大三角”，开放型经济得到显著提升，外贸进出口总额、实际利用外资年均分别增长7%、10%。深化开发园区“二次创业”，坚持力量向园区集中、资源向园区集聚、政策向园区倾斜，着力提升园区的竞争力和带动力，推动开发区在省同类园区中位次前移5位以上。深入实施创新驱动战略，打造高层次创新创业平台，力争安宜镇创成省级高新区。用好人口普查成果，研究人口发展趋势，以海纳百川的姿态、开放包容的胸怀，培植引得进高素质人才、留得住年轻人的沃土。进一步深化“放管服”改革，优化要素市场配置，激发市场主体活力，推动营商便利度进入全省第一方阵。

——聚焦宜居宜业，促进城乡融合发展，完善城市功能，加快乡村振兴，推动“美丽宝应”生态颜值更高。全方位参与大运河文化带建设，深入推进以人为核心的新型城镇化，进一步优化城市空间格局、完善城市功能，城市能级和水乡韵味显著提升。致力打造苏中地区交通枢纽城市，不断增强现代综合交通运输体系支撑作用。全面实施乡村振兴战略，加快美丽村庄建设，稳慎推进农民相对集中居住，打造特色田园乡村10个以上。以创成国家生态文明建设示范县为抓手，积极实施“双碳”战略，大力发展碳汇经济，更高标准打好蓝天、碧水、净土保卫战，更高水平实施一批生态环境保护工程，环境质量持续改善，单位GDP能耗持续下降，主要污染物排放总量持续削减。

——聚焦共同富裕，夯实就业创业基础，做优公共服务，强化社会保障，推动“幸福宝应”生活品质更高。紧扣“共同富裕”主题，拓宽城乡居民增收渠道，实施农民收入十年倍增计划，多措并举扩大中等收入群体，确保城乡差距、收入差距显著缩小。对照“八个更”的目标要求，聚力解决群众的烦心事、操心事、揪心事，持续实施更加精准、更有温度的民生幸福工程。积极构建“15分钟社区服务圈”和“5分钟便民生活圈”，基本建成高质量的教育、卫生健康体系，更加健全多层次的社会保障体系和多元化的养老服务体系，让群众生活一年更比一年好。

——聚焦共治善治，持续开展文明创建，守牢安全红线，织牢稳定底线，推动“和谐宝应”治理效能更高。大力培育和践行社会主义核心价值观，进一步提升社会文明程度和市民文明素养，高水平创建全国文明城市。不断提升基层治理社会化、法治化、智能化、专业化水平，更加健全社会信用体系，创成全国法治政府建设示范县，逐步形成共建共治共享的社会治理新格局。更加注重统筹发展和安全，扎紧扎牢疫情防控网，创成省级安全发展示范城市，不断健全防范化解重大风险机制，全面提升突发公共事件应急能力，让人民群众的安全感更加充实、更有保障。

围绕上述奋斗目标：我们必须坚持党的领导，时刻胸怀“两个大局”、心系“国之大者”。始终把坚持党的全面领导贯穿政府工作各领域全过程，坚定不移沿着习近平总书记指引的正确方向前行，坚决贯彻新思想、新理念、新要求，在全局中准确定位、在大局中主动担当，全力作出“宝应贡献”。我们必须坚持发展为要，始终以发展破解宝应难题。深入践行新发展理念，聚焦高质量发展，持续深化供给侧结构性改革，持之以恒做大总量、提升质量，推动各项事业不断前行，全力彰显“宝应作为”。我们必须坚持狠抓落实，大力弘扬“马上就办、办就办好”的作风。勇于担当干事业，把抓落实作为开展政府工作的主要方式，以踏石留印、抓铁有痕的劲头，着重抓主要矛盾和矛盾的主要方面，找准切入点和突破口，创造性落实各项工作，全力干出“宝应力度”。我们必须坚持人民至上，切实做到联系群众“零距离”、服务群众“零懈怠”。坚定人民立场，坚守为民情怀，把群众的小事当作自己的大事，从群众最关心的事做起、从群众最不满意的事改起，全力体现“宝应温度”。我们必须坚持底线思维，确保干成事不出事。正确处理好政府与市场、继承与创新、发展与安全等关系，坚决守住稳定、安全、生态、廉洁底线，凡事从最坏处着想、向最好处努力，全力展现“宝应形象”。

2022年主要工作

开局关系全局，起势决定胜势。2022年是新一届政府履职的开局之年，担当作为跑好“第一棒”，向组织和人民交上一份满意的答卷至关重要。我们将拿出开局就是决战、起跑就是冲刺的状态和干劲，坚持“生态立县、产业强县、人才兴县”总体战略，紧扣“一突破”“两提升”“三强化”工作部署，全力推动经济社会高质量发展。

2022年全县经济社会发展主要预期目标是：地区生产总值增长6.5%以上；一般公共预算收入增长7%以上；全社会固定资产投资增长7.5%；消费品零售总额增长7%；城乡居民人均可支配收入分别增长6%、7%；完成节能减排目标任务,生产安全事故起数和死亡人数“双下降”。

围绕上述目标,重点抓好七个方面工作:

一、突出产业强县,增强实体经济竞争力

更大力度培植产业集群。壮大新型电力装备、电子信息、新材料等主导产业,培育新能源汽车“三电”、智能制造装备、生物医药、高端有机食品等新兴产业,推动传统产业数字化、网络化、智能化转型,实现工业开票销售、入库税收均增长10%以上。完善企业梯队培育机制,“一企一策”扶持重点企业,鼓励引导企业技改扩能、兼并重组、成果转化,新增开票10亿元企业1家、5亿元企业3家、亿元企业15家,纳税过千万元以上企业3家。实施500万元技改项目60个以上,新上机器人80台(套)。加快数字化赋能企业发展,新增国家两化融合贯标企业2家、省信息化示范试点企业2家、智能车间2个。大力弘扬企业家精神,激励企业家奋力拼搏、勇创一流,助力新生代企业家茁壮成长。

更强手段推进招商引资。坚持产出贡献、绿色环保、创新引领等导向,强化产业招商,编制产业图谱,瞄准长三角、珠三角等产业转移重点区域,力争引进一批产业链关键环节、上下游配套企业。坚持客户思维、市场思维、资本思维,加强与风投、创投等机构合作,采用基金招商等方式,催生更多大项目、好项目。持续提升招商的能力和自信,坚决摒弃“拼政策”“拼价格”的惯性思维,树立“拼服务”“拼产业链”的竞争思维,强化算账意识,既算好综合效益的“大账”,更算好成本回报的“小账”,切实提高招商的质效。完善招商工作机制,优化招商力量配置,扎实推进驻点招商、以商引商、委托招商。严格招商项目质量管理,强化招商引资过程性考核,加大招商有功人员奖励激励力度,进一步营造齐抓招商的浓厚氛围。全年招引产业类重大项目20个、亿元项目30个,力争在50亿元项目招引上实现突破。

更实举措加快项目建设。建立健全项目联合预审会审机制,严把项目质量效益关、安全环保关,从源头上保证项目的实在度。坚持“五个一”项目推进机制,完善重大项目服务专员、定期督查、协调会商制度,强化项目落地、建设、投产全流程全周期跟踪服务,狠抓合同履约率、实际开工率、竣工投产率,推动摩恩电缆、康而富无线耳机、巨丰电磁线等重大项目加快建设,新开工工业重大项目13个、亿元项目20个,新竣工工业重大项目20个、亿元项目22个,新达产工业重大项目16个。建立完善重大项目达产达效评价机制,严格竣工项目三年达产验收标准,全面提升项目投资额、到资率。

更高水平提升园区能级。深化开发园区“二次创业”,加快推动开发区产业集群发展,不断提升重大项目承载能力,力争在全省同类园区中排名前进2位。建立区镇共建项目利益分配新机制,更好地推进重大项目落地,实现区镇共同发展。紧扣“高新”发展定位,加强战略性新兴产业和高新技术产业项目招引,加快推动省级高新区创建。加快“筑巢引凤”步伐,集约节约利用土地,坚持让“土地等项目、厂房等项目”,大力推进高标准绿电厂房建设,缩短项目建设周期。强化物流等新型基础设施建设,推动极兔速递、韵达物流园二期、富安娜产业园开工建设。着眼城区功能疏导和布局优化,规划建设宝射河物流加工园区。加大批而未供和闲置低效土地处置力度,盘活存量土地1500亩以上。

二、突出改革开放,增强转型升级源动力

优化营商环境。聚焦“放管服”改革,巩固拓展“一件事”一窗办政务服务成果,扎实推进“一次办”“网上办”。常态化推进重点产业项目交地即发证、拿地即开工。注重数聚赋能,加快大数据共享平台建设,推进电子印章、电子证照应用。全面落实减税降费、减租降息等措施,推动惠企政策及时调整、精准推送、有效兑付。完善新型监管机制,优化帮办、代办、协办服务,提升政务服务便利度。鼓励企业直接对接资本市场,推进2家企业进入上市轨道。强化域外金融机构招引,创新金融服务模式,新增贷款45亿元以上,其中制造业贷款11亿元以上、小微企业贷款9亿元以上。

扩展开放格局。不断提升制造业利用外资水平,新增3000万美元外资项目2个、1000万美元外资项目3个,到账外资1.65亿美元。鼓励中小外贸企业应用跨境电商平台,支持重点企业自建租用海外仓,多渠道开拓国际市场,培植出口规模过5000万美元、过1亿美元企业各1家,外贸进出口9.5亿美元。鼓励建筑工程、劳务派遣等领域企业主动“出海”,更大力度参与“一带一路”沿线重大基础设施建设,直接对外投资3750万美元。推动建筑业提质升级、多元发展,建筑业施工总产值增长6%以上。深入推进国企改革“三年行动”,进一步优化国有经济布局和结构,加快提升国有公司自我造血和经营能力。

提升创新能力。坚持创新驱动发展,全社会研发投入占GDP比重2.5%左右,高新技术产业产值占规上工业比重达44%。获批国家高新技术企业40家、科技型中小企业120家。创成省级工程技术研究中心1家。建成晨化研发总部,实施荷仙研发中心项目。新增产学研合作项目65项,实施科技成果转化项目6项、技术攻关项目6项。推进人才安居工程,强化住房、子女入学、医疗等保障。加强“双招双引”联动,充分发挥科技镇长团桥梁纽带作用,引进人才创新创业项目10个以上、高层次人才50名以上。推进青年人才、技能人才和产业工人队伍建设,不断提高人才供给能力。稳步提升知识产权创造水平,力争有效发明专利拥有量突破800件,新增国家地理标志证明商标2件。

三、突出建管并重,增强城市综合承载力

完善城市综合功能。高质量完成国土空间总体规划和详细规划编制，科学划定“三区三线”管控边界，形成“一本规划、一张蓝图”。聚力打造“水清景美、生态宜居”的水韵荷乡，实施城区中沟河、一纵河、一横河等骨干河道整治工程，建设城东排涝闸站。改造提升节点游园6个，新增城市绿地10万平方米。建成京沪高速宝应南互通、东阳路跨宝射河大桥，完成白田路、淮江大道省道331连接线工程，延伸锦城路、新城路、奥体路。稳步推进京杭运河绿色航运示范区建设，扎实做好盐蚌高速宝应段、宝应港、盐宝线航道改造等重大工程前期准备。启动城区500千伏高压杆线增容改造工程前期工作，实施城区2条110千伏高压杆线迁改工程。

彰显城市内涵活力。统筹抓好城市色彩、城市建筑设计，提高重要节点、重点区域单体设计水平，从整体平面、立体空间上统筹布局景观风貌。注重历史文化传承，有序推动古城保护修缮。推进城市有机更新，坚持“拆改留”并举，加强预期引导，科学供给经营性用地，加快建设高品质住宅，促进房地产业良性循环和健康发展。适应消费升级新趋势，完善既有商圈、商业轴功能配套，加快落实时尚智慧城、温泉文旅小镇等项目，促进商业综合体、商业街区错位发展。进一步丰富生鲜零售、定制配送、社区服务等便民服务业态，探索发展电商经济、夜间经济。推动现代服务业扩容升级，实现服务业增加值365亿元。

强化城市精细治理。坚持以创建全国文明城市为统领，用“绣花”功夫推进城市治理。加快推进城市管理领域综合行政执法改革，厘清县镇管理权责。健全城市管理长效机制，深化占道经营、户外广告、违章停车等专项整治，加大农贸市场、背街小巷、餐饮油烟等管理力度，新建和改造农贸市场5个，改造提升老旧公厕60座，新增停车位500个，启动货运专用停车场、建材专业市场建设。扎实开展“三拆三整治”专项行动，改造棚户区300户、整治老旧小区12万平方米、拆除违章建筑1万平方米，完善物业服务标准化管理体系。推动城区环卫作业市场化一体化项目建设，综合治理运西生活垃圾填埋场，加快建设建筑垃圾资源化利用处置中心，垃圾分类集中处理率90%以上。

四、突出乡村振兴，增强城乡融合牵引力

促进农业高质高效。坚持藏粮于地、藏粮于技，坚决遏制耕地“非农化”、防止“非粮化”，新建高标准农田2.4万亩、粮食绿色高质高效示范片14个，粮食综合单产水平保持全省前列。出栏生猪30万头，生态化改造池塘4万亩。推动中粮面业、永顺泰麦芽等项目加快建设，实施农业规模项目20个以上。提升农业企业发展质态，培育市级以上农业龙头企业3家。推动品牌化建设、标准化生产、全程化监管，加快构建荷藕全产业链发展体系，培育推广农产品区域公共品牌，新增绿色有机农产品5个，高标准建设国家现代农业产业园。健全农产品流通体系，完善县镇村电商服务网络，规划建设农产品电商产业园，力争农产品网上销售增长10%以上。

促进农村宜居宜业。优化乡村河道、田园、村落等空间要素，因地制宜编制实用性村庄规划。健全城乡路网体系，实施县道大中修工程2个，建成广洋湖省道331连接线，提档升级农村公路30公里，改造危桥8座，建设农村公路生命安全防护工程26公里，优化调整城乡公交线路4条。全面推行路长制。完成里下河洼地治理、泾河灌区改造。扎实开展农村人居环境整治提升行动，创建市级特色田园乡村4个、美丽宜居村庄6个。健全河道长效管护机制，打造幸福河湖2条、农村生态河道17条。提档升级射阳湖荷园、夏集桃花源、西安丰红枫园等乡村旅游景点，加快建设柳堡国防文化园，不断彰显生态旅游、红色旅游特色。深入开展乡村移风易俗行动，推动形成文明乡风、良好家风、淳朴民风。

促进农民富裕富足。持续推进“富民强村帮促行动”，确保村级集体经营性收入增长7%以上。强化农村集体“三资”管理和债务管控，确保无新增债务。深入实施“农民收入新增万元工程”，加快构建促进农民增收长效机制。有序开展农村土地、集体产权交易等制度改革，鼓励农村宅基地自愿有偿退出。培育壮大新型农业经营主体，农业适度规模经营水平达70%，新增市级以上示范家庭农场10个、示范农民专业合作社5个、高素质农民2000人以上，新增农田托管6.5万亩。

五、突出生态建设，增强绿色发展推动力

在建设中保护生态。强化区域环境预警监测能力建设，实施挥发性有机物综合治理项目16个，持续推进$PM_{2.5}$和臭氧浓度“双减双控”。严格落实河湖长制、断面长制，深入开展城镇污水处理提质增效“333”行动，编制城区排水规划，尽快消除城区污水管网空白区，大幅提升污水接管率，推进城乡污水一体化处理，新改建污水处理厂4个，铺设污水管网55公里，启动宝应湖备用水源地达标建设，国省考断面水质优Ⅲ比例100%。全力推进江淮生态大走廊建设，强化林地、绿地、湿地共建，持续提升生态碳汇能力，完成绿化造林1400亩，新增绿化提升村25个，修复湿地800亩。

在治理中修复生态。做好新一轮中央环保督察迎检工作，认真抓好各级各类环保督察、检查反馈问题整改，切实解决群众身边的各类环境问题。加强重点行业、重点领域环境安全隐患排查整治和风险防控，确保不发生重大环境污染责任事故。扎实开展“散乱污”、危废整治等各类专项执法行动，加强部门联合、司法联动执法，不断提高环境执法效能。加强土壤污染风险管控及修复，回收处理农药废弃包装物138万件，受污染地块安全利用率92%以上。

在转型中彰显生态。统筹做好“碳达峰”“碳中和”工作，强化能耗“双控”，完善招商引资负面清单，坚决遏

制“两高”项目盲目发展。加快高耗能行业绿色化改造，大力发展光伏发电等新能源产业，实现单位GDP能耗下降2.5%。引导企业绿色生产，实施节能技改项目10个，通过清洁生产审核企业6家。发展循环经济，推进资源综合利用。倡导绿色生活方式，积极推广绿色建筑、新能源汽车等环保产品，推动形成绿色消费、绿色出行、低碳生活的习惯。

六、突出共同富裕，增强社会和谐向心力

拓宽增收渠道。强化就业优先导向，加大援企稳岗和重点群体就业保障力度，千方百计扩大就业容量、提升就业质量，新增城镇就业6000人，城镇登记失业率控制在4%以内。突出创业带动就业，完善落实创业扶持政策，新建创业孵化示范基地2家，开展创业培训600人次，新增创业1200人以上。培育“四上”企业200家以上，新登记法人企业数2800户以上。落实“四个不摘”要求，健全防止返贫动态监测和帮扶机制。

优化公共服务。进一步优化教育布局，加快县文教综合体、城南新城九年一贯制学校等项目建设。全面落实“双减”政策，规范治理校外培训机构。推动城区文化阵地均衡化布点，健全城乡医保公共服务网络，实现15分钟公共文化、便民医保“服务圈”全覆盖。完善体育场地设施，开展全民健身活动，打造有影响、有特色的文体赛事品牌。深化健康宝应建设，完善中医药服务体系，争创国家卫生镇、省健康镇各1个。启动县妇幼保健院新建项目。

兜实民生保障。坚决兜住困难群众基本生活底线，稳步提高低保、特困、残疾人等困难人员保障水平。住房公积金扩面3900人以上。加强国防动员和后备力量建设，深化双拥共建，做好退役军人服务保障工作。加快公办敬老院整合调整，新建颐养社区3家、标准化居家养老服务中心11个。建成县失能失智特困人员照护中心。规划建设县殡仪一体化服务中心。支持有意愿有能力的企业和社会群体参与公益慈善事业。

七、突出底线底板，增强安全发展支撑力

常态化抓好疫情防控。坚持“外防输入、内防反弹”总策略，压实“四方责任”，落实“四早”措施，强化“人、物、环境”同防，加强重点部位、重点人员、重点场所排查管控，推进疫苗接种“应接尽接”。完善公共卫生应急管理体系，加强疫情防控能力建设及应急演练，建成县第四人民医院，进一步织密扎牢疫情防控网。深入开展爱国卫生运动，不断强化群众自我保护和健康管理意识。

筑牢安全生产防线。以创建省级安全发展示范城市为统领，高标准高质量推进安全生产专项整治“三年大灶”，创新推行“互联网+大数据”监管模式，全链条压紧压实安全生产责任，切实防范化解重大安全风险。加强应急管理体系和能力建设，建立健全覆盖城乡的应急救援体系，不断提升应急救援处置能力和水平。完成第一次自然灾害综合风险普查，着力构建覆盖全灾种、全过程、全方位的自然灾害防治体系。

增强社会治理能力。全力做好党的二十大安保维稳工作，统筹抓好政治、经济、社会等各方面安全，加大对房地产金融、非法集资等领域风险排查化解力度，有效治理恶意拖欠账款和逃废债行为。强化国有企业及平台公司债务管控，推动镇级债务提级管理，坚决遏制新增政府隐性债务。健全群众诉求表达和权益保障机制，加大矛盾纠纷调处力度，有效化解信访积案。深化“大数据+网格化+铁脚板”治理机制，加强网格和微网格建设，提升网格化服务管理水平。争创全省社会治安综合治理先进县。有序实施“八五”普法。扩大法律援助覆盖面，受理法律援助案件650件以上。深入实施雪亮技防工程，纵深推进平安宝应建设。

建设人民满意政府

各位代表，人民政府就是为人民做事、为人民服务、受人民监督的，我们将认真落实以人民为中心的发展思想，顺应时代和人民的新期待，努力建设人民满意政府。

坚持从严治政。旗帜鲜明讲政治，真学笃行习近平新时代中国特色社会主义思想，自觉做“两个确立”的坚决拥护者和“两个维护”的坚定践行者。把坚持和加强党的全面领导贯穿政府工作的全过程，严明政治纪律和政治规矩，不断提高政治判断力、政治领悟力、政治执行力，不折不扣推动中央及省、市、县委各项决策部署落地落实。全面落实意识形态工作责任制，始终坚持正确的政治方向、舆论导向、价值取向。

坚持科学理政。紧紧围绕新一届政府目标任务，大力弘扬真抓实干、马上就办的优良作风，深入调查研究、摸清真实情况，全面增强履职担当的“七种能力”“八种本领”。强化全县“一盘棋”理念，进一步优化政府工作流程，构建权责明晰、执行有力、协同高效的行政管理机制。狠抓工作落实，强化闭环管理，高效督查调度，力争国省督查激励项目实现新突破。牢记发展为民使命，尊重经济发展规律，不搞短期行为，不做政绩工程，让政府的各项工作经得起实践、人民和历史的检验。

坚持依法行政。全面落实法治政府建设实施纲要，把政府活动纳入法治轨道，严格履行重大行政决策法定程序，促进政府决策科学化、民主化、法治化。树立科学的制度理念，强化制度建设与执行，坚持用制度管权管事管人、用制度推动工作落实。自觉接受党内监督。依法接受人大、政协监督，高质量办理人大代表建议和政协委员提案。主动接受司法监督、监察监督和舆论监督。充分运用互联网、大数据等技术手段促进依法行政，加快推动政府数字化转型。持续推进“好差评”工作，推动政务服务事项无差别受理、同标准办理、全过程监控。

坚持廉洁从政。坚决贯彻落实中央八项规定及其实施细则精神，严防“四风”问题反弹，坚决整治损害市

场主体和群众利益问题，构建亲清政商关系。厉行勤俭节约，带头过紧日子，以收定支、精打细算，大力压减非刚性、非重点项目支出，严控政府支出规模，加强预算执行监督，“三公”经费压降20%以上。聚焦公共资金、公共资源配置、政府性投资等重点领域，强化审计监督。严格落实“一岗双责”，加强廉政风险防控，进一步营造政通人和、风清气正的政治生态。

各位代表，奋斗路正长，行者方致远。让我们更加紧密地团结在以习近平同志为核心的党中央周围，在省、市、县委的坚强领导下，紧紧依靠和团结全县人民，弘扬伟大建党精神，担当新使命，展现新作为，以谱写“强富美高”宝应新篇章的优异成绩，迎接党的二十大胜利召开！

名词注释

①十个“一件事”：指企业开办、开餐馆、开旅馆、就业登记、退休、不动产交易登记、新生儿出生、结婚（离婚）、身后和军人退役等十个一件事。

②“一业一证”：指优化审批流程，将某一行业经营涉及的全部行政许可、确认、备案信息，整合在一张《行业综合许可证》上。

③“双减”政策：指减轻学生作业负担、压减学科类校外培训机构。

④PCR实验室：指通过基因扩增方式检测特定DNA或RNA的检验实验室。

⑤“一突破”“两提升”“三强化”：“一突破”指突破招商引资和项目建设；“两提升”指提升新型城镇化和城乡建设水平、社会治理水平和社会文明程度；“三强化”指强化民生保障和共同富裕工作、重点领域改革和营商环境建设、风险防范化解和处置能力建设。

⑥“三区三线”：“三区”指城镇、农业、生态三类国土空间；“三线”指城镇开发边界、永久基本农田和生态保护红线三条控制线。

⑦“333”行动：“三消除”指消除城乡黑臭水体、污水直排口、污水管网空白区；“三整治”指整治工业企业排水、“小散乱”排水、阳台和单位庭院排水；“三提升”指提升城镇污水处理综合能力、新建污水管网质量管控水平、污水管网检测修复和养护管理水平。

⑧“碳达峰”“碳中和”：碳达峰指我国二氧化碳排放力争2030年前达到峰值；碳中和指我国二氧化碳排放力争2060年前实现碳中和。企业、团体或个人测算在一定时间内直接或间接产生的温室气体排放总量，通过植树造林、节能减排等形式抵消自身产生的二氧化碳排放量，实现二氧化碳“零排放”。

⑨“七种能力”“八种本领”：指政治、调查研究、科学决策、改革攻坚、应急处突、群众工作、抓落实等七种能力；学习、政治领导、改革创新、科学发展、依法执政、群众工作、狠抓落实、驾驭风险等八种本领。

重要文件目录

表90　2021年中共宝应县委重要文件一览表

文件名称	文　号
关于印发《关于全面推进乡村振兴战略加快农业农村现代化建设的实施方案》的通知	宝委发〔2021〕2号
关于印发《宝应县创建全国文明城市三年行动计划（2021—2023）》的通知	宝委发〔2021〕24号
关于印发《宝应县制造业及生产性服务业招商引资项目引进奖励暂行办法》的通知	宝委发〔2021〕64号
关于印发《组建宝应县“店小二”代帮办1+e服务联盟实施方案》的通知	宝办〔2021〕15号

（县委办公室）

表91　2021年宝应县人民政府重要文件一览表

文件名称	文　号
县政府关于印发《宝应县国民经济和社会发展第十四个五年规划和二〇三五年远景目标纲要》的通知	宝政发〔2021〕23号
县政府关于印发《全面推进健康宝应建设实施方案》的通知	宝政发〔2021〕66号

续表

文件名称	文　号
县政府办公室关于印发《宝应县全面推行证明事项告知承诺制工作方案》的通知	宝政办发〔2021〕14 号
县政府办公室关于印发《宝应县深化农村公共基础设施管护体制改革实施方案》的通知	宝政办发〔2021〕31 号

（县政府办公室）

媒体聚集

表 92　2021 年度市级以上媒体关于宝应县重点报道一览表

标题	媒体	时间	作者
鲁垛镇的致富之路，竟是用针线“乱绣”出来的	央视及所属新媒体	1 月 27 日	县融媒体中心记者
江苏省宝应县两位造血干细胞捐献志愿者共赴“爱心之旅”	人民日报及所属新媒体	5 月 10 日	县红十字会
干部下沉服务 当企业发展“店小二”	人民日报及所属新媒体	9 月 7 日	胡　娟　李　杰　宫鋆煜　刘峰生
扬州宝应优化提升营商环境 颁出扬州首张“一业一证”	新华网	7 月 2 日	张　晨　唐晓丽
见证“苏中小延安”的抗战传奇	光明日报及所属新媒体	8 月 3 日	张　晨
江苏宝应：清洁能源助力绿色发展	新华网	11 月 3 日	李　博
夯实安全保障 助推高质量发展	新华日报	10 月 9 日	朱国平
宝应“人才贷”为创新发展注活水	新华日报	10 月 8 日	张　晨　刘延龙　吴海蓉
高标准农田全覆盖 扬州宝应县农业增效有了“硬支撑”	新华网	11 月 19 日	郝达玲　张　强　蔡　杰
宝应县“六项行动”聚焦群众“健康保障”	网易新闻	11 月 5 日	刘延龙　郭金龙　王　芸　张　晨
农业农村重大项目成为宝应乡村振兴强力引擎	网易新闻	9 月 26 日	朱　超　李　源　周　晶

（县委宣传部）

先进集体名录

表 93　2021 年宝应县受上级表彰的先进集体一览表

被授予单位	授予称号	授予单位
宝胜科技创新股份有限公司	首届江苏省科技创新发展奖优秀企业	江苏省人民政府
宝应县政府办公室	2020 年度全省政务信息工作先进单位	江苏省人民政府办公厅

续表

被授予单位	授予称号	授予单位
宝应县地方志编修中心	2021 年全省年鉴质量评审一等奖	江苏省地方志办公室
宝应县人民政府	2020 年度全市建筑业先进单位(建筑业目标管理奖三等奖)	扬州市人民政府
江苏天宇建设集团有限公司	2020 年度全市建筑业先进企业(建筑工程类)	扬州市人民政府
扬州晨化新材料股份有限公司	第二届“扬州慈善奖”最具爱心慈善捐赠单位	扬州市人民政府办公室
宝应县教育局	第二届“扬州慈善奖”最具爱心慈善贡献奖	扬州市人民政府办公室
宝应县住房和城乡建设局	第二届“扬州慈善奖”最具爱心慈善贡献奖	扬州市人民政府办公室
宝应县泾河镇中心小学	扬州市毒品预防教育示范学校	扬州市人民政府
江苏省宝应中学	扬州市毒品预防教育示范学校	扬州市人民政府
宝胜集团有限公司	2020 年度制造业纳税十强企业	扬州市人民政府
宝胜集团有限公司	2020 年度全市工业百强企业	扬州市人民政府
森萨塔科技(宝应)有限公司	2020 年度全市工业百强企业	扬州市人民政府
骏升科技(扬州)有限公司	2020 年度全市工业百强企业	扬州市人民政府
扬州中宝药业股份有限公司	2020 年度全市工业百强企业	扬州市人民政府
扬州晨化新材料股份有限公司	2020 年度全市工业百强企业	扬州市人民政府
扬州市管件厂有限公司	2020 年度全市工业百强民营企业	扬州市人民政府
江苏兴洋管业股份有限公司	2020 年度全市工业百强民营企业	扬州市人民政府
江苏润扬管件有限责任公司	2020 年度全市工业百强民营企业	扬州市人民政府
宝应县永丰米业有限公司	2020 年度全市工业百强民营企业	扬州市人民政府
江苏宝杰隆电磁线有限公司	2020 年度全市工业百强民营企业	扬州市人民政府
宝胜科技创新股份有限公司	2020 年度全市工业项目投资十强企业	扬州市人民政府
江苏钧骋车业有限公司	2020 年度扬州市瞪羚(培育)企业	扬州市人民政府办公室
扬州市凤鸣电缆有限公司	2020 年度扬州市瞪羚(培育)企业	扬州市人民政府办公室
扬州宝玛电子有限公司	2020 年度扬州市瞪羚(培育)企业	扬州市人民政府办公室
江苏利德尔新材料科技有限公司	2020 年度扬州市瞪羚(培育)企业	扬州市人民政府办公室
宝应县欧达电子陶瓷有限公司	2021 年度扬州市瞪羚(培育)企业	扬州市人民政府办公室
扬州市宜楠科技有限公司	2021 年度扬州市瞪羚(培育)企业	扬州市人民政府办公室
扬州晨光特种设备有限公司	2021 年度扬州市瞪羚(培育)企业	扬州市人民政府办公室
扬州京柏自动化科技有限公司	2021 年度扬州市瞪羚(培育)企业	扬州市人民政府办公室
江苏英格菲电器科技有限公司	2021 年度扬州市瞪羚(培育)企业	扬州市人民政府办公室
江苏奥新科技有限公司	2021 年度扬州市瞪羚(培育)企业	扬州市人民政府办公室
江苏亚如捷实业有限公司	2021 年度扬州市瞪羚(培育)企业	扬州市人民政府办公室
宝应县氾水镇牌坊村党总支	江苏省先进基层组织	中共江苏省委办公厅

(县委办公室、县政府办公室)

索引

Suo Yin

说明

一、本索引采用主题分析法，设条目索引和表格索引两个分目，索引名称按现代汉语拼音音序排列。

二、索引名称后的数字表示页码，数字后的字母(a、b、c)表示该页版面从左至右的栏别。

三、空一字起排的款目为上一主题的“附见”。

条目索引

A

艾滋病母婴传播预防　277c
爱国卫生　276b
安丰卜页　31a
安全 VR 体验馆　298c
安全管理
　档案工作　253a
　房地产业　172c
　旅游业　170a
　森林资源　220a
安全监管
　公共交通　200b
　建筑业　152c
　物流业　163b
安全检查　301b　301c
安全生产管理　155a
安全演练　301a
安宜工业园　194c
安宜建设集团有限公司　151c
安宜镇　304a
案件审理　99a
案件侦办　95c
案件执行　99b

B

白蚁防治　172c
“百年百场”巡演　244c
百岁寿星　359
办学专业　240c
宝胜电缆城　192c
宝应捶藕　122b
宝应慈姑　342b

宝应慈姑宴 156b
宝应大河建设工程 202a
宝应大讲坛 64c
“宝应好人”工程 48b
宝应荷藕节 123a
宝应荷园 28a
“宝应湖”大闸蟹 156a
宝应湖国家湿地公园 28a
宝应湖有机农业开发区 194a
宝应锦程村镇银行 185c
宝应经济开发区 190c
宝应农村商业银行 182c
宝应县监察委员会 73a
宝应县人民代表大会 58a
宝应县人民政府 63a
宝应站铁路客运枢纽 198b
保险 186a
保险业 33b
保险责任赔偿 186b
保障性住房分配 286a
报纸 248a
编研成果 251a
编研利用 252b
便民服务中心 211b
表彰大会 1a
殡葬管理 289a 289c
病媒生物监测 276b
博物馆 243a
不动产登记 69c
“不见面”改革 70b

C

财政 33b
财政管理 108c
财政预算审计 113a
财政运行效能 110b
财政政策实施 110a
蔡洪发 358b 359c
蔡兴无 359c
餐厨废弃物处理 208b
餐饮 156a
残疾人补贴 285c
残疾人服务机构改革 87a
残疾人康复 87b
残疾人联合会 87a
残疾人培训 87c
残疾人托养 87c
残疾人维权 88a
残疾人文体活动 88a
残疾人证核发 88a
残联事业宣传 88b
曹甸镇 341a
产学研合作 225a
产学研项目 225b
产业帮扶 213c
产业规模 195c
产业结构 195a
产业经营 248a
产业强县 5a
产业融合发展 209c
产业转型升级 145c
陈学英 357c
城建工程 204b
城区节点游园 204c
城市道路 204b
城市管理 207a
城市规划 204a
城市规划编制 204a
城市规划管控 204a
城市规划审批 204b
城市建设与管理 204
城市亮化 204c
城市绿化 220b
城乡建设 34b 35c
城乡水利建设 203a
城镇居民收入 295a
城镇居民消费 295a
出版物发行管理 264b
畜禽技术 134b
畜禽生产 134a
畜禽养殖污染治理 134c
传染病防控 276a
船闸 199a
创新创业 195c
创新发展服务 83c
创业孵化平台 195b
创业扶持 290b
慈姑 28c
慈善救助 284a
村集体增收 209b
村志编修 254a
“存房+”业务 181b
存款业务
宝应县农商银行 182c
光大银行宝应支行 184a
江苏银行宝应支行 183b
南京银行宝应支行 184c
农业银行宝应县支行 180a
射阳农商银行宝应支行 185b

D

大会直播 1b

大米 29c
大气污染防治 221a
大气自动监测站 222b
大事纪要 6
大闸蟹 30a
大众传媒 247a
“代帮办”改革 70b
党建活动 288a
党史编修 250a
党史教育专栏 246b
党史学习教育 2a 45b
党史学习教育动员大会 36b
党外干部队伍建设 50c
党外知识分子统战工作 51c
党校 55c
党员干部培训 56a
党员教育 53b
党政社团组织机构负责人名录 361a
党政社团组织机构名录 361a
档案工作 251c
档案规范化建设 252c
档案信息化建设 252c
道德典范 357a
稻麦病虫害防治 131a
地方志编纂 253b
地貌 20b
地名管理 289a
地热水资源管理 218a
地质灾害防治 222a
第十六届人大常务委员会会议 59a
第十六届人民代表大会第五次会议 58a
电力装备产业 143a
电力装备产业链 143c
电力装备企业 143b
电商资金 163c
电信宝应分公司 161b
电影放映行业监管 264c
电子商务 163b
电子信息产业 144a
电子信息企业 144a
电子银行业务 183a
刁人贵 357b 358a
刁人珍 358b
定向招录 66c
动物疫病防控 140a
端正果蔬园旅游文化节 169c
队伍建设
　党史工作 250a
　教育 238c
　体育 265b
队伍教育整顿 100a
对港澳台贸易 189b
对口高考 240b
对台事务 54a
对外经济 33a
对外经济技术合作 190b
对外贸易 189b

E

二手房交易 172a

F

发展规划 144b
法规宣传 201b
法院 99a
法治 91
法治宝应实事项目 94c
法治建设 94a
法治建设监督 61a
法治宣传 101a 170c
法治阵地 101b
反电信网络诈骗宣传 92a
反腐败工作 75a
氾水镇 308a
方言 24a
防空袭演练 107b
防雷监管 228a
防汛抗旱 302c
防灾减灾 302c
防震减灾 303a
房地产管理 172b
房地产交易 172a
房地产开发 171a
房地产企业 171a
房地产投资 171a
房地产业 171
房地产中介 164c
房地产重点项目 171a
房屋拆迁 172a
房屋维修基金 174a
“放管服”改革 70a
放射卫生监督 279a
非物质文化遗产 259a
非物质文化遗产保护 261a
风景名胜 26a
风俗民情 24c
风险防控 187a
风险管控 180b
扶贫贷款 178c

服务效能 160a
福利彩票 285c
妇女创业扶持 82a
妇女儿童权益 81b
妇女儿童项目 81c
妇女联合会 80c
妇幼保健 276c
附录 361

G

干部监督管理 42c
干部教育培训 43b
干部选拔任用 42c
港澳台资利用 189b
港澳台资企业 189c
高端装备产业 144c
高端装备企业 145a
高职教育 241b
高质量发展总结表彰大会 36c
个人住房贷款 179c
耕地保护 219a
耕地质量 219b
工会维权 291b
工伤保险 281a
工商联第十四届第五次执委会 76b
工商业联合会 76a
工商银行宝应支行 179a
工业 32c 141
工业创新 141a
工业发展暨优化营商环境大会 36a
工业节能 141c
工业招商引资 189a
工资集体协商 291a
工资审批 66c
公安 95b
公共安全 298
公共场所卫生监督 279b
公共法律服务 100c
公共交通 199a
公共卫生监管 278c
公共文化服务 242a
公共文化活动 243c
公共文化设施 242a
公共资源交易管理 111a
公交优待政策 199b
公路 197c
公路货运 198a
公路客运 198a
公路里程 197c
公务员管理 44a
公益创投 288b
公益救护培训 89a
公益性岗位安置 290b
公益助残 88a
供水 206c
供销合作 156c
供用电 205a
共青团宝应县委员会 79a
谷家平 359b
固定资产投资 32c
固定资产投资审计 113b
固体危险废物污染防治 221b
挂钩帮扶 214b
关心下一代工作委员会 89c
观光旅游 122c
观光农业 126a
光大银行宝应支行 183c
光电复合海缆 193c
“光荣在党50年”纪念章 1b
广播电视 248c
广场舞比赛 243c
广洋湖青虾 30b
广洋湖镇 323a
归侨侨眷权益保护 69a
规划编制 201b 228b
国防动员 103c
国际结算业务 179c
国家高新技术企业 223c
国家农村产业融合发展示范园 210a
国民体质测定 266a
国内贸易 33a
国人5G产业园 144c
国有土地使用权出让 111a
国有制企业改革 110c
国有资产处置 110c
国有资产监督管理 110b

H

海事 199c
韩兵 358a
航道里程 198c
航政 200a
河湖管理 217b
河长制 215c
荷藕 28b
荷藕传统美食 121c
荷藕加工销售 121a
荷藕经济 120
荷藕美食 121c

荷藕生长周期 120b
荷藕现代美食 122c
荷藕种植 120a
荷藕种植技术 120c
荷藕种植历史 120a
荷藕种植面积 120b
荷藕主要品种 120b
荷乡宝应 20
《荷乡溯初心》出版 245c
荷乡物产 28b
荷乡振兴工程 210a
荷园 334c
核桃乌 29a
核与辐射污染防治 221c
红枫园 339a
红领巾读书征文演讲比赛 246c
红色旅游 167a
红色文博活动 246c
红色文化 245c
“红色有声专线”音频节目 246a
红十字会 88b
红十字救助 285b
宏观经济管理 108a
后勤保障 106b
户外劳动者港湾 177c
淮剧特色学校 245b
环境保护监督 60b
环境保护宣传 215b
环境监测 222a
环境信访 222c
环境应急管理 222b
环境整治 220c
环卫保洁 208a
换届选举 58b 287b
黄塍镇 352a
“回望百年”专题电视片 245c
惠民政策 278b
惠企政策巡察 39b
婚姻登记 289b
婚姻管理 289a
活动宣传 248b

J

机构编制 52a
机构编制动态管理 52c
机构编制法治建设 53a
机关党建 53b
机制优化 66a
基本公共卫生服务 274c
基层党员干部冬训 46c
基层民主协商 72b
基层行政审批服务事项整合 69b
基层宣讲活动 56b
基层自治组织 287a
基础设施
　教育 230b
　开发园区 192a
　旅游业 166a
基础项目 210c
基地建设
　科学技术 229b
　体育产业 268b
疾病预防控制 274c
计划生育 278a
计生服务 278b
纪检监察工作会议 74a
纪委第十二届第六次全会 73a
纪委第十三届第一次全会 74a
技能人才 67a
季寿山 358a
祭孔大典 244b
家电日用品修理 165b
家禽消费价格 296c
家庭文明建设 82b
家庭医生签约服务 274b
家政服务 165a
价格改革 115a
价格管理 114c
价格监测 115a
价格认证 115a
监测能力 222a
检察 97b
检察监督 97c
减税降费政策 111c
建党 100 周年广场舞大赛 86a
建党 100 周年活动 47c
建党 100 周年书法作品展 85a 85c
建党 100 周年主题党日活动暨“两优一先”表彰大会 37a
建设银行宝应支行 181a
建言献策 72b
建议办理 65b
建议督办 61a
建置沿革 22a
建筑垃圾运输管理 208b
建筑市场 152b
建筑市场监管 153a
建筑业 32c 149
建筑业管理 152c
建筑业企业 150a
建筑业市场 152b
建筑质量 149a
健康宝应 270b
健康服务 165b

江苏菲达宝开电气股份有限公司 145b
江苏丰祥建设工程有限公司 152a
江苏果米文化发展有限公司 148b
“江苏好人” 357c
江苏康宝医疗器械有限公司 146c
江苏康源纺织有限公司 147c
江苏年度人物 357b
江苏润扬管件有限责任公司 145a
江苏省劳动模范 354a
江苏省先进工作者 355c
江苏天宇建设集团有限公司 151a
江苏银行宝应支行 183b
交通 197
交通项目 197a
交通运输 33b
交通运输管理 199c
教师队伍 232a
教玩具生产基地 195b
教学管理 240c
教育 33c 230
教育创建活动 231b
教育督导 232b
教育科研 231c
教育培训 300a
接收安置 292a
金朝琴 358a
金融 33b
金融服务 182b 185c
金融监管 175c
金融宣传 176a
金融业 175
金融知识 177b
京杭运河宝应段工程 202b
泾河(金禾)西瓜 29b
泾河灌区项目 203b
泾河镇 345a
经济发展
　安宜镇 304a
　宝应县委 35b
　曹甸镇 341a
　氾水镇 308b
　广洋湖镇 324a
　泾河镇 345a
　柳堡镇 316c
　鲁垛镇 320b
　山阳镇 348b
　射阳湖镇 333b
　望直港镇 329a
　西安丰镇 337a
　夏集镇 313a
　小官庄镇 326a
经济发展监督 60a
经济管理 108
经济建设 313a
经济建设 341a
经济领域统战工作 52c
经济社会发展 32b
经济社会发展护航 92a
经济社会护航 98b
经济责任审计 113a
经贸合作 188
精神文明建设
　安宜镇 305b
　曹甸镇 341c
　氾水镇 309b
　广洋湖镇 324c
　黄塍镇 352c
　泾河镇 345c
　柳堡镇 317b
　鲁垛镇 321a
　山阳镇 349b
　射阳湖镇 334b
　望直港镇 330b
　西安丰镇 338a
　夏集镇 313c
　小官庄镇 327b
警风建设 97b
竞技体育 267a
境外投资企业 190b
就业 34c
居民服务 165a
居民收入 295a
居民收入结构 295b
居民消费 295c
军事 102
军事工作 105c
军事训练 102c

K

开发园区 190c
抗疫新闻 248c
科技成果转化项目 226a
科技创新
　建筑业 149b
　开发园区 192a
　科学技术 223a 223c
　中国汽车零部件制造基地 196c
科技服务 223b
科技工作者活动 83c
科技人才 226a
科技项目 225a
科技镇长团 227a
科学技术 33c 223
科学技术协会 82b

科学知识普及 228b
科研培训 269c
课程创新 233a
课题研究 86b
空气环境质量 216b
空气污染攻坚 208c
会计事务 164a
困境儿童保障福利 285b
困难职工帮扶 78a

L

《浪起宝应湖》展演 245b
劳动教育 235c
劳动就业 290a
劳动仲裁“云庭审” 290c
劳模先进评选 78b
老干部工作 56c
老干部生活待遇 57a
老龄健康 293b
老龄事务 293a
老区帮扶开发 213b
离退休干部党建 57b
离退休干部活动 57c
离退休干部政治生活 57a
李陵 358c
里下河洼地治理工程 202a
理论学习宣讲 46a
理论学习中心组 46b
理论研究 56b
理赔业务 187b
历史文化 22a
联合网络宝应县分公司 162c
廉政建设 54b
廉政教育 75c
粮食安全 158a
粮食仓储 158a
粮食购销 157c
粮食市场 158a
粮食收购 157c
粮食信贷 178a
粮油消费价格 296b
“两癌”检查 277b
两岸交流互动 55b
“两化”融合 141c
《聊斋》诗意画展 85a
烈士褒扬 292c
烈士纪念馆 243c
灵活就业社保补贴 290b
刘吉荣 355b
刘俊 359a
刘艳成 354c
柳堡(团庄)九九艳阳天景区 28b
“柳堡二妹子”民兵连 104c
柳堡镇 316a
鲁垛刺绣产业园 321c
鲁垛乱针绣 31c
鲁垛镇 320a
路政 199c
乱针绣文化产业园 264a
旅游公交专线 166b
旅游管理 170a
旅游线路 166c
旅游宣传 170a
旅游业 34b 166
旅游营销 169b
旅游资源 167a
律师事务 164b
绿色发展 3a
绿色金融 177a

M

矛盾化解 66b
梅毒母婴传播预防 277c
媒体聚集 390
媒体融合 247b
美丽乡村 211a
美容美发 165a
美术作品联展 85a
免费投保 190a
苗种基地建设 133b
民兵整组 103c
民歌收集 245a
民生保障 110a
民生服务 187a
民生实事 36a
民生实事监督 60c
民营企业政治引领 76c
民政救助 282c
民主党派工作 51a
民主管理 287a
民主监督 72b
民族 25c
民族事务管理 294a
民族宗教事务 293c
名镇志编修 254a

N

南京银行宝应支行 184b
年鉴编纂 254b

年轻干部培养　43a
黏土资源开发管理　219a
宁国寺　27b
农产品检测　139b
农产品销售　155c
农产品宣传　137a
农产品质量监管　140a
农村产权交易　111b
农村道路品牌　197b
农村电商运营　164a
农村工作会议　36a
农村公共服务　211a
农村公路　198a
农村河道疏浚工程　203a
农村环境管护　213a
农村居民收入　295b
农村居民消费　296a
农村普惠金融服务点　177a
农村生活垃圾处理　213a
农村危房改造　214c
农村信用体系　177a
农村信用体系建设　119c
农机安全监理　138c
农机购置补贴　138a
农机技术培训　138b
农林牧渔业　32b
农民培育　211c
农民社会保障　281b
农药废弃包装物　157b
农业　124
农业安全监管　139b
农业产业化　135a
农业产业园区　209c
农业机械化　137b　138b
农业技术推广　139b
农业经营主体　125a
农业科技普及　138c
农业农村　352b
农业社会化服务　157a
农业水价改革　201c
农业污染治理　213a
农业银行宝应县支行　178a　179c
农业招商引资　188c
农业种植业保险　130c
农业种植业补贴　130c
农业资源开发　129a
农资配送　157b

O

藕制品加工企业　121b
藕制品销售　121c

P

批发零售　155c
批发市场　155a
品牌创建　117c　170c
品牌宣传　194b
“平安宝应”建设　91a
平台建设　224a
蒲松龄游幕宝应纪念馆　27a
普惠金融　179c　180c
普通高中教育　238a

Q

企业参展　190a
企业规模　196b
企业培育　135b
气候　21a
气候事件评估　227c
气象服务　227b
气象减灾　303b
气象预报　228a
气象灾害普查　228b
汽车零部件产业　145b
汽车零部件企业　145c
汽车零部件制造基地　196a
汽车维修　165b
欠薪整治　290c
芡实　28c
侨联第三次代表大会　68a
侨情调查　67c
“侨心向党”活动　68b
桥梁管护　207a
青年创业创新　79b
青年书法作品展　86a
青年志愿者服务　80a
青少年犯罪预防　90c
青少年服务　79c
青少年摄影作品展　85c
青少年主题教育　90a
全国表彰荣誉　65a
全国书法名家作品展　85b
全国文明城市创建　38b
全国县域足球典型　266a
全民健身　266c
全藕宴　122a
群众体育　266c
群众团体　76a

R

燃气　206a
人才　34c

人才公寓建设 286a
人才建设 271b
人才培养 132a 149b 277c
人才培育 226c
人才生态 227a
人才兴县 5b
人才引进 67a
人才招引 226b
人大监督 60a
人防工程建设管理 107a
人防知识宣传 106c
人防专业队伍训练 107a
人口 25c
人口普查公报 114b
人民保险宝应支公司 186c
人民财产保险宝应支公司 186a
人民防空 106c
“人民满意窗口”创建 66b
人民生活 34c
人民武装 102a
人民医院新院区 272a
人社一体化平台 281c
人事人才管理 66c
人事任免 58a
人物 354
人员培训 302a
融合教育资源中心 240a
融媒体中心 247a
入党誓词 2a
软件信息化 142a

S

“3550”改革深化 69b
森林资源管理 219c
山阳羽绒 32a
山阳镇 348a
商贸服务业 154
商品房销售 172a
设施管护 266b
设施建设 249b 298b
设施建设
设施农业 130b
社会保险 281a
社会保障 34c 281
社会服务 76c
社会福利 285b
社会救助 282c
社会矛盾化解 95a
社会事务 287
社会体育组织 266c
社会志愿服务 50a
社会秩序保障 96c 98b
社会组织 287c
社科成果 86c
社科知识普及 229c
社区矫正 101c
社区教育 241b 241c
射南村 123c
射阳湖镇 333a
射阳农村商业银行宝应支行 185a
涉法涉诉 92b
涉粮保障巡察 39a
身心健康发展工程 236c
审计 113a
生产安全管理 299a
生活垃圾分类 208c
生活垃圾清理 208b
生态环境 215
生态环境保护 34b
生态环境质量 216b 217a
生态立县 4b
生态农业 126c
生态文化旅游节 123b
生物医药产业 146a
生物医药企业 146b
生猪消费价格 296b
声环境质量 217a
失业保险 281b
师资能力提升 241a
湿地旅游 168a
湿地修复 219a
“十大扬州好人” 358b
“十佳宝应好人” 358c
“十四五”规划纲要 108a
食品安全监管 116b
史志档案 250a
示范物业项目 174c
世界美食之都示范店创建 156a
市场监测 155a
市场监督管理 115b
市场监管 159c 170b 172b
市场监管市场拓展 159c
市场营销 159a
市容秩序管理 207c
市政公用事业 205a
事业单位登记管理 53a
事业单位机构改革 52b
视察调研 72b
收入消费 295
收养登记 289c
蔬菜消费价格 296c
蔬菜种植 130a
数字电视传输 249c
双拥工作 292a
水产品消费价格 296b

水产品质量监管 140c
水稻种植 129c
水果消费价格 296c
水果种植 130b
水环境整治 221a
水环境质量 217a
水环境治理工程 203a
水利 201
水利工程 202a
水路 198c
水路货运 199a
水生动物病害防治 132b
水生动物疫病实验室 132c
水系 20c
水域救援 302c
水资源管理 217b
税收服务改革 70c
税收征管改革 112a
税务管理 111b
税源培植大会 37c
司法公证 164b
司法救助 92c
司法行政 100a
思想建设 102a
宋顺元 358c
苏打水项目 147a
素质教育 231a

T

台资企业服务 54c
台资企业营商环境 55c
台资企业招才引智 55a
太平洋人寿保险宝应支公司 187a
桃花旅游节 169c
特困老人供养 293b
特殊教育 239a
特殊教育项目 240a
特种设备安全监管 116a
特种鱼类 30b
提案办理 65b
体系建设 159b 298b
体育 34a 265
体育彩票 268c
体育产业 268b
体育赛事 267a 267b
体育设施 266b
体制改革 274a
铁路 198b
铁路客运 198c
铁路里程 198b
通信保障 163a
通信服务 161b
潼河水厂取水工程 217c
统计 113c
统计调查 114a
统计法治宣传 114b
统计改革 114a
统一战线工作 50b
投资担保 187b 187c
图书馆 242b
土地征收利用 218c
土地资源管理 218b
土壤环境质量 217a
土壤污染防治 221b
团县委全会 79b
退圩还湖工程 217c
退役军人事务 291b

W

外汇管理 177c
外事管理 67a
外事侨务 67b
外事宣传 67c
外资利用 189b
外资企业 189c
王哲 355a
网点建设 162a
网络安全 47a
网络建设 161c 162b 162c
网络舆情 47b
望直港镇 329a
违建监察管理 207c
委员活动 71a
卫生 34a
卫生监督协管 279c
卫生健康 269
卫生健康行政许可 279a
卫生健康镇村 276c
卫生应急体系建设 280a
为侨服务 68c
未成年人保护 98c
未成年人思想道德建设 49b
位置 20a
文化 34a 242
文化创意产业 263a 263b
文化服务 212a
文化馆 243b
文化市场管理 264b
文化宣传 265c
文化遗产保护 254c
文化遗存 23a
文明城市创建 48c 207b
文史宣传 71b
文体用品产业 148a
文体用品产业集群 148c
文体用品企业 148a
文物保护 255c
文学艺术界联合会 84a

文艺创作 244c
文艺新作调演 247a
文艺宣传 2b 48a
污水处理设施 218b
无偿捐献 89a
无党派人士统战工作 51c
"五育"线上课堂 235b
武警宝应中队 105a
物候 21b
物流业 163a
物业管理 173a 174a
物质文化遗产 254c

X

西安丰水晶工艺品 31b
西安丰镇 337a
洗浴保健 165a
戏剧 245a
夏凤山纪念馆 318b
夏集镇 313a
先进个人 356
先进集体名录 390
先进模范 354a
鲜藕销售 121a
县人大常委会主任会议 60a
县镇党委换届 42b
县政府常务会议 64a
乡村旅游 168b
乡村生态文明 212c
乡村振兴 161a 209
乡村振兴局 209a
乡村振兴战略 38a
乡镇机构 211a
项目贷款 178c
项目建设 155b 191a 251a
项目投资 108b
消防安全 300b
消防队伍管理协调会 302a
消防工作评议 302b
消费价格 296b
消费券 156b
消费维权 117b
小官庄玻璃工艺品 31c
小官庄镇 326a
小麦种植 130a
校外培训机构 241c
校外阵地建设 90b
校园红十字活动 89b
校园体育赛事 268a
校园业余运动队 268a
新的社会阶层人士统战工作 51c
新冠病毒疫苗接种 275c
新能源 142a
新时代文明实践中心建设 49c
新闻宣传 47a
信贷风险 185
信贷投放 175a
信贷业务
　宝应农商银行 183a
　工商银行宝应支行 179b
　光大银行宝应支行 184a
　建设银行宝应支行 181b
　江苏银行宝应支行 183c
　南京银行宝应支行 184c
　农业银行宝应县支行 180a
　射阳农商银行宝应支行 185b
　银行业 176c
　邮储银行宝应县支行 182a
　中国银行宝应支行 180c
信访工作 65c
信息化建设 230c
信息技术 162b
信息进村入户 139a
信息系统 274c
信用示范企业认证 119c
信用体系建设 119a
信用信息管理 119b
行政复议 94c
行政区划 22b
行政审批 69a
行政执法
　城市管理 208a
　档案工作 253b
　生态环境 215c
　水利 201c
行政执法备案审查 94b
徐鸿鸽 359b
许天成 357a
畜牧业 134a
宣传教育 250b 278a
宣传思想工作 44a
学宫 26a
学前教育 232c
学前教育资源 233c
学徒制培训 67a
"学习强国"平台 46c
学校体育 267c
学校卫生监督 279c
巡查督导 300a
巡察工作 38c
巡察落实 39c

Y

1+e服务联盟 38c
"119"消防宣传月 302a

"12345"政府公共服务平台 65c
亚洲品牌500强 194a
烟草专卖 158b
盐业 159b
扬州凯翔精铸科技有限公司 146a
扬州市"五一劳动奖章"获得者 356
扬州市华源管件有限公司 190b
扬州市民日(宝应)广场演出 244a
扬州中宝药业股份有限公司 146b
养老服务 165c
养老机构 293a
养殖池塘改造 218b
药品耗材采购管理 280c
药品药械安全监管 117a
药政管理 280c
野生动物保护 220a
业务拓展 162c 186a 187b
业务咨询 162c
叶酸补服 277b
"一件事一次办"改革 70a
医保基金监管 282a
医联体建设 274b
医疗保险 281c
医疗服务 273a
医疗机构质量管理 280b
医疗救助 283c
医疗卫生机构 271a
医疗卫生监督 279c
医政药政管理 280a
依法行政 112b
移动通信宝应分公司 162a
移风易俗 49c
乙肝母婴传播预防 277c
义务教育 235a
异地医保结算 282b
疫情防控
城市管理 207c
档案 98c
电信宝应分公司 161c
公安 96b
共青团宝应县委员会 79c
人民武装 104c
卫生健康 269a
烟草专卖 159a
邮政 161a
中医中药 278a
总工会 77b
组织 44b
疫情防控贷款 178b
银行业 176b
银行业管理 176b
饮用水源地保护 217c
营商环境 177b
营商环境监督 60b
应急管理 298a
拥政爱民 104a
用水管理 217b
优抚政策 291c
邮电通信业 33b
邮政 160a
邮政储蓄银行宝应县支行 181c
油菜籽种植 130a
油画名家作品展 84b
有机食品产业 146c
有机食品企业 147a
有线网络 249b
于笔钧 354a
渔业 131b
渔业安全检查 140c
渔业科技 131a
渔业行政执法 133c
羽绒产业集群 147b
羽绒家纺产业 147b
羽绒家纺企业 147b
预防接种 275b
园区建设 194b
云樾春晓项目 171b
运西河流整治工程 203c
运政 200b
韵达江苏总部基地 163a 346c

Z

债务风险管控 110b
战略合作 193c
张怀军 358c
招商引资 188a 194c 264a
招商引资奖励 38b
招商引资签约 64c
招生考试 231c
哲学社会科学界联合会 86b
"真恒"品格提升工程 239a
镇村公交 199b
镇村规划 210b
镇村建设
安宜镇 305c
曹甸镇 342c
氾水镇 309c
广洋湖镇 324c
泾河镇 346a
柳堡镇 317c
鲁垛镇 321b
山阳镇 349c
射阳湖镇 334c
望直港镇 330c
西安丰镇 338b
夏集镇 314a
小官庄镇 327c
镇村设施建设 210b
镇建设 304
镇志编修 253b
征兵工作 103a
征集布展 251b
证券 187b

证券业 187b
政法队伍教育整顿 92c
政法委 91a
政府采购 111a
政府工程招投标 111a
政府重点工作 65b
政企有线网络 249c
政务督查 65c
政务信息 65c
政协宝应县委员会 70c
政协常委会议 72a
政协第十四届第五次全会 71c
政协主席会议 71c
政协专题协商会 72b
政治
政治工作 106a
政治监督 74b
政治建设 35b
知识产权管理 118a
知识产权培育 118b
知识产权宣传 119a
知识宣传 276c
执法监察 219b
执法监管 97a
执法检查 264b
执勤战备 105b
职工安全保护 78a
职工建功立业 78a
职工实事项目 78b
职工思想引领 77c
职业健康监管 279b
职业教育 240b
职业中介 164c
职业资格等级认定 67a
植物病虫害防控 140b
质量监管 152c
智慧公安 96a
“智慧广电”项目 249c
“智慧校园”项目 181c
智慧渔业建设 133a
智能制造 143b
中共宝应县纪律检查委员会 73a
中共宝应县委第十三次代表大会 37b
中共宝应县委第十三届第二次全体（扩大）会议 37c
中共宝应县委员会 35a
中国500强 193c
中国共产党成立100周年活动纪实 1a
“中国好人” 357a
中国品牌日 193b
中国银行宝应支行 180b
中华鳖 30a
中介服务 164a
中小企业发展 142b
中医中药 277c
种植业 129b
重大政策落实情况审计 113b
重点提案督办 72c
重要会议 36a 58c 71c
重要决策 38a
重要文件目录 389
重要文献 376
周恩来少年读书处 27a
周文彰学习分享会 84c
周长珍 358c
朱旦丹 357b 358a 359c
朱方伯公家祠 27c
朱宇 355c
助学帮扶 214a
助学扶贫 90c
住房保障 285c
住房保障政策 286a
住房公积金贷款 286c
住房公积金管理 286a
住房公积金归集使用 286b
住宿 156a
专记 1
专利申请 118c
专卖管理 159a
专项债券申报 108b
专项整治 299c
资本市场 175b
资源 21c
资源征集 252a
自然地理 20a
自身建设 75b
宗教 25c
宗教事务管理 294a
综合改革 157a
综合行政执法体制改革 52b
综合政务 65b
综合执法 115c
综治工作 91a
总工会 77a
纵棹园 26c
组织工作 40a
组织建设
妇女联合会 81a
供销合作 157a
共青团宝应县委员会 80b
机构编制 53c
科学技术协会 82c
劳动就业 291a
农业机械 138a
外事侨务 68b
哲学社会科学界联合会 86b
总工会 78a
组织 40b
“醉美夏集”摄影大赛 84c
作风建设 54a 75a
作品参评 248c 249a
作品创作 245a

表格索引

A

安宜镇村、社区基本情况 307 308
安宜镇经济社会指标 305
安宜镇企业情况 306

B

百岁寿星情况 359
宝应经济开发区投资 5000 万元以上在建项目 191
宝应县人民政府重要文件 389

C

财政收支情况 109
超市情况 155
曹甸镇村、社区基本情况 344
曹甸镇经济社会指标 342
曹甸镇企业情况 343
初中教育情况 238

D

代表建议 61
电价格行情 297

F

氾水镇村、社区基本情况 312
氾水镇经济社会指标 310
氾水镇企业情况 310
非物质文化遗产代表性传承人 262
非物质文化遗产代表性项目 261
副食品市场价格行情 296

G

工业企业“三十强”经济指标 143
广洋湖镇村、社区基本情况 325
广洋湖镇经济社会指标 325
广洋湖镇企业情况 325
国家高新技术企业 223

H

户籍人口分布情况 25
黄塍镇村、社区基本情况 353

J

家庭人均消费支出 295
建筑业重点企业 150
健康宝应建设主要指标 270
江苏省工程建设施工工法 149
泾河镇村、社区基本情况 348
泾河镇经济社会指标 346
泾河镇企业情况 347

K

科技计划项目 225
空气主要污染物 216

L

柳堡镇村、社区基本情况 319
柳堡镇经济社会指标 318
柳堡镇企业情况 318
鲁垛镇村、社区基本情况 323
鲁垛镇经济社会指标 322
鲁垛镇企业情况 322
绿色食品 126

M

媒体报道宝应县情况 390
民办非企业新登记单位 289

N

农技推广体系主导品种、主推技术情况 139

农林牧渔业情况　124
农业产业化龙头企业　135

P

普通高中教育情况　239

Q

气价格行情　297

S

山阳镇村、社区基本情况　351
山阳镇经济社会指标　350
山阳镇企业情况　350
商场情况　155
商贸服务业主要经济指标　154
社会团体新登记情况　288
射阳湖镇村、社区基本情况　336
射阳湖镇经济社会指标　335
射阳湖镇企业情况　335
示范家庭农场　125
蔬菜市场价格行情　296
水产家禽市场价格行情　296
水价格行情　297
水产品养殖情况　131
税务登记情况　112

W

外汇业务　178
望直港镇村、社区基本情况　332
望直港镇经济社会指标　331
望直港镇企业情况　331
文物保护单位　255
物业企业情况　173

X

西安丰镇村、社区基本情况　340
西安丰镇经济社会指标　339
西安丰镇企业情况　339
夏集镇村、社区基本情况　315
夏集镇经济社会指标　314
夏集镇企业情况　314
先进个人　356
先进集体　390
小官庄镇村、社区基本情况　329
小官庄镇经济社会指标　327
小官庄镇企业情况　328
小学教育情况　236
行政区划　23

Y

扬州市“五一劳动奖章”者　356
扬州市建筑施工安全文明工地　152
扬州市美丽宜居村庄　211
扬州市优质工程奖　150
医疗卫生机构　272
邮政通信服务　160
有机产品情况　128
幼儿教育情况　233
渔船总数　133

Z

政协提案　73
质量信用 AAA 级企业　117
质量信用 AA 级企业　118
中共宝应县委重要文件　389